裁判例 コンメンタール刑事訴訟法

第1巻
[§1〜§188の7]

監　修　井上　正仁

編集代表　河村　博
　　　　　酒巻　匡
　　　　　原田　國男
　　　　　廣瀬　健二
編集委員　大島　隆明
　　　　　三浦　守

立花書房

「裁判例コンメンタール」の発刊にあたって

　現行刑事訴訟法が1949年1月1日に施行されてから66年の歳月が経過した。この現行法は、憲法の人権規定を受け、またアメリカ法に倣って、起訴状一本主義や訴因制度、伝聞法則などの新奇な制度を採り入れる一方で、第2次大戦終結直後の混乱期に、比較的短期間の作業によりあわただしく起案され、制定されたものであったことから、旧法の構成や規定がそのまま残されたというところも多々あり、全体として一つの基本的方向性で統一され整合性のとれたものとなっているかは疑問とする余地もないわけではなかった。

　現に、当初は、現行法の基本的方向性をめぐって盛んな議論が闘わされるとともに、実際の訴訟上も、現行法の内容を成す規定や手続について、上位規範である憲法の人権規定や基本原則との適合性が問われることが少なくなく、これに応えて、多くの裁判例が産み出された。次いで、施行後数年の運用の実情を踏まえて、刑事訴訟法の内容自体にも見直しがなされ、その結果、1953年に中規模の法改正が行われたが、それ以降40年余にわたり、ごく小規模の手直しを除き、実質的な法改正がなされることはなかった。ところが、世は高度成長からバブル崩壊、グローバル化と大きく変動し、科学技術の急速な発展・普及や情報化、人々の意識や価値観の変化、犯罪の組織化・複雑化などに伴い、刑事手続上も、運用上生じる数々の紛糾や疑義に加えて、現行法制定時には予測されていず、あるいは、既存の法規では必ずしも対処し切れないような新たな問題や課題も数多く生じてきた。このような状況の下で、「ピラミッドのように沈黙する」立法の代わりに、「スフィンクスさながらに」奮闘し（松尾浩也教授の言葉）、その空隙を埋めようとしてきたのが裁判例であった。

　その後、1990年代後半に至り、組織犯罪対策の一環としての刑事訴訟法の一部改正と通信傍受法の成立を皮切りに、抑えられてきたマグマがいきなり噴出したかのごとく刑事立法が活発化し、犯罪被害者等の保護・地位強化を目的とする刑事訴訟法の一部改正などを経て、司法制度改革の一環としての

裁判員法の制定や刑事訴訟法のかなりの規模の改正、検察審査会法の実質的改正という画期的な法改正が実現したが、これらによってもたらされた新たな制度や手続が更に、裁判例の一層目覚ましい展開を呼び起こしつつある。

　このように、刑事訴訟法の分野では、他の実定法分野にも増して、裁判例の果たしてきた役割は大きく、法規も、これらの裁判例を視野に入れ、それらと有機的に結びつけて捉えることによってはじめて、生きた刑事訴訟法を真に理解し、実際にも有効に活用することが可能になるものといってよい。刑事訴訟法に関する裁判例を各条項ごとに集成・整理して検討を加え、その趣旨や意義を明らかにすることにより、刑事手続の適正な運用と現実の事案に即した問題解決に資することを目的として編まれた本書が、そのような理解の手引きになればと思う。

　2015年2月

　　　　　　　　　　　　　　　　　　　　　　　　　　　井上　正仁

凡　例

【判例表記】

判例の表記は、別記略語を用い、次の例による。
大審院判決昭和7年3月1日大審院刑事判決録11巻232頁
＝大判昭7・3・1刑録11・232
最高裁判所判決昭和50年7月1日最高裁判所刑事判例集29巻7号355頁
＝最判昭50・7・1刑集29・7・355
最高裁判所決定昭和53年2月13日最高裁判所刑事判例集32巻2号295頁
＝最決昭53・2・13刑集32・2・295
なお、公刊物未登載のものは〈未〉と表示する。

【法令表記】

略語は、有斐閣の六法全書に従う。
本文中、刑事訴訟法については条文番号のみとし、刑事訴訟規則については「規」とした。
本文括弧内では以下のように表記し、同一法令の条文は「・」（中点）で、異なる法令の場合は「、」（読点）でつないだ。

刑事訴訟法10条1項但書	10Ⅰ但
刑事訴訟法60条1項3号	60Ⅰ③
刑事訴訟法316条の2第1項	316の2Ⅰ

【判例集等略語】

刑録	大審院刑事判決録
刑集	大審院刑事判決集
刑集	最高裁判所刑事判例集
裁集	最高裁判所裁判集刑事
高刑集	高等裁判所刑事判例集
東時	東京高等裁判所刑事判決時報
高検速報	高等裁判所刑事裁判速報（集）
特報	高等裁判所刑事判決特報
裁判特報	高等裁判所刑事裁判特報
下刑集	下級裁判所刑事裁判例集

一審刑集	第一審刑事裁判例集
刑裁月報	刑事裁判月報
新聞	法律新聞
刑資	刑事裁判資料

【雑誌類略語】

警学	警察学論集
警研	警察研究
刑ジ	刑事法ジャーナル
刑判評釈	刑事判例評釈集
現刑	現代刑事法
捜研	捜査研究
司研集	司法研修所論集
司研所報	司法研修所報
ジュリ	ジュリスト
曹時	法曹時報
判時	判例時報
判タ	判例タイムズ
判評	判例評論
ひろば	法律のひろば
法教	法学教室
法時	法律時報
法セ	法学セミナー

【主要文献略語】

〈個人・共編著〉

青柳・通論	青柳文雄著　五訂刑事訴訟法通論（上、下）　昭和51年・1976年　立花書房
渥美・刑訴	渥美東洋著　全訂刑事訴訟法［第2版］　平成21年・2009年　有斐閣
荒木・権利	荒木伸怡著　迅速な裁判を受ける権利　平成5年・1993年　成文堂
荒木・読本	荒木伸怡著　刑事訴訟法読本　平成8年・1996年　弘文堂
池田・解説	池田修著　解説裁判員法［第2版］　平成21年・2009年　弘文堂
池田＝前田・刑訴	池田修＝前田雅英著　刑事訴訟法講義［第4版］　平成24年・2012年　東京大学出版会
石井・事実認定	石井一正著　刑事事実認定入門　平成17年・2005年　判例タイм

		ズ社
石井・実務証拠法	石井一正著　刑事実務証拠法［第5版］　平成23年・2011年　判例タイムズ社	
石川・講義	石川才顕著　刑事訴訟法講義　昭和49年・1974年　日本評論社	
石丸・刑訴	石丸俊彦著　刑事訴訟法　平成4年・1992年　成文堂	
伊藤・実際問題	伊藤栄樹著　刑事訴訟法の実際問題［3訂版］　昭和59年・1984年　立花書房	
井戸田・要説	井戸田侃著　刑事訴訟法要説　平成5年・1993年　有斐閣	
井上・原論	井上正治著　全訂刑事訴訟法原論　昭和27年・1952年　朝倉書店	
井上・証拠排除	井上正仁著　刑事訴訟における証拠排除　昭和60年・1985年　弘文堂	
井上・通信傍受	井上正仁著　捜査手段としての通信・会話の傍受　平成9年・1997年　有斐閣	
上口・刑訴	上口裕著　刑事訴訟法［第3版］　平成24年・2012年　成文堂	
上口・取材報道	上口裕著　刑事司法における取材・報道の自由　平成元年・1989年　成文堂	
臼井・刑訴	臼井滋夫著　刑事訴訟法　平成4年・1992年　信山社出版	
大野・捜査	大野正博著　現代型捜査とその規制　平成13年・2001年　成文堂	
小田中・刑訴法論	小田中聰樹著　現代刑事訴訟法論　昭和52年・1977年　勁草書房	
小野・概論	小野清一郎著　新刑事訴訟法概論［改訂版］　昭和26年・1951年　法文社	
柏木・刑訴	柏木千秋著　刑事訴訟法　昭和45年・1970年　有斐閣	
加藤等・刑訴	加藤克佳＝川崎英明＝後藤昭＝白取祐司＝高田昭正＝村井敏邦編著　刑事訴訟法［第2版］　平成19年・2007年　日本評論社	
鴨・証拠法	鴨良弼著　刑事証拠法　昭和37年・1962年　日本評論新社	
鴨・再審	鴨良弼著　刑事再審の研究　昭和55年・1980年　成文堂	
川出・別件逮捕	川出敏裕著　別件逮捕・勾留の研究　平成10年・1998年　東京大学出版会	
川崎・刑事再審	川崎英明著　刑事再審と証拠構造論の展開　平成15年・2003年　日本評論社	
岸・要義	岸盛一著　刑事訴訟法要義［新版］　昭和37年・1962年　広文堂書店	
江家・基礎理論	江家義男著　刑事証拠法の基礎理論［訂正版］　昭和30年・1955年　有斐閣	
後藤・捜査法	後藤昭著　捜査法の論理　平成13年・2001年　岩波書店	
小早川・自白	小早川義則著　共犯者の自白（証拠法研究1）　平成2年・1990年　成文堂	
小林・刑訴	小林充著　刑事訴訟法［新訂版］　平成21年・2009年　立花書房	

斉藤・刑訴法学	斉藤金作著　刑事訴訟法学　昭和26年・1951年　有斐閣
酒巻・刑事証拠開示	酒巻匡編著　刑事証拠開示の理論と実務　平成21年・2009年　判例タイムズ社
酒巻・証拠開示	酒巻匡著　刑事証拠開示の研究　昭和63年・1988年　弘文堂
椎橋・刑事弁護	椎橋隆幸著　刑事弁護・捜査の理論　平成5年・1993年　信山社出版
実務刑訴	法務省刑事局刑事訴訟法研究会編著　実務刑事訴訟法　平成6年・1994年　立花書房
総研・講義案	裁判所職員総合研修所監修　刑事訴訟法講義案［4訂版］　平成23年・2011年　司法協会
白取・刑訴	白取祐司著　刑事訴訟法［第7版］　平成24年・2012年　日本評論社
鈴木・基本構造	鈴木茂嗣著　続刑事訴訟の基本構造（上、下）　平成8年・1996年、平成9年・1997年　成文堂
鈴木・基本問題	鈴木茂嗣著　刑事訴訟法の基本問題　昭和63年・1988年　成文堂
鈴木・刑訴	鈴木茂嗣著　刑事訴訟法［改訂版］（現代法律学講座28）　平成2年・1990年　青林書院
高田・構造	高田昭正著　刑事訴訟の構造と救済　平成6年・1994年　成文堂
高田・刑訴	高田卓爾著　刑事訴訟法［2訂版］（現代法律学全集28）　昭和59年・1984年　青林書院新社
滝川等・コメ	滝川幸辰＝平場安治＝中武靖夫著　刑事訴訟法（法律学体系第1部コンメンタール篇10）　昭和25年・1950年　日本評論社
田口・刑訴	田口守一著　刑事訴訟法［第6版］　平成24年・2012年　弘文堂
田口等・判例演習	田口守一＝寺崎嘉博編　判例演習刑事訴訟法　平成16年・2004年　成文堂
田淵・証拠調べ	田淵浩二著　証拠調べ請求権　平成16年・2004年　成文堂
田中・証拠法	田中和夫著　新版証拠法［増補第3版］　昭和46年・1971年　有斐閣
田中等・刑訴	田中開＝寺崎嘉博＝長沼範良著　刑事訴訟法［第3版］　平成20年・2008年　有斐閣
田宮・捜査	田宮裕著　捜査の構造　昭和46年・1971年　有斐閣
田宮・刑事法	田宮裕著　刑事法の理論と現実　平成12年・2000年　岩波書店
田宮・刑訴1	田宮裕編著　刑事訴訟法（1）（大学双書）　昭和50年・1975年　有斐閣
田宮・刑訴	田宮裕著　刑事訴訟法［新版］　平成8年・1996年　有斐閣
伊達・講話	伊達秋雄著　刑事訴訟法講話　昭和34年・1959年　日本評論新社
団藤・綱要	団藤重光著　新刑事訴訟法綱要［7訂版］　昭和42年・1967年　創文社

団藤・条解	団藤重光著　条解刑事訴訟法（上）　昭和25年・1950年　弘文堂
土本・要義	土本武司著　刑事訴訟法要義　平成3年・1991年　有斐閣
寺崎・刑訴	寺崎嘉博著　刑事訴訟法［第2版］　平成20年・2008年　成文堂
寺崎・再構成	寺崎嘉博著　訴訟条件論の再構成　平成6年・1994年　成文堂
長島・司法	長島敦著　刑事司法をめぐる学理と実務　平成2年・1990年　成文堂
長沼等・演習	長沼範良＝酒巻匡＝田中開＝大澤裕＝佐藤隆之著　演習刑事訴訟法　平成17年・2005年　有斐閣
庭山等・刑訴	庭山英雄＝岡部泰昌編　刑事訴訟法［第3版］　平成18年・2006年　青林書院
野間・刑訴	野間禮二著　刑事訴訟における現代的課題　平成6年・1994年　判例タイムズ社
野木等・概説	野木新一＝宮下明義＝横井大三著　新刑事訴訟法概説［3版］　昭和24年・1949年　立花書房
林・要義	林頼三郎著　刑事訴訟法要義総則［3版］（上、下）　大正13年・1924年　中央大学
平野等・教材	平野龍一＝鬼塚賢太郎＝森岡茂＝松尾浩也著　刑事訴訟法教材　昭和52年・1977年　東京大学出版会
平野・刑訴	平野龍一著　刑事訴訟法（法律学全集43）　昭和33年・1958年　有斐閣
平野・概説	平野龍一著　刑事訴訟法概説　昭和43年・1968年　東京大学出版会
平場・講義	平場安治著　改訂刑事訴訟法講義　昭和29年・1954年　有斐閣
福井・刑訴	福井厚著　刑事訴訟法講義［第4版］　平成21年・2009年　法律文化社
松尾・原理	松尾浩也著　刑事訴訟の原理　昭和49年・1974年　東京大学出版会
松尾・刑訴	松尾浩也著　刑事訴訟法（上［新版］、下［新版補正第2版］）　平成11年・1999年　弘文堂
松尾・条解	松尾浩也監修　条解刑事訴訟法［第4版］　平成21年・2009年　弘文堂
松尾・刑訴2	松尾浩也編　刑事訴訟法（2）（大学双書）　平成4年・1992年　有斐閣
松岡・刑訴	松岡正章著　刑事訴訟法講義（Ⅰ）　昭和56年・1981年　成文堂
三井・刑訴	三井誠編　判例教材刑事訴訟法［第3版］　平成20年・2008年　東京大学出版会
三井・手続	三井誠著　刑事手続法（1［新版］、2、3）　平成9年・1997年、平成15年・2003年、平成16年・2004年　有斐閣
光藤・刑訴	光藤景皎著　刑事訴訟法（1、2）　平成19年・2007年、平成25年・2013年　成文堂

光藤・口述	光藤景皎著　口述刑事訴訟法（下）　平成17年・2005年　成文堂	
光藤・事実誤認	光藤景皎編　事実誤認と救済　平成9年・1997年　成文堂	
光藤・新展開	光藤景皎著　刑事証拠法の新展開　平成13年・2001年　成文堂	
宮下・逐条解説2	宮下明義著　新刑事訴訟法逐条解説（2）　昭和24年・1949年　司法警察研究会公安発行所	
村井・刑訴	村井敏邦著　刑事訴訟法　平成8年・1996年　日本評論社	
村井・現代刑訴	村井敏邦編著　現代刑事訴訟法［第2版］　平成10年・1998年　三省堂	
村井等・付審判	村井敏邦＝高山俊吉＝二瓶和敏編　検証付審判事件　平成8年・1994年　日本評論社	
柳沼等・接見交通権	柳沼八郎＝若松芳也編著　新接見交通権の現代的課題　平成13年・2001年　日本評論社	
山田・証拠	山田道郎著　証拠の森　平成16年・2004年　成文堂	
山中・刑訴	山中俊夫著　概説刑事訴訟法　平成元年・1989年　ミネルヴァ書房	
横井・逐条解説3	横井大三著　新刑事訴訟法逐条解説（3）　昭和24年・1949年　司法警察研究会公安発行所	
横井・ノート	横井大三著　刑訴裁判例ノート（1～6）　昭和46～48年・1971～1973年　有斐閣	
横川・刑訴	横川敏雄著　刑事訴訟　昭和59年・1984年　成文堂	
横田＝高橋・諸問題	横田安弘＝高橋省吾著　刑事抗告審の運用上の諸問題［増補］　平成3年・1991年　法曹会	
渡辺・刑訴	渡辺直行著　論点中心刑事訴訟法講義［第2版］　平成17年・2005年　成文堂	
渡辺・刑事手続	渡辺修編著　刑事手続の最前線　平成8年・1996年　三省堂	
渡辺・被疑者取調べ	渡辺修著　被疑者取調べの法的規制　平成4年・1992年　三省堂	
渡辺・刑訴	渡辺咲子著　刑事訴訟法講義［第5版］　平成20年・2008年　不磨書房	

〈注釈書〉

執筆者名・基本法コメ刑訴	髙田卓爾編　基本法コンメンタール刑事訴訟法［第3版］（別冊法学セミナー）　平成5年・1993年　日本評論社	
刑訴規則逐条説明	法曹会編　刑事訴訟規則逐条説明（第2編第3章公判、第2編第1章捜査・第2章公訴）　平成元年・1989年、平成5年・1993年　法曹会	
執筆者名・刑弁コメ刑訴	小田中聰樹＝大出良知＝川崎英明編著　刑事訴訟法（刑事弁護コンメンタール1）　平成10年・1998年　現代人文社	
執筆者名・大コメ刑訴	河上和雄＝中山善房＝古田佑紀＝原田國男＝河村博＝渡辺咲子編　大コンメンタール刑事訴訟法［第2版］（1～10）　平成22～25年	

	・2010〜2014年　青林書院
執筆者名・注解刑訴	平場安治＝高田卓爾＝中武靖夫＝鈴木茂嗣著　注解刑事訴訟法［全訂新版］（上、中、下）　昭和57年・1982年、昭和58年・1983年、昭和62年・1987年　青林書院新社、青林書院
執筆者名・註釈刑訴	青柳文雄＝伊藤栄樹＝柏木千秋＝佐々木史朗＝西原春夫ほか著　註釈刑事訴訟法（1〜4）　昭和51〜56年・1976〜1981年　立花書房
執筆者名・注釈刑訴	伊藤栄樹＝亀山継夫＝小林充＝香城敏麿＝佐々木史朗＝増井清彦ほか著　注釈刑事訴訟法［新版］（1〜7）　平成8〜10年・1994〜1996年、平成12年・1998年　立花書房
執筆者名・注釈刑訴［第3版］	河上和雄＝小林充＝植村立郎＝河村博編　注釈刑事訴訟法［第3版］（1、4、7）　平成23年・2011年、平成24年・2012年　立花書房
ポケット刑訴	小野清一郎監修　刑事訴訟法［新版］（上、下）（ポケット註釈全書）　昭和61年・1986年　有斐閣
例題解説	例題解説刑事訴訟法（1〜2［三訂版］、3［改訂補訂版］、4［三訂版］、5［改訂版］、6）　平成6年・1994年、平成7年・1995年、平成9〜11年・1997〜1999年　法曹会

〈講座・判例解説等〉

執筆者名・演習	日本刑法学会編　刑事訴訟法演習　昭和37年・1962年　有斐閣
執筆者名・演習講座	鴨良弼編　刑事訴訟法（法学演習講座11）　昭和46年・1971年　法学書院
執筆者名・演習大系刑訴	高田卓爾＝田宮裕編　演習法律学大系15　昭和47年・1972年　青林書院新社
執筆者名・刑事公判	大阪刑事実務研究会編著　刑事公判の諸問題　平成元年・1989年　判例タイムズ社
執筆者名・刑事事実認定	小林充＝香城敏麿編　刑事事実認定――裁判例の総合的研究（上、下）　平成4年・1992年　判例タイムズ社
執筆者名・刑事事実認定50選	小林充＝植村立郎編　刑事事実認定重要判決50選［第2版］（上、下）　平成25年・2013年　立花書房
執筆者名・刑事実務	大阪刑事実務研究会編著　刑事実務上の諸問題　平成5年・1993年　判例タイムズ社
執筆者名・刑事証拠	大阪刑事実務研究会編著　刑事証拠法の諸問題（上、下）　平成13年・2001年　判例タイムズ社
執筆者名・刑事手続	三井誠＝中山善房＝河上和雄＝田邨正義編　刑事手続（上、下）　昭和63年・1988年　筑摩書房
執筆者名・刑事法講座	日本刑法学会編　刑事法講座（5［増補版］、6）　昭和29年・1954

		年、昭和53年・1978年　有斐閣
執筆者名・刑訴法講座		日本刑法学会編　刑事訴訟法講座（1〜3）　昭和38年・1963年、昭和39年・1964年　有斐閣
執筆者名・刑訴の争点		松尾浩也＝井上正仁編　刑事訴訟法の争点［第3版］（ジュリスト増刊）　平成14年・2002年　有斐閣
執筆者名・井上＝酒巻・刑訴の争点		井上正仁＝酒巻匡編　刑事訴訟法の争点（ジュリスト増刊）　平成25年・2013年　有斐閣
執筆者名・刑罰法大系		石原一彦ほか編　現代刑罰法大系（1〜7）　昭和57〜59年・1982〜1984年　日本評論社
執筆者名・公判法大系		熊谷弘＝佐々木史朗＝松尾浩也＝田宮裕編　公判法大系（1〜4）　昭和49年・1974年、昭和50年・1975年　日本評論社
執筆者名・実務講座		団藤重光編　法律実務講座刑事編（1〜12）　昭和28〜32年・1953〜1957年　有斐閣
執筆者名・実務ノート		河村澄夫ほか編　刑事実務ノート（1〜3）　昭和43〜46年・1968〜1971年　判例タイムズ社
執筆者名・実務大系		河上和雄編　犯罪捜査（刑事裁判実務大系11）　平成3年・1991年　青林書院
執筆者名・実例刑訴		平野龍一＝松尾浩也編　実例法学全集刑事訴訟法［新版］　昭和52年・1977年　青林書院新社
執筆者名・新実例刑訴		平野龍一＝松尾浩也編　新実例刑事訴訟法（1〜3）　平成10年・1998年　青林書院
執筆者名・松尾＝岩瀬・実例刑訴		松尾浩也＝岩瀬徹編　実例刑事訴訟法（1〜3）　平成24年・2012年　青林書院
執筆者名・証拠法大系		熊谷弘＝浦部衛＝佐々木史朗＝松尾浩也編　証拠法大系（1〜4）　昭和45年・1970年　日本評論社
執筆者名・新刑事手続		三井誠＝馬場義宣＝佐藤博史＝植村立郎編　新刑事手続（1〜3）　平成14年・2002年　悠々社
執筆者名・新判例解説		東條伸一郎ほか編　刑事新判例解説（1〜5）　平成4年・1992年、平成10年・1998年　信山社出版
執筆者名・新判例コメ		高田卓爾＝鈴木茂嗣編　新判例コンメンタール刑事訴訟法（1〜5）　平成7年・1995年　三省堂
執筆者名・捜査法大系		熊谷弘＝松尾浩也＝田宮裕編　捜査法大系（1〜3）　昭和47年・1972年　日本評論社
執筆者名・訴訟実務		石丸俊彦＝仙波厚＝川上拓一＝服部悟＝井口修著　刑事訴訟の実務［3訂版］（上、下）　平成23年・2011年　新日本法規出版
執筆者名・判例解説（刑）		最高裁判所調査官室編　最高裁判所判例解説刑事篇（昭和29年度〜）　昭和30年・1955年〜　法曹会
執筆者名・判例解説（民）		最高裁判所調査官室編　最高裁判所判例解説民事篇（昭

　　　　　　　　　　　　　　　　　　　　　　　　　　　　　　凡例　13

　　　　　　　　　29年度〜）　昭和30年・1955年〜　法曹会
執筆者名・判例研究　　　臼井滋夫＝鈴木義男＝藤永幸治＝河上和雄著　刑事訴訟法判例研究　昭和58年・1983年　東京法令出版
執筆者名・判例コメ　　　高田卓爾編　判例コンメンタール刑事訴訟法（1、2）　昭和51年・1976年　三省堂
執筆者名・判例百選1　　平野龍一編　刑事訴訟法判例百選（別冊ジュリスト1号）　昭和40年・1965年　有斐閣
執筆者名・判例百選2　　平野龍一編　刑事訴訟法判例百選［新版］（別冊ジュリスト32号）　昭和46年・1971年　有斐閣
執筆者名・判例百選3　　平野龍一＝松尾浩也＝田宮裕編　刑事訴訟法判例百選［第3版］（別冊ジュリスト51号）　昭和51年・1976年　有斐閣
執筆者名・判例百選4　　平野龍一＝松尾浩也＝田宮裕編　刑事訴訟法判例百選［第4版］（別冊ジュリスト74号）　昭和56年・1981年　有斐閣
執筆者名・判例百選5　　平野龍一＝松尾浩也＝田宮裕＝井上正仁編　刑事訴訟法判例百選［第5版］（別冊ジュリスト89号）　昭和61年・1986年　有斐閣
執筆者名・判例百選6　　松尾浩也＝井上正仁編　刑事訴訟法判例百選［第6版］（別冊ジュリスト119号）　平成4年・1992年　有斐閣
執筆者名・判例百選7　　松尾浩也＝井上正仁編　刑事訴訟法判例百選［第7版］（別冊ジュリスト148号）　平成10年・1998年　有斐閣
執筆者名・判例百選8　　井上正仁編　刑事訴訟法判例百選［第8版］（別冊ジュリスト174号）　平成17年・2005年　有斐閣
執筆者名・判例百選9　　井上正仁＝大澤裕編　刑事訴訟法判例百選［第9版］（別冊ジュリスト203号）　平成23年・2011年　有斐閣
執筆者名・令状基本　　　新関雅夫＝佐々木史朗ほか著　増補令状基本問題（上、下）　平成8年・1996年、平成9年・1997年　一粒社

〈記念論文集〉
執筆者名・渥美古稀　　　渥美東洋先生古稀記念――犯罪の多角的検討　平成18年・2006年　有斐閣
執筆者名・阿部古稀　　　阿部純二先生古稀祝賀論文集――刑事法学の現代的課題　平成16年・2004年　第一法規
執筆者名・井戸田古稀　　井戸田侃先生古稀祝賀論文集――転換期の刑事法学　平成11年・1999年　現代人文社
執筆者名・井上還暦　　　井上正治博士還暦祝賀――刑事法学の諸相（上、下）　昭和56年・1981年、昭和58年・1983年　有斐閣
執筆者名・岩田傘寿　　　岩田誠先生傘寿祝賀――刑事裁判の諸問題　昭和57年・1982年　判例タイムズ社
執筆者名・植松還暦（法律）　　植松博士還暦祝賀――刑法と科学・法律編　昭和46年・

1971年　有斐閣

執筆者名・植村退官　　　植村立郎判事退官記念論文集 ―― 現代刑事法の諸問題（1～3）　平成23年・2011年　立花書房

執筆者名・内田古稀　　　内田文昭先生古稀祝賀論文集　平成14年・2002年　青林書院

執筆者名・小野（慶）退官記念　　小野慶二判事退官記念論文集 ―― 刑事裁判の現代的展開　昭和63年・1988年　勁草書房

執筆者名・香川古稀　　　香川達夫博士古稀祝賀 ―― 刑事法学の課題と展望　平成8年・1996年　成文堂

執筆者名・梶田＝守屋退官記念　　梶田英雄判事＝守屋克彦判事退官記念論文集 ―― 刑事・少年司法の再生　平成12年・2000年　現代人文社

執筆者名・柏木喜寿　　　柏木千秋先生喜寿記念論文集 ―― 近代刑事法の理念と現実　平成3年・1991年　立花書房

執筆者名・鴨古稀　　　鴨良弼先生古稀祝賀論集 ―― 刑事裁判の理論　昭和54年・1979年　日本評論社

執筆者名・河上古稀　　　河上和雄先生古稀祝賀論文集　平成15年・2003年　青林書院

執筆者名・吉川古稀　　　吉川経夫先生古稀祝賀論文集 ―― 刑事法学の歴史と課題　平成6年・1994年　法律文化社

執筆者名・木村還暦　　　木村博士還暦祝賀 ―― 刑事法学の基本問題（上、下）　昭和33年・1958年　有斐閣

執筆者名・小林＝佐藤古稀　　小林充先生＝佐藤文哉先生古稀祝賀刑事裁判論文集（上、下）　平成18年・2006年　判例タイムズ社

執筆者名・齋藤（誠）古稀　　齋藤誠二先生古稀記念 ―― 刑事法学の現実と展開　平成15年・2003年　信山社出版

執筆者名・佐伯還暦　　　佐伯千仭博士還暦祝賀 ―― 犯罪と刑罰（上、下）　昭和43年・1968年　有斐閣

執筆者名・司研10年論文集下　　司法研修所創立10周年記念論文集（下）　昭和32年・1957年　司法研修所

執筆者名・司研15年論文集下　　司法研修所創立15周年記念論文集（下）　昭和38年・1963年　司法研修所

執筆者名・司研20年論文集3　　司法研修所創立20周年記念論文集（3）　昭和42年・1967年　司法研修所

執筆者名・下村古稀　　　下村康正先生古稀祝賀 ―― 刑事法学の新動向（上、下）　平成7年・1995年　成文堂

執筆者名・荘子古稀　　　荘子邦雄先生古稀祝賀 ―― 刑事法の思想と理論　平成3年・1991年　第一法規

執筆者名・鈴木古稀　　　鈴木茂嗣先生古稀祝賀論文集（上、下）　平成19年・2007年　成文堂

執筆者名・滝川還暦　　　滝川先生還暦記念 ―― 現代刑法学の課題（上、下）　昭和30年・

	1955年　有斐閣
執筆者名・竹澤古稀	竹澤哲夫先生古稀祝賀記念論文集──誤判の防止と救済　平成10年・1998年　現代人文社
執筆者名・田宮追悼	田宮裕博士追悼論集（上、下）　平成13年・2001年、平成15年・2003年　信山社出版
執筆者名・団藤古稀	団藤重光博士古稀祝賀論文集（1～5）　昭和58～60年・1983～1985年　有斐閣
執筆者名・内藤古稀	内藤謙先生古稀祝賀──刑事法学の現代的状況　平成6年・1994年　有斐閣
執筆者名・中野還暦	中野次雄判事還暦祝賀──刑事裁判の課題　昭和47年・1972年　有斐閣
執筆者名・中山古稀	中山研一先生古稀祝賀論文集（1～5）　平成9年・1997年　成文堂
執筆者名・中山（善）退官記念	中山善房判事退官記念──刑事裁判の理論と実務　平成10年・1998年　成文堂
執筆者名・西原古稀	西原春夫先生古稀祝賀論文集（1～5）　平成10年・1998年　成文堂
執筆者名・能勢追悼	能勢弘之先生追悼論集──激動期の刑事法学　平成15年・2003年　信山社出版
執筆者名・原田退官	原田國男判事退官記念論文集──新しい時代の刑事裁判　平成22年・2010年　判例タイムズ社
執筆者名・平野古稀	平野龍一先生古稀祝賀論文集（上、下）　平成2年・1990年、平成3年・1991年　有斐閣
執筆者名・平場還暦	平場安治博士還暦祝賀──現代の刑事法学（上、下）　昭和52年・1977年　有斐閣
執筆者名・福田＝大塚古稀	福田平博士＝大塚仁博士古稀祝賀──刑事法学の総合的検討（上、下）　平成5年・1993年　有斐閣
執筆者名・松尾古稀	松尾浩也先生古稀祝賀論文集（上、下）　平成10年・1998年　有斐閣
執筆者名・三井古稀	三井誠先生古稀祝賀論文集──現代刑事法学の到達点　平成24年・2012年　有斐閣
執筆者名・光藤古稀	光藤景皎先生古稀祝賀論文集（上、下）　平成13年・2001年　成文堂
執筆者名・八木古稀	八木國之先生古稀祝賀論文集──刑事法学の現代的展開（上、下）　平成4年・1992年　法学書院
執筆者名・渡部古稀	渡部保夫先生古稀記念論文集──誤判救済と刑事司法の課題　平成12年・2000年　日本評論社

裁判例コンメンタール刑事訴訟法 第1巻（第1条～第188条の7） 目次

※本文中、条文ごとに細目次があります。

「裁判例コンメンタール」の発刊にあたって

凡　例

第1編　総　則

第1条　この法律の目的 …………………………………… 廣瀬健二　3
　規第1条（この規則の解釈、運用）
　規第277条（審理の方針）

第1章　裁判所の管轄

第2条　土地管轄 ………………………………………… 遠藤邦彦　19
第3条　併合管轄 ── 事物管轄 ………………………… 遠藤邦彦　22
第4条　審判の分離 ── 事物管轄 ……………………… 遠藤邦彦　26
第5条　審判の併合 ── 事物管轄 ……………………… 遠藤邦彦　26
第6条　併合管轄 ── 土地管轄 ………………………… 遠藤邦彦　30
第7条　審判の分離 ── 土地管轄 ……………………… 遠藤邦彦　32
第8条　審判の併合 ── 土地管轄 ……………………… 遠藤邦彦　32
第9条　関連事件 ………………………………………… 遠藤邦彦　36
第10条　同一事件と数個の訴訟係属 …………………… 遠藤邦彦　38
第11条　同一事件と数個の訴訟係属 …………………… 遠藤邦彦　39
第12条　管轄区域外の職務執行 ………………………… 遠藤邦彦　40
第13条　管轄違いと訴訟手続の効力 …………………… 遠藤邦彦　41
第14条　管轄違いと要急処分 …………………………… 遠藤邦彦　43
第15条　管轄移転の請求 ………………………………… 遠藤邦彦　44

規第2条（管轄の指定、移転の請求の方式・法第15条等）
規第3条（管轄の指定、移転の請求の通知・法第15条等）
規第6条（訴訟手続の停止・法第15条等）

第16条　管轄指定の請求 ……………………………………… 遠藤邦彦　47
第17条　管轄移転の請求 ……………………………………… 遠藤邦彦　48
規第4条（請求書の謄本の交付、意見書の差出・法第17条）
規第5条（被告人の管轄移転の請求・法第17条）
第18条　管轄移転の請求 ……………………………………… 遠藤邦彦　52
第19条　事件の移送 …………………………………………… 遠藤邦彦　53
規第7条（移送の請求の方式・法第19条）
規第8条（意見の聴取・法第19条）

第2章　裁判所職員の除斥及び忌避

第20条　除斥の原因 …………………………………………… 小倉哲浩　59
規第12条（除斥の裁判・法第23条）
規第14条（除斥、回避の裁判の送達）
第21条　忌避の原因、忌避申立権者 ………………………… 小倉哲浩　68
規第9条（忌避の申立て・法第21条）
規第11条（訴訟手続の停止）
規第13条（回避）
第22条　忌避申立ての時期 …………………………………… 小倉哲浩　78
第23条　忌避申立てに対する決定 …………………………… 小倉哲浩　80
規第10条（申立てに対する意見書・法第23条）
第24条　簡易却下手続 ………………………………………… 小倉哲浩　82
第25条　即時抗告 ……………………………………………… 小倉哲浩　87
第26条　裁判所書記官の除斥・忌避 ………………………… 小倉哲浩　88
規第15条（準用規定）

第3章　訴訟能力

第27条　法人と訴訟行為の代表 ……………………………… 小倉哲浩　92
第28条　意思無能力者と訴訟行為の代理 …………………… 小倉哲浩　95

第29条　特別代理人 …………………………………………… 小倉哲浩　97
　　規第16条（被疑者の特別代理人選任の請求・法第29条）

第4章　弁護及び補佐

第30条　弁護人選任時期、選任権者 ……………………… 廣瀬健二　99
　　規第17条（被疑者の弁護人の選任・法第30条）
　　規第18条（被告人の弁護人の選任の方式・法第30条）
　　規第18条の2（追起訴された事件の弁護人の選任・法第30条）
第31条　資格、特別弁護人 ………………………………… 廣瀬健二　105
第31条の2　弁護人選任の申出 …………………………… 田野尻猛　108
第32条　選任の効力 ………………………………………… 遠藤邦彦　110
第33条　主任弁護人 ………………………………………… 遠藤邦彦　115
　　規第19条（主任弁護人・法第33条）
　　規第20条（主任弁護人の指定、変更の方式・法第33条）
　　規第21条（裁判長の指定する主任弁護人・法第33条）
　　規第22条（主任弁護人の指定、変更の通知・法第33条）
　　規第23条（副主任弁護人・法第33条）
　　規第24条（主任弁護人、副主任弁護人の辞任、解任・法第33条）
第34条　主任弁護人の権限 ………………………………… 遠藤邦彦　118
　　規第25条（主任弁護人、副主任弁護人の権限・法第34条）
　　規第239条（主任弁護人以外の弁護人の控訴趣意書・法第34条）
第35条　弁護人の数の制限 ………………………………… 遠藤邦彦　120
　　規第26条（被告人の弁護人の数の制限・法第35条）
　　規第27条（被疑者の弁護人の数の制限・法第35条）
第36条　請求による被告人の弁護人選任 ………………… 遠藤邦彦　123
　　規第28条（国選弁護人選任の請求・法第36条等）
　　規第179条の6（国選弁護人差支えの場合の処置・法第36条等）
第36条の2　資力申告書の提出 …………………………… 田野尻猛　131
第36条の3　私選弁護人選任申出の前置 ………………… 田野尻猛　132
第37条　職権による被告人の弁護人選任 ………………… 遠藤邦彦　134
　　規第279条（国選弁護人・法第37条等）
第37条の2　被疑者の国選弁護 …………………………… 田野尻猛　137

第37条の3　選任請求の手続 …………………………………… 田野尻猛　140
第37条の4　職権による選任 …………………………………… 田野尻猛　141
第37条の5　複数の弁護人の選任 ……………………………… 田野尻猛　142
第38条　国選弁護人の資格・報酬等 …………………………… 遠藤邦彦　142
　規第29条（国選弁護人の選任・法第38条）
　規第29条の3（国選弁護人の選任等の通知・法第38条等）
第38条の2　選任の効力の終期 ………………………………… 田野尻猛　148
第38条の3　弁護人の解任 ……………………………………… 田野尻猛　149
第38条の4　虚偽の資力申告書の提出に対する制裁 ………… 田野尻猛　152
第39条　被告人・被疑者との接見交通 ………………………… 廣瀬健二　153
　規第30条（裁判所における接見等・法第39条）
第40条　書類・証拠物の閲覧・謄写 …………………………… 遠藤邦彦　171
　規第31条（弁護人の書類の閲覧等・法第40条）
　規第301条（書類、証拠物の閲覧等）
第41条　独立行為権 ……………………………………………… 廣瀬健二　173
第42条　補佐人 …………………………………………………… 遠藤邦彦　176
　規第32条（補佐人の届出の方式・法第42条）

第5章　裁　判

第43条　判決、決定・命令 ……………………………………… 加藤陽　178
　規第33条（決定、命令の手続・法第43条）
第44条　裁判の理由 ……………………………………………… 加藤陽　181
　規第34条（裁判の告知）
　規第35条（裁判の宣告）
　規第36条（謄本、抄本の送付）
　規第53条（裁判書の作成）
　規第54条（裁判書の作成者）
　規第55条（裁判書の署名押印）
　規第56条（裁判書の記載要件）
　規第57条（裁判書等の謄本、抄本）
第45条　判事補の権限 …………………………………………… 加藤陽　190
第46条　謄本の請求 ……………………………………………… 加藤陽　191

第6章　書類及び送達

第47条　訴訟書類の非公開 …………………………………… 吉田正喜　193
　規第37条（訴訟書類の作成者）
　規第58条（公務員の書類）
　規第59条（公務員の書類の訂正）
　規第60条（公務員以外の者の書類）
　規第60条の2（署名押印に代わる記名押印）
　規第61条（署名押印に代わる代書又は指印）

第48条　公判調書の作成、整理 ……………………………… 加藤陽　202
　規第44条（公判調書の記載要件・法第48条）
　規第44条の2（公判調書の供述の記載の簡易化・法第48条）
　規第45条（公判調書の作成の手続・法第48条）
　規第46条（公判調書の署名押印、認印・法第48条）
　規第47条（公判廷の速記、録音）
　規第49条（調書への引用）
　規第52条（公判調書の整理・法第48条等）
　規第52条の7（公判調書における速記録の引用）
　規第52条の8（公判調書における速記原本の引用）
　規第52条の9（速記原本の訳読等）
　規第52条の10
　規第52条の11
　規第52条の12（速記原本の反訳等）
　規第52条の17（録音反訳による公判調書）
　規第52条の18（公判調書における録音反訳の場合の措置）
　規第52条の19（公判調書未整理の場合の録音体の再生等）
　規第52条の20（公判調書における録音体の引用）
　規第52条の21（録音体の内容を記載した書面の作成）

第49条　被告人の公判調書閲覧権 …………………………… 吉田正喜　223
　規第50条（被告人の公判調書の閲覧・法第49条）
　規第301条（書類・証拠物の閲覧等）

第50条　公判調書の未整理と当事者の権利 ………………… 加藤陽　226
　規第51条（証人の供述の要旨等の告知・法第50条）

第51条　公判調書の記載に対する異議申立て ……………… 加藤陽　227
　規第48条（異議の申立の記載・法第50条等）
　規第52条の13（速記録添附の場合の異議申立期間・法第51条）

第52条　公判調書の証明力 ………………………………………… 加藤陽　231
第53条　訴訟記録の閲覧 …………………………………………… 吉田正喜　242
　規第304条（被告事件終結後の訴訟記録の送付）
第53条の2　情報公開法の適用除外 ……………………………… 吉田正喜　253
第54条　送　　達 …………………………………………………… 加藤陽　255
　規第62条（送達のための届出・法第54条）
　規第63条（書留郵便等に付する送達・法第54条）
　規第63条の2（就業場所における送達の要件・法第54条）
　規第64条（検察官に対する送達・法第54条）
　規第65条（交付送達・法第54条）
　民事訴訟法第98条（職権送達の原則等）
　民事訴訟法第99条（送達実施機関）
　民事訴訟法第100条（裁判所書記官による送達）
　民事訴訟法第101条（交付送達の原則）
　民事訴訟法第102条（訴訟無能力者等に対する送達）
　民事訴訟法第103条（送達場所）
　民事訴訟法第104条（送達場所等の届出）
　民事訴訟法第105条（出会送達）
　民事訴訟法第106条（補充送達及び差置送達）
　民事訴訟法第107条（書留郵便等に付する送達）
　民事訴訟法第108条（外国における送達）
　民事訴訟法第109条（送達報告書）

第7章　期　　間

第55条　期間の計算 ………………………………………………… 加藤陽　265
第56条　法定期間の延長 …………………………………………… 加藤陽　268
　規第66条（裁判所に対する訴訟行為をする者のための法定期間の延長・
　　法第56条）
　規第66条の2（検察官に対する訴訟行為をする者のための法定期間の
　　延長・法第56条）

第8章 被告人の召喚、勾引及び勾留

第57条 召喚 ……………………………………… 川田宏一 271
 規第67条（召喚の猶予期間・法第57条）
第58条 勾引 ……………………………………… 川田宏一 272
 規第68条（勾引、勾留についての身体、名誉の保全）
第59条 勾引の効力 ……………………………… 川田宏一 274
第60条 勾留の理由、期間・期間の更新 ………… 川田宏一 275
第61条 勾留と被告事件の告知 ………………… 川田宏一 299
 規第69条（裁判所書記官の立会・法第61条）
 規第39条（被告人、被疑者の陳述の調書）
 規第42条（調書の記載要件）
第62条 令状 ……………………………………… 川田宏一 303
 規第73条（勾引状の数通交付）
第63条 召喚状の方式 …………………………… 川田宏一 305
第64条 勾引状・勾留状の方式 ………………… 川田宏一 306
 規第70条（勾留状の記載要件・法第64条）
第65条 召喚の手続 ……………………………… 川田宏一 313
第66条 勾引の嘱託 ……………………………… 川田宏一 316
第67条 嘱託による勾引の手続 ………………… 川田宏一 318
 規第76条（嘱託による勾引状・法第67条）
第68条 出頭命令・同行命令・勾引 …………… 川田宏一 320
第69条 裁判長の権限 …………………………… 川田宏一 321
 規第71条（裁判長の令状の記載要件・法第69条）
第70条 勾引状・勾留状の執行 ………………… 川田宏一 322
 規第72条（勾引状、勾留状の原本の送付・法第70条）
 規第74条（勾引状、勾留状の謄本交付の請求）
第71条 勾引状・勾留状の管轄区域外における執行・執行の嘱託
 ……………………………………………………… 川田宏一 324
第72条 被告人の捜査・勾引状・勾留状の執行の嘱託 ……… 川田宏一 325
第73条 勾引状・勾留状執行の手続 …………… 川田宏一 326
 規第75条（勾引状、勾留状執行後の処置）

第74条	護送中の仮留置	川田宏一	329
第75条	勾引された被告人の留置	川田宏一	330
第76条	勾引された被告人と公訴事実・弁護人選任権の告知	川田宏一	330

 規第77条（裁判所書記官の立会・法第76条等）
 規第78条（調書の作成・法第76条等）

第77条	勾留と弁護人選任権等の告知	川田宏一	332
第78条	弁護人選任の申出	川田宏一	334
第79条	勾留と弁護人等への通知	川田宏一	336

 規第79条（勾留の通知・法第79条）
 規第80条（被告人の移送）

第80条	勾留と接見交通	川田宏一	339
第81条	接見交通の制限	川田宏一	340
第82条	勾留理由開示の請求	川田宏一	348

 規第81条（勾留の理由開示の請求の方式・法第82条）
 規第81条の2（開示の請求の却下）
 規第86条の2（開示の請求の却下決定の送達）

第83条	勾留の理由の開示	川田宏一	353

 規第82条（開示の手続・法第83条）
 規第83条（公判期日における開示・法第83条）
 規第84条（開示の請求と開示期日）
 規第85条（開示期日の変更）
 規第85条の2（被告人、弁護人の退廷中の開示・法第83条）

第84条	勾留理由の開示の方式		356

 規第85条の3（開示期日における意見陳述の時間の制限等・法第84条）
 規第86条（開示期日の調書）

第85条	受命裁判官による勾留理由の開示	川田宏一	360
第86条	数個の勾留理由開示の請求	川田宏一	361
第87条	勾留の取消し	川田宏一	362
第88条	保釈の請求	川田宏一	368
第89条	必要的保釈	川田宏一	370
第90条	職権保釈	川田宏一	381
第91条	不当に長い拘禁と勾留の取消し・保釈	川田宏一	384

第92条　保釈と検察官の意見 ……………………………… 川田宏一　387
第93条　保証金額、保釈の条件 …………………………… 川田宏一　391
第94条　保釈の手続 ………………………………………… 川田宏一　396
　　規第87条（保釈の保証書の記載事項・法第94条）
第95条　勾留の執行停止 …………………………………… 川田宏一　399
　　規第88条（執行停止についての意見の聴取・法第95条）
　　規第90条（委託による執行停止・法第95条）
第96条　保釈等の取消し、保証金の没取 ………………… 川田宏一　403
　　規第91条（保証金の還付・法第96条、第343条等）
第97条　上訴と勾留に関する決定 ………………………… 川田宏一　416
　　規第92条（上訴中の事件等の勾留に関する処分・法第97条）
第98条　保釈の取消し等と収容の手続 …………………… 川田宏一　419
　　規第92条の2（禁錮以上の刑に処せられた被告人の収容手続・法第98条）

第9章　押収及び捜索

第99条　差押え、提出命令 ………………………… 和田雅樹＝吉田雅之　422
　　規第93条（押収、捜索についての秘密、名誉の保持）
第99条の2　記録命令付差押え ………………………………… 吉田雅之　433
第100条　郵便物等の押収 ………………………………………… 和田雅樹　435
第101条　領　置 …………………………………………………… 和田雅樹　437
　　規第41条（検証、押収の調書）
第102条　捜　索 …………………………………………………… 和田雅樹　439
　　規第102条（被告人の身体検査の召喚状等の記載要件・法第63条等）
第103条　公務上秘密と押収 ……………………………………… 和田雅樹　441
第104条　公務上秘密と押収 ……………………………………… 和田雅樹　443
第105条　業務上秘密と押収 ……………………………………… 和田雅樹　444
第106条　令　状 …………………………………………………… 和田雅樹　446
第107条　差押状・記録命令付差押状・捜索状の方式
　　　　　　　　　　　　　　　　　　　　　………… 和田雅樹＝吉田雅之　447
　　規第94条（差押状等の記載事項・法第107条）
第108条　差押状・記録命令付差押状・捜索状の執行 ………… 和田雅樹　455

規第95条（準用規定）
　　規第97条（差押状等執行後の処置）
　　規第99条（差押状、記録命令付差押状の執行調書の記載）
　　規第100条（押収、捜索の立会い）
第109条　執行の補助 ………………………………………… 和田雅樹　458
第110条　執行の方式 ………………………………………… 和田雅樹　458
第110条の2　電磁的記録に係る記録媒体の差押えの執行方法
　　　　　………………………………………………………… 吉田雅之　461
第111条　押収捜索と必要な処分 …………………………… 和田雅樹　463
第111条の2　捜索・差押えの際の協力要請 ……………… 吉田雅之　470
第112条　執行中の出入禁止 ………………………………… 和田雅樹　472
第113条　当事者の立会い …………………………………… 和田雅樹　473
第114条　責任者の立会い …………………………………… 和田雅樹　475
第115条　女子の身体の捜索と立会い ……………………… 和田雅樹　479
第116条　時刻の制限 ………………………………………… 和田雅樹　481
第117条　時刻の制限の例外 ………………………………… 和田雅樹　482
第118条　執行の中止と必要な処分 ………………………… 和田雅樹　483
第119条　証明書の交付 ……………………………………… 和田雅樹　484
　　規第96条（捜索証明書、押収品目録の作成者・法第119条等）
第120条　押収目録の交付 …………………………………… 和田雅樹　485
第121条　押収物の保管、廃棄 ……………………………… 和田雅樹　487
　　規第98条（押収物の処置）
第122条　押収物の代価保管 ………………………………… 和田雅樹　489
第123条　還付、仮還付 ……………………………… 和田雅樹＝吉田雅之　491
第124条　押収贓物の被害者還付 …………………………… 和田雅樹　498
第125条　受命裁判官、受託裁判官 ………………………… 和田雅樹　502
第126条　勾引状等の執行と被告人の捜索 ………………… 和田雅樹　504
第127条　勾引状等の執行と被告人の捜索 ………………… 和田雅樹　505

第10章　検　証

第128条　検　証 …………………………………………… 飯島泰　507
　　規第41条（検証、押収の調書）
　　規第42条（調書の記載要件）
　　規第105条（検証の立会）
第129条　検証と必要な処分 ………………………………… 飯島泰　513
　　規第101条（検証についての注意）
第130条　時刻の制限 ………………………………………… 飯島泰　516
第131条　身体検査に関する注意、女子の身体検査と立会い …… 飯島泰　517
第132条　身体検査のための召喚 …………………………… 飯島泰　518
　　規第102条（被告人の身体検査の召喚状等の記載要件・法第63条等）
　　規第103条（被告人以外の者の身体検査の召喚状等の記載要件・
　　　法第136条等）
第133条　出頭拒否と過料等 ………………………………… 飯島泰　518
第134条　出頭拒否と刑罰 …………………………………… 飯島泰　519
第135条　出頭拒否と勾引 …………………………………… 飯島泰　520
第136条　召喚・勾引に関する準用規定 …………………… 飯島泰　520
　　規第104条（準用規定）
第137条　身体検査の拒否と過料等 ………………………… 飯島泰　521
第138条　身体検査の拒否と刑罰 …………………………… 飯島泰　521
第139条　身体検査の直接強制 ……………………………… 飯島泰　522
第140条　身体検査の強制に関する訓示規定 ……………… 飯島泰　523
第141条　検証の補助 ………………………………………… 飯島泰　523
第142条　準用規定 …………………………………………… 飯島泰　524

第11章　証人尋問

第143条　証人の資格 ………………………………………… 中村光一　526
　　規第106条（尋問事項書・法第304条等）
　　規第107条（請求の却下）
　　規第114条（尋問の立会）

規第115条（人定尋問）
　　　規第123条（個別尋問）
　　　規第124条（対質）
　　　規第125条（書面による尋問）
第144条　公務上秘密と証人資格 ……………………………… 中村光一　533
第145条　同　　前 ……………………………………………… 中村光一　535
第146条　自己の刑事責任と証言拒絶権 ……………………… 中村光一　535
　　　規第121条（証言拒絶権の告知・法第146条等）
　　　規第122条（証言の拒絶・法第146条等）
第147条　近親者の刑事責任と証言拒絶権 …………………… 中村光一　539
第148条　同前の例外 …………………………………………… 中村光一　539
第149条　業務上秘密と証言拒絶権 …………………………… 中村光一　540
第150条　出頭義務違反と過料等 ……………………………… 中村光一　542
第151条　出頭義務違反と刑罰 ………………………………… 中村光一　544
第152条　再度の召喚・勾引 …………………………………… 中村光一　545
第153条　準用規定 ……………………………………………… 中村光一　546
　　　規第110条（召喚状、勾引状の記載要件・法第153条等）
　　　規第111条（召喚の猶予期間）
　　　規第112条（準用規定）
　　　規第113条（尋問上の注意、在廷証人）
第153条の2　証人の留置 ……………………………………… 中村光一　548
第154条　宣　　誓 ……………………………………………… 中村光一　549
　　　規第117条（宣誓の時期・法第154条）
　　　規第118条（宣誓の方式・法第154条）
　　　規第119条（個別宣誓・法第154条）
　　　規第120条（偽証の警告・法第154条）
第155条　宣誓無能力 …………………………………………… 中村光一　552
　　　規第116条（宣誓の趣旨の説明等・法第155条）
第156条　推測事項の証言 ……………………………………… 中村光一　553
第157条　当事者の立会権、尋問権 …………………………… 中村光一　554
第157条の2　証人への付添い ………………………………… 中村光一　558
第157条の3　証人尋問の際の証人の遮へい ………………… 中村光一　560
第157条の4　ビデオリンク方式による証人尋問 …………… 中村光一　563

第158条　証人の裁判所外への喚問・所在尋問、当事者の権利
　　　　　　　　　　　　　　　　　　　　　　　　　中村光一　566
　　規第108条（尋問事項の告知等・法第158条）
　　規第109条（職権による公判期日外の尋問・法第158条）
第159条　同　　前 …………………………………………中村光一　569
　　規第126条（公判期日外の尋問調書の閲覧等・法第159条）
第160条　宣誓証言の拒絶と過料等 ………………………中村光一　571
第161条　宣誓証言の拒絶と刑罰 …………………………中村光一　573
第162条　同行命令・勾引 …………………………………中村光一　574
第163条　受命裁判官、受託裁判官 ………………………中村光一　575
　　規第127条（受命、受託裁判官の尋問・法第163条）
第164条　証人の旅費・日当・宿泊料 ……………………中村光一　577

第12章　鑑　　定

第165条　鑑　　定 …………………………………………村越一浩　579
　　規第129条（鑑定の報告）
　　規第130条（裁判所外の鑑定）
第166条　宣　　誓 …………………………………………村越一浩　587
　　規第128条（宣誓・法第166条）
第167条　鑑定留置、留置状 ………………………………村越一浩　588
　　規第130条の2（鑑定留置状の記載要件・法第167条）
　　規第130条の3（看守の申出の方式・法第167条）
　　規第130条の4（鑑定留置期間の延長、短縮・法第167条）
　　規第130条の5（収容費の支払・法第167条）
　　規第131条（準用規定）
第167条の2　鑑定留置と勾留の執行停止 ………………村越一浩　592
第168条　鑑定と必要な処分、許可状 ……………………村越一浩　593
　　規第132条（準用規定）
　　規第133条（鑑定許可状の記載要件・法第168条）
　　規第134条（鑑定のための閲覧等）
第169条　受命裁判官 ………………………………………村越一浩　598
第170条　当事者の立会い …………………………………村越一浩　599

第171条　準用規定 …………………………………… 村越一浩　601
　規第135条（準用規定）
第172条　裁判官に対する身体検査の請求 ……………… 村越一浩　602
第173条　鑑定料・鑑定必要費用等 ……………………… 村越一浩　603
第174条　鑑定証人 ………………………………………… 村越一浩　604

第13章　通訳及び翻訳

第175条　通　訳 …………………………………………… 村越一浩　605
第176条　同　前 …………………………………………… 村越一浩　610
第177条　翻　訳 …………………………………………… 村越一浩　611
第178条　準用規定 ………………………………………… 村越一浩　613
　規第136条（準用規定）

第14章　証拠保全

第179条　証拠保全の請求 ………………………………… 小倉哲浩　615
　規第137条（処分をすべき裁判官・法第179条）
　規第138条（請求の方式・法第179条）
第180条　証拠保全された書類・証拠物の閲覧謄写 …… 小倉哲浩　618

第15章　訴訟費用

第181条　訴訟費用の被告人負担 ………………………… 小倉哲浩　619
第182条　共犯人の連帯負担 ……………………………… 小倉哲浩　626
第183条　告訴人等の負担 ………………………………… 小倉哲浩　628
第184条　上訴又は再審の取下げとその費用負担 ……… 小倉哲浩　629
第185条　訴訟費用の被告人負担の裁判 ………………… 小倉哲浩　630
第186条　訴訟費用の被告人以外の者の負担の裁判 …… 小倉哲浩　634
第187条　訴訟費用負担の決定 …………………………… 小倉哲浩　635
第187条の2　公訴の提起がないとき …………………… 田野尻猛　636

第188条　費用負担額の算定 …………………………………… 小倉哲浩　638

第16章　費用の補償

第188条の2　無罪の場合の費用補償 …………………………… 小倉哲浩　640
　規第138条の9（裁判所書記官による計算・法第188条の3等）
第188条の3　無罪の場合の費用補償の決定 …………………… 小倉哲浩　643
第188条の4　検察官上訴の場合の費用補償 …………………… 小倉哲浩　644
第188条の5　検察官上訴の場合の費用補償の決定 …………… 小倉哲浩　645
　規第138条の8（準用規定）
第188条の6　補償費用の範囲 …………………………………… 小倉哲浩　646
第188条の7　補償手続等 ………………………………………… 小倉哲浩　650

監修者・編集代表・編集委員・第1巻執筆者紹介 ……………………………… 653
第1巻判例索引 ……………………………………………………………………… 655

第2巻目次（第189条～第270条）

第2編　第一審

第1章　捜　査

第189条	一般司法警察職員と捜査	河村博
第190条	特別司法警察職員	〃
第191条	検察官・検察事務官と捜査	〃
第192条	捜査に関する協力	〃
第193条	検察官の司法警察職員に対する指示・指揮	〃
第194条	司法警察職員に対する懲戒・罷免の訴追	〃
第195条	検察官・検察事務官の管轄区域外における職務執行	〃
第196条	捜査関係者に対する訓示規定	〃
第197条	捜査に必要な取調べ	廣瀬健二
第198条	被疑者の出頭要求・取調べ	川出敏裕
第199条	逮捕状による逮捕の要件	久木元伸＝川出敏裕
第200条	逮捕状の方式	久木元伸
第201条	逮捕状による逮捕の手続	〃
第202条	検察官・司法警察員への引致	〃
第203条	司法警察員の手続・検察官送致の時間の制限	〃
第204条	検察官の手続・勾留請求の時間の制限	〃
第205条	司法警察員から送致を受けた検察官の手続・勾留請求の時間の制限	〃
第206条	制限時間の不遵守と免責	〃
第207条	被疑者の勾留	菅原暁
第208条	起訴前の勾留期間、期間の延長	〃
第208条の2	勾留期間の再延長	〃
第209条	逮捕状による逮捕に関する準用規定	〃
第210条	緊急逮捕	安永健次
第211条	緊急逮捕と準用規定	〃
第212条	現行犯人	〃
第213条	現行犯逮捕	〃
第214条	私人による現行犯逮捕と被逮捕者の引渡し	〃
第215条	現行犯人を受け取った司法巡査の手続	〃
第216条	現行犯人と準用規定	〃
第217条	軽微事件と現行犯逮捕	〃
第218条	令状による差押え・記録命令付差押え・捜索・検証	髙﨑秀雄

第219条	差押え等の令状の方式	〃
第220条	令状によらない差押え・捜索・検証	上冨敏伸
第221条	領置	〃
第222条	押収・捜索・検証に関する準用規定、検証の時刻の制限、被疑者の立会い、身体検査を拒否した者に対する制裁	〃
第222条の2	電気通信の傍受を行う強制処分	〃
第223条	第三者の任意出頭・取調べ・鑑定等の嘱託	眞田寿彦
第224条	鑑定の嘱託と鑑定留置の請求	〃
第225条	鑑定受託者と必要な処分、許可状	〃
第226条	証人尋問の請求	〃
第227条	証人尋問の請求	〃
第228条	証人尋問	〃
第229条	検視	〃
第230条	告訴権者	〃
第231条	告訴権者	〃
第232条	告訴権者	〃
第233条	告訴権者	〃
第234条	告訴権者の指定	〃
第235条	告訴期間	〃
第236条	告訴期間の独立	〃
第237条	告訴の取消し	〃
第238条	告訴の不可分	〃
第239条	告発	〃
第240条	告訴の代理	〃
第241条	告訴・告発の方式	〃
第242条	告訴・告発を受けた司法警察員の手続	〃
第243条	準用規定	〃
第244条	外国代表者等の告訴の特別方式	〃
第245条	自首	〃
第246条	司法警察員から検察官への事件の送致	〃

第2章　公　訴

第247条	国家訴追主義	白木功
第248条	起訴便宜主義	廣瀬健二
第249条	公訴の効力の人的範囲	馬場嘉郎
第250条	公訴時効期間	〃
第251条	時効期間の標準となる刑	〃
第252条	時効期間の標準となる刑	〃

第253条	時効の起算点	〃
第254条	公訴の提起と時効の停止	〃
第255条	その他の理由による時効の停止	〃
第256条	起訴状、訴因、罰条	濱田毅
第257条	公訴の取消し	白木功
第258条	他管送致	〃
第259条	被疑者に対する不起訴処分の告知	〃
第260条	告訴人等に対する起訴・不起訴等の通知	〃
第261条	告訴人等に対する不起訴理由の告知	〃
第262条	裁判上の準起訴手続・付審判の請求	大島隆明
第263条	請求の取下げ	〃
第264条	公訴提起の義務	〃
第265条	裁判上の準起訴手続の審判	〃
第266条	請求棄却の決定・付審判の決定	〃
第267条	公訴提起の擬制	〃
第267条の2	付審判決定の通知	菊池浩
第268条	公訴の維持と指定弁護士	大島隆明
第269条	請求者に対する費用賠償の決定	〃
第270条	検察官の書類・証拠物の閲覧・謄写権	〃

第3巻目次 （第271条～第350条の14）

第3章 公 判

第1節 公判準備及び公判手続

第271条	起訴状謄本の送達、不送達と公訴提起の失効	廣瀬健二
第272条	弁護人選任権等の告知	〃
第273条	公判期日の指定、召喚、通知	〃
第274条	召喚状送達の擬制	〃
第275条	期日の猶予期間	〃
第276条	公判期日の変更	〃
第277条	不当な期日変更に対する救済	〃
第278条	不出頭と診断書の提出	〃
第278条の2	検察官・弁護人に対する出頭命令	菊池浩
第279条	公務所等に対する照会	廣瀬健二
第280条	勾留に関する処分	〃

第281条	期日外の証人尋問	〃
第281条の2	被告人の退席	〃
第281条の3	開示された証拠の管理	村中孝一
第281条の4	開示された証拠の目的外使用の禁止	〃
第281条の5	目的害使用の罪	〃
第281条の6	連日的開廷の確保	〃
第282条	公判廷	廣瀬健二
第283条	被告人たる法人と代理人の出頭	〃
第284条	軽微事件における出頭義務の免除・代理人の出頭	〃
第285条	出頭義務とその免除	〃
第286条	被告人の出頭の権利義務	〃
第286条の2	出頭拒否と公判手続	〃
第287条	身体の不拘束	〃
第288条	被告人の在廷義務、法廷警察権	〃
第289条	必要的弁護	〃
第290条	任意的国選弁護	〃
第290条の2	公開の法廷での被害者特定事項の秘匿	吉田雅之
第291条	冒頭手続	〃
第291条の2	簡易公判手続の決定	〃
第291条の3	決定の取消し	〃
第292条	証拠調べ	〃
第292条の2	被害者等の意見の陳述	〃
第293条	弁論	〃
第294条	訴訟指揮権	〃
第295条	弁論等の制限	〃
第296条	検察官の冒頭陳述	大谷晃大
第297条	証拠調べの範囲・順序・方法の予定とその変更	廣瀬健二
第298条	証拠調べの請求、職権証拠調べ	藤宗和香
第299条	同 前と当事者の権利	廣瀬健二
第299条の2	証人等の身体・財産への加害行為等の防止のための配慮	大谷晃大
第299条の3	証拠開示の際の被害者特定事項の秘匿要請	吉田雅之
第300条	証拠調べの請求の義務	藤宗和香
第301条	自白と証拠調べの請求の制限	廣瀬健二
第302条	捜査記録の一部についての証拠調べの請求	〃
第303条	公判準備の結果と証拠調べの必要	〃
第304条	人的証拠に対する証拠調べの方式	〃
第304条の2	被告人の退廷	〃
第305条	証拠書類等に対する証拠調べの方式	〃

第306条	証拠物に対する証拠調べの方式	〃
第307条	同　前	〃
第307条の2	簡易公判手続	〃
第308条	証明力を争う権利	〃
第309条	証拠調べに関する異議申立て、裁判長の処分に対する異議申立て	〃
第310条	証拠調べを終わった証拠の提出	〃
第311条	被告人の黙秘権・供述拒否権、任意の供述	〃
第312条	訴因・罰条の追加・撤回・変更	河原俊也
第313条	弁論の分離・併合・再開	廣瀬健二
第313条の2	併合事件における弁護人選任の効力	田野尻猛
第314条	公判手続の停止	廣瀬健二
第315条	公判手続の更新	〃
第315条の2	簡易公判手続の決定の取消しと手続の更新	〃
第316条	合議制事件と一人の裁判官の手続の効力	〃

第2節　争点及び証拠の整理手続
第1款　公判前整理手続
第1目　通　則

第316条の2	公判前整理手続の決定と方法	加藤経将
第316条の3	公判前整理手続の目的	〃
第316条の4	必要的弁護	〃
第316条の5	公判前整理手続の内容	〃
第316条の6	公判前整理手続期日の決定と変更	〃
第316条の7	公判前整理手続期日の出席者	〃
第316条の8	弁護人の選任	〃
第316条の9	被告人の出席	〃
第316条の10	被告人の意思確認	〃
第316条の11	受命裁判官	〃
第316条の12	調書の作成	〃

第2目　争点及び証拠の整理

第316条の13	検察官による証明予定事実の提示と証拠調請求	加藤経将
第316条の14	検察官請求証拠の開示	〃
第316条の15	検察官請求証拠以外の証拠の開示	〃
第316条の16	検察官請求証拠に対する被告人・弁護人の意見表明	〃
第316条の17	被告人・弁護人による主張の明示と証拠調請求	〃
第316条の18	被告人・弁護人請求証拠の開示	〃
第316条の19	被告人・弁護人請求証拠に対する検察官の意見表明	〃
第316条の20	争点に関連する証拠の開示	〃
第316条の21	検察官による証明予定事実の追加・変更	〃

第316条の22	被告人・弁護人による主張の追加・変更	〃
第316条の23	証人等の保護のための配慮	〃
第316条の24	争点及び証拠の整理結果の確認	〃

第3目　証拠開示に関する裁定

第316条の25	開示方法等の指定	加藤経将
第316条の26	開示命令	〃
第316条の27	証拠及び証拠の標目の提示命令	〃

第2款　期日間整理手続

| 第316条の28 | 期日間整理手続の決定と進行 | 加藤経将 |

第3款　公判手続の特例

第316条の29	必要的弁護	加藤経将
第316条の30	被告人・弁護人による冒頭陳述	〃
第316条の31	整理手続の結果の顕出	〃
第316条の32	整理手続終了後の証拠調請求の制限	〃

第3節　被害者参加

第316条の33	被告事件の手続への被害者参加	岡本章
第316条の34	被害者参加人等の公判期日への出席	〃
第316条の35	被害者参加人等の意見に対する検察官の説明義務	〃
第316条の36	被害者参加人等による証人尋問	〃
第316条の37	被害者参加人等による被告人への質問	〃
第316条の38	被害者参加人等による弁論としての意見陳述	〃
第316条の39	被害者参加人への付添い、遮へいの措置	〃

第4節　証　拠

第317条	証拠裁判主義	廣瀬健二
第318条	自由心証主義	秋吉淳一郎
第319条	自白の証拠能力・証明力	〃
第320条	伝聞証拠と証拠能力の制限	廣瀬健二
第321条	被告人以外の者の供述書・供述録取書の証拠能力	山室惠
第321条の2	ビデオリンク方式による証人尋問調書の証拠能力	〃
第322条	被告人の供述書・供述録取書の証拠能力	〃
第323条	その他の書面の証拠能力	〃
第324条	伝聞の供述	〃
第325条	供述の任意性の調査	〃
第326条	当事者の同意と書面供述の証拠能力	〃
第327条	合意による書面の証拠能力	〃
第328条	証明力を争うための証拠	〃

第5節　公判の裁判

| 第329条 | 管轄違いの判決 | 大島隆明 |

第330条	管轄違いの言渡しの制限	〃
第331条	同　　前	〃
第332条	移送の決定	〃
第333条	刑の言渡しの判決、刑の執行猶予の言渡し	〃
第334条	刑の免除の判決	〃
第335条	有罪判決に示すべき理由	〃
第336条	無罪の判決	〃
第337条	免訴の判決	〃
第338条	公訴棄却の判決	〃
第339条	公訴棄却の決定	〃
第340条	公訴取消しによる公訴棄却と再起訴の要件	〃
第341条	被告人の陳述を聴かない判決	〃
第342条	判決の宣告	〃
第343条	禁錮以上の刑の宣告と保釈等の失効	〃
第344条	禁錮以上の刑の宣告後における勾留期間等	〃
第345条	無罪等の宣告と勾留状の失効	〃
第346条	没収の言渡しがない押収物	〃
第347条	押収物還付の言渡し	〃
第348条	仮納付の判決	〃
第349条	刑の執行猶予取消しの手続	〃
第349条の2	同　　前	〃
第350条	併合罪中大赦を受けない罪の刑を定める手続	〃

第4章　即決裁判手続

第1節　即決裁判手続の申立て

第350条の2	申立ての要件と手続	菊池浩
第350条の3	同意確認のための公的弁護人の選任	〃

第2節　公判準備及び公判手続の特例

第350条の4	職権による公的弁護人の選任	菊池浩
第350条の5	検察官請求証拠の開示	〃
第350条の6	弁護人に対する同意の確認	〃
第350条の7	公判期日の指定	〃
第350条の8	即決裁判手続による審判の決定	〃
第350条の9	必要的弁護	〃
第350条の10	公判審理の方式	〃
第350条の11	即決裁判手続による審判の決定の取消し	〃

第3節　証拠の特例

第350条の12	伝聞証拠排斥の適用除外	菊池浩

第4節　公判の裁判の特例

第350条の13	即日判決の要請	菊池浩
第350条の14	懲役又は禁錮の言渡し	〃

第4巻目次（第351条～第507条）

第3編　上　訴

第1章　通　則

前　説		前田巌
第351条	上訴権者	〃
第352条	抗告権者	〃
第353条	被告人のための上訴	〃
第354条	勾留の理由開示請求事件についての上訴	〃
第355条	原審代理人・弁護人の上訴	〃
第356条	被告人のための上訴の制限	〃
第357条	裁判の一部に対する上訴	〃
第358条	上訴提起期間の進行	〃
第359条	上訴の放棄又は取下げ	〃
第360条	書面による被告人の同意による上訴の放棄・取下げ	〃
第360条の2	上訴の放棄の禁止	〃
第360条の3	上訴放棄の手続	〃
第361条	再上訴の禁止	〃
第362条	上訴権回復の請求	〃
第363条	上訴権回復請求の手続	〃
第364条	即時抗告	〃
第365条	上訴権回復請求と裁判の執行停止	〃
第366条	収容中の被告人に関する特則	〃
第367条	被収容者の上訴放棄・上訴取下げ・上訴権回復請求	〃
第368条～第371条	削　除	

第2章　控　訴

第372条	控訴を許す判決	鹿野伸二
第373条	控訴提起期間	〃

第374条	控訴提起の方式	〃
第375条	第一審裁判所による控訴棄却の決定	〃
第376条	控訴趣意書	〃
第377条	控訴申立ての理由と控訴趣意書—絶対的控訴理由	〃
第378条	同前——絶対的控訴理由	〃
第379条	同前——訴訟手続の法令違反	〃
第380条	同前——法令の適用の誤り	〃
第381条	同前——刑の量定不当	〃
第382条	同前——事実誤認	〃
第382条の2	同前——弁論終結後の事情	〃
第383条	同前——再審事由その他	〃
第384条	控訴理由	〃
第385条	控訴棄却の決定	〃
第386条	同　前	〃
第387条	弁護人の資格	〃
第388条	弁論能力	〃
第389条	弁論	〃
第390条	被告人の出頭	〃
第391条	弁護人の不出頭等	〃
第392条	調査の範囲	〃
第393条	事実の取調べ	〃
第394条	証拠能力	〃
第395条	控訴棄却の判決	中谷雄二郎
第396条	同　前	〃
第397条	破棄の判決	〃
第398条	破棄差戻	〃
第399条	破棄移送	〃
第400条	破棄差戻・移送・自判	〃
第401条	共同被告人のための破棄	〃
第402条	不利益変更の禁止	〃
第403条	公訴棄却の決定	〃
第403条の2	控訴の制限	〃
第404条	準用規定	〃

第3章　上　告

第405条	上告の対象となる判決・上告理由	池田修
第406条	上告審としての事件受理	〃
第407条	上告趣意書	〃

第408条	弁論を経ない上告棄却の判決	〃
第409条	被告人の召喚不要	〃
第410条	上告理由がある場合の原判決破棄の判決	〃
第411条	上告理由のない場合の原判決破棄の判決	〃
第412条	破棄移送	〃
第413条	破棄差戻し・移送・自判	〃
第413条の2	上告審における破棄事由の制限	菊池浩
第414条	準用規定	池田修
第415条	訂正の判決	〃
第416条	訂正判決の弁論	〃
第417条	判決訂正申立ての棄却の決定	〃
第418条	上告判決の確定	〃

第4章 抗 告

第419条	一般抗告を許す決定	原田國男
第420条	判決前の決定に対する抗告	〃
第421条	通常抗告の時期	〃
第422条	即時抗告の提起期間	〃
第423条	抗告の手続	〃
第424条	通常抗告と執行停止	〃
第425条	即時抗告の執行停止の効力	〃
第426条	抗告に対する決定	〃
第427条	再抗告の禁止	〃
第428条	高等裁判所の決定に対する抗告の禁止、抗告に代わる異議申立て	〃
第429条	準抗告	〃
第430条	捜査機関の処分に対する準抗告	〃
第431条	準抗告の手続	〃
第432条	抗告に関する規定の準用	〃
第433条	特別抗告	〃
第434条	一般抗告に関する規定の準用	〃

第4編 再 審

第435条	再審の請求と理由(1)	池田修
第436条	再審の請求と理由(2)	〃
第437条	確定判決に代わる証明	〃
第438条	再審請求と管轄	〃
第439条	再審請求権者	〃

第440条	弁護人の選任	〃
第441条	再審請求の時期	〃
第442条	再審請求と執行停止の効力	〃
第443条	再審請求の取下げ	〃
第444条	被収容者に関する特則	〃
第445条	事実の取調べ	〃
第446条	請求棄却の決定(1)	〃
第447条	請求棄却の決定(2)	〃
第448条	再審開始の決定	〃
第449条	請求の競合と請求棄却の決定	〃
第450条	即時抗告	〃
第451条	再審の審判	〃
第452条	不利益変更の禁止	〃
第453条	無罪判決の公示	〃

第5編　非常上告

第454条	非常上告理由	三浦守
第455条	申立ての方式	〃
第456条	公判期日	〃
第457条	棄却の判決	〃
第458条	破棄の判決	〃
第459条	判決の効力	〃
第460条	調査範囲、事実の取調べ	〃

第6編　略式手続

第461条	略式命令	三浦守
第461条の2	略式手続についての説明と被疑者の異議	〃
第462条	略式命令の請求	〃
第463条	通常の審判	〃
第463条の2	公訴提起の失効	〃
第464条	略式命令の方式	〃
第465条	正式裁判の請求	〃
第466条	正式裁判請求の取下げ	〃
第467条	上訴規定の準用	〃
第468条	正式裁判請求の棄却、通常の審判	〃
第469条	略式命令の失効	〃

第470条　略式命令の効力　　　　　　　　　　　　　　〃

第7編　裁判の執行

第471条　裁判の確定と執行　　　　　　　　　　　　　平尾覚
第472条　執行指揮　　　　　　　　　　　　　　　　　〃
第473条　執行指揮の方式　　　　　　　　　　　　　　〃
第474条　刑の執行の順序　　　　　　　　　　　　　　〃
第475条　死刑執行の命令　　　　　　　　　　　　　　〃
第476条　死刑執行の期限　　　　　　　　　　　　　　〃
第477条　死刑執行の立会者　　　　　　　　　　　　　〃
第478条　執行始末書　　　　　　　　　　　　　　　　〃
第479条　死刑の執行停止　　　　　　　　　　　　　　〃
第480条　自由刑の必要的執行停止　　　　　　　　　　〃
第481条　自由刑の必要的執行停止の事後処分　　　　　〃
第482条　自由刑の任意的執行停止　　　　　　　　　　〃
第483条　訴訟費用の裁判の執行停止　　　　　　　　　〃
第484条　執行のための呼出　　　　　　　　　　　　　〃
第485条　収容状の発付　　　　　　　　　　　　　　　〃
第486条　検事長に対する収容の請求　　　　　　　　　〃
第487条　収容状の方式　　　　　　　　　　　　　　　〃
第488条　収容状の効力　　　　　　　　　　　　　　　〃
第489条　収容状の執行　　　　　　　　　　　　　　　〃
第490条　財産刑等の執行　　　　　　　　　　　　　　〃
第491条　相続財産に対する執行　　　　　　　　　　　〃
第492条　合併後の法人に対する執行　　　　　　　　　〃
第493条　仮納付の執行の調整　　　　　　　　　　　　〃
第494条　仮納付の執行と本刑の執行　　　　　　　　　〃
第495条　勾留日数の法定通算　　　　　　　　　　　　〃
第496条　没収物の処分　　　　　　　　　　　　　　　〃
第497条　没収物の交付　　　　　　　　　　　　　　　〃
第498条　偽造変造の表示　　　　　　　　　　　　　　〃
第498条の2　不正に作られた電磁的記録の消去等　　　吉田雅之
第499条　還付不能と公告　　　　　　　　　　　　　　平尾覚
第499条の2　電磁的記録に係る記録媒体の還付不能　　吉田雅之
第500条　訴訟費用執行免除の申立　　　　　　　　　　平尾覚
第500条の2　訴訟費用の予納　　　　　　　　　　　　〃
第500条の3　訴訟費用の裁判の執行　　　　　　　　　〃

第500条の4　予納金の返還　〃
第501条　解釈の申立て　〃
第502条　異議の申立て　〃
第503条　申立ての取下げ　〃
第504条　即時抗告　〃
第505条　労役場留置の執行　〃
第506条　執行費用の負担　〃
第507条　公務所等への照会　〃

第1編　総　則

〔この法律の目的〕
第1条　この法律は、刑事事件につき、公共の福祉の維持と個人の基本的人権の保障とを全うしつつ、事案の真相を明らかにし、刑罰法令を適正且つ迅速に適用実現することを目的とする。

〔規〕　第1条（この規則の解釈、運用）　この規則は、憲法の所期する裁判の迅速と公正とを図るようにこれを解釈し、運用しなければならない。
　　　2　訴訟上の権利は、誠実にこれを行使し、濫用してはならない。
　　第277条（審理の方針）　少年事件の審理については、懇切を旨とし、且つ事案の真相を明らかにするため、家庭裁判所の取り調べた証拠は、つとめてこれを取り調べるようにしなければならない。

〈本条細目次〉
1　本条の趣旨　3
2　公共の福祉と基本的人権　4
　(1)　公共の福祉　4
　(2)　基本的人権の保障　4
　(3)　両者の関係　5
3　事案の真相解明　8
4　刑罰法令の適用・実現　9
　(1)　適正な適用・実現　9
　(2)　迅速な適用・実現　10
5　刑事訴訟規則の解釈　14
　(1)　警察官・検察官の行為に関する裁判例　14
　(2)　公訴権濫用に関する裁判例　15
　(3)　警察官・検察官以外の者の行為に関する裁判例　16
6　少年事件の審理　17
7　司法制度改革　17
　(1)　裁判員裁判　17
　(2)　公判前整理手続　17

1　本条の趣旨

　本条は刑事訴訟法の目的規定である。「訴訟」は本来「裁判」を指すが、刑事訴訟法は、刑事裁判及びその手続だけではなく、起訴前の手続となる捜査

及び裁判確定後の執行などについても規定しているので、刑事手続全体の基本法である。従って、本条の目的も刑事手続全般に及ぶものとなる。

その目的として、本条では①公共の福祉の維持、②個人の基本的人権の保障、③事案の真相解明、④刑罰法令の適正・迅速な適用実現が掲げられている。いずれも刑事手続の目的として重要な事項であって、④が最終目的であることは、刑事訴訟法として当然であり異論がないところである。また、①と②は、「全うしつつ」と規定されており、刑事訴訟の目的実現の過程で同時に求められているものであることが明らかである。

③と④はいずれもその実現が目指されているが、その関係について、③を実現することが目的であり、それによって④が達成されるという理解（中山・大コメ刑訴1・45）と③、④の双方が目的であるとの理解がある（植村・注釈刑訴［第3版］1・62）。この点については、③事案の真相解明がなされずに、④適正な刑罰法令の適用はあり得ないこと、③事案の真相解明は①公共の福祉の維持と②個人の基本的人権の保障を全うしつつ、行われるものであるから、それが④の適正・迅速さを欠くという事態も考えにくい。結局、両説で実質的な差異はほとんど生じないものと思われる。

2　公共の福祉と基本的人権

(1)　公共の福祉

「公共の福祉」は憲法12条・13条に由来する概念である。刑事手続は、犯罪の嫌疑を明らかにして、その犯人を特定し、刑罰を科すかどうかを決める手続（捜査、裁判）であり、その対象が刑事事件である。従って、「刑事事件」における「公共の福祉」は、犯人の迅速かつ正確な特定及びその適正な処罰が主な内容となると考えられる（中山・大コメ刑訴1・49参照）。

しかし、被疑者が不起訴、被告人が無罪となる場合も含め、適正な刑事手続（捜査・公判等）が行われること自体が、近代法治国家においては、公益（公共の福祉）に資するものといえる。従って、被告人や関係者の納得も得られる大半の刑事事件においては、公共の福祉は、人権の制約・対立概念となるものでは必ずしもないことになる（植村・注釈刑訴［第3版］1・78参照）。

(2)　基本的人権の保障

憲法上の諸権利のうち、本条では、憲法31条以下の刑事手続に関する被疑者・被告人の権利が中心となるが、刑事手続に関わる者（被害者、参考人、証

人等)の人権保障も当然含まれている。近時、保障拡充が目覚ましいのが、犯罪被害者の権利であり、刑訴法の改正(250・157の2～4・292の2・316の33～39・290の2等)のみならず、犯罪被害者等の権利利益の保護を図るための刑事手続に付随する措置に関する法律(平成12年)、犯罪被害者等基本法等(平成16年)も制定されている(その詳細について、廣瀬健二「刑事法の改革と犯罪被害者」研修776・3以下参照)。

(3) 両者の関係

前述のように、刑事事件では、基本的には犯人の処罰の確保と被疑者・被告人の人権保障との合理的なバランスの確保が問題となる。

裁判例においては、「公共の福祉」を制約概念として権利制限を認める判示が多数なされてきた。例えば、最大判昭23・3・12刑集2・3・191(死刑の合憲性・生命権の制約)、最大判昭24・5・18刑集3・6・839(言論の自由の制約)、最大判昭25・9・27刑集4・9・1799(憲法21条の制約)、最大判昭27・1・9刑集6・1・4(言論の自由の制約)、最大判昭27・8・6刑集6・8・974(記者の証言拒絶・取材の自由の制約)、最大判昭32・3・13刑集11・3・997(チャタレー事件)、最大判昭44・10・15刑集23・10・1239(悪徳の栄え事件)など。

しかし、刑事事件において、公共の福祉と基本的人権の保障の双方の衡量ないし総合判断をして結論を示す以下の裁判例【1】～【5】があり、特に裁判例【3】【4】は本条を明示して判断を示し、【5】は【4】の原則を適用して一部の証拠を排除している。これらの裁判例をみると、本条に関しては、公共の福祉と人権保障の合理的なバランスの確保を判断要素としているものといってよいと思われる。

【1】 最決昭44・3・18刑集23・3・153

検察官等がした映画フィルムの差押えについて、その必要性の審査権を準抗告裁判所に認め、「犯罪の態様、軽重、差押物の証拠としての価値、重要性、差押物が隠滅毀損されるおそれの有無」(捜査の必要性＝公共の福祉)と「差押によって受ける被差押者の不利益の程度その他諸般の事情」(人権の保障等)との利益衡量による判断を認め、原裁判を維持している。

【2】 最大決昭44・11・26刑集23・11・1490(博多駅事件)

報道機関の放映済みのものを含む取材フィルムの提出命令について、「取

材の自由も、憲法21条の精神に照らし、十分尊重に値いするものといわなければならない」が、「公正な刑事裁判を実現することは、国家の基本的要請であり、刑事裁判においては、実体的真実の発見が強く要請されることもいうまでもない。このような公正な刑事裁判の実現を保障するために、報道機関の取材活動によって得られたものが、証拠として必要と認められるような場合には、取材の自由がある程度の制約を蒙ることとなってもやむを得ないところというべきである。しかしながら、このような場合においても、一面において、審判の対象とされている犯罪の性質、態様、軽重および取材したものの証拠としての価値、ひいては、公正な刑事裁判を実現するにあたっての必要性の有無を考慮するとともに、他面において取材したものを証拠として提出させられることによって報道機関の取材の自由が妨げられる程度およびこれが報道の自由に及ぼす影響の度合その他諸般の事情を比較衡量して決せられるべきであり、これを刑事裁判の証拠として使用することがやむを得ないと認められる場合においても、それによって受ける報道機関の不利益が必要な限度をこえないように配慮されなければならない。」と判示し、提出命令に違法はないとした。

【3】　最大判昭45・11・25刑集24・12・1670

偽計（切り違え尋問）による自白について、「捜査手続といえども、憲法の保障下にある刑事手続の一環である以上、刑訴法1条所定の精神に則り、公共の福祉の維持と個人の基本的人権の保障とを全うしつつ適正に行なわれるべきものであることにかんがみれば、捜査官が被疑者を取り調べるにあたり偽計を用いて被疑者を錯誤に陥れ自白を獲得するような尋問方法を厳に避けるべきであることはいうまでもないところであるが、もしも偽計によって被疑者が心理的強制を受け、その結果虚偽の自白が誘発されるおそれのある場合には、右の自白はその任意性に疑いがあるものとして、証拠能力を否定すべきであり、このような自白を証拠に採用することは、刑訴法319条1項の規定に違反し、ひいては憲法38条2項にも違反するものといわなければならない。」と判示して証拠能力を否定している。

【4】　最判昭53・9・7刑集32・6・1672

職務質問に伴う所持品検査が違法とされた事例について、「違法に収集された証拠物の証拠能力については、憲法及び刑訴法になんらの規定もおかれ

ていないので、この問題は、刑訴法の解釈に委ねられているものと解するのが相当であるところ、刑訴法は、『刑事事件につき、公共の福祉の維持と個人の基本的人権の保障とを全うしつつ、事案の真相を明らかにし、刑罰法令を適正且つ迅速に適用実現することを目的とする。』（同法１条）ものであるから、違法に収集された証拠物の証拠能力に関しても、かかる見地からの検討を要するものと考えられる。ところで、刑罰法令を適正に適用実現し、公の秩序を維持することは、刑事訴訟の重要な任務であり、そのためには事案の真相をできる限り明らかにすることが必要であることはいうまでもないところ、証拠物は押収手続が違法であっても、物それ自体の性質・形状に変異をきたすことはなく、その存在・形状等に関する価値に変りのないことなど証拠物の証拠としての性格にかんがみると、その押収手続に違法があるとして直ちにその証拠能力を否定することは、事案の真相の究明に資するゆえんではなく、相当でないというべきである。しかし、他面において、事案の真相の究明も、個人の基本的人権の保障を全うしつつ、適正な手続のもとでされなければならないものであり、ことに憲法35条が、憲法33条の場合及び令状による場合を除き、住居の不可侵、捜索及び押収を受けることのない権利を保障し、これを受けて刑訴法が捜索及び押収等につき厳格な規定を設けていること、また、憲法31条が法の適正な手続を保障していること等にかんがみると、証拠物の押収等の手続に、憲法35条及びこれを受けた刑訴法218条１項等の所期する令状主義の精神を没却するような重大な違法があり、これを証拠として許容することが、将来における違法な捜査の抑制の見地からして相当でないと認められる場合においては、その証拠能力は否定されるものと解すべきである。」と違法収集証拠排除法則を宣明している。

【5】　最判平15・2・14刑集57・2・121

「本件逮捕には、逮捕時に逮捕状の呈示がなく、逮捕状の緊急執行もされていない（逮捕状の緊急執行の手続が執られていないことは、本件の経過から明らかである。）という手続的な違法があるが、それにとどまらず、警察官は、その手続的な違法を糊塗するため、前記のとおり、逮捕状へ虚偽事項を記入し、内容虚偽の捜査報告書を作成し、更には、公判廷において事実と反する証言をしているのであって、本件の経緯全体を通して表れたこのような警察官の態度を総合的に考慮すれば、本件逮捕手続の違法の程度は、令状主義の

精神を潜脱し、没却するような重大なものであると評価されてもやむを得ないものといわざるを得ない。そして、このような違法な逮捕に密接に関連する証拠を許容することは、将来における違法捜査抑制の見地からも相当でないと認められるから、その証拠能力を否定すべきである」(前掲裁判例【3】参照)。

違法収集証拠に関しては、その後の裁判例においても、前記のように、「令状主義を潜脱するような重大な違法」という要件の判断において、権利侵害の程度、嫌疑の程度、捜査の必要性、他の捜査手段の有無等を総合判断して、処罰の確保と人権保障とのバランスが図られている。最近の裁判例として、東京高判平16・11・29東時55・1＝12・104、東京高判平20・9・25東時59・1＝12・83、東京高判平22・2・15東時61・1＝12・31など参照。

3　事案の真相解明

捜査、裁判等、刑事手続を通じて、事案の真相が明らかにされることを追求することは、当然のことである。本条は、これを目的に掲げて、実体的真実主義をとることを明らかにしている。しかし、同時に、本条においては、前記②個人の基本的人権の保障、④刑罰法令の適正・迅速な適用実現をも掲げているので、事案の真相解明も、これらと整合する限度において目指されていることが明らかにされている。従って、その整合性・調和が刑事手続の全体の課題となることを銘記すべきである。

また、現行刑事訴訟法は、実体的真実主義の実現のために、当事者主義を採用し検察官の主張立証と被告人側の反証活動を基本としつつ、裁判所の釈明権（規208）、職権証拠調べ（298Ⅱ）、訴因変更命令（312Ⅱ）などの職権行使も認めているので、その運用が問題となる。裁判例においては、以下のように、詳細は、釈明・訴因変更命令等、前記関係各条項の解説に譲るが、各事案に応じた犯人の処罰確保と人権保障のバランスが考慮されていると思われる。

裁判例として、最判昭33・2・13刑集12・2・218（共犯事件で提出されている証拠の請求遺脱の場合の促し義務・肯定）、最判昭33・5・20刑集12・7・1416（積極的に訴因変更を促し・命じる責務否定）、最大判昭40・4・28刑集19・3・270（訴因変更命令の形成力否定）、最判昭42・8・31刑集21・7・879（検察官の訴因変更請求は、当初の訴因で有罪判決が得られる場合でも許可）、最

決昭43・11・26刑集22・12・1352（当初の訴因では無罪だが、相当重大な罪の訴因に変更すれば有罪であることが明らかな場合には例外的に訴因変更を促し・命じる義務を肯定）、最判昭58・2・24裁集230・161／判時1070・5（控訴審における予備的訴因追加の在り方についての補足意見）、最判昭58・9・6刑集37・7・930（検察官の主張・立証、被告人側の防御活動等の審理状況等に照らし、求釈明に加えて、訴因変更を促し・命じる義務否定——日大事件）、最判昭58・12・13刑集37・10・1581（共謀共同正犯の謀議の日時を争点顕在化の措置をとらずに防御対象とされていなかった日時に認定替えすることは不意打ちを与え違法——よど号事件）、最決昭59・1・27刑集38・1・136（訴因の範囲を超えて他罪の審理をしたり、検察官にその罪への訴因追加・変更を促す義務否定）などがある。なお、訴訟指揮権に基づく証拠開示を認めた最決昭44・4・25刑集23・4・248も参照。

4　刑罰法令の適用・実現
(1)　適正な適用・実現

　事案の真相が解明されたことを前提になされる、適正な刑罰法令の適用・実現には、まず認定された事実に対する正しい実体法の適用が求められる。次に、その実体法適用の結果、有罪で刑事責任を問える場合には、その罪に対する適正な量刑、刑の執行が要請される。また、適正さはその裁判内容のみならず、そこに至る手続の適正さも要請するものである。

　この点については、前掲裁判例【3】最大判昭45・11・25、【4】最判昭53・9・7においてもその趣旨が示されていると思われるが、最大判平7・2・22刑集49・2・1（ロッキード事件丸紅ルート）は、刑事免責を与えて得られた嘱託証人尋問調書の証拠能力に関して、事実認定に供する証拠は、「刑訴法の証拠能力に関する諸規定のほか、『刑事事件につき、公共の福祉の維持と個人の基本的人権の保障とを全うしつつ、事案の真相を明らかにし、刑罰法令を適正且つ迅速に適用実現することを目的とする』（同法1条）刑訴法全体の精神に照らし、事実認定の証拠とすることが許容されるものでなければならない。」と明示し、「我が国の刑訴法は、刑事免責の制度を採用しておらず、刑事免責を付与して獲得された供述を事実認定の証拠とすることを許容していないものと解すべきである以上、本件嘱託証人尋問調書については、その証拠能力を否定すべきものと解するのが相当である。」と判示して

いる。
　また、最判平7・6・20刑集49・6・741は、国外退去させられた者の検察官面前調書の証拠能力について、「退去強制は、出入国の公正な管理という行政目的を達成するために、入国管理当局が出入国管理及び難民認定法に基づき一定の要件の下に外国人を強制的に国外に退去させる行政処分であるが、同じく国家機関である検察官において当該外国人がいずれ国外に退去させられ公判準備又は公判期日に供述することができなくなることを認識しながら殊更そのような事態を利用しようとした場合はもちろん、裁判官又は裁判所が当該外国人について証人尋問の決定をしているにもかかわらず強制送還が行われた場合など、当該外国人の検察官面前調書を証拠請求することが手続的正義の観点から公正さを欠くと認められるときは、これを事実認定の証拠とすることが許容されないこともあり得るといわなければならない。」と判示し手続的公正が要求されるとしている。

　(2)　迅速な適用・実現
　迅速な裁判を受ける権利は、憲法37条1項が保障しているところである。しかし、複雑困難な事件の適正な裁判には相当程度の時間を要するし、事件関係者の中には様々な利害から迅速裁判に協力しない者もあるなど、裁判の迅速化は近代的な裁判制度の永遠の課題といってもよい。もっとも、平成15年に裁判の迅速化に関する法律が制定され、民事・刑事事件ともに、第1審の審理は2年以内のできるだけ短い期間内に終局させることが求められ、日弁連、裁判所の努力義務のほか、当事者にもこれに沿うように誠実な手続上の権利行使が義務付けられている。
　この点に関する裁判例として、以下のものがある。
　①　最大判昭23・12・22刑集2・14・1853
　被告人の迅速な裁判を受ける権利侵害の主張について、仮に「裁判に迅速を欠いた違法があるからといって、第二審判決を破棄すべきものとすれば、差戻すの外はない。しかし、そうしたならば、裁判の進行は更に一層阻害されて、憲法の保障はいよいよ裏切られる矛盾を生ずるであろう。それ故裁判が迅速を欠き憲法第37条第1項に違反したとしても、それは判決に影響を及ぼさないことが明らかであるから、上告の理由とすることができない」と判示し斥けた。

② 最大判昭36・6・28刑集15・6・1015

公選法の百日裁判の規定の違憲主張について、「刑事事件において適正且つ迅速な裁判は、憲法上の要請であるとともにまた刑訴法の目的とするところであるが（憲法37条1項、刑訴法1条）、迅速な裁判の要請は、適正な裁判並びに被告人の防禦権保持の要請と、なんら本質的に相容れないものではないのである。ところで、公職選挙法251条及び251条の2によれば、同法による選挙の当選人が、自らその選挙に関し同条所定の罪を犯し刑に処せられたとき、及び選挙運動の総括主宰者又は出納責任者がその選挙に関し同条所定の罪を犯して刑に処せられたときは、当該当選人の当選が無効となるのであるから、当選人又は総括主宰者、出納責任者らが右犯罪の嫌疑を受けて公訴を提起された刑事事件にあっては、事犯の性質上、右当選人としての法律関係を速かに確定させるため、特に他の事件に優先して審理判決すべき要請が存するのであり、同法253条の2の規定は、まさに右の要請に応えようとする趣旨に出でたものであつて、合理的な根拠があるものとして是認されるべく、これがため裁判が粗漏、拙速に流れ被告人の防禦権を不当に制限するも可なりとする趣旨でないこと固よりである。」と判示して排斥した。

③ 最決昭36・5・9刑集15・5・771

合理的理由なく「公判期日を変更して約10月半の期間経過自体を待つことは、明らかに刑事訴訟における迅速な裁判の要請に反し、刑訴1条の趣旨を没却する訴訟の遅延を招来するものといわなければならない。それ故亦、原決定の説明する如き事由は、審理の促進、継続を図る趣旨に出た刑訴規則182条1項にいわゆる『やむを得ないと認める場合』に当るものでない」として判決宣告期日の変更決定を取り消した。

④ 最大決昭37・2・14刑集16・2・85

「迅速裁判の要請は、刑事訴訟法1条に明らかなように、刑事訴訟手続の基本的要請の一つである。このことは独り被告人のみの利益のために定められているものではない。」。期日指定についての「裁量権の行使は、刑事訴訟手続の基本的要請にしたがってなされなければならないのであって、迅速裁判の要請に著しく反する意図の下に期日を指定しないことは、裁量権を濫用するものとして許されないものと解すべきである。」と判示し、被告人の留学の便宜を考慮し5年後に判決宣告をしようと判決宣告期日を追って指定す

る旨の処分は、迅速裁判の要請に著しく反し違法として取り消した。

⑤　最大判昭47・12・20刑集26・10・631（高田事件）

「憲法37条1項の保障する迅速な裁判をうける権利は、憲法の保障する基本的な人権の一つであり、右条項は、単に迅速な裁判を一般的に保障するために必要な立法上および司法行政上の措置をとるべきことを要請するにとどまらず、さらに個々の刑事事件について、現実に右の保障に明らかに反し、審理の著しい遅延の結果、迅速な裁判をうける被告人の権利が害せられたと認められる異常な事態が生じた場合には、これに対処すべき具体的規定がなくても、もはや当該被告人に対する手続の続行を許さず、その審理を打ち切るという非常救済手段がとられるべきことをも認めている趣旨の規定であると解する。

刑事事件について審理が著しく遅延するときは、被告人としては長期間罪責の有無未定のまま放置されることにより、ひとり有形無形の社会的不利益を受けるばかりでなく、当該手続においても、被告人または証人の記憶の減退・喪失、関係人の死亡、証拠物の滅失などをきたし、ために被告人の防禦権の行使に種々の障害を生ずることをまぬがれず、ひいては、刑事司法の理念である、事案の真相を明らかにし、罪なき者を罰せず罪ある者を逸せず、刑罰法令を適正かつ迅速に適用実現するという目的を達することができないこととなるのである。上記憲法の迅速な裁判の保障条項は、かかる弊害発生の防止をその趣旨とするものにほかならない。

もっとも、『迅速な裁判』とは、具体的な事件ごとに諸々の条件との関連において決定されるべき相対的な観念であるから、憲法の右保障条項の趣旨を十分に活かすためには、具体的な補充立法の措置を講じて問題の解決をはかることが望ましいのであるが、かかる立法措置を欠く場合においても、あらゆる点からみて明らかに右保障条項に反すると認められる異常な事態が生じたときに、単に、これに対処すべき補充立法の措置がないことを理由として、救済の途がないとするがごときは、右保障条項の趣旨を全うするゆえんではないのである。

それであるから、審理の著しい遅延の結果、迅速な裁判の保障条項によって憲法がまもろうとしている被告人の諸利益が著しく害せられると認められる異常な事態が生ずるに至った場合には、さらに審理をすすめても真実の発

見ははなはだしく困難で、もはや公正な裁判を期待することはできず、いたずらに被告人らの個人的および社会的不利益を増大させる結果となるばかりであって、これ以上実体的審理を進めることは適当でないから、その手続をこの段階において打ち切るという非常の救済手段を用いることが憲法上要請されるものと解すべきである。」

「具体的刑事事件における審理の遅延が右の保障条項に反する事態に至っているか否かは、遅延の期間のみによって一律に判断されるべきではなく、遅延の原因と理由などを勘案して、それ遅延がやむをえないものと認められないかどうか、これにより右の保障条項がまもろうとしている諸利益がどの程度実際に害せられているかなど諸般の情況を総合的に判断して決せられなければならないのであって、たとえば、事件の複雑なために、結果として審理に長年月を要した場合などはこれに該当しないこともちろんであり、さらに被告人の逃亡、出廷拒否または審理引延しなど遅延の主たる原因が被告人側にあった場合には、被告人が迅速な裁判をうける権利を自ら放棄したものと認めるべきであって、たとえその審理に長年月を要したとしても、迅速な裁判をうける被告人の権利が侵害されたということはできない。

ところで、公訴提起により訴訟係属が生じた以上は、裁判所として、これを放置しておくことが許されないことはいうまでもないが、当事者主義を高度にとりいれた現行刑事訴訟法の訴訟構造のもとにおいては、検察官および被告人側にも積極的な訴訟活動が要請されるのである。しかし、少なくとも検察官の立証がおわるまでの間に訴訟進行の措置が採られなかった場合において、被告人側が積極的に期日指定の申立をするなど審理を促す挙に出なかったとしても、その一事をもって、被告人が迅速な裁判をうける権利を放棄したと推定することは許されないのである。」と判示して、第１審の検察官の立証段階に15年余審理が行われない空白期間が生じていた高田事件について、免訴による訴訟の打ち切りという救済がなされた。

高田事件以降の裁判例として、最判昭48・7・20刑集27・7・1322（大同製鋼事件）、最判昭49・5・31裁集192・585（関西電力贈賄事件）、最判昭50・8・6刑集29・7・393（高砂水道損壊事件）、最判昭50・8・6裁集197・153（洲本市収賄事件）、最決昭53・9・4刑集32・6・1077（大須事件統一組）、最決昭53・9・4刑集32・6・1652（大須事件分離組）、最判昭55・2・7刑

集34・2・15（峰山支部事件）、最決昭55・7・4判時977・41（羽田空港ビル内デモ事件）、最判昭58・5・27刑集37・4・474（川崎市殺人事件）、最決昭63・2・29刑集42・2・314（熊本水俣病事件）などがあり、高田事件判決の示した遅延期間（特に空白期間）、遅延理由（正当化理由、被告人の帰責事由）、遅延による被告人の諸利益に対する侵害の程度などの総合的検討による判断がなされているが、非常救済的な基準であることもあって、その後訴訟打ち切りとしたものはない。

5　刑事訴訟規則の解釈

規1条1項は、解釈指針として、「憲法の所期する裁判の迅速と公正」を掲げているが、前述のように、刑訴法1条も裁判の迅速と公平は当然目的としている。また、規1条2項は、訴訟上の権利の誠実な行使を要求して、権利濫用の禁止を明記している。

(1)　警察官・検察官の行為に関する裁判例

横浜地小田原支決昭43・10・9下刑集10・10・1030（起訴後7年余を経過して結審した事件で検察官の弁論再開請求並びに予備的訴因・罰条の追加請求を規1条の精神に違背するとして却下した事例）、東京地決昭43・11・26判時538・21（差押許可状に基づく差押処分が違法であるとして準抗告審で取り消された直後に、これと実質的に矛盾する再度の差押許可の裁判〔令状〕を求めることは許されないとした事例）、大分地決昭49・5・18判時743・119（接見等禁止決定却下に対し、翌日、事情の変更もなく再度の請求をし、疎明資料に勾留質問時に隣室で漏れ聞こえた内容を挙げたことの不当さを指摘し準抗告を棄却した事例）、福岡高那覇支判昭51・4・5判タ345・321（訴因変更の請求が、誠実な訴訟上の権利の行使〔規1Ⅱ〕とは言い難いうえ、迅速裁判の趣旨〔規1Ⅰ〕に反して被告人を長く不安定な地位に置くことによって、被告人の防御に実質的な著しい不利益を生ぜしめ、ひいて公平な裁判の保障を損なうおそれが顕著であるとして、許さなかった措置を是認した事例）、最決昭53・10・31刑集32・7・1847（勾留延長の裁判が準抗告審で取り消され、釈放義務懈怠を違法と指摘した事例）、大阪地判平10・4・16判タ992・283（訴因変更請求を権利の濫用として許さなかった事例）、那覇地判平18・3・28裁判所ウェブサイト（予備的訴因変更請求を憲法31条、刑訴法1条、規1条2項等違反とする弁護人の主張を排斥した事例）、横浜地判平20・10・24判タ1290・145（被疑者取調中の検察官の「弁護過

誤だな」等の弁護方針を批判した言動を違法とした事例〔その控訴審（東京高判平21・5・21訟務月報55・10・3023）は、弁護方針に関する部分については、直ちに相当性を欠き違法であるとまで評価することはできない等として、原判決中、控訴人敗訴部分を取り消している。〕）、また、捜査の違法を指摘する違法収集証拠に関する裁判例（前掲裁判例【4】、裁判例【5】等）がある。

(2) 公訴権濫用に関する裁判例

最決昭55・12・17刑集34・7・672（チッソ川本事件）は、検察官の訴追「裁量権の行使については種々の考慮事項が刑訴法に列挙されていること（刑訴法248条）、検察官は公益の代表者として公訴権を行使すべきものとされていること（検察庁法4条）、さらに、刑訴法上の権限は公共の福祉の維持と個人の基本的人権の保障とを全うしつつ誠実にこれを行使すべく濫用にわたってはならないものとされていること（刑訴法1条、刑訴規則1条2項）などを総合して考えると、検察官の裁量権の逸脱が公訴の提起を無効ならしめる場合のありうることを否定することはできないが、それはたとえば公訴の提起自体が職務犯罪を構成するような極限的な場合に限られるものというべきである。」と本条項を論拠の一つとして掲げている。最近の裁判例として、東京地判平17・5・2判夕1404・373（憲法14条、刑訴法1条、規1条2項違反等を理由とする公訴権濫用の主張を差別的起訴に当たらないとして排斥した事例）、大阪地判平24・1・23裁判所ウェブサイト（検察官の違法行為による手続打ち切りの主張について、「刑事訴訟法1条の規定からすると、事案の真相究明や刑罰法令の適用実現も、個人の基本的人権の保障を全うしつつ、適正な手続のもとでなされなければならないものであるところ、手続の適正が著しく侵害された場合に、被告人の権利救済、司法の廉潔性維持、将来における違法行為の抑制のために、非常の救済手段として、打ち切りを選択する以外に手段がない場合も想定できないではない」が、「事案の真相究明や刑罰法令の適用実現も刑事司法の目的の一つであり、手続打ち切りは、それらを放棄する結果をもたらすものとなる。受訴裁判所としては、一度有効な公訴提起がなされ、訴訟が係属した以上、実体裁判を行うことが原則であると考えるべきであり、裁判所が明文の規定なしに実体裁判の遂行を自ら放棄することは、まさしく非常手段として、極限的な場合にのみ許される措置というべきである。したがって、手続の打ち切りが認められるとしても、それは、検察官等による重大な違法があり、それによる被告人の権利や防御権に

対する侵害が著しく、もはや公正な裁判を期待することができず、被告人の救済、司法の廉潔性維持や将来における違法行為の抑制のためには、当該刑事手続を打ち切る以外に手段がないような極限的な場合に限定されるものと解される。」と判示し、本件ではFD改ざん等の重大な違法はあるが、極限的な場合にまでは至っていないとした事例）がある。

(3) 警察官・検察官以外の者の行為に関する裁判例

① 最判昭54・7・24刑集33・5・416

国選弁護人に対する暴言、暴行等により国選弁護人の解任に至らせた経緯等から「被告人らの本件各国選弁護人の再選任請求は、誠実な権利の行使とはほど遠いものというべきであり、このような場合には、形式的な国選弁護人選任請求があっても、裁判所としてはこれに応ずる義務を負わないものと、解するのが相当である。……訴訟法上の権利は誠実にこれを行使し濫用してはならないものであることは刑事訴訟規則1条2項の明定するところであり、被告人がその権利を濫用するときは、それが憲法に規定されている権利を行使する形をとるものであっても、その効力を認めないことができる」と判示した事例。

② 最決平7・3・27刑集49・3・525

「裁判所が弁護人出頭確保のための方策を尽したにもかかわらず、被告人が、弁護人の公判期日への出頭を妨げるなど、弁護人が在廷しての公判審理ができない事態を生じさせ、かつ、その事態を解消することが極めて困難な場合には、当該公判期日については、刑訴法289条1項の適用がないものと解するのが相当である。けだし、このような場合、被告人は、もはや必要的弁護制度による保護を受け得ないものというべきであるばかりでなく、実効ある弁護活動も期待できず、このような事態は、被告人の防御の利益の擁護のみならず、適正かつ迅速に公判審理を実現することをも目的とする刑訴法の本来想定しないところだからである。」と判示した事例。

このほか、東京高判昭28・8・14東時4・3・80（弁護人が第1回公判の人定質問の途中で突如辞任するのは権利の濫用で無効とした事例）、札幌高決昭55・7・21高刑集33・2・257（同一の付審判請求棄却決定に対する同一理由に基づく3回目の申立に対し「本件抗告申立は、通常抗告の濫用に該当することが明らかであるから、刑事訴訟規則1条2項に違反する申立」で不適法として申立

を斥けた事例)、東京地判平20・12・5訟務月報55・5・2076 (確定した刑事事件〔強姦・強制わいせつ罪等〕の証拠品〔被害者の画像・録音等で被害者らが還付しないよう強く求めているもの〕の被押収者〔元被告人〕からの還付請求権〔222Ⅰ・123Ⅰ〕の行使が権利の濫用〔規1Ⅱ〕に当たるとして、還付しない旨の処分をした検察官の行為の国家賠償法上の違法性を否定した事例) などがある。

6 少年事件の審理

被告人が20歳に満たない場合には、少年事件として、少年法が適用され (少2Ⅰ)、捜査 (少41以下)・公訴提起 (少20)・科刑等 (少51以下) に特則があり、規277条は、その少年事件が起訴された後の審理方針について、少年法 (22Ⅰ・50) を受けた特則規定であるが、本条と即応するように「事案の真相解明」を掲げている。本条は、訓示規定ではあるが、少年は人格の発達が途上で未熟なため、可塑性が高く、情操保護の必要性が高い (少審規1Ⅱ参照)。また、自己弁護・自己表現の能力も成人に比して劣っているという少年の特性、少年法の健全育成の趣旨 (少1) を活かす運用を心がけるべきである。なお、少年事件の公判審理については取扱いの分離の特則 (少49)、国選弁護人の選任については刑訴法37条1号の特則がある。

少年事件に関する各条項の解釈・運用については、田宮裕=廣瀬健二編・注釈少年法 [第3版] 参照。本条と関係する少年事件における事案の真相解明に関する裁判例として、最決昭58・10・26刑集37・8・1260、最決平17・3・30刑集59・2・79、最決平20・7・11刑集62・7・1927 (廣瀬健二・裁判例コンメンタール少年法3参照)、最決平23・12・19刑集65・9・1661 (詳細は、廣瀬健二・判時2202・190参照) がある (廣瀬健二・立教法務研究7・1参照)。

7 司法制度改革

(1) 裁判員裁判

司法への国民参加として、裁判員の参加する刑事裁判に関する法律 (平成16年) が制定され、平成21年5月から、裁判員裁判が実施されている。死刑または無期懲役・禁錮に当たる罪及び故意の犯罪行為により被害者を死亡させた罪については、一般市民である裁判員が審判に参加している。

(2) 公判前整理手続

裁判員裁判の導入の前提として、公判前整理手続が平成16年から実施され

ている (316の2以下)。裁判所は「充実した公判の審理を継続的、計画的かつ迅速に行うため必要があると認めるとき」に公判前整理手続に付して、争点を明確にし、証拠を整理するほか、その準備のため、証拠開示を行わせることとなった。いずれも、刑事訴訟全般に大きな影響を及ぼすものであり、③「事案の真相解明」と④「刑罰法令の適正・迅速な適用実現」の在り方にも当然、影響を及ぼすものと思われ、今後の運用状況が本条の観点からも注目されるところである。詳細は、関係各条項の解説に譲るが、たとえば控訴審について判示した最決平25・4・16刑集67・4・549(大谷剛彦補足意見)がある (廣瀬健二・刑ジ39・140参照)。 (廣瀬健二)

第1章　裁判所の管轄

〔土地管轄〕
第2条　裁判所の土地管轄は、犯罪地又は被告人の住所、居所若しくは現在地による。
2　国外に在る日本船舶内で犯した罪については、前項に規定する地の外、その船舶の船籍の所在地又は犯罪後その船舶の寄泊した地による。
3　国外に在る日本航空機内で犯した罪については、第1項に規定する地の外、犯罪後その航空機の着陸（着水を含む。）した地による。

〈本条細目次〉
1　裁判所　19
2　土地管轄　19
　(1)　土地管轄の意義　19
　(2)　犯罪地　20
　(3)　住所・居所・現在地　21
　(4)　船舶内犯罪の特則　22
　(5)　航空機内犯罪の特則　22

1　裁判所
「裁判所」の意義には、大別して、司法行政上の観点からの国法上の意味の裁判所と、具体的な事件を審理裁判する裁判機関としての観点からの訴訟法上の意味の裁判所の二つがある。本条における「裁判所」は、裁判機関としてのそれを念頭に置いているとはいえるが、特定の土地管轄に対応する概念であることから、国法上の意味の裁判所と解する方が合理的であろう。

2　土地管轄
(1)　土地管轄の意義
裁判権は、裁判所法等の定めるところにより各裁判所に分配されているが、この裁判権の分配を管轄という。本条は、刑事被告事件の第一審について、

土地的関係による土地管轄を定めたものである。本条1項によれば、第一審裁判所は、その管轄区域内に、犯罪地又は被告人の住所、居所若しくは現在地がある事件について土地管轄を有することになるが、その前提となる各地の裁判所とその管轄区域については、「下級裁判所の設立及び管轄区域に関する法律」がこれを定めている。なお、地方裁判所支部は、地方裁判所の事務の一部を取り扱うためにその地方裁判所の管轄区域内に設けられたものであるから（裁31Ⅰ）、地方裁判所の一部であって、本庁と別個独立して管轄を有するものではない（東京高決昭36・6・24下刑集3・5＝6・451、東京高判昭27・4・24高刑集5・5・666）。

　土地管轄の基準には、大別して「犯罪地」と「被告人の住所、居所若しくは現在地」の2種類があり、また、被告人の住所・居所・現在地がそれぞれ異なる場合があり得るから、土地管轄を有する複数の裁判所が競合することは珍しくない。このような場合、各裁判所間の順位上の優劣はなく（東京高判昭58・7・8高検速報2675、永井・大コメ刑訴1・84）、検察官は、任意にその一つを選択して公訴を提起することができる。

(2)　犯罪地

　犯罪地とは、犯罪構成要件に該当する事実が発生した場所をいう。犯罪の実行行為のみならず構成要件的結果の発生した場所を含む。離隔犯のように実行行為地と構成要件的結果発生地が異なる場合は、そのいずれも「犯罪地」である（電話による会話の内容が罪となる事実を構成する場合において、電話を受けた場所は犯罪地に当たると判断したものとして渋谷簡判昭53・6・9判時894・36がある。ただこの土地管轄の点は、同事件の控訴審〔東京高判昭55・2・1刑集35・8・854〕や上告審〔最決昭56・11・20刑集35・8・797〕では判断が示されていない。）。

　実行の着手以前の行為地は、原則として「犯罪地」に含まれないが、予備・陰謀等が可罰的な場合には、それらが行われた地も「犯罪地」となる。予備、陰謀それ自体が可罰的である場合には、予備、陰謀の行われた地が可罰的行為の地として犯罪地になり、予備、陰謀が更に進んで実行行為に移ったため処罰上前者が後者に吸収される場合でも、予備、陰謀の地を犯罪地ということができるとしたものとして、福岡高宮崎支判昭45・8・10高刑集23・3・516／判時614・34がある（同旨、小林＝前田・注釈刑訴［第3版］1・98）。

〔§2〕土地管轄　21

教唆犯や幇助犯については、「教唆、幇助の地」も犯罪地に含める見解が有力である（小林＝前田・前掲99）。なお、大判大4・10・29刑録21・1756は、教唆犯の犯罪地を実行行為地に限っているようにも読めるが、これは、犯意惹起の場所を認定し、管轄権があるか否かを確定すべきであるとの論旨に対し、実行行為地の土地管轄を肯定して論旨を排斥した趣旨のようであるから、教唆の地の土地管轄を否定した趣旨と解する必要はないであろう（永井・前掲87）。

(3)　住所・居所・現在地

ア　住所、居所

住所及び居所の内容は、刑事訴訟法上の規定がないので、民法の概念などを参考にして理解すべきこととなる。

イ　現在地

現在地とは、被告人が公訴提起当時、任意に所在する場所又は適法な強制処分によって所在する場所をいう（最決昭32・4・30刑集11・4・1502、最判昭33・5・24刑集12・8・1535）。したがって、検察官の呼び出しに応じて出頭した地（前掲最判昭33・5・24）、略式命令請求の関係で警察官からの出頭要請に応じて出頭した簡易裁判所（名古屋高判昭40・9・15高検速報365）は任意に所在する場所といえるし、逮捕、勾留されていた別件では釈放され、同時に求令状起訴された本件により新たに勾留された場合は、適法な強制処分により勾留地に現在しているといえるから、勾留地が管轄区域内にある裁判所の管轄が認められる（東京高判昭54・10・3判タ407・158）。

ウ　住所・居所・現在地の変更

土地管轄の基準となる住所、居所又は現在地は、公訴提起時におけるそれをいい、その後住居等に変動があっても管轄権の有無には影響しない（小林＝前田・前掲100、永井・前掲91。管轄恒定の原則）。

逆に、公訴提起時においては土地管轄がなかったが、その後住所、居所又は現在地に変更があり、変更後の住所等を基準とすれば当該裁判所に土地管轄があるような場合に、土地管轄上の瑕疵の治癒を認めてよいかが問題となる。この点、移送決定当時、客観的には存在していた住所が証拠資料上判明していなかった事案について、最判昭58・10・13刑集37・8・1139／判時1095・24は、要旨として「刑訴法19条により移送を受けた被告事件について、

その当時土地管轄があることが明らかでなかったとしても、その後管轄違の申立がされるまでの間に土地管轄が具備されるに至った場合には〔判文参照〕、土地管轄についての右瑕疵は治癒される。」と判示している（同旨、最判昭59・11・30判時1153・233）。この昭和58年判決は、そのような結論を導いた根拠について「刑訴法の定める土地管轄制度及び刑訴法331条の規定の趣旨」を挙げており、龍岡資晃・判例解説（刑）昭58・336は、この昭和58年判決に関し、「本件の場合の瑕疵は、……土地管轄の原因となるべき事実についての証拠資料が欠けていたという点にあったものということができ、本判決の判断は、右のような特殊な事例についての事例判断に過ぎないともいえるが、本判決のとった理を押し及ぼすと、仮に、起訴あるいは移送決定の当時客観的にも管轄の原因となるべき事実がなかったとしても、管轄違の申立がなされるまでの間に管轄の原因となるべき事実が発生すれば、土地管轄についての瑕疵は治癒され、管轄違いの判決をする必要がないということになるのではないかと思われる。」と指摘している。

(4) 船舶内犯罪の特則

国外にある日本船舶内で犯した罪については、特則として、本条2項により、その船舶の船籍の所在地又は犯罪後その船舶の寄泊した地が土地管轄の基準として加えられている。「国外」とは、日本の12海里領海外（領海1参照）を意味し、「日本船舶」とは、船舶法1条所定の船舶及び海上自衛隊の使用する船舶が含まれる。「船籍の所在地」とは、船舶法所定の船籍港を意味する。

(5) 航空機内犯罪の特則

国外にある日本航空機内で犯した罪についても、特則として、本条3項により、犯罪後その航空機の着陸（着水を含む。）した地が土地管轄の基準として加えられている。「日本航空機」には、航空法により日本の国籍を取得した航空機及び自衛隊の使用する航空機が含まれる。　　　　　　（遠藤邦彦）

〔併合管轄 ── 事物管轄〕

第3条　事物管轄を異にする数個の事件が関連するときは、上級の裁判所は、併せてこれを管轄することができる。

2　高等裁判所の特別権限に属する事件と他の事件とが関連するときは、高等裁判所は、併せてこれを管轄することができる。

〈本条細目次〉
1　事物管轄　23
2　関連事件の併合管轄　24
3　上級裁判所と固有の管轄の要否　25
4　高等裁判所の併合管轄　25

1　事物管轄

　事物管轄とは、事件の軽重、性質による第一審裁判所の管轄の分配をいう。裁判所の事物管轄は、次の表のとおりであるが、基本的には、裁判所法において定められており、刑事事件の第一審について事物管轄を有するのは、原則として地方裁判所である（裁24）。

事　件	簡易裁判所	地方裁判所	家庭裁判所	高等裁判所
①　罰金以下の刑に当たる罪	○			
②　選択刑として罰金が定められている罪（但し、公害犯罪法の罪及び独禁法89条ないし91条の罪については地裁のみ）	○	○		
③　横領罪、盗品等に関する罪、常習賭博罪、賭博場開張等図利罪	○	○		
④　内乱罪、内乱予備・陰謀罪、内乱幇助罪				○
⑤　①ないし④を除く罪		○		

　罰金以下の刑に当たる罪が簡易裁判所の専属管轄とされている関係で、いわゆる両罰規定に関し、行為者の罪の刑に懲役刑も定められている場合の事業主に対する罪（法定刑が罰金刑と定められているもの）の管轄について、行為者に準じて地方裁判所にもあるとする見解もあるが、最決昭43・12・17刑集22・13・1476は、「事業主たる法人または人は、右73条〔両罰規定を定める規定〕によって、行為者の刑事責任とは別個の刑事責任を負うものとされ、その法定刑は罰金刑とされているのである。そうすると、事業主たる法人ま

たは人に対する事件は、行為者が共に起訴されて、刑訴法9条1項2号、3条1項により関連事件の管轄を生ずる場合は別として、裁判所法33条1項2号により、簡易裁判所の専属管轄に属するものと解すべきである。」と判示している。

なお、従前、旧独占禁止法85条3号により、同法89条から91条までにかかる罪の訴訟の第一審は、東京高等裁判所の専属管轄とされていたが、平成17年法律第35号により、地方裁判所の管轄となり（独禁84の3）、未成年者を被害者とする児童福祉法60条等の犯罪の第一審を家庭裁判所の専属管轄としていた少年法の規定（後記法律による改正前の少年37Ⅰ）は、平成20年法律第71号により削除された。

刑事訴訟法の本章では、関連する複数の事件が存在する場合や、同一事件につき複数の訴訟係属が存在する場合などについて派生的な原理を定めている。関連事件に関する刑事訴訟法の取扱いは、次の表のとおりであるが、管轄の併合は、どの裁判所に起訴することができるかという起訴時の場面を取り扱っており、審判の併合は既に別個の国法上の裁判所に起訴された事件を一の裁判所に併合して審判できるかという起訴後の場面を取り扱っている。

```
┌ 併合に関するもの ┬ 管轄の併合 ┬ 事物管轄を異にする場合 ── 3条
│                  │            │   上級裁判所での一括処理を可能にする
│                  │            └ 土地管轄を異にする場合 ── 6条
│                  │                各裁判所での一括処理を可能にする
│                  └ 審判の併合 ┬ 上級下級の裁判所に係属する場合 ── 5条
│                               │   下級裁判所係属事件について上級裁判所
│                               │   での併合審判を可能にする
│                               └ 事物管轄を同じくするが土地管轄を異にす
│                                   る裁判所に係属する場合 ── 8条
│                                     一つの裁判所での併合審判を可能にする
└ 分離に関するもの ── 審判の分離 ┬ 事物管轄を異にする場合 ── 4条
                                 │   上級裁判所に係属した下級裁判所固有管
                                 │   轄事件の下級裁判所への移送を可能にす
                                 │   る
                                 └ 土地管轄を異にする場合 ── 7条
                                     A裁判所に係属したB裁判所管轄事件の
                                     B裁判所への移送を可能にする
```

2　関連事件の併合管轄

数個の事件が関連する場合は、上級の裁判所は、固有の事物管轄がない事

件についても、併せて管轄することができる。関連するとは、数個の事件が9条所定の関係にあることである。事件の個数は、犯罪事実及び被告人の数によって定まる。本条により、例えば、甲被告人に対する殺人被告事件（地方裁判所の固有管轄）と甲被告人に対する単純賭博被告事件（簡易裁判所の固有管轄）は、上級の裁判所である地方裁判所が併せて管轄することができることになる。窃盗罪のように地方裁判所と簡易裁判所の双方に事物管轄が認められている事件が関連する場合は、本条の適用はない。上級の裁判所とは、簡易裁判所に対する地方裁判所、簡易裁判所に対する家庭裁判所をいい、地方裁判所と家庭裁判所の間には、上級、下級の関係がないから、本条の適用はない。

3　上級裁判所と固有の管轄の要否

先に挙げた例で、地方裁判所は、甲被告人とともに単純賭博をしたとされる乙被告人に対する単純賭博被告事件を管轄することができるであろうか。地方裁判所が固有に管轄する甲被告人に対する殺人被告事件と固有の管轄のない乙被告人に対する単純賭博被告事件は関連しないから、関連事件による併合管轄の連鎖を認めることができるか、という問題である。裁判例としては下級審のものしかないが、これを消極に解するものとして岡山地判昭47・2・19判時661・105があり、積極に解するものとして同事件の控訴審である広島高岡山支判昭47・10・12判時685・137がある。消極説は、事物管轄の連鎖を認めることにより不合理な事態が発生することを制度的に防止しようとする見解であり、積極説は、事物管轄の連鎖をいったん肯定した上で仮に不合理な事態が発生したときは個別に対応しようとする見解であるが、いずれにせよ、併合管轄の故に全く予想外の地において審判が行われるような事態は避けるべきであろう（永井・大コメ刑訴1・103）。

4　高等裁判所の併合管轄

高等裁判所の特別権限に属する事件とは、高等裁判所が第一審の事物管轄を有する事件である。高等裁判所が上級裁判所として第一審の事物管轄を有している場合、本条1項によっても、固有の事物管轄を持たない事件について、高等裁判所が併合管轄を有することになるから、本条2項は1項と実質的に同じことを確認的に規定しているに過ぎない。審級の利益を失うことになるから、明文をもって、解釈上の疑義を除いたものである。　（遠藤邦彦）

〔審判の分離 —— 事物管轄〕
第4条　事物管轄を異にする数個の関連事件が上級の裁判所に係属する場合において、併せて審判することを必要としないものがあるときは、上級の裁判所は、決定で管轄権を有する下級の裁判所にこれを移送することができる。

〈本条細目次〉
1　審判の分離　26
2　移送決定　26

1　審判の分離

　本条は、3条の併合管轄及び5条の審判の併合に基づいて、事物管轄を異にする複数の関連事件が上級の裁判所に係属している場合に、併合審判を必要としないときは、下級の裁判所の固有管轄事件を下級の裁判所に移送することができることを定めた規定である。関連事件の中には、主に併合後の事情から、併合審理の必要がなくなるものもあるから、そのような場合に対応した規定である。

2　移送決定

　本条の移送は、下級の裁判所の固有管轄事件を下級の裁判所に移送する旨の決定により行う。この移送決定は、420条1項の裁判所の管轄に関し判決前にした決定に当たると解されるから、この決定に対する通常抗告はできず、また即時抗告も認められていない。

　この移送の決定がなされると、移送された事件は、上級の裁判所に係属していた当時の状態で、固有の管轄を有する下級の裁判所に係属することになる。移送を受けた裁判所は、移送前に公判手続が開始している場合は、315条に準じて、公判手続の更新をすることになる（永井・大コメ刑訴1・110、小林＝前田・注釈刑訴［第3版］1・109）。　　　　　　　　（遠藤邦彦）

〔審判の併合 —— 事物管轄〕
第5条　数個の関連事件が各別に上級の裁判所及び下級の裁判所に係属す

るときは、事物管轄にかかわらず、上級の裁判所は、決定で下級の裁判所の管轄に属する事件を併せて審判することができる。
2　高等裁判所の特別権限に属する事件が高等裁判所に係属し、これと関連する事件が下級の裁判所に係属するときは、高等裁判所は、決定で下級の裁判所の管轄に属する事件を併せて審判することができる。

〈本条細目次〉
1　審判の併合　27
2　審判併合決定　28
3　弁論併合決定の要否　29
4　併合と弁護人選任の効力　29
5　高等裁判所の審判併合　29

1　審判の併合

　本条は、上級の裁判所と下級の裁判所にそれぞれ係属した事件が関連事件であるときは、上級の裁判所は、下級の裁判所に係属する事件を引き取り、自己の事件と併せて併合審判することができることを規定したものである。「事物管轄にかかわらず」とあるが、下級の裁判所に係属する事件は関連事件であり、上級の裁判所は、3条により併合管轄権が認められるから、この意味は「固有の事物管轄にかかわらず」ということになる。また、窃盗のように地方裁判所と簡易裁判所の競合管轄に属する事件についても、本条が適用される。家庭裁判所は、簡易裁判所の上級の裁判所に当たるから、簡易裁判所に係属した関連事件を併合して審判することができる（児童福祉法違反被告事件が係属していた家庭裁判所が、簡易裁判所に係属していた同一被告人に対する旧風俗営業等取締法違反被告事件を本条により併合した例として、鹿児島家判昭47・11・6家庭裁判月報25・8・117がある。）。

　本条は、関連事件がいずれも第一審に係属している場合に関する規定であり、上級の裁判所に控訴審事件が係属し、下級の裁判所に第一審事件が係属している場合には適用がない。このような場合に控訴審裁判所への併合を認めると、第一審係属事件に関する併合の利益を奪うことになるからである（最判昭27・3・4刑集6・3・339）。

　本条の審判併合が問題となったやや特殊な事案として、甲事件が甲簡易裁

判所に、甲事件と刑法45条前段の併合罪の関係にあり密接に関連する乙事件が乙地方裁判所に、それぞれ起訴され別々に審理されていたが、いずれも検察官から、甲簡易裁判所に対しては、甲事件は懲役刑求刑が相当であるとして裁判所法33条3項、刑事訴訟法332条により事件を乙地方裁判所に移送されたい旨の職権発動の申立てが、乙地方裁判所に対しては、甲事件を併合審理されたい旨の職権発動の申立てが、それぞれなされたにもかかわらず、いずれの裁判所も職権を発動せずにそのまま審理し、甲簡易裁判所は甲事件について罰金5万円に、乙地方裁判所は乙事件について懲役1年6月に処したという各事案について、検察官控訴の甲事件について、懲役刑をもってのぞむべきことが明白であって、裁判所法33条3項、刑事訴訟法332条により管轄地方裁判所に移送すべきであったのにこれをしなかった原裁判所の訴訟手続は、判決に影響を及ぼすことが明らかな違法があるとして、原判決を破棄差し戻した東京高判昭62・10・20判タ668・230が、被告人控訴の乙事件について、原裁判が甲事件について被告人が罰金5万円の刑を前提に一応の制裁を受けたことを一つの量刑事情としていたことや、甲事件と乙事件は併合するのが通常であり、かつ、併合審判が可能かつ相当な状況にあったのにそれをしなかったのは、専ら原審裁判所の職権不発動に尽き、併合審判しないことによる科刑上の不利益を被告人に帰せしめることになる等の理由から、原判決の量刑は重きに失するとした上で、既に甲事件が甲簡易裁判所に差し戻されており、乙地方裁判所に移送された上、懲役刑求刑が見込まれる状況を踏まえ、差し戻せば原裁判所において妥当な方法を選択対処しうる状況にある等として、原判決を破棄差し戻した東京高判昭62・11・10判タ668・232がある。

2　審判併合決定

　本条の併合は、上級の裁判所が職権により決定で行う。この決定に対しては、4条同様、抗告することができない（420Ⅰ）。併合するかどうかは、上級裁判所の合理的裁量に委ねられている（4条の解説**2**参照）。

　審判併合決定があると、下級の裁判所は、その決定に拘束され、移送決定や公訴棄却決定をするまでもなく、一件記録を当該上級の裁判所に送付しなければならない（広島高判昭26・8・9高刑集4・11・1341、東京高判昭32・8・8高刑集10・5・484）。下級裁判所に係属していた事件が上級の裁判所に

係属する時期については、併合審判決定時説（小林＝前田・注釈刑訴［第3版］1・112）と訴訟記録等送付時説（中武・注解刑訴上25）があるが、併合審判決定時と解するとしても、記録送付前の勾留更新決定等は、規92条2項に準じて下級の裁判所がその措置をとり得るものと解すべきであろう（松尾・条解12）。

3 弁論併合決定の要否

本条により併合された事件について、実際に併合審理を行うには弁論併合決定（313Ⅰ）を要するかについて、本条の審判併合決定は、一つの国法上の裁判所に訴訟係属を取りまとめるという管轄にかかわる限度に過ぎないとして弁論併合決定が必要であるとする見解（松尾・条解701）もあるが、本条の決定は、本来、同一の訴訟法上の裁判所が一括審理することを目的としていることから、当然に弁論併合決定に相当する内容を含むものと解されるから、改めて弁論併合決定をする必要はないと解されよう（小林＝前田・前掲112）。

4 併合と弁護人選任の効力

甲地方裁判所に係属中の甲事件について甲弁護人が選任されており、乙簡易裁判所に係属中の乙事件について乙弁護人が選任されている場合、甲地方裁判所が本条により乙事件を併合しても、乙弁護人選任の効力は、乙事件に関する限り消滅しない。東京高判昭34・2・10東時10・2・104は、甲地方裁判所が併合審判の期日を乙弁護人に通知せず、甲弁護人のみの出席で、甲、乙両事件を審理し有罪判決をしたことは、判決に影響を及ぼすことが明らかな訴訟手続の法令違反に当たるとしている。

また、甲弁護人選任の効力は乙事件に、乙弁護人選任の効力は甲事件に及ぶかについては、国選弁護人の場合は、裁判所が、弁論が併合された事件については国選弁護人選任の効力を及ぼさないこととする決定をしない限り及び（313の2）、私選弁護人の場合は選任者の意思及び規18条の2によるから、特段の意思表示のない限り及ぶと解されよう。

5 高等裁判所の審判併合

本条1項によっても、固有の事物管轄を持たない事件について、高等裁判所が併合審判することができるから、本条2項は1項と実質的に同じことを確認的に規定しているに過ぎない。審級の利益を失うことになるから、明文

をもって、解釈上の疑義を除いたものである。 （遠藤邦彦）

〔併合管轄 ── 土地管轄〕
第6条　土地管轄を異にする数個の事件が関連するときは、1個の事件につき管轄権を有する裁判所は、併せて他の事件を管轄することができる。但し、他の法律の規定により特定の裁判所の管轄に属する事件は、これを管轄することができない。

〈本条細目次〉
1　関連事件の併合管轄　30
2　併合審判の要否　30
3　特定裁判所の例外　31
4　少年事件との関係　31

1　関連事件の併合管轄

　同一被告人が、甲地で強盗致傷罪を、乙地で恐喝罪を犯し、現在は丙地にいるという場合、甲地方裁判所は強盗致傷罪について、乙地方裁判所は恐喝罪について土地管轄を有する（2）が、両者について併合審判が相当である場合は多い。本条は、このような場合に、甲地方裁判所は恐喝罪について、乙地方裁判所は強盗致傷罪について併合管轄を認め、両事件の併合審判の途を開いたものである（なお、丙地方裁判所は、現在地管轄により両事件を管轄することができる〔2〕。）。

　土地管轄の併合管轄が生じるのは、数個の事件が「関連する」場合であるが、「関連する」とは、9条所定の関係にあることをいう。

　本件は、土地管轄を異にするが、固有の事物管轄を同じくする数個の事件に適用される。事物管轄が異なる場合の併合管轄は、3条が規定する（小林＝前田・注釈刑訴〔第3版〕1・114、永井・大コメ刑訴1・120）。

　土地管轄を異にする複数の事件の処理に関する規定の概要は、3条の解説1参照。

2　併合審判の要否

　併合管轄が成立するためには、固有管轄事件と現実に併合して審判される

ことを要するかに関し、最判昭59・11・30裁集238・247／判時1153・233は、「裁判所の管轄制度、刑訴法6条及び7条の各規定の趣旨に照らすと、同法6条所定の関連事件の管轄が成立するためには、いわゆる固有管轄事件及びその関連事件が共に同一の裁判所に係属することを要するが、必ずしも右の両事件が併合して審判されることを要件とするものではないと解するのが相当である」と判示している。併合管轄の最大のメリットが併合審判を可能にする点にあることは明らかであるが、本条やその他の裁判所の管轄に関する規定からは、管轄とは、国法上の意味の裁判所を単位としてこれに分配された抽象的な裁判権行使の権限であると考えられるところ、この権限の有無を併合審判の有無という具体的な訴訟手続上の措置の有無により決するような定め方になっていないことや、審判の併合は訴訟運営上の合目的的見地から判断される浮動的性格のものであるから、その判断によって管轄の有無を決することとなると、手続が不確実、不安定となってしまうこと、併合審判されていなくても同一の国法上の裁判所に係属しているメリットは肯定できること等を考えると、土地管轄は併合審判の前提であって、その逆ではないのであろう。したがって、同一の国法上の裁判所に係属していれば、併合審判する前提は整ったといえるから、そのことのみで併合管轄を肯定してよいと考える（坂井智「時の判例」ジュリ839・70、青柳文雄・判評321・66）。

3 特定裁判所の例外

本条但書により、本条本文の要件を満たしても、他の法律の規定により特定の裁判所の管轄に属する事件については、併合管轄が生じない。

4 少年事件との関係

少年事件と本条の関係に関し、少年に対する甲、乙各保護事件について、甲保護事件受理時に原審であるA家庭裁判所に土地管轄が認められれば、乙保護事件当時の少年の住所が仮にA裁判所の管轄外にあったとしても、同一の少年に対する複数事件の併合審判の原則（少審規25の2）からして、併合管轄（本条の準用ないし類推適用）が認められることとなり、A家庭裁判所が乙保護事件の管轄を有することは明白であるとした東京高決平16・9・8家庭裁判月報57・4・90がある。

（遠藤邦彦）

〔審判の分離 —— 土地管轄〕
第7条 土地管轄を異にする数個の関連事件が同一裁判所に係属する場合において、併せて審判することを必要としないものがあるときは、その裁判所は、決定で管轄権を有する他の裁判所にこれを移送することができる。

〈本条細目次〉
1 審判の分離 32
2 移送決定、移送の効果 32

1 審判の分離

本条は、6条の併合管轄及び8条の審判の併合に基づいて、土地管轄を異にする複数の関連事件が一つの裁判所に係属している場合に、併合審判を必要としないと判断した併合管轄事件があるときは、その併合管轄事件を、土地管轄を有する他の裁判所に移送することができることを定めた規定である。関連事件の中には、主に併合後の事情から、併合審理の必要がなくなるものもあるから、そのような場合に対応した規定である。4条と同趣旨の規定であり、4条が事物管轄に関する移送規定であるのに対し、本条は、土地管轄に関する移送規定である点において異なっているに過ぎない。なお、本条によっても、自らの固有管轄事件を他の裁判所に移送することはできないと解されている（小林＝前田・注釈刑訴［第3版］1・117、永井・大コメ刑訴1・128）。

2 移送決定、移送の効果

移送決定や移送の効果については、いずれも4条の解説参照。

(遠藤邦彦)

〔審判の併合 —— 土地管轄〕
第8条 数個の関連事件が各別に事物管轄を同じくする数個の裁判所に係属するときは、各裁判所は、検察官又は被告人の請求により、決定でこれを一の裁判所に併合することができる。

2　前項の場合において各裁判所の決定が一致しないときは、各裁判所に共通する直近上級の裁判所は、検察官又は被告人の請求により、決定で事件を一の裁判所に併合することができる。

〈本条細目次〉
1　本条の趣旨　33
2　併合の手続、決定　33
3　決定の不一致　34
4　直近上級の裁判所の決定　34

1　本条の趣旨

本条は、数個の関連事件が、事物管轄は同じであるが土地管轄を異にする複数の裁判所に別々に係属した場合に、それらを一つの裁判所に併合することができることを規定したものである。ここでの「各別……の裁判所」とは、国法上の裁判所を異にする場合であり、国法上の裁判所としては同一であるが、訴訟法上の裁判所を異にする場合は含まれない（東京高判昭33・5・29判タ81・57）。「事物管轄を同じくする数個の裁判所」とは、事物管轄が等しい裁判所をいうと解されており、地方裁判所と地方裁判所のような場合がそれに該当する。地方裁判所と簡易裁判所が競合して事物管轄を有する場合は、土地管轄を異にする場合をも含め、5条1項の併合審判によるべきである（小林＝前田・注釈刑訴［第3版］1・120、永井・大コメ刑訴1・133）。

2　併合の手続、決定

本条による併合は、検察官又は被告人の請求によらなければならず、5条の場合とは異なり、職権による併合はなし得ない。

請求があった場合は、それぞれの裁判所は必ずそれに応答する決定をしなければならず、関係するそれぞれの裁判所の各決定内容が一致した場合に、初めて本条の併合の効力が生じる（小林＝前田・前掲121、永井・前掲133）。

請求を受けた裁判所は、事件の性質や他事件との関連性の程度、訴訟の進行状況、検察官立証上の必要性、被告人や弁護人の防御活動上の利益、適切な量刑判断上の必要性等を勘案して、併合の要否及び併合する場合の併合先の裁判所を決することとなろう。実務では、事前に関係各裁判所が打ち合わせた上、決定するのが通常である（松尾・条解14）。なお、後述する各裁判所

の決定が一致しない場合の本条2項の裁判例は、併合の要否や併合先を考える上で参考になる。

3　決定の不一致

　審判の併合に関係する各裁判所の決定が一致しない場合、各裁判所に共通する直近上級の裁判所は、検察官又は被告人の請求により、決定で当該事件を一の裁判所に併合することができる。決定が一致しない場合とは、併合の許否の判断が分かれた場合の他、併合するとして併合された事件を担当する裁判所に関し判断が異なった場合がある。

　本条2項の決定も、検察官又は被告人の請求によらなければならない。本項の決定を行うのは、「共通する直近上級の裁判所」である。関係各裁判所の管轄区域をその管轄区域に包含する上級裁判所のなかで、もっとも関係裁判所に近い裁判所をいう。東京地方裁判所と横浜地方裁判所であれば、東京高等裁判所であり、東京地方裁判所と大阪地方裁判所であれば、最高裁判所である。本項の決定に対しては抗告は許されない（420Ⅰ）。

4　直近上級の裁判所の決定

　請求を受けた直近上級の裁判所は、決定で、一の裁判所に事件を併合することもできれば、本条2項の請求を却下して併合自体を否定することもできる。本項による請求を却下したものとして、最決昭32・7・4刑集11・7・1807は、同一被告人に対する仙台地方裁判所に係属する公務執行妨害被告事件と、熊本地方裁判所に係属する公務執行妨害、建造物侵入被告事件との審判の併合請求について各裁判所の決定が一致しなかったとして、被告人及び弁護人からなされた併合請求について、「右各被告事件は、その内容、関係人の住居等に鑑みるときは、それぞれ現に係属する裁判所において各別に審判するのを相当と認める」と判示している。また、大阪高決昭41・3・18判タ193・188は、大阪簡易裁判所に係属する窃盗被告事件（共犯事件）と神戸簡易裁判所に係属する窃盗被告事件（共犯事件）について、前事件での判決期日が間近に迫っていること等の審理状況や、後事件が前事件での保釈中の犯行である等の事情を指摘し、各別の裁判所で審理するのが相当であるとして、本項の請求を却下している。

　本項による併合請求認容事例の著名なものとして、富山・長野連続誘拐殺人事件に関する最決昭55・7・17刑集34・4・229がある。この事案は、被

告人K、Mに対する長野地方裁判所に係属中の身の代金目的拐取、殺人、死体遺棄、拐取者身の代金要求各被告事件と、同じ被告人2名に対する富山地方裁判所に係属中の身の代金目的拐取、殺人、死体遺棄各被告事件の審判併合に関し、長野地裁は両事件を長野地裁において、富山地裁は両事件を富山地裁において併合審理するのが相当であるとして両地裁が不一致の決定をしたことから、検察官や弁護人から、本項に基づき審判併合の請求がなされた事案である。これを受けて、前掲最決昭55・7・17は、「事件の内容、関係人の住居その他諸般の事情にかんがみ、右各被告事件は富山地方裁判所において併合して審判するのを相当と認める」と判断したものである。この点について、渡部保夫・判例解説（刑）昭55・138は、併合の是非について「真実の究明、訴訟経済及び判断の抵触の防止などの要請上、被告人両名の右両被告事件は1個の裁判所に併合して審判すべきことはいうまでもなかろう」とした上で、いずれの裁判所に併合すべきかについて、「おそらく、被告人両名の住所、本籍、両名の家族又は親族の住居がいずれも富山市又は富山県内にあること、被告人Kの私選弁護人4名がいずれも富山市在住であること、起訴状の記載によると、富山県内を根拠地にして最初に富山事件、次いで長野事件が敢行されたように考えられること、証人の所在地、出頭の便宜などを考えるにあたっては、一般的には検察官の意見を尊重すべきであるが、弁護人側からも相当数の証人申請が見込まれる本件では、弁護人の意見を重視すべきであること等の諸点が考慮されて、富山地裁に併合するのが相当と判断されたものであろう。」としている。

近時の併合請求認容事例として最決平18・10・26刑集60・8・537／判時1955・164がある。本件は、同一被告人に対する広島地方裁判所に係属中の銃砲刀剣類所持等取締法違反、建造物損壊等被告事件（被告人が他4名と共謀して、警察署に拳銃を発砲してそのドアガラスを損壊したとされる事案を中心とするもの。以下「広島事件」という。）と神戸地方裁判所に係属中の殺人、殺人未遂、現住建造物等放火等被告事件（被告人が他5名と共謀して、テレホンクラブ2店舗に火炎びんを用いて殺意をもって放火し、客4名を殺害し、店員等4名を負傷させるに止まったとされる事案。以下「神戸事件」という。）について、両事件の検察官が両事件を神戸地裁に併合されたい旨審判の併合を各請求したのに対し、広島地裁は、事件を神戸地裁に併合する旨決定したが、神戸地

裁は、併合請求を却下したことから、各裁判所の決定が一致せず、検察官が、両地裁の直近上級の裁判所である最高裁判所に、上記各被告事件を一の裁判所に併合されたい旨を請求した事案である。本決定は、検察官からの請求に対し、「各事件の内容、関係人の所在その他諸般の事情にかんがみ、上記各被告事件は神戸地方裁判所において併合して審判するのを相当と認める」と判示したものである。本件は、審理経過の面で、広島事件は、検察官立証がほぼ終わり、今後弁護人立証に入っていくという段階であったのに対し、神戸事件は、公判前整理手続の段階であったという事情はあったが、両事件の罪質が重大であり、刑種の選択を含め、有罪とされた場合の量刑を適切に行う上で両事件を併合審理する必要性は高い事案といえる。そして、いずれの裁判所に併合すべきかの点については、神戸事件の方が広島事件より、事案の内容、処断刑、予想される審理の困難度等いずれの面でも重いといえることに加え、両事件で想定されている証人予定者等の所在や、弁護人の選任状況等に照らし、神戸地裁に事件を併合するのが合理的であると判断されたのであろう（なお前田巌・判例解説（刑）平18・388を参照）。　　（遠藤邦彦）

〔関連事件〕
　第9条　数個の事件は、左の場合に関連するものとする。
　　一　1人が数罪を犯したとき。
　　二　数人が共に同一又は別個の罪を犯したとき。
　　三　数人が通謀して各別に罪を犯したとき。
　2　犯人蔵匿の罪、証憑湮滅の罪、偽証の罪、虚偽の鑑定通訳の罪及び贓物に関する罪とその本犯の罪とは、共に犯したものとみなす。

〈本条細目次〉
　1　本条の趣旨　37
　2　関　連　37
　　(1)　1人が数罪を犯したとき（1項1号）　37
　　(2)　数人が共に同一又は別個の罪を犯したとき（1項2号）　37
　　(3)　数人が通謀して各別に罪を犯したとき（1項3号）　37
　　(4)　共に犯したものとみなす（2項）　38

1 本条の趣旨

本条は、3条ないし8条に登場する数個の事件の「関連」概念の内容を規定したものである。関連事件の概念は、事件相互の密接な関連性から併合審判を可能にするための概念であって（最決昭37・10・2裁集144・687は、本条の法意について、「事物乃至土地管轄を異にし、従って審判の併合をする余地のない事件につき、他の関係規定と相まち、管轄の併合、審判の併合をなしうる場合を示した規定」としている。）、管轄と審判の併合・分離以外の場面では何ら実体法的な意味を持たない。本条は、形式的に関連管轄規定の対象となる「関連」の概念を定めたに過ぎず、事件の「関連」性が肯定された上で、実際に事件を併合して審理するか否かは、裁判所の裁量により3条ないし8条の各規定の趣旨に沿って判断されることとなる。

なお、本条1項3号の関連性の立証に関し、同号所定の事由は厳格な証明によることを要しないとしたものとして東京高判昭56・4・13高検速報2510がある。

2 関　連

(1) 1人が数罪を犯したとき（1項1号）

同一の被告人が複数の犯罪を犯したとされている場合をいう。数罪は、併合罪の関係に立つ場合が多いであろうが、禁錮以上の刑に処する確定判決がその間に存在する数個の犯罪も含む。科刑上一罪は、本条での数罪には含まれない。

(2) 数人が共に同一又は別個の罪を犯したとき（1項2号）

「共に同一……の罪を犯したとき」とは、刑法総則上の共犯（共同正犯、教唆犯、従犯）の他に、過失の共犯や、必要的共犯のうち内乱罪のような並列的なものも含まれる。刑法207条に該当しない単なる同事犯についても、併合管轄による一括審理の有益性は肯定できるから、反対説もあるが、本号に該当するといえよう（小林＝前田・注釈刑訴［第3版］1・125、永井・大コメ刑訴1・148）。「別個の罪を犯したとき」とは、収賄と贈賄等必要的共犯中の対向犯の場合等が該当する。

(3) 数人が通謀して各別の罪を犯したとき（1項3号）

共犯における共謀による場合は、2号に該当するので、本号における「通謀」とは、そのような共謀に至らない程度の意思連絡があった場合をいう。

資金調達程度の意思連絡で、甲が東京で強盗を、乙が大阪で窃盗を行ったような場合が例として挙げられている（小林＝前田・前掲125、永井・前掲148）。

(4) 共に犯したものとみなす（2項）

犯人蔵匿の罪、証憑湮滅の罪、偽証の罪、虚偽の鑑定通訳の罪及び贓物に関する罪とその本犯の罪とは、「共に犯した」場合に該当するとみなされている（本条Ⅱ）。「贓物に関する罪」は、刑法256条の「盗品等に関する罪」であるが、同じ可罰態様である関税法上の関税逋脱罪（当時の関税110）と関税贓物罪（当時の関税112）が本項に該当するとしたものに、名古屋地判昭32・5・27判時119・27がある。

（遠藤邦彦）

〔同一事件と数個の訴訟係属〕
第10条　同一事件が事物管轄を異にする数個の裁判所に係属するときは、上級の裁判所が、これを審判する。
2　上級の裁判所は、検察官又は被告人の請求により、決定で管轄権を有する下級の裁判所にその事件を審判させることができる。

〈本条細目次〉
1　本条の趣旨　38
2　同一事件　39
3　効果　39

1　本条の趣旨

管轄は複数の基準から認められるため、一の事件について複数の裁判所が管轄権を有する場合がある。通常は、その管轄権を有する裁判所のうち一の裁判所のみに起訴されるのであるが、ある種の過誤により、同一の事件が複数の裁判所に起訴され訴訟係属が生じることがないわけではない。本条は、そのような場合のうち、地方裁判所と簡易裁判所のように事物管轄を異にする数個の裁判所に、同一事件が係属した場合について定めたものである。窃盗罪のように地方裁判所と簡易裁判所が競合的に固有の事物管轄を有する場合であっても、本条による（小林＝前田・注釈刑訴［第3版］1・126、永井・

大コメ刑訴1・150)。

2 同一事件

「同一事件」とは、被告人及び公訴事実が同一である事件を指す。公訴事実が同一であっても被告人が異なれば、同一事件ではない。最判昭29・4・27刑集8・4・572は、共犯者甲に対する被告事件は、共犯者乙にとって9条の関連事件ではあるが、本条にいう同一事件ではないと判示している。

3 効 果

本条の場合、原則として、起訴の先後を問わず、上級の裁判所が当然に審判を担当することになる（本条Ⅰ）。上級の裁判所は格別の決定をする必要もない。下級の裁判所は、本条2項の場合を除いて、公訴棄却の決定をすることになる（339Ⅰ⑤）。

例えば、被告人が、まず①甲簡易裁判所に傷害罪により略式請求され、その後②乙簡易裁判所に窃盗及び傷害罪（①と同一事件）により起訴され、更に③乙地方裁判所に恐喝未遂罪により起訴された場合、当初は11条に当たる事態となっていたが、乙地方裁判所が②事件を5条1項により併合すると、①の傷害事件が乙地裁と甲簡裁に係属することとなるから、乙地裁は、本条により、①の傷害事件を審判することができる（なお最決昭29・6・29刑集8・6・985参照）。

例外として、当事者の請求があった場合には、上級の裁判所は、決定で下級の裁判所にその事件を審判させることができる（本条Ⅱ）。

本条は、数個の訴訟係属がいずれも第一審に係属している場合の規定であるが、一方が上訴審に係属する場合にも本条を準用し、上訴審で審判すべきものと解されている（小林＝前田・前掲127、永井・前掲152）。

なお、同一事件について、一方の裁判所でした判決が既に確定しているときは、他方の裁判所は、免訴の判決（337Ⅰ）をすることになる。

(遠藤邦彦)

〔同一事件と数個の訴訟係属〕
第11条　同一事件が事物管轄を同じくする数個の裁判所に係属するときは、最初に公訴を受けた裁判所が、これを審判する。

2　各裁判所に共通する直近上級の裁判所は、検察官又は被告人の請求により、決定で後に公訴を受けた裁判所にその事件を審判させることができる。

〈本条細目次〉
1　趣　旨　40
2　効　果　40

1　趣　旨

10条と同様に、管轄権を有する複数の裁判所に同一事件が係属した場合の規定である。本条は、同一事件が係属した裁判所が、事物管轄を同じくする裁判所である点で、10条と異なる。

2　効　果

原則として、最初に公訴提起を受けた裁判所が審判を担当することになる（本条Ⅰ）。後に公訴提起を受けた裁判所は、本条2項の場合を除き、339条1項5号により決定で公訴を棄却することになる。

例外として、当事者から請求があった場合には、各裁判所に共通する直近上級の裁判所は、決定で後に公訴提起を受けた裁判所にその事件を審判させることができる（本条Ⅱ）。本項の「直近上級の裁判所」とは、8条2項と同様、関係裁判所に共通の上級の裁判所のうち、もっとも関係裁判所に近いものをいう。

なお、同一事件について、1項における後起訴、2項における先起訴の裁判所が実体判決をし、それが確定しているときは、他方の裁判所は、免訴の判決（337①）をすることになる。

（遠藤邦彦）

〔管轄区域外の職務執行〕
第12条　裁判所は、事実発見のため必要があるときは、管轄区域外で職務を行うことができる。
2　前項の規定は、受命裁判官にこれを準用する。

⟨本条細目次⟩
1　趣　旨　41
2　要　件　41
3　効　果　41

1　趣　旨

　下級裁判所は、その管轄区域内において、職務を執行するのが原則であり、管轄区域は、「下級裁判所の設立及び管轄区域に関する法律」によって定められているが、事件処理に当たり、管轄区域外で職務を行うべき場合がある。本条は、そのような場合に備えたものである。

2　要　件

　「事実発見のため必要がある」ことである。事実とは、訴因に記載された事実に限られず、公訴犯罪事実の周辺的な事実や情状に関するものも含まれ、訴訟上認定を要する全ての事実が含まれる。

3　効　果

　本条により、管轄区域外で職務を行うことができるようになる。できる職務の種類については制限はなく、通常は、証人尋問、検証、鑑定人尋問等が想定される。

　本条は、受命裁判官にも準用されている（本条Ⅱ）。　　　　　（遠藤邦彦）

〔管轄違いと訴訟手続の効力〕
第13条　訴訟手続は、管轄違の理由によつては、その効力を失わない。

⟨本条細目次⟩
1　趣　旨　41
2　訴訟手続　42
3　管轄違い　42
4　有効とされる訴訟行為　42

1　趣　旨

　管轄権の存在は訴訟条件の一つである。管轄権がないことが判明すれば、

管轄違いの言い渡し (329) をするか、移送の決定 (330) をしなければならず、それ以上実体審理に入ることは許されない。また、一般に、訴訟条件が欠けている状態で実体審理のための訴訟手続が行われた場合、それらの訴訟手続は効力を有しないのが原則である。しかし、管轄権の場合には、管轄違いの言い渡しをできる場合が制限されているように (331Ⅱ)、その原則を一貫させると合理的でない事態が想定される。そこで、上記原則の例外として、土地管轄又は事物管轄を有しない裁判所において、訴訟手続が行われた場合であっても、その訴訟手続は、管轄違いの理由によっては、その効力を失わない旨を定めたものである。

2 訴訟手続

本条における「訴訟手続」とは、訴訟手続を構成する個々の訴訟行為を指し、裁判所の訴訟行為のほか、検察官、被告人、弁護人等訴訟関係人の訴訟行為も含まれる（小林＝前田・注釈刑訴［第3版］1・134、永井・大コメ刑訴1・160）。

3 管轄違い

本条における「管轄違」には、事物管轄に関するもの及び土地管轄に関するものが含まれる。

4 有効とされる訴訟行為

(1) 管轄違いの言い渡しがなされ、改めて管轄権のある裁判所に公訴が提起された場合にににおいて、本条により有効とされる訴訟手続の範囲については、広狭2説の見解があるが、本条の趣旨は、本来は無効であるべき訴訟行為を一定の範囲で有効としてその結果を利用できるようにする点にあると解されることや、前の訴訟における証拠調べの結果を利用できるとすることに特段の弊害は考えにくいこと等を考えると、有効とされる訴訟行為の範囲は広く解するのが相当であり、証拠調べ等の実体形成行為は有効であると考えてよいであろう（小林＝前田・前掲135、永井・前掲160）。この見解によれば、管轄違いの裁判所で行われた証拠調べの結果、具体的には、前の訴訟における公判調書、証人尋問調書、検証調書等は、321条ないし322条2項により証拠能力を認めてよいこととなる。321条2項前段における「公判準備」及び「公判期日」は、一般には当該被告事件のものを指すと解されているが、管轄違いの裁判所で行われた訴訟手続における「公判準備」「公判期日」は、同

一事件について反対尋問の機会が与えられているから、当該被告事件におけるものと解される（小林＝前田・前掲135、永井・前掲161）。

なお、後訴において本条によって効力を失わないのは、実体形成行為であり、手続形成行為は性質上初めからやり直さなければならない。

(2) 330条、399条、412条は管轄違いに基づく移送や自判の場合を定めているが、この場合にも本条の適用があると解される（小林＝前田・前掲136、永井・前掲161）。裁判所法33条3項に基づく簡易裁判所から地方裁判所への移送に関するものであるが、最判昭26・4・13刑集5・5・898は「簡易裁判所がその事物管轄に属する罪名により起訴せられた事件につき、審理の中途において裁判所法33条3項の場合に当るものと認めて事件を管轄地方裁判所に移送し、同地方裁判所は審理の上その事件を簡易裁判所の事物管轄に属しない罪名により処断すべきものと認めた場合にも、右移送前に既にした簡易裁判所の訴訟手続はその効力を失うものでないことは、旧刑訴法12条の規定によって明らかである」と判示しており、旧刑訴法12条が本条と同趣旨の規定であることに照らすと、本判例の趣旨は、本条にも当てはまるものと解される（小林＝前田・前掲137、永井・前掲162）。

(3) 管轄違いの言い渡しをすることができない結果（331Ⅰ・Ⅱ）、管轄違いの裁判所で手続が続行される場合には、本条の適用によるものか、手続維持の原則によるものかという説明の違いはあるとされつつ、全ての訴訟手続が有効な訴訟手続として扱われる。管轄権の不存在の瑕疵が治癒された結果、当該裁判所で訴訟手続が進められる場合（2条の解説2(3)ウ参照）にも、本条が適用される。なお、この場合に有効とされる訴訟行為には、実体形成行為の他に手続形成行為も含まれる（小林＝前田・前掲136、永井・前掲164）。

（遠藤邦彦）

〔管轄違いと要急処分〕
第14条　裁判所は、管轄権を有しないときでも、急速を要する場合には、事実発見のため必要な処分をすることができる。
2　前項の規定は、受命裁判官にこれを準用する。

〈本条細目次〉
1　趣　旨　44
2　事実発見のため必要な処分　44

1　趣　旨

　管轄権がなければ、裁判所としては、原則として、実体審理に入ることなく、管轄違いの言い渡し（329）、あるいは移送の決定（330）をし、管轄裁判所の審理を待つこととなるが、急速を要する場合に、真実発見の見地から、職権発動による必要な処分をすることができるとしたものである。

2　事実発見のため必要な処分

　本条における必要な処分としては、証人尋問、検証等及びこれらの前提となる召還、勾引、捜索、押収等が考えられる。

　本条による処分がなし得る時期は、公訴提起後当該裁判所に当該事件が係属してから、管轄違い又は移送の裁判を行う前までである。第1回公判期日前に行うことができるかは見解が分かれているが、起訴状一本主義（256Ⅵ）の要請から、179条、226条、227条等の要件を満たす場合には、それらの方法によるべきであろう。これらの規定により対応できない場合は、管轄権を有しない裁判所は、実体判決をしないことを考えれば、本条によることも許されるであろう（小林＝前田・注釈刑訴［第3版］1・139、永井・大コメ刑訴1・167）。本条は、受命裁判官にも準用されている（本条Ⅱ）。　（遠藤邦彦）

〔管轄移転の請求〕
第15条　検察官は、左の場合には、関係のある第一審裁判所に共通する直近上級の裁判所に管轄指定の請求をしなければならない。
　一　裁判所の管轄区域が明らかでないため管轄裁判所が定まらないとき。
　二　管轄違を言い渡した裁判が確定した事件について他に管轄裁判所がないとき。

　〔規〕　第2条（管轄の指定、移転の請求の方式・法第15条等）　管轄の指定

又は移転の請求をするには、理由を附した請求書を管轄裁判所に差し出さなければならない。
　第3条（管轄の指定、移転の請求の通知・法第15条等）　検察官は、裁判所に係属する事件について管轄の指定又は移転の請求をしたときは、速やかにその旨を裁判所に通知しなければならない。
　第6条（訴訟手続の停止・法第15条等）　裁判所に係属する事件について管轄の指定又は移転の請求があつたときは、決定があるまで訴訟手続を停止しなければならない。但し、急速を要する場合は、この限りでない。

〈本条細目次〉
1　趣　旨　45
2　裁判所の管轄区域が明らかでないため管轄裁判所が定まらないとき（本条①）　45
3　管轄違いを言い渡した裁判が確定した事件について他に管轄裁判所がないとき（本条②）　46
4　手　続　46

1　趣　旨

　本条と16条は、管轄指定に関する規定であり、裁判によって管轄権を創設する規定である。そのうち本条は、裁判所の管轄区域が明らかでないため管轄区域が定まらない場合及び管轄違いを言い渡した裁判が確定した事件について他に管轄裁判所がない場合につき、その事件限りの管轄を裁判によって創設しようという規定である。

2　裁判所の管轄区域が明らかでないため管轄裁判所が定まらないとき（本条①）

　管轄区域を画する行政区域が明らかでない場合をいう。下級裁判所の設立及び管轄区域に関する法律2条が引用する別表第5表によって、行政区画に応じた管轄区域が定められているが、この行政区画の領域や境界が明らかでないときに、本号が想定した状況が生じる。犯罪地等が不明であるとか、犯罪地が複数の管轄区域の境界にまたがって行われた場合等は、本号に含まれない（小林＝前田・注釈刑訴［第3版］1・141、永井・大コメ刑訴1・169）。

3　管轄違いを言い渡した裁判が確定した事件について他に管轄裁判所がないとき（本条②）

　本号は、管轄違いの裁判が正当であった場合及び不当であった場合の双方が含まれる。前者の場合は16条の「法律による管轄裁判所がないとき」に該当するようにもみえるが、管轄違いを言い渡した裁判の確定という要件を満たす以上、本号によるとする見解が一般である。本条に基づく管轄の指定は、既存の管轄権の有無とは無関係に行うものであるから、管轄指定の請求を受けた直近上級の裁判所は、管轄違いの裁判をした裁判所に管轄を指定することもできる（小林＝前田・前掲142、永井・前掲170）。

4　手　続

　検察官が関係のある第一審裁判所に共通する直近上級の裁判所に管轄指定の請求をする。この検察官は、直近上級の裁判所に対応する検察庁の検察官である（検察5）。1号の場合、公訴提起前であることが通常であろうが、公訴提起後も可能である（規3・6）。2号の場合、「関係のある第一審裁判所」とは管轄違いを言い渡した裁判所を指す。

　いずれの場合も請求を受けた裁判所は、請求を理由あるものと認めるときは、管轄裁判所を指定しなければならない。検察官としては、請求に際し、請求書（規2）中で、指定がなされるべき裁判所について言及することとなろう。裁判所に係属中の事件について管轄の指定の請求があったときは、原則として決定があるまで訴訟手続は停止する（規6）が、管轄指定の決定があったときは、当然に移送の効果を生じるものと解されている（小林・前掲131、永井・前掲173）。

　なお、規6条の「訴訟手続」に勾留に関する裁判が含まれるかにつき、最決平9・9・16刑集51・8・567は、「勾留期間更新の裁判は刑訴規則6条にいう『訴訟手続』に含まれない」と判示しており、中谷雄二郎・判例解説（刑）平9・137は、勾留に関する手続一般について、規6条の「訴訟手続」に含まれないとする見解の合理性を指摘している。また、その後、勾留取消し請求却下の裁判は、規6条の「訴訟手続」に当たらない旨判示した最決平9・10・6裁集272・23もあり、勾留に関する裁判は、規6条の「訴訟手続」に含まれないものと解される。

　　　　　　　　　　　　　　　　　　　　　　　　　　　（遠藤邦彦）

〔管轄指定の請求〕
第16条　法律による管轄裁判所がないとき、又はこれを知ることができないときは、検事総長は、最高裁判所に管轄指定の請求をしなければならない。

〔規〕　第2条（管轄の指定、移転の請求の方式・法第15条等）　法第15条参照。
　　　　第3条（管轄の指定、移転の請求の通知・法第15条等）　法第15条参照。

〈本条細目次〉
1　趣　旨　47
2　法律による管轄裁判所がないとき　47
3　法律による管轄裁判所を知ることができないとき　47
4　手　続　48

1　趣　旨
　15条と同様に管轄の指定に関する規定である。法律による管轄裁判所がない場合又はこれを知ることができない場合について、その事件限りの管轄を裁判によって創設しようという規定である。

2　法律による管轄裁判所がないとき
　2条に規定された土地管轄の規定によっては、管轄裁判所が存在しない場合をいう。2条2項、3項の船舶や航空機の特例を除けば、例えば、犯罪地が日本国外の犯罪であって（刑2〜4の2）、かつ、被告人の住所も居所も現在地も日本国内に存在しない場合である。

　なお、「法律による管轄裁判所がないとき」に関する特殊な先例として、日本の統治下における朝鮮の通常裁判所が日本人Kに対して言い渡した有罪の確定判決に対する再審請求事件の管轄指定の請求について、旧刑訴法15条（現刑訴本条に相当）及び裁判所法施行令19条2号に則り、最高裁判所が指定すべきであるとした最決昭42・2・28刑集21・1・356がある。

3　法律による管轄裁判所を知ることができないとき
　通常、国外犯の犯人の住所、居所、現在地が不明であって、土地管轄につ

いての管轄裁判所が不明の場合というとされている（小林＝前田・注釈刑訴〔第3版〕1・143、永井・大コメ刑訴1・174）。

　また、犯人が国内を転々としていた一定期間内に覚醒剤を使用した事実は認められるが使用場所を確定できない場合（最決昭56・4・25刑集35・3・116）などのように、公訴を提起するに足りるだけの犯罪事実の内容は判明しているが、かつ、犯罪地が国内であることも判明しているが、犯罪地が国内のいずれの場所であるかが判明しないため、犯罪地に由来する土地管轄を知ることができないという場合もあり得よう。

4　手　続

　本条では、関係する裁判所がないから、検事総長から最高裁判所に対して管轄指定の請求をすべきものとされている（先例である前掲最決昭42・2・28と同一の再審請求事件について、再審請求者Kからの管轄指定の請求を、管轄指定請求権は検事総長に限られるとして却下した最決昭41・5・20裁集159・761がある。）。請求の方式は、規2条及び3条参照。

　先例である前掲最決昭42・2・28は、検事総長からの管轄指定の請求を受けて、当該再審請求が第二審判決に対するものであることや、Kや関係者の住居地が大阪市にあることを考慮し、管轄裁判所として大阪高等裁判所を指定している。

　請求を却下した例としては、第6軍臨時軍法会議において併合罪につき処断せられた者に対し、一部の刑に大赦があったため刑法52条による刑を定める必要が生じるに至ったところ、当該軍法会議の後継裁判所として東京地方裁判所を指定した勅令が、その後の法令により失効したため、法律による管轄裁判所がないとして請求された管轄指定の請求について、上記法令の規定によれば、上記刑法52条による刑を定める裁判所は東京地方裁判所であると解されるとして、管轄指定の請求を却下した最決昭36・11・30刑集15・10・1795がある。

〔遠藤邦彦〕

〔管轄移転の請求〕
　第17条　検察官は、左の場合には、直近上級の裁判所に管轄移転の請求をしなければならない。

一　管轄裁判所が法律上の理由又は特別の事情により裁判権を行うことができないとき。
　二　地方の民心、訴訟の状況その他の事情により裁判の公平を維持することができない虞があるとき。
２　前項各号の場合には、被告人も管轄移転の請求をすることができる。

　〔規〕　第２条（管轄の指定、移転の請求の方式・法第15条等）　法第15条参照。
　　　　第３条（管轄の指定、移転の請求の通知・法第15条等）　法第15条参照。
　　　　第４条（請求書の謄本の交付、意見書の差出・法第17条）　検察官は、裁判所に係属する事件について刑事訴訟法（昭和23年法律第131号、以下法という。）第17条第１項各号に規定する事由のため管轄移転の請求をした場合には、速やかに請求書の謄本を被告人に交付しなければならない。
　　　２　被告人は、謄本の交付を受けた日から３日以内に管轄裁判所に意見書を差し出すことができる。
　　　　第５条（被告人の管轄移転の請求・法第17条）　被告人が管轄移転の請求書を差し出すには、事件の係属する裁判所を経由しなければならない。
　　　２　前項の裁判所は、請求書を受け取つたときは、速やかにこれをその裁判所に対応する検察庁の検察官に通知しなければならない。
　　　　第６条（訴訟手続の停止・法第15条等）　法第15条参照。

〈本条細目次〉
１　趣　旨　49
２　管轄裁判所が法律上の理由又は特別の事情により裁判権を行うことができないとき（本条Ⅰ①）　50
３　地方の民心、訴訟の状況その他の事情により裁判の公平を維持することができない虞があるとき（本条Ⅰ②）　50

１　趣　旨

　本条は、例外的に管轄裁判所に具体的事件を審判させることが不適当な場合に、直近上級裁判所の裁判により、管轄裁判所の変更を認めるものである。１号は、裁判そのものが不可能である場合を規定し、２号は、裁判の公平を

維持できない場合を規定している。その性質上、土地管轄についてのみ問題になり、また、控訴審にも適用があると解される（小林＝前田・注釈刑訴［第3版］1・147、永井・大コメ刑訴1・177）。

2 管轄裁判所が法律上の理由又は特別の事情により裁判権を行うことができないとき（本条Ⅰ①）

「法律上の理由により裁判権を行うことができない」とは、管轄裁判所の裁判官が、除斥（20）、忌避（21）、回避（規13）などにより、当該事件に関与できない場合をいう。裁判官の職務代行（裁28）や事務の移転（裁38）により対応し得る場合は、これに当たらない。

「特別の事情」とは、天災地変、地震等ある程度長期にわたり執務に支障を来す場合をいう。

3 地方の民心、訴訟の状況その他の事情により裁判の公平を維持することができない虞があるとき（本条Ⅰ②）

管轄裁判所を構成する個々の裁判官に忌避等の理由があって不公平な裁判をするおそれがある場合をいうのではなく、その地方の民衆の感情とか、訴訟の状況、その他裁判所を取り巻く客観的状況からみて、その裁判所全体につき公平な裁判を期待できない事情がある場合をいう。憲法37条1項の公平な裁判所の裁判を受ける権利を保障する意味があり、いわば裁判所全体に対する包括的忌避を認めたものである（小林＝前田・前掲146）。

どのような場合が本号に該当するかであるが、裁判例上、本号に該当しないとされたものとして、被告人の健康や生活状態、住居等の一身上の便宜（本号とほぼ同旨の旧刑訴16Ⅰ②に関するものとして最決昭23・10・13刑集2・11・1339）、管轄裁判所の多数の裁判官を知っていること（最決昭47・6・9〈未〉〔堀籠幸男・判例解説（刑）昭52・211〕）、名古屋高裁に係属し、名古屋拘置所に在監中のものが、身柄拘束されているため刑事被告人としての諸権利の行使を著しく妨げられているので東京高裁に管轄移転を請求すること（最決昭49・3・7裁集191・341）、証拠の採否という訴訟手続内における審理の方法、態度（最決昭52・6・17刑集31・4・675）、裁判長の訴訟指揮や法廷警察権の行使あるいは庁舎管理権の行使の在り方（東京高決昭59・10・22刑裁月報16・9＝10・695）、当該地裁の刑事部所属全裁判官が本案事件に関し令状発付その他の裁判事務を処したなどの事情（東京高決昭59・5・11高刑集37・2・

305）等がある。また、旧刑訴法16条1項2号に関するものであるが、従業員の大量解雇に端を発した争議中の出来事にかかる住居侵入、業務妨害被告事件について、被告人の社会的、政治的経歴、地位及び政党員としての活動状況に鑑み、当該事件が同地方の新聞紙によって大きく報道され、県下の各政治陣営に属するものを始めとして一般民衆が当該事件の裁判の帰趨に甚大な関心を寄せており、その公判に多数の傍聴人が殺到することが当然予期される状況にあるからといって、特別の事情のない限り、当該事件の控訴審を名古屋高裁金沢支部で行うときは、その公平を維持することができないおそれがあるとは認められず、また、金沢地裁で行われた第一審第1回公判期日に、多数の武装警察官が法廷の内外で金沢市内の警戒に当たったとしても、その一事をもって、直ちに、同市内に所在する名古屋高裁金沢支部において、控訴審を行うときは、裁判の公平を維持することができないおそれがあるとは認められないとした最決昭24・3・5刑集3・3・268がある。

　裁判所や裁判官が被害者である場合と本号の関係については、裁判所の所管公文書毀棄の犯罪事実が当該裁判所に起訴審理されたからといって、その一事をもって直ちに本号の事由があるということはできないとした最決昭28・12・19裁集90・61、弁護士である被告人がその地裁の裁判官の名誉を毀損したという事件において、裁判官等職員が証人として尋問されることが予想される場合においては本号に該当するとした東京高決昭32・10・25東時8・10・371、裁判所職員の争議に関連し、裁判所構内に侵入して、勤務時間中に同盟罷業の遂行をあおったという事実で起訴された事件において、仙台高・地裁の裁判官その他の職員が証人として喚問されることが予想され、その他の事件の性質、態様等を考慮すると、仙台地裁で審理することは本号に該当するとした仙台高決昭35・10・24〈未〉（堀籠幸男・判例解説（刑）昭52・210。なお、この決定に対する被告人からの特別抗告は棄却されている〔最決昭35・12・20裁集136・693〕。）があるが、前掲最決昭52・6・17は、被告人5名が、鉄パイプを所持して東京高裁の庁舎内に集合し、共謀の上、東京高裁事務局長室及び長官室に押し入り、長官、事務局長及び長官秘書官に対し鉄パイプで殴るなどの暴行を加え傷害を負わせたという事実で起訴され、第一審裁判所は、公訴事実とほぼ同じ事実を認定し、各被告人に対し、懲役3年の実刑判決を言い渡し、各被告人がこれを不服として控訴を申し立て、本件が

東京高裁に係属することとなったところ、東京高裁係属中に、弁護人から、最高裁に対し、本号に基づく管轄移転の請求があった事案であるが、裁判所及び裁判官が被害者であるとの一事をもって直ちに本号に該当するということはできない旨判示している。

(遠藤邦彦)

〔管轄移転の請求〕
第18条　犯罪の性質、地方の民心その他の事情により管轄裁判所が審判をするときは公安を害する虞があると認める場合には、検事総長は、最高裁判所に管轄移転の請求をしなければならない。

　〔規〕　第2条（管轄の指定、移転の請求の方式・法第15条等）　法第15条参照。
　　　　第3条（管轄の指定、移転の請求の通知・法第15条等）　法第15条参照。
　　　　第6条（訴訟手続の停止・法第15条等）　法第15条参照。

〈本条細目次〉
1　趣　旨　52
2　公安を害する虞があると認める場合　52
3　手　続　53

1　趣　旨

前条と同様に管轄の指定に関する規定であるが、公安の見地からの管轄移転の規定である。その性質上、土地管轄についてのみ問題になり、控訴審にも適用があると解されることは、前条と同様であろう（小林＝前田・注釈刑訴〔第3版〕1・149、永井・大コメ刑訴1・189）。

2　公安を害する虞があると認める場合

本条の管轄移転が認められるのは、犯罪の性質、地方の民心その他の事情により管轄裁判所が審判するときは公安を害するおそれがあると認められる場合である。「地方の民心」「その他の事情」というように前条1項2号と類似した部分があるが、本条は、同号が裁判の公平といった訴訟法的原理に基

づくものと異なり、公安、すなわち、公共の安全という訴訟手続外の原理に基づき管轄に関するルールを変更するものである。したがって、その要件の認定は厳格になされる必要があろう。

3　手続

本条のような事態は、一種の非常事態といえる。したがって、本条の管轄移転の請求権は、検事総長に限って認められ、その請求先も最高裁判所に限られている。

（遠藤邦彦）

〔事件の移送〕
第19条　裁判所は、適当と認めるときは、検察官若しくは被告人の請求により又は職権で、決定を以て、その管轄に属する事件を事物管轄を同じくする他の管轄裁判所に移送することができる。
２　移送の決定は、被告事件につき証拠調を開始した後は、これをすることができない。
３　移送の決定又は移送の請求を却下する決定に対しては、その決定により著しく利益を害される場合に限り、その事由を疎明して、即時抗告をすることができる。

　　〔規〕　第7条（移送の請求の方式・法第19条）　法第19条の規定による移送の請求をするには、理由を附した請求書を裁判所に差し出さなければならない。
　　　　第8条（意見の聴取・法第19条）　法第19条の規定による移送の請求があつたときは、相手方又はその弁護人の意見を聴いて決定をしなければならない。
　　　　２　職権で法第19条の規定による移送の決定をするには、検察官及び被告人又は弁護人の意見を聴かなければならない。

〈本条細目次〉
1　趣　旨　54
2　適当と認めるとき　54
　(1)　移送が肯定された例　54
　(2)　移送が否定された例　55

3　移送の手続　56
　(1)　手　続　56
　(2)　受移送裁判所の土地管轄の性質　56
　(3)　新住居地の裁判所への移送の可否　57
　(4)　移送決定の時期　57
　4　移送の効果　57
　5　即時抗告　58

1　趣　旨

　本条は、現行刑訴法により初めて設けられたものであって、旧刑訴法には同趣旨の規定はなかった。新設された趣旨としては、主として、起訴前の勾留期間が制限されたため、被告人が「現在地」（2Ⅰ）で起訴されることが多く予想されたことから、そのような場合に、「犯罪地」や「被告人の住所、居所」の管轄裁判所で審判する可能性を残しておく点にあったとされている（団藤・条解42）。ある事件について土地管轄を有する裁判所が2個以上ある場合、当初係属した裁判所より他の管轄裁判所で審判する方がより合理的であると考えれば、本条によって、当該事件をその他方の裁判所に移送することができる。

2　適当と認めるとき

　移送の要件は、「適当と認めるとき」とされるのみで、その事由に特段の制限はない。訴訟関係人の証拠調べ上の便宜と被告人の防御権行使上の利益を総合考慮して「適当」かどうかを判断することとなろう。
　どのような場合に「適当と認める」かの裁判例の概要は、次のとおりであるが、即時抗告審の決定については、即時抗告が、原決定により著しく利益を害される場合に限られている点に留意されたい。
　(1)　移送が肯定された例
　広島高決昭41・5・10判時458・66は、贈賄収賄被告事件について、広島地裁から東京地裁への移送決定に対する検察官からの即時抗告にかかるものであるが、在宅起訴された被告人3名のうち2名の住居が東京であり、犯罪地が東京都内であること等から、犯罪の存否に関する証人や東京在住の被告人の情状証人が東京都内に存することが予想されること等を指摘し、検察官が、本件捜査に従事し本件に精通した捜査官と随時容易に連絡を取る便宜が

妨げられることは理解できるが、本条の趣旨に照らすと、公訴維持の一般的便宜のみを強調して移送決定を不当とする理由にはならないとし、東京地裁への移送が公訴維持に重大な支障を来すような具体的疎明はないとして、原決定を維持している。

比較的近距離でありながら移送が肯定された珍しい例として、神戸地決平5・4・20判時1488・160は、京都市内に住居を有する被告人が、共犯者と共謀の上、京都市内において大麻樹脂を第三者に譲渡したとされる事案について、共犯者や譲受人は既に釈放されその大半が京都に居住していることや、被告人が通訳を要する外国人であり、京都在住の弁護人や家族との接見や防御の準備上居住地の裁判所で裁判を受ける利益をより多く有している等として、当該事件を神戸地裁から京都地裁に移送したものである。

(2) 移送が否定された例

福岡高宮崎支決昭45・8・10判時614・102は、被告人らが当時本邦外であった沖縄に密出国する意図で神戸港から大阪船籍の汽船に乗船し、その途中で船長に対して強要行為に及んだという事案が鹿児島地裁に起訴されたところ、弁護人からの大阪地裁への移送請求を却下した原決定について、申請予定の証人や証拠が大阪、九州の各地に亘っているが、その大部分が大阪方面に存するとはいえないこと、検察官申請予定の大阪方面の証人は鹿児島地裁への出頭を承諾していること、鹿児島地裁より大阪地裁の方がより事件の公正、迅速な審理を期待し得て便宜であるとは必ずしもいえないこと、被告人や弁護人にとって遠隔地で審理を受ける不便は十分にうかがえるが、他方、大阪地裁に移送した場合、検察官が本件捜査に従事し本件事案に精通した者と随時、容易に連絡しうる便宜が阻害されることは無視できないこと等の事情から、本件は鹿児島地裁で審理するのが相当として、原決定を維持している。

名古屋高決昭57・7・7判時1067・157は、旧物品税法違反被告事件に関し、原裁判所が、被告人側からの移送請求に対し、検察官の「然るべく」との意見を踏まえ、名古屋地裁から被告会社の本店所在地や相被告人の居住地を管轄する大阪地裁への移送決定をしたところ、検察官から、一転して即時抗告されたというやや珍しい事案ではあるが、被告人らが公訴事実を極力争っていくことが予想され、検察官は公訴事実立証のため愛知県下に居住する

多数証人の取調請求を予定している等の事情を踏まえ、原決定を取り消している。

東京高決平14・3・27東時53・1＝12・41は、木曽福島簡裁が、長野県木曽郡内での道路交通法違反（速度違反）被告事件につき、被告人の住居地を管轄する大阪簡裁に職権で移送した決定について、被告人が速度違反の事実を否認していることから、速度測定器の正確性や本件現場での取締状況に関して、長野県警の警察官や長野県やその近隣に居住する測定器メーカーの従業員の証人尋問が予想されること、審理経過によっては裁判所の現場検証の必要性も生じうること、移送すると本件捜査に従事しなかった検察官が審判に関与することになるばかりか補充捜査にも支障が生じることが考えられること等の理由から、本件移送決定は、検察官の利益を著しく害するとして、原決定を取り消したものである。

他に移送を否定した裁判例として公刊されているものとしては、東京高決昭35・12・7判夕114・41（宇都宮地裁から前橋地裁への移送決定を取消し）、東京高決昭33・9・25東時9・9・252（千葉地裁から東京地裁への移送請求を却下）等がある。

3　移送の手続

(1)　手　続

移送の決定は、検察官若しくは被告人の請求により又は職権でなされる。弁護人は、被告人の代理人として移送を請求することができる。移送の請求の方式や相手方等への意見聴取は、規7条、8条を参照。

移送の対象となる事件は、移送を行う裁判所の管轄に属し、かつ現に当該裁判所に係属中の事件である。

本条の移送は、事物管轄を同じくする裁判所間でなされるから、地方裁判所同士、簡易裁判所間同士でなされる。

なお、本条は、地方裁判所とその支部との間には適用されない（東京高決昭36・6・24下刑集3・5＝6・451）。

(2)　受移送裁判所の土地管轄の性質

本条の移送を受けるべき裁判所が有する土地管轄の性質については、移送される事件の固有の管轄でなければならないとする見解（併合管轄否定説）と、その裁判所に係属中の他の事件の関連事件であることに由来する併合管

轄でも足りるとする見解（併合管轄肯定説）がある。

この点につき、東京高決昭53・8・15判時905・13（昭和53年(く)第210号）は、「刑訴法19条1項にいう『他の管轄裁判所』には、同法6条、9条所定の関連事件について生ずる管轄を含むものと解せられる」と併合管轄肯定説の判示をし、同日付の東京高決昭53・8・15判時905・15（昭和53年(く)第305号）も、併合管轄肯定説は「規定の位置及び文言上明らかである」と判示している（同旨、小林＝前田・注釈刑訴［第3版］1・151）。

併合管轄否定説は、本条の制定理由や8条の審判の併合との整合性から、移送される事件の固有の管轄でなければならないとしている（永井・大コメ刑訴1・200）。

(3) 新住居地の裁判所への移送の可否

土地管轄を有するか否かは、原則として起訴時が標準となるが、起訴後に被告人の住居に変更があった場合には、新住所地の裁判所に移送することもできる（昭49・6・25最高裁刑事局長回答〔刑裁月報資料編5・6・486〕、小林＝前田・前掲152。反対、中武・注解刑訴上52）。

なお、最判昭58・10・13刑集37・8・1139／判時1095・24は、客観的には存在していた住所が証拠資料上判明していなかった事案ではあるが、移送決定時に受移送裁判所が土地管轄を有するか否か明らかでなかったとしても、その後、土地管轄を具備されるに至った場合には、土地管轄についての瑕疵が治癒されると判示している。

(4) 移送決定の時期

移送の決定は、証拠調手続開始前にしなければならない（本条Ⅱ）。

本条により移送するかどうかという不安定な状態をいつまでも続けることは相当でないから、本格的な審理が始まった以降は、不安定な状態から解放する趣旨である。証拠調手続は、検察官が296条の冒頭陳述を行うことから始まるので、検察官が冒頭陳述を行った後は、移送決定はできないと解されよう（東京高決昭26・9・8東時1・3・28）。なお、例外的に、種々の事情を考慮し、検察官の冒頭陳述後であるが実質的な証拠調べが行われていない段階での移送を認めた直方簡決平8・10・3判時1609・161がある。

4 移送の効果

移送の決定が確定すると、訴訟係属は移送を受けた裁判所に移転する。移

送を受けた裁判所が土地管轄を有していない場合でも、即時抗告で移送決定が取り消されていない限り、同裁判所に訴訟係属が生じる（小林・前掲141、永井・前掲205）。ただ、移送決定が確定しても受移送裁判所に管轄がない以上、被告人から管轄違いの申立てがされれば、管轄違いの言い渡しを免れない（最判昭59・11・30判時1153・233、小林＝前田・前掲153）。

　移送決定も確定により内容的拘束力を有する以上、移送を受けた裁判所は、事情の変更のない限り、再移送することはできないが、事情の変更があるときは、再移送も許されると解される（小林＝前田・前掲153、永井・前掲204）。

5　即時抗告

　移送の決定又は移送の請求を却下する決定に対しては、その決定により著しく利益を害される場合に限り、その事由を疎明して、即時抗告をすることができる（本条Ⅲ）。

〔遠藤邦彦〕

第2章　裁判所職員の除斥及び忌避

〔除斥の原因〕
第20条　裁判官は、次に掲げる場合には、職務の執行から除斥される。
　一　裁判官が被害者であるとき。
　二　裁判官が被告人又は被害者の親族であるとき、又はあつたとき。
　三　裁判官が被告人又は被害者の法定代理人、後見監督人、保佐人、保佐監督人、補助人又は補助監督人であるとき。
　四　裁判官が事件について証人又は鑑定人となつたとき。
　五　裁判官が事件について被告人の代理人、弁護人又は補佐人となつたとき。
　六　裁判官が事件について検察官又は司法警察員の職務を行つたとき。
　七　裁判官が事件について第266条第2号の決定、略式命令、前審の裁判、第398条乃至第400条、第412条若しくは第413条の規定により差し戻し、若しくは移送された場合における原判決又はこれらの裁判の基礎となつた取調べに関与したとき。ただし、受託裁判官として関与した場合は、この限りでない。

　〔規〕　第12条（除斥の裁判・法第23条）　忌避の申立について決定をすべき裁判所は、法第20条各号の一に該当する者があると認めるときは、職権で除斥の決定をしなければならない。
　　2　前項の決定をするには、当該裁判官の意見を聴かなければならない。
　　3　当該裁判官は、第1項の決定に関与することができない。
　　4　裁判所が当該裁判官の退去により決定をすることができないときは、直近上級の裁判所が、決定をしなければならない。
　　第14条（除斥、回避の裁判の送達）　前2条の決定は、これを送達しない。

〈本条細目次〉
1　除斥されるべき職務の執行　60
2　除斥事由　62
　(1)　事件との関係を問題とするもの（1号～6号）　62
　(2)　前審等への関与（7号）　63
3　除斥の効果　67

1　除斥されるべき職務の執行

　本条各号の除斥事由がある裁判官は、原則として、事件に関するあらゆる訴訟行為を行うことができないことになるが、形式的なものにとどまり、審判の実質的な内容に影響を及ぼさないようなものであれば、除斥されるべき「職務の執行」に当たらないとされている（最判昭36・2・23刑集15・2・396）。判例では、判決宣告（最決昭28・11・27刑集7・11・2294〔第1審の審判をした裁判官が控訴審の判決宣告に関与した事案〕、最判昭32・4・16刑集11・4・1372〔第1次控訴審での破棄差戻し判決に関与し、その後の第2次控訴審の判決宣告のみに関与した事案。ただし、第1次控訴審は本条7号の「前審」にも当たらないと解されよう。〕）、公判期日の延期（最判昭27・1・29判タ18・53〔第1審担当裁判官が、控訴審において、被告人不出頭のため弁護人の求めに応じて延期決定をした公判期日に関与した事案〕）、事件の併合や移送の決定（前記最判昭36・2・23〔略式命令を発した裁判官が、正式裁判申立て後に当該事件を他の事件に併合した上で、332条により地方裁判所に移送した事案〕）などが除斥の対象とならないとされている。

　また、本条2号、3号及び5号において「被告人」のみが挙げられていることなどから、除斥や忌避等の規定が被疑事件に適用されるか否かにつき議論があり（刑資176・145以下参照）、勾留担当裁判官に対する忌避申立てに対して、申立て自体は不適法とせずに理由の当否を判断したもの（東京地決昭34・9・8下刑集1・9・2090）や、勾留理由開示手続を担当する裁判官に対する忌避申立てにつき、勾留理由開示手続は勾留の理由を告知する手続であることを理由にして担当裁判官を忌避することを不適法としたもの（福岡高決昭34・9・3下刑集1・9・1933）などがあった。そのような中、最決昭44・9・11刑集23・9・1100は、付審判請求事件を担当する裁判官に対する忌避申立てに関し、「除斥、忌避および回避の制度は、窮極においては、終局

判決の公正を期するものではあるが、それは、単に公判手続における裁判官の職務執行を対象とするにとどまらず、広く裁判官の職務執行一般を対象とするものであることは、右規定が総則に存するという条文の配置およびその文言上明らかであるといわなければならない。」とした上で、「付審判請求は、現行法において、はじめておかれた制度であるが、それは、特殊の犯罪について、検察官の不起訴処分の当否に対する審査を裁判所に委ねたものであり、その審査にあたる裁判所は、いうまでもなく、職務の独立性を保障された裁判官をもつて構成され、かつ、その権限は極めて広範なものである（刑訴法265条2項）。かような裁判所を構成する裁判官について、その職務執行の公正を期するため、除斥、忌避および回避の規定の適用のあることは、その制度のおかれた趣旨等にかんがみるときは、いうをまたずして明らかである。」との判断を示し、付審判請求事件における被疑者に忌避申立権を認めた（同旨、最決昭47・11・16刑集26・9・515）。その判文からして、付審判請求事件につき除斥や回避の規定の適用も認める趣旨であろうが、付審判請求事件以外については、どこまでその射程が及ぶのかについては必ずしも明らかではない。この点、付審判請求事件の特殊性を指摘し、被疑手続に関してはそれ以上の拡張に否定的な見解（柴田・注釈刑訴1・146。青柳・通論上123は、最高裁決定に賛成しつつ、起訴前の勾留裁判官を忌避することはできないとする。）、前記昭和44年決定は令状手続等についてまで認める趣旨を含むものでないが、除斥、回避の制度の適用の可能な場面があることを示唆しているとする見解（石川＝佐藤・日本法学36・1・150）などがある一方、除斥・忌避・回避の規定を適用することが不合理と思われる場合を除き、制度の準用を公判前に認めてよいとする見解（渥美・刑訴152）、実質的にみて、除斥・回避については起訴後に限る合理的理由はなく、忌避については、迅速性の要求の程度、手続に要する時間、被疑者関与の有無、実体審理との関連等の要因を考慮した上、手続の性質によっては申立権を認めてよい場合があるとする見解（三井・手続2・439。同様の見解として、小坂・注釈刑訴［第3版］1・160は、除斥、回避については準用を認め、忌避については逮捕、捜索等には適用なく、勾留や準抗告等には適用があるとの考えを示す。松尾・警研42・3・163も除斥の規定は公訴提起の前後を問わず適用ないし準用されるべきとする。）などがある。なお、前記最決昭44・9・11の原審である福岡高決昭44・8・9高刑集

22・4・542も、除斥及び回避の規定については被疑事件においても適用があるとしていたものであり、また、同最高裁決定後には、付審判事件において付審判の請求者にも忌避申立権を認めた裁判例（福岡高決昭50・3・4高刑集28・2・113／判時788・112）や226条に基づく証人尋問手続において被疑者の弁護人に忌避申立権を認めた裁判例（富山地決昭47・11・22判時690・101）もある。いずれにしても、除斥事由に該当する裁判官は令状請求事件でも担当を外れるよう配慮されることが望ましいことはいうまでもない。なお、仮に、被疑事件につき除斥の規定の適用があると考えるにしても、除斥事由のある裁判官が発付した令状が常に無効となると解するべきか否かについては慎重な検討を要するであろう[1]。

2 除斥事由

(1) 事件との関係を問題とするもの（1号～6号）

裁判官が、①被害者（当該犯罪事実により法益を直接侵害された者であって、間接的な被害を受けた者を含まない〔団藤・条解47〕。）であるとき、②被告人又は被害者の親族（民725）であるとき、又はあったとき、③被告人又は被害者の法定代理人（親権者、成年後見人、未成年後見人等）、後見監督人（民848以下）、保佐人（民12・876の2）、保佐監督人（民876の3）、補助人（民16・876の7）又は補助監督人（民876の8）であるとき、④事件について証人又は鑑定人となったとき、⑤事件について被告人の代理人、弁護人（30・36）又は補佐人（42）となったとき、⑥事件について検察官又は司法警察員の職務を行ったときが挙げられている。

本条6号の「裁判官が事件について検察官の職務を行つたとき」とは、裁判官がその任官前に、当該事件について、検察官としてある具体的な職務行為をした場合をいい、憲法や法律上の同種の解釈問題を含んでいる同一の罪名の事件について高等検察庁検事長として上告趣意書を提出した場合や、当該事件が上告審係属中に最高検察庁次長検事の職にあっても、具体的な職務行為を行っていない場合には、同号には該当しない（最大決昭47・7・1刑

---

[1] 渥美・刑訴152は、令状発付も無効となるとするが、事実関係が流動的で被疑者不詳の場合もある捜査段階において、除斥事由のある裁判官が令状を発付した場合、当該令状に基づき収集した証拠を用いることができなくなることが正義に反するような事態も生じ得る。

集26・6・355)。

(2) 前審等への関与 (7号)

ア 趣　旨

憲法37条1項により、公平な裁判所による裁判、すなわち組織や構成において偏頗や不公平のおそれのない裁判所による裁判（最大判昭23・5・5刑集2・5・447、最大判昭23・5・26刑集2・5・511、最大判昭23・6・30刑集2・7・773等）を受ける権利が保障されているが、除斥等の規定はこれを担保するものとされている。そして、本号において担保される「公平」の趣旨については、予断排除の原則に基づくものと考える見解（平野・刑訴49、田宮・注釈刑事訴訟法24、鈴木・刑訴31等）も少なくないが、予断排除の趣旨を一次的なものとせず、裁判手続（第1審、第2審、第3審）の公正（寺尾・判例解説（刑）昭29・151）、審級制度の円滑化（青柳・通論上115）、審級制度の趣旨を生かす手段（柴田・注釈刑訴1・150）などといった点を指摘するものもある。除斥事由がある裁判官の関与は絶対的に禁止される一方、予断排除の原則は常に貫徹されるものではなく（規187Ⅱ但）、また、本号の規定は、予断排除の観点からみるとあまりに限定的である（田中・基本法コメ刑訴24）。判例も、後述のとおり、担当裁判官が公判前に事件の内容を知る機会があった場合であっても、本号の拡張ないし準用を否定しているものが多く、本号の理解において、予断排除の原則を重視する立場とはいい難い。こうした点からすると、本号が除斥事由とされているのは、主として、異なる裁判所による原裁判の審査という審級制度の在り方に基づくものと解すべきである[2]。

イ　付審判開始決定（266②）への関与

付審判決定に関与した裁判官は、実質的には検察官の職務を行った者と同様の立場にあり、本条6号と同じく除斥の対象となる。ただし、付審判請求棄却決定（266①）への関与は除斥事由とされていないので、検察官が再起をして起訴した場合には、却下決定に関与した裁判官は除斥の対象とならない。

---

[2] なお、付審判開始決定への関与については、後述のとおり実質的には検察官の職務を行った者と同様の立場にあることを根拠とする。

少年法20条の検察官送致決定をした裁判官が、その後の刑事裁判において除斥されるか否かにつき、高裁の裁判例においては、付審判開始決定をした場合と性質が著しく酷似するとして除斥の対象になるとするもの（名古屋高判昭27・3・19高刑集5・4・505）と、除斥の対象とならないとするもの（高松高判昭27・6・16高刑集5・8・1307）があった。最高裁は、「前審の裁判」との関係ではあるが、除斥の対象とならないとの判断を示し（最決昭29・2・26刑集8・2・198、最決昭29・10・28裁集99・607）、その後、弁護人が上告趣意書において前記名古屋高裁判決も引用し付審判決定との類似性を指摘した事案においても、除斥の原因とならない旨を判示した（最判昭38・4・12裁集147・39）。

ウ　略式命令への関与

略式命令と、当該命令に対して異議が出された後の公判手続は、前・後審に類似する関係にあり、かかる観点から除斥事由とされているものと考えられる（小坂・注釈刑訴［第3版］1・168、永井・大コメ刑訴1・233）。したがって、略式命令を発することなく略式不相当（463）と判断した場合には、前・後審のような関係にはないので、当該判断をした裁判官は、その後の通常公判手続及び地方裁判所に移送した後の審理においても除斥されない（最判昭28・2・19刑集7・2・293）。

エ　前審の裁判への関与

(ｱ)　「前審の裁判」の意義

前述のとおり、異なる裁判所による原裁判の審査という審級制度の在り方から前審関与が除斥の対象となっているとみるべきであり、かかる趣旨から、「前審の裁判」とは、上訴により不服を申し立てられた当該事件の裁判（最決昭34・2・19刑集13・2・179）、すなわち、上級審からみた下級審をいうのであって、上告審からみた控訴審及び第1審、控訴審からみた第1審、抗告審からみた原審又は原々審がこれに当たることになる。上級裁判所に対する不服申立てに当たらないものであっても、実質的に同様の関係にある428条2項や裁判員法35条の異議審からみた原裁判所、準抗告審からみた原裁判官等も「前審」に含まれる。

これに対して、確定裁判と再審の裁判は審級制度の関係にはなく、確定裁判に関与した裁判官が再審請求事件を担当しても前審関与に当たらない（最

決昭34・2・19刑集13・2・179)。非常上告事件における確定裁判への関与も同様であろう。

　破棄差戻しとした第1次控訴審とその後の第2次控訴審とは審級関係にはないので、第1次控訴審に関与しても第2次控訴審における除斥事由とはならない（最決昭28・5・7刑集7・5・946、最決昭36・10・31判時285・31／同294・54)。

　第1審判決に対しては、その「前審の裁判」は観念できず、起訴前の強制処分に関与したり、第1回公判期日前の保釈請求事件に関与するなどした場合（最大判昭25・4・12刑集4・4・535)、公判前の証人尋問（227）を担当した場合（最判昭28・4・16裁集78・685、最判昭30・3・25刑集9・3・519)、検察官送致されて起訴された事件において、少年保護事件時に観護措置決定をした場合（東京高決平元・7・4東時40・5＝8・20）においても、第1審の裁判における除斥事由とはならない。分離されている共犯者の審理を担当した場合（最判昭28・10・6刑集7・10・1888)、必要的共犯の関係にある事件において被告人を証人として尋問した場合（最判昭30・10・14刑集9・11・2213)、社会的事実を同じくする民事訴訟事件の審理に関与した場合（最決昭31・9・25刑集10・9・1382）も同様である。

　公訴棄却決定後の再起訴事件において、同事件において採用された証拠と同様の証拠を公訴棄却の裁判で取り調べていても、その審理に関与した裁判官は、前審の裁判又はその裁判の基礎となった取調べに関与したとはいえず、除斥されない（最決平17・8・30刑集59・6・726)。

　少年法20条による検察官送致決定が、その後の刑事裁判の前審の裁判に当たらないとされていること（最決昭29・2・26刑集8・2・198、最決昭29・10・28裁集99・607）は前記イで触れたとおりである。

　(イ)　除斥されるべき前審関与の内容

　前審の裁判に関与したとは、前審の終局裁判の内容に関与した場合をいうのであって、前審の判決宣告のみに立ち会ったような場合はこれに当たらない（団藤・条解49、小坂・注釈刑訴［第3版］1・170、永井・大コメ刑訴1・228。旧法に関し、大判大15・3・27刑集5・125)。前審での忌避申立事件（旧法に関し、大判昭10・9・28刑集14・997）や保釈（旧法に関し、最判昭25・5・12刑集4・5・793）にのみ関与した場合も同様である（小坂・注釈刑訴［第3版］

1・169、永井・大コメ刑訴1・228)。

　なお、最判昭25・11・30刑集4・11・2434は、旧法下の事案において、起訴前の強制処分（逮捕状発付、勾留訊問及び勾留状発付）に関与したにすぎない場合は前審裁判又はその基礎となった取調べに関与したものに当たらないとしつつ、当該勾留訊問調書は証拠とされていないことをも指摘している[3]。

　　オ　控訴審若しくは上告審で破棄差戻し若しくは破棄移送となった場合の原判決への関与

　上訴審で破棄された場合の第1次原審と第2次原審は、審級の関係にはないが、破棄判決の拘束力（裁4）の趣旨に忠実な審理を保障するために除斥事由としたものと指摘されている（柴田・注釈刑訴1・154）。かかる規定により、良心に従い独立して職権を行使する裁判官が、いったん下した結論と異なる見解に拘束されることのないよう配慮されることにもなる。

　ここでいう「原判決」は、破棄の対象となった下級審の判決をいう（中武・注解刑訴上64、永井・大コメ刑訴1・237）。上告審が、控訴審判決だけではなく第1審判決も破棄して審理を第1審に差し戻した場合には、破棄された第1審判決も「原判決」に含まれ、控訴審のみを破棄して差し戻した場合には、第1審は差し戻された控訴審の「前審」となる（団藤・条解49、永井・大コメ刑訴1・237）。

　　カ　イ〜オの各裁判の基礎となった取調べへの関与

　裁判の基礎となった取調べに関与したとは、裁判の内容の形成に役立った取調べに関与したことをいう（団藤・条解49、永井・大コメ刑訴1・237）。取調べの対象はいわゆる人証に限られず、書証や物証であっても、取り調べた証拠が事実認定の用に供されているならば、裁判の基礎となった取調べに関与したものといえる（最大判昭41・7・20刑集20・6・677〔控訴審の担当裁判官が第1審において証拠書類及び証拠物の取調べに関与した事案〕）。前審の裁判結果が無罪であっても、その基礎となる取調べに関与した以上は除斥の対象となる（旧法に関し、大決大15・6・30刑集5・343）。

　一方で、前審における証拠調べに関与しても、その証拠が前審の判決にお

---

[3]　なお、永井・大コメ刑訴1・230は、当該訊問調書が証拠として採用されていた場合には上訴審で除斥の対象になり得る趣旨か否か必ずしも明確ではないとする。

いて証拠とされていない場合には、その基礎となった取調べに関与したとはいえない（旧法に関し、大判昭7・3・3刑集11・215、最判昭24・7・19刑集3・8・1339）。

受託裁判官として関与した場合は除斥の対象とならない（本条⑦但）。その理由として、受託裁判官は事件についての心証を得るために取調べを行うものではないことが指摘されている（青柳・通論上120、小坂・注釈刑訴［第3版］1・171、中武・注解刑訴上66）。したがって、第1審において226条、227条の証人尋問や179条の証拠保全を行い、その証拠が裁判の基礎となった場合も、上訴審において除斥されないと解されている（団藤・条解50）。

第1次控訴審における破棄差戻し後の第2次第1審が、第1次控訴審で取り調べた証人の調書を有罪の証拠とした場合、第1次控訴審における当該証人の尋問に関与していた裁判官が第2次控訴審に関与しても、前審の裁判の基礎となった取調べに関与した場合に当たらないとした最決昭29・6・23刑集8・6・943は、「刑訴同条同号〔本条⑦をいう。〕は社会から見て公平な裁判が到底できないと見られるような場合を指すものと解するを相当とすべきであるところ、控訴審の裁判官として控訴理由の有無の判断のために事実の取調をしたその結果を、差戻しを受けた第1審裁判所がこれを証拠に採用したからといつて右の場合に該当しないこと明らかである」としているが、控訴審における事実の取調べは、受託裁判官と同様、事件についての心証を得るためのものではないことからこれを支持する見解が一般である（中武・注解刑訴上66、柴田・注釈刑訴1・156、永井・大コメ刑訴1・241。疑問を呈するものとして、寺尾・判例解説（刑）昭29・149〜154）。

3 除斥の効果

除斥事由のある裁判官は、職務の執行に関与することが絶対的に禁止される。当事者からの申立ての有無を問わず、何らかの裁判を要するものでもない。規12条は、当該裁判官が除斥の事由があることを認めない場合の規定であると解される（最決昭27・9・8判タ25・47）。

除斥事由のある裁判官が第1審の判決に関与した場合には絶対的控訴理由となり（377②）、判決前の手続に関与した場合には訴訟手続の法令違反として相対的控訴理由となる（379）。

いずれも旧法に関する事案であるが、除斥事由（前審関与）のある裁判官

が関与した公判期日の手続が違法であり、当該期日の公判調書の証人の供述記載を事実認定の資料に供することも違法であるとして原判決を破棄したもの（最判昭26・5・25刑集5・6・1198）がある一方、除斥事由（前審関与）のある裁判官が判決言渡し期日の延期、弁論の再開及び証人喚問の決定に関与したことが違法とされたが、当該証人の期日外訊問やその後の公判審理には関与しておらず、かつ、当該証人の供述は原判決で採用されていなかったことから、前記違法は原判決に影響を及ぼさないとしたもの（最判昭28・1・17刑集7・1・5）もある。

除斥事由のある裁判官が控訴審の審理のみに関与した場合は訴訟手続の法令違反として職権破棄の対象（411①）となろうが、判決に関与した場合には、憲法37条違反として上告理由（405①）になるとする見解（団藤・条解50、中武・注解刑訴上56）がある一方で、除斥事由のある場合のすべてが憲法違反となるものではないとする見解（青柳・通論上121、柴田・注釈刑訴1・156）もある。控訴審判決に関与した裁判官に除斥事由（前審の裁判の基礎となった取調べへの関与）があることを認めた最大判昭41・7・20刑集20・6・677は、職権判断により判決に影響を及ぼす法令違反があるとして411条1号を適用して破棄差戻しとした（ただし、弁護人は憲法違反の主張をしていない。）。

（小倉哲浩）

〔忌避の原因、忌避申立権者〕
第21条　裁判官が職務の執行から除斥されるべきとき、又は不公平な裁判をする虞があるときは、検察官又は被告人は、これを忌避することができる。
　2　弁護人は、被告人のため忌避の申立をすることができる。但し、被告人の明示した意思に反することはできない。

　　〔規〕　第9条（忌避の申立て・法第21条）　合議体の構成員である裁判官に対する忌避の申立ては、その裁判官所属の裁判所に、受命裁判官、地方裁判所の1人の裁判官又は家庭裁判所若しくは簡易裁判所の裁判官に対する忌避の申立ては、忌避すべき裁判官にこれをしなけれ

ばならない。
2　忌避の申立てをするには、その原因を示さなければならない。
3　忌避の原因及び忌避の申立てをした者が事件について請求若しくは陳述をした際に忌避の原因があることを知らなかつたこと又は忌避の原因が事件について請求若しくは陳述をした後に生じたことは、申立てをした日から3日以内に書面でこれを疎明しなければならない。

第11条（訴訟手続の停止）　忌避の申立があつたときは、前条第2号及び第3号の場合を除いては、訴訟手続を停止しなければならない。但し、急速を要する場合は、この限りでない。

第13条（回避）　裁判官は、忌避されるべき原因があると思料するときは、回避しなければならない。
2　回避の申立は、裁判官所属の裁判所に書面でこれをしなければならない。
3　忌避の申立について決定をすべき裁判所は、回避の申立について決定をしなければならない。
4　回避については、前条第3項及び第4項の規定を準用する。

第14条（除斥、回避の裁判の送達）　法第20条参照。

〈本条細目次〉
1　忌避制度の趣旨　69
2　忌避の申立権者　70
3　忌避の事由　70
　(1)　訴訟手続内における審理の方法、態度等　70
　(2)　関連事件の担当　72
　(3)　一定の見解の表明　73
　(4)　司法行政上の関与　74
　(5)　検察官等の職務経験　75
　(6)　忌避申立てが認められた事例　75
4　忌避申立ての利益　76
5　忌避申立ての手続　76
6　回　避　77

1　忌避制度の趣旨

　忌避は、「裁判官が職務の執行から除斥されるべきとき」と「不公平な裁判をする虞があるとき」に申し立てることができるが、忌避において固有の

要件は後者である。その趣旨につき、最決昭47・11・16刑集26・9・515は、「一般に裁判官の忌避の制度は、裁判官が事件の当事者と特別な関係にあるとか、手続外においてすでに事件につき一定の判断を形成しているとかの、当該事件の審理過程に属さない要因により、当該裁判官によっては、その事件についての公平で客観性のある審理および裁判が期待しがたいと認められる場合に、当該裁判官を事件の審判から排除し、もって裁判の公正およびこれに対する信頼を確保することを目的とするものである」としている。

2 忌避の申立権者

忌避を申し立てることができるのは、「検察官又は被告人」であるが、ここにいう「被告人」には、付審判請求事件における被疑者も含むとされている（最決昭44・9・11刑集23・9・1100）。その他の公訴提起前の場面での忌避制度の適用の問題につき、20条の解説1参照。

弁護人も、被告人の明示の意思に反しない限り、忌避を申し立てることができる（本条Ⅱ）。これは被告人の申立権を代理して行使するものであって、被告人の忌避申立権が消滅した場合には、弁護人も忌避を申し立てることはできない（大阪高決昭28・11・16高刑集6・12・1705）。被告人の忌避申立権が消滅した後に選任された弁護人による忌避申立てについても同様である（静岡地浜松支決昭39・8・6下刑集6・7＝8・960〔なお、同決定に対する特別抗告審である最決昭39・9・29裁集152・987は、後記3のとおり、判決宣告後には裁判官忌避申立却下の裁判を取り消す実益が失われ、抗告申立ての利益を欠くとした。〕）。忌避に関する決定が被告人と弁護人の双方に日を異にして送達された場合における不服申立期間は、被告人に送達された日から進行する（特別抗告申立期間に関し、最決昭62・7・20裁集246・1363、即時抗告に代わる異議申立期間に関し、仙台高決昭44・2・17高刑集22・1・20）。

3 忌避の事由

(1) 訴訟手続内における審理の方法、態度等

裁判官の訴訟指揮や法廷警察権の行使に対する不満については、異議、上訴等の不服申立て手段によって解決されるべきものであり、それ自体が忌避の理由となるものではない。前記最決昭47・11・16は、忌避制度の趣旨に関する判示に引き続き、「その手続内における審理の方法や審理態度などは原則として忌避事由となりえないのであり、また、裁判官が特定の審理方式を

〔§21〕忌避の原因、忌避申立権者　71

示した場合において、その方式自体は適法、かつ、相当であつたとしてもなお審理過程に属さない要因に基づいて忌避事由が存するとすべきことがありうる反面、その方式が著しく違法不当であつたからといつて、かかる方式をとることがもつぱら前記のごとき審理過程外の要因の存在を示すものと認めるべき特段の事情が存するのでないかぎり、これをもつて裁判官を忌避する事由となしえないこと多言を要しない。」とした上で、付審判請求事件の審理を担当している裁判所が示した審理方式は裁量の範囲を逸脱している疑いがあり、請求人と被疑者との間に一種の公平を保持しようとしたものとしても、なお不揃いの点があるとし、「そのような方式による審理は、一般的には、事案の真相究明のうえにもなにほどかの傾斜を来たすおそれのあることも予測されないではなく、もしさような傾斜を目的としてことさらに本件審理方式が案出されたとすれば、それは前述したような審理過程外の要因の存在をうかがわせるものとして、まさしく忌避の事由となりうるものである。」としたが、「しかしながら、本件合議部裁判官が前記のごとき審理方式を示したことがただちに忌避事由となりえないことは前述したとおりであるのみならず、これがもつぱら忌避事由たるべき審理過程外の要因に基づき、ことさらに案出されたものと解すべき特段の事情も本件においてはいまだ認めがたく、また、右方式はなお暫定的なものとして審理の進行にともない修正されることもありうるやも知れず、前示不揃いの点も、たんに書面作成上の不備にとどまるのではないかと見る余地もないではない。また、もし申立人が、被疑者は右審理方式により不利益を受けるものと考え、これが違法であるか否かを明確にする必要があるとするのならば、よろしく他の然るべき方法によつて直接的にその救済を求めるべきであつて、忌避申立をかかる目的に流用するがごときことは許されないといわなければならない。そこで、当裁判所は、いずれにせよ現段階においては、本件忌避申立を却下した地裁決定を維持した原決定の結論は相当とするに足りるものと認める。」と判断した。さらに、最決昭48・10・8刑集27・9・1415は、同様に、「その手続内における審理の方法、態度などは、それだけでは直ちに忌避の理由となしえないものであり、これらに対しては異議、上訴などの不服申立方法によつて救済を求めるべきであるといわなければならない。」と判示した上で、「訴訟手続内における審理の方法、態度に対する不服を理由とする忌避申立は、しよせん

受け容れられる可能性は全くない」としてその趣旨をより明確にしている。

なお、同決定が、「それだけでは直ちに忌避の理由となしえない」としているのは、手続外の要因の表れとしての審理の方法、態度を主張するときは、審理の方法、態度も、いわば手続外の要因を推認させる間接事実としての意味を認められるとする趣旨であろうとされ（近藤・判例解説（刑）昭48・253）、前記最決昭47・11・16刑集26・9・515も、裁判官が特定の審理方式をとったことが審理過程外の要因の存在を示すものと認めるべき特段の事情がある場合にはこれをもって忌避する事由となし得ることを示唆している。

その後、最決昭60・2・18裁集239・61も、裁判官が裁定合議決定又はこれを取り消す決定に関与した事実やその決定の当否は、それだけでは直ちに当該裁判官に対する忌避の理由となし得ないとした。

なお、再審請求事件において、担当裁判官らが弁護人らとの協議の席上において事実に反する応答をし、弁護人らが裁判所の公正に疑惑を抱くに至ったもので、裁判官らの対応は遺憾とすべきとしながらも、忌避の原由があるとは認められないとした原決定の判断が違法であるとはいえないとしたものがある（最決平4・4・27裁集260・199）。

(2) 関連事件の担当

高松高決昭25・3・18高刑集3追録1は、共犯者らに対し被告人との共謀を認定して有罪判決をした裁判官に関し、第1回公判開廷前に予断を抱いているおそれがあり、不公平な裁判をするおそれがあるものと解することが法の精神に合致するものと思われるとし、忌避申立てを認めた。しかし、最判昭28・10・6刑集7・10・1888は、共同被告人として起訴された共犯者らと被告人の弁論が第1回公判期日において分離され、共犯者らについては同期日に証拠調べを終えて結審し、被告人については第2回公判期日に審理が行われた事案において、第1審の裁判官が事前に事件の知識を有した一事をもって不公平な裁判をするおそれがあったものと速断することはできず、その一事をもって忌避の理由があったとすることもできないとしており、前記高松高決は実質的に変更されたものといえる。必要的共犯（公選221の罪における金員の被供与者）の公判審理を担当した裁判官に対する忌避申立てに関する事件についても同判例を引用した判示がなされ（最決昭31・9・18刑集10・9・1347）、控訴審の裁判官が共犯者に対して被告人との共謀を認定して有

罪の判決をしたことについても、忌避の原因とはならないとされた（最決昭36・6・14刑集15・6・974）。このように、被告人の事件の審理を担当する裁判官が、共犯者の事件審理により被告人に対する事件の内容につき知識を得ていても不公平な裁判をするおそれがあるものといえないことは、その後の判例でも確認されている（最決昭60・12・20裁集241・555。近時の下級審裁判例としては東京高決平15・3・31東時54・1＝12・20がある。）。

また、起訴前の強制処分や第1回公判期日前の保釈請求事件（最大判昭25・4・12刑集4・4・535）ないしは保釈条件の変更許可決定（最決昭61・12・12裁集244・583）に関与しても忌避の理由があるとはいえず、検察官送致後に起訴された事件において、検察官送致前の少年保護事件時時に観護措置決定をしていても同様である（東京高決平元・7・4東時40・5＝8・20）。被告事件における公訴事実と社会的事実関係を同じくする民事訴訟事件の審判に関与した裁判官が当該被告事件に関与しても、それだけでは不公平な裁判をするおそれがあるとはいえない（最決昭31・9・25刑集10・9・1382）。

なお、証拠調べを行った上での公訴棄却判決に関与したことは、その後再起訴された事件における忌避の理由とはならないと考えられる（松田・判例解説（刑）平17・332）。

(3) 一定の見解の表明

最大決昭34・7・1刑集13・7・1001は、最高裁長官が部内紙に掲載した「年頭の辞」や「新年の詞」、新聞に掲載された対談の各内容を理由として忌避を申し立てられた事案において、「所論引用の文章および対談は、田中裁判官が日本国憲法の理念につき、または日本の一部に見受けられる社会現象につき、その所感を述べたに止まるものと認められ、所論のように、本件につき予断、偏見を持ち、審理前から暗に本件についての結論をほのめかし、原審裁判官や本件弁護人等を暗に非難する等、本件に関し不公平な裁判をする虞があると認むべき事由は何ら存在しない。」とした。

また、最決昭48・9・20刑集27・8・1395は、忌避を申し立てられた最高裁判事が、審理の対象となっている条例の立案過程において、当時の法務府法制意見第一局長として、当該条例案の合憲性に関する立案当事者の意見照会に対し、条例案の規制が合憲であり、文言を一部改めるよう提言した内容の意見回答をしていた事案において、「行政府の所轄機関の立場でした純然

たる法律解釈に関する照会回答であつて、それはひつきょう一般的に一定の法律問題について抽象的な法律上の見解を表明したものにすぎず、特定の具体的事件に関し当事者からの依頼に答えて法律問題に関する助言もしくは見解の表明をしたり、当該事件の訴訟手続内で一定の見解もしくは判断を示した場合とは全く趣きを異にするから、これをもつて当該問題を争点の一つとする具体的争訟につき裁判の公正を妨げるおそれある予断または偏見があるものとすることはできない。このことは、当該争訟における争点が、右の抽象的法律見解に依拠してされた立法の効力に関するものであるからといつて、なんら異なるところはないというべきである。」とした。

(4) 司法行政上の関与

最大決平23・5・31刑集65・4・373は、裁判員裁判の憲法適合性が争点となる上告審において、審理に関与している最高裁長官に対し、裁判員制度のパンフレット等の配布の許可や憲法記念日での裁判員制度に関する発言等をしていることを理由として忌避が申し立てられた事件に関し、いずれも最高裁の司法行政事務を統括する立場における関与であるとした上で、「こうした司法行政事務に関与することも、法律上当然に予定されているところであるから、そのゆえに事件を審理裁判する職責に差し支えが生ずるものと解すべき根拠はない。もとより、上記のような司法行政事務への関与は、具体的事件との関係で裁判員制度の憲法上の適否について法的見解を示したものではないことも明らかである。」とした。その他、裁判官が事務分配その他の司法行政の運営上必要な関係資料を入手したため、係属中の事件につき何らかの知識を得ることとなっても、事件に関して予断を抱いたことにはならず（最決昭49・7・18判時747・45／判タ312・188）、起訴前の勾留や226条による証人尋問等につき司法行政の責任者として報告を受け、令状当番の変更に関する裁判官の協議会に加わっても忌避の理由とはならない（大阪高決昭34・3・10下刑集1・3・604）。

なお、民事の判例であるが、最決平3・2・25民集45・2・117は、最高裁規則の一部取消しを求める訴訟の上告審において、当該規則制定に関する裁判官会議に参加した裁判官に対する忌避申立てに対し、最高裁が、最高裁規則を制定するとともに、これをめぐる訴訟の上告事件を担当することは司法制度上予定されているとして忌避申立てを認めなかった。

(5) 検察官等の職務経験

　最高裁の裁判官が、その任官前に高検検事長として別件の上告趣意書において本件と同種の論点に関する法律上の見解を明らかにしたからといって、本件につき不公平な裁判をするおそれがあると疑うべき事由があるといえず、また、最高検次長検事の職にあった際、上告審に事件が係属しており、本件の論点と密接に関連する判旨の判決があったとしても、本件につき検察官として具体的な職務行為をした事実がない限り、不公平な裁判をするおそれがあるときに該当しない（最大決昭47・7・1刑集26・6・355）。下級審においても同様であり、検察官から転官した裁判官であるというだけでは忌避事由に当たらない（東京高決平5・11・17高検速報2990）。なお、安保闘争にかかる暴力行為等処罰に関する法律違反被告事件（いわゆるハガチー事件）において、裁判長が満州国司法部参事官として満州国治安維持法等の立案、適用に関与していたことなどを理由とする忌避申立ても退けられている（東京高決昭36・8・10東時12・8・143）。

(6) 忌避申立てが認められた事例

　忌避申立てが認められた事例として、高松高決昭25・3・18高刑集3追録1があったが、前記(2)のとおり、最判昭28・10・6刑集7・10・1888により実質的に変更されている。

　福岡高決平13・2・16〈未〉（最大決平13・3・30判時1760・68／判タ1071・99の福田裁判官反対意見で触れられているほか、三井・手続2・445でも紹介されている。）は、妻が捜査対象となっていることを検察官から知らされた裁判官は、検察官に対し中立の立場を保持し、公平な処理を期待することは困難な状況にあり、担当する事件の当事者と特別な関係にある場合に準ずるものとして忌避の申立てを認めた。

　民事事件において忌避申立てが認められた事例として、横浜地小田原支決平3・8・6〈未〉（西野・自由と正義43・6・125にその全文が紹介されている。）は、被告らに訴状等を送達するに際し、「原告の請求を棄却する。訴訟費用は原告の負担とする。との判決を求める。旨の答弁書を提出してください。右答弁書提出があれば、出頭不要です。」との記載がある「事務連絡」と題する書面を同封したことにつき、不公平な裁判がなされるであろうとの懸念を当事者に起こさせるに足りる客観的な事情に該当するとした。

忌避が申し立てられた事案ではないが、福岡高判昭55・12・1判時1000・137は、裁判官が被告人と性関係を結ぶなどしたときには本条所定の「不公平な裁判をする虞があるとき」に該当するものとして忌避の事由が発生し、自ら回避すべきであったにもかかわらず、その後も審理判決に関与したことは、判決に影響を及ぼすことの明らかな訴訟手続の法令違反に当たるとした。

4 忌避申立ての利益

裁判官に対する忌避は、不公平な裁判をするおそれのある裁判官を職務の執行から排除する制度であるから、忌避された裁判官が当該事件においてなすべき職務を終えた場合は、忌避申立てはその実益を失う（安廣・判例解説（刑）昭59・256）。したがって、判決宣告後には、忌避申立却下の裁判に対する不服申立ての利益もない（最決昭36・10・31裁集139・817、最決昭39・9・29裁集152・987、最決平9・10・2裁集272・1、最決平9・10・27裁集272・91等）。忌避を申し立てられた裁判官が他の裁判所に異動した場合には、忌避申立ての利益（大阪地決昭43・6・28判時527・91）や忌避申立て却下決定等に対する抗告の利益（最決昭44・9・11刑集23・9・1100）はなく、裁判官が部の構成替えにより事件の審判に関与しなくなった場合も忌避申立ての利益を欠くことになる（東京地決昭33・12・27一審刑集1・12・2258）。

決定手続の場合には、再度の考案の機会があるため決定により当然に申立ての利益が失われるとはいい難いが、当該決定に対する抗告に際して意見書を付して即時抗告申立書等を抗告裁判所に送付したときは、忌避申立てに対する不服申立ての利益は失われる（刑の執行猶予取消決定につき、最決昭59・3・29刑集38・5・2095）。

5 忌避申立ての手続

弁護人が選任されているのにあえて相被告人を代理人として行った忌避申立てを不適法とする裁判例がある（東京地決昭53・5・17刑裁月報10・4＝5・1031。なお、判旨は、忌避申立ては一身専属的色彩が濃厚であることを指摘した上での、代理が認められ得るとの見解を仮定的に前提とした場合の判断であって、弁護人が選任されていなければ私人が代理して忌避を申し立てることを認める裁判例ではない。）。

忌避申立ては取り下げることもできるが、取下げに証人の再召喚等の条件を付してもかかる条件は無効であり、当然に取下げの効力が生じることにな

る（東京高決昭32・6・13高刑集10・4・410／判タ72・72）。

　忌避の原因は申立てをした日から3日以内に書面で疎明しなければならない（規9Ⅲ。なお、東京高決昭45・10・27判タ261・347、名古屋高決昭57・9・28判時1075・162）。ただし、裁判官が直接経験し、公判調書での記載からも明らかとし得る事由については、必ずしも書面による疎明を要しないであろう（大阪地決昭44・8・1刑裁月報1・8・850）。また、勾留や準抗告等への関与を理由とする場合には、裁判所が随時調査することができ、その範囲で疎明がされているとみることができる（前記東京高決昭45・10・27）。規9条2項が、忌避の申立てに際してその原因を示すよう求めたのは、申立人に義務を課したものであって、状況によっては、その原因に関する陳述を聴かないで簡易却下をすることも許される場合がある（福岡高決昭36・6・12下刑集3・5＝6・447／判時270・32）。

　忌避が申し立てられた場合は、原則として訴訟手続は停止する（規11）。合議体の構成員たる裁判官に対する忌避申立ての却下決定後、その確定前に審理を続行することは違法であるが、当該却下決定が確定したときは、確定前に忌避申立てを受けた裁判官が関与した訴訟手続は有効となる（福岡高那覇支判昭49・4・22判時754・110／判タ311・276。民事事件に関し、最判昭29・10・26民集8・10・1979は同様の判示をしている。）。

　規11条は、訴訟手続停止の例外として、24条の簡易却下をする場合と、急速を要する場合を規定する。簡易却下をする場合を例外とすることは法律の枠を外れるものではなく、また、簡易却下に対する即時抗告には425条も適用されず、そう解しても憲法37条1項に反しない（最判昭31・3・30刑集10・3・422）。

　停止される手続は本案の訴訟手続であるとする裁判例があり、勾留更新決定（東京高決昭25・5・12特報9・7、広島高判昭30・8・20高刑集8・8・993）や保釈請求に対する決定（東京高決昭57・7・27高刑集35・2・81／判時1076・155）は行うことができるとされている。

6　回　避

　忌避されるべき原因があると思料する裁判官は、所属する裁判所に書面で回避を申し立てなければならず、忌避の申立てについて決定する裁判所(23)が回避について決定をする（規13）。回避の申立てを認容した事例として、福

島地決昭36・3・9下刑集3・3＝4・387がある。ただし、回避の決定によるまでもなく、司法行政上の措置としての事件の配点換えにより適切な運用を行うことも可能である（柴田・注釈刑訴1・157）。

　原審において不公平な裁判をするおそれがあることを理由として裁判官の忌避を申し立てることができたのにこれをしなかった場合には、同じ理由により上訴審において当該裁判官に回避の事由があったと主張することは許されない（最決昭56・11・20刑集35・8・797）。

　少年審判においては除斥、忌避に関する規定はなく、審判の公平について疑いを生ずべき事由があると思料するときは、職務の執行を避けなければならないとされ（少審規32）、回避の制度のみがあるところ、少年側においても、回避の措置を求める申立てをすることができるとする裁判例（東京高決平元・7・18高刑集42・2・131、福岡家決平元・11・20家庭裁判月報42・3・116）がある。なお、かかる申立てに裁判官が応じなかった場合の不服申立方法につき、前記東京高決は、保護処分決定に対する抗告によるべきであって即時抗告は不適法であるとするが（東京高決平17・11・2東時56・1＝12・85も、回避の措置の申立ては職権発動を促すものにすぎず、職権不発動の措置に対して直接不服申立てをすることはできないとする。）、前記福岡家決は、準抗告申立てを不適法とすることなく理由がないとして棄却した。一方、少年に忌避申立権を認めた裁判例（東京家八王子支決平5・10・8家庭裁判月報45・12・116）もあり、これに対する即時抗告も不適法ではなく、理由がないものとして処理されている（東京高決平5・10・18家庭裁判月報45・12・122〔「裁判官忌避の申立が許されるとしても、原決定が適切に説示しているとおり、所論の述べるような事情は忌避申立の理由とはなり得ない」とする。〕。特別抗告審である最決平5・11・11家庭裁判月報45・12・123も「不公平な裁判をするおそれがあるとはいえないとした原判断は相当である」として抗告を棄却した。）。

　　　　　　　　　　　　　　　　　　　　　　　　　　　（小倉哲浩）

〔忌避申立ての時期〕
　第22条　事件について請求又は陳述をした後には、不公平な裁判をする虞があることを理由として裁判官を忌避することはできない。但し、忌避

の原因があることを知らなかつたとき、又は忌避の原因がその後に生じたときは、この限りでない。

〈本条細目次〉
1　趣　旨　79
2　事件についての請求又は陳述　79
3　忌避申立権の喪失　80

1　趣　旨

　本条は、忌避申立権を誠実に行使させるために合理的な規制を加えるものであって、無制限に忌避申立てを許した場合、当事者が忌避申立権を濫用し、訴訟の進行を害するおそれがあるとして、公平な裁判所の裁判を保障すると同時に迅速な裁判を要請している憲法37条1項に反しないとするのが判例である（最大決昭39・3・12刑集18・3・107）。

　本条は、「不公平な裁判をする虞があることを理由として裁判官を忌避する」場合の規定であり、除斥原因があることを理由とする忌避申立てにはその制限は及ばない。

2　事件についての請求又は陳述

　「事件について請求又は陳述」とは、被告事件の実体に関する請求又は陳述を意味するとされる（団藤・条解54、中武・注解刑訴上70、松尾・条解34）。被告事件の実体に関する証拠調べの請求、訴因訂正の申立て、その請求又は申立てに対する同意不同意、あるいは異議なき旨の意見の陳述のほか、採用された証人に対する尋問、反対尋問等もこれに当たるとされる（大阪高決昭28・11・16高刑集6・12・1705。証人尋問や証人申請につき、仙台高決昭38・7・23高検速報昭38・17。）。その他、起訴状の朗読、事件に対する陳述（291Ⅲ）などが挙げられている。

　一方、管轄移転の請求（17）、事件の移送の請求（19）、公判期日変更の請求（276）などの純手続的なものは含まれないとされる。人定質問に対する陳述についても同様である。管轄違いの申立て（331）についても含まれないとするのが一般であるが（団藤・条解54、中武・注解刑訴上70、青柳・通論上122、松尾・条解34）、疑問を呈する見解（平野・刑訴51）もある。

3　忌避申立権の喪失

　忌避申立権を失うのは、請求又は陳述をした当事者であって、例えば、検察官が陳述をしたことによって忌避申立権を喪失しても、被告人は請求又は陳述をしていなければ忌避申立権を失わない。

　ただし、弁護人の行う忌避申立権は、21条の解説 **2** のとおり、被告人の忌避申立権の消滅により当然に消滅し、また、弁護人が事件について陳述したためにその忌避申立権を失った場合にも被告人の忌避申立権が消滅するとされている（大阪高決昭28・11・16高刑集 6・12・1705。反対、中武・注解刑訴上71）。

　忌避の原因があることを知らなかったときや忌避の原因が事件についての請求又は陳述の後に生じたときは、忌避申立権は失われないが（本条但）、その場合には、申立てをした日から3日以内に書面でその旨を疎明しなければならない（規9Ⅲ）。この点につき、21条の解説 **5** 参照。　　　（小倉哲浩）

　　　〔忌避申立てに対する決定〕
　　第23条　合議体の構成員である裁判官が忌避されたときは、その裁判官所属の裁判所が、決定をしなければならない。この場合において、その裁判所が地方裁判所であるときは、合議体で決定をしなければならない。
　　2　地方裁判所の1人の裁判官又は家庭裁判所の裁判官が忌避されたときはその裁判官所属の裁判所が、簡易裁判所の裁判官が忌避されたときは管轄地方裁判所が、合議体で決定をしなければならない。ただし、忌避された裁判官が忌避の申立てを理由があるものとするときは、その決定があつたものとみなす。
　　3　忌避された裁判官は、前2項の決定に関与することができない。
　　4　裁判所が忌避された裁判官の退去により決定をすることができないときは、直近上級の裁判所が、決定をしなければならない。

　　　〔規〕　第10条（申立てに対する意見書・法第23条）　忌避された裁判官は、次に掲げる場合を除いては、忌避の申立てに対し意見書を差し出さなければならない。

一　地方裁判所の１人の裁判官又は家庭裁判所若しくは簡易裁判所の裁判官が忌避の申立てを理由があるものとするとき。
　二　忌避の申立てが訴訟を遅延させる目的のみでされたことが明らかであるとしてこれを却下するとき。
　三　忌避の申立てが法第22条の規定に違反し、又は前条第２項若しくは第３項に定める手続に違反してされたものとしてこれを却下するとき。

〈本条細目次〉
　1　決定をする裁判所　81
　2　忌避を申し立てられた裁判官の不関与　82
　3　忌避申立てに対する決定　82

1　決定をする裁判所

　「忌避された裁判官所属の裁判所」とは、忌避された裁判官所属の国法上の意味における裁判所をいい、その裁判官をもって構成される訴訟法上の意味の裁判所が忌避申立てに対する決定をすることになる（最決昭33・12・15刑集12・16・3545）。なお、同最決は、忌避申立ての却下決定が成立した後、同決定が申立人に送達される以前に決定をした裁判官を忌避する申立てがあっても、同決定が忌避された裁判官以外の裁判官によって適法に構成された裁判所の裁判であることの性質を失うものではないとの判断を示しているが、これは、要するに、忌避申立ての却下決定が内部的に成立している以上、それが告知によって外部的に成立する前であっても、同決定に関与した裁判官は本条３項にいう「忌避された裁判官」に当たらないとの解釈を前提とするものである（寺尾・判例解説（刑）昭33・747）。

　最高裁や高裁は合議体で裁判を行うが（裁９・18）、地裁は合議体で裁判を行う場合と単独体で裁判を行う場合があり（裁26）、簡裁は単独体のみで裁判を行う（裁35）ことから、条文においては裁判所ごとに表現が書き分けられている。

　従前は家裁についても地裁と同様の規定となっていたが、少年法の一部を改正する法律（平成20年法律第71号）により一定の刑事事件を家裁の専属管轄とする少年法37条が削除され、家裁に公訴が提起される刑事事件が存在しなくなったことから、本条１項から「家庭裁判所」との文言が削除され、一

方で、家裁の裁判官も、被告人の勾引（66）、押収又は捜索（125）、裁判所外における証人尋問（163）等を嘱託されることもあるところ、このような嘱託を受けた事項は単独の裁判官により処理されることから、本条2項について家裁の裁判官が単独で処理することを前提とした規定に改めたものとされている（飯島ほか・曹時60・12・116）。

なお、地裁又は家裁において忌避申立てに対する裁判を行う場合は、本条1項後段又は2項本文により合議体で行うこととされる（したがって、429Ⅲによる場合も含め、家裁でも合議体により刑事に関する裁判が行われることもあり得るが、その構成員に対する忌避申立てがあった場合にも本条Ⅱの趣旨により合議体で裁判を行うべきである。）。

2　忌避を申し立てられた裁判官の不関与

忌避を申し立てられた裁判官は、その忌避申立てに対する決定に関与することはできない（本条Ⅲ）。ただし、24条の簡易却下を行う場合はこの限りではない（24Ⅰ）。忌避された裁判官の退去により本条1項、2項に定める裁判所が決定をすることができないときは、直近上級の裁判所が決定をする（本条Ⅳ）。

3　忌避申立てに対する決定

忌避申立てに対する決定は、忌避申立てを理由があるものとする決定又は忌避申立てを不適法とし、若しくは理由がないものとして却下する決定がある。除斥原因があることを理由とする忌避の申立てを理由があるものとするときも、除斥の決定（規12）ではなく、忌避申立てを理由ありとする決定を行う（団藤・条解57、中武・注解刑訴上72）。

忌避申立てを却下する決定に対しては、即時抗告（25）をすることができるが、忌避申立てを理由があるものとする決定に対しては不服申立てをすることはできない。

（小倉哲浩）

〔簡易却下手続〕

第24条　訴訟を遅延させる目的のみでされたことの明らかな忌避の申立は、決定でこれを却下しなければならない。この場合には、前条第3項の規定を適用しない。第22条の規定に違反し、又は裁判所の規則で定め

る手続に違反してされた忌避の申立を却下する場合も、同様である。
2　前項の場合には、忌避された受命裁判官、地方裁判所の1人の裁判官又は家庭裁判所若しくは簡易裁判所の裁判官は、忌避の申立てを却下する裁判をすることができる。

〈本条細目次〉
1　趣　旨　83
2　訴訟を遅延させる目的のみでされたことの明らかな忌避の申立て　84
3　22条違反又は手続違反の忌避の申立て　86
4　簡易却下の手続　87

1　趣　旨

　忌避申立てが濫用された場合には訴訟遅延を招くこと甚だしく、これを防止するために、本条により簡易迅速な方法によるいわゆる簡易却下の手続がもうけられている。本条と同様の規定であった旧29条の趣旨につき、最大決昭23・12・24刑集2・14・1925は、「忌避の申立が本来の使命を全く逸脱して、ただ訴訟遅延の目的のみを以てなされたことの明白なときに、かかる権利の濫用ともいうべき忌避の申立を却下するのであつて、その実質においては忌避申立そのものの理由があるか否かについての裁判をするというよりは、むしろ単に訴訟の進行を阻害する事由が存するか否について裁判をするに過ぎないのである。かかるが故に、この場合においては忌避せられた裁判官をして、その裁判に関与せしめたとしても、前述のような裁判の公正を疑わしむべき虞は、甚だ乏しいと言わなければならぬ。しかのみならず、かかる方法に出ずる訴訟進行の妨害に対しては、即時にすなわち裁判所の構成を改めるまでもなく直ちにこれを排除して迅速なる訴訟の進行を図ることが、公益上要請せられていると言うべきである。言葉を換えれば、該規定は、本来裁判所が訴訟指揮権の作用として負担している訴訟の進行を妨げる一切の障碍を除去すべき職責の遂行に対して、これを制限すべき事由のない場合に、ただ制限を加えなかつたまでのものであるとも言い得るのである。」としている。

　かかる趣旨でもうけられた本条は、憲法37条1項・32条に違反するものではない（最決昭34・3・27刑集13・3・415）。

2 訴訟を遅延させる目的のみでされたことの明らかな忌避の申立て

　本条の簡易却下の要件は、「訴訟を遅延させる目的のみ」でされたことが「明らか」なことである。これは申立者の内心を要件とするものであるだけに、認定には困難な面があり、現に、かかる要件を欠くとして簡易却下をした原決定を破棄した裁判例もみられた。例えば、東京高決昭32・9・19東時8・10・327（忌避原因不明）、大阪高決昭35・9・6判時245・19（鑑定請求却下）、東京地決昭39・12・25判時405・21／判タ172・246（弁護人らの冒頭陳述の不許可）、東京高決昭41・8・15判時459・76（証人採用決定の取消）、佐賀地決昭42・12・15判時505・82（321Ⅰ③による警察官調書の採用）、大阪高決昭45・1・22判時583・96／判タ249・267（法廷内通路に座っていた傍聴人らに対する退廷命令）、東京高決昭48・7・31刑集27・9・1433／判タ299・396（在廷命令に反して退廷した被告人及び弁護人の入廷不許可並びにその上での審理の進行）などである（裁判例末尾の括弧内は忌避申立ての主たる原因であり、以下この項において同じ。）。

　一方で、かかる要件を厳格に解すると、濫用的な申立てに対応できないこととなり、簡易却下の規定が有名無実となりかねないところ、特に訴訟手続等を理由とする忌避申立てに対し、その申立ての内容が明らかに認められないものであることを理由として訴訟遅延の目的を認定する事例も多くみられた。例えば、札幌高決昭29・9・30特報32・45（裁判権なしとして公訴棄却することなく訴訟の進行を促した措置）、札幌高決昭31・11・15高刑集9・10・1140／判タ67・90（弁護人申請の証人尋問及び精神鑑定の却下）、名古屋高決昭39・11・4下刑集6・11＝12・1250（321Ⅰ②による検察官調書の採用）、大阪高決昭41・2・14判タ193・183（公判手続の更新手続に入ろうとし、制限にかかわらず発言するなどした弁護人や被告人に対する退廷命令）、東京地決昭42・5・17判タ209・245（証人の人定質問時に求められた起訴状朗読のやりなおしに応じず、特別弁護人を解任しての証人尋問の開始）、高松高決昭43・3・8判時514・86（傍聴に対して腕章の脱除命令及び多数の法廷警備員の法廷内への配置）、大阪高決昭45・7・1判タ255・269（冒頭手続での被告人の陳述の制限禁止）、東京高決昭45・12・10判時615・94（裁判所警備員や警察官による法廷警備）、東京高決昭46・2・25判タ263・344（弁論併合請求を却下しての控訴趣意の陳述の促し）、東京高決昭47・1・29高刑集25・1・20／判タ277・268（他の事

件での裁判長の言動、忌避申立ての理由の陳述時間の制限)、東京地決昭48・1・22判時690・95／判タ292・365（100回の公判期日の指定及び同期日変更請求の却下決定。抗告審は東京高決昭48・1・31判時690・95／判タ292・365）などである。

　一方、最高裁において、上告審係属中の事件に関し、弁論を経ないで判決言渡期日を指定したところ、自己の上告が理由あること以外の理由を示さずに裁判所を構成する裁判官全員に対してなされた忌避申立に対し、もっぱら訴訟を遅延させる目的をもってなされたものと解するの外ないとして簡易却下をしたもの（最決昭26・5・11刑集5・6・1107）があったところ、さらに、簡易却下決定を取り消した前記東京高決昭48・7・31の上告審である最決昭48・10・8刑集27・9・1415は、手続内における審理の方法、態度等は、それだけでは直ちに忌避の理由となしえない（21条の解説3⑴参照）との最決昭47・11・16刑集26・9・515と同様の立場に立つことを確認した上で、「訴訟手続内における審理の方法、態度に対する不服を理由とする忌避申立は、しょせん受け容れられる可能性は全くないものであつて、それによってもたらされる結果は、訴訟の遅延と裁判の権威の失墜以外にはありえず、これらのことは法曹一般に周知のことがらである。」とし、「本件忌避申立の理由は、本件被告事件についての、公判期日前の打合せから第1回公判期日終了までの本件裁判長による訴訟指揮権、法廷警察権の行使の不当、なかんづく、第1回公判期日において、被告人および弁護人が、裁判長の在廷命令をあえて無視して退廷したのち、入廷しようとしたのを許可しなかつたことおよび必要的弁護事件である本件被告事件について弁護人が在廷しないまま審理を進めたことをとらえて、同裁判長は、予断と偏見にみち不公平な裁判をするおそれがあるとするものであるところ、これらはまさに、同裁判長の訴訟指揮権、法廷警察権の行使に対する不服を理由とするものにほかならず、かかる理由による忌避申立の許されないことは前記のとおりであり、それによってもたらされるものが訴訟の遅延と裁判の権威の失墜以外にはない本件においては、右のごとき忌避申立は、訴訟遅延のみを目的とするものとして、同法24条により却下すべきものである。」との判断を示し、訴訟指揮権や法廷警察権の行使に対する不服を理由とする申立ては、それ自体で簡易却下の対象となることを明らかにした。その後、最決昭48・12・14裁集190・877も、

被告人本人からの忌避申立て（近藤・判例解説（刑）昭48・260によると、最高裁が上告趣意書提出後短期間に決定棄却する例が多いことを忌避理由とするもののようである。）に対し、同申立てが審理手続に対する不服のみを理由とするものであって、訴訟を遅延させる目的のみでされたことが明らかであるとしている。その後の下級審もかかる最高裁判例に沿った運用がなされている（東京高決昭49・6・26高検速報2029〔起訴状に対する求釈明の説明方法等の制限〕、東京高決昭55・11・8高検速報2466〔被告人に対する腕章取り外し命令〕、東京高決昭57・9・17高検速報2614〔傍聴人に対する所持品の持込み規制〕）。

　なお、判例の趣旨に照らすと、訴訟指揮や法廷警察権の行使に関する事項のみならず、およそ認められないことが明らかな事由による忌避申立てについて、訴訟の遅延のみを目的とすることが明らかであるとして簡易却下をすることができるものといえる（柴田・注釈刑訴1・169）。

　したがって、裁定合議決定又はこれを取り消す決定への関与（最決昭60・2・18裁集239・61）、検察官送致後に起訴された事件における観護措置決定における関与（東京高決平元・7・4東時40・5＝8・20）などを理由とする忌避申立ては簡易却下の対象となる。

　共犯者の審判に関与した裁判官に対する忌避申立てに対し、簡易却下をすることができないとするもの（大阪高決昭48・10・1判時717・99／判タ301・281）があったが、21条の解説**3**(2)のとおり、かかる忌避申立ては認められるものではなく、前記最決昭48・10・8刑集27・9・1415の判旨に照らすと簡易却下が許されることになると考えられる（東京高決昭53・2・13東時29・2・19、東京高決昭58・11・22判タ516・182は、いずれも共犯者の審理に関与したことを理由とする忌避申立てを簡易却下した原決定を是認した。）。

3　22条違反又は手続違反の忌避の申立て

　22条の規定に違反し、又は裁判所の規則（規9Ⅱ・Ⅲ）で定める手続に違反してされた忌避の申立てを却下する場合も簡易却下決定をすることができる。

　福岡高決昭44・7・12判時564・16は、付審判請求事件において被疑者に忌避申立権がないことを理由として、忌避を申し立てられた裁判官を構成員とする合議体において却下した原決定につき、本条1項所定の場合に該当せず、みだりに拡張し、あるいはたやすく準用することは許されないとしてこ

れを取り消したが（ただし、差戻し後に別の裁判体により行われた忌避申立却下決定に対する即時抗告棄却決定に対する特別抗告事件である最決昭44・9・11刑集23・9・1100は、付審判請求事件について被疑者にも忌避申立権を認めた。）、忌避申立権のない者からの申立てを含む不適法な申立て一般の場合に簡易却下をすることができるとの見解（小坂・注釈刑訴［第3版］1・189）もある。

4 簡易却下の手続

簡易却下は、忌避申立てを受けた裁判官、あるいはその裁判官を構成員とする合議体によって行われる。

簡易却下決定をした場合には手続停止効が生じないが（規11・10②・③）、これが法の枠を外れていないとされていることは、21条の解説5で述べたとおりである。

（小倉哲浩）

〔即時抗告〕
第25条　忌避の申立を却下する決定に対しては、即時抗告をすることができる。

〈本条細目次〉
1　忌避の申立を却下する決定　87
2　即時抗告による執行停止　88
3　即時抗告の利益　88
4　即時抗告の手続　88

1　忌避の申立を却下する決定

地裁の単独体の裁判官が24条により忌避申立却下の裁判をした場合、その不服申立ては本条の即時抗告によるべき（中武・注解刑訴上77）か、429条1項の準抗告によるべき（柴田・注釈刑訴1・170、青柳・通論上122〜123）かについては争いがあるが、準抗告によるべきとするのが判例（最決昭29・5・4刑集8・5・631、最決昭59・5・30裁集236・1029）であり、高等裁判所に対して即時抗告の申立てがあった場合には426条1項前段により不適法として抗告が棄却される（最決昭31・6・5刑集10・6・805）。

最高裁大法廷での判決宣告期日における裁判官全員に対する忌避申立却下

決定に対し、特別抗告と異議申立てがされた事案において、前者については「最高裁判所大法廷のした決定に対しては更に特別抗告をすることは許されない」（最大決昭30・12・23刑集9・14・2991）、後者については「右決定に対し異議申立を許す規定は存しない」（最大決昭30・12・23刑集9・14・2995）とされた。前者についても大法廷に限る趣旨ではなく、小法廷の決定においても同様とされる（岩田・判例解説（刑）昭30・454、永井・大コメ刑訴1・280）。

2　即時抗告による執行停止

24条により忌避申立てを却下した決定に対して即時抗告がなされても、425条の規定は適用されず、そのように解しても憲法37条1項に違反しないことは、21条の解説**5**で述べたとおりである。

3　即時抗告の利益

忌避申立ての利益に関して述べた21条の解説**4**参照。

4　即時抗告の手続

裁判官忌避申立てに対する即時抗告に代わる異議の申立てについて、申立書に申立理由の記載があるとは認められず、申立期間内に理由書の提出もないときは、手続がその規定に違反したものとして、申立ては棄却される（最決昭54・11・6刑集33・7・685）。

（小倉哲浩）

〔裁判所書記官の除斥・忌避〕
第26条　この章の規定は、第20条第7号の規定を除いて、裁判所書記にこれを準用する。
　2　決定は、裁判所書記所属の裁判所がこれをしなければならない。但し、第24条第1項の場合には、裁判所書記の附属する受命裁判官が、忌避の申立を却下する裁判をすることができる。

〔規〕　第15条（準用規定）　裁判所書記官については、この章の規定を準用する。
　　　2　受命裁判官に附属する裁判所書記官に対する忌避の申立は、その附属する裁判官にこれをしなければならない。

〈本条細目次〉
1　準用規定　89
2　裁判所書記官における不公平な職務の執行をなすおそれ　89
3　決定をする裁判所　90
4　申立ての利益　90
5　他の裁判所職員に対する忌避申立て　90

1　準用規定

　20条7号が準用されないのは、裁判所書記官（昭和24年法律第177号付則4項により「裁判所書記」が「裁判所書記官」と読み替えられている。）が前審等に関与しても、その職務の内容に照らし、異なる裁判所による原裁判の審査という審級制度の在り方に反することはなく、予断排除の問題も生じないためである。裁判所書記官が第1審、第2審の審理に立ち会っても、憲法37条に反しない（最判昭28・3・26裁集77・245）。

　本章の規定のうち、23条に関しては、1項・2項本文及び4項が準用されないことについては争いがない。2項但書について、準用を否定する説（団藤・条解62、ポケット刑訴上56）が有力であるが、肯定する説（中武・注解刑訴上78）もある。3項については、忌避申立てを受けた書記官が忌避の審判に立ち会うことができないという意味では準用が肯定される（松尾・条解39、柴田・注釈刑訴1・172）。

　また、24条の簡易却下の規定の準用については、これを肯定する見解（ポケット刑訴上56、松尾・条解38）と本条2項が簡易却下に関する24条の準用を排除する趣旨になるとの見解（柴田・注釈刑訴1・172、団藤・条解62）があるが、裁判所書記官に対する忌避申立てに対して簡易却下した原決定を維持した裁判例（東京高決昭48・11・5高刑集26・5・531／判時726・110／判タ304・266、東京高決昭53・1・27判時888・124）があり、これらは準用肯定説を前提にしているといえる。

　なお、規則についても準用されるので（規15Ⅰ）、忌避申立てを受けた書記官が担当する限りは、規11条の準用により手続も停止されることになる（小坂・注釈刑訴［第3版］1・193、ポケット刑訴上56）。

2　裁判所書記官における不公平な職務の執行をなすおそれ

　裁判所書記官が弁護人の録音の求めを拒む発言をしたこと（東京高決昭48

・11・5高刑集26・5・531／判時726・110／判タ304・266)、裁判所書記官が共犯者の事件に法廷警備員として在廷したこと（東京高決昭53・1・27判時888・124)、裁判所書記官が看守配置問題につき弁護人は裁判長の指示に従うべきだと述べたり、開廷中に弁護人に対して地裁所長の伝言を伝えたりしたこと（岐阜地決昭53・1・24判時888・124）は、いずれも忌避申立ての理由とはなり得ない（各東京高決は原決定において簡易却下したことも是認している。)。

3　決定をする裁判所

決定は裁判所書記官が付属する裁判所が行うこととされ（本条Ⅱ本)、23条1項・2項本文の準用が排除されるので、地裁等では裁判所法の規定に従い単独体で決定をすることができ、簡裁の裁判所書記官については簡裁で決定を行うことになる（柴田・注釈刑訴1・171、永井・大コメ刑訴1・282)。

受命裁判官に付属する裁判所書記官に対する忌避申立ては、その付属の裁判官に対して行う（規15Ⅱ）。

本条2項但書を根拠に24条の準用を否定する見解があることは前記1のとおりであるが、準用肯定説からは、当該但書の規定は受命裁判官として却下の裁判ができるとの趣旨と解され（松尾・条解39)、原則的にはその裁判所書記官が所属している合議部、単独部、担当の裁判官によって裁判がなされるものとされる（ポケット刑訴上56)。

裁判所書記官忌避申立却下決定に対する即時抗告審において、申立人に対する被告事件の審理を担当した裁判官がその決定に関与したとしても不公平な裁判をするおそれがあったとはいえない（最決平3・4・18裁集257・259)。

4　申立ての利益

裁判官に対する忌避申立てと同じく（21条の解説4参照)、裁判所書記官に対する忌避申立却下の裁判についても、当該書記官の関与する被告事件の審理が継続する限りにおいては取り消す実益があるが、審理が終了し、判決宣告を終わった後においては、不服申立ての利益を欠くことになる（最決昭62・3・10判時1233・154／判タ638・142)。

5　他の裁判所職員に対する忌避申立て

裁判所書記官以外の職員については忌避申立てに関する規定は存せず、法廷警備員に対する忌避については本条は類推されない（福岡地決昭46・3・29判タ263・279)。裁判所速記官に対しては、忌避の申立てをすることができ

ないとの見解（石丸・訴訟実務上103）と、本条の規定が準用されるとの見解（ポケット刑訴上56、田宮・注釈刑事訴訟法31）がある（青柳・通論上130は、立法論として、裁判所速記官を裁判所書記官と同様に取り扱うべきとする。）。民事においては、裁判所速記官が裁判所書記官の職務内容の一部を分担していることなどから、裁判所書記官に関する忌避の制度が準用されるとする裁判例（釧路地網走支決昭37・2・15下民集13・2・216）がある。　　　　　（小倉哲浩）

第3章　訴訟能力

〔法人と訴訟行為の代表〕
第27条　被告人又は被疑者が法人であるときは、その代表者が、訴訟行為についてこれを代表する。
2　数人が共同して法人を代表する場合にも、訴訟行為については、各自が、これを代表する。

〈本条細目次〉
1　法人の代表者　92
2　代表者の訴訟行為　93
3　共同代表の場合　94

1　法人の代表者

　両罰規定等の法人処罰規定により法人が被疑者ないし被告人となる場合があるが、法人そのものは訴訟行為を行うことはできない。そこで、被告人又は被疑者が法人であるときは、代表者が訴訟行為を行うものとした。法人には清算中の会社を含み、その場合には清算人が代表する（東京高判昭28・2・23東時3・2・78／判タ29・60）。
　代表者は、関係法令の規定（一般法人77・197・214、会社349・420・483・599・655等）により定まる。合資会社の無限責任社員が会社解散後に破産の宣告を受けても退社原因とならないという民事判例（大判昭9・6・27大審院判決全集7・20）に基づき、刑事事件においても、合名会社の代表社員が会社と同時に破産宣告を受けても退社原因とならず、代表社員の地位を失わないとされた（最判昭40・3・12判時412・72／判タ178・139）。
　代表権限のない者による訴訟行為は無効である。なお、最決昭39・10・16判タ169・151は、唯一の無限責任社員である会社の代表者が死亡した後、同人作成名義で提出された上告趣意書に関し、残った有限責任社員全員の意思

に基づくものであっても、その提出当時において、適式、有効なものと認める余地はないとしつつ、規266条、238条の趣旨を推及し、かつ、その経過にかんがみ、上告趣意書の作成、提出に関与した有限責任社員の1人がその後無限責任社員となったことにより瑕疵の治癒があったものとして、有効と認めた。また、当初から被告法人の代表権限のない者が代表者として出頭し、審理が行われた場合、起訴状送達を含めた当該手続は被告法人に対して効力を有しないこととなる（仙台高判昭26・6・20特報22・61）。

　審理の途中で代表者が交替したにもかかわらず、裁判所に交替の事実が明らかにならないまま従来の代表者が公判に出頭して行われた手続も違法となる（名古屋高判昭28・6・30高刑集6・8・980〔ただし、旧代表者が出頭した期日は検察官により起訴状の記載の趣旨の釈明と公訴事実の日付の訂正が行われたのみであり、原審判決に影響を及ぼさないとした。〕、大阪高判昭41・6・21判時465・85／判タ198・183〔代表者の交替が裁判所に明らかになった後、旧代表者出頭時に行われた証人尋問の調書等を職権で取り調べた手続が違法であるとして原判決を破棄した。〕、大阪高判昭43・3・30判タ225・219〔代表者が交替してから原判決宣告時まで旧代表者のみが公判に出頭した事案において、原判決を破棄した。〕）。なお、このような裁判例に対し、代表者の交替があった場合に被告法人が裁判所にその旨の通知をしなかったときは、旧代表者が行った訴訟行為を有効なものと解すべきとする見解（永井・中山（善）退官62）や、事案によっては旧代表者が代理人として出頭したとみる余地もあり得るのではないかとの指摘（永井・大コメ刑訴1・299）があるところ、仙台高判平22・6・29高検速報平22・268は、当該事実関係に照らし、旧代表者が新代表者から黙示的かつ包括的な委任を受けており、被告会社の代理人の地位にあったと認められるとして、訴訟手続の法令違反の主張を排斥した。

　本条は被告人又は被疑者に関する規定であるが、被害者の訴訟行為についても本条に準じて考えられる。なお、会社法351条と同様の規定をもうけていなかった昭和25年法律第167号による改正前の商法時の事件に関し、任期満了後の代表取締役は新たな代表取締役の就任まで会社を代表して告訴をすることができるとされた（最決昭31・7・3刑集10・7・999）。

2　代表者の訴訟行為

　代表者は、すべての訴訟行為について法人である被告人を代表する。各種

申立てなどの能動的行為であるか、送達を受けるような受動的行為であるかを問わず、また、出頭や立会等のように意思表示的行為でないものでも構わない（団藤・条解65、佐々木・注釈刑訴1・177、永井・大コメ刑訴1・299）。

代表者に対しては311条を準用して任意の供述を求めることができ（反対、戸田・判タ185・71）、その際には黙秘権が認められ、任意性、補強法則等の規定も準用されると解するのが一般である。代表者はその地位にあるときは証人適格を有しないと解されており（芦澤・注釈刑訴［第3版］1・200、ポケット刑訴上58、永井・大コメ刑訴1・303）、代理人（283）が出頭している場合も、代理人としての立場のまま証人となることはできない（名古屋高判昭33・2・13高検速報224）。

ただし、代表者は被疑者・被告人そのものではなく、完全に同一視することはできず、逮捕・勾留等をすることはできない。勾引についても行い得ないとされる（団藤・条解65、佐々木・注釈刑訴1・177、中武・注解刑訴上82）が、公判期日に被告人の出頭義務がある場合には代表者を勾引することが許されるとする説（松尾・条解39、永井・大コメ刑訴1・294）もある。勾引を否定する立場からは、代表者が不出頭の場合には、そのまま開廷できるとするもの（横井・逐条解説3・38、高田・注解刑訴中454、青柳・通論下80、江里口・実務講座6・1211）と、特別代理人を選任すべきとするもの（ポケット刑訴上61、佐々木・注釈刑訴1・177、石丸・訴訟実務上126）とがある。

なお、代表者の氏名住居の記載のない起訴状謄本が、代表者ではなく被告法人あてに送達されたが、被告法人の代表者が弁護人選任届を提出するとともに、代理人を出頭させて訴訟行為をさせていたことなどから送達は無効ではないとしたものとして、東京高判昭25・9・5特報16・131がある。

3 共同代表の場合

数人が共同して法人を代表する旨の内部的制限が定められていたとしても、それぞれの代表者が独立して法人を代表し、訴訟行為を行う。民事上の規定（一般法人77Ⅴ・197、会社349Ⅴ・599Ⅴ等）にかかわらず、裁判所や訴訟関係人が制限のあることを知っているかどうかは問わない（団藤・条解65、芦澤・注釈刑訴［第3版］1・202、中武・注解刑訴上82）。　　　　　　（小倉哲浩）

〔意思無能力者と訴訟行為の代理〕
第28条　刑法（明治40年法律第45号）第39条又は第41条の規定を適用しない罪に当たる事件について、被告人又は被疑者が意思能力を有しないときは、その法定代理人（2人以上あるときは、各自。以下同じ。）が、訴訟行為についてこれを代理する。

〈本条細目次〉
1　刑法39条・41条の規定を適用しない罪に当たる事件　95
2　被告人又は被疑者の意思能力　95
3　法定代理人　96

1　刑法39条・41条の規定を適用しない罪に当たる事件

　心神喪失者、心神耗弱者又は14歳未満の者を、責任無能力ないし限定責任能力として扱わないこととする罪に当たる事件に関する規定である。限定責任能力の規定のみの適用を除外している場合は本条の対象とならないとするのが一般である（団藤・条解66、芦澤・注釈刑訴〔第3版〕1・202、中武・注解刑訴上83）。

　旧法時の法制において既に刑法39条1項の適用を排除しない例になっていたとされており（旧法に関する体系書である団藤・刑事訴訟法綱要184）、刑法39条2項や同法41条等の適用を除外していた各種の専売法や税法についてもその後改廃され、現在はかかる適用除外規定を持つ罪は存在しない。

2　被告人又は被疑者の意思能力

　「意思能力」とは、いわゆる「訴訟能力」のことをいう。被告人に訴訟能力がない場合には公判手続を停止しなければならず（314Ⅰ。控訴審〔最決昭53・2・28刑集32・1・83〕及び上告審〔最決平5・5・31刑集47・6・1〕においても同項は準用される。）、訴訟能力がない被告人や被疑者が行った訴訟行為は無効となるところ（死刑判決に対する控訴取下げを無効としたものとして最決平7・6・28刑集49・6・785）、行為時において責任能力が認められない事件においては、捜査及び公判の段階においても被疑者・被告人に訴訟能力が認められずに訴追や処罰が不可能となる場合が生じ得る。しかしながら、それでは責任能力を不問とする罪をもうけた趣旨に反するので、これに対処す

るために法定代理人をして被疑者・被告人の訴訟行為を代理させることとしたものである。

訴訟能力とは、個別の訴訟行為能力については「一定の訴訟行為をなすに当り、その行為の意義を理解し、自己の権利を守る能力」（最決昭29・7・30刑集8・7・1231）であり、公判手続停止において問題となる公判手続続行能力については「被告人としての重要な利害を弁別し、それに従って相当な防御をすることのできる能力」（最決平7・2・28刑集49・2・481）とされる。最判平10・3・12刑集52・2・17は、重度の聴覚障害等により精神的能力及び意思疎通能力に重い障害を負っていても、手話通訳を介することで刑事手続において自己の置かれている立場をある程度正確に理解し、自己の利益を防御するために相当に的確な状況判断をすることができる被告人につき、弁護人及び通訳人からの適切な援助を受け、かつ、裁判所が後見的役割を果たすことにより、訴訟能力を保持しているものと認めた（その他、被告人の訴訟能力を認めたものとして、最決平18・9・15判時1956・3／判タ1232・134等がある。）。

なお、訴訟能力を欠く者に対する起訴状謄本送達の効力については、無効とするもの（東京高決昭34・10・21下刑集1・10・2131／判時204・33／判タ98・51、東京高決昭39・2・4高刑集17・1・138／判時363・47〔ただしいずれも傍論〕）と有効とするもの（大阪高判平7・12・7判タ918・263）があったが、川口・判例解説（刑）平7・136は、前記最決平7・2・28は有効説に立つことを前提とするとしている。

3　法定代理人

法定代理人は民法に規定されており、未成年者については親権者（民818等）又は未成年後見人（民838①・839等）であり、成年被後見人（民7）については成年後見人（民838②・843等）である。

法定代理人が2人以上いる場合はそれぞれが代理する。本条の趣旨が被害者の訴訟行為に関しても妥当するのは前条と同様であり（三井・判例解説（刑）昭34・20は、「以下同じ」というのは、刑訴法上未成年者の親権者が法定代理人として訴訟行為をするすべての場合を通じてその適用がある趣旨と解すべきとする。）、被害者の親権者が2人いるときは、各自が231条1項の法定代理人としての告訴をすることができる（最決昭34・2・6刑集13・1・49）。し

たがって、親権者である父が行った告訴及びその取下げ並びにその後に親権者である母が行った告訴はいずれも有効である（広島高判昭30・6・3裁判特報2・11・560／判時56・26）。　　　　　　　　　　　　　　（小倉哲浩）

〔特別代理人〕
第29条　前2条の規定により被告人を代表し、又は代理する者がないときは、検察官の請求により又は職権で、特別代理人を選任しなければならない。
2　前2条の規定により被疑者を代表し、又は代理する者がない場合において、検察官、司法警察員又は利害関係人の請求があつたときも、前項と同様である。
3　特別代理人は、被告人又は被疑者を代表し又は代理して訴訟行為をする者ができるまで、その任務を行う。

〔規〕　第16条（被疑者の特別代理人選任の請求・法第29条）　被疑者の特別代理人の選任の請求は、当該被疑事件を取り扱う検察官又は司法警察員の所属の官公署の所在地を管轄する地方裁判所又は簡易裁判所にこれをしなければならない。

〈本条細目次〉
1　被告人の特別代理人　97
2　被疑者の特別代理人　98
3　特別代理人の任務の終了時期　98

1　被告人の特別代理人

27条及び28条により代表者又は代理人が必要であるにもかかわらず、これがいない場合、受訴裁判所は、検察官の請求又は職権により、特別代理人を選任しなければならない。

27条の解説1で挙げた最決昭39・10・16判タ169・151は、会社の代表者が死亡したため上告趣意書の差出最終日以内の提出が期待できない事情にあったとすれば、残存有限責任社員等から特別代理人選任の職権発動を求め、選

任された特別代理人において上告趣意書差出最終日指定替の措置を求めるべきであったとする。

2　被疑者の特別代理人

被疑者の場合は、検察官等の請求により、裁判所（請求先の裁判所につき規16）が特別代理人を選任する。職権による選任が認められていないこと、司法警察員や利害関係人にも請求権が認められていることが、被告人の場合と異なる。

3　特別代理人の任務の終了時期

特別代理人の権限は、補充的なものであり、代表者又は代理人が存在するに至った場合には、その任務を終える。その場合、手続を明確にするため、解任の決定を行うべきとされる（団藤・条解68、芦澤・注釈刑訴［第3版］1・206）。

（小倉哲浩）

第4章　弁護及び補佐

〔弁護人選任時期、選任権者〕
第30条　被告人又は被疑者は、何時でも弁護人を選任することができる。
2　被告人又は被疑者の法定代理人、保佐人、配偶者、直系の親族及び兄弟姉妹は、独立して弁護人を選任することができる。

〔規〕　第17条（被疑者の弁護人の選任・法第30条）　公訴の提起前にした弁護人の選任は、弁護人と連署した書面を当該被疑事件を取り扱う検察官又は司法警察員に差し出した場合に限り、第一審においてもその効力を有する。
　　　　第18条（被告人の弁護人の選任の方式・法第30条）　公訴の提起後における弁護人の選任は、弁護人と連署した書面を差し出してこれをしなければならない。
　　　　第18条の2（追起訴された事件の弁護人の選任・法第30条）　法第30条に定める者が一の事件についてした弁護人の選任は、その事件の公訴の提起後同一裁判所に公訴が提起され且つこれと併合された他の事件についてもその効力を有する。但し、被告人又は弁護人がこれと異る申述をしたときは、この限りでない。

〈本条細目次〉
1　本条の趣旨　100
2　弁護人の選任時期　100
3　弁護人選任権者　100
　(1)　範　　囲　100
　(2)　独立選任　101
4　選任の効力の範囲　101
　(1)　追起訴事件　101
　(2)　8条併合　101
　(3)　事件の一部に限定した選任　102
5　選任の方式　102
　(1)　被疑者段階　102

(2) 起訴後　102
　　(3) 氏名黙秘の場合　103
　6　私選弁護人の辞任・解任　104
　　(1) 公判期日直前の辞任　104
　　(2) 公判手続中の辞任・解任　104
　　(3) 訴訟遅延目的の解任　104
　7　国選弁護人の解任等　105

1　本条の趣旨

　弁護人の選任時期と選任権者について規定している。本条は、刑の執行猶予取消請求事件（349の2Ⅲ）、再審請求事件（440Ⅰ）にも準用される（永井・大コメ刑訴1・314）。

　被疑者とは、具体的な事件の嫌疑により捜査の対象とされ起訴されるまでの者であり、起訴されて判決が確定するまでの者が被告人であり、事件ごとに判断される。

2　弁護人の選任時期

　時期には特に限定はないが、あらかじめ弁護人選任届が提出されていなければ弁護人としての活動はできない。裁判例として、最判昭23・6・12刑集2・7・668は、上告期間内に上告趣意書が提出されたが、弁護人選任届はその期間経過後に提出された場合、上告趣意書が遡って適法なものになるわけではないと判示している。

3　弁護人選任権者

(1)　範　囲

　憲法上は被告人（憲37Ⅲ）、逮捕・勾留された被疑者（憲34）に認められているが、刑訴法は、身柄を拘束されていない在宅の被疑者（本条Ⅰ）及び被疑者・被告人と一定の身分関係のある者（本条Ⅱ）にも弁護人選任権を拡張している。

　法定代理人、保佐人、配偶者、直系の親族、兄弟姉妹の概念は、民法による（民818・8・838・11・876・876の2・725等）。なお、配偶者に内縁の者は含まれない。

　裁判例として、東京高決昭35・6・29下刑集2・5＝6・705は、被告人の内縁の妻が選任した弁護人の控訴申立を不適法としている（東京高判昭25

・10・4特報12・62も同旨)。叔父は直系親族に含まれないとした名古屋高判昭29・11・30裁判特報1・11・507、婚姻により成年擬制された被告人の母は法定代理人に当たらないとした最大決昭63・2・17刑集42・2・299がある。

(2) 独立選任

本条2項の者は、被疑者・被告人の意思にかかわらず弁護人を選任できる。もっとも、被疑者・被告人はその選任された弁護人を解任できるが、2項の選任権者は自ら選任した弁護人でも解任はできないと解されている(永井・大コメ刑訴1・316、植村・注釈刑訴[第3版] 1・231)。

4 選任の効力の範囲

弁護人は、特定の被疑者・被告人の特定の事件について選任される。その効力は事件の同一性(公訴事実の同一性)で画されるが、被疑者段階についてはより緩やかでよいとも解されている(植村・注釈刑訴[第3版] 1・236等)。

なお、名古屋高判昭60・10・17刑裁月報17・10・923は、監禁致傷、恐喝未遂被疑事件についてのみ選任された弁護人が、別の被害者への暴行、傷害被告事件の審理に立ち会った事件で弁護人選任手続上の瑕疵が判決に影響を及ぼすことが明らかとはいえないと判示している。

(1) 追起訴事件

最判昭26・6・28刑集5・7・1303が、追起訴され併合された事件には弁護人選任の効力が及ぶと判示し、それを成文化したのが規18条の2である。同条は私選弁護人に関する規定であり、最判昭27・11・14刑集6・10・1199は、国選弁護人にもこの理が及ぶ旨判示していたが、近時の法改正で313条の2が新設され国選弁護人の選任の効力は併合後の事件にも及ぶことが確認され、国選弁護人については同条によることとなったので、本条は私選弁護人に関する規定として解すれば足りることとなった(植村・注釈刑訴[第3版] 1・239)。なお、追起訴事件が併合後、分離されても弁護人選任の効力に影響は生じないと解されている(永井・大コメ刑訴1・317)。

(2) 8条併合

併合の弁護人への影響については、考え方が分かれているが、8条の解説参照。

(3) 事件の一部に限定した選任

大判昭11・4・15刑集15・583は、その弁護人の選任の効力を、被告人と当該弁護人との黙示の意思表示により、嘱託尋問の立会に局限して、公判期日に呼び出さなかったことを違法でないと判示している。大判大13・11・21新聞2341・15は、受託裁判所への弁護人選任届提出による選任は受託裁判所の証人尋問に限定されるとして、その弁護人は公判期日への召喚不要と判示している。

5 選任の方式

(1) 被疑者段階

被疑者又は他の選任権者と弁護人の連署した書面を捜査機関に提出するのが通例であり（捜査規範133Ⅰ参照）、その場合には起訴後、第1審にも効力を持つ（規17）。また、検察官には、起訴と同時にその弁護人選任届の裁判所への差出しが義務付けられている（規165Ⅱ）。

選任が口頭、単独の書面など他の方式でなされた場合も有効か否かは説が分かれている（詳細については、永井・大コメ刑訴1・319、植村・注釈刑訴［第3版］1・243以下参照）。裁判例として、勾留理由開示、準抗告事件等で連署を要求したもの（東京地決昭44・2・5刑裁月報1・2・179、東京地決昭46・6・10刑裁月報3・6・834、広島地決昭46・8・27刑裁月報3・8・1117、福岡地決昭47・6・27刑裁月報4・6・1244等）がある。なお、東京地決昭46・7・5刑裁月報3・7・1043は、被疑者が接見の際に弁護人に選任すると述べたという事実のみでは適法な選任に当たらないとした事例、東京高判昭26・12・11東時1・13・190は、氏名を自署しない被疑者・被告人の弁護人選任届を不適法とした措置を是認した事例である。

(2) 起訴後

弁護人と連署した書面の提出が義務付けられている（規18）。連署とは、同一の書面に2人以上の者が並べて署名することをいう。また、公務員以外の者の作成文書であるから、作成年月日を記載し、弁護人と選任権者が各自の名前を並べて自署し、それぞれ押印することになる（最決昭40・7・20刑集19・5・591等参照）。負傷などで自署できない場合には、代書してもらい、代書者が代書した事由を記載して署名・押印する。押印できない場合は指印する（規60・61）。

裁判例として、最判昭26・6・8刑集5・7・1257は、被告人の署名を弁護人が代書したが、代書の事由が付記されていないという瑕疵ある弁護人選任届でも、弁護人が異議なく公判に立ち会って弁論し、被告人にも異議がなかった場合には有効とした事例であり（ただし、旧法事件で適法な弁護人の選任がないとの上告趣意を排斥したもの）、同様に有効とした最決昭28・2・19刑集7・2・242（被告人の氏名の記名がある1通、弁護人の氏名の記名がある1通、計2通が提出された事例）がある。

なお、弁護人の署名があれば選任は無効にならないとする裁判例がある（大判昭7・12・14刑集11・1853〔押印が欠けた場合〕、最判昭25・2・16刑集4・2・193〔年月日が欠けた場合〕、最判昭26・8・9刑集5・9・1758〔宛名が欠けた場合〕）。

弁護人選任届が記録に編綴されていない弁護人が訴訟行為を行った場合の効果については、裁判例は、判決に影響がある訴訟手続の法令違反とするもの（名古屋高判昭25・6・14特報11・61）、判決には影響を及ぼさないとするもの（名古屋高判昭25・2・15特報4・65、高松高判昭27・11・27高刑集5・12・2238）に分かれている。なお、弁護人選任届の追完については、上訴審の裁判までの提出を認めた事例（最大判昭29・7・7刑集8・7・1052）があるが（旧法事件）、認められないとした最決昭45・9・24刑集24・10・1399（控訴期間経過翌日）、最決昭61・1・22裁集242・3（上告棄却決定に対する異議申立期間経過後）もある。

(3) 氏名黙秘の場合

裁判例として、氏名を明らかにしなかったものを有効と扱った最決昭29・12・27刑集8・13・2435（戸塚警察署9号室に勾留されていた氏名不詳の被告人が「戸塚九郎」と記した上告申立及び弁護人選任届）もあるが、氏名には黙秘権の保障が及ばないことを前提に氏名の記載のない弁護人選任届については、最大判昭32・2・20刑集11・2・802（監房番号による弁護人選任届を第1審裁判所が却下したため、氏名を開示せざるをえなくなったことについて、氏名は黙秘権の対象となる不利益な事項に当たらないとして、憲法38条1項・37条3項に違反しないとした事例）、最決昭40・7・20刑集19・5・591（署名欄に「氏名不詳」と書いた弁護人選任届）、最決昭44・6・11刑集23・7・941（署名欄に「菊屋橋署101号」と書いた弁護人選任届）、札幌高決昭27・10・6高刑集

5・11・1904（控訴棄却決定に対する異議申立事件で署名欄に「氏名不詳」と記載）、京都地判昭44・6・2判時558・96（「堀川署写真番号108号」と書いた弁護人選任届）等を不適法・無効と扱っている。

なお、法廷等秩序維持法に関して同様に不適法としたものとして、最決昭43・5・1民集22・5・1061（同法による過料に対する抗告申立書に「氏名不詳者」との記載と指印）、最決昭45・6・11判時602・97（代理人選任書に「中央39号監置1号」と指印）がある。

6 私選弁護人の辞任・解任

私選弁護人は、弁護人が自由に辞任でき、被告人・被疑者も解任できるが、訴訟遅延を招来するような辞任・解任を無効とする以下の裁判例がある。

(1) 公判期日直前の辞任

第1回公判期日2日前から私選弁護人が相次いで辞任届を出し、当日出頭しなかったが、裁判所は、これらの「辞任は、被告人らの同意のもと、公判期日が切迫した時期に正当な理由もなくなされたものであるから、右公判期日に関する限り効力がないものと認め」、第1回公判期日の起訴状朗読までの手続を行った東京地判昭47・3・1刑裁月報4・3・489があり、その控訴審（東京高判昭50・3・27高刑集28・2・132）は結論として、判決に影響を及ぼすことが明らかな訴訟手続の法令違反はないとし、この措置を是認した。同旨のものとして、東京地裁刑事第12部昭和45年6月12日見解（永井・大コメ刑訴1・326）がある。

(2) 公判手続中の辞任・解任

第1回公判期日の被告人らに対する人定質問中に負担過重を理由に共同被告人12名の弁護人が8名の被告人について辞任する旨告げ、その被告人らが国選弁護人の選任を求めたが、このような辞任申出は「弁護人の職責に反すること甚しき一種の権利濫用行為として、少くとも裁判所および他の訴訟関係人において同公判期日に一応予定した訴訟行為の終了するまでは、なおその辞任行為は効力を発生するに至らざるものと解する」と判示した東京高判昭28・8・14特報39・82、判決理由宣告中に被告人が弁護人を解任する旨の意思表示をしたが、そのまま判決宣告手続を終えた措置に違法はないとした名古屋高判昭57・5・11判例大系（第2期）刑事訴訟法1・285がある。

(3) 訴訟遅延目的の解任

私選弁護人の解任について、昭和62年2月3日の弁論期日において、最高裁第三小法廷は、同年1月24日前に被告人から提出された弁護人全員の解任届は「訴訟遅延を図る目的に出たものと認め……訴訟遅延を避けるに必要な限度においてその効力を生じないものと解し」、弁護人・検察官双方の弁論の手続を行う旨見解表明（最判昭62・3・24判時1228・22）している。

7　国選弁護人の解任等

　裁判例として、被告人の防御権及び実質的な意味での弁護人選任権を侵害しているのを放置して結審した原審の訴訟手続には法令違反があるとし、原裁判所は、少なくとも、原審弁護人の違法な訴訟活動（被告人の利益のために訴訟活動を行うべき誠実義務に違反）が明らかになった最終弁論の時点で、国選弁護人である原審弁護人を交替させるなどして、不適切に行われた証人に対する反対尋問の部分及び被告人質問並びに最終弁論をそれぞれ補完する必要があったとして、原判決を破棄した事例（東京高判平23・4・12東時62・1＝12・33）がある。

　　　　　　　　　　　　　　　　　　　　　　　　　　　（廣瀬健二）

〔資格、特別弁護人〕
　第31条　弁護人は、弁護士の中からこれを選任しなければならない。
　2　簡易裁判所又は地方裁判所においては、裁判所の許可を得たときは、弁護士でない者を弁護人に選任することができる。ただし、地方裁判所においては、他に弁護士の中から選任された弁護人がある場合に限る。

〈本条細目次〉
　1　本条の趣旨　106
　2　弁護士弁護人の資格等　106
　3　特別弁護人　107
　　(1)　選　任　107
　　(2)　被疑事件における選任　107
　　(3)　特別弁護人の役割・資格等　107
　　(4)　裁判所の許可　107

1 本条の趣旨

弁護人の資格について、弁護士であることを求め、それ以外の特別弁護人について定めている。特別弁護人は、弁護士資格はないが実質的に弁護人としての能力を備えており、当該訴訟にとってその者による弁護活動が有益であることによって認められるものである（永井・大コメ刑訴1・327）。

2 弁護士弁護人の資格等

弁護士は、その資格を有し、現に弁護士名簿に登録されている者をいう（弁護4～6・8）。

裁判例として、弁護士会から退会命令の告知を受けている者を弁護人に選任したのを無効として併合請求を却下した簡易裁判所裁判官の行為に違法はないとし、損害賠償請求を棄却した東京地判昭54・7・12判時948・79、必要的弁護事件（殺人）の判決宣告期日に、所属弁護士会から退会命令を受け資格喪失した弁護士のみが出頭し、弁論が再開され、死因に関する鑑定書が弁護人の同意により取り調べられ、右鑑定書に基づく検察官の起訴状訂正申立、論告求刑、弁護人の意見陳述、被告人の最終陳述がなされて結審した訴訟手続は、刑訴法31条、289条1項に違反し、右期日に行われた審理内容にかんがみ、その違反は判決に影響を及ぼすことが明らかな場合に当たるとした東京高判平3・12・10高刑集44・3・217がある。

なお、旧法時代の裁判例で、弁護士名簿登録前に提出された弁護届（弁護人選任届）はその後登録を受けても無効としたもの（大判大12・5・26刑集2・452）、選任された弁護士が弁護士名簿登録を取り消されると当然弁護人の資格を失うとしたもの（大判昭6・4・9刑集10・121、大判昭9・3・20刑集13・297）がある。また、業務停止の懲戒処分の場合は弁護士資格はあるので、業務停止中の訴訟行為も無効とはならないとした最大判昭42・9・27民集21・7・1955がある。

弁護士以外の者を訴訟行為の代理人にすることは法令上の根拠がなくできないと解されている（同旨、東京高決平21・1・8〈未〉〔植村・注釈刑訴［第3版］1・255〕）。

一人の弁護士を、複数の被告人・被疑者の弁護人として選任することは、利害相反等がない限り、私選弁護人についても可能である（規29V参照）。

3 特別弁護人

(1) 選任

特別弁護人とは、本条2項で選任される弁護士でない弁護人のことである。

簡易裁判所と地方裁判所で裁判所の許可を得たときに認められるが、地方裁判所では、更に他に弁護士の弁護人が選任されていることが必要である。

裁判例として、特別弁護人選任時に弁護士の弁護人が未選任であっても第1回公判期日前に弁護士の弁護人が選任されていればその瑕疵は治癒されるとした札幌高判昭27・2・6特報18・73がある。

(2) 被疑事件における選任

本条2項は、裁判所への事件係属が前提とされているので、被疑者に対する選任は認められないと解されている（永井・大コメ刑訴1・329。積極説として、中武・注解刑訴上95、今井功・公判法大系2・228、熊本・基本法コメ刑訴［新版］60）。

裁判例として、最決平5・10・19刑集47・8・67は、消極説に立ち、特別弁護人の選任は簡裁・地裁の許可を要件としており、被疑者段階で簡裁が許可した後、その事件が地裁に起訴され、要件が満たされない事態も生じることを消極の理由としている。同判決の大野補足意見は、刑事弁護、中でも身柄拘束中の被疑者弁護は重大、困難で専門的知識、経験、職業倫理のある弁護士にふさわしく、無資格者に補充、代替されるべきではないことを根拠の一つとして挙げている。

(3) 特別弁護人の役割・資格等

弁護士の弁護人がいない場合の特別弁護人は、弁護士の代替的な役割があり一定の法律実務の素養が求められる。弁護士の弁護人がいる場合の特別弁護人は、特殊な学識経験等に基づく活動を追加することにより、弁護の効果を高めるものであり、特別な学識経験等があり、証人となるより有効な活動が期待できること等が必要となると解されている（永井・大コメ刑訴1・332～333）。申請不許可の理由を詳細に述べた裁判例として、東京地決昭46・3・8判タ261・288がある。

(4) 裁判所の許可

許可は、一部の事項に限定して行うこともできるが（中武・注解刑訴上95）、許否は裁判所の自由裁量と解されている。同旨の裁判例として、東京高判昭

43・2・15高刑集21・1・73、金沢地決昭39・12・8下刑集6・11＝12・1597、東京高判昭42・5・31判タ213・196がある。また、不許可にした場合、裁判所は当然には国選弁護人選任の義務は負わない（東京高判昭43・2・15高刑集21・1・73）。なお、特別弁護人選任不許可及び弁護人選任準備のための公判期日変更請求却下を理由とする忌避申立を排斥した事例として、金沢地決昭39・12・8下刑集6・11＝12・1597がある。

許可は、特別弁護人の活動状況等によって取り消すことができる（植村・注釈刑訴［第3版］1・263）。許否の裁判に対しては、独立した不服申立はできない（永井・大コメ刑訴1・335、植村・注釈刑訴［第3版］1・261）。この点について、最決平5・7・20裁集262・339は、「特別弁護人の選任を許可しない旨の決定は、同法420条1項にいう『訴訟手続に関し判決前にした決定』に当たる」と判示している。

特別弁護人が選任された事例として、最大判昭32・3・13刑集11・3・997（チャタレー裁判）、最大判昭44・10・15刑集23・10・1239（サド裁判）、最決昭51・3・23刑集30・2・229（丸正名誉毀損事件）などがある。

必要的弁護事件で、特別弁護人だけの出頭で開廷できるかについては、説が分かれている（永井・大コメ刑訴1・336参照）。地方裁判所で特別弁護人選任後、弁護士の弁護人が欠けた場合、裁判所は特別弁護人の選任許可を取り消すべきであるが、遅滞なく弁護士の弁護人の選任ができる場合には取消までは不要と解されている（永井・大コメ刑訴1・338）。　　　　　　（廣瀬健二）

〔弁護人選任の申出〕
第31条の2　弁護人を選任しようとする被告人又は被疑者は、弁護士会に対し、弁護人の選任の申出をすることができる。
2　弁護士会は、前項の申出を受けた場合は、速やかに、所属する弁護士の中から弁護人となろうとする者を紹介しなければならない。
3　弁護士会は、前項の弁護人となろうとする者がないときは、当該申出をした者に対し、速やかに、その旨を通知しなければならない。同項の規定により紹介した弁護士が被告人又は被疑者がした弁護人の選任の申込みを拒んだときも、同様とする。

〈本条細目次〉
1 趣　旨　109
2 弁護士会の義務　109

1　趣　旨

　本条は、司法制度改革に関連する「刑事訴訟法等の一部を改正する法律」（平成16年法律第62号）によって新設された規定で、国選弁護人制度の整備に伴い、被疑者・被告人による私選弁護人の選任の申出制度について定めるものである。

　法改正前においても、被疑者・被告人は、弁護士会を指定して弁護人の選任を申し出ることができたが（78参照）、申出の主体は身柄を拘束された被疑者・被告人に限られており、また、申出を受けた弁護士会の訴訟法上の義務も明確ではなかった。

　そこで、本条は、身柄拘束の有無にかかわらず、すべての被疑者・被告人が弁護士会に対する私選弁護人の選任の申出をすることができることを明らかにするとともに、私選弁護人の選任の申出を受けた弁護士会の義務を明確にすることにより、被疑者・被告人の私選弁護人依頼権（憲37Ⅲ前及び刑訴30Ⅰ）を実効的に保障しようとするものである。

2　弁護士会の義務

　被疑者・被告人から申出を受けた弁護士会は、遺漏なく迅速に対応するものと期待されるが、本条において、弁護士会は、速やかに、所属する弁護士の中から弁護人となろうとする者を紹介する義務を負うことが明確にされている。

　また、弁護士会は、弁護人となろうとする者がないときは、当該申出をした者に対し、速やかに、その旨を通知しなければならず、紹介した弁護士が被疑者・被告人がした弁護人の選任の申込みを拒んだときも、同様に、その旨を通知しなければならない。

　なお、逮捕された被疑者が、私選弁護人の選任を申し出たものの、私選弁護人を選任できず、勾留請求された場合には、国選弁護人の選任を請求することになろうから、国選弁護人の選任が不当に遅れることのないよう、弁護士会の迅速な対応が特に期待される。

この通知は、申出をした被疑者・被告人に対して行われるものであるが、これを国選弁護人の選任手続にかかわる弁護士会の裁判所に対する通知制度（36の3Ⅱ・37の3Ⅲ）とリンクさせることにより、国選弁護人の選任手続の円滑化が図られている。

（田野尻猛）

〔選任の効力〕
第32条　公訴の提起前にした弁護人の選任は、第一審においてもその効力を有する。
2　公訴の提起後における弁護人の選任は、審級ごとにこれをしなければならない。

〈本条細目次〉
1　公訴提起前の弁護人選任の効力　110
2　弁護人選任の効力の終期　111
　(1)　審級代理　111
　(2)　弁護人選任の効力の終期　111
　(3)　原判決宣告後に選任された弁護人による上訴　114

1　公訴提起前の弁護人選任の効力

本条は、弁護人選任の効力を規定している。1項では、公訴の提起前にした弁護人選任は、第一審においてもその効力を有することを規定しているが、本項は、私選弁護人のみならず国選弁護人にも適用される。平成16年法律第62号により創設された被疑者国選弁護人の制度により、被疑者に国選弁護人が付され、釈放されないまま公訴提起された場合は、起訴後の国選弁護人の選任の効力を起訴後も認めることが被告人の利益にかなうことに加え、手続上の便宜であること、本条2項の「弁護人」には国選弁護人も含まれると解されていること等から、本条1項により、捜査段階の弁護人選任の効力が第一審においても効力を有すると解される。

なお、私選弁護人の場合には、「弁護人と連署した書面を当該被疑事件を取り扱う検察官又は司法警察員に差し出」さなければならない（規17）。また、検察官は、私選弁護人の場合には、この被疑者と弁護人が連署した弁護

人選任書を、公訴提起と同時に裁判所に差し出さなければならず（規165Ⅱ）、国選弁護人の場合には、国選弁護人が選任されている旨を裁判所に通知しなければならない（規165Ⅲ）。

2 弁護人選任の効力の終期

(1) 審級代理

公訴提起後の弁護人の選任は、審級ごとにしなければならない（審級代理の原則、2項）。「審級ごとに」とは、第一審、控訴審、上告審ごとに弁護人が選任されなければならないということである。審級代理の原則を定めた趣旨については、審級が終われば当然に弁護人選任の効力が失われるものとして、改めて選任行為をさせることにより、被告人に（原審弁護人と異なる）弁護人選任の機会を実質的に保障しようとするためのものであると一般に解されている（井上弘通・判例解説（刑）平4・190）。本項は、私選弁護人のみならず国選弁護人にも適用される。

差戻し前の第一審と差戻し後の第一審が審級を異にするかについて、最決昭27・12・26刑集6・12・1470は、本条2項の解釈上、差戻し前の第一審においてした弁護人の選任が、差戻し後の第一審においても効力を有するものとすることはできない旨判示している。

(2) 弁護人選任の効力の終期

弁護人選任の効力の終期については、少なくとも、終局裁判が確定すれば弁護人選任の効力が終了することは、判例上も明らかである[1]。

それ以外の場合の弁護人選任の効力の終期については、見解が分かれており、(a)当該審級の終局裁判の言渡し時までとする説、(b)終局裁判の確定又は上訴の申立てによって移審の効果が生じるまでとする説、(c)基本的には(b)説によるが上訴の申立てがあった場合には訴訟記録を上訴裁判所に送付した時までとする説、(d)審級代理の終期は、移審の時期の問題とは切り離した上で、原則として各審級の終局裁判の告知時を区切りとして考えるが、原審弁護人の判決宣告後の弁護活動については、原審弁護人に認められてい

---

[1] 弁護人が判決確定後にした保釈保証金没取決定に対する異議申立てに関する最決昭33・7・15刑集12・11・2578、弁護人の訴訟費用負担の裁判に対する執行免除の申立てに関する最決昭28・10・6刑集7・10・1897は、いずれも弁護人としての申立権を否定している。

る上訴権のための準備活動等として個別具体的に考えていこうとする説がある。

　この点につき、最決平4・12・14刑集46・9・675は、「記録によれば、申立人は、有印公文書偽造等被告事件の被告人として国選弁護人を付されて審理を受け、判決を宣告された翌日に、当該裁判所に対し、上訴申立てのため必要であるとして、同事件の公判調書の閲覧を請求したが、これを許されなかったことが認められるところ、弁護人選任の効力は判決宣告によって失われるものではないから、右のような場合には、刑訴法49条にいう『弁護人がないとき』には当たらないと解すべきである。したがって、申立人の公判調書閲覧を許さなかった処置に違法はないとした原判断は、正当である。」と判示し、弁護人選任の効力は判決宣告によって失われるものではないことを明示した。このことから、判例が(a)説に立っていないことは明らかである[2]が、それ以上に具体的にどのような見解に立つのかは必ずしも明らかではない。また、本件が判決宣告後上訴申立て前の事案であることからも、上訴申立て後の段階における弁護人選任の効力についての判例の考えは、いまだ示されていないとみるべきであろう。

　この問題においては、弁護人から援助を受ける被告人の利益を考えねばならないが、原判決後に被告人が私選弁護人を選任した場合と選任していない場合とでは、その利益状況が全く異なること[3]に留意しなければならず、またその解釈に、弁護人制度の運用状況が微妙に反映する場面かもしれない。近時の最高裁の裁判例では、この点に関する補足意見や意見が付されることがあり、理論的解決の上で微妙な側面があることを示している。まず、前掲最決平4・12・14では、藤島裁判官が、弁護人選任の効力の終期は、審級代理の原則により、その審級の終了と一致するのが原則であるとした上で、判決宣告によって訴訟は原審を離脱すると考えるのが相当であり、そのように

---

(2)　なお、上記最決平4・12・14以前の判例の立場は(a)説であるとの理解が多かったが、そのような理解が必ずしも正確なものとは言い切れない点につき井上弘通・判例解説（刑）平4・187参照。

(3)　私選弁護人が選任されている場合には二種の弁護人の併存を避ける意味でも原審弁護人の選任の効力は早期に終了するのが適当であるが、私選弁護人が選任されていない場合は、原審弁護人選任の効力の終期はある程度後に引き延ばした方がよいことになる。

考えることが最大決昭63・2・17刑集42・2・299と整合するものであるところ、判決宣告前に選任された弁護人は355条により上訴申立ての権限を有するから、その権限行使を検討する上で必要な一切の訴訟行為を行うことができるはずであるから、その限度で弁護人選任の効力が判決宣告後も持続するのが相当である旨の補足意見を付している。また、最決平18・12・19判タ1230・100は、被告人甲が控訴を申し立てた後に、原審弁護人乙が被告人甲作成の「準抗告申立書」と題する書面を添付した上で、押収物の還付に関する準抗告を申し立てたところ、原裁判所が乙弁護人選任の効力は被告人甲の控訴申立てにより失われていること等の理由から、不適法として棄却した決定に対する特別抗告申立事件において、本件準抗告申立てを、独立した甲の準抗告申立てとみる余地が十分にあったとして原裁判を取り消したものであるが、泉裁判官は、「第1審における国選弁護人の選任の効力は、被告人の控訴申立てがあったというだけで直ちに失われるものではなく、少なくとも当該被告事件の訴訟記録がいまだ第1審裁判所に存し、第1審裁判所が上記のような裁判をする可能性がある段階においては、第1審選任弁護人は弁護権を行使することができるというべきである」との意見を付され、才口裁判官は、「国選弁護をめぐっては解決すべき多くの問題が山積しており、特に、平成18年10月から日本司法支援センターが業務を開始して国選弁護報酬の支払事務等が同センターに移管され、これらの実務が緒に就いたばかりでいまだ定着していない等の状況を配慮すれば、当審が本件について弁護人選任の効力の終期につき判断を示すことは時宜を得た処理とはいえない。」との補足意見を付されている。

　実際の実務の運用は、(b)説によっているといわれており（井上弘通・判例解説（刑）平4・189）、原審判決宣告後も選任の効力が終了しない限り、原審弁護人は、刑事訴訟法上明文で認められている上訴申立ての他にも、その前提として上訴の是非についての被告人との接見、相談や、保釈の請求、書類・証拠の閲覧等の訴訟行為をすることができるものと解されている。

　上記最決平4・12・14以降の下級審裁判例として、福岡高決平13・9・10判時1767・142は、第一審において死刑判決を受けた被告人が、原判決当日に国選弁護人によって申し立てられた控訴を20日後に取り下げたが、6年半経過の後に、控訴取下げは無効であるとして、高裁に期日指定を申し立てた

という事案であるが、控訴取下げ当時、被告人には弁護人不在状態であったとする弁護人の主張に対し、審級は、上訴期間の満了（終局裁判の確定）又は上訴の申立てによる移審によって終了するものと解されるから、弁護人選任の効力も当該審級の終了により原則として効力を失うが、355条により原審弁護人から上訴の申立てがなされた場合は別であり、原審弁護人は控訴ないし上告趣意書を作成する権限を有しており（最大判昭29・7・7刑集8・7・1052等参照）、訴訟記録の閲覧・謄写あるいは勾留中の被告人との接見交通等の弁護活動をなすことができ、弁護人選任の効力はなお存続しているものと解されると判示している[4]。

(3) 原判決宣告後に選任された弁護人による上訴

審級代理の原則に関連するものとして、原判決宣告後に選任された弁護人による上訴が適法かという問題がある。原判決宣告後に選任された弁護人が上訴した場合、その上訴の時点までに原審における弁護人選任の効力が存続しているのであれば、その上訴は「原審弁護人」として355条に基づいてなされたものとも解され得るのであり、逆に、「原審弁護人」として355条による上訴ができないというのであれば、その時点では、原審における弁護人選任の効力は終了しているとも解され得るからである。

この点について、判例は、原判決後に選任された弁護人は、355条の「原審における弁護人」には該当せず、被告人のために上訴する権限を有しない（最判昭24・1・12刑集3・1・20）が、原判決後に選任された弁護人が被告人自身によって上訴審の弁護を依頼されて選任された者である場合（前掲最判昭24・1・12）はもとより、上訴権のない選任権者により選任された弁護人であっても、被告人の上訴申立てを代理して行うことができる（最大決昭63・2・17刑集42・2・299）と解している（詳しくは、355条の解説参照）。

従来の判例を変更して、原判決後に上訴権のない選任権者によって選任された弁護人の上訴申立ての適法性を肯定した前掲最大決昭63・2・17が、その理由として、「原審弁護人」の概念を拡張すべきであるという主張の当否に触れることなく、弁護人の有する包括的代理権を根拠としたことから、原

---

[4] なお、本件の特別抗告審である最決平16・6・14判タ1167・134では、弁護人選任の効力の終期が争点とされなかったことから、この点について判断は示されていない。

判決宣告後の原審弁護人の選任の効力の終期をどう考えるべきかが問題となる。この最大決昭63・2・17を弁護人選任の効力の終期との関係で考えるに当たっては、原判決宣告後に選任された弁護人による上訴が適法かという問題が、原判決宣告後に私選弁護人が選任されている場合に生じるのに対し、原審における弁護人選任の効力が原判決宣告後のどの時点まで継続するかという問題は、原判決宣告後に私選弁護人が選任されていない場合に生じることから、両者は、前述したように被告人をめぐる利益状況が全く異なる点に留意しなければならないであろう。そのような観点からは、この最大決昭63・2・17は、355条の解釈に関するものであって、他方、上訴申立てに限っては、原判決宣告後に選任された弁護人と原判決前から選任されていた弁護人とで取扱いを異にする解釈は可能であるから、必ずしも弁護人選任の効力の終期の解釈論に直結するものではないといえよう（井上弘通・判例解説（刑）平4・194参照）。　　　　　　　　　　　　　　　（遠藤邦彦）

〔主任弁護人〕
第33条　被告人に数人の弁護人があるときは、裁判所の規則で、主任弁護人を定めなければならない。

〔規〕　第19条（主任弁護人・法第33条）　被告人に数人の弁護人があるときは、その1人を主任弁護人とする。但し、地方裁判所においては、弁護士でない者を主任弁護人とすることはできない。
　2　主任弁護人は、被告人が単独で、又は全弁護人の合意でこれを指定する。
　3　主任弁護人を指定することができる者は、その指定を変更することができる。
　4　全弁護人のする主任弁護人の指定又はその変更は、被告人の明示した意思に反してこれをすることができない。
第20条（主任弁護人の指定、変更の方式・法第33条）　被告人又は全弁護人のする主任弁護人の指定又はその変更は、書面を裁判所に差し出してしなければならない。但し、公判期日において主任弁護人の指定を変更するには、その旨を口頭で申述すれば足りる。
第21条（裁判長の指定する主任弁護人・法第33条）　被告人に数人の

弁護人がある場合に主任弁護人がないときは、裁判長は、主任弁護人を指定しなければならない。

2　裁判長は、前項の指定を変更することができる。

3　前2項の主任弁護人は、第19条の主任弁護人ができるまで、その職務を行う。

第22条（主任弁護人の指定、変更の通知・法第33条）　主任弁護人の指定又はその変更については、被告人がこれをしたときは、直ちにその旨を検察官及び主任弁護人となつた者に、全弁護人又は裁判長がこれをしたときは、直ちにその旨を検察官及び被告人に通知しなければならない。

第23条（副主任弁護人・法第33条）　裁判長は、主任弁護人に事故がある場合には、他の弁護人のうち1人を副主任弁護人に指定することができる。

2　主任弁護人があらかじめ裁判所に副主任弁護人となるべき者を届け出た場合には、その者を副主任弁護人に指定しなければならない。

3　裁判長は、第1項の指定を取り消すことができる。

4　副主任弁護人の指定又はその取消については、前条後段の規定を準用する。

第24条（主任弁護人、副主任弁護人の辞任、解任・法第33条）　主任弁護人又は副主任弁護人の辞任又は解任については、第20条の規定を準用する。

2　主任弁護人又は副主任弁護人の辞任又は解任があつたときは、直ちにこれを訴訟関係人に通知しなければならない。但し、被告人が解任をしたときは、被告人に対しては、通知することを要しない。

〈本条細目次〉
1　趣　旨　116
2　主任弁護人の指定・変更　117
3　主任弁護人の辞任・解任　117
4　副主任弁護人　118

1　趣　旨

　本条は、被告人に数人の弁護人があるときは、必ず主任弁護人を定めなければならないことを規定する。この主任弁護人の制度は、2人以上の弁護人が選任されている場合に、例えば弁護人ごとに証拠に対する意見が異なるなど訴訟行為の不統一からくる混乱を回避するとともに、通知・送達手続を簡

明にすることを目的としたものである。

本条は、「被告人」の主任弁護人についてのみ定めており、このことから、「被疑者」については、主任弁護人制度は存在しないと解するのが一般であるが（植村・注釈刑訴［第3版］1・288）、勾留理由開示請求など裁判所に対する手続に関しては、準用の余地を認める見解もある（松尾・条解51）。

2　主任弁護人の指定・変更

被告人に数人の弁護人があるときは、被告人、弁護人全員又は裁判長は、規19条ないし21条の定めるところに従って、主任弁護人の指定・変更を行う。

被告人又は全弁護人が行う主任弁護人の指定・変更は、書面を裁判所に提出して行う要式行為である（規20本）。公判廷で、主任弁護人の指定を変更するときは口頭でよく（規20但）、その旨の申述は公判調書に記載される（規44Ⅰ⑱）。この但書から、「指定」が除外されていることに疑問を呈する見解もある（植村・前掲292）。主任弁護人が指定、変更された場合は、裁判所は、その旨を検察官等の訴訟関係人に通知しなければならない（規22）。

被告人は、単独で主任弁護人を指定・変更することができる（規19Ⅱ・Ⅲ）。

弁護人は、その全員が合意した場合に、その合意に基づいて主任弁護人を指定、変更することができる（規19Ⅱ）が、被告人の明示の意思に反することはできない（規19Ⅳ）。

裁判長は、被告人に数人の弁護人があって、主任弁護人がいない場合にのみ主任弁護人を選任しうる（規21Ⅰ・Ⅱ）。法は、裁判長の主任弁護人の指定、変更は、二次的なものととらえており、裁判長によって指定された主任弁護人は、規19条の主任弁護人ができるまでしか、その職務を行うことはできない（規21Ⅲ）。

3　主任弁護人の辞任・解任

規24条が定める主任弁護人の辞任・解任は、主任弁護人が主任としての地位から降りることを意味するのではなく（この意味での辞任・解任は、主任弁護人の変更の問題である。）、弁護人としての地位から降りることを意味すると解されている（植村・前掲299、永井・大コメ刑訴1・356）。この場合には、規20条が準用されるから、書面で裁判所にその旨届け出ることが必要である。この届出があると、主任弁護人の指定が必要となるから、裁判所は、直ちに

訴訟関係人に通知しなければならない（規24Ⅱ）。

4 副主任弁護人

　副主任弁護人制度は、主任弁護人に事故がある場合は、その代替者を置いて、訴訟を円滑に進行させようとするものである。

　副主任弁護人の指定・取消権者は、裁判長である（規23Ⅰ）が、裁判長の裁量行為として規定されていることから、主任弁護人の事故の内容、執務への影響等を考慮して、副主任弁護人を指定することが必要であると判断した場合に、副主任弁護人を指定することとなる（植村・前掲301）。なお、主任弁護人があらかじめ裁判所に副主任弁護人となるべき者を届け出ている場合には、裁判長は、副主任弁護人を指定する場合は、その者を副主任弁護人として指定しなければならない（規23Ⅱ）。

　なお、2人の弁護人のうち主任弁護人が出頭しないときに、副主任弁護人の指定が必要かについて、名古屋高判昭27・7・21高刑集5・9・1477は、訴訟行為等の不統一等の弊害は生じないとして、裁判所は、副主任弁護人を指定しなくても適法に公判審理を進めることができると判示しているが、実務の運用は、そのような場合であっても、副主任弁護人を指定しているとの指摘もある（荻原昌三郎「副主任弁護人の指定・取消し」刑事実務17）。

　　　　　　　　　　　　　　　　　　　　　　　　　　　（遠藤邦彦）

〔主任弁護人の権限〕

第34条　前条の規定による主任弁護人の権限については、裁判所の規則の定めるところによる。

　　〔規〕　第25条（主任弁護人、副主任弁護人の権限・法第34条）　主任弁護人又は副主任弁護人は、弁護人に対する通知又は書類の送達について他の弁護人を代表する。
　　　　　2　主任弁護人及び副主任弁護人以外の弁護人は、裁判長又は裁判官の許可及び主任弁護人又は副主任弁護人の同意がなければ、申立、請求、質問、尋問又は陳述をすることができない。但し、証拠物の謄写の許可の請求、裁判書又は裁判を記載した調書の謄本又は抄本の交付の請求及び公判期日において証拠調が終つた後にする意見の陳述については、この限りでない。

第239条（主任弁護人以外の弁護人の控訴趣意書・法第34条）　控訴趣意書は、主任弁護人以外の弁護人もこれを差し出すことができる。

〈本条細目次〉
1　趣　旨　119
2　主任・副主任弁護人の権限　119
　(1)　通知、書類の送達の代表権（規25Ⅰ）　119
　(2)　同意権（規25Ⅱ）　119
　(3)　同意権の例外（規25Ⅱ但・239）　120

1　趣　旨

本条は、主任弁護人の権限を定めるが、その内容は全て刑事訴訟規則に委ねている。これは、主任弁護人の権限をどう定めるかは、それ以外の弁護人の権限との関係を含め、極めて実務的な事項であるので、訴訟運営の実情等を踏まえて適宜裁判所規則で定めるのが適当と考えられたからである（植村・注釈刑訴［第3版］1・309、永井・大コメ刑訴1・359）。

2　主任・副主任弁護人の権限

(1)　通知、書類の送達の代表権（規25Ⅰ）

この権限は、訴訟関係者間の連絡に関する窓口としての役割を意味しており、主任・副主任弁護人に対して通知又は送達すれば、全弁護人に対して通知又は送達をした場合と同じ効果が生じる。

「通知」としては、157条2項、273条3項、規108条、237条等があり、「書類の送達」としては、規34条等がある。

複数の弁護人がいるにもかかわらず主任弁護人が指定されていない場合は、通知等は全ての弁護人にしなければならない。主任弁護人が指定されていないにもかかわらず、一部の弁護人にしか通知されていなかった期日において審理を終了し、判決宣告期日も同様であった事案において、訴訟手続の法令違反があるとして原判決を破棄したものとして高松高判昭40・9・28判時428・99がある。

(2)　同意権（規25Ⅱ）

主任・副主任弁護人以外の弁護人が申立て、請求、質問、尋問又は陳述をするに当たっては、主任弁護人の同意が必要となる。この主任弁護人の権限

は、弁護人間の訴訟行為の矛盾を回避し、訴訟活動の統一を図るためのものである。

同意の形式は規定されていない。実務上は、主任弁護人の同意は黙示的であるのが通常であるから、主任弁護人から特段の異議が述べられない限り、その同意があったものと考えてよいであろう。

さらに、規25条2項本文は、主任・副主任弁護人以外の弁護人が前記の訴訟行為をするには、主任弁護人等の同意だけでなく、裁判長等の許可が必要となる旨規定している。

主任弁護人が、同意しない旨明示しているにもかかわらず、それを無視してなされた訴訟行為は、無効である。

(3) 同意権の例外（規25Ⅱ但・239）

規則は、主任・副主任弁護人以外の弁護人が、前記の同意・許可を要せずに行える行為を規定している。

その行為としては、証拠物の謄写の許可の請求、裁判書又は裁判を記載した調書の謄本又は抄本の交付の請求、証拠調べが終わった後にする意見の陳述（規25Ⅱ但）及び控訴趣意書の提出（規239）がある。

上記に加えて、主任弁護人制度が、各弁護人の独自の弁護活動を制約する面もあることから、同意を要するのは、弁護活動の統一の利益、必要が積極的に認められる場合に限られようと指摘されている（植村・前掲316）。これに関連して、名古屋高判昭62・3・9判時1236・157は、判決言渡し後の控訴申立ては、公判期日等における申立て等に比すると、統一を図るべき必要性が乏しく、統一を図ることによって得られる利益も見いだしがたい等の理由から、規25条2項本文の「申立」には含まれず、主任弁護人以外の弁護人も裁判長等の許可を要しないと判示しており、上訴の申立てや上訴権回復の請求も各弁護人ができるとする見解も有力である（植村・前掲316）。

(遠藤邦彦)

〔弁護人の数の制限〕

第35条　裁判所は、裁判所の規則の定めるところにより、被告人又は被疑者の弁護人の数を制限することができる。但し、被告人の弁護人につい

ては、特別の事情のあるときに限る。

〔規〕　第26条（被告人の弁護人の数の制限・法第35条）　裁判所は、特別の事情があるときは、弁護人の数を各被告人について3人までに制限することができる。
　　2　前項の制限の決定は、被告人にこれを告知することによつてその効力を生ずる。
　　3　被告人の弁護人の数を制限した場合において制限した数を超える弁護人があるときは、直ちにその旨を各弁護人及びこれらの弁護人を選任した者に通知しなければならない。この場合には、制限の決定は、前項の規定にかかわらず、その告知のあつた日から7日の期間を経過することによつてその効力を生ずる。
　　4　前項の制限の決定が効力を生じた場合になお制限された数を超える弁護人があるときは、弁護人の選任は、その効力を失う。
　第27条（被疑者の弁護人の数の制限・法第35条）　被疑者の弁護人の数は、各被疑者について3人を超えることができない。但し、当該被疑事件を取り扱う検察官又は司法警察員の所属する官公署の所在地を管轄する地方裁判所又は簡易裁判所が特別の事情があるものと認めて許可をした場合は、この限りでない。
　　2　前項但書の許可は、弁護人を選任することができる者又はその依頼により弁護人となろうとする者の請求により、これをする。
　　3　第1項但書の許可は、許可すべき弁護人の数を指定してこれをしなければならない。

〈本条細目次〉
1　趣　旨　121
2　被告人の弁護人の数の制限　122
3　被疑者の弁護人の数の制限　123

1　趣　旨

　本条は、被告人1人当たりの弁護人の数の制限に関する規定である。弁護人が無制限に選任されると、多数の弁護人が重複的な訴訟行為を行うことで訴訟遅延が生じたり、多数の弁護人が出頭した場合の施設的な対応が困難になること等の問題が生じることが想定されることから、そのような問題が生じないように設けられた規定である。

本条に関連して、最決平10・12・1民集52・9・1761は、裁判官分限事件において裁判所が審問に立ち会うことができる代理人の数を35人に制限した点について、本条や本規則に言及しつつ、このような数の制限規定が置かれていない民事訴訟及び非訟の手続においても、「手続を主宰する裁判所は、その手続を円滑に進行させるために与えられた指揮権に基づいて、期日を開く場所の収容能力、当該期日に予定されている手続の内容、裁判所の法廷警察権ないし指揮権行使の難易等を考慮して、必要かつ相当な場合には、期日に立ち会う代理人の数を合理的と認められる限度にまで制限することが許されるものと解すべきである」と判示している。このような理解を前提とすれば、本条の権限は、手続を主宰する裁判所がその手続を円滑に進行させるために本来的に与えられている指揮権に由来するものであるが、制限するものが公判に立ち会う弁護人の数ではなく、憲法上の権利である被告人の弁護人選任権それ自体であること等から、法や規則において明文の規定を置いたものと解されよう。弁護人の数を制限する要件は、刑事訴訟規則に委ねられている。

2 被告人の弁護人の数の制限

裁判所は、特別の事情があるときは、弁護人の数を被告人1名につき、3人までに制限することができる（規26Ⅰ）。

弁護人の数が制限された場合、既に制限を超える弁護人が存在するときは、7日間の猶予期間が設けられているが、その期間内に数の調整がなされないときは、弁護人選任の効力は全て無効になると解されている（植村・注釈刑訴1・239、永井・大コメ刑訴1・361）。また、弁護人の数を制限した場合、その時点では制限を超える弁護人はいなかったが、その後、その制限を超える弁護人が選任された場合は、その後制限を超えてなされた弁護人の選任は無効となる。

裁判所が弁護人の数を制限することができるのは、「特別の事情」がある場合に限られている（本条、規26Ⅰ）。主任弁護人制度や弁論の制限（295）によっても対応できない場合に限られよう。特異な事例として砂川事件があるが、7名の被告人に287名の弁護人が付され、弁論だけでも長時間を要する情勢となったため、最高裁第一小法廷は、「審判を迅速に終結せしめる必要」を理由として弁護人の数を被告人1名につき3名、合計21名に制限した（最決昭34・4・28判時195・5）ところ、その後事件が大法廷に回付され、弁

護人側から現実に弁論する弁護人を25名以内にするから制限を解除されたいとの申出があり、大法廷において、「審理を迅速に終結せしめる見込がついた」ことを理由として、この申出を容れ制限が解除されたことがある（最大決昭34・8・4判時195・4）。

実務では制限された例はあまりないが、制限された裁判例としては、審理当初から4人の弁護人が選任されており、第5回公判終了後にさらに1人の弁護人が被告人の親族によって選任された場合に、その選任により訴訟手続の遅延が予想されるとして「特別の事情」に該当するとした名古屋高金沢支判昭24・7・18高刑集6・10・1297や、弁護人の数を3名に制限したことを主たる理由とする裁判官忌避の申立てを理由なしとして却下した決定に対する即時抗告申立事件において、起訴前から2名の弁護人が選任されて被告人の防御に欠ける点がなかったほか、現に弁護人が2名であってさえ弁護人の都合で第1回公判期日が起訴から3か月後の月日に指定されており、このうえ弁護人を増加することにより訴訟手続が遅延することが予見されたこと等を踏まえて、弁護人の数を3名に制限したことは違法、不当とは断じ得ないとした大阪高決昭51・8・24判時835・110がある。

3　被疑者の弁護人の数の制限

被疑者の弁護人は、被疑者1人当たり3人を超えることができない（規27Ⅰ本）。ただし、裁判所が特別の事情があると認めて許可をした場合には、3人を超えることができる（規27Ⅰ但）。この特別の事情について、最決平24・5・10刑集66・7・663は、事案が複雑で、頻繁な接見の必要性が認められるなど、広範な弁護活動が求められ、3人を超える数の弁護人を選任する必要があり、かつ、それに伴う支障が想定されない場合と解した上で、当該事案のもとで弁護人を6人とすることの許可を求める請求を却下した判断を取り消している。

（遠藤邦彦）

〔請求による被告人の弁護人選任〕
第36条　被告人が貧困その他の事由により弁護人を選任することができないときは、裁判所は、その請求により、被告人のため弁護人を附しなければならない。但し、被告人以外の者が選任した弁護人がある場合は、

この限りでない。

〔規〕 第28条（国選弁護人選任の請求・法第36条等）　法第36条、第37条の2又は第350条の3第1項の請求をするには、その理由を示さなければならない。

第179条の6（国選弁護人差支えの場合の処置・法第36条等）　法の規定により裁判所若しくは裁判長又は裁判官が付した弁護人は、期日の変更を必要とする事由が生じたときは、直ちに、第179条の4第1項の手続をするほか、その事由及びそれが継続する見込みの期間を被告人に知らせなければならない。

〈本条細目次〉
1　趣　旨　124
　(1)　憲法との関係　124
　(2)　国選弁護人請求権の告知義務・確認義務　125
　(3)　国選弁護人の権限　125
2　選任の要件　126
　(1)　貧困その他の事由　126
　(2)　弁護人がいないとき　126
　(3)　請　求　126
3　請求に対する裁判　127
　(1)　遅滞なき決定　127
　(2)　被告人の責めに帰すべき選任請求の遅滞　128
　(3)　国選弁護人を附する旨の決定　129
　(4)　国選弁護人の選任請求却下決定　129
4　解　任　130

1　趣　旨

(1)　憲法との関係

　憲法37条3項は、「刑事被告人は、いかなる場合にも、資格を有する弁護人を依頼することができる。被告人が自らこれを依頼することができないときは、国でこれを附する。」と規定している。本条は、これを具体化したものである。もっとも本条は、憲法37条3項と比して、国選弁護人の選任を①被告人の請求にかからしめている点、②自ら弁護人を依頼することができない場合として貧困その他の事由があることを求めている点において違いがあ

り、その点の合憲性が問題となるが、本条と同文の戦後の刑訴応急措置法に関する最大判昭24・11・2刑集3・11・1737は、憲法37条3項が「自らこれを依頼することができないとき」といえるには、依頼できないといえるだけの相当の理由がなければならず、その事由は貧困その他の事由という広い表現によって十分に網羅できるから、「貧困その他の事由」との条件は憲法に反するものではなく、また、弁護人を選任することは原則として被告人の自由意思に委ねられていることから、国選弁護人を付すことを被告人の請求にかからせていることも、憲法に反しないと判示している。また、最大判昭24・11・30刑集3・11・1857は、憲法34条前段や憲法37条3項所定の弁護人依頼権について、要旨として、同条所定の弁護人に依頼する権利は、「被告人が自ら行使すべきもので、裁判所検察官等は被告人にこの権利を行使する機会を与え、その行使を妨げなければいいのであって、弁護人に依頼する方法及びその費用等についてまで被告人に説示する必要はない。」、「憲法37条3項は、被告人が自ら弁護人に依頼することができない場合には国でこれを付する旨を被告人に告知すべき義務を裁判所に負わせているものではない。」旨判示している。

(2) **国選弁護人請求権の告知義務・確認義務**

刑事訴訟法や刑事訴訟規則は、国選弁護人選任請求権の告知義務や確認義務に関する各種規定（272、規177・178等）を置いており、これらは、前掲最大判昭24・11・30や後掲最判昭28・4・1によれば憲法上の要請ではないことになるが、被告人が国選弁護人に関する権利を行使することを実質的に保障しているものといえる。

この規178条1項前段、3項の規定は、規250条により控訴の審判に準用される（最決昭33・5・9刑集12・7・1359）。この点に関連して、最決昭47・9・26刑集26・7・431は、必要的弁護事件につき、被告人が控訴した場合において、規178条3項の規定に違背して被告人に弁護人がないままであるときは、所定の期間内に控訴趣意書を差し出さないことに基づき386条1項1号により決定で控訴を棄却することは許されない旨判示している。

(3) **国選弁護人の権限**

本条や次条により選任された国選弁護人と私選弁護人との間で弁護人としての権限に違いはない[1]。また、任意的弁護事件であっても、国選弁護人が

選任されているときは、第一審において弁護人の出頭のないまま判決宣告期日に弁論を再開し、証拠調べをして即日判決を宣告することは違法となる(最決昭41・12・27刑集20・10・1242)。

2 選任の要件

(1) 貧困その他の事由

貧困その他の弁護人を選任できない事由は、被告人にあれば足り、被告人以外の弁護人選任権者にそのような事情があるか否かを問わない。

本条の請求をするには、その理由を示さなければならない(規28)が、36条の2の規定する資力申告書は、本条の「貧困その他の事由により弁護人を選任することができない」に該当するかどうかの審査資料の一つになる。

(2) 弁護人がいないとき

本条但書は、被告人以外の弁護人選任権者が既に弁護人を選任している場合を適用除外としているが、本条本文は、被告人自身は選任できないことを前提としているから、選任した者の如何を問わず、私選弁護人がいる場合は本条の請求をすることはできない。

(3) 請　　求

本条による弁護人の選任は、請求による。この請求があったかどうかが問題になった事案として、「貧困その他の事由によって弁護人を選任することができないときは弁護人の選任を請求することができる」旨の告知に対し、被告人が「貧困により弁護人の私選をしない」旨回答したに止まった事案(最判昭25・6・23刑集4・6・1061)、私選弁護人は頼まないか、既に選任したか等を回答する「弁護人選任に関する回答書」と題する書面において、「私選弁護人は頼まない」に「○」印が付けられているのみで、国選弁護人選任請求の意思も表示されておらず、また、何ら理由も付されていなかった事案(最大決昭32・7・17刑集11・7・1842)について、いずれも、国選弁護人選任の請求とみることはできないと判示されている(なお、後者の最大決昭32・

---

(1) 国選弁護人が保釈請求手続の報酬等として被告人の雇主から金員を受領した行為が弁護士法56条1項の「弁護士の品位を失うべき非行」に該当するかが争われた事案において、東京高判昭47・10・23判時688・54は、被告人の弁護人としてなし得る一切の行為は全て国選弁護人としてのその職務の範囲に属するものであり、国選弁護人と私選弁護人との間において職務の範囲に広狭の差はないと判示している。

7・17では、上記回答書の書式の体裁もあり、小谷裁判官、小林裁判官、池田裁判官が少数意見を付している。）。

いずれにせよ、請求の有無について事後的に問題が起こることがないように、不明な点は直ちに確認すべきであろう。なお、現在実務で用いられている弁護人選任に関する回答書の参考書式では、必要的弁護事件か否かを問わず、「1　私選弁護人を選任する予定の場合　2　裁判所に国選弁護人の選任を請求したい場合　3　私選弁護人は選任しないし、国選弁護人の選任も請求しない場合」という項目立てとなっており、国選弁護人選任請求意思が容易に明示できるものとなっている。

本条による弁護人の選任請求は審級ごとにしなければならない[2]。

なお、平成16年法律第62号により、本条による請求をするには、任意的弁護事件については、資力申告書の提出（36の2）が必要となり、加えて被告人の資力が政令の定める基準額以上である場合には、請求に先立って私選弁護人選任の申出（36の3）をしておくことが必要となった。

3　請求に対する裁判

(1)　遅滞なき決定

本条の請求があった場合には、裁判所は、遅滞なくその理由の有無について判断し、決定しなければならない。任意的弁護事件について、被告人から弁護人選任の請求があったのにその許否を決することなく、弁護人の出頭がないまま、公判審理が行われた事案について、東京高判昭35・6・29高刑集13・5・416は、「被告人の請求を容れるときは、公判審理前に弁護人選任の手続をとれば足りるのであるが、その請求を容れないときは、公判の審理に先立ってこれを認容しない旨の通知をなすべきであって、その旨の通知をすることなく公判の審理をすることは、刑事訴訟法379条にいわゆる訴訟手続に法令の違反があってその違反が判決に影響を及ぼすことが明らかである場合に当たるものといわなければならない。それ故、原審が被告人のなした前記弁護人選任の請求の許否を決することなく、弁護人の出頭がないまま、公判を開廷審理した訴訟手続は違法であり、その違法は判決に影響を及ぼすこ

---

[2]　最決昭27・9・11裁集67・21は、第一審における被告人の国選弁護人選任請求の効力が控訴審には及ばないと解しても、被告人の国選弁護人選任請求権の行使を妨げたとはいえないとしている。

とが明らかである」旨判示している。また、被告人が国選弁護人の選任を請求したにもかかわらず、その選任がないまま公判審理が行われ、無罪の第一審判決がなされた事案に関する東京高判昭32・3・2高刑集10・2・123は、国選弁護人を付さないまま終始弁護人のないまま審理、判決をした点で訴訟手続の法令違反があるが、無罪の判決であるから、その点が判決に影響を及ぼすことが明らかなものとは解することができないと判示している。

なお、控訴審が被告人から国選弁護人選任の請求があったのに、その選任を遅延し控訴趣意書提出期限後に国選弁護人を選任した措置が、当該事案の経緯にかんがみた場合、本条や憲法37条3項後段違反とならないとされた事案として、最判昭32・6・19刑集11・6・1673がある。

(2) 被告人の責めに帰すべき選任請求の遅滞

国選弁護人の選任請求があり遅滞なく選任手続を進めても、具体的に選任されるまでは、一定の時間が必要となる。そのようなことから、被告人の責めに帰すべき事由により選任請求が遅れたため、予定していた手続の時期までに国選弁護人が選任されていない場合、その状態で、予定していた手続を行えるかが問題になることがある。

この点につき、控訴趣意書の提出に関する最判昭28・4・1刑集7・4・713は、被告人が控訴趣意書提出後、控訴趣意書の提出期限の2日前に国選弁護人の選任請求をしたので、控訴審は、その提出期限後に国選弁護人を選任し、その国選弁護人は控訴趣意書を提出することなく公判期日において、被告人の提出した控訴趣意書に基づいて弁論したという事案であるが、要旨として「被告人による弁護人選任の請求がその責めに帰すべき事由により控訴趣意書の提出期限に近接していて、期間内に控訴趣意書を提出できるような適当な時期になさなかった場合には、たとえ裁判所が控訴趣意書の提出期限後に弁護人を選任したとしても、憲法37条3項による権利の行使を妨げたとはいえない。」旨判示している（なお真野裁判官の反対意見がある。）。

また、判決の宣告に関する最決昭63・7・8刑集42・6・841は、その要旨として「被告人が判決宣告期日の2日前に私選弁護人全員を解任し、その翌日国選弁護人選任の請求をした場合において、被告人がその時期に私選弁護人を解任するのもやむを得ないとする事情がなく、裁判所が判決宣告期日に間に合うように国選弁護人を選任するのが困難であったときは、裁判所が

国選弁護人を選任しないまま判決を宣告しても、憲法31条、37条3項に違反しない」旨判示している。この判旨では、上告趣意との関係で本条との関係については直接触れられていないが、吉本徹也・判例解説（刑）昭63・287は、本条は、請求が遅滞した場合であっても、予定された公判期日を延期してまで国選弁護人を選任しなければならないことを要請しているとは解されないから、判決宣告期日までに国選弁護人を選任することが困難であることが明らかである以上、国選弁護人の選任がないまま判決の宣告をした原審の措置が本条に違反しているとはいえないとしている（必要的弁護事件であれば実体的審理は行えないが、これは289条による制約からくるものである。）。なお、予定された判決宣告期日には間に合わない場合であっても、裁判所は、国選弁護人の選任請求がある以上、保釈請求や上訴申立て等のその後の手続の関係で弁護人の援助が必要となる事情もあるので、国選弁護人の選任手続を進め、遅滞なく国選弁護人を選任しなければならないと解される（吉本徹也・前掲287）。

(3) 国選弁護人を附する旨の決定

請求が理由ありと認められるときは、裁判所は本条により国選弁護人を付する旨の決定をし、その決定に基づいて、裁判長が38条1項により、弁護士の中から具体的な弁護人を選任することになる。

(4) 国選弁護人の選任請求却下決定

請求に理由がない場合には、決定で請求を却下することになる。

被告人からの選任請求が却下された特殊な事案として、いわゆる4・28沖縄デー新橋駅事件に関する最判昭54・7・24刑集33・5・416がある。本判決は、被告人らは、当初からいわゆる統一公判の実現を要望するのみで、国選弁護人から弁護のために必要であるとしてされた具体的要求には一切応じなかったこと、弁護人らに対し誹謗罵倒する発言をしたり暴行に及ぶなど著しい非礼を重ねたこと、そのため国選弁護人らは被告人らには誠実に弁護人の弁護を受ける気持ちがないと考え裁判所に対し辞意を申し入れ、第一審はこれを容れて国選弁護人全員を解任したこと、その後被告人らから国選弁護人の再選任請求がなされたが、被告人らは裁判所から前記のような行為を今後繰り返さないことを確約できるか等の確認を一切拒否するなどの対応であったため、第一審は、国選弁護人の再選任請求を却下し、その後3回にわた

ってなされた再選任請求も同様の経緯であったためこれを却下したこと、被告人らは、第一審においては、法廷闘争という名の下に権利行使に藉口してそれまでの主張に固執し、裁判長の訴訟指揮に服さず、そのため裁判所は、退廷命令ないし拘束命令を再三再四発することを余儀なくされたこと等の経緯に触れた上で、「右事実によれば、被告人らは国選弁護人を通じて権利擁護のため正当な防御活動を行う意思がないことを自らの行動によって表明したものと評価すべきであり、そのため裁判所は、国選弁護人を解任せざるを得なかったものであり、しかも、被告人らは、その後も一体となって右のような状況を維持存続させたものであるというべきであるから、被告人らの本件各国選弁護人の再選任請求は、誠実な権利の行使とはほど遠いものというべきであり、このような場合には、形式的な国選弁護人選任請求があっても、裁判所としてはこれに応ずる義務を負わないものと、解するのが相当である。」、「訴訟法上の権利は誠実にこれを行使し濫用してはならないものであることは刑事訴訟規則1条2項の明定するところであり、被告人がその権利を濫用するときは、それが憲法に規定されている権利を行使する形をとるものであっても、その効力を認めないことができるものであることは、当裁判所の判例の趣旨とするところであるから……、第一審が被告人らの国選弁護人の再選任請求を却下したのは相当である。このように解釈しても、被告人が改めて誠実に国選弁護人の選任を請求すれば裁判所はその選任をすることになるのであり、なんら被告人の国選弁護人選任請求権の正当な行使を実質的に制限するものではない。したがって、第一審の右措置が憲法37条3項に違反するものでないことは右判例の趣旨に照らして明らかである。」と判示している。

　なお、国選弁護人の選任請求を却下した決定に対しては、特別抗告（433）はできるとしても、抗告することはできないと解されよう（420Ⅰ。植村・注釈刑訴〔第3版〕1・345、永井・大コメ刑訴1・376。なお抗告ができるとする裁判例として、大阪高判昭25・9・15特報14・38）。

4　解　任

　国選弁護人の解任については、従前一般的な規定が設けられていなかったが、国選弁護人の選任を行う受訴裁判所が解任の権限を有することを前提に、その要件等について、種々の判例が蓄積されてきたところであるが、平成16

年法律第62号により38条の3が設けられ、解任の権限や解任の事由等が明確にされた。国選弁護人の解任については、同条の解説参照。　　　（遠藤邦彦）

〔資力申告書の提出〕
第36条の2　この法律により弁護人を要する場合を除いて、被告人が前条の請求をするには、資力申告書（その者に属する現金、預金その他政令で定めるこれらに準ずる資産の合計額（以下「資力」という。）及びその内訳を申告する書面をいう。以下同じ。）を提出しなければならない。

〈本条細目次〉
1　趣　旨　131
2　必要的弁護の場合の適用除外　131
3　資力申告書　132
4　国選弁護人の選任　132

1　趣　旨

　本条及び次条（36の3）は、司法制度改革に関連する「刑事訴訟法等の一部を改正する法律」（平成16年法律第62号）によって新設された規定で、国選弁護人制度の整備の一環として、被告人に対する国選弁護人の選任要件及び選任手続を整備するものである。

　国選弁護人制度は公的資金によって賄われるものであるので、国民の制度に対する理解と信頼を確保することが肝要であり、実際には資力を有する者が貧困であるとして国選弁護人の選任を受けることがあってはならない。そこで、被告人の資力及び弁護人選任の意思を確認するとの観点から、資力申告書の提出（本条）及び資力が基準額以上である被告人については弁護士会に対する私選弁護人の選任の申出の前置（36の3）が国選弁護人の選任請求の要件とされたものである。

2　必要的弁護の場合の適用除外

　本条及び36条の3の適用については、「この法律により弁護人を要する場合を除いて」との限定がある。「この法律により弁護人を要する場合」とは、いわゆる必要的弁護の場合であり（391参照）、私選弁護人がないときは、被

告人の資力如何にかかわらず国選弁護人を付す必要があるため、本条及び36条の3の規定は適用しないこととされたのである。

3　資力申告書

必要的弁護でない、いわゆる任意的弁護の場合、被告人が国選弁護人の選任の請求をするには、資力申告書を提出しなければならない。資力申告書は、国選弁護人の選任の請求ごとに提出する必要がある。

「資力」とは、「その者に属する現金、預金その他政令で定めるこれらに準ずる資産の合計額」と、「資力申告書」とは、「資力及びその内訳を申告する書面」と、それぞれ定義されている。

資力は、「その者に属する」ものしか考慮しない。したがって、被告人の親族など私選弁護人選任権を有する者（30Ⅱ）が資力を有する場合であっても、それらの者の資力は考慮されない。

また、資力として考慮されるのは「現金、預金その他政令で定めるこれらに準ずる資産」に限られ、それ以外の資産や負債については考慮されない。

4　国選弁護人の選任

本条及び36条の3は国選弁護人の選任請求の要件を定めたものであって、被告人の請求による国選弁護人の選任自体は36条によって行われるので、「被告人が貧困その他の事由により弁護人を選任することができない」ことが要件となる。

（田野尻猛）

〔私選弁護人選任申出の前置〕

第36条の3　この法律により弁護人を要する場合を除いて、その資力が基準額（標準的な必要生計費を勘案して一般に弁護人の報酬及び費用を賄うに足りる額として政令で定める額をいう。以下同じ。）以上である被告人が第36条の請求をするには、あらかじめ、その請求をする裁判所の所在地を管轄する地方裁判所の管轄区域内に在る弁護士会に第31条の2第1項の申出をしていなければならない。

2　前項の規定により第31条の2第1項の申出を受けた弁護士会は、同条第3項の規定による通知をしたときは、前項の地方裁判所又は当該被告事件が係属する裁判所に対し、その旨を通知しなければならない。

〈本条細目次〉
1　趣　旨　133
2　弁護士会に対する私選弁護人の選任の申出の前置　133
3　弁護士会の裁判所に対する通知　134

1　趣　旨

　本条は、前条（36の2）とともに、被告人に対する国選弁護人の選任要件及び選任手続を整備する規定で、弁護士会に対する私選弁護人の選任の申出の前置について定めるものである。

　被告人は、自ら私選弁護人を依頼することができるのであれば、私選弁護人を選任すべきであり、被告人が自ら弁護人を依頼することができない（憲37Ⅲ後）といえるためには、「必ず依頼できないといえるだけの相当の事由がなければならない」（最大判昭24・11・2刑集3・11・1737、私選弁護の原則・国選弁護の補完性）。そこで、一定の資力を有する被告人については、まず所定の弁護士会に対して私選弁護人の選任の申出を行うことが義務付けられた。

　本条についても、前条と同様、いわゆる必要的弁護の場合は適用除外とされている。

2　弁護士会に対する私選弁護人の選任の申出の前置

　資力のない被告人に私選弁護人の選任の申出を義務付けても無意味であるから、所定の弁護士会に対する私選弁護人の選任の申出を要するのは、被告人の資力が「基準額」以上の場合である。

　「基準額」は、標準的な必要生計費や、一般的な私選弁護人の報酬及び費用の金額を勘案して、政令で定められる（刑事訴訟法第36条の2の資産及び同法第36条の3第1項の基準額を定める政令〔平成18年政令第287号〕2条で、「50万円」とされた。）。資力が基準額以上であるかどうかは、裁判所によって判断されるが、基本的に資力申告書の記載によって判断すれば足りる。もっとも、その他の証拠により、資力申告書の記載が誤っており、被告人の資力が基準額以上であると認められる場合において、所定の弁護士会に対する私選弁護人の選任の申出がなされていないときは、当該国選弁護人の選任請求は要件を欠くこととなる。

本項の規定により申出をしておくべき弁護士会は、国選弁護人の選任の「請求をする裁判所の所在地を管轄する地方裁判所の管轄区域内に在る弁護士会」である。国選弁護人の選任の「請求をする裁判所」は、被告事件が係属する裁判所であるから、地方裁判所のみならず、最高裁判所、高等裁判所、簡易裁判所の場合もあるが、いずれの場合についても、その「所在地を管轄する地方裁判所の管轄区域内に在る弁護士会」に選任の申出を行うことを要する。

3 弁護士会の裁判所に対する通知

裁判所による国選弁護人の選任要件の審査に資するため、本条1項により私選弁護人の選任の申出を受けた弁護士会は、31条の2第3項による通知をしたとき、すなわち、①私選弁護人となろうとする者がなく、又は②紹介した弁護士が被告人がした私選弁護人の選任の申込みを拒んだため、被告人にその旨の通知をしたときは、国選弁護人の選任の請求をする裁判所の所在地を管轄する地方裁判所又は当該被告事件が係属する裁判所に対し、その旨を通知しなければならない。

他方、被告人が、弁護士会から受任意思のある弁護士の紹介を受けたにもかかわらず、当該弁護士から手続の説明を受けるなどして私選弁護人の選任は不要であると判断し、結局私選弁護人の選任の申込みをしなかった場合には、当該弁護士会は裁判所に対する通知をする必要はない。　　　（田野尻猛）

〔職権による被告人の弁護人選任〕
第37条　左の場合に被告人に弁護人がないときは、裁判所は、職権で弁護人を附することができる。
　一　被告人が未成年者であるとき。
　二　被告人が年齢70年以上の者であるとき。
　三　被告人が耳の聞えない者又は口のきけない者であるとき。
　四　被告人が心神喪失者又は心神耗弱者である疑があるとき。
　五　その他必要と認めるとき。

〔規〕　第279条（国選弁護人・法第37条等）　少年の被告人に弁護人がないと

きは、裁判所は、なるべく、職権で弁護人を附さなければならない。

〈本条細目次〉
1　趣　旨　135
2　選任の要件　135
3　費用の負担　136

1　趣　旨

　36条は、国選弁護人の選任を被告人の請求にかからしめているが、被告人の訴訟遂行能力の程度や事案の内容によっては、被告人からその請求がなくても、国選弁護人を選任することが相当な場合がある。本条は、そのような場合に、職権で国選弁護人を選任する権限を裁判所に与えたものである。本条各号の場合に、その選任が一律に義務的となるものではないが、実務では、任意的弁護事件においても広く選任しているのが一般的運用と思われる。

2　選任の要件

　被告人に弁護人がおらず、1号から5号に該当することである。

　1号から4号までは、該当者の訴訟遂行能力が通常人に比べて一般的に十分ではないと考えられることに基づく。いずれも裁量的判断であるといえる（被告人が少年であっても国選弁護人の選任が義務的ではないと判示したものとして、札幌高判昭25・3・14特報6・183、東京高判昭25・5・23特報9・11等がある。）が、被告人が少年の場合には、規279条もあり、原則として国選弁護人を選任することになろう。

　5号の「その他必要と認めるとき」については、後掲東京高判昭42・11・13判タ218・249は、「事実上または法律上の争点に関し、正当に自己の権利を主張し、または防御をなしうる能力に欠ける疑いの存する場合をいうものと解すべく、その必要の有無は、被告人の年齢事件の内容、争点に応じ、事前に、あるいは審理の経緯に応じて、客観的に判断すべき」であると判示しているが、円滑な公判審理の観点からの必要性も肯定すべきであるから、そのように制限的に解する必要はなく、裁判所が国選弁護人の選任を必要とする場合一般を指すと解されよう（植村・注釈刑訴［第3版］1・367）。そして、争いのない事案であっても、被告人が弁護人の弁護を受ける利益は大きく、

また円滑な公判審理の観点も重要であるから、被告人が弁護人を付すことを固辞していたとしても、裁判所が必要と認めれば、国選弁護人を選任することができる（東京高判昭61・1・20判時1212・157）。

5号に関して、国選弁護人を選任しなかったことの適法性が争われた事案として、東京高判昭42・11・13判タ218・249は、業務上過失致死等被告事件において、裁判所からの照会に対し、弁護人はいらない旨回答し、被告人が事実関係を認めており、示談について証人尋問が実施されている等の事情のある事案について、本条により弁護人を付さなかったことは違法ではないと判示し、東京高判昭53・11・30東時18・11・298は、駅助役の顔面を1回殴打して公務の執行を妨害したという公務執行妨害被告事件において、被告人は、政治活動に従事し、これまでも法廷で審理を受けた経験があり、裁判所からの照会に対し、「弁護人なしで公判を闘う方針でありますので、国選弁護人の選任はいりません」等述べていること等の事情がある事案について、本条により弁護人を付さなかったことは違法ではないと判示している。

これに対し、選任しなかったことの違法性が指摘されたものとして、福岡高判平5・4・15判時1461・159は、速度違反の道路交通法違反被告事件において、被告人から第1回公判期日前に弁護人の必要はない旨の回答がされていたため、裁判所は、被告人が事実を争っていたものの弁護人を付さないまま審理を行い重要証人の審理が終わった後に私選弁護人が選任されたという事案に関し、被告人は、違反車両の誤認混同を主張して検挙当初から事実を争っているのであるから、被告人の防御を十分に行わせるために、国選弁護人の選任を考慮するのが相当であったといえるが、その後私選弁護人が選任され審理に関与していることから、国選弁護人を選任しなかったからといって、これが直ちに判決に影響を及ぼすべき訴訟手続の法令違反に当たるとはいえない旨判示している。

3　費用の負担

任意的弁護事件で、被告人が国選弁護人の選任を希望せず、裁判所が職権で国選弁護人を付した場合であっても、被告人に、その費用を負担させることができる（東京高決昭37・12・28下刑集4・11=12・1030）。　　　　（遠藤邦彦）

〔被疑者の国選弁護〕
第37条の2　死刑又は無期若しくは長期3年を超える懲役若しくは禁錮に当たる事件について被疑者に対して勾留状が発せられている場合において、被疑者が貧困その他の事由により弁護人を選任することができないときは、裁判官は、その請求により、被疑者のため弁護人を付さなければならない。ただし、被疑者以外の者が選任した弁護人がある場合又は被疑者が釈放された場合は、この限りでない。

2　前項の請求は、同項に規定する事件について勾留を請求された被疑者も、これをすることができる。

〈本条細目次〉
1　司法制度改革における国選弁護人制度及び弁護体制の整備　137
2　被疑者に対する国選弁護人の選任制度　138
3　選任の効力の及ぶ範囲　139

1　司法制度改革における国選弁護人制度及び弁護体制の整備

　本条は、司法制度改革に関連する「刑事訴訟法等の一部を改正する法律」（平成16年法律第62号）によって新設された規定で、国選弁護人制度の整備の一環として、被疑者に対する国選弁護人の選任制度を導入するものである。

　平成13年6月12日に内閣に述べられた司法制度改革審議会の意見は、被疑者・被告人の弁護人の援助を受ける権利を実効的に担保し、また、迅速で充実した刑事裁判の実現を可能とするという観点から、「被疑者に対する公的弁護制度を導入し、被疑者段階と被告人段階とを通じ一貫した弁護体制を整備すべきである。」として、被疑者・被告人の公的弁護制度の整備を提言した（同意見書46以下）。上記刑事訴訟法等の一部を改正する法律は、同意見を踏まえ、被疑者に対する国選弁護人の選任制度を導入するとともに、被告人に対する国選弁護人の選任制度についても、国選弁護人の選任要件及び選任手続を整備するなどして、国選弁護人制度を整備した。

　我が国には、弁護士がいない地域や弁護士がいても数が少ない地域が少なからず存在するという司法過疎の問題があり、司法過疎地域を中心として、被疑者に対する国選弁護人の選任態勢を確保することが容易でない事態を生

じることが予想された。また、内外の社会経済情勢等の変化に伴い、裁判の迅速化が求められており（裁判迅速化1参照）、かつ、平成21年5月に導入された裁判員制度では、裁判員の負担が過重なものとならないよう審理の迅速化を図る必要があるので、裁判員裁判を含め、公判の連日的開廷を実現することが重要な課題であるが、弁護士業務の現状を見ると、弁護人が個々の刑事事件に専従することは容易でないとの指摘がなされてきた。

そのため、司法制度改革審議会意見は、迅速かつ確実に国選弁護人の選任が行われるとともに、弁護人が個々の刑事事件に専従できるような体制を確立するため、公的弁護制度の整備に関し、制度運営について国民に対する責任を有し、全国的に充実した弁護活動を提供しうる態勢を整備することなどを役割とする運営主体が弁護人の選任・解任以外の制度の運営に関する事務を担うことなどを提言した（同意見書46以下）。

そこで、総合法律支援法（平成16年法律第74号）に基づき総合法律支援の中核となる法人として設立される日本司法支援センター（以下「支援センター」という。通称「法テラス」）を公的弁護制度の運営主体とし、国選弁護人の選任に関する業務を支援センターの業務の一つとして位置付け、支援センターにおいて、常勤の者を含め、契約により弁護士を確保した上、裁判所等の求めに応じ、確保した弁護士の中から、国選弁護人の候補を指名し、裁判所等に通知するとともに、この通知に基づき国選弁護人に選任された弁護士にその事務を取り扱わせる業務を行うこととされた（法律支援30Ⅰ③）。また、支援センターは、司法過疎地域に事務所を設けるなどして、司法過疎の解消に向けた取組をも行っている（法律支援30Ⅰ④）。

このように、司法制度改革において整備された国選弁護人制度は、単に公判段階の国選弁護人制度を捜査段階に拡張するにとどまらず、総合法律支援法の制定と相まって、国選弁護人制度の運営主体である支援センターを設けることにより、全国において、迅速かつ確実に国選弁護人の選任が行われるとともに、弁護人が個々の刑事事件に専従できるような体制を確立し、被疑者・被告人の弁護人の援助を受ける権利を実効的に担保するとともに、充実した迅速な刑事裁判を実現することを目指すものである。

2　被疑者に対する国選弁護人の選任制度

被疑者に対する国選弁護人の選任制度の導入は、被疑者が弁護人の援助を

受ける権利を実効的に担保するとともに、捜査段階から国選弁護人が選任されることにより、弁護人の早期の争点把握を可能にし、刑事裁判の充実・迅速化を図るという観点から重要な意義があると考えられる。

　被疑者に対する国選弁護人の選任には、①請求による選任（本条）、②職権による選任（37の4）及び③職権による複数選任（37の5）による場合がある。

　被疑者に対する国選弁護人の選任制度の適用対象は、被疑者が身柄拘束されていることを前提とした上で、対象事件の範囲が段階的に拡大された。すなわち、第1段階として、上記刑事訴訟法等の一部を改正する法律の公布の日（平成16年5月28日）から起算して2年6月を超えない範囲内において政令で定める日（平成18年10月2日）に施行された段階では、「死刑又は無期若しくは短期1年以上の懲役若しくは禁錮に当たる事件」とされたが、第2段階として、公布の日から起算して5年を超えない範囲内において政令で定める日（平成21年5月21日）に、対象事件は「死刑又は無期若しくは長期3年を超える懲役若しくは禁錮に当たる事件」に拡大された。

　なお、被疑者に対する国選弁護人の選任時期については、勾留段階とされているところ（本条Ⅰ）、対象事件について勾留を請求された被疑者は、国選弁護人の選任を請求することができるので（本条Ⅱ）、多くの場合、被疑者は、勾留質問のため裁判所に護送された際に国選弁護人の選任を請求することになると思われる。これによって、勾留の審査と併せて、国選弁護人選任請求の要件審査を行い、国選弁護人の候補が確保でき次第、選任命令を発することができることとなる。ただし、本条1項により、対象事件について被疑者に対して勾留状が発せられていることが国選弁護人選任の要件となっているから、勾留請求が却下された場合や、対象事件以外の事件について勾留状が発せられた場合には、国選弁護人の選任請求は却下されることとなる。

　被疑者が「貧困その他の事由により弁護人を選任することができないとき」という要件については、基本的に、被告人の場合（36）と異なるところはない。

3　選任の効力の及ぶ範囲

　刑事訴訟法では事件単位の原則がとられており、弁護人の選任の効力の及ぶ範囲についても同様と解されているから、国選弁護人が、新たに身柄拘束

された被疑事実について国選弁護人となるには、本条等に基づいて当該被疑事実につき新たに選任命令を得ることを要する。　　　　　　　　（田野尻猛）

〔選任請求の手続〕
第37条の3　前条第1項の請求をするには、資力申告書を提出しなければならない。
2　その資力が基準額以上である被疑者が前条第1項の請求をするには、あらかじめ、その勾留の請求を受けた裁判官の所属する裁判所の所在地を管轄する地方裁判所の管轄区域内に在る弁護士会に第31条の2第1項の申出をしていなければならない。
3　前項の規定により第31条の2第1項の申出を受けた弁護士会は、同条第3項の規定による通知をしたときは、前項の地方裁判所に対し、その旨を通知しなければならない。

　本条は、司法制度改革に関連する「刑事訴訟法等の一部を改正する法律」（平成16年法律第62号）によって新設された規定で、国選弁護人制度の整備の一環として、被疑者に対する国選弁護人の選任制度のうち、請求による選任に関し、被疑者が国選弁護人の選任の請求をするための資力申告書の提出及び私選弁護人の選任の申出の前置について定めるものである。
　被告人による国選弁護人の選任請求（36の2・36の3）と同様、被疑者が国選弁護人の選任の請求をするには、資力申告書を提出しなければならず（本条Ⅰ）、その資力が基準額以上である被疑者が請求をするには、あらかじめ、その勾留の請求を受けた裁判官の所属する裁判所の所在地を管轄する地方裁判所の管轄区域内に在る弁護士会に私選弁護人の選任の申出をしていなければならない（本条Ⅱ）。
　被疑者段階には必要的弁護の場合がないので、本条による国選弁護人の選任請求の要件は、対象事件のすべてに適用される。
　本条2項により被疑者から私選弁護人の選任の申出を受けた弁護士会は、31条の2第3項による通知をしたとき、すなわち、①弁護人となろうとする者がないため、又は②紹介した弁護士が被疑者による弁護人の選任の申込み

を拒んだため、被疑者にその旨の通知をしたときには、勾留の請求を受けた裁判官の所属する裁判所の所在地を管轄する地方裁判所に対し、その旨を通知しなければならない。

　被疑者が、弁護士会から受任意思のある弁護士の紹介を受けたにもかかわらず、当該弁護士から手続の説明を受けるなどして私選弁護人の選任は不要であると判断し、結局私選弁護人の選任の申込みをしなかった場合に通知を要しないことは、被告人の場合と同様である。　　　　　　　　（田野尻猛）

〔職権による選任〕
第37条の4　裁判官は、第37条の2第1項に規定する事件について被疑者に対して勾留状が発せられ、かつ、これに弁護人がない場合において、精神上の障害その他の事由により弁護人を必要とするかどうかを判断することが困難である疑いがある被疑者について必要があると認めるときは、職権で弁護人を付することができる。ただし、被疑者が釈放された場合は、この限りでない。

　本条は、司法制度改革に関連する「刑事訴訟法等の一部を改正する法律」（平成16年法律第62号）によって新設された規定で、国選弁護人制度の整備の一環として、被疑者に対する国選弁護人の選任制度のうち、裁判官の職権による選任について定めるものである。

　国選弁護人の選任請求権（37の2）を与えられていても、精神上の障害その他の事由により弁護人を必要とするかどうかを判断することが困難である疑いがある被疑者については、その権利を適切に行使することが期待できないから、そのような場合でも、適切に国選弁護人が選任されるよう、裁判官の職権による選任制度が設けられたものである。

　同じく職権による国選弁護人の選任でありながら、本条の趣旨は、被告人段階におけるそれ（37）とは異なる面があり（37条の趣旨は、被告人のためだけではなく、「国選弁護人を選任することで訴訟の適正円滑な進行が可能となるから、国家にとっても利益となる」と説明されている〔植村立郎・注釈刑訴1・250〕。）、その趣旨の相違にかんがみ、同条と本条では要件が異なっている。

(田野尻猛)

〔複数の弁護人の選任〕
第37条の5　裁判官は、死刑又は無期の懲役若しくは禁錮に当たる事件について第37条の2第1項又は前条の規定により弁護人を付する場合又は付した場合において、特に必要があると認めるときは、職権で更に弁護人1人を付することができる。ただし、被疑者が釈放された場合は、この限りでない。

　本条は、司法制度改革に関連する「刑事訴訟法等の一部を改正する法律」（平成16年法律第62号）によって新設された規定で、国選弁護人制度の整備の一環として、被疑者に対する国選弁護人の選任制度のうち、裁判官の職権による複数選任について定めるものである。
　特に法定刑の重い事件については、複数の弁護人による手厚い弁護活動が求められる場合もあると考えられることから、「死刑又は無期の懲役若しくは禁錮に当たる事件」について、裁判官の職権による複数選任制度が設けられたものである。
　本条の規定により選任できる国選弁護人の数は、1人に限られる。すなわち、被疑者に付する国選弁護人の数は、合計2人を超えることができない。
　なお、国選弁護人を付された被疑者について、私選弁護人が選任された場合には、国選弁護人を付しておく必要はないので（私選弁護人がないことは、被疑者に対する国選弁護人の選任制度の基本的要件である。37の2・37の4参照）、国選弁護人は解任されることとなる（38の3 I ①・Ⅳ）。　　（田野尻猛）

〔国選弁護人の資格・報酬等〕
第38条　この法律の規定に基づいて裁判所若しくは裁判長又は裁判官が付すべき弁護人は、弁護士の中からこれを選任しなければならない。
2　前項の規定により選任された弁護人は、旅費、日当、宿泊料及び報酬を請求することができる。

〔§38〕国選弁護人の資格・報酬等　143

〔規〕　第29条（国選弁護人の選任・法第38条）　法の規定に基づいて裁判所又は裁判長が付すべき弁護人は、裁判所の所在地を管轄する地方裁判所の管轄区域内に在る弁護士会に所属する弁護士の中から裁判長がこれを選任しなければならない。ただし、その管轄区域内に選任すべき事件について弁護人としての活動をすることのできる弁護士がないときその他やむを得ない事情があるときは、これに隣接する他の地方裁判所の管轄区域内に在る弁護士会に所属する弁護士その他適当な弁護士の中からこれを選任することができる。
2　前項の規定は、法の規定に基づいて裁判官が弁護人を付する場合について準用する。
3　第1項の規定にかかわらず、控訴裁判所が弁護人を付する場合であつて、控訴審の審理のため特に必要があると認めるときは、裁判長は、原審における弁護人（法の規定に基づいて裁判所若しくは裁判長又は裁判官が付したものに限る。）であつた弁護士を弁護人に選任することができる。
4　前項の規定は、上告裁判所が弁護人を付する場合について準用する。
5　被告人又は被疑者の利害が相反しないときは、同一の弁護人に数人の弁護をさせることができる。
第29条の3　（国選弁護人の選任等の通知・法第38条等）　法の規定に基づいて裁判長又は裁判官が弁護人を選任したときは、直ちにその旨を検察官及び被告人又は被疑者に通知しなければならない。この場合には、日本司法支援センターにも直ちにその旨を通知しなければならない。
2　前項の規定は、法の規定に基づいて裁判所又は裁判官が弁護人を解任した場合について準用する。

〈本条細目次〉
1　趣　旨　144
2　選　任　144
3　複数の被告人・被疑者に対する同一弁護人の選任　145
　(1)　利害相反の有無　145
　(2)　前後の手続による利害相反への影響　147
　(3)　私選弁護人と規29条5項　147
4　費用請求　148

1 趣　旨

　本条は、国選弁護人は弁護士である弁護人に限られること及び国選弁護人には、報酬等の費用請求権があることを定めている。平成16年法律第62号により創設された被疑者国選弁護人の制度の導入に伴い、国選弁護人の資格に関する本条に、「裁判官」が付すべき弁護人が加えられた。

　国選弁護人となし得る弁護士は、原則として、裁判所の所在地を管轄する地方裁判所の管轄区域内に在る弁護士会に所属する弁護士である（規29Ⅰ）。この弁護士の中から具体的にどの弁護士を弁護人として選任するかについては、これまで各単位弁護士会に一任する扱いが多くなされてきたが、総合法律支援法38条は、裁判所若しくは裁判長又は裁判官は、刑事訴訟法の規定により国選弁護人を付すべきときは、支援センターに対し、国選弁護人の候補を指名して通知するよう求めるものとし（同条Ⅰ）、支援センターは、この求めがあったときは、遅滞なく、支援センターとの間で国選弁護人の事務を取り扱うことについて契約している弁護士の中から、国選弁護人の候補を指名し、裁判所若しくは裁判長又は裁判官に通知しなければならないと規定している（同条Ⅱ）。したがって、全ての国選弁護人の選任は、支援センターを介して行うこととなった。

2 選　任

　被告人に弁護人を付する決定があると、裁判長は、本条に基づいて具体的な弁護人を選任する。

　国選弁護人の選任は、裁判長が刑事訴訟法によって与えられた権限に基づき一方的に行う選任の意思表示によりその効力を生じるものというべきであり、国選弁護人と国との間に委任等の契約関係の成立を認める余地はなく（最判昭29・8・24民集8・8・1549）、選任された国選弁護人は、辞意の申出をした場合であっても、裁判所が辞意の申出について正当な理由があると認めて解任しない限り、その地位を失うものではない（最判昭54・7・24刑集33・5・416）と解されている。したがって、国選弁護人の選任行為は、裁判長が本条1項、規29条1項によって与えられた権限に基づき一方的に行う選任の意思表示によりその効力を生じるものというべきであろう（吉本徹也・判例解説（刑）昭63・472参照）。

3　複数の被告人・被疑者に対する同一弁護人の選任

(1)　利害相反の有無

　被告人又は被疑者の利害が相反しないときは、同一の弁護人に数人の弁護をさせることができる（規29Ⅴ）。したがって、複数の被告人又は被疑者の利害が相反する場合には、同一の弁護人にそれらの被告人・被疑者の弁護をさせることは許されないということである。

　「被告人の利害が相反しないとき」とは、一方の被告人に有利な事実又は弁護活動が、当然に他方の被告人の不利益に帰するとはいえない場合をいうと解される（東京高判昭60・7・15刑裁月報17・7＝8・649）が、この利害相反の有無は、事件の内容や証拠の状況等一切の事情を考慮して実質的に判断すべきである。

　単に共犯関係にあるとされているだけでは、利害が相反するとはいえない（東京高判昭26・1・25特報21・8、東京高判昭26・3・30特報21・51）が、共謀関係の有無や犯罪事実の成否自体について主張に大きな隔たりがあれば、利害が相反していると判断されることが多いであろう。最判昭23・4・17刑集2・4・364は、強盗の共犯者として起訴されている被告人A、Bについて、Aの私選弁護人甲が第1回公判期日に欠席したことから、原審裁判所は、Bの私選弁護人乙をAの国選弁護人に選任して、第1回公判期日を行ったという事案であるが、Aが公訴事実を認め、Bは公訴事実を否認していたことを考えれば、A、Bは利害が相反しており違法であると判示している。また、名古屋高判昭55・7・31判時998・130は、2名共謀による恐喝事案について、被告人Aは共謀の事実及び実行行為を争い、被告人Bは共謀関係を含め事実関係を認めている場合において、同一の国選弁護人が、A及びB双方の弁護人として、双方に対する弁護を相抵触することなくともに完全に遂行し、任務を全うすることは困難であり、利害が相反すると判示している。これに対し、外形的事実には争いがなく、認識等の主観面のみで差異がある事案に関して、仙台高判昭27・2・29特報22・107は、被告人3名が共謀して、火葬場において鉄板等を窃取したという事件において、被告人3名が火葬場から鉄板を持ってきたという行為は認め、捨ててあったものをもらっただけである等窃盗の犯意について意見を異にしている事案について利害が相反しているとはいえないと判示している。

犯行に至る経緯や役割、犯行態様等の犯情に関する部分やその余の情状に関する事実について主張に差異がある場合は、その違いが量刑に与える影響度や、双方の主張に沿った弁護活動ができるか等の観点から、利害相反の有無を判断することになろう。

利害相反が肯定された例としては、被告人両名が、金銭貸借のことから憤激し相互に暴行を加えて各自その相手方に傷害を与えたとされる事案について、それぞれが暴行を加えて相手方に傷害を与えたことは争われていないが、紛争の発端や暴行の程度、態様において、被告人両名の供述が一致していないとして利害相反を肯定した名古屋高判昭24・12・19高刑集2・3・310がある。

他方、利害相反が否定された例としては、被告人が事実を一部争い、相被告人においては事実を全く争わず、情状を良くすることに精力を集中していたという状況があっても、同一弁護人において状況に応じて適切な対応は可能であるから、利害は相反しないとした前掲東京高判昭60・7・15、自動車を利用したひったくりによる強盗致傷事件において、ともに公訴事実を認めているが、犯情に関する部分について被告人が相被告人から指示があったとするのに対し、相被告人はこれを否定している事案について、相違する事情は罪責にそれほど影響せず、犯情においてもそれほど重視するような事情ではないとして利害相反を否定した大阪高判平6・4・21判時1513・172、被告人Aについて国選弁護人甲が、被告人Bについて国選弁護人乙が選任されていたが、第1回公判期日に乙が出頭しなかったため、原審裁判所は、乙を解任して被告人Bについても甲を弁護人として選任して審理を終えた事案について、A、Bは、犯罪の成否については争いはなく、犯行の計画及び犯行時における役割等犯情に関する点について、捜査段階の供述において多少の食い違いがある程度で、公判廷での供述では、別段争いや食い違いがあったわけではないという事案について、被告人の防御権を侵害した違法があるとはいえないとした東京高判昭30・3・29裁判特報2・7・237（他に、共同被告人のいずれもが犯罪事実は認めているが、情状事実について主張が食い違っている事案について、利害相反にはならないとしたものとして、東京高判昭26・3・30特報21・51等がある。）等がある。

なお、利害相反により違法な弁護人の選任となるかは、同一弁護人である

ことによって不利益を受けるかという問題であるから、事実関係を争っているAと事実関係を認めているBの間に利害相反があるとしても、それは事実関係を争っている被告人Aにとっては不利益であるとしても、事実関係を争っていないBにとって必ずしも不利益になるわけではない。このような観点から不利益性に乏しく利害相反にはならないとしたものとして、窃盗犯人と贓物犯人との利害相反について、贓物犯の成否は窃盗犯の成立を前提にするが、窃盗犯の成否は贓物犯の成否に影響されないとして、窃盗犯人の弁護人となることについては利害相反を否定した名古屋高判昭25・5・30特報9・84がある。

(2) 前後の手続による利害相反への影響

利害が相反する場合には、たとえ審理を分離していたとしても同一弁護人に各被告人の弁護をさせることは違法となる（福岡高判昭25・11・21高刑集3・4・579）。

なお、前掲最判昭23・4・17では、利害相反の状態で審理された第1回公判期日以降は、第2回公判期日及び第3回公判期日において、それぞれ公判手続の更新がされるとともに、Aの私選弁護人甲が出頭して審理に立ち会ったことから、第1回公判期日における瑕疵は、その後の公判手続の更新の結果、原判決に影響を及ぼさない旨判示している。

(3) 私選弁護人と規29条5項

規29条5項は、国選弁護人の場合に適用される規定であるが、私選弁護人の場合に、これが準用あるいは類推適用されるのかという問題がある。この点、最判昭43・4・18刑集22・4・290は、「刑訴規則29条2項〔筆者注：当時の同項〕は、国選弁護人についての規定であって、私選弁護人について規定するものではなく、利害の相反する被告人らが選任した同一の弁護人の出頭のもとで、審判がなされたとしても、訴訟法上、これを違法とすべき理由はない」と判示し、本条が私選弁護人の場合に準用あるいは類推適用されることを否定している（それまでの下級審裁判例の中には、私選弁護人の場合についても、利害相反を検討した裁判例が散見される。広島高判昭27・5・30特報20・73や、最判昭30・6・7裁集106・43の原審である福岡高判昭28・5・7特報26・16等。）。私選弁護人の場合は、被告人が任意に自己の希望する弁護士を弁護人として選任でき、また、その解任も自由なのであるから、その弁護人が

出頭してなされた訴訟手続を違法とすべき理由はなかろう。

4 費用請求

本条2項は、国選弁護人に報酬等の費用請求権があることを定めているが、具体的な支給要件や額について定めておらず、「刑事訴訟費用等に関する法律」8条がそれを規定している。この条文に基づき国選弁護人の請求し得る日当及び報酬の額は、あらかじめ客観的に定まっているというものではなく、受訴裁判所がその裁量により形成的に決定するところに委ねられている（最判昭61・9・8裁集民148・425）。そして国選弁護人に支給すべき報酬額の決定は、刑事訴訟費用等に関する法律8条2項の規定に基づく裁判であって、刑事訴訟法上の裁判ではないから、刑事訴訟法に準拠する不服申立てをすることは許されない（最決昭63・11・29刑集42・9・1389）。そして刑事訴訟費用等に関する法律自体に支給決定について抗告等の不服申立てを認める規定が置かれていない以上、現行法の下では支給決定について不服申立ての方法はないことになるが、このように解しても、憲法32条、37条3項に違反しない（前掲最決昭63・11・29）。

もっとも、国選弁護人に、国選弁護人契約弁護士（法律支援30Ⅰ③イ）が選任されたときは、本条2項は適用されず、日本司法支援センターから国選弁護人の報酬や費用が支給されることになる（法律支援39）ので、その限度で本条2項の適用範囲は狭いものとなっている。　　　　　　（遠藤邦彦）

〔選任の効力の終期〕
第38条の2　裁判官による弁護人の選任は、被疑者がその選任に係る事件について釈放されたときは、その効力を失う。ただし、その釈放が勾留の執行停止によるときは、この限りでない。

〈本条細目次〉
1　被疑者に対する国選弁護人の選任の効力　149
2　公訴提起後に釈放された場合　149

1 被疑者に対する国選弁護人の選任の効力

本条は、司法制度改革に関連する「刑事訴訟法等の一部を改正する法律」（平成16年法律第62号）によって新設された規定で、国選弁護人制度の整備の一環として、被疑者に対する国選弁護人の選任制度に関し、被疑者に対する国選弁護人の選任の効力について定めるものである。

被疑者に対する国選弁護人の選任制度の適用対象は身柄拘束された者に限られるので（37の2参照）、国選弁護人の選任は、被疑者がその選任に係る事件について釈放されたときは、その効力を失う。ただし、その釈放が勾留の執行停止によるときは、再度の身柄拘束が予想されることから、国選弁護人の選任の効力は失われない。

2 公訴提起後に釈放された場合

公訴の提起前にした弁護人の選任は、第一審においてもその効力を有する旨規定する32条1項は、上記改正法施行前は捜査段階で選任された私選弁護人についての規定であったが、被疑者に対する国選弁護人の選任制度の導入後は、起訴前の国選弁護人の選任の効力を起訴後も認めることが被告人の利益にかない、かつ、手続上も便宜であることから、捜査段階で選任された国選弁護人についても適用されるものと解される。

被告人に対する国選弁護人の選任制度の対象は、被疑者の場合と異なり、身柄拘束された者に限られていないので、公訴提起後、被告人が保釈等によりその選任に係る事件について釈放された場合であっても、国選弁護人の選任の効力は失われないと解される。

（田野尻猛）

〔弁護人の解任〕
第38条の3　裁判所は、次の各号のいずれかに該当すると認めるときは、裁判所若しくは裁判長又は裁判官が付した弁護人を解任することができる。
　一　第30条の規定により弁護人が選任されたことその他の事由により弁護人を付する必要がなくなつたとき。
　二　被告人と弁護人との利益が相反する状況にあり弁護人にその職務を継続させることが相当でないとき。

三　心身の故障その他の事由により、弁護人が職務を行うことができず、又は職務を行うことが困難となつたとき。
四　弁護人がその任務に著しく反したことによりその職務を継続させることが相当でないとき。
五　弁護人に対する暴行、脅迫その他の被告人の責めに帰すべき事由により弁護人にその職務を継続させることが相当でないとき。
2　弁護人を解任するには、あらかじめ、その意見を聴かなければならない。
3　弁護人を解任するに当たつては、被告人の権利を不当に制限することがないようにしなければならない。
4　公訴の提起前は、裁判官が付した弁護人の解任は、裁判官がこれを行う。この場合においては、前3項の規定を準用する。

〈本条細目次〉
1　趣　旨　150
2　解任の権限　150
3　解任事由　151
4　国選弁護人の意見聴取及び被告人の権利への配慮　151

1　趣　旨

　本条は、司法制度改革に関連する「刑事訴訟法等の一部を改正する法律」（平成16年法律第62号）によって新設された規定で、国選弁護人制度の整備の一環として、国選弁護人の解任について定めるものである。

　従来、国選弁護人の解任に関する一般的な規定は設けられていなかったが、国選弁護人の選任を行う受訴裁判所が解任の権限を有することは広く一般に認められていた。本条は、国選弁護人の解任をめぐる手続の紛糾を防止するため、これまでの実務で行われてきた解任に関する事例を整理し、裁判所及び裁判官の解任の権限及び解任の事由等を明確に定めたものである。

2　解任の権限

　解任は、公訴の提起前は裁判官、公訴の提起後は裁判所が行う（本条Ⅰ・Ⅳ）。裁判所又は裁判官は、公判等において解任事由を自ら覚知した場合や、当事者などから行われる職権発動の申出によって解任事由を覚知した場合等

に解任を行うこととなろう。

3 解任事由

解任事由として、本条1項に、次の5つが定められている。なお、本条の解任事由は、これまでの実務で行われてきた解任に関する事例を網羅的に整理したものであり、例示列挙ではなく、限定列挙であると解される。

(1) 1号は、「第30条の規定により弁護人が選任されたことその他の事由により弁護人を付する必要がなくなつたとき。」である。新たに私選弁護人が選任された場合など後発的欠缺を生じた場合のほか、当初から国選弁護人の選任要件を欠いていたという原始的欠缺があった場合も本号に含まれる。他に国選弁護人が選任された場合も（289Ⅱ・Ⅲ等）、本号に該当する場合があろう。

(2) 2号は、「被告人と弁護人との利益が相反する状況にあり弁護人にその職務を継続させることが相当でないとき。」である。同一の国選弁護人に数人の被告人の弁護をさせた場合において、被告人間の利益が相反する状況になったとき（規29Ⅴ参照）も、本号に該当することとなろう。

(3) 3号は、「心身の故障その他の事由により、弁護人が職務を行うことができず、又は職務を行うことが困難となつたとき。」である。国選弁護人の差支えの事由が長期にわたり審理の遅延を来すおそれがあるような場合も、本号に該当することとなろう。

(4) 4号は、「弁護人がその任務に著しく反したことによりその職務を継続させることが相当でないとき。」である。一般的にいえば、正当な事由がないのに公判期日に出頭しなかったり、在廷命令に反して退廷した場合、虚偽供述を勧める行為や秘密交通権を濫用する行為が認められる場合、勾留中の被疑者との接見を全く行わない場合などは、「弁護人がその任務に著しく反したこと」になり得るであろう。

(5) 5号は、「弁護人に対する暴行、脅迫その他の被告人の責めに帰すべき事由により弁護人にその職務を継続させることが相当でないとき。」である（最決平7・3・27刑集49・3・525の事例を参照）。

4 国選弁護人の意見聴取及び被告人の権利への配慮

国選弁護人の解任は、被告人の防御活動に影響を与える場合があることから、国選弁護人を解任するには、あらかじめ、その意見を聴かなければなら

ない（本条Ⅱ）。「弁護人の意見を聴かなければならない」とは、弁護人に意見を述べる機会を与えなければならないという意味である。

　国選弁護人の解任は、被告人の防御活動に影響を与える場合があることから、国選弁護人を解任するに当たっては、被告人の権利を不当に制限することがないようにしなければならない（本条Ⅲ）。　　　　　　　　　（田野尻猛）

〔虚偽の資力申告書の提出に対する制裁〕
第38条の4　裁判所又は裁判官の判断を誤らせる目的で、その資力について虚偽の記載のある資力申告書を提出した者は、10万円以下の過料に処する。

〈本条細目次〉
1　趣　旨　152
2　資力申告書の作成方法　152

1　趣　旨

　本条は、司法制度改革に関連する「刑事訴訟法等の一部を改正する法律」（平成16年法律第62号）によって新設された規定で、国選弁護人制度の整備の一環として、虚偽の記載のある資力申告書の提出に対する罰則について定めるものである。

　資力申告書の真実性を担保するため、裁判所又は裁判官の判断を誤らせる目的で、その資力について虚偽の記載のある資力申告書を提出した者は、10万円以下の過料に処することとされた。

　本条の過料を科する手続は、非訟事件手続法による。

2　資力申告書の作成方法

　資力申告書は、被告人又は被疑者の記憶に基づいて作成すれば足り、被告人又は被疑者の資力について、例えば、その親族から聴取する機会を設けることなどは要しないし、被告人又は被疑者が自らの資産の状況について家族に確認してほしい旨裁判所や捜査機関に申し出た場合でも、これに応ずる必要はない。　　　　　　　　　　　　　　　　　　　　　　　　（田野尻猛）

〔被告人・被疑者との接見交通〕
第39条　身体の拘束を受けている被告人又は被疑者は、弁護人又は弁護人を選任することができる者の依頼により弁護人となろうとする者（弁護士でない者にあつては、第31条第２項の許可があつた後に限る。）と立会人なくして接見し、又は書類若しくは物の授受をすることができる。
２　前項の接見又は授受については、法令（裁判所の規則を含む。以下同じ。）で、被告人又は被疑者の逃亡、罪証の隠滅又は戒護に支障のある物の授受を防ぐため必要な措置を規定することができる。
３　検察官、検察事務官又は司法警察職員（司法警察員及び司法巡査をいう。以下同じ。）は、捜査のため必要があるときは、公訴の提起前に限り、第１項の接見又は授受に関し、その日時、場所及び時間を指定することができる。但し、その指定は、被疑者が防禦の準備をする権利を不当に制限するようなものであつてはならない。

　　〔規〕　第30条（裁判所における接見等・法第39条）　裁判所は、身体の拘束を受けている被告人又は被疑者が裁判所の構内にいる場合においてこれらの者の逃亡、罪証の隠滅又は戒護に支障のある物の授受を防ぐため必要があるときは、これらの者と弁護人又は弁護人を選任することができる者の依頼により弁護人となろうとする者との接見については、その日時、場所及び時間を指定し、又、書類若しくは物の授受については、これを禁止することができる。

〈本条細目次〉
1　本条の趣旨　153
2　身体の拘束を受けている被告人又は被疑者　161
3　弁護人又は弁護人となろうとする者　162
4　立会人なしの接見交通（書類・物の授受）　162
　(1)　面会接見も含む配慮義務　162
　(2)　面会接見の実施方法　165
　(3)　秘密交通権に関する捜査の規制　165
　(4)　接見の時間等　166
5　法令による制限　166
6　捜査機関による制限　166
　(1)　捜査機関・指定権者　166

(2) 「捜査のため必要があるとき」 167
(3) 裁判例 167
(4) 公訴提起の前 169
(5) 日時の指定 170
(6) 接見の場所 170
(7) 接見指定の方法等 170
(8) 接見指定に対する不服申立（430Ⅰ・Ⅱ） 171
(9) 書類・物の授受についての指定 171

1 本条の趣旨

　弁護人の接見交通権に関する規定である（歴史的経緯等については、河上＝河村・大コメ刑訴1・437以下参照）。接見交通権は、憲法34条の弁護人依頼権を受けた被疑者・被告人の重要な権利である。本条は、1項で立会人なしの自由な接見（秘密交通権・自由交通権）を明記しているが、同時に、2項で身柄確保・戒護のための規制、3項で捜査の必要性に基づく捜査機関による接見指定を併せて規定した。本条が被疑者の人権保障と捜査の必要性の調整を行うべき接見指定を捜査機関（一方当事者）に委ねたため、3項の解釈・運用を巡り、弁護・検察双方の立場から、違憲論も含む激しい議論が戦わされ、準抗告等のほか、国家賠償訴訟等も繰り返されてきた。その裁判例が積み重ねられ、捜査機関の内規改正等も行われた。その結果、接見交通権の保障は憲法に由来する重要な権利であって、弁護人との自由な接見交通権が原則として認められることとともに、実施中及び確実に予定されている必要な捜査との調整のために必要最小限度の接見指定は許されるという実務運用の大枠が定まってきている。以下、それぞれの箇所で紹介していくが、重要な裁判例の関係判示部分を最初に掲げておくこととする。

　【1】　最判昭53・7・10民集32・5・820（杉山事件）
　「憲法34条前段は、何人も直ちに弁護人に依頼する権利を与えられなければ抑留・拘禁されることがないことを規定し、刑訴法39条1項は、この趣旨にのっとり、身体の拘束を受けている被疑者・被告人は、弁護人又は弁護人となろうとする者（以下「弁護人等」という。）と立会人なしに接見し、書類や物の授受をすることができると規定する。この弁護人等との接見交通権は、身体を拘束された被疑者が弁護人の援助を受けることができるための刑事手

続上最も重要な基本的権利に属するものであるとともに、弁護人からいえばその固有権の最も重要なものの一つであることはいうまでもない。身体を拘束された被疑者の取調べについては時間的制約があることからして、弁護人等と被疑者との接見交通権と捜査の必要との調整を図るため、刑訴法39条3項は、捜査のため必要があるときは、右の接見等に関してその日時・場所・時間を指定することができると規定するが、弁護人等の接見交通権が前記のように憲法の保障に由来するものであることにかんがみれば、捜査機関のする右の接見等の日時等の指定は、あくまで必要やむをえない例外的措置であって、被疑者が防禦の準備をする権利を不当に制限することは許されるべきではない（同項但書）。捜査機関は、弁護人等から被疑者との接見の申出があったときは、原則として何時でも接見の機会を与えなければならないのであり、現に被疑者を取調中であるとか、実況見分、検証等に立ち会わせる必要がある等捜査の中断による支障が顕著な場合には、弁護人等と協議してできる限り速やかな接見のための日時等を指定し、被疑者が防禦のため弁護人等と打ち合せることのできるような措置をとるべきである。」

【2】 最判平3・5・10民集45・5・919（浅井事件）

「弁護人又は弁護人を選任することができる者の依頼により弁護人となろうとする者（以下「弁護人等」という。）と被疑者との接見交通権が憲法上の保障に由来するものであることにかんがみれば、刑訴法39条3項の規定による捜査機関のする接見又は書類若しくは物の授受の日時、場所及び時間の指定は、あくまで必要やむを得ない例外的措置であって、これにより被疑者が防御の準備をする権利を不当に制限することが許されないことはいうまでもない。したがって、捜査機関は、弁護人等から被疑者との接見等の申出があったときは、原則としていつでも接見等の機会を与えなければならないのであり、これを認めると捜査の中断による支障が顕著な場合には、弁護人等と協議してできる限り速やかな接見等のための日時等を指定し、被疑者が弁護人等と防御の準備をすることができるような措置を採るべきである〔前掲裁判例【1】〕。

そして、右にいう捜査の中断による支障が顕著な場合には、捜査機関が、弁護人等の接見等の申出を受けた時に、現に被疑者を取調べ中であるとか、実況見分、検証等に立ち会わせているというような場合だけでなく、間近い

時に右取調べ等をする確実な予定があって、弁護人等の必要とする接見等を認めたのでは、右取調べ等が予定どおり開始できなくなるおそれがある場合も含むものと解すべきである。

右のように、弁護人等の必要とする接見等を認めたのでは捜査機関の現在の取調べ等の進行に支障が生じたり又は間近い時に確実に予定している取調べ等の開始が妨げられるおそれがあることが判明した場合には、捜査機関は、直ちに接見等を認めることなく、弁護人等と協議の上、右取調べ等の終了予定後における接見等の日時等を指定することができるのであるが、その場合でも、弁護人等ができるだけ速やかに接見等を開始することができ、かつ、その目的に応じた合理的な範囲内の時間を確保することができるように配慮すべきである。そのため、弁護人等から接見等の申出を受けた捜査機関は、直ちに、当該被疑者について申出時において現に実施している取調べ等の状況又はそれに間近い時における取調べ等の予定の有無を確認して具体的指定要件の存否を判断し、右合理的な接見等の時間との関連で、弁護人等の申出の日時等を認めることができないときは、改めて接見等の日時等を指定してこれを弁護人等に告知する義務があるというべきである。そして、捜査機関が右日時等を指定する際いかなる方法を採るかは、その合理的裁量にゆだねられているものと解すべきであるから、電話などの口頭による指定をすることはもちろん、弁護人等に対する書面（いわゆる接見指定書）の交付による方法も許されるものというべきであるが、その方法が著しく合理性を欠き、弁護人等と被疑者との迅速かつ円滑な接見交通が害される結果になるようなときには、それは違法なものとして許されないことはいうまでもない。」

【3】 最判平3・5・31判時1390・33（若松事件）

「本件の一般的指定の適否に関して、原審が捜査機関の内部的な事務連絡文書であると解して、それ自体は弁護人である上告人又は被疑者に対し何ら法的な効力を与えるものでなく、違法ではないとした判断は、正当として是認することができる。

弁護人又は弁護人を選任することができる者の依頼により弁護人となろうとする者（以下「弁護人等」という。）と被疑者との接見交通権が憲法上の保障に由来するものであることにかんがみれば、刑訴法39条3項の規定による捜査機関のする接見又は書類若しくは物の授受の日時、場所及び時間の指定

は、あくまで必要やむを得ない例外的措置であって、右指定に当たっては、被疑者が防御の準備をする権利を不当に制限されることがないように配慮することは当然である。したがって、捜査機関は、弁護人等から被疑者との接見等の申出があったときは、原則としていつでも接見等の機会を与えなければならないのであり、これを認めると捜査の中断による支障が顕著な場合には、弁護人等と協議してできる限り速やかな接見等のための日時等を指定し、被疑者が弁護人等と防御の準備をすることができるような措置を採るべきである〔前掲裁判例【1】〕。そして、右にいう捜査の中断による支障が顕著な場合には、捜査機関が、弁護人等の接見等の申出を受けた時に、現に被疑者を取調べ中であるとか、実況見分、検証等に立ち会わせているというような場合だけでなく、間近い時に右取調べ等をする確実な予定があって、弁護人等の必要とする接見等を認めたのでは、右取調べ等が予定どおり開始できなくなるおそれがある場合も含むものと解すべきである。

捜査機関は、弁護人等から被疑者との接見等の申出を受けたときは、速やかに当該被疑者についての取調状況等を調査して、右のような接見等の日時等を指定する要件が存在するか否かを判断し、適切な措置を採るべきであるが、弁護人等から接見等の申出を受けた者が接見等の日時等の指定につき権限のある捜査官(以下「権限のある捜査官」という。)でないため右の判断ができないときは、権限のある捜査官に対し右の申出のあったことを連絡し、その具体的措置について指示を受ける等の手続を採る必要があり、こうした手続を要することにより弁護人等が待機することになり又はそれだけ接見が遅れることがあったとしても、それが合理的な範囲内にとどまる限り、許容されているものと解するのが相当である。」

【4】 最大判平11・3・24民集53・3・514(安藤・斎藤事件)

「一 刑訴法39条3項本文の規定と憲法34条前段」

「1 憲法34条前段は、『何人も、理由を直ちに告げられ、且つ、直ちに弁護人に依頼する権利を与へられなければ、抑留又は拘禁されない。』と定める。この弁護人に依頼する権利は、身体の拘束を受けている被疑者が、拘束の原因となっている嫌疑を晴らしたり、人身の自由を回復するための手段を講じたりするなど自己の自由と権利を守るため弁護人から援助を受けられるようにすることを目的とするものである。したがって、右規定は、単に被疑

者が弁護人を選任することを官憲が妨害してはならないというにとどまるものではなく、被疑者に対し、弁護人を選任した上で、弁護人に相談し、その助言を受けるなど弁護人から援助を受ける機会を持つことを実質的に保障しているものと解すべきである。

　刑訴法39条1項が、『身体の拘束を受けている被告人又は被疑者は、弁護人又は弁護人を選任することができる者の依頼により弁護人となろうとする者（弁護士でない者にあつては、第31条第2項の許可があつた後に限る。）と立会人なくして接見し、又は書類若しくは物の授受をすることができる。』として、被疑者と弁護人等との接見交通権を規定しているのは、憲法34条の右の趣旨にのっとり、身体の拘束を受けている被疑者が弁護人等と相談し、その助言を受けるなど弁護人等から援助を受ける機会を確保する目的で設けられたものであり、その意味で、刑訴法の右規定は、憲法の保障に由来するものであるということができる〔前掲裁判例【1】～【3】参照〕。

2　もっとも、憲法は、刑罰権の発動ないし刑罰権発動のための捜査権の行使が国家の権能であることを当然の前提とするものであるから、被疑者と弁護人等との接見交通権が憲法の保障に由来するからといって、これが刑罰権ないし捜査権に絶対的に優先するような性質のものということはできない。そして、捜査権を行使するためには、身体を拘束して被疑者を取り調べる必要が生ずることもあるが、憲法はこのような取調べを否定するものではないから、接見交通権の行使と捜査権の行使との間に合理的な調整を図らなければならない。憲法34条は、身体の拘束を受けている被疑者に対して弁護人から援助を受ける機会を持つことを保障するという趣旨が実質的に損なわれない限りにおいて、法律に右の調整の規定を設けることを否定するものではないというべきである。

3　ところで、刑訴法39条は、前記のように1項において接見交通権を規定する一方、3項本文において、『検察官、検察事務官又は司法警察職員（司法警察員及び司法巡査をいう。以下同じ。）は、捜査のため必要があるときは、公訴の提起前に限り、第1項の接見又は授受に関し、その日時、場所及び時間を指定することができる。』と規定し、接見交通権の行使につき捜査機関が制限を加えることを認めている。この規定は、刑訴法において身体の拘束を受けている被疑者を取り調べることが認められていること（198条1項）、

被疑者の身体の拘束については刑訴法上最大でも23日間（内乱罪等に当たる事件については28日間）という厳格な時間的制約があること（203条から205条まで、208条、208条の2参照）などにかんがみ、被疑者の取調べ等の捜査の必要と接見交通権の行使との調整を図る趣旨で置かれたものである。そして、刑訴法39条3項ただし書は、『但し、その指定は、被疑者が防禦の準備をする権利を不当に制限するようなものであつてはならない。』と規定し、捜査機関のする右の接見等の日時等の指定は飽くまで必要やむを得ない例外的措置であって、被疑者が防御の準備をする権利を不当に制限することは許されない旨を明らかにしている。

　このような刑訴法39条の立法趣旨、内容に照らすと、捜査機関は、弁護人等から被疑者との接見等の申出があったときは、原則としていつでも接見等の機会を与えなければならないのであり、同条3項本文にいう『捜査のため必要があるとき』とは、右接見等を認めると取調べの中断等により捜査に顕著な支障が生ずる場合に限られ、右要件が具備され、接見等の日時等の指定をする場合には、捜査機関は、弁護人等と協議してできる限り速やかな接見等のための日時等を指定し、被疑者が弁護人等と防御の準備をすることができるような措置を採らなければならないものと解すべきである。そして、弁護人等から接見等の申出を受けた時に、捜査機関が現に被疑者を取調べ中である場合や実況見分、検証等に立ち会わせている場合、また、間近い時に右取調べ等をする確実な予定があって、弁護人等の申出に沿った接見等を認めたのでは、右取調べ等が予定どおり開始できなくなるおそれがある場合などは、原則として右にいう取調べの中断等により捜査に顕著な支障が生ずる場合に当たると解すべきである〔前掲裁判例【1】～【3】参照〕。

　なお、所論は、憲法38条1項が何人も自己に不利益な供述を強要されない旨を定めていることを根拠に、逮捕、勾留中の被疑者には捜査機関による取調べを受忍する義務はなく、刑訴法198条1項ただし書の規定は、それが逮捕、勾留中の被疑者に対し取調べ受忍義務を定めているとすると違憲であって、被疑者が望むならいつでも取調べを中断しなければならないから、被疑者の取調べは接見交通権の行使を制限する理由にはおよそならないという。しかし、身体の拘束を受けている被疑者に取調べのために出頭し、滞留する義務があると解することが、直ちに被疑者からその意思に反して供述するこ

とを拒否する自由を奪うことを意味するものでないことは明らかであるから、この点についての所論は、前提を欠き、採用することができない。

4　以上のとおり、刑訴法は、身体の拘束を受けている被疑者を取り調べることを認めているが、被疑者の身体の拘束を最大でも23日間（又は28日間）に制限しているのであり、被疑者の取調べ等の捜査の必要と接見交通権の行使との調整を図る必要があるところ、⑴刑訴法39条3項本文の予定している接見等の制限は、弁護人等からされた接見等の申出を全面的に拒むことを許すものではなく、単に接見等の日時を弁護人等の申出とは別の日時とするか、接見等の時間を申出より短縮させることができるものにすぎず、同項が接見交通権を制約する程度は低いというべきである。また、前記のとおり、⑵捜査機関において接見等の指定ができるのは、弁護人等から接見等の申出を受けた時に現に捜査機関において被疑者を取調べ中である場合などのように、接見等を認めると取調べの中断等により捜査に顕著な支障が生ずる場合に限られ、しかも、⑶右要件を具備する場合には、捜査機関は、弁護人等と協議してできる限り速やかな接見等のための日時等を指定し、被疑者が弁護人等と防御の準備をすることができるような措置を採らなければならないのである。このような点からみれば、刑訴法39条3項本文の規定は、憲法34条前段の弁護人依頼権の保障の趣旨を実質的に損なうものではないというべきである。

なお、刑訴法39条3項本文が被疑者側と対立する関係にある捜査機関に接見等の指定の権限を付与している点も、刑訴法430条1項及び2項が、捜査機関のした39条3項の処分に不服がある者は、裁判所にその処分の取消し又は変更を請求することができる旨を定め、捜査機関のする接見等の制限に対し、簡易迅速な司法審査の道を開いていることを考慮すると、そのことによって39条3項本文が違憲であるということはできない。

5　以上のとおりであるから、刑訴法39条3項本文の規定は、憲法34条前段に違反するものではない。論旨は採用することができない。

二　刑訴法39条3項本文の規定と憲法37条3項

所論は、要するに、憲法37条3項の規定は、公訴提起後の被告人のみならず、公訴提起前の被疑者も対象に含めているとし、それを前提に、刑訴法39条3項本文の規定は憲法37条3項に違反するというのである。

しかし、憲法37条3項は『刑事被告人』という言葉を用いていること、同条1項及び2項は公訴提起後の被告人の権利について定めていることが明らかであり、憲法37条は全体として公訴提起後の被告人の権利について規定していると解されることなどからみて、同条3項も公訴提起後の被告人に関する規定であって、これが公訴提起前の被疑者についても適用されるものと解する余地はない。論旨は、独自の見解を前提として違憲をいうものであって、採用することができない。
三　刑訴法39条3項本文の規定と憲法38条1項
　所論は、要するに、憲法38条1項は、不利益供述の強要の禁止を実効的に保障するため、身体の拘束を受けている被疑者と弁護人等との接見交通権をも保障していると解されるとし、それを前提に、刑訴法39条3項本文の規定は、憲法38条1項に違反するというのである。
　しかし、憲法38条1項の不利益供述の強要の禁止を実効的に保障するためどのような措置が採られるべきかは、基本的には捜査の実状等を踏まえた上での立法政策の問題に帰するものというべきであり、憲法38条1項の不利益供述の強要の禁止の定めから身体の拘束を受けている被疑者と弁護人等との接見交通権の保障が当然に導き出されるとはいえない。論旨は、独自の見解を前提として違憲をいうものであって、採用することができない。」

2　身体の拘束を受けている被告人又は被疑者

　本条の「身体の拘束」は逮捕（199〜）、勾引（58）、勾留（60・207）、鑑定留置（224）、他事件の自由刑、換刑処分（刑18）の執行などが当たる（河上＝河村・大コメ刑訴1・440）。なお、任意同行中の被疑者の取調中に弁護人となろうとする者から接見の申出があった場合にも速やかにその旨被疑者に伝え、被疑者に接見に応じるか否かの選択を与えるべきである。裁判例として、弁護人の上記申出の伝達等をしなかったことを違法とした福岡高判平5・11・16判時1480・82がある。

　「被告人」は、その身分があれば身柄拘束された事件でなくても当たる。再審請求する者にも本条は準用される（河上＝河村・大コメ刑訴1・441、最判平25・12・10民集67・9・1761参照。）。

　「被疑者」についても同様に他事件で身柄拘束された者、被疑者的参考人が含まれる（河上＝河村・大コメ刑訴1・441）。被疑者・被告人でない場合は

本条に当たらない（最判平20・4・15民集62・5・1005は、受刑者に対する人権擁護委員会の弁護士の接見を許可しなかった措置を違法でないとした。）。

3 弁護人又は弁護人となろうとする者

「弁護人」は31条の弁護人で特別弁護人も含まれる（河上＝河村・大コメ刑訴1・442）。解任された弁護人は当たらない（東京高判昭51・12・22東時27・12・174）。「弁護人となろうとする者」は弁護人選任権者の依頼が必要である。弁護人の資格や選任依頼について疎明を求めることはできる（弁護士バッジ、名刺、具体的指定書等積極的資料を提示しなかった弁護士の接見申出を司法警察職員が弁護人の確認不能として拒否したのを是認した東京地決昭48・9・12刑裁月報5・9・1335がある。）。なお、当番弁護士については裁判所・弁護士会との合意があり、弁護人となろうとする者と認められる（河上＝河村・大コメ刑訴1・443）。弁護人選任届を無効としつつ弁護人となろうとする者と認めた裁判例として東京地決昭44・2・5刑裁月報1・2・179、被疑者の辞退以降、弁護人となろうとする者に当たらないとした岡山地決昭50・6・19判時811・120がある。なお、前掲裁判例【1】も被疑者の意思確認で弁護人となろうとする者と認めた事例である。

被疑者の弁護人数（3人）制限（規27）を潜脱する趣旨での「弁護人となろうとする者」としての接見は認められない。この点に関する裁判例として、東京地決昭58・5・27刑裁月報15・4＝6・343（既に弁護人選任届提出が十分可能な場合に検察官が弁護人選任届を提出しない限り接見を認めない旨の処分をしたのを是認した事例）、東京地決昭45・10・8判時608・176（被疑者が弁護人2人を選任し、自署し弁護人欄白紙とした選任届を弁護人に預けている状態で、多数の弁護士が弁護人となろうとする者として接見を求めたのに対し、検察官がした弁護人選任届を提出しない限り接見を許さない旨の処分を是認した事例）がある。

再審請求のため選任された弁護人も含まれる。裁判例として、死刑確定者の再審請求のため選任された弁護人との立会人なしの接見を認めなかった拘置所長の措置を違法とした最判平25・12・10民集67・9・1761がある。

4 立会人なしの接見交通（書類・物の授受）

(1) 面会接見も含む配慮義務

弁護人、被疑者・被告人が了解している場合は、立会人付きの接見（面会

接見）も可能である。即時の接見が求められる場合に、立会人なしの接見に適した場所はないが、面会接見であれば可能な場合には、その希望の有無も確認すべきである。

　裁判例として、最判平17・4・19民集59・3・563が、以下のように判示している。「(1) 被疑者が、検察官による取調べのため、その勾留場所から検察庁に押送され、その庁舎内に滞在している間に弁護人等から接見の申出があった場合には、検察官が現に被疑者を取調べ中である場合や、間近い時に上記取調べ等をする確実な予定があって、弁護人等の申出に沿った接見を認めたのでは、上記取調べ等が予定どおり開始できなくなるおそれがある場合など、捜査に顕著な支障が生ずる場合には、検察官が上記の申出に直ちに応じなかったとしても、これを違法ということはできない〔前掲裁判例【4】〕。

　しかしながら、検察庁の庁舎内に被疑者が滞在している場合であっても、弁護人等から接見の申出があった時点で、検察官による取調べが開始されるまでに相当の時間があるとき、又は当日の取調べが既に終了しており、勾留場所等へ押送されるまでに相当の時間があるときなど、これに応じても捜査に顕著な支障が生ずるおそれがない場合には、本来、検察官は、上記の申出に応ずべきものである。もっとも、被疑者と弁護人等との接見には、被疑者の逃亡、罪証の隠滅及び戒護上の支障の発生の防止の観点からの制約があるから、検察庁の庁舎内において、弁護人等と被疑者との立会人なしの接見を認めても、被疑者の逃亡や罪証の隠滅を防止することができ、戒護上の支障が生じないような設備のある部屋等が存在しない場合には、上記の申出を拒否したとしても、これを違法ということはできない。そして、上記の設備のある部屋等とは、接見室等の接見のための専用の設備がある部屋に限られるものではないが、その本来の用途、設備内容等からみて、接見の申出を受けた検察官が、その部屋等を接見のためにも用い得ることを容易に想到することができ、また、その部屋等を接見のために用いても、被疑者の逃亡、罪証の隠滅及び戒護上の支障の発生の防止の観点からの問題が生じないことを容易に判断し得るような部屋等でなければならないものというべきである。

　上記の見地に立って、本件をみるに、前記の事実関係によれば、広島地検の庁舎内には接見のための設備を備えた部屋は無いこと、及び庁舎内の同行室は、本来、警察署の留置場から取調べのために広島地検に押送されてくる

被疑者を留置するために設けられた施設であって、その場所で弁護人等と被疑者との接見が行われることが予定されている施設ではなく、その設備面からみても、被上告人からの申出を受けたB検事が、その時点で、その部屋等を接見のために用い得ることを容易に想到することができ、また、その部屋等を接見のために用いても、被疑者の逃亡、罪証の隠滅及び戒護上の支障の発生の防止の観点からの問題が生じないことを容易に判断し得るような部屋等であるとはいえないことが明らかである。

　したがって、広島地検の庁舎内には、弁護人等と被疑者との立会人なしの接見を認めても、被疑者の逃亡や罪証の隠滅を防止することができ、戒護上の支障が生じないような設備のある部屋等は存在しないものというべきであるから、B検事がそのことを理由に被上告人からの接見の申出を拒否したとしても、これを直ちに違法ということはできない。

(2)　しかしながら、上記のとおり、刑訴法39条所定の接見を認める余地がなく、その拒否が違法でないとしても、同条の趣旨が、接見交通権の行使と被疑者の取調べ等の捜査の必要との合理的な調整を図ろうとするものであること〔前掲裁判例【4】参照〕にかんがみると、検察官が上記の設備のある部屋等が存在しないことを理由として接見の申出を拒否したにもかかわらず、弁護人等がなお検察庁の庁舎内における即時の接見を求め、即時に接見をする必要性が認められる場合には、検察官は、例えば立会人の居る部屋での短時間の『接見』などのように、いわゆる秘密交通権が十分に保障されないような態様の短時間の『接見』（以下、便宜「面会接見」という。）であってもよいかどうかという点につき、弁護人等の意向を確かめ、弁護人等がそのような面会接見であっても差し支えないとの意向を示したときは、面会接見ができるように特別の配慮をすべき義務があると解するのが相当である。そうすると、検察官が現に被疑者を取調べ中である場合や、間近い時に取調べをする確実な予定があって弁護人等の申出に沿った接見を認めたのでは取調べが予定どおり開始できなくなるおそれがある場合など、捜査に顕著な支障が生ずる場合は格別、そのような場合ではないのに、検察官が、上記のような即時に接見をする必要性の認められる接見の申出に対し、上記のような特別の配慮をすることを怠り、何らの措置を執らなかったときは、検察官の当該不作為は違法になると解すべきである。」

本件の事実関係によれば、本件(1)の「接見の申出には即時に接見をする必要性があるものというべきであり、その際、被上告人が、接見の場所は本件被疑者が現在待機中の部屋（同行室のことと思われる。）でもよいし、本件執務室でもよいから、すぐに会わせてほしい旨の申出をしているのに、B検事が、立会人の居る部屋でのごく短時間の面会接見であっても差し支えないかどうかなどの点についての被上告人の意向を確かめることをせず、上記申出に対して何らの配慮もしなかったことは、違法というべきである。」。また、本件(2)の「接見の申出には即時に接見をする必要性があるものというべきであり、その際、被上告人が、本件被疑者から弁護人選任届を受領していないことから接見の必要があるなどと主張して即時の接見の申出をしているのに、B検事が、立会人の居る部屋での短時間の面会接見であっても差し支えないかどうかなどの点についての被上告人の意向を確かめることをせず、上記申出に対して何らの配慮もしなかったことは、違法というべきである。」

(2) 面会接見の実施方法

裁判例として、名古屋高判平19・7・12訟務月報54・7・1531（当該事件担当の検察官、検察事務官を立ち会わせたことに実施場所、立会人の人選、人数及び方法についての裁量権の逸脱・濫用はなく、捕縄の端を刑務官が把持していたことも検察官の配慮義務に違反しないとされた事例）、広島高判平24・2・22判タ1388・155（一部違法）、がある。

裁判官が公判期日終了後の法廷で被告人と弁護人の接見を認めた措置が秘密交通権を侵害しないとした名古屋地判平8・3・22判タ938・118もある。なお、秘密交通権は弁護人等のみで使用人等には認められない（札幌地決昭49・10・30刑裁月報6・10・1115）。

(3) 秘密交通権に関する捜査の規制

秘密交通権を侵害するような接見内容についての捜査は許されない。この点に関する裁判例として、鹿児島地判平20・3・24判時2008・3（接見内容を聴取し調書化：違法）、大阪地判平12・5・25判時1754・102（拘置所の被疑者・被告人と弁護人の信書発受・内容についての回答：違法）、東京高判平21・5・21訟務月報55・10・3023（検察官が被疑者に弁護過誤などとの言動：違法性否定）、京都地判平22・3・24判時2078・77（警察官による被疑者への弁護人との接見内容の聴取：被疑者の自発性を認め、違法性否定）、大阪高判平22・

5・27判時2088・86（検察官の被疑者に対する弁護人に関する発言：違法性否定）、福岡高判平23・7・1判時2127・9（検察官が被疑者から接見内容を聴取・調書化：違法。上告棄却〔不受理〕・最決平25・12・19 TKC25502950）などがある。

(4) 接見の時間等

原則執務時間内であるが、刑事施設の管理運営上支障がない場合には例外が裁判例で認められていたが（東京地決昭48・12・4刑裁月報5・12・1669、札幌地判昭63・6・23訟務月報35・3・379等）、刑事収容施設法145条・118条3項で成文化されている（運用等の詳細については、植村・注釈刑訴〔第3版〕1・457参照）。

被疑者が接見を拒否する場合の対応については、河上＝河村・大コメ刑訴1・444、接見の方法・物の授受等については、河上＝河村・同454以下、植村・注釈刑訴〔第3版〕1・459以下を参照されたい。なお、拘置所職員が、ビデオテープの事前検査を接見の条件として弁護人の接見を拒否した処分を違法とした事例として、大阪地判平16・3・9判時1858・79がある。

5 法令による制限

法令には、規30条、刑事収容施設法等がある（各条項の詳細については、河上＝河村・大コメ刑訴1・446参照）。規30条による接見禁止は保安上の理由であるので弁護人等にも及ぶ。裁判所構内にいる被疑者には捜査官の指定（39Ⅲ）よりも同条（規30）の規制が優先する（河上＝河村・同446）。なお、裁判所構内における弁護人の文書授受拒否について、名古屋地判平19・1・26判時1974・164（仮監の拘置所職員：違法性否定）、名古屋地判平15・5・30判時1823・101（裁判官の誤解：違法）がある。法令による規制の限界等について、河上＝河村・同446、植村・注釈刑訴〔第3版〕1・463参照。

刑事施設職員による物の授受について、福岡高判平22・2・25判タ1330・93（市販の便箋、封筒：違法）、大阪地判平18・11・14判タ1238・196（旧監獄法50条により違法性否定）、がある。

物の授受に関する準抗告は消極に解されている（最決平14・1・10判時1776・169）。

6 捜査機関による制限

(1) 捜査機関・指定権者

捜査機関とは、検察官、検察事務官、司法警察職員（189Ⅰ）を指す。指定権者は、検察庁送致前は各捜査の責任者（捜査主任官。留置規23Ⅱ）、送致後は主任検察官である（岡山地判平2・3・7訟務月報36・7・1254）。検察官の指定権を前提に、その指定の有無確認のため接見を中断させたことは違法でないとした最判平16・9・7判時1878・88がある。

(2) 「捜査のため必要があるとき」

指定の根拠となる概念であり、指定の方式とともに、実務運用、裁判例にも変遷がみられたが、前掲裁判例【1】〜【4】によって、ほぼ固まってきているといってよい（その後の最高裁のものとして、最判平12・2・22裁集民192・397〔書面交付による接見指定：違法性否定〕、最判平12・2・24裁集民196・841〔取調状況から即時・当日昼食時の接見不許可：違法性否定〕、最判平12・3・17裁集民197・397〔指定権者である検察官への連絡中の待機措置：違法性否定〕、最判平12・3・17裁集民197・433〔留置担当者が弁護人の接見を開始させたが、すぐに具体的指定書のないことに気付き、接見を中止させるとともに、検察官に電話連絡し、その指示に従って、具体的指定書到着まで95分弁護人を待機させた：違法性否定〕、最判平12・6・13民集54・5・1635〔初回接見申出に対し翌日の指定：違法〕、最判平16・9・7訟務月報51・9・2271〔接見指定しないとの回答まで約34〜45分要した：違法性否定〕がある）。

(3) 裁判例

当初は、広く捜査全般の必要性という考え方で指定を許容していた（札幌高判昭25・12・15特報15・188ほか）。しかし、指定権者が別紙「具体的指定書」のとおり指定する旨の一般的指定書を発しておき、具体的指定書を持参しない限り接見させないという自由交通権の原則例外を逆転させるような運用を一般化させるにつれて、弁護人の準抗告等も繰り返され、それを受けた下級審において、捜査の必要を厳格に解し、一般的指定書を違法とするものが多数を占めるようになっていった（鳥取地決昭42・3・7下刑集9・3・375、岡山地決昭44・5・24判時563・98〔訓令文書による指定〕、東京地決昭45・4・17刑裁月報2・4・430、名古屋地決昭45・6・29刑裁月報2・6・702、東京地八王子支決昭45・6・30判時615・103、福岡地決昭47・5・29判タ289・324〔電話等口頭指定等〕。もっとも、広島地決昭47・2・26判時668・98、東京地決昭43・8・2判時529・88、東京地決昭43・7・8判時529・86、東京地決昭43・7・5

判時529・85など一般的指定書は通知文書として適法としたものもある。）。このような動きを受けて検察実務も電話による具体的指定をし、内部連絡をするようになり、杉山判決（前掲裁判例【1】）を受けて昭和62年に法務省も事件事務規程を改正して一般的指定を廃止し、内部の通知書とし、具体的指定の記載欄も改訂し、現在では、指定内容を関係者に正確・明確に伝えるため弁護人宛通知書によることが多いとされている（河上＝河村・大コメ刑訴1・463）。

　捜査の必要について、杉山判決（前掲裁判例【1】）は「現に被疑者を取調中であるとか、実況見分、検証等に立ち会わせる必要がある等捜査の中断による支障が顕著な場合」と判示し、同文言を判示するもの（福岡地小倉支判平元・8・29判時1343・78、福島地判平2・5・28判時1359・107等）と現に被疑者の身柄を利用した捜査中かそれに近い場合とするもの（京都地判平元・5・16判時1328・96、福島地郡山支判平2・10・4判時1370・108等）があった。その後、浅井判決（前掲裁判例【2】）は、杉山判決の「捜査の中断による支障が顕著な場合」について捜査機関が、弁護人等の接見等の申出を受けた時に、杉山判決の場合に加え、「間近い時に右取調等をする確実な予定があって、弁護人等の必要とする接見等を認めたのでは、右取調べ等が予定どおり開始できなくなる場合も含む」と判示した。以上から、捜査の必要性は①捜査中断による顕著な支障、②具体的捜査の時間的接着性、②予定の確実性を満たすことが求められると解されている（河上＝河村・大コメ刑訴1・452）。もっとも、①につき、物理的な支障に限るか、接見による罪証隠滅のおそれ等も含むか等について、なお議論がある（河上＝河村・同452参照）。

　若松判決（前掲裁判例【3】）は、捜査の必要性については浅井判決と同旨としたほか、指定方法に関し、一般的指定を内部の事務連絡文書であり弁護人等に何ら法的効力を与えるものではないと処分性を否定し、「捜査機関は、弁護人等から被疑者との接見等の申出を受けたときは、速やかに当該被疑者についての取調状況等を調査して、右のような接見等の日時等を指定する要件が存在するか否かを判断し、適切な措置を採るべきであるが、弁護人等から接見等の申出を受けた者が接見等の日時等の指定につき権限のある捜査官（以下「権限のある捜査官」という。）でないため右の判断ができないときは、権限のある捜査官に対し右の申出のあったことを連絡し、その具体的措置について指示を受ける等の手続を採る必要があり、こうした手続を要すること

により弁護人等が待機することになり又はそれだけ接見が遅れることがあったとしても、それが合理的な範囲内にとどまる限り、許容されている」と判示し、合理的な連絡調整時間を認めた。

　安藤・斎藤事件判決（前掲裁判例【5】）は、本条3項を合憲と判示するとともに、捜査の必要の意義については、前掲裁判例【1】【2】の判示を確認したうえ指定の要件がある場合、「捜査機関は、弁護人等と協議してできる限り速やかな接見等のための日時等を指定し、被疑者が弁護人等と防御の準備をすることができるような措置を採」ることを義務付けている。接見申出に対する対応を違法とした裁判例として、大阪地判平22・9・15判時2096・106（即時の接見を認める必要があるのに10分間取調べを継続）、東京地判平23・12・21判タ1375・252（弁護人の接見希望の連絡から警察署出発まで約1時間あったのに接見時刻の調整もせず、接見を事実上困難化）がある。

　裁判例を前提とした「捜査への顕著な支障」については、河上＝河村・大コメ刑訴1・455以下参照。

(4)　公訴提起の前

　接見指定ができるのは、被疑者の被疑事実についてのみである。被告人の捜査中の余罪についての指定が問題となる。

　被疑事実について身柄拘束されていない場合は指定できない。裁判例として、最決昭41・7・26刑集20・6・728（千葉大チフス菌事件）、大阪高判平18・11・29判時1976・51（不拘束の余罪についてのポリグラフ検査中を理由に接見拒否：違法）。被疑事実について身柄拘束中の場合、裁判例には、被告人の接見交通権を重視し権利濫用でない限り指定できないとするもの（札幌地決昭51・10・2〈未〉〔小林充・令状基本下198〕）、被告事件の防御と調和する限度では指定権行使を認めるもの（東京地決昭50・6・14刑裁月報7・6・760、東京地決昭50・4・23刑裁月報7・4・576）、弁護人の良識に委ねるもの（岐阜地決昭38・6・1下刑集5・5＝6・635）があったが、最決昭55・4・28刑集34・3・178は、「同一人につき被告事件の勾留とその余罪である被疑事件の逮捕、勾留とが競合している場合、検察官等は、被告事件について防禦権の不当な制限にわたらない限り、刑訴法39条3項の接見等の指定権を行使することができる」と判示した。また、最決平13・2・7判時1737・148は、「被告事件について防御権の不当な制限にわたらない限り、被告事件についてだ

け弁護人に選任された者に対しても、同法39条3項の接見等の指定権を行使することができる」と判示している。

(5) 日時の指定

接見の時期・回数について、最判昭28・7・10刑集7・7・1474（面接時間2、3分と指定：不当）、最判昭30・4・20判時54・27（起訴当日初めて接見指定：違法性否定）、最判昭30・6・14裁集106・121（逮捕後12日目に指定：違法性否定）もあったが、最近の運用では、少なくとも2日に1回、週3～4回、1回30分～1時間程度の接見を認めているようである（河上＝河村・大コメ刑訴1・461）。

なお、逮捕直後の最初の接見（初回接見）には特別な配慮が求められる。この点について、最判平12・6・13民集54・5・1635は、指定の要件がある場合でも初回接見については「被疑者の防御の準備ために特に重要」であり、「弁護人となろうとする者と協議して、即時又は近接した時点での接見を認めても接見の時間を指定すれば捜査に顕著な支障が生じるのを避けることが可能かどうかを検討し、これが可能なときは……特段の事情のない限り、犯罪事実の要旨の告知等被疑者の引致後直ちに行うべきものとされている手続及びそれに引き続く……手続を終えた後において、たとい比較的短時間であっても、時間を指定した上で即時又は近接した時点での接見を認めるようにすべきであ」ると判示している。その後の裁判例として、東京地判平18・2・20判タ1264・167（翌日の指定：違法）、東京高判平19・3・26高検速報平19・176（提案協議もせず3時間後を指定：違法）がある。

(6) 接見の場所

通常、被疑者のいる留置施設、拘置所である。検察庁は接見設備がない場合が多く、取調室等も保安上不適切である。前掲最判平17・4・19民集59・3・563は、秘密接見に適した場所がないことを認めた上、面会接見への配慮を求めている。

(7) 接見指定の方法等

現在、指定書、電話（口頭）、ファックスがあり、主任検察官の名前で行われている（運用状況も含め、河上＝河村・大コメ刑訴1・463～465参照）。

なお、最判平16・9・7判時1878・88は、検察官の指定の有無確認のため、接見を中断させたことを適法としている。

(8) 接見指定に対する不服申立（430Ⅰ・Ⅱ）

前述のようにかつては一般的指定書が対象になるかが争われたが、前掲裁判例【3】で対象とならないことが明らかにされ、具体的指定（不指定も含む。）が不服申立の対象となり、捜査の必要性と接見の必要性を総合して裁判所が判断することになる。東京地決昭40・2・11下刑集7・2・251は、準抗告裁判所は接見時間の指定もできるとしている（同旨、植村・注釈刑訴［第3版］1・473）。

(9) 書類・物の授受についての指定

書類等の授受についても、被疑者・被告人は弁護人とは原則として自由な授受が認められる（詳細は、河上＝河村・大コメ刑訴1・466以下、植村・注釈刑訴［第3版］1・460参照）。裁判例として、保安・戒護等の必要から在監者の信書の発受の制限は憲法34条・37条3項に違反しないとした最判平15・9・5裁集民210・413、法廷内の被告人と弁護人のメモ用紙等の授受の制限する訴訟指揮を是認した東京高判平4・5・27高検速報平4・27、弁護人が留置施設に収容中の被告人の所持品の交付を求めたのに、検察官が留置担当者に指示して宅下げを拒否した処分を違法とした裁判例として東京地判平22・1・27判タ1358・101がある。

（廣瀬健二）

〔書類・証拠物の閲覧・謄写〕
第40条　弁護人は、公訴の提起後は、裁判所において、訴訟に関する書類及び証拠物を閲覧し、且つ謄写することができる。但し、証拠物を謄写するについては、裁判長の許可を受けなければならない。
2　前項の規定にかかわらず、第157条の4第3項に規定する記録媒体は、謄写することができない。

〔規〕　第31条（弁護人の書類の閲覧等・法第40条）　弁護人は、裁判長の許可を受けて、自己の使用人その他の者に訴訟に関する書類及び証拠物を閲覧又は謄写させることができる。
　　　第301条（書類、証拠物の閲覧等）　裁判長又は裁判官は、訴訟に関する書類及び証拠物の閲覧又は謄写について、日時、場所及び時間を

指定することができる。
2 　裁判長又は裁判官は、訴訟に関する書類及び証拠物の閲覧又は謄写について、書類の破棄その他不法な行為を防ぐため必要があると認めるときは、裁判所書記官その他の裁判所職員をこれに立ち会わせ、又はその他の適当な措置を講じなければならない。

〈本条細目次〉
1　趣　旨　172
2　訴訟に関する書類及び証拠物　172
3　通常の公判手続外への準用　173

1　趣　旨

　本条は、弁護人の書類や証拠物の閲覧・謄写権を規定しており、弁護人の固有権の代表的なものである。被告人には弁護人がいないときに限って公判調書の閲覧権のみが認められている（49）に過ぎないが、本条によって弁護人には、公訴の提起後であるが、裁判所が保有する訴訟に関する書類や証拠物を閲覧・謄写する権限が与えられている。270条の定める検察官の閲覧・謄写権と比較すると、場所が裁判所に限定されていること、証拠物の謄写に裁判所の許可が必要とされている点において異なっている。
　なお、最判昭45・9・24裁集177・1169は、被告人が本条に準拠して書類、証拠物の閲覧謄写ができないとしても、それは立法政策の問題であって、憲法32条、37条に違反するものでない旨判示している。
　本条に基づく閲覧・謄写請求に対する不許可の裁判に対しては、309条2項により異議を申し立てることができる（最判平17・10・24刑集59・8・1442）。

2　訴訟に関する書類及び証拠物

　裁判所に保管されている訴訟に関する書類及び証拠物である。裁判所に保管されているものであればよく、公訴提起後に当事者が提出したもの（310）や裁判所が職権で得たもの（298Ⅱ）が中心であるが、公判調書その他の手続関係書類、公判における供述調書、身柄関係書類、証拠調べ前の取寄せ記録・提出命令に基づいて押収した証拠物等も含まれる。ただ、少年調査記録のように、取寄せ決定自体が謄写を除外する趣旨でなされ、取寄せ先もその

ことを前提に取寄せに応じている場合には、その決定の性質上謄写はできないと解される（植村・注釈刑訴［第3版］1・479）。

　また、いわゆるビデオリンク方式による証人尋問が行われた場合に、その証人の尋問及び供述並びにその状況を記録した記録媒体は、訴訟記録の一部とすることができるが（157の4Ⅲ）、その記録媒体を謄写することはできない（本条Ⅱ）。ビデオリンク方式によって行われる証人尋問は、証人保護の要請がより強い場合であるが、その供述状況が克明に記録された記録媒体が謄写という形で訴訟記録以外に存在し、人の目に触れるようなことになれば、証人のプライバシー、名誉、心情を害し、精神的被害を与えることになり、その用いられ方によってはその被害が一層拡大することが想定されるからである（植村・前掲476）。

　なお、証拠保全で裁判所が得た書類・証拠物に関する閲覧・謄写は、180条により、226条・227条の公判前の証人尋問の場合は、規163条により、裁判官は、関係書類を速やかに検察官に送付することが義務づけられているから、いずれも、本条の対象とはならない。

3　通常の公判手続外への準用

　通常の公判手続以外における書類や証拠物に関するものとして、福岡高決昭54・1・22判時933・161は、刑法26条の2第2号による刑の執行猶予言渡取消手続では、猶予の言渡しを受けた者の請求がある場合には口頭弁論が必要的とされ、弁護人選任権も認められていることから、弁護人に記録の閲覧謄写に関する本条や規31条が準用されると判示している。また、前掲最判平17・10・24は、弁護人が、起訴前になされた勾留理由開示の期日調書を、公訴の提起後第1回公判期日前の時点で勾留理由開示担当裁判官に閲覧・謄写請求することは、本条1項に準じて認められると判示している。

（遠藤邦彦）

〔独立行為権〕
　第41条　弁護人は、この法律に特別の定のある場合に限り、独立して訴訟行為をすることができる。

〈本条細目次〉
1 本条の趣旨 174
2 弁護人の権限 174
3 裁判例 174

1 本条の趣旨

弁護人は、被疑者・被告人の代理人であるのみならず、法律専門家として保護者的な性格を持つ。このため、弁護人は被疑者・被告人の訴訟行為については包括的な代理権がある（本人の明示・黙示の意思に反することはできない。上訴申立を包括代理権により認める最大決昭63・2・17刑集42・2・299参照）。さらに、後者の役割を果たすため、被疑者・被告人の意思から独立した行為が必要となる場合もある。本条はこの趣旨を明らかにしたものである。

2 弁護人の権限

弁護人の権限には、被疑者・被告人の権利の消長と関係ない固有権と独立行為権がある。固有権には、接見交通権（39）、書類・証拠物の閲覧謄写権（40）、各種通知を受ける権利（79・273Ⅲ）、鑑定に立ち会う権利（170）、証拠保全に関する書類・証拠物の閲覧謄写権（180Ⅰ）等、被疑者・被告人とともに持つ権利として、差押状・捜索状執行時の立会権（113）、検証の立会権（142）、起訴前の証人尋問の立会権（228）、証人等の尋問権（304Ⅱ）、意見陳述権（291の2・293Ⅱ・299Ⅱ）等がある。被疑者・被告人の明示の意思に反しても行使できるものとして、勾留理由開示請求権（82Ⅱ）、勾留取消請求権（87Ⅰ）、保釈請求（88Ⅰ）、証拠保全請求（179Ⅰ）、公判期日変更請求権（276Ⅰ）、裁判長の処分に対する異議申立権（309）等、明示の意思に反することはできないが、黙示の意思には反し得るものとして、忌避申立権（21Ⅱ）、上訴申立（355・356）等、がある。

弁護人の権限の分類・検討の詳細については、植村・注釈刑訴［第3版］1・487以下、河上＝河村・大コメ刑訴1・477以下を参照。

3 裁判例

裁判例として、忌避申立について、大阪高決昭28・11・16高刑集6・12・1705（独立代理権）、忌避申立却下決定に対する不服申立について、仙台高決昭44・2・17高刑集22・1・20がある。証拠に対する同意（326Ⅰ）は包括

代理権とされ、特段の事情がなければ被告人の意思に合致すると解されている（最決昭26・2・22刑集5・3・421、東京高判昭53・7・17東時29・7・140等）。特段の事情としては、被告人が全面否認しているのに弁護人が同意した場合、被告人への確認なしに書証を取り調べ有罪とした場合が違法とされている（最判昭27・12・19刑集6・11・1329、東京高判昭48・3・28高刑集26・1・100、仙台高判平5・4・26判タ828・284、大阪高判平8・11・27判時1603・151、札幌高判平14・2・26〈未〉、広島高判平15・9・2高検速報平15・131。なお、違法でないとした福岡高判平10・2・5判時1642・157、東京高判平18・4・28〈未〉もある。）。

　控訴趣意書について、356条により被告人の明示の意思に反することはできないが（大判大13・4・28刑集3・378、最大決昭23・11・15刑集2・12・1528）、最決昭30・4・15刑集9・4・851は、被告人が差し出した控訴趣意書を弁護人が撤回することは全く認められないものではないとし、最決昭45・9・4刑集24・10・1311は、被告人は弁護人の差し出した控訴趣意書を撤回することができるとし、東京高判昭60・6・20高刑集38・2・99は、控訴審の弁護人は、被告人の明示の意思に反して控訴趣意書を提出することはできないとしている（なお、広島高判昭43・7・12判タ225・169）。最大決昭24・9・19刑集3・10・1598は、弁護人の略式命令に対する正式裁判請求を認めている（旧法事件）。

　仙台高判平20・8・6訟務月報55・4・1816は、取調拒否権は、特別の規定がない以上、弁護人の固有の権利と認める余地はないとしている。また、東京高決平19・4・25東時58・1＝12・26は、法廷等秩序維持法の制裁の裁判に対し、補佐人の弁護士には固有権はなく、抗告申立権は認められないとしている。

　なお、裁判が弁護人と被疑者・被告人に別々に告知された場合、不服申立期間は被疑者・被告人を基準としている。裁判例として、最決昭27・11・18刑集6・10・1213（刑の変更決定）、最決昭32・5・29刑集11・5・1576（上告棄却決定）、最決昭43・6・19刑集22・6・483（保釈却下決定）、仙台高決昭44・2・17高刑集22・1・20（忌避申立却下決定）、東京高決平11・5・11東時50・1＝12・36（接見禁止決定に対する抗告棄却決定）がある。

（廣瀬健二）

〔補佐人〕
第42条　被告人の法定代理人、保佐人、配偶者、直系の親族及び兄弟姉妹は、何時でも補佐人となることができる。
2　補佐人となるには、審級ごとにその旨を届け出なければならない。
3　補佐人は、被告人の明示した意思に反しない限り、被告人がすることのできる訴訟行為をすることができる。但し、この法律に特別の定のある場合は、この限りでない。

〔規〕　第32条（補佐人の届出の方式・法第42条）　補佐人となるための届出は、書面でこれをしなければならない。

〈本条細目次〉
1　趣　旨　176
2　補佐人となりうる者　176
3　補佐人の届出　176
4　補佐人の権限　176

1　趣　旨
　被告人に法定代理人や配偶者等被告人と特別な身分関係を有する者がいる場合に、その特別な身分関係から、情誼上、被告人と同様の訴訟行為をすることができることとしたものである。補佐人となりうる者は、いずれも弁護人選任権者（30Ⅱ）であり、弁護人と相まって被告人の権利を保護しようというものである。ただ、実際にはほとんど利用されていない（植村・注釈刑訴［第3版］1・500）。

2　補佐人となりうる者
　補佐人には、被告人の法定代理人、保佐人と、配偶者、直系の親族及び兄弟姉妹がなることができる。

3　補佐人の届出
　補佐人は、被告人とは関係なく補佐人となることができるが、そのためには、審級ごとに書面を裁判所に届け出なければならない（規32）。

4　補佐人の権限
　補佐人は、被告人の明示した意思に反しない限り、被告人のすることがで

きる訴訟行為をすることができる。但し、特別な定めがある場合は、その限りではない。特別の定めとしては、上訴の放棄・取下げ (360) がこれに該当するとされている（植村・前掲501）。

(遠藤邦彦)

第5章　裁　判

〔判決、決定・命令〕
第43条　判決は、この法律に特別の定のある場合を除いては、口頭弁論に基いてこれをしなければならない。
2　決定又は命令は、口頭弁論に基いてこれをすることを要しない。
3　決定又は命令をするについて必要がある場合には、事実の取調をすることができる。
4　前項の取調は、合議体の構成員にこれをさせ、又は地方裁判所、家庭裁判所若しくは簡易裁判所の裁判官にこれを嘱託することができる。

〔規〕　第33条（決定、命令の手続・法第43条）　決定は、申立により公判廷でするとき、又は公判廷における申立によりするときは、訴訟関係人の陳述を聴かなければならない。その他の場合には、訴訟関係人の陳述を聴かないでこれをすることができる。但し、特別の定のある場合は、この限りでない。
　　2　命令は、訴訟関係人の陳述を聴かないでこれをすることができる。
　　3　決定又は命令をするについて事実の取調をする場合において必要があるときは、法及びこの規則の規定により、証人を尋問し、又は鑑定を命ずることができる。
　　4　前項の場合において必要と認めるときは、検察官、被告人、被疑者又は弁護人を取調又は処分に立ち会わせることができる。

〈本条細目次〉
1　判　決　179
　(1)　判決の意義　179
　(2)　判決の手続　179
2　決定・命令　180
　(1)　決定・命令の意義　180
　(2)　決定・命令の手続　180
3　事実の取調べ　181

1 判決

(1) 判決の意義

判決は、訴訟法上、最も重要な事項についてされる終局裁判の形式の一つである。終局裁判ではない判決として、部分判決（裁判員78）と訂正の判決（415）がある。終局裁判のうち、実体裁判は判決によるが、形式裁判でも重要なものについては、判決による。免訴（337）、比較的重大な訴訟障害の事由に基づく公訴棄却（338）、管轄違いの判決（329）、破棄の裁判（397～400・410・412・413）、上訴棄却の裁判（395・396・408・414。ただし、385・386・414の場合を除く。）などがこれに当たる。

(2) 判決の手続

判決は、特別の定めのある場合を除いて口頭弁論に基づいてしなければならない（本条Ⅰ）。この特別の定めのうち、全く弁論を経ることを要しない場合として、上告棄却の判決（408）、訂正の判決（416）がある。また、訴訟関係人の一部が欠けるなど変則的な口頭弁論の形態として、被告人不在のまま判決できる場合（284・285・286の2・314Ⅰ但・390・409）、被告人の陳述を聴かないまま判決できる場合（341）、弁護人不在のまま開廷できる場合（289条等に定める必要的弁護事件以外の事件、391条・414条）がある。

これらの特別の定めがある場合を除くほか、口頭弁論に基づかない判決は違法であり、判決書の日付に弁論を終結した公判期日より前の年月日が記載されている場合に、これを口頭弁論に基づかない違法な判決とした裁判例がある（最判昭41・2・24刑集20・2・49）。これは、一旦指定した判決宣告日を変更し、新たな宣告日に弁論を再開して証拠調べを行い、その日に判決を宣告したが、判決書には前の宣告日が記載されていたという事案についてであるが、一方で、判決書に宣告日の1年前の日付が作成日として記載されていた事案について、明白な誤記にとどまるとしたものもある（最決昭45・6・23裁集176・655、東京高判平10・6・24東時49・1＝12・31）。また、判決前の最終の口頭弁論に立ち会っていない裁判官が判決書に署名押印したときは、口頭弁論に関与しない裁判官が判決に関与したものとして、違法である（最判昭25・3・30刑集4・3・454）。

判決の告知は、公判廷における宣告によって行うが（342・404・414）、その際、判決書の原本が作成されている必要はない（最判昭25・11・17刑集4・

11・2328、最判昭51・11・4刑集30・10・1887)。また、宣告のための公判期日が終了するまでの間は、判決書又はその原稿の朗読を誤った場合にはこれを訂正することも、一旦宣告した判決の内容を変更して改めてこれを宣告することも可能である(最判昭47・6・15刑集26・5・341、最判昭51・11・4刑集30・10・1887)。もっとも、このような判決の言い直しにとどまらず、判決宣告手続の途中で、その手続を当該期日において完結させることなく、次回期日を指定するなどした訴訟手続を違法とした裁判例がある(福岡高判平16・2・13高刑集57・1・4、福岡高判平16・2・25判タ1155・124)。判決宣告手続は一回的かつ明確であるべきで、途中で裁判内容を変更する場合であっても、当該判決宣告期日において、その手続を完結させるべきというのがその理由である。

2 決定・命令

(1) 決定・命令の意義

決定は、裁判所の行う裁判で、判決以外の形式によるものであり、終局前の裁判として行われるのが一般である(例外的に終局裁判として行われるものにつき、339Ⅰ・385・386・414等)。命令は、裁判官(裁判長、受命裁判官、受託裁判官、その他1人の裁判官)による裁判の形式である(288Ⅱ・294・295等)。当該裁判が決定か命令かの区別は、必ずしも明文で規定されているわけではないが、裁判の主体が裁判所か1人の裁判官かによって判別できる。裁判所の構成が単独体である場合、実際上の判断主体が同一となり、区別に困難が生じるが、裁判所が合議体の場合に、当該判断事項が裁判所によるものとされているか、裁判長によるものとされているかと同列に考えればよい。

(2) 決定・命令の手続

決定も命令も、口頭弁論に基づくことを要しない(本条Ⅱ)。例外として保護観察中の遵守事項違反を理由とする執行猶予取消請求について、猶予の言渡しを受けた者から請求があるときは、口頭弁論を経る必要がある(349の2Ⅱ)。

訴訟関係人の陳述の聴取について、決定の場合は、申立てにより公判廷でするとき、又は公判廷における申立てによりするときは必要であるが、その他の場合は不要であり(規33Ⅰ)、命令の場合は、不要である(規33Ⅱ)。規33条1項に規定する訴訟関係人の陳述を聴取しなければならない特別の定め

としては、被告人の勾留決定（61）、保釈の許可又は保釈請求却下決定（92Ⅰ）、勾留取消決定（92Ⅱ）、公判期日の変更決定（276Ⅱ、規180）、執行猶予取消決定（349の2）等である。陳述を聴取しなければならないときでも、現実に聴取する必要まではなく、その機会を与えれば足りる。

決定に対する不服申立ての方法は、即時抗告をすることができる旨の規定がある場合は即時抗告で、その他の場合は抗告である（419）。抗告できない決定もある（420・427・428等）。命令に対しては、原則として不服申立てはできないが、準抗告ができる場合がある（429）。不服申立てが許されない決定、命令に対しても、憲法違反、判例違反を理由とする場合には、特別抗告をすることができる（433）。なお、単独体の裁判所を構成する1人の裁判官が忌避申立てを簡易却下（24Ⅱ）した場合の不服申立ての方法について、準抗告（429Ⅰ）によるべきか、即時抗告（25）によるべきか争いがあるが、準抗告によるとするのが判例である（最決昭29・5・4刑集8・5・631、最決昭31・6・5刑集10・6・805）。

3　事実の取調べ

事実の取調べとは、決定又は命令をするに当たり、事実関係について資料を調査することである。事実の取調べの方法については、強制力を伴わない限り何ら制限がなく、公判廷における証拠調べの方式をとる必要も、証拠能力の制限もない。規33条3項に規定する証人尋問及び鑑定以外に、どの程度の強制処分が許されるかについては議論があり、第1編第8章以下に定められた強制処分が裁判所の権限に属するものであることから、裁判所の決定のための事実の取調べにおいては許されるが、裁判官の命令のための事実の取調べにおいては許されないとする見解が通説である（団藤・条解102）。

事実の取調べの方法や、検察官、被告人、被疑者又は弁護人を立ち会わせるか（規33Ⅳ）は、手続を主催する裁判所又は裁判官の裁量であり、被告人側に立会及び尋問の機会を与えなかったとしても、憲法37条2項に違反するものでない（最決昭49・10・4裁集194・7）。

〔加藤陽〕

〔裁判の理由〕
第44条　裁判には、理由を附しなければならない。

2　上訴を許さない決定又は命令には、理由を附することを要しない。但し、第428条第2項の規定により異議の申立をすることができる決定については、この限りでない。

〔規〕　第34条（裁判の告知）　裁判の告知は、公判廷においては、宣告によつてこれをし、その他の場合には、裁判書の謄本を送達してこれをしなければならない。但し、特別の定のある場合は、この限りでない。

第35条（裁判の宣告）　裁判の宣告は、裁判長がこれを行う。

2　判決の宣告をするには、主文及び理由を朗読し、又は主文の朗読と同時に理由の要旨を告げなければならない。

3　法第290条の2第1項又は第3項の決定があつたときは、前項の規定による判決の宣告は、被害者特定事項を明らかにしない方法でこれを行うものとする。

第36条（謄本、抄本の送付）　検察官の執行指揮を要する裁判をしたときは、速やかに裁判書又は裁判を記載した調書の謄本又は抄本を検察官に送付しなければならない。但し、特別の定のある場合は、この限りでない。

2　前項の規定により送付した抄本が第57条第2項から第4項までの規定による判決書又は判決を記載した調書の抄本で懲役又は禁錮の刑の執行指揮に必要なものであるときは、すみやかに、その判決書又は判決を記載した調書の抄本で罪となるべき事実を記載したものを検察官に追送しなければならない。

第53条（裁判書の作成）　裁判をするときは、裁判書を作らなければならない。但し、決定又は命令を宣告する場合には、裁判書を作らないで、これを調書に記載させることができる。

第54条（裁判書の作成者）　裁判書は、裁判官がこれを作らなければならない。

第55条（裁判書の署名押印）　裁判書には、裁判をした裁判官が、署名押印しなければならない。裁判長が署名押印することができないときは、他の裁判官の1人が、その事由を附記して署名押印し、他の裁判官が署名押印することができないときは、裁判長が、その事由を附記して署名押印しなければならない。

第56条（裁判書の記載要件）　裁判書には、特別の定のある場合を除いては、裁判を受ける者の氏名、年齢、職業及び住居を記載しなければならない。裁判を受ける者が法人（法人でない社団、財団又は

団体を含む。以下同じ。）であるときは、その名称及び事務所を記載しなければならない。
2 　判決書には、前項に規定する事項の外、公判期日に出席した検察官の官氏名を記載しなければならない。

第57条（裁判書等の謄本、抄本）　裁判書又は裁判を記載した調書の謄本又は抄本は、原本又は謄本によりこれを作らなければならない。
2 　判決書又は判決を記載した調書の抄本は、裁判の執行をすべき場合において急速を要するときは、前項の規定にかかわらず、被告人の氏名、年齢、職業、住居及び本籍、罪名、主文、適用した罰条、宣告をした年月日、裁判所並びに裁判官の氏名を記載してこれを作ることができる。
3 　前項の抄本は、判決をした裁判官がその記載が相違ないことを証明する旨を附記して認印したものに限り、その効力を有する。
4 　前項の場合には、第55条後段の規定を準用する。ただし、署名押印に代えて認印することができる。
5 　判決書に起訴状その他の書面に記載された事実が引用された場合には、その判決書の謄本又は抄本には、その起訴状その他の書面に記載された事実をも記載しなければならない。但し、抄本について当該部分を記載することを要しない場合は、この限りでない。
6 　判決書に公判調書に記載された証拠の標目が引用された場合において、訴訟関係人の請求があるときは、その判決書の謄本又は抄本には、その公判調書に記載された証拠の標目をも記載しなければならない。

〈本条細目次〉
1 　本条の趣旨　184
2 　裁判の理由　184
　(1) 　有罪判決の理由　184
　(2) 　無罪判決の理由　185
　(3) 　管轄違いの判決（329）、免訴の判決（337）、公訴棄却の判決（338）の理由　186
　(4) 　決定及び命令の理由　186
3 　理由を付する必要のない裁判　187
4 　裁判書　187
5 　裁判の告知　188
6 　謄本・抄本の検察官への送付　189

1 本条の趣旨

　裁判に理由を付すことが要求されるのは、第1に、裁判が恣意的なものではなく、合理的、客観的な根拠に基づくものであることを担保すること、第2に、裁判を受ける者の納得を得、又は批判を待つために必要であること、第3に、上訴審に対して原裁判の当否を判断するための手掛かりを提供し、適切、円滑な審査の実現を可能とすること、第4に、社会に対して法の適正、妥当な行使がされていることを示すことにあると解される（松尾・条解99、中山・大コメ刑訴1・510）。

2 裁判の理由

　裁判の理由とは、裁判の結論たる主文を導くに至った具体的な理由である。どのように理由を構成すべきか、どの程度の理由を示すべきか等については、有罪判決（335Ⅰ）や略式命令（464）等、明文で規定されている場合を除き、裁判官の裁量に委ねられている。

(1) 有罪判決の理由

　有罪判決については、法文上、「罪となるべき事実」、「証拠の標目」、「法令の適用」、「法律上犯罪の成立を妨げる理由又は刑の加重減免の理由となる事実が主張されたときは、これに対する判断」を示すことが要求されている（335）。

　これ以外にも、本条の一般原則により理由を明示する必要のある場合として、未決勾留日数の算入、労役場留置、刑の執行猶予、保護観察、没収、追徴、訴訟費用の負担等について、その根拠規定を法令の適用の項目中に明示すべきである。また、累犯加重の事由となる前科の認定については、その前科の事実についても明示することが必要である（最大判昭24・5・18刑集3・6・734、最判昭39・5・23刑集18・4・166）。なお、累犯前科については、前科の事実を示すだけでなく、これを認定した証拠についても挙示するのが実務上の取扱いである（仙台高判昭39・11・2高刑集17・7・671参照。もっとも、前掲最判昭39・5・23は、証拠の挙示は必要ないとする。）。その他、法令の適用のあり方について判示した裁判例として、自首減軽の規定を適用しながら自首の事実を摘示していない判決は、本条1項の要求する理由の一部を欠くものとして違法であるとしたもの（東京高判平21・6・16東時60・1＝12・84）、第三者所有物の没収に当たり、第三者所有物の没収の手続規定を判示する必

要はないとしたもの（東京高判昭60・7・11刑裁月報17・7＝8・644）がある。
　訴訟関係人の主張に対しては、335条2項に規定する場合を除き、法律上これに対する判断を示す必要はない。この点に関連する裁判例としては、有罪判決において、なぜある証拠を採用し、他の証拠を排斥したのかの理由、あるいは採用した証拠によりいかなる理由で犯罪事実を認定したかの判別について必ずしもいちいちこれを判示することを要しないとしたもの（最判昭33・3・14裁集123・679）、被告人が事実関係について全面的に争っている場合に、判決理由中で、争点について実質的判断を示したり証拠説明などを行ったりせず、「証拠」の項に認定資料とした証拠の標目を掲げるに留めたとしても、335条1項に定める法律上の必要要件を満たしており、本条1項や378条4号に違反するものではないとしたもの（東京高判平8・1・18判時1570・139）、わいせつ性を判断する基準としての社会通念を判示するに当たって、証拠上の根拠を示さなくとも、理由不備にならないとしたもの（東京高判昭56・12・17高刑集34・4・444）等がある。もっとも、実務の取扱いでは、訴訟関係人の主張が重要な争点となっている場合には、前記1の各趣旨に照らして、その主張に対する判断を示すのが通常である。その判断が、事実上の主張に対するものである場合には証拠の標目の後に、法律上の主張に対するものである場合には法令の適用の後に、「事実認定の補足説明」、「争点に対する判断」等の見出しを付けて、具体的な理由を記載することが多い。また、重大事件については、法令の適用や争点に対する判断の記載の後、最後に「量刑の理由」という項目を設け、主文の刑を量定するに際して考慮した事情や具体的な理由について記載するのが一般である。

(2)　無罪判決の理由
　無罪判決については、既判力の範囲を明確にするためにも、公訴事実又はその要旨を示す必要があり、その上で、被告事件が罪とならない理由（336前）又は被告事件について犯罪の証明がない理由（同条後）を示すべきである。示すべき理由の範囲や程度について判示した裁判例としては、個々の証拠につき、採用できない理由を逐一説明する必要はないとしたもの（最判昭35・12・16刑集14・14・1947）、無罪判決の理由としては、被告事件が罪とならないか、犯罪の証明がないかのいずれか一つによって無罪の言渡しをするものであることを示せば足りるとしたもの（東京高判昭27・10・23高刑集5・

12・2165)がある。

　実務上は、前記1の各趣旨に照らし、事案に応じて、証拠の証明力を含め、無罪となった理由について具体的に分かりやすく記載するのが一般である（名古屋高判昭24・12・27特報6・83及び広島高判昭27・8・9特報20・98は、公訴事実を証明し得る一応の形式的証拠がそろっている場合に無罪の判決をするには、その証拠の証明力がないことを説明しなければならないとしている。）。

　なお、併合罪の関係に立つ数個の犯罪の一部について、無罪、免訴、公訴棄却の判決を言い渡す場合には、主文においてその旨を言い渡さなければならないが、択一的又は予備的に主張された訴因について、その一部の訴因に関して有罪の判決をする場合には、他の訴因については、主文で判断を明示する必要はなく、理由中でその判断を示すことができると解されている（中山・大コメ刑訴1・516)。

　なお、裁判の告知については、後記5を参照。

(3)　管轄違いの判決(329)、免訴の判決(337)、公訴棄却の判決(338)の理由

　これらの判決については、公訴事実又はその要旨を示した上、329条、337条各号、338条各号に当たる理由を明示する必要がある。

(4)　決定及び命令の理由

　決定、命令については、一般的には明示すべき理由について特に規定は設けられておらず、判決と比べてより簡潔な理由で足りる。実務上、各種令状のように記載すべき理由が法定されている場合（63・64・107・168Ⅱ・200・219等）には、多量の事務処理を円滑に遂行するため、定型的な書式を利用しているが、これは、定型的な文言でも裁判の理由が十分理解できる場合に行われているもので、もとよりこれらの取扱いが本条の趣旨に反するものではない。

　裁判例としては、保釈許可決定に単に請求があったから保釈する旨を記載し、保釈の適用法令を明示しなかったからといって、直ちに違法とはいえないとしたもの（東京高決昭29・4・21特報40・73)、保釈取消しの理由に96条1項各号に該当する具体的事実を明示する必要がないとしたもの（東京高決昭34・2・7東時10・2・99)、証言拒否に対する過料の裁判の理由には具体的な証言拒否の事実を明示する必要がないとしたもの（神戸地決昭34・8・3下刑集1・8・1854)、訴訟費用執行免除の申立棄却決定において「申立を

理由がないものと認め」とのみ記載していても、裁判の理由として欠けるところはないとしたもの（東京高決昭64・1・6判タ698・287）等がある。

3　理由を付する必要のない裁判

　上訴を許さない決定又は命令には、理由を付すことを要しない（本条Ⅱ本）。前記1の趣旨のうち、上訴審に対して原裁判の当否を判断するための手掛かりを提供するという第3の趣旨が当たらず、訴訟経済の観点からも理由を付す必要がないということがその理由である。もとより、前記1に掲げたその他の趣旨から理由を付すのが相当である場合もあり、上告審における決定等で、重要な法令解釈を含むもの等については、理由が示されるのが一般である。

　上訴を許さない決定又は命令とは、即時抗告も通常抗告（419）も許さない決定、準抗告（429）を許さない命令をいう。427条により抗告を許さない決定、428条による異議申立ての許されない高等裁判所の決定、上告審における決定等がこれに当たる。特別抗告は全ての決定、命令に対してすることができることから、ここにいう「上訴」に当たると解すると、全ての決定、命令に理由を付すことが必要となるので、本条の上訴には特別抗告は含まれないと解すべきである。

　428条2項の規定により異議の申立てができる決定については、理由を付すことが必要である（本条Ⅱ但）。428条2項に規定する異議申立ては、最高裁判所の負担軽減のために設けられたもので、実質的には上訴としての性質を有するものだからである。

4　裁判書

　裁判をするときは、裁判書を作成しなければならないが、決定又は命令を宣告する場合には、裁判書に代えて調書に記載することができる（規53）。もっとも、判決の場合でも、地方裁判所及び簡易裁判所においては、上訴の申立てがなく、判決宣告の日から14日以内でかつ判決の確定前に判決書の謄本の請求（46）がなかったときは、判決主文、罪となるべき事実の要旨及び適用した罰条を、判決を宣告した公判期日の調書の末尾に記載させて判決書に代えることができる（規219）。決定又は命令の場合、重要な事項に関する場合（違法収集証拠であることが争われているときや、自白調書の任意性が争われているときの当該証拠の採否を決定する場合等）には、決定書又は命令書が

作成されることも、実務上しばしば見られる。

判決書の記載要件は、規56条に記載されている。

判決書は、判決そのものではなく、判決の内容を後日のために記録する文書に過ぎないから、判決の宣告内容と判決書の記載が異なる場合、宣告された内容に従って効力を生じる（最判昭51・11・4刑集30・10・1887）。

5 裁判の告知

裁判は、原則として告知によって外部的に成立し、上訴の提起期間は、告知された日から進行する（358）。裁判の告知は、公判廷においては、宣告により行い、その他の場合には、裁判書の謄本を送達して行う（規34）。

判決の告知は、公判廷による宣告によらなければならず（342）、その際、裁判長が、主文及び理由を朗読し、又は主文の朗読と同時に理由の要旨を告げなければならない（規35Ⅰ・Ⅱ）。判決の宣告に際し、主文のみを告知し、その理由の全部を省略することは許されない（仙台高判昭63・12・12高検速報昭63・191）。被害者特定事項を公開の法廷で明らかにしない旨の決定（290の2）があった場合には、判決の宣告においても、被害者特定事項を明らかにしない方法で行う（規35Ⅲ）。

判決は、宣告前に原本を作成しておく必要はないが、判決主文を朗読する旨規定されていることからすると、少なくとも主文については前もって書面に作成されていなければならないと解される（最決昭45・4・20裁集176・211）。

謄本とは、原本の内容を同一の文字、符号によって完全に謄写した書面で、公務員が作成し、謄本である旨を認証したものであり、抄本は、原本の内容の一部について作成され、公務員が認証したものである。裁判書の謄本又は抄本は書記官が作成する（規37）。判決書に起訴状その他の書面に記載された事実が引用された場合には、その判決書の謄本又は抄本には、その起訴状その他の書面に記載された事実をも記載しなければならない（規57Ⅴ本）。

裁判書の送達については、54条の解説参照。

規34条1項但書の「特別の定」として裁判書謄本の送達を要しないとされている場合としては、除斥、回避の決定（規14）、勾留理由開示請求の却下決定（規86の2）、公判期日変更請求の却下決定（規181）、公判期日前にする証人等尋問決定（規191Ⅰ）、弁論再開請求の却下決定（規214）、公判前整理

手続に付する旨の決定（規217の3）、公判前整理手続を受命裁判官にさせる旨の決定（規217の11）、起訴状謄本不送達による公訴棄却決定（規219の2Ⅰ）、判決訂正申立期間延長申立ての却下決定（規269）、略式命令の告知不能による公訴棄却決定（規291・219の2Ⅰ）等である。また、証拠調べを受命裁判官に行わせる決定（163Ⅰ）、国選弁護人を選任する裁判（36・37・37の2・37の4）及びこれに基づく選任命令（規29）、公判期日への被告人の不出頭を許可する決定（285）等については、解釈上、裁判書の謄本の送達を要しないとされている。

召喚状（65Ⅰ・153・171・178）、逮捕状や勾留状等の各種令状（規72・95・104・112・150）、令状請求を却下する裁判（規140）、勾留延長の裁判（208Ⅱ・208の2、規153）、勾留期間更新決定（60Ⅱ）、移送同意の裁判（規80Ⅰ）等については、裁判書原本を送達又は交付するものとされている。

決定、命令の告知が公判廷外でされる場合において、告知を必要とする者（裁判書謄本の受送達者）の範囲については、見解が分かれている（詳細は54条の解説参照）。①申立人に対して告知すれば足りるとする見解、②裁判を受ける者に告知すれば足りるとする見解、③裁判を受ける者、申立人及び抗告権者に送達する必要があるとする見解等があるが（例えば、被告人の妻が保釈請求した場合、①の見解では妻に、②の見解では被告人に、③の見解では妻、被告人、検察官に送達することになると思われる。）、実務的観点からして、③の見解が妥当と解される（中山・大コメ刑訴1・517、622）。

6　謄本・抄本の検察官への送付

検察官の執行指揮を要する裁判をしたときは、裁判書又は裁判を記載した調書の謄本又は抄本を速やかに検察官に送付しなければならない（規36Ⅰ本）。

判決書の作成前に裁判の執行が必要となるときは、一定の事項を記載した判決の抄本によって裁判を執行することができる（規57Ⅱ〜Ⅳ）。この場合で、懲役刑又は禁錮刑の執行が必要となるものについては、速やかに、その判決書又は判決を記載した調書の抄本で、罪となるべき事実を記載したものを検察官に送致しなければならない（規36Ⅱ）。規57条2項〜4項に規定する抄本には犯罪事実が記載されていないので、そのままだと、懲役刑又は禁錮刑の執行に当たり、受刑者の処遇、仮出所、恩赦等の関係で種々の支障を来す

からである。この場合の抄本の追送は、犯罪事実を明らかにするために行われるものであるから、その他の記載については、先に送付した抄本と同一の被告事件であることを明示するに足る事項で十分である。

　勾引状、勾留状、差押状、捜索状については、検察官の指揮により執行する場合には、前記のとおり、原本を検察官に送付しなければならない（規72・95）。

（加藤陽）

〔判事補の権限〕
第45条　判決以外の裁判は、判事補が1人でこれをすることができる。

〈本条細目次〉
　1　本条の意義等　190
　2　判事補　190
　3　判事補の権限　190

1　本条の意義等
　裁判所法27条1項は、「判事補は、他の法律に特別の定のある場合を除いて、1人で裁判をすることができない。」と規定するところ、本条は、この「特別の定」に当たる。

2　判事補
　判事補は、司法修習を終えて内閣により任命された後、在職期間が10年に満たない者である（裁43・42Ⅰ）。もっとも、判事補の職権の特例等に関する法律により、在職期間が通算5年以上で最高裁判所の指名を受けた者は、判事補としての職権の制限を受けないものとされるから、その場合は本条の「判事補」には当たらず、1人で裁判をすることができる。この最高裁判所の指名を受けた判事補は特例判事補と、それ以外の判事補は未特例判事補と通称されている。

3　判事補の権限
　判事補が1人でできる裁判は、判決以外の裁判、すなわち決定又は命令である。もっとも、1人で判決することができないということは、単独体の裁

判所を構成することができないと解すべきことから、判事補は、公訴棄却の決定（339Ⅰ）、移送の決定（19）、第1回公判期日後にする勾留に関する処分等、公判裁判所が行うべき決定を1人ですることはできない。また、判事補は、裁判長になることはできないから（裁27Ⅱ）、法廷警察権（288Ⅱ）や訴訟指揮権（294）に基づく命令等、裁判長の権限に属する命令をすることもできない。そうすると、結局、判事補が1人でできる裁判は、主として裁判官の命令ということになり、具体的には、捜査段階の令状発付、捜査段階又は公訴提起後第1回公判期日までにする勾留に関する処分（207・280）、証拠保全に関する処分（179）、第1回公判期日前の証人尋問に関する処分（226・227）、執行猶予取消請求に対する決定（349の2）等である。

なお、判事補であっても、受命裁判官又は受託裁判官としてであれば、本来裁判所又は裁判長の権限に属する訴訟行為をすることができる。

（加藤陽）

〔謄本の請求〕
第46条 被告人その他訴訟関係人は、自己の費用で、裁判書又は裁判を記載した調書の謄本又は抄本の交付を請求することができる。

〈本条細目次〉
1 本条の意義等　191
2 訴訟関係人　192
3 裁判書等　192

1 本条の意義等

被告人その他の訴訟関係人に対し、裁判の内容を知る機会を与える規定である。被告事件の終結後は、何人でも訴訟記録を閲覧することができるが（53Ⅰ）、訴訟関係人は、その前後を問わず、本条により謄本等の交付を請求することができる。勾引状又は勾留状の執行を受けた被告人又は被疑者は、勾留状などの謄本の交付を請求できる（規74・302・154）が、この場合は本条の適用がなく、自己の費用を払う必要はないものと解されている（松尾・条

解103、中山・大コメ刑訴1・523)。

2　訴訟関係人

訴訟関係人とは、検察官、弁護人、被告人が法人である場合の代表者(27)、法定代理人（28）、特別代理人（29）、補佐人（42）、代理人（283・284）等、公判手続に当事者として関与する者をいう。また、被告人のために上訴できる者（353～355）や被告人以外で裁判を受けた者（133・137・150・160・186・187等）も、本条により、裁判書等の謄本・抄本の交付を請求できると解される（松尾・条解103、中山・大コメ刑訴1・523)。

3　裁判書等

裁判書については、44条の解説参照。裁判を記載した調書とは、調書判決（規219）、公判廷で宣告された決定、命令を記載した公判調書（規53但・44Ⅰ㊺）である。

費用の額は、当分の間、請求する謄本・抄本の用紙1枚について60円の割合とされている（刑訴施10）。

本条の請求は、その裁判をした裁判所に対して行うべきである。請求を受けた裁判所は、適法な請求である場合には、それに応じる謄本、抄本を交付しなければならない。

（加藤陽）

第6章　書類及び送達

〔訴訟書類の非公開〕
第47条　訴訟に関する書類は、公判の開廷前には、これを公にしてはならない。但し、公益上の必要その他の事由があって、相当と認められる場合は、この限りでない。

〔規〕　第37条（訴訟書類の作成者）　訴訟に関する書類は、特別の定のある場合を除いては、裁判所書記官がこれを作らなければならない。
第58条（公務員の書類）　官吏その他の公務員が作るべき書類には、特別の定のある場合を除いては、年月日を記載して署名押印し、その所属の官公署を表示しなければならない。
2　裁判官その他の裁判所職員が作成すべき裁判書、調書又はそれらの謄本若しくは抄本のうち、訴訟関係人その他の者に送達、送付又は交付（裁判所又は裁判官に対してする場合及び被告事件の終結その他これに類する事由による場合を除く。）をすべきものについては、毎葉に契印し、又は契印に代えて、これに準ずる措置をとらなければならない。
3　検察官、検察事務官、司法警察職員その他の公務員（裁判官その他の裁判所職員を除く。）が作成すべき書類（裁判所又は裁判官に対する申立て、意見の陳述、通知その他これらに類する訴訟行為に関する書類を除く。）には、毎葉に契印しなければならない。ただし、その謄本又は抄本を作成する場合には、契印に代えて、これに準ずる措置をとることができる。
第59条（公務員の書類の訂正）　官吏その他の公務員が書類を作成するには、文字を改変してはならない。文字を加え、削り、又は欄外に記入したときは、その範囲を明らかにして、訂正した部分に認印しなければならない。ただし、削つた部分は、これを読むことができるように字体を残さなければならない。
第60条（公務員以外の者の書類）　官吏その他の公務員以外の者が作るべき書類には、年月日を記載して署名押印しなければならない。
第60条の2（署名押印に代わる記名押印）　裁判官その他の裁判所職

員が署名押印すべき場合には、署名押印に代えて記名押印することができる。ただし、判決書に署名押印すべき場合については、この限りでない。
　2　次に掲げる者が、裁判所若しくは裁判官に対する申立て、意見の陳述、通知、届出その他これらに類する訴訟行為に関する書類に署名押印すべき場合又は書類の謄本若しくは抄本に署名押印すべき場合も、前項と同様とする。
　　一　検察官、検察事務官、司法警察職員その他の公務員（前項に規定する者を除く。）
　　二　弁護人又は弁護人を選任することができる者の依頼により弁護人となろうとする者
　　三　法第316条の33第1項に規定する弁護士又は被害者参加人の委託を受けて法第316条の34若しくは第316条の36から第316条の38までに規定する行為を行う弁護士
第61条（署名押印に代わる代書又は指印）　官吏その他の公務員以外の者が署名押印すべき場合に、署名することができないとき（前条第2項により記名押印することができるときを除く。）は、他人に代書させ、押印することができないときは指印しなければならない。
　2　他人に代書させた場合には、代書した者が、その事由を記載して署名押印しなければならない。

〈本条細目次〉
1　趣　旨　194
2　訴訟に関する書類　195
3　公判の開廷前の公開禁止　197
4　公益上の必要その他の事由があって相当と認められる場合　197
5　公開される範囲　202

1　趣　旨

　本条は、訴訟に関する書類について、公判で公にされる前には原則として公開（開示）が禁止されることを定める。
　刑訴法は、訴訟に関する書類に関し、その性質や手続進行段階に応じて、種々の利益等を比較衡量して、必要かつ合理的な範囲でその公開・非公開の取扱い等を定めている。すなわち、①公判で公にされる前は、訴訟に関する書類の全てにつき本条により非公開とすることを原則としつつ、②公訴が提

起されて被告事件として公判係属中は、公判における証拠調べ請求等に係るものにつき299条、316条の13以下により当事者に閲覧権等を与え、裁判所が保管するものにつき40条、49条、270条により当事者に閲覧権等を与え、犯罪被害者等の権利利益の保護を図るための刑事手続に付随する措置に関する法律3条、4条により被害者等及び同種余罪被害者等に閲覧等する機会を与え、③被告事件の終結後は、「訴訟記録」につき刑訴法53条により、原則として何人も閲覧することができることとする。

　本条が、公判で公にされる前に原則として公開（開示）を禁止する趣旨について、最決昭28・7・18刑集7・7・1547は「刑訴47条本文の規定は、訴訟に関する書類が公判開廷前に公開されることによって、訴訟関係人の名誉を毀損し公序良俗を害しまたは裁判に対する不当な影響を引き起こすことを防止する趣旨」である旨判示している。なお、同決定は、訴訟に関する書類が公になることによる捜査への不当な影響について直接言及していないものの、あえてこれを除外して本条の趣旨を限定するものとは解されず、「被疑者・被告人その他の訴訟関係人の名誉その他の利益を侵害するおそれがあるとともに、捜査・裁判の面にも不当な影響を及ぼすおそれがあると考えられる」（中山善房・大コメ刑訴1・497）などとして捜査への不当な影響を防止することも本条の趣旨として理解されるのが一般である。

　その後の裁判例においても、この点が明示されており、例えば、東京高決平9・7・9判タ1008・267は、同条の趣旨として「刑事裁判への不当な圧力の防止、訴訟関係人の名誉・プライバシー等の保護」に加え「捜査の密行性の保持」をあげ、最決平16・5・25判時1868・56も「『訴訟に関する書類』を原則として禁止しているのは、それが公にされることにより、被告人、被疑者及び関係者の名誉、プライバシーが侵害されたり、公序良俗が害されることになったり、又は捜査、刑事裁判が不当な影響を受けたりするなどの弊害が発生することを防止することを目的とするものである」として、本条が「捜査が不当な影響を受けるなどの弊害の防止」も趣旨とすることを明示している。

2　訴訟に関する書類

　本条の「訴訟に関する書類」とは、被告事件又は被疑事件に関して作成又は取得された一切の書類であるとされ、被告事件又は被疑事件に関し手続関

係書類や証拠書類など種々のものが作成又は取得されるが種類を問わず「訴訟に関する書類」であり、また、裁判所の保管している書類に限らず検察官や司法警察員の保管する書類なども含む（香城敏麿・注釈刑訴1・335、中山善房・前掲）。さらに、手続の進行段階によって書類の性質が変わるとも解されず、いわゆる不起訴事件記録や不提出記録も「訴訟に関する書類」に含まれ、本条により、原則として公開を禁止される（なお、一旦不起訴とされた事件も、その後起訴され、その記録が公判に証拠として提出されることもあり得るし、一旦公判に不提出とされた記録が、事情の変化等により、公判に提出されることもあり得る。）。

　裁判例もこのことを明示し、例えば、東京高決昭60・2・21判時1149・119は、不起訴事件記録を「訴訟に関する書類」に該当するものとし、東京高決平9・7・9判タ1008・267は、検察官の保管する不起訴事件記録、検察官・司法警察員の保管する捜査中の記録のいずれについても本条の「訴訟に関する書類」に該当するものとし、福岡高那覇支決平10・3・13訟務月報45・4・641は、検察官の保管する不起訴事件記録を本条の「訴訟に関する書類」に該当するものとし、また最決平16・5・25判時1868・56は、不提出記録について「『訴訟に関する書類』には、本件各文書のように、捜査段階で作成された供述調書で公判に提出されなかったものも含まれると解すべきである。」とし、最決平17・7・22民集59・6・1837は、捜査中であり検察官への事件送致前であって司法警察員の保管する複数の捜索差押許可状及び捜索差押許可状請求書について「本件各被疑事件は、いずれも現時点においてなお捜査が継続中であるから、本件各請求書及び本件各許可状は、いずれも同条〔本条〕により原則的に公開が禁止される『訴訟に関する書類』に当たることは明らかである。」とし、最決平19・12・12判タ1261・155は、不起訴記録について「本件被疑事件には公訴を提起しない処分がされており、その公判は開廷されていないのであるから、本件各文書は、同条〔本条〕により原則的に公開が禁止される『訴訟に関する書類』に当たることが明らかである。」としている。

　なお、裁判所や捜査機関ではない第三者が保管するものに関し、入国警備官らが作成・保管する、退去強制令書に基づき送還・護送中に死亡した外国籍男性の送還・護送事故に関する報告書等について（なお、同死亡事故に関

し検察庁が被疑事件として捜査を開始していた。)、東京高決平23・3・31判タ1375・231は「刑訴法47条本文の『訴訟に関する書類』とは、被疑事件・被告事件に関して作成された書類をいい、裁判所や捜査機関の保管しているものに限られず、第三者の保管しているものも含まれる。そして、先に判示したとおり、本件検証物〔上記の報告書等のこと〕には現在も捜査中である本件被疑事件に関する事実が記載されているのであるから、本件検証物は、同条により原則的に公開が禁止される『訴訟に関する書類』に当たる。」としている。

3 公判の開廷前の公開禁止

本条は、上記1のとおり訴訟に関する書類が公開の法廷で公にされる前に公開されることによる弊害を防止する趣旨の規定であるから、「公判の開廷前」とは、第1回公判期日前だけではなく、当該書類が公開の法廷で公にされる前と解される（香城敏麿・前掲336、中山善房・前掲498）。

なお、最決昭49・3・13刑集28・2・1は、裁判所が、付審判請求事件の審理手続において、検察官から裁判所に送付された不起訴事件記録につき、具体的事項に応じ個別的に吟味を加えることなく、無制限かつ全面的に請求人代理人に対し閲覧謄写を許可したことをもって、裁判所に許された裁量の範囲を逸脱し違法であるとしている。同決定は、直接本条に論及していないが、第1回公判期日前の付審判請求事件審理手続における「訴訟に関する書類」の一般的な公開を制限する趣旨のものであって、本条の趣旨が及ぶ場面の一つと考えられる。

4 公益上の必要その他の事由があって相当と認められる場合

本条ただし書は、「公益上の必要その他の事由があって、相当と認められる場合」には非公開の原則が適用されないものとする。

この点に関し、裁判例は、前掲最決平16・5・25が「ただし書の規定による『訴訟に関する書類』を公にすることを相当と認めることができるか否かの判断は、当該『訴訟に関する書類』を公にする目的、必要性の有無、程度、公にすることによる被告人、被疑者及び関係者の名誉、プライバシーの侵害等の上記の〔本条が趣旨とする〕弊害発生のおそれの有無等諸般の事情を総合的に考慮してされるべきものであり、当該『訴訟に関する書類』を保管する者の合理的な裁量にゆだねられているものと解すべきである。」とし、前

掲最決平17・7・22が、これをやや詳細に「ただし書の規定によって『訴訟に関する書類』を公にすることを相当と認めることができるか否かの判断は、当該『訴訟に関する書類』を公にする目的、必要性の有無、程度、公にすることによる被告人、被疑者及び関係者の名誉、プライバシーの侵害、捜査や公判に及ぼす不当な影響等の弊害発生のおそれの有無等の諸般の事情を総合的に考慮してされるべきものであり、当該『訴訟に関する書類』を保管する者の合理的な裁量にゆだねられているものと解すべきである。」とし、前掲最決平19・12・12も同旨を示し、その一般的基準を明らかにしている。

具体的には、民訴法220条に基づく文書提出義務（文書提出命令）との関係が争点となることが少なくないところ、前掲3つの最決は、いずれも「民事訴訟の当事者が、民訴法220条3号後段の規定に基づき、刑訴法47条所定の『訴訟に関する書類』に該当する文書の提出を求める場合においても、当該文書の保管者の裁量的判断は尊重されるべきであるが、当該文書が法律関係文書に該当する場合であって、その保管者が提出を拒否したことが、民事訴訟における当該文書を取り調べる必要性の有無、程度、当該文書が開示されることによる弊害発生のおそれの有無等の諸般の事情に照らし、その裁量権の範囲を逸脱し、又は濫用するものであると認められるときは、裁判所は、当該文書の提出を命ずることができるものと解するのが相当である。」旨判示している。

その上で、裁判例は、事案に応じた個別具体的な判断を示している。

例えば、前掲最決平16・5・25は、偽装交通事故を作出した保険金詐欺の刑事事件で有罪判決が確定したXを被告として保険会社が提起した不法行為に基づく損害賠償請求訴訟において、Xが、同事件の捜査において作成された共犯者の供述調書で上記刑事事件の公判に提出されなかったもの（つまり不提出記録である。）につき文書提出命令を申し立てた事案に関するものであるが、必要性等について「本件申立ては、既に有罪判決が確定しているXが、本件本案訴訟において、本件刑事公判において採用されなかった主張と同様の主張をして、その主張事実を立証するために本件刑事公判に提出されなかった本件共犯者らの捜査段階における供述調書（本件各文書）の提出を求めるというものであるが、相手方が、その主張事実を立証するためには、本件各文書が提出されなくても、本件共犯者らの証人尋問の申出や、本件刑事公

判において提出された証拠等を書証として提出すること等が可能であって、本件本案訴訟において本件各文書を証拠として取り調べることが、Xの主張事実の立証に必要不可欠なものとはいえないというべきである」とし、弊害等について「本件各文書が開示されることによって、本件共犯者らや第三者の名誉、プライバシーが侵害されるおそれがないとはいえない。」として、「本件各文書を開示することが相当でないとして本件各文書の提出を拒否した検察官の判断が、その裁量権の範囲を逸脱し、又はこれを濫用したものであるということはできない。」とした。

また、前掲最決平17・7・22は、複数の捜索差押えが違法であるなどとして捜索差押えを受けたXらが提起した国家賠償法1条1項に基づく損害賠償請求訴訟において（なお、当該刑事事件はなお捜査中であり検察官への事件送致もなされていない。）、Xらが当該捜索差押えに係る捜索差押許可状及び捜索差押許可状請求書につき文書提出命令を申し立てた事案に関するものであるが、必要性等について「本件各請求書及び本件各許可状は、Xらの主張の立証のために不可欠な証拠とはいえないが、本件各捜索差押えが刑訴法及び刑訴規則の規定に従って執行されたことを明らかにする客観的な証拠であり、本件各捜索差押えの執行に手続違背があったか否かを判断するために、その取調べの必要性が認められるというべきである（取調べの結果、争点の一層の具体化、明確化が図られる可能性もある。）。」とした上、捜索差押許可状に係る弊害等に関して「本件各許可状には、Xら以外の者の名誉、プライバシーを侵害する記載があることはうかがわれないし、本件各許可状は、本件各捜索差押えの執行に当たってXら側に呈示されており（刑訴法222条1項、110条）、Xらに対して秘匿されるべき性質のものではないから、本件各許可状が開示されたからといって、今後の捜査、公判に悪影響が生ずるとは考え難い。」として、「本件各許可状の提出を拒否した〔保管者の〕判断は、裁量権の範囲を逸脱し、又はこれを濫用したものというべきである。」旨、捜索差押許可状請求書に係る弊害等に関して「捜索差押令状請求書は、捜索差押許可状とは異なり、処分を受ける者への呈示は予定されていない上、犯罪事実の要旨や夜間執行事由等が記載されていて、一般に、これらの中には、犯行態様等捜査の秘密にかかわる事項や、被疑者、被害者その他の者のプライバシーに属する事項が含まれていることが少なくない。また、……本件各被疑事実

は、国及び千葉県の幹部職員並びに千葉県議会議員の各自宅を標的とする時限式の発火装置や爆発物を用いた組織的な犯行であることがうかがわれ、このような事件の捜査は一般に困難を伴い、かつ、長期間を要するものと考えられる。以上のような本件各被疑事件の特質にもかんがみると、本件各請求書にはいまだ公表されていない犯行態様等捜査の秘密にかかわる事項や被害者等のプライバシーに属する事項が記載されている蓋然性が高いと認められ、本件各捜索差押えから約2～4年以上経過してはいるが、本件各請求書を開示することによって、本件各被疑事件の今後の捜査及び公判に悪影響が生じたり、関係者のプライバシーが侵害されたりする具体的なおそれがいまだ存するものというべきであって、これらを証拠として取り調べる必要性を考慮しても、開示による弊害が大きいものといわざるを得ない。」として、「本件各請求書の提出を拒否した〔保管者〕の判断が、その裁量権の範囲を逸脱し、又はこれを濫用したものということはできない。」とする。

　さらに、前掲最決平19・12・12は、Yを強姦したとして逮捕勾留されたものの不起訴となったXが、検察官の勾留請求が違法であるなどとして国家賠償法1条1項に基づき提起した損害賠償請求訴訟において、Yの告訴状、供述調書等の文書提出命令を申し立てた事案に関するものであるが、必要性等について「本件本案訴訟において、Xは、本件勾留請求の違法を主張しているところ……勾留の裁判は、準抗告審において取り消されており……その取消しが本件勾留請求後の事情に基づくものであるとの主張立証はしていないのであるから、本件勾留請求時に、Xには罪を犯したことを疑うに足りる相当な理由が存在しなかった可能性があるというべきである。そうすると、本件勾留請求に当たって、検察官がXには罪を犯したことを疑うに足りる相当な理由があると判断するに際し、最も基本的な資料となった本件各文書については、取調べの必要性があるというべきである。」とした上、名誉、プライバシーに係る弊害等について「本件被疑事件のような性犯罪について捜査段階で作成された被害者の告訴状や供述調書が民事訴訟において開示される場合、被害者等の名誉、プライバシーの侵害という弊害が発生するおそれがあることは、一般的には否定し難いところである。しかし、本件においては、次のような特別の事情が存在することを考慮すべきである。すなわち、Yは、Xに対して別件第1訴訟を提起しており、その審理に必要とされる範囲にお

いて本件被疑事実にかかわる同人のプライバシーが訴訟関係人や傍聴人等に明らかにされることをやむを得ないものとして容認していたというべきである……また、〔本件本案訴訟において既に提出されている〕本件陳述書は、本件勾留請求を担当した検事が本件各文書を閲覧した上で作成したものであって、そこには、Ｙの司法警察員に対する供述内容として、本件被疑事実の態様が極めて詳細かつ具体的に記載されている。このような本件の具体的な事実関係の下では、本件本案訴訟において本件各文書が開示されることによって、Ｙの名誉、プライバシーが侵害されることによる弊害が発生するおそれがあると認めることはできない。」とし、さらに捜査・公判への不当な影響に係る弊害等について「捜査段階で作成された被害者の告訴状や供述調書が公判の開廷前に民事訴訟において開示される場合、捜査や公判に不当な影響を及ぼす等の弊害が発生するおそれがあることも、一般的には否定し難いところである。しかし、本件被疑事件については、本件勾留請求が準抗告審で却下され、検察官が公訴を提起しない処分をしており、また、上記のとおり、本件本案訴訟において〔保管者が〕既に書証として提出した本件陳述書には、Ｙの供述内容として、本件被疑事実の態様が極めて詳細かつ具体的に記載されているものであって、その内容は、ほぼ本件調書の記載に従ったもののようにうかがわれる。このような本件の具体的な事実関係の下では、本件本案訴訟において本件各文書が開示されることによって、本件被疑事件はもちろん、同種の事件の捜査や公判に及ぼす不当な影響等の弊害が発生するおそれがあると認めることはできない。」として、「上記の諸般の事情に照らすと、本件各文書の提出を拒否した〔保管者〕の判断は、裁量権の範囲を逸脱し、又はこれを濫用するものというべきである。」とする。

　その後の下級審裁判例は、いずれも前掲最決の一般的基準に基づいて具体的に検討・判断し、名古屋地決平21・9・8判タ1325・275は、17歳の青少年Ａと性行為をしたことについて青少年保護育成条例違反の事実により逮捕、勾留、公訴提起され、無罪判決が確定した者が、勾留請求の違法等を理由として国家賠償法１条１項に基づき損害賠償請求訴訟を提起し、同訴訟の中で、勾留請求書において「被疑事実の要旨」として引用されている「司法警察員送致書記載の犯罪事実」が明らかになる司法警察員送致書の当該記載部分（Ａの氏名等個人が特定できる記載を除く。）について文書提出命令の申立

てをした事案について、勾留請求の違法性を判断する上で必要不可欠なものである反面、捜査の秘密にかかわる事項が記載されておらず、また個人が特定できる記載が除かれているので、Aの名誉、プライバシーの侵害のおそれがなく、弊害はないとして文書提出命令の申立てを認め、前掲東京高決平23・3・31は、詳細な事実認定をした上、前掲最決の一般的基準に基づいて判断し、主張事実を立証する上でその取調べの必要性は高い反面、名誉・プライバシー侵害を考慮する必要はなく、捜査や公判を妨害することもおよそ考え難いとして、入国警備官らが作成・保管する、退去強制令書に基づき送還・護送中に死亡した外国籍男性の送還・護送事故に関する報告書等に対する検証物提示命令の申立てを認めた。

5 公開される範囲

　最決平24・6・28刑集66・7・686は、刑事確定訴訟記録法に基づく裁判書の閲覧請求に関するものであって本条に関するものではないが、「本件閲覧請求について……閲覧の範囲を検討しないまま、民事裁判においてその内容が明らかにされるおそれがあるというだけの理由で……閲覧制限事由に該当するとして本件判決書全部の閲覧を不許可とした保管検察官の処分には、〔刑事確定訴訟記録法〕の解釈適用を誤った違法があると言わざるを得ない……　……本件については、保管検察官において……閲覧制限事由に当たらない範囲での閲覧について改めて検討すべきである。」として、閲覧制限事由のある箇所が一部でも含まれていれば全体の閲覧を不許可にできるとは解すべきでないとしており、同様の趣旨は、本条ただし書きの規定による「訴訟に関する書類」を公にすることを認めることができるか否かの判断についても影響すると解し得るところである。

　　　　　　　　　　　　　　　　　　　　　　　　　　　　　（吉田正喜）

〔公判調書の作成、整理〕
　第48条　公判期日における訴訟手続については、公判調書を作成しなければならない。
　　2　公判調書には、裁判所の規則の定めるところにより、公判期日における審判に関する重要な事項を記載しなければならない。
　　3　公判調書は、各公判期日後速かに、遅くとも判決を宣告するまでにこ

れを整理しなければならない。ただし、判決を宣告する公判期日の調書は当該公判期日後7日以内に、公判期日から判決を宣告する日までの期間が10日に満たない場合における当該公判期日の調書は当該公判期日後10日以内（判決を宣告する日までの期間が3日に満たないときは、当該判決を宣告する公判期日後7日以内）に、整理すれば足りる。

〔規〕　第44条（公判調書の記載要件・法第48条）　公判調書には、次に掲げる事項を記載しなければならない。
　一　被告事件名及び被告人の氏名
　二　公判をした裁判所及び年月日
　三　裁判所法第69条第2項の規定により他の場所で法廷を開いたときは、その場所
　四　裁判官及び裁判所書記官の官氏名
　五　検察官の官氏名
　六　出頭した被告人、弁護人、代理人及び補佐人の氏名
　七　裁判長が第187条の4の規定による告知をしたこと。
　八　出席した被害者参加人及びその委託を受けた弁護士の氏名
　九　法第316条の39第1項に規定する措置を採つたこと並びに被害者参加人に付き添つた者の氏名及びその者と被害者参加人との関係
　十　法第316条の39第4項又は第5項に規定する措置を採つたこと。
　十一　公開を禁じたこと及びその理由
　十二　裁判長が被告人を退廷させる等法廷における秩序維持のための処分をしたこと。
　十三　法第291条第3項の機会にした被告人及び弁護人の被告事件についての陳述
　十四　証拠調べの請求その他の申立て
　十五　証拠と証明すべき事実との関係（証拠の標目自体によつて明らかである場合を除く。）
　十六　取調べを請求する証拠が法第328条の証拠であるときは、その旨
　十七　法第309条の異議の申立て及びその理由
　十八　主任弁護人の指定を変更する旨の申述
　十九　被告人に対する質問及びその供述
　二十　出頭した証人、鑑定人、通訳人及び翻訳人の氏名
　二十一　証人に宣誓をさせなかつたこと及びその事由

二十二　証人、鑑定人、通訳人又は翻訳人の尋問及び供述
二十三　証人その他の者が宣誓、証言等を拒んだこと及びその事由
二十四　法第157条の2第1項に規定する措置を採つたこと並びに証人に付き添つた者の氏名及びその者と証人との関係
二十五　法第157条の3に規定する措置を採つたこと。
二十六　法第157条の4第1項に規定する方法により証人尋問を行つたこと。
二十七　法第157条の4第2項の規定により証人の同意を得てその尋問及び供述並びにその状況を記録媒体に記録したこと並びにその記録媒体の種類及び数量
二十八　裁判長が第202条の処置をしたこと。
二十九　法第326条の同意
三十　取り調べた証拠の標目及びその取調べの順序
三十一　公判廷においてした検証及び押収
三十二　法第316条の31の手続をしたこと。
三十三　法第335条第2項の主張
三十四　訴因又は罰条の追加、撤回又は変更に関する事項（起訴状の訂正に関する事項を含む。）
三十五　法第292条の2第1項の規定により意見を陳述した者の氏名
三十六　前号に規定する者が陳述した意見の要旨
三十七　法第292条の2第6項において準用する法第157条の2第1項に規定する措置を採つたこと並びに第35号に規定する者に付き添つた者の氏名及びその者と同号に規定する者との関係
三十八　法第292条の2第6項において準用する法第157条の3に規定する措置を採つたこと。
三十九　法第292条の2第6項において準用する法第157条の4第1項に規定する方法により法第292条の2第1項の規定による意見の陳述をさせたこと。
四十　法第292条の2第8項の規定による手続をしたこと。
四十一　証拠調べが終わつた後に陳述した検察官、被告人及び弁護人の意見の要旨
四十二　法第316条の38第1項の規定により陳述した被害者参加人又はその委託を受けた弁護士の意見の要旨
四十三　被告人又は弁護人の最終陳述の要旨
四十四　判決の宣告をしたこと。
四十五　決定及び命令。ただし、次に掲げるものを除く。

イ　被告人又は弁護人の冒頭陳述の許可（第198条）
　　　ロ　証拠調べの範囲、順序及び方法を定め、又は変更する決定（法第297条）
　　　ハ　被告人の退廷の許可（法第288条）
　　　ニ　主任弁護人及び副主任弁護人以外の弁護人の申立て、請求、質問等の許可（第25条）
　　　ホ　証拠決定についての提示命令（第192条）
　　　ヘ　速記、録音、撮影等の許可（第47条及び第215条）
　　　ト　証人の尋問及び供述並びにその状況を記録媒体に記録する旨の決定（法第157条の4第2項）
　　　チ　証拠書類又は証拠物の謄本の提出の許可（法第310条）
　　四十六　公判手続の更新をしたときは、その旨及び次に掲げる事項
　　　イ　被告事件について被告人及び弁護人が前と異なる陳述をしたときは、その陳述
　　　ロ　取り調べない旨の決定をした書面及び物
２　前項に掲げる事項以外の事項であつても、公判期日における訴訟手続中裁判長が訴訟関係人の請求により又は職権で記載を命じた事項は、これを公判調書に記載しなければならない。

第44条の2（公判調書の供述の記載の簡易化・法第48条）　訴訟関係人が同意し、且つ裁判長が相当と認めるときは、公判調書には、被告人に対する質問及びその供述並びに証人、鑑定人、通訳人又は翻訳人の尋問及び供述の記載に代えて、これらの者の供述の要旨のみを記載することができる。この場合には、その公判調書に訴訟関係人が同意した旨を記載しなければならない。

第45条（公判調書の作成の手続・法第48条）　公判調書については、第38条第3項、第4項及び第6項の規定による手続をすることを要しない。
２　供述者の請求があるときは、裁判所書記官にその供述に関する部分を読み聞かさせなければならない。尋問された者が増減変更の申立をしたときは、その供述を記載させなければならない。

第46条（公判調書の署名押印、認印・法第48条）　公判調書には、裁判所書記官が署名押印し、裁判長が認印しなければならない。
２　裁判長に差し支えがあるときは、他の裁判官の1人が、その事由を付記して認印しなければならない。
３　地方裁判所の1人の裁判官又は簡易裁判所の裁判官に差し支えがあるときは、裁判所書記官が、その事由を付記して署名押印しなければならない。

4 裁判所書記官に差し支えがあるときは、裁判長が、その事由を付記して認印しなければならない。

第47条（公判廷の速記、録音）　公判廷における証人、鑑定人、通訳人又は翻訳人の尋問及び供述、被告人に対する質問及び供述並びに訴訟関係人の申立又は陳述については、第40条の規定を準用する。

2　検察官、被告人又は弁護人は、裁判長の許可を受けて、前項の規定による処置をとることができる。

第49条（調書への引用）　調書には、書面、写真その他裁判所又は裁判官が適当と認めるものを引用し、訴訟記録に添附して、これを調書の一部とすることができる。

第52条（公判調書の整理・法第48条等）　法第48条第3項ただし書の規定により公判調書を整理した場合には、その公判調書の記載の正確性についての異議の申立期間との関係においては、その公判調書を整理すべき最終日にこれを整理したものとみなす。

第52条の7（公判調書における速記録の引用）　公判廷における証人、鑑定人、通訳人又は翻訳人の尋問及び供述、被告人に対する質問及び供述並びに訴訟関係人の申立又は陳述を裁判所速記官に速記させた場合には、速記録を公判調書に引用し、訴訟記録に添附して公判調書の一部とするものとする。ただし、裁判所が、検察官及び被告人又は弁護人の意見を聴き、速記録の引用を相当でないと認めるときは、この限りでない。

第52条の8（公判調書における速記原本の引用）　前条の裁判所速記官による速記がされた場合において、裁判所が相当と認め、かつ、訴訟関係人が同意したときは、速記原本を公判調書に引用し、訴訟記録に添附して公判調書の一部とすることができる。この場合には、その公判調書に訴訟関係人が同意した旨を記載しなければならない。

第52条の9（速記原本の訳読等）　第52条の7本文又は前条の規定により速記録又は速記原本が公判調書の一部とされる場合において、供述者の請求があるときは、裁判所速記官にその供述に関する部分の速記原本を訳読させなければならない。尋問された者が増減変更の申立をしたときは、その供述を速記させなければならない。

第52条の10　第52条の7本文又は第52条の8の規定により速記録又は速記原本を公判調書の一部とする場合において、その公判調書が次回の公判期日までに整理されなかつたときは、裁判所書記官は、検察官、被告人又は弁護人の請求により、次回の公判期日において又はその期日までに、裁判所速記官に求めて前回の公判期日における

証人の尋問及び供述を速記した速記原本の訳読をさせなければならない。この場合において、請求をした検察官、被告人又は弁護人が速記原本の正確性について異議を申し立てたときは、第48条の規定を準用する。

2　法第50条第2項の規定により裁判所書記官が前回の公判期日における審理に関する重要な事項を告げる場合において、その事項が裁判所速記官により速記されたものであるときは、裁判所書記官は、裁判所速記官に求めてその速記原本の訳読をさせることができる。

第52条の11　検察官又は弁護人の請求があるときは、裁判所書記官は、裁判所速記官に求めて第52条の8の規定により公判調書の一部とした速記原本の訳読をさせなければならない。弁護人のない被告人の請求があるときも、同様である。

2　前項の場合において、速記原本の正確性についての異議の申立があつたときは、第48条の規定を準用する。

第52条の12（速記原本の反訳等）　裁判所は、次の場合には、裁判所速記官に第52条の8の規定により公判調書の一部とされた速記原本をすみやかに反訳して速記録を作らせなければならない。
　一　検察官、被告人又は弁護人の請求があるとき。
　二　上訴の申立があつたとき。ただし、その申立が明らかに上訴権の消滅後にされたものであるときを除く。
　三　その他必要があると認めるとき。

2　裁判所書記官は、前項の速記録を訴訟記録に添附し、その旨を記録上明らかにし、かつ、訴訟関係人に通知しなければならない。

3　前項の規定により訴訟記録に添附された速記録は、公判調書の一部とされた速記原本に代わるものとする。

第52条の17（録音反訳による公判調書）　公判廷における証人、鑑定人、通訳人又は翻訳人の尋問及び供述、被告人に対する質問及び供述並びに訴訟関係人の申立て又は陳述を録音させた場合において、裁判所が相当と認めるときは、録音体を反訳した公判調書を作成しなければならない。

第52条の18（公判調書における録音反訳の場合の措置）　前条の規定により公判調書を作成する場合において、供述者の請求があるときは、裁判所書記官にその供述に関する部分の録音体を再生させなければならない。この場合において、尋問された者が増減変更の申立てをしたときは、その供述を録音させなければならない。

第52条の19（公判調書未整理の場合の録音体の再生等）　公判調書が次回の公判期日までに整理されなかつたときは、裁判所は、検察官、

被告人又は弁護人の請求により、次回の公判期日において又はその期日までに、前回の公判期日における証人、鑑定人、通訳人又は翻訳人の尋問及び供述、被告人に対する質問及び供述並びに訴訟関係人の申立て又は陳述を録音した録音体又は法第157条の4第2項の規定により証人の尋問及び供述並びにその状況を記録した記録媒体について、再生する機会を与えなければならない。
2 前項の規定により再生する機会を与えた場合には、これをもつて法第50条第1項の規定による要旨の告知に代えることができる。
3 法第50条第2項の規定により裁判所書記官が前回の公判期日における審理に関する重要な事項を告げるときは、録音体を再生する方法によりこれを行うことができる。

第52条の20（公判調書における録音体の引用） 公判廷における証人、鑑定人、通訳人又は翻訳人の尋問及び供述、被告人に対する質問及び供述並びに訴訟関係人の申立て又は陳述を録音させた場合において、裁判所が相当と認め、かつ、検察官及び被告人又は弁護人が同意したときは、録音体を公判調書に引用し、訴訟記録に添付して公判調書の一部とすることができる。

第52条の21（録音体の内容を記載した書面の作成） 裁判所は、次の場合には、裁判所書記官に前条の規定により公判調書の一部とされた録音体の内容を記載した書面を速やかに作らせなければならない。
一 判決の確定前に、検察官、被告人又は弁護人の請求があるとき。
二 上訴の申立てがあつたとき。ただし、その申立てが明らかに上訴権の消滅後にされたものであるときを除く。
三 その他必要があると認めるとき。

〈本条細目次〉
1 本条の意義等 209
2 公判調書の作成者と作成方式 209
3 公判調書の記載事項 210
  (1) 基本的な視点 210
  (2) 一般的な記載事項 211
  (3) 裁判長の命による必要的記載事項（記載命令） 213
  (4) 書記官の判断による任意的記載事項 213
  (5) 即決裁判手続の特例 213
  (6) 民事上の争いについての刑事訴訟手続における和解（いわゆる刑事和解） 214
4 公判調書の整理 214

⑴　整理の意義と方法　214
　　⑵　整理期間　214
　　⑶　整理期間内に整理されなかった公判調書の効力　215
　5　公判調書の作成方式違反とその効果　216
　　⑴　規44条各号の必要的記載事項の不備　216
　　⑵　規46条の作成方式の不備　219
　　⑶　規58条、59条等に違反する場合　221

1　本条の意義等

　公判調書は、公判期日における訴訟手続の経過と内容を記録し、これを認証した報告文書である。公判調書作成の必要性は、公判期日における訴訟手続が適式に行われたかどうかを公証して訴訟手続の公正を担保すること、公判手続の更新（315）を行う際、従前の審理の経過と内容を明確にしておくことで、その後の審理を円滑に行うことができること、上訴審における原判決の当否の審査の資料となること等にある（中山・大コメ刑訴1・558）。

2　公判調書の作成者と作成方式

　公判調書は、公判に立ち会った裁判所書記官が作成し（規37）、立会書記官以外の書記官が作成した公判調書は無効である（下記裁判例①）。2人以上の裁判所書記官が立ち会った場合の公判調書の作成については、裁判例②、③が参考になる。

　公判調書は、公判期日ごとに作成されるのが通常である（例外として裁判例④）。公判調書の体裁としては、自筆、不動文字を問わず、また、他人に浄書させてもよい（裁判例⑤、⑥）。

　①　東京高判平11・11・15高検速報平11・111

　公判に立ち会った裁判所書記官以外の書記官が録音テープ等に基づいて作成し、立ち会った書記官の確認を得ないで同記記官の記名押印をした公判調書は作成権限を有する書記官が作成したものとはいえず無効であるとした。

　②　大判昭3・12・27刑集7・790

　2人の裁判所書記官が同時に公判に立ち会った事例において、公判調書に書記官の署名押印が必要とされるのは、公判調書の正確性を担保するためであるから、立ち会った書記官のうち1人が公判調書を作成して署名押印すれば足りるとした。

③　大判昭11・1・24刑集15・1

　2人以上の書記官が公判審理に交代して立ち会うことは適法であるとした上で、その場合、交代の事実を調書に記載し、各自がその立ち会った訴訟手続を記載して担当部分を明らかにし、全員が調書の末尾に署名押印すれば足り、担当部分ごとに別々に公判調書を作成して署名押印する必要はないとした。

④　大判昭4・11・29刑集8・575

　裁判所の構成が同一で、第1回公判期日の翌日に続行された場合、公判調書を1通にまとめて作成することができるとした。

⑤　大判昭4・3・8刑集8・126

　公判調書の記載は、必ずしも立会書記官の自書によることを要せず、印刷し、又は他人に浄書させて立会書記官の署名押印をすることもできるとした。

⑥　最判昭25・12・26刑集4・12・2645

　公判調書の記載は、必ずしも立会書記官の自筆であることを要するものではなく、不動文字でしてもよいとした。

3　公判調書の記載事項

(1)　基本的な視点

　従前、公判調書には一切の訴訟手続を記載することとされ、手続が行われた順に逐次公判調書に記載されていたが、昭和26年最高裁規則第15号により、公判調書の合理化が図られ、現行規44条の形に改正された。そこでは、公判調書には、(ⅰ)重要な事項だけを記載すること、(ⅱ)たとえ重要な事項でも一般的に当然行われる事項（審理を公開したこと、起訴状を朗読したこと、黙秘権を告げたこと等）は記載不要とし、例外的な事項（公開を禁じたこと、証人に宣誓させなかったこと等）だけを記載すること、(ⅲ)証拠関係を中心とする実質的な事項、特に証人の供述に力を入れて正確に記載することが相当であるとする基本的な視点が示された（刑資63・15参照）。

　判例においても、本条2項にいう「公判期日における審判に関する重要な事項」とは、「ことがら自体から見て訴訟法上重要な意義をもつ事項をいうのではなく、特に公判調書に記載しておくことを必要とする事項と解するのが相当であり、そしていかなる事項がこれに該当するかは、刑訴法は裁判所規則の定めるところに委ねている」とし（最判昭30・12・9刑集9・13・

2682)、「刑訴規則44条を改正した昭和26年最高裁判所規則第15号は、通常当然行われる事項の公判調書への記載を省略することにより、事務の能率化、簡易化を図ったものであって、通常当然に行われることが行われていなかった場合には、当事者又は弁護人から異議を申し立てれば、これを公判調書に記載することにより、手続の正確化を図り得るし、また上級審において審査の対象ともすることができるのである。更に公判調書の記載については、その正確性についての異議申立の制度さえ存在するのであるから」本条の規定は合憲であるとしている（最判昭28・12・15刑集7・12・2444）。その他にも、この点に関連する裁判例として、規44条が簡易公判手続に付するについての検察官、被告人及び弁護人の意見を聴く手続（291の2）を必要的記載事項としていないことが憲法又は刑訴法に違反するとの弁護人の主張に対して、公判調書の記載事項をどのように定めるかは立法政策の問題である上、同規定は、公判期日における訴訟手続に関する重要な事項であっても、一般に当然に行われる事項については記載を要しないとして、公判調書の記載の合理化を図る趣旨によるものであるから、同規定が違憲、違法であるということはできないとしたもの（東京高判平元・1・26東時40・1＝4・3）、黙秘権の告知（291Ⅲ）に関する事項が必要的記載事項とされていないことは違憲、違法とはならないとしたもの（東京高判昭28・10・17特報39・140）がある。

(2) **一般的な記載事項**

公判調書の記載事項は、規44条1項各号（以下、号数のみを記載する。）に定められている。

ア　公判調書の冒頭部分

公判調書の冒頭の記載のうち、必要的記載事項とされているもの（1号～6号、8号、20号等）のほか、実務慣行上記載する取扱いとなっている事項（事件番号、公判調書の表題、公判期日の回数、裁判所速記官の氏名等）もある。

公判をした裁判所（2号）とは、公判審理の主体である訴訟上の裁判所を意味するものであり、司法行政上の官署としての裁判所の庁舎を指すものではない。したがって、「東京地方裁判所刑事第〇部」という記載で足り、その法廷の存在する場所を表示する必要はない（東京高判昭26・10・5特報24・112）。

裁判官の官名（4号）は、単に裁判官という記載で足り、判事、判事補、

簡易裁判所判事などと記載する必要はない（前掲最判昭28・12・15）。一方、裁判長は官名ではないが、公判期日における訴訟指揮権（294・295等）、法廷警察権（裁71・71の2、法288）等の重要な権限を行使する関係から、どの裁判官が裁判長であるかを明示すべきとされる。

検察官の官名（5号）も、単に検察官という記載で足り、検事、副検事と記載する必要はない（前掲最判昭28・12・15）。数名の検察官が出席した場合には、その全員の官氏名を記載する必要がある。

弁護人（6号）が複数出頭した場合にも、その全員の氏名を記載し、主任・副主任弁護人の指定がある場合には、その旨も特定して記載する取扱いとなっている。また、公判期日の途中で被告人を異にする2つの被告事件の弁論が併合されたときは、併合決定前の公判調書に記載されていれば足り、併合決定後の公判調書に改めて記載する必要はない（東京高判昭35・3・16東時11・3・70）。

　イ　公判期日における訴訟手続部分

訴訟手続に関する記載事項については、7号以下に規定されているとおりであるところ、裁判例上問題となった事項について、以下のようなものがある。

　①　最大判昭23・6・14刑集2・7・680

公開の禁止（11号）に関し、公開を禁ずるには「裁判官の全員一致」の決定によらなければならず（憲82）、調書にもその旨を記載しなければならないとした。

　②　最大決昭25・4・7刑集4・4・512

証人の尋問及び供述（22号）に関し、その記載に当たっては、その趣旨を誤ることなく記載すれば足り、証言の一字一句を余すところなく記載する必要はなく、また、証人の用いた言葉どおりに記載することも必要ないとした。

　③　東京高判昭28・2・4特報38・35

326条の「同意」（29号）に関し、公判調書に「同意」とのみ記載されており、被告人の同意か弁護人の同意かを書き分けていなかったとしても、326条の被告人の同意があったものとみることができ、実際に同意した者が被告人ではなく弁護人であったとしても、被告人において直ちに異議を述べない限り、弁護人の包括代理権の関係において、被告人の同意があったことにな

るから、結局、誰が同意したかを記載する必要はないとした。

④　東京高判昭29・7・19高刑集7・7・1094

326条の「同意」（29号）に関し、簡易公判手続においては伝聞法則の適用がないから、検察官提出の証拠書類につき被告人又は弁護人に対して同意するかどうかの意見を求める必要はなく、したがって、その結果を公判調書に記載する必要はないとした。

⑤　東京高判昭32・4・17裁判特報4・9・204

訴因変更に関する事項（34号）に関し、同号は312条所定の事項を指すのであって、訴因変更の申立書を朗読しなければならない旨を規定するものではなく、その記載がなくとも一般的に検察官が当然訴因変更の申立書を朗読したものと推認すべきであるとした。

⑥　最決昭29・7・14刑集8・7・1108

公判手続の更新（46号）に関し、公判調書に公判手続を更新した旨を記載すれば足り、更新前の公判調書、証拠書類、証拠物等について、更新をした際の公判調書に証拠の標目、その取調べの順序を再び記載する必要はないとした。

(3)　裁判長の命による必要的記載事項（記載命令）

規44条1項各号に定められた事項以外の事項でも、公判期日における訴訟手続中、裁判長が訴訟関係人の請求により又は職権で記載を命じた事項は、公判調書に記載しなければならない（規44Ⅱ）。訴訟関係人から記載の請求があっても、裁判長の命令がなければ、記載の必要はない。当事者は、その許否の裁判に対し、異議を申し立てることができる（309Ⅱ）。

(4)　書記官の判断による任意的記載事項

書記官は、裁判官から独立して自己の責任で公判調書を作成する者であるから、前記(1)～(3)以外の事項であっても、必要かつ相当と認めるものを公判調書に記載することができる。実務上も、裁判長の釈明権行使のやり取りを含め、記載する実益のあるものについて、必要に応じて記載されている。この点、裁判官の命令があれば、それに従わなければならないが（裁60Ⅳ）、その命令が正当でないと認めるときは、自己の意見を書き添えることができる（同条Ⅴ）。

(5)　即決裁判手続の特例

即決裁判手続（350の2以下）で審理し、即日判決の言渡しをする事件については、事務処理の効率化のため、裁判長の許可があれば、被告人に対する質問及び供述（19号）並びに証人等の尋問及び供述（22号）の全部又は一部について、公判調書の記載が省略できることとされている（規222の20Ⅰ）。

(6) 民事上の争いについての刑事訴訟手続における和解（いわゆる刑事和解）

被告人と被害者は、当該被告事件に係る被害についての民事上の争いについて合意が成立した場合、刑事事件が係属する裁判所に当該合意を公判調書に記載するよう求める申立てをすることができ、裁判所がその合意を公判調書に記載したときは、裁判上の和解と同一の効力を有する（犯罪被害保護法第6章）。記載事項については、同規則14条に規定されている。

4 公判調書の整理

(1) 整理の意義と方法

公判調書の整理（規46Ⅰ）とは、調書の記載を完成した書記官が署名押印を済ませ、裁判長又は担当裁判官の認印を得ることをいう。このようにして公判調書が公文書として完成し、第三者の目にも触れ得る状態となった以上、後にその記載に不足又は誤りが存在することが発見されたとしても、これに加筆、訂正を加えることは許されないと解すべきである（大阪高判昭60・10・30判時1191・147）。

書記官に差し支えがあるときは、裁判長がその事由を付記して認印し（規46Ⅳ）、裁判長に差し支えがあるときは、他の裁判官の1人が（同条Ⅱ）、単独の裁判官に差し支えがあるときは、書記官が（同条Ⅲ）その事由を付記して署名押印する。合議体の裁判官全員に差し支えがあるときも、書記官が署名押印すると解すべきである（中山・大コメ刑訴1・568）。

(2) 整理期間

公判調書は、原則として、各公判期日後速やかに、遅くとも判決を宣告するまでに整理しなければならない（48Ⅲ）。公判調書の記載の正確性についての異議を所定の期間内（51）に行うことを可能にするためにも、速やかな整理が必要であるし、当事者の訴訟活動の準備のためには、従前の公判調書の検討が必要であることから、実務では次回公判期日までに公判調書の整理をするよう努めている。

なお、従前は、整理期間の伸長を定める本条3項ただし書は、判決宣告期

日のみを例外としていたが、裁判員制度の導入に伴い、審理が連続開廷により行われ、判決宣告も終結後速やかに行われるため、判決宣告までに調書を整理することが困難となることが予想されたことから、公判期日から判決宣告期日までの期間が10日に満たない場合には、当該公判期日から10日以内（判決宣告期日までの期間が3日に満たない場合には、判決宣告期日後7日以内）に整理すれば足りるという現行法の形に改正された。

(3) **整理期間内に整理されなかった公判調書の効力**

整理期間内に整理されなかった公判調書の効力について、旧刑訴法時代の判例は訓示規定と解して有効としていた（下記裁判例①）。現行法制定後は、高裁レベルの判断は分かれており、無効と解するもの（裁判例②）と有効と解するもの（裁判例③）とがあったが、最決昭32・9・10刑集11・9・2213は、本条3項所定の期間内に整理されなかった公判調書であっても、単にその一事だけでは無効と解することはできないとして、その解釈を統一した。整理期間経過後であっても、本条1項の絶対的要請により調書作成が義務づけられることに変わりはなく、法は整理期間経過後に作成された調書の有効性を前提にしていると解されるし、整理期間内に整理されなかった場合でも、当事者が何ら不利益を受けていない場合がある。仮に、当事者が期間内に閲覧できず、正確性に関する異議申立ての機会（51・52）が奪われたとしても、調書の排他的証明力が排除されると解すれば何ら不都合はなく、また、51条2項の規定が類推されて、異議申立期間が当然に延長されると解することもできる（東京高判昭48・10・31判時736・107参照）。以上の理由から、前記判例の見解は一般的に受け入れられているといってよい。なお、公判調書の整理を終えた後に加筆、訂正が認められないことについては前記(1)のとおりである。

① 大判大13・7・4刑集3・8・555

公判調書の整理期間を当該公判期日から5日以内と規定する旧刑訴法62条について、同規定は専ら公判調書の整理期間を遅延させないとの趣旨の訓示規定にほかならないとした。

② 大阪高判昭24・11・21特報6・131

本条3項に違反する公判調書によっては証拠調べの正確性を証明することはできず、判決に影響を及ぼすことが明らかな訴訟手続の法令違反に当る

として原判決を破棄した。大阪高判昭25・6・24特報14・16も同旨である。

③　大阪高判昭26・12・10高刑集4・11・1522

判決宣告期日以後に整理された調書につき、本条3項に違反することは明らかであるが、同規定に違反した公判調書といえども、それだけでは直ちに無効となるわけではないとした。

5　公判調書の作成方式違反とその効果

公判調書の作成方式違反の効果については、刑訴法及び刑訴規則に何ら規定が置かれていないことから、その重要性等を勘案の上、個別具体的な検討が必要である（中山・大コメ刑訴1・570）。この点、公判調書に瑕疵がある場合の法的影響についての検討に当たっては、(i)その瑕疵により公判調書が無効となるか、依然有効といえるか、(ii)有効である場合、排他的証明力(52)が認められるか否か、(iii)排他的証明力が認められない場合、訴訟手続の証明はいかなる方法で行うべきか、(iv)公判調書が作成されず、又は滅失した場合、訴訟手続の証明はいかなる方法で行うべきかという4つの視点からなされると分析されている（香城＝井上・注釈刑訴［第3版］1・580）。

この点に関しては、以下のとおり、数多くの裁判例の蓄積がある。

(1)　規44条各号の必要的記載事項の不備

ア　2号関係

①　最判昭24・12・24刑集3・12・2120

旧刑訴法の規定に関し、公判開廷の年月日の記載を欠く場合、記録その他の資料から事実上公判の開廷された年月日が明瞭に認識し得る場合には、その記載の欠缺により公判調書が無効となるわけではないとした。

②　前掲大阪高判昭60・10・30判時1191・147

作成年月日欄が空欄のまま、書記官が署名押印し、裁判長が認印した調書につき、規58条1項に違反する文書として既に完成したもので、その後の加筆、修正は許されないが、書記官の署名押印と裁判長の認印がある以上、公判調書の有効性に欠けるところはなく、ただ、その完成した年月日を証明することができないだけで、本条3項所定の要請に欠けるところはないとした。また、作成日が明らかでなければ公判調書の正確性に対する異議申立権の行使に支障が生ずるとの弁護人の主張に対しては、同異議申立ては公判期日後14日以内に行使することができるのであるから、前記のように解しても不都

合はないとした。
　イ　4号関係
　③　最判昭23・6・26刑集2・7・743
　公判調書に裁判官の署名捺印はあるが、列席した裁判官の氏名の記載がない場合において、その署名捺印が公判に列席した裁判官によりなされたものであるか不明であるし、判事の資格があったかどうかも不明であるとした上で、列席した判事が何者であるかは公判において最も重要な事項であるから、その氏名の記載が公判調書の記載要件とされたことに照らすと、その氏名の記載を欠く公判調書は無効と解すべきであるとした。
　④　最判昭27・2・14刑集6・2・237
　公判調書に列席した裁判所書記官補の氏名が欠けていても、調書の末尾に裁判所書記官補の官名と署名押印があることからして、当該公判期日に公判調書の作成者である当該署名をした書記官補が立ち会ったことが認められるとして、訴訟手続やその調書に違法はないとした。
　⑤　東京高判昭40・2・19東時16・2・31
　公判調書にこれまで列席してきた裁判官と同一の認印はあるが、列席裁判官の氏名の記載がない場合について、当該公判調書は無効であり、法律に従って裁判所が構成されたか否かを証明できないから、当該公判期日における手続は無効になるとした。
　⑥　大阪高判昭46・4・8高刑集24・2・317
　公判調書に公判を開廷した裁判官の氏名の記載を欠いた場合、他の資料による補正は許されず、当該公判調書は無効であるとした。
　⑦　東京高判昭47・12・13高刑集25・6・943
　公判調書の裁判官氏名欄に列席裁判所書記官の氏名と同一の氏名が記載されており、裁判官認印欄に押された認印と食い違う場合において、公判調書中の列席裁判官氏名の記載は重要な事項であって、その誤りにより、公判調書は無効になるとした。
　⑧　最判昭48・2・16刑集27・1・46
　公判期日に列席した裁判官欄に「A」、書記官欄に「B」との記載があるが、当該公判調書の末尾に書記官Aの署名押印が、裁判官認印欄にBの認印がそれぞれなされていることや、他の公判調書の記載に照らして、AとBの

氏名を取り違えた誤記に過ぎないとした。

⑨　東京高判平4・9・25高刑集45・3・58

公判調書に列席裁判官として「乙」と記載されている点について、書記官欄には「乙」と記載され、同書記官が調書を作成していると認められることや、問題となっている調書以外の調書には、裁判官として「甲」と記載され、調書になされた認印が全て「甲」のものと認められることからすると、上記の裁判官「乙」の記載は、「甲」の明白な誤記であり、公判調書は正しい内容に従って証明力を有し、訴訟手続の効力に何ら影響を及ぼさないとした。

ウ　5号関係

⑩　高松高判昭27・2・22高刑集5・3・350

立会検察官の氏名の記載を欠く公判調書につき、検察官が出席して開廷した旨の記載もあることから、審理期日の構成に欠くところはなく、検察官の記載がないことは規44条に違反するが、その手続違反は判決に影響を及ぼさないとした。

エ　6号関係

⑪　最判昭25・6・23刑集4・6・1068

判決言渡期日に出頭した弁護人の氏名の記載を欠く公判調書の効力について、公判調書には、弁護人出頭の場合にその氏名を記載すれば足りるもので、弁護人が不出頭の場合には、その氏名を記載しなかったことは当然であるし、仮に弁護人が出頭したのにその氏名を書き落としたものとしても、直ちに当該公判調書を無効であるということはできないとした。

オ　13号関係

⑫　東京高判昭35・3・1東時11・3・51

被告人及び弁護人の被告事件についての陳述の記載が欠けている公判調書について、公判調書に記載のない事項については他の資料による証明が許されるとした上で、立会書記官の証人尋問の結果、同手続が行われたことが認められるので、訴訟手続に違法はないとした。

カ　46号関係

⑬　大阪高判昭45・1・30判時609・98

公判手続を更新した旨の記載のない公判調書について、公判調書に記載のない事項については他の資料による証明が許されるとした上で、更新手続は

行われたが、公判調書にその記載が遺漏されたに過ぎず、訴訟手続に違法はないとした。

(2) 規46条の作成方式の不備

ア 裁判所書記官の署名押印の不備

裁判例上、立会書記官の署名押印の両方を欠く公判調書については無効とされ（下記裁判例①、②）、署名はあるが押印を欠く公判調書については有効とされる（裁判例③）。押印はあるが署名を欠く公判調書については、異なる見解もあるが、署名と押印のいずれかが欠ける場合で決定的な違いがあるわけではなく、有効と解すべきである（裁判例④、中山・大コメ刑訴1・571）。

その他、公判調書に立会書記官として記載された者と署名押印した者が食い違っている場合について、これを無効とした裁判例として、広島高判昭29・4・21高刑集7・3・448、東京高判昭51・12・22東時27・12・172がある。

なお、公判調書に立会書記官の氏名の記載を欠き、規44条4号の不備があっても、末尾にその作成者である書記官の署名押印があれば、その書記官が立ち会ったものと認められ、その公判調書が無効とはならないことについては、前掲最判昭27・2・14のとおりである。

① 東京高判昭28・8・7特報39・77

裁判官の認印はあるが、作成者の書記官の署名押印を欠く公判調書について、当該立会書記官が署名押印を遺脱したものと認められるが、人定質問から最終陳述までの最も重要な手続が行われた公判における公判調書であることがうかがわれるのであるから、このような公判調書に裁判官の認印があるだけでは有効な公判調書と認めることはできないとした。

② 広島高判昭55・10・28高刑集33・4・298

作成権限者である立会書記官の署名押印をともに欠いた公判調書は、規46条1項所定の方式に明らかに違反するものであって、無効というほかないとしつつ、公判調書が滅失した場合と同様に、他の資料によって、当該公判期日における訴訟手続の適法性を証明することが許されるとした。

③ 最決昭30・5・12刑集9・6・1019

書記官の署名はあるが、押印を欠く公判調書につき、当該書記官の真正と認められる署名があり、裁判官の認印もあるから、同調書は無効とはならないとした。なお、旧刑訴法における最判昭23・12・18刑集2・14・1831及び

最判昭24・4・16刑集3・5・569も、書記官の署名はあるが押印を欠く公判調書が直ちに無効になるものではないとする。

④　東京高判昭30・12・6特報2・24・1260

52条の規定の趣旨は、公判調書に記載されなかった事項について、他に立証の方法がないものとする趣旨ではないとした上で、公判調書にその公判に立ち会った書記官の押印があるだけで署名を欠いた場合も、その裁判所書記官がこれを作成したものと認められ、かつ、その記載内容についても誤りがないものと認められるのであれば、その公判調書を無効とすべきではないとした。

イ　裁判長の認印の不備

裁判例では、公判調書に裁判長の認印を欠く場合であってもその調書は有効とされているが（裁判例⑤）、この場合、公判調書の排他的証明力は持たないと解される（裁判例⑥）。公判調書に列席裁判官として記載された者と認印が食い違っている場合に、違法とした裁判例がある（裁判例⑦）。

⑤　最決昭44・2・24裁集170・347

裁判長又は裁判長に差し支えがあるときの他の裁判官の1人の認印が欠けている公判調書につき、裁判所書記官の署名押印がある以上、その調書を直ちに無効と解すべきではないとした。東京高判平元・3・16東時40・1＝4・14もこれと同旨である。

⑥　前掲大阪高判昭60・10・30判時1191・147

裁判官が判決宣告期日以後にそれまでの公判期日の調書への認印をした場合において、原審の訴訟手続には、公判調書未整理のまま判決を宣告した点で違法があるが、裁判長ないし裁判官の認印未了の公判調書といえども、その一事をもって直ちに全面的に無効と解すべきではなく、作成権者である書記官によって作成され、その署名押印を経たものである以上、公判調書としては一応有効に成立し、ただ、52条によって付与される訴訟手続に関する排他的証明力を有しない（したがって、他の資料による反証が許される。）だけであると解するのが相当であり、また、前記公判調書は後刻裁判官によって認印されることにより、事後的であるとしても前記排他的な証明力を取得するに至ったというべきであるとした。

⑦　東京高判平元・4・13東時40・1＝4・16

判決宣告期日の公判調書の裁判長認印欄に押捺された印影の姓と同調書に記載された公判担当裁判官の氏名とが異なる場合は、どの裁判官によって判決が言い渡されたのか、すなわち、判決の宣告が適法になされたものか否かを知ることができないので、判決に影響を及ぼすことが明らかな訴訟手続の法令違反となるとした。

(3) 規58条、59条等に違反する場合

ア 契印を欠く場合

規58条2項が改正され、公判調書への契印は不要とされたので、現在はこの点が問題となることはないが、旧規定においては、契印を欠く公判調書も無効ではないとされていた（下記裁判例①、②）。

① 最判昭23・12・9刑集2・13・1725

公判調書に契印を欠いていても、調書の文字の墨色、筆跡その他から見て、その公判調書が裁判所書記官によって真正に作成されたものと認められるときは、その調書は無効ではないとした。

② 最判昭24・2・24刑集3・2・238

公判調書に契印を求める規定は、公文書の公正を期するための訓示規定に過ぎず、公判調書に契印を欠く場合であっても、その形式及び内容に照らし正当に連絡があり、その間に落丁又は後日の剝脱等のないことが認められるときは、契印遺脱の一事をもって直ちに当該調書を無効とすべきではないとした。

イ 文字の挿入・削除の方式（規59）について不備がある場合

この場合の公判調書は、当然に無効とはならない（裁判例③〜⑦）。なお、文字の挿入について規59条の方式を欠く場合の当該記載の効力については、直ちに無効とはならず、裁判所の合理的な裁量により決すべきである（裁判例⑧、⑨）。なお、規59条と同趣旨の旧刑訴法72条を訓示規定と判示したものとして、最判昭24・3・31刑集3・3・414がある。

③ 最判昭23・5・1刑集2・5・439

2字が削除され、3字が訂正されている公判調書につき、「3字訂正、2字削除」とすべきであるのに、「2字訂正」とされているが、それにより公判調書が無効になるものではないとした。

④ 最判昭23・12・21刑集2・14・1843

公判調書（判決言渡調書）に、立会検事の氏名の記載はあるが、「検事」の2字が記載されていないからといって、そのために判決言渡しそのものがなかったとか、違法無効なものになるとはいえないとした。

⑤　大阪高判昭25・11・8特報15・86

1行分の字句が挿入された公判調書に「1行挿入」とのみ記載し、加えた字数について記載しなかった点について、1行全てが挿入又は削除された場合のように、加除された文字と従前の文字との限界が明らかで疑念を差し挟む余地がない場合は、「1行挿入」又は「1行削除」とのみ記載し、字数を記載しないことも妨げられないとした。

⑥　札幌高函館支判昭24・10・10特報2・14

公判調書中、文字の挿入削除の箇所に書類作成者の認印がなく、また、挿入削除の字数の記載がないことは規59条1項の方式に違反するけれども、同項は、公文書の公正を期するための訓示規定であるから、たとえ調書の一部にこれに反する点があっても、その形式内容に照らして正当な書類作成者によって記載されたものと認められるときは、法定の様式に違反したとの一事をもって、直ちに当該調書を無効とすべきではないとした。

⑦　福岡高判昭24・11・22特報3・22

公判調書の作成者としてなされた書記官の署名下の押印及び契印と、文字の挿入削除の箇所の認印とが異なっていても、いずれも同一姓の印鑑であり、挿入削除の部分を含む全文の筆跡が一致していることからして、当該公判調書は、作成者によって正当に作成されたと認められるとして、当該公判調書を有効なものとした。

⑧　名古屋高判昭25・2・8特報4・53

公判調書に字句を挿入する旨の記載と調書作成者の捺印が欠けていても、字体等から見て、当該調書作成者が記載したことが明らかであるときは、直ちにその挿入が無効とはならないとした。

⑨　最決昭29・3・23刑集8・3・305

公判調書における文字の挿入削除が規59条所定の方式を欠いていても、直ちにその挿入削除を無効とすべきではなく、その効力の有無は、裁判所が諸般の状況に照らして合理的な裁量により決すべきものであるとした。旧刑訴法についての最大判昭23・7・29刑集2・9・1076も同旨である。

ウ　その他

調書に綴込み順序の誤りがある場合（裁判例⑩）、公判調書に記載された手続の順序とそれに対応する書類の編綴の順序が符合しない場合（裁判例⑪）につき、いずれも公判調書は無効にならないとされている。

⑩　東京高判昭26・9・25東時1・5・58

公判調書に綴り込む順序を前後したことにより、その連絡を欠く部分がある場合、順序の前後取違えが調書自体から明白である場合には、当該公判調書は無効とはならないとした。

⑪　福岡高判昭31・4・21裁判特報3・9・432

手続調書に記載された審理の順序と公判記録に編綴された書類の順序が異なっていても、手続の順序に関して当事者から異議申立てがなされた形跡がない以上は、手続調書に記載された適正な順序で手続が進行したとみるべきであり、調書の記載と書類の編綴の順序が符合しなくとも、調書に記載された書類が存在する以上は、当該調書が不適法なものとはならないとした。

（加藤陽）

〔被告人の公判調書閲覧権〕
第49条　被告人に弁護人がないときは、公判調書は、裁判所の規則の定めるところにより、被告人も、これを閲覧することができる。被告人は、読むことができないとき、又は目の見えないときは、公判調書の朗読を求めることができる。

〔規〕　第50条（被告人の公判調書の閲覧・法第49条）　弁護人のない被告人の公判調書の閲覧は、裁判所においてこれをしなければならない。
　　２　前項の被告人が読むことができないとき又は目の見えないときにすべき公判調書の朗読は、裁判長の命により、裁判所書記官がこれをしなければならない。
　　第126条（公判期日外の尋問調書の閲覧等・法第159条）　法第159条参照
　　第301条（書類、証拠物の閲覧等）　裁判長又は裁判官は、訴訟に関する書類及び証拠物の閲覧又は謄写について、日時、場所及び時間を

指定することができる。

2　裁判長又は裁判官は、訴訟に関する書類及び証拠物の閲覧又は謄写について、書類の破棄その他不法な行為を防ぐため必要があると認めるときは、裁判所書記官その他の裁判所職員をこれに立ち会わせ、又はその他の適当な措置を講じなければならない。

〈本条細目次〉
1　趣　旨　224
2　閲覧する権利を有する者　224
3　閲覧する権利の内容　224
4　閲覧の方法・手続　225

1　趣　旨

弁護人（40）及び検察官（270）は、訴訟に関する書類及び証拠物の閲覧・謄写をする権利をもつところ、本条は、弁護人のない被告人について、同様の権利を認めるものである。

2　閲覧する権利を有する者

弁護人のない被告人が本条による閲覧権者である。弁護人があるときには、弁護人が40条によって閲覧謄写権をもつが、被告人に閲覧権はない。

この点に関し、最決平4・12・14刑集46・9・675は、国選弁護人を付された被告人が、第一審判決の宣告を受けた翌日に、自ら、当該裁判所に対して、上訴申立てのため必要であるとして同事件の公判調書の閲覧を請求した事案について、「弁護人選任の効力は判決宣告によって失われるものではないから、右のような場合には、刑訴法49条にいう『弁護人がないとき』には当たらないと解すべきである。したがって、申立人の公判調書閲覧を許さなかった処置に違法はないとした原判断は、正当である。」と判示している。

3　閲覧する権利の内容

閲覧することができる対象は公判調書に限られ、弁護人及び検察官とは異なり、訴訟に関する書類及び証拠物一般にまでは及ばない。なお、規126条2項により、被告人は、公判期日外における証人尋問に係る証人尋問調書を閲覧することができることとされており、この場合は、弁護人の有無は問わない。

また、被告人は、閲覧することだけが認められており、弁護人及び検察官とは異なり、謄写することは認められていない。

なお、弁護人のない被告人が自ら上告趣意書を作成するため記録の謄写を求めたが許されなかったところ、公判調書の閲覧だけでは上告趣意書の作成は不可能であり、弁護人には謄写権を認めながら、被告人本人にはこれを認めないのは、実質上、上訴権を奪うことになるとして憲法14条、32条違反を主張した事案に関し、最決昭37・11・8裁集145・41は「所論は、違憲をいうが、当庁で記録の謄写を許されなかったことに対し不服を申立てるに過ぎず、原判決に対する攻撃とは認められないから上告適法の理由に当らない。」と判示する。

4　閲覧の方法・手続

被告人は、読むことができないとき、又は目の見えないときは、公判調書の朗読を求めることができることとされている。なお、これは、上記の公判期日外における証人尋問に係る証人尋問調書の閲覧の場合も同様である（規126Ⅲ）。

閲覧の方法・手続の細則は、刑事訴訟規則により定められているが、被告人の公判調書の閲覧は、裁判所においてしなければならないこととされ（規50Ⅰ）、また、上記の被告人が読むことができないとき又は目の見えないときには、裁判長の命により、裁判所書記官が公判調書の朗読を行うこととされている（同条Ⅱ）。また、裁判長又は裁判官は、公判調書を閲覧する日時、場所及び時間を指定することができることとされ（規301Ⅰ）、さらに、書類の破棄その他不法な行為を防ぐため必要があると認めるときは、裁判所書記官その他の裁判所職員をこれに立ち会わせ、又はその他の適当な措置を講じなければならないとされている（同条Ⅱ）。

なお、証人や鑑定人等の身体等への加害行為を防止するための措置として、299条の2は、証人等に対する安全が脅かされるおそれがあると認められる場合、検察官又は弁護人は証人請求や証拠開示に際して相手方にその旨を告げ、当該証人等の所在場所に関する情報が被告人を含む関係者に流出しないようにするなどの配慮を求めることができる旨を定めている。すると、例えば、弁護人が選任されており、検察官が弁護人に対し、当該証人等の所在場所に関する情報が被告人へ流出することのないよう配慮を求め、そのとおり

の配慮がなされたが、その後、弁護人がないこととなった場合、本条により、被告人は、当該証人等の所在場所に関する情報を含む公判調書を閲覧することができるのかが問題となろう。この点、本条は、被告人の訴訟上の権利を定めるものではあるが、299条の2により一定の制約を受けることを内在しているものと解され、具体的には、規301条2項により、不法な行為を防ぐため必要があると認められる場合として、裁判長又は裁判官は、その他の適当な措置として、公判調書のうち、当該証人等の所在場所に関する情報の部分のみを閲覧させないことが考えられよう。 (吉田正喜)

〔公判調書の未整理と当事者の権利〕
第50条　公判調書が次回の公判期日までに整理されなかつたときは、裁判所書記は、検察官、被告人又は弁護人の請求により、次回の公判期日において又はその期日までに、前回の公判期日における証人の供述の要旨を告げなければならない。この場合において、請求をした検察官、被告人又は弁護人が証人の供述の要旨の正確性につき異議を申し立てたときは、その旨を調書に記載しなければならない。
2　被告人及び弁護人の出頭なくして開廷した公判期日の公判調書が、次回の公判期日までに整理されなかつたときは、裁判所書記は、次回の公判期日において又はその期日までに、出頭した被告人又は弁護人に前回の公判期日における審理に関する重要な事項を告げなければならない。

〔規〕　第51条（証人の供述の要旨等の告知・法第50条）　裁判所書記官が公判期日外において前回の公判期日における証人の供述の要旨又は審理に関する重要な事項を告げるときは、裁判長の面前でこれをしなければならない。

〈本条細目次〉
1　本条の趣旨　227
2　本条の意義　227

1 本条の趣旨

　適正かつ迅速で充実した審理を実現するためには、当事者が従前の審理の経過、内容を十分に理解する必要がある。そこで、公判調書が未完成のときでも、その内容を知り、また、その正確性について異議を申し立てる機会を与えたのが本条の趣旨である。

2 本条の意義

　「次回の公判期日までに整理されなかったとき」とは、直前の公判調書が未整理の場合のみならず、それ以前の公判調書が未整理の場合も指す。公判調書が次回期日までに整理される見込みがあり、現実に整理された場合は、本条の適用はない。

　「被告人及び弁護人の出頭なくして開廷した」場合とは、必要的弁護事件（289Ⅰ）以外の事件において弁護人が出頭せず、かつ、被告人も出頭していない場合（283～285・286の2・314Ⅰ但・341）に開廷して審理された場合をいう。被告人又は弁護人のいずれかが出頭した場合や、一旦出頭して審理が開始された後、両者のいずれも退廷して不在となった場合には本条の適用はない。

　「審理に関する重要な事項」は、48条2項に規定する「審判に関する重要な事項」と一致し、規44条の記載事項を指す。　　　　　　　　　　（加藤陽）

〔公判調書の記載に対する異議申立て〕
第51条　検察官、被告人又は弁護人は、公判調書の記載の正確性につき異議を申し立てることができる。異議の申立があつたときは、その旨を調書に記載しなければならない。
2　前項の異議の申立ては、遅くとも当該審級における最終の公判期日後14日以内にこれをしなければならない。ただし、第48条第3項ただし書の規定により判決を宣告する公判期日後に整理された調書については、整理ができた日から14日以内にこれをすることができる。

　　〔規〕　第48条（異議の申立の記載・法第50条等）　公判期日における証人の供述の要旨の正確性又は公判調書の記載の正確性についての異議の

申立があつたときは、申立の年月日及びその要旨を調書に記載しなければならない。この場合には、裁判所書記官がその申立についての裁判長の意見を調書に記載して署名押印し、裁判長が認印しなければならない。

第52条の13（速記録添附の場合の異議申立期間・法第51条）　前条第2項の規定による通知が最終の公判期日後にされたときは、公判調書の記載の正確性についての異議の申立ては、速記録の部分に関する限り、その通知のあつた日から14日以内にすることができる。ただし、法第48条第3項ただし書の規定により判決を宣告する公判期日後に整理された公判調書について、これを整理すべき最終日前に前条第2項の規定による通知がされたときは、その最終日から14日以内にすることができる。

〈本条細目次〉
1　本条の趣旨等　228
2　異議の申立権者、異議の対象となる調書・事項　228
3　異議申立ての手続　229
4　異議申立期間　229

1　本条の趣旨等

公判調書は、訴訟手続の記載に関して排他的証明力を有し（52）、上訴審及び当該審級における審理の上で重要な資料となるものであるから、その正確性を確保するために、当事者に対してその正確性について異議を申し立てる権利を付与している。

本条の異議が申し立てられることにより、52条に規定する公判調書の排他的な証明力が失われることになり、上訴審は、自由心証によりその真実性を判断する。その判断に当たっては、公判調書以外の資料も考慮することができる。なお、本条の異議申立権の行使が妨げられたときには、公判調書の記載について52条の証明力が排除される（最判昭47・3・14刑集26・2・195）。

2　異議の申立権者、異議の対象となる調書・事項

異議申立てを行うことができる者は訴訟当事者（検察官、被告人又は弁護人）に限られ、証人等の供述者には本条の異議申立権はない。証人等から増減変更の申立てがあった場合の手続については、別途規定がある（規45Ⅱ・52の9・52の18）。異なる見解もあるが、当該期日に出頭していたか否かにかか

わらず異議申立てをすることができると解される（中山・大コメ刑訴1・582）。

異議の対象となる調書は公判調書に限られる。なお、公判調書の一部となる速記録等（規52の10Ⅰ・52の11Ⅱ・52の13）、公判調書以外の調書及びその一部となる速記録等（規38Ⅳ・Ⅴ・39Ⅱ・52の2Ⅳ・Ⅴ・52の5Ⅱ・52の6Ⅱ〜Ⅳ）については、別途規定があるが、これらについても、公判調書が整理された後は本条の異議の対象となる。

異議申立ての対象は、内容面、形式面にかかわらず、公判調書に記載された全ての事項に及ぶ。

3　異議申立ての手続

異議申立ては、書面でも口頭でも行うことができ、また、公判期日外でも公判期日でも申し立てることができる。異議の申立てがあったときは、調書に申立ての年月日、申立ての要旨及びそれに対する裁判長の意見を記載する（規48）。この異議申立調書の作成方式については、①独立の調書を作成する方法、②異議申立ての対象となった公判調書の手続部分の末尾に記載する方法、③異議申立てのあった公判期日の調書中に記載する方法があり、いずれの方法によることもできるが、このような調書を作成しなかったときは、52条の証明力が排除される（最決昭33・2・28裁集123・463）。

裁判長が異議申立てに理由があると判断したときは、書記官に命じて調書を訂正させるべきと解され、変更された内容に従って排他的証明力が認められる（中山・大コメ刑訴1・586）。裁判長が異議の申立てを理由がないと判断したときは、その旨の意見を書記官に記載させるが、この場合、異議申立てのあった事項につき、公判調書の排他的証明力は失われる（前掲最判昭47・3・14、前掲最決昭33・2・28）。

4　異議申立期間

連日的開廷が実施されると、判決宣告期日までにすべての公判期日の調書を整理するのが困難になることから、平成19年の法改正により公判調書の整理の期間に関する48条3項が改正され、それに伴い、本条2項ただし書も改正された。

公判調書が整理期間（48）内に整理された場合の異議申立期間は、本条2項、規52条に規定するとおりであるが、整理期間内に整理されなかった場合

の異議申立期間をどのように解すべきかについては見解が分かれており、①当事者が調書未整理のままで判決宣告に同意する場合には、実際に整理された日から起算されるとする見解（青柳・通論上250）、②当事者が整理できたことを知りまたは知り得べき日から14日以内で、記録を上訴審へ送付するまで申立てができるとする見解（井関・判タ17・37）、③51条2項の規定が類推されて、異議申立期間が当然に延長されるとする見解（東京高判昭48・10・31判時736・107）、④当事者に整理の事実を通知し、その通知後14日以内に限り異議申立てができ、その期間が経過するまでは記録を上訴審に送付できないとする見解（足立・判例解説（刑）昭32・446）、⑤法定の異議申立期間内に調書閲覧の請求がないときは、異議申立権を放棄したものと解して、改めて異議申立期間を与える必要はないが、同期間内に閲覧の請求があり、未整理のために調書の閲覧をさせることができなかったときは、請求者が整理のできたことを知り又は知り得べき日から14日以内は異議の申立てをすることができ、その期間が経過するまでは訴訟記録を上訴審に送付すべきではないとする見解（香城＝井上・注釈刑訴［第3版］1・591）がある。異議申立ての前提となる閲覧請求がない場合にまで異議申立期間を延長する必要性も乏しく、⑤の見解が妥当と解される。

　なお、訴訟記録は、異議申立期間の経過後でなければ上訴審へ送付してはならない（規235・251）が、誤って上訴審に送付されたとしても、法定の期間内であれば、原裁判所に対して異議申立てをすることができ、異議申立権の行使を不能にしたことにはならない（東京高判昭27・3・19特報29・93）。このような場合、書記官は、異議申立書及び異議申立調書を上訴審に追送すべきである（前掲最判昭47・3・14）。

　異議申立期間経過後に公判調書の記載がなされた場合は、当該記載の正確性についての異議申立権の行使の機会が奪われたのであり、52条の証明力が排斥されることは当然である（大阪高判昭57・3・25判タ467・171）。

　異議申立期間内に異議申立てをしなければ、異議申立権を喪失し、手続について公判調書の記載に絶対的証明力が認められる（52）。本条の異議申立てをしない場合には、それを控訴理由とすることはできず、また、379条が援用を義務づけている訴訟記録に現れている事実には、公判調書の記載の正確性についての異議申立調書の記載に現れている事実も含まれる（前掲最判

昭47・3・14はそれを当然の前提にしていると解されている。）。　　　　（加藤陽）

〔公判調書の証明力〕
第52条　公判期日における訴訟手続で公判調書に記載されたものは、公判調書のみによつてこれを証明することができる。

〈本条細目次〉
1　本条の趣旨　231
2　本条の沿革　232
3　証明力の及ぶ範囲　232
　(1)　公判期日における手続であること　232
　(2)　手続的事項であること　233
　(3)　公判調書に記載された事項であること　233
　(4)　手続の存否に対する証明力　233
　(5)　証人、被告人の供述内容に対する証明力　233
4　公判調書に記載がない場合　234
　(1)　他の証拠による証明の可否　234
　(2)　通常行われる手続事項について　235
　(3)　必要的記載事項の記載がない場合　236
5　公判調書に誤記がある場合　237
6　公判調書の滅失、不存在、無効と訴訟手続の証明　239
　(1)　公判調書が滅失した場合　239
　(2)　公判調書が不存在の場合　240
　(3)　公判調書が無効の場合　240

1　本条の趣旨

　本条は、上訴審において、原審の公判期日における訴訟手続の適法性が問題となった場合の証明の在り方について規定するものである。上訴審で原審の公判手続の適法性が問題となったときに、無制限な証明方法を許すことは訴訟経済上も不適当である。そこで、あらかじめ公判調書の正確性に対する異議申立ての機会を与えて正確性を担保した上で（48Ⅲ・50・51、規48・52Ⅰ・52の10・52の11・52の13等）、その記載に絶対的・排他的証明力を与えて判断資料を限定し、無用な争いを防ぐことを図ったもので、いわば上訴審の便

宜を図るための規定といえる。

　また、上訴審は、公判調書に記載された内容どおりに認定することを要することから、自由心証主義の例外を定めた規定ということができる。

2　本条の沿革

　旧刑訴法では、「公判期日ニ於ケル訴訟手続ハ公判調書ノミニ依リ之ヲ証明スルコトヲ得」（同法64）、「公判調書ニハ左ノ事項其ノ他一切ノ訴訟手続ヲ記載スヘシ」（同法60Ⅱ）と規定され、一切の訴訟手続に証明力が及び得るかのような体裁となっており、不合理な結論を避けるための解釈がなされてきた。しかし、現行法では、公判調書の記載事項（44、規44）が限定されたことに加え、証明力の及ぶ範囲も限定された（本条）ことから、前記の旧刑訴法におけるような解釈の必要はなくなっている。

3　証明力の及ぶ範囲

(1)　公判期日における手続であること

　本条の証明力を有するのは、「公判期日」における訴訟手続に限られ、公判期日外の訴訟手続には証明力は及ばない（最判昭23・4・22刑集2・4・413は、起訴状が滅失した場合に、公判調書以外の資料により適法な公訴提起があったことを認めることができるとしている。）。したがって、公判期日外の証人尋問調書や検証調書等には、本条の証明力はない。もっとも、これらの調書も、その後公判期日において証拠書類として取り調べられることになるから（303）、その意味では、公判調書により間接的に証明されることになる。

　また、本条の証明力の対象となるのは当該事件の公判調書のみであり、他の事件の公判調書にまでその証明力が及ぶわけではない。他の事件の公判調書は1個の証明資料としての意味を持つに過ぎない。

(2)　手続的事項であること

　本条の証明力が及ぶのは、公判期日における「訴訟手続」に限られる。

　公判調書に記載された裁判官が判事であるか判事補であるか、出頭した弁護人が弁護上の資格を有するかどうかについては、本条の証明力の対象ではなく、他の方法で調査、立証することが許される。この点に関する裁判例としては、以下のようなものがある。

① 　最判昭26・1・25刑集5・1・89

　簡易裁判所判事が判事の兼官発令前に地方裁判所の裁判官として継続事件

〔§52〕公判調書の証明力

を審理し、公判調書にもその旨の記載のある事案において、その公判手続を無効とした。

② 最判昭28・12・15刑集7・12・2444

受訴裁判所の裁判官が判事であるか判事補であるかは、公判調書以外の方法で調査することを妨げないとした。

(3) 公判調書に記載された事項であること

本条の証明力が及ぶのは、公判調書に記載された事項に限られ、記載されていない手続の有無や適法性については対象とはならない（公判調書に記載がない場合については、後記4参照）。51条の異議申立てを受けて記載された事項についても証明力が及ぶ。

(4) 手続の存否に対する証明力

本条の証明力は、訴訟手続の「適法性」だけでなく、「存否」についても及ぶと解される。記載のない事項について他の証明を許さなかった旧刑訴法では、適法性にだけ証明力が及ぶとする見解もあったが、現行法下ではそのような解釈をとる理由はない。手続の存否についても証明力が及ぶことを前提としていると解される裁判例としては、以下のようなものがある。

① 最判昭23・11・4刑集2・12・1459

公判調書に某判事が裁判長との記載があり、かつ調書末尾に同判事が裁判長として署名捺印している場合には、同調書が虚偽又は偽造と認めるべき事情が存在しない限り、同判事が裁判長として公判に列席したと認めるべきであるとした。

② 最判昭24・2・8刑集3・2・95

公判調書に弁護人が公判期日に出頭し、被告人のために弁論した旨記載されているときは、これに反する主張を許さないとした。

③ 最決昭27・9・10刑集6・8・1068

公判調書に記載された一審の判決宣告日につき、別の日に宣告されたとの主張は許されないとした。

(5) 証人、被告人の供述内容に対する証明力

本条の証明力が「訴訟手続」に限られることからすると、証人や被告人の供述内容については、本条の証明力がないとするのが通説であるが、50条1項、規48条が供述の要旨の正確性を異議申立ての対象としていることから、

これらの供述内容の実体面についても、本条の証明力が及ぶと解する見解も有力である（香城＝井上・注釈刑訴［第3版］1・596）。公判調書の記載の正確性についての異議申立権の行使が妨げられた場合には証明力がないとした最判昭47・3・14刑集26・2・195の説示中にも、この解釈を前提としていると解される部分がある。

　なお、通説の立場でも、公判調書の記載内容に対する異議申立てがされていない以上、その記載内容は正確であると推認されるのが一般であるから、当該記載どおりの事実があったことについて強い事実上の証明力があるということができる。この点、民事訴訟手続についてであるが、旧民訴法147条（現160Ⅲ）に関する以下の裁判例が参考になる。

　① 最判昭30・11・22民集9・12・1818

　当事者が口頭弁論調書の読み聞かせ又は閲覧の申立てをせず、また異議を述べていない場合には、他に証拠がない以上、同調書に当事者の陳述と相反する記載がされていると断ずることはできないとした。

　② 最判昭45・2・6民集24・2・81

　口頭弁論調書に準備書面が陳述された旨の記載がなく、これにつき当事者から異議の述べられた形跡がないときは、準備書面は口頭弁論期日に陳述されなかったものというべきであるとした。

4　公判調書に記載がない場合

(1)　他の証拠による証明の可否

　公判調書に記載のない事項については、本条の適用はないが（前記3(3)参照）、記載がないからといって直ちにその手続が不存在とされるのではなく、他の証拠によって証明することができる。この場合の証明は自由な証明で足りる。この点に関する裁判例としては、以下のようなものがある。

　① 最判昭27・3・25刑集6・3・507

　被告人に反対尋問の機会を与えたか否かが争われた事案で、同一公判期日に行われた他の証人尋問において、弁護人から反対尋問が行われていることに鑑み、反対尋問の機会が与えられなかったとは認められないとしたが、その際、調書に記載がない事項について、それだけで手続がなされなかったということはできない旨説示した。

　② 最判昭25・7・13刑集4・8・1343

公判調書に公判期日を公開したことが記載されていなかった点につき、そのような記載がないからといって、直ちに公開されなかったことにはならず、公判調書以外の資料によってこれを証明することができるとした上で、公判調書中に公開しなかったことに対する異議の記載がなく、控訴審でもそのような主張立証がなかったことから、一審の手続を違法とはいえないとした。
　③　東京高判昭29・3・6高刑集7・2・168
　論告、弁論、最終陳述がなされたか否かの点につき、公判調書に記載されたものについては反証を挙げて争うことは許されないが、公判調書に記載のない事項については、当然に存在しなかったものということはできず、他の資料によってその存否を証明することができるとし、立会書記官補を証人尋問した結果、上記手続が行われたことが認められるとした。

(2)　通常行われる手続事項について
　起訴状朗読、黙秘権の告知、証人の宣誓等、通常当然に行われるために調書の必要的記載事項から除外されているものについては、特段の事情がない限り、その訴訟手続は当然に行われたものと事実上推定される。このような事実上の推定が働くことから、この点に関する訴訟手続に法令違反があったことを主張しようとする側が、訴訟手続の違法性について立証責任を負うことになる。この点に関する裁判例として、以下のようなものがある。
　①　最判昭28・11・17刑集7・11・2202
　公判調書に証拠書類が取り調べられた旨の記載があり、検察官がその謄本を提出するについて被告人側より異議を申し立てた形跡もなく、かつ、同謄本が記録に編綴されている以上、同謄本の提出につき裁判所の許可があった旨が公判調書に記載されていないからといって、同許可がなかったものとすることはできないとした。
　②　東京高判昭28・3・31高刑集6・3・314
　証人に対し偽証の罰を告げたことは公判調書の記載事項とされていないばかりでなく、同証人の宣誓書の添付、訴訟関係人よりの異議の申立てがなかったことからすれば、これらの手続が履践されなかったものと認めることはできないとした。
　③　東京高判昭29・9・22高刑集7・9・1444
　簡易公判手続により審判をする旨の決定をするに当たり、訴訟当事者の意

見を聴いた旨の記載がなくとも、反証のない限り意見を聴いたものと推定されるとした。

　④　名古屋高判昭27・6・30高刑集5・9・1471
　公判調書中に、冒頭陳述、証拠書類の朗読、反証提出の機会供与についての記載がないが、これらの訴訟手続に関して訴訟関係人より格別異議の述べられた形跡もなく、その他、手続の違法をうかがわせる事情も記録上認められないので、手続は適法に行われたものと推定されるとした。

(3)　必要的記載事項の記載がない場合
　ア　前記(2)に対し、必要的記載事項の記載がない場合は、同手続が行われなかったものと事実上推定される（この点に関して下記裁判例①）が、前後の訴訟手続の経過や結果からみて、その手続が行われたと認めてよい場合がある（この点に関して裁判例②～④）。

　①　東京高判昭53・8・7高刑集31・2・131
　公判調書の必要的記載事項について、公判調書にその記載がなく、正確性の異議の申立てもないときは、記載されなかった事項は、存在しないものと推定されるとした。

　②　最判昭24・4・23刑集3・5・632
　公判調書に裁判長が証人申請を却下したとの記載があっても、評議を経て決定でこれを却下したものと解すべきであるとした。

　③　最決昭33・2・28裁集123・463
　被告人及び弁護人が公判手続の更新が行われるべき日はもとより、その後の公判期日にも出廷し、公判手続の更新について別段異議を申し立てることもなく、訴訟を進行したときは、適法に公判手続の更新がなされたものと認めることができるとした。

　④　東京高判昭29・3・6高刑集7・2・168
　論告、弁論、最終陳述の記載が欠けた公判調書について、他の資料によりその存在を証明することができるので、訴訟手続に違法はないとした。

　イ　他方、このような補充解釈を認めなかった裁判例として、以下のようなものがある。

　⑤　大判大13・12・20刑集3・896
　公判調書に公判をした裁判所の表示がなければ、手続が公判廷でなされた

⑥　大判昭13・5・27刑集17・396

公判調書に同公判に関与した判事の官名がなく、ただ氏名を列記したに過ぎないときは、法律に従って裁判所を構成したと認められず、この公判は適法に行われたものと認められないとした。

⑦　最判昭23・6・26刑集2・7・743

公判調書に列席判事の氏名の記載がなく、ただ署名押印があるのみであるときは、当該公判調書は無効であるとした。

⑧　大阪高判昭46・4・8高刑集24・2・317

公判調書に公判を開廷した裁判官の氏名の記載を欠いた場合、他の資料による補正は許されず、当該公判調書は無効であるとした。

ウ　このように、裁判例では、公判をした裁判所の構成の補充解釈について厳格に解される傾向にあるが、書記官に関しては、以下の裁判例に見られるように、比較的に緩やかに解される傾向がある。

⑨　最判昭48・2・16刑集27・1・46

裁判官欄に「A」、書記官欄に「B」とあるのを、それぞれ「B」、「A」の単なる取り違えの誤記に過ぎないとした。

⑩　東京高判平4・9・25高刑集45・3・58

裁判官名に記載された「乙」という氏名が、書記官の氏名であって、真の裁判官「甲」の明白な誤記であるとした。

⑪　最判昭27・2・14刑集6・2・237

公判調書に立会書記官の官氏名の記載がなくても、末尾に書記官の署名捺印があれば、同書記官が立ち会ったものと認められるとした。

5　公判調書に誤記がある場合

公判調書の記載内容が明白な誤記である場合には、正しい内容に従って証明力を有し（この点に関して下記裁判例①）、明白な誤記であるかどうかを判断する基礎となる資料の範囲について、公判調書以外の資料を判断の資料にすることができる（この点に関して裁判例②～④）。なお、高田・注解刑訴上180は、公判調書の記載の正確性の考慮に当たって、他の資料を用いることを一般的に否定しつつも、明白な誤記に限っては積極的に考えることができるとする。

また、公判調書の正確性に対する異議申立てがなくとも、訴訟記録等の資料により明白な誤記と認めることができる（この点に関して裁判例⑤）。

公判調書に矛盾した記載、不明確な記載がある場合も、明白な誤記がある場合と同様、公判調書以外の資料を判断の資料とすることができ、その結果判明した正しい内容に従って証明力を有する（反対説について高田・前掲注解刑訴上）。

もっとも、公判調書以外の資料によっても、明白な誤記といえるか否かが判明せず、又は、矛盾した記載の正誤や不明確な記載が判然としないままである場合には、その公判調書は無効となり本条の証明力を認めることはできない（この点に関して裁判例⑥〜⑧）。

① 最決昭36・3・14刑集15・3・516

実際に公判に出席していない検察官の氏名が立会検察官として記載されている公判調書につき、立会書記官の回答書等を基に明白な誤記と認め、正しい内容に従って証明力を有するとした原審の判断を正当として是認した。

② 最判昭24・3・5刑集3・3・253

弁護人が選任されていない事件の公判調書に、あたかも弁護人が訴訟活動を行ったかのような不動文字が記載されていたことにつき、他の資料を基に抹消すべき文字が抹消されなかった誤記があるに過ぎないとした。

③ 最判昭29・1・14裁集91・349

公判調書に記載された判決言渡日の日付につき、他の資料を基に実際の日付の誤記と認定した。

④ 東京高判平21・6・18東時60・1＝12・85

公判列席裁判所書記官として記載された者と作成者として記名押印した裁判所書記官が異なる公判調書は無効であるとした上で、控訴審における事実取調べの結果、公判列席裁判所書記官の氏名の記載が誤記であるとして、手続の適法性を認めた。

⑤ 最判昭31・3・27裁集112・833

本条は公判調書中の手続に関する記載を訴訟記録等の資料によって明白な誤記と認めることを許さない趣旨ではなく、かかる誤記と認めることは、公判調書の記載の正確性についての異議申立ての有無にかかわらず許されるとした。

⑥　東京高判昭28・3・30特報38・74

第2回公判調書に記載されている次回公判期日と実際に開かれたと記載されている第3回公判期日とが食い違っていずれが真実か判明しないことからすると、公判連続を欠く違法があるというべきであるとした。

⑦　名古屋高判昭32・2・11裁判特報4・5・74

公判調書中、共同被告人中の不出頭者と出頭者が混同記載されており、明白な誤記と断言することができず、また、誤記をもって判断するには重大な誤謬であるから、調書の記載から当該被告人の出頭の有無を明確にすることができず、訴訟手続は違法であるとした。

⑧　東京高判昭51・12・22東時27・12・172

公判調書末尾に書記官Aの署名押印がされているが、列席した書記官がBと記載されている事案において、同公判調書を無効とした。なお、同旨の裁判例として広島高判昭29・4・21高刑集7・3・448がある。

6　公判調書の滅失、不存在、無効と訴訟手続の証明

(1)　公判調書が滅失した場合

公判調書が紛失その他の理由により滅失した場合、公判調書以外の資料により証明することが許されるとするのが判例（最大判昭29・4・28刑集8・4・584〔旧刑訴法関係〕、最決昭29・6・16刑集8・6・878）である。この点、公判調書に判決に影響を及ぼすような訴訟手続の違反が記載されている場合に、公判調書が存在すれば破棄され、それが滅失すれば、他の資料による証明の結果、破棄を免れ得ることになり、不均衡であるとして、他の資料による証明を許すべきではないとする見解（高田・刑訴477）もある。しかし、公判調書が存在すれば手続の適法性を証明できるにもかかわらず、他の証拠によっても手続違反のなかったことを証明できない場合には破棄を免れないのだから、いずれにしても、何らかの不均衡は避けられないのであり、そうすると、訴訟経済等の観点から、これを許すべきと解するのが相当である（中山・大コメ刑訴1・596、香城＝井上・注釈刑訴〔第3版〕1・601）。

訴訟記録が滅失し、その他の資料によっても手続の適法性を立証できないときは破棄を免れないのは当然である。この点に関し、最判昭31・1・24刑集10・1・82は、訴訟記録が紛失し、上告理由の有無について証明の方法がなく、その他に原審の訴訟手続が適法になされたことを確証するに足る証拠

もないときは、上告理由があるものといわなければならないとする。なお、公判調書が滅失した場合に、訴訟手続が適法に行われたか否かについて不明であるから、違法とみるべきであると主張することが適法な訴訟手続の法令違反（379）の主張となるか否かについて、訴訟手続のどの点に違法があるかを具体的に指摘しなければ適法な主張とはいえないとしていた従前の判例（大判昭20・6・8刑集24・7）が変更され、訴訟手続の適法性が立証されない限り違法と解すべきとされている（前掲最大判昭29・4・28、最判昭31・1・24）。

訴訟記録が滅失した場合の取扱いにつき、火災により滅失した公判調書を含む訴訟書類の再製の方法や取扱いについて説示した水戸地下妻支判昭56・11・18判時1036・139が参考になる。

(2) 公判調書が不存在の場合

公判調書が当初から作成されなかったため、そもそも存在しない場合（例えば立会書記官が急死したような場合）、本条による証明ができないことはもちろんである。この場合、他の証拠による証明を許すべきか否かについては、見解が分かれている。適法な手続が行われたかを証明することができず、当該公判手続を違法であるとした裁判例が複数ある（福岡高判昭29・2・19高刑集7・1・82、東京高判昭40・6・17高刑集18・3・218及び福岡高宮崎支判平7・1・19高検速報平7・143は、いずれも、判決言渡しの公判調書の不存在については、言渡しの適法性を証明することができないから、判決に影響を及ぼす訴訟手続の法令違反になるとした。なお、前掲福岡高宮崎支判平7・1・19は、判決言渡調書が控訴審への記録到達後に作成されても、その効力を認めることはできないとする。）。しかし、公判調書が当初から作成されない事態として想定されるのは、前記のような立会書記官の差支えというやむを得ない場合が通常であり、このような場合にまで、訴訟手続をやり直す実益は極めて少ないとして、訴訟経済の観点から、他の証拠による証明を許す見解が有力である（中山・大コメ刑訴1・598、香城＝井上・注釈刑訴［第3版］1・602）。

(3) 公判調書が無効の場合

公判調書が無効である場合、他の資料により公判手続を証明することができるかどうかについて見解の対立がある。消極に解する見解（中山・大コメ刑訴1・599、高田・注解刑訴上182、松尾・条解82）は、公判調書の不存在や

滅失の場合と異なり、一旦作成された調書の効力が否定された以上は、他の資料による証明は許されないとするのが相当とする。これに対し、積極に解する見解（香城＝井上・注釈刑訴［第3版］1・600）は、公判調書が不存在の場合も無効の場合も、有効な公判調書に訴訟手続の記載がない場合にほかならないから、他の資料による証明も許されるべきとする。民事訴訟手続では、民訴法160条3項が調書滅失の場合のみを証明力の例外として規定していることからも、調書が無効の場合は手続の適法な履行が証明できないと解すべきであるが、刑訴法にはそのような限定は付されておらず、別異に解する余地があるというのもその理由の一つと考え得る。なお、積極説に立つとしても、公判調書が無効となる場合について、公判調書が偽造又は変造された場合などに限局されるとする解釈をとる場合には、訴訟手続の適法性を証明することは極めて困難となるから、消極説との間には実質的な差異はないとの指摘がある（中山・前掲大コメ刑訴1）。

　この点に関する裁判例としては、以下のとおり、消極に解して原判決を破棄されるべきとしたもの（裁判例①）と、積極に解して判決に影響を及ぼさないとしたもの（裁判例②、③）がある。

　①　前掲最判昭23・6・26刑集2・7・743
　公判調書に列席したと記載された裁判官と異なる裁判官が署名押印している公判調書について、その公判調書は無効であり、適法な判決言渡しがなされたか否かを証明することはできないから、原判決は破棄されるべきとする。同旨に最判昭24・8・9刑集3・9・1449、福岡高判昭29・5・10高刑集7・4・619、東京高判昭31・4・12高刑集9・3・267がある。

　②　東京高判昭27・2・9特報29・29
　判決宣告期日の列席書記官として記載された者と異なる者が署名押印した公判調書は違法であるが、記録上言渡しが適法にされたと認められるときは、同言渡しが不適法にはならず、判決に影響を及ぼさないとした。

　③　広島高判昭55・10・28高刑集33・4・298
　書記官の署名押印を欠き、公判調書が無効となった場合でも、他の資料により公判手続の適法性が認定できるときは、判決に影響を及ぼす訴訟手続の法令違反にはならないとした。

（加藤陽）

〔訴訟記録の閲覧〕
第53条　何人も、被告事件の終結後、訴訟記録を閲覧することができる。但し、訴訟記録の保存又は裁判所若しくは検察庁の事務に支障があるときは、この限りでない。
2　弁論の公開を禁止した事件の訴訟記録又は一般の閲覧に適しないものとしてその閲覧が禁止された訴訟記録は、前項の規定にかかわらず、訴訟関係人又は閲覧につき正当な理由があって特に訴訟記録の保管者の許可を受けた者でなければ、これを閲覧することができない。
3　日本国憲法第82条第2項但書に掲げる事件については、閲覧を禁止することはできない。
4　訴訟記録の保管及びその閲覧の手数料については、別に法律でこれを定める。

〔規〕　第304条（被告事件終結後の訴訟記録の送付）　裁判所は、被告事件の終結後、速やかに訴訟記録を第一審裁判所に対応する検察庁の検察官に送付しなければならない。
　　　2　前項の送付は、被告事件が上訴審において終結した場合には、当該被告事件の係属した下級の裁判所を経由してしなければならない。

〈本条細目次〉
1　趣　旨　243
2　閲覧できる時期及び対象　244
3　訴訟記録の保管　244
4　閲覧の制限　245
　(1)　本条1項ただし書による制限　245
　(2)　本条2項による制限　247
　(3)　保管記録が弁論の公開を禁止した事件のものであるとき（記録法4Ⅱ①）　247
　(4)　保管記録に係る被告事件が終結した後3年を経過したとき（記録法4Ⅱ②）　247
　(5)　保管記録を閲覧させることが公の秩序又は善良の風俗を害することとなるおそれがあると認められるとき（記録法4Ⅱ③）　248
　(6)　保管記録を閲覧させることが犯人の改善及び更生を著しく妨げることとなるおそれがあると認められるとき（記録法4Ⅱ④）　248

(7) 保管記録を閲覧させることが関係人の名誉又は生活の平穏を著しく害することとなるおそれがあると認められるとき（記録法4Ⅱ⑤）　248
(8) 保管記録を閲覧させることが裁判員、補充裁判員、選任予定裁判員又は裁判員候補者の個人を特定させることとなるおそれがあると認められるとき（記録法4Ⅱ⑥）　249
(9) 閲覧制限事由と公開（開示）範囲　249
(10) 訴訟関係人又は閲覧につき正当な理由があると認められる者　250
(11) 訴訟関係人からの違法不当目的による閲覧請求　251
(12) 憲法82条2項ただし書に掲げる事件の訴訟記録　252

1　趣　旨

　刑訴法は、訴訟に関する書類に関し、その性質や手続進行段階に応じ、種々の利益等を比較衡量して、必要かつ合理的な範囲でその公開・非公開の取扱い等を定める。すなわち、①公判で公にされる前は、訴訟に関する書類のすべてにつき47条により非公開とすることを原則としつつ、②公訴が提起されて被告事件として公判係属中は、公判における証拠調べ請求等に係るものにつき299条、316条の13以下により当事者に閲覧権等を与え、裁判所が保管するものにつき40条、49条、270条により当事者に閲覧権等を与え、犯罪被害者等の権利利益の保護を図るための刑事手続に付随する措置に関する法律3条、4条により被害者等及び同種余罪被害者等に閲覧等する機会を与え、③被告事件の終結後は、本条により、「訴訟記録」につき原則として何人も閲覧することができることとする。

　本条は、裁判の公正を担保し、かつ、国民の裁判に対する理解を深めるために、裁判公開の原則（憲82）の趣旨を拡張して、被告事件の確定後、その訴訟記録を国民に公開することとしたものであるとされる（香城敏麿・注釈刑訴1・377、中山善房・大コメ刑訴1・601）。

　ただし、最決平2・2・16判時1340・145は「憲法21条、82条の各規定は、刑事確定訴訟記録の閲覧を権利として要求できることまでを認めたものでない」旨判示し、最決平2・2・6判タ726・144、最決平4・12・7刑集261・303等その後の裁判例も同旨を判示し、さらに、刑事確定訴訟記録の閲覧請求を申し立てたところ閲覧不許可処分を受けた者が「刑事確定訴訟記録の閲覧請求権は、憲法82条1項及び憲法21条1項で保障された権利であって、

原則として閲覧が許可されなければならず、抽象的なおそれのみで閲覧を不許可とする保管検察官の処分を是認した原決定は、申立人の憲法上の権利を不当に侵害するものである」旨主張した特別抗告に対する最決平24・6・28刑集66・7・686は「本件抗告の趣意は、憲法違反をいう点を含め、実質は単なる法令違反の主張であって、刑事確定訴訟記録法8条2項、刑訴法433条の抗告理由に当たらない。」とし、訴訟記録の閲覧が憲法上の権利ではないという上記最決の判示を前提にしているものと解される。

なお、この訴訟記録の保管及び閲覧に関しては、本条4項の「別の法律」として刑事確定訴訟記録法（以下「記録法」という。）が制定されており、同法が本条をさらに具体化する関係にある。

2 閲覧できる時期及び対象

閲覧が可能となるのは、被告事件の終結後、すなわち当該被告事件に対する終局裁判が確定した後である。この点に関し、大阪高決昭38・12・18〈未〉（最決昭39・2・5裁集150・411によって上告棄却確定。）は、「本条1項の被告事件の終結後とは、被告事件の確定後の趣旨に解すべきものであって、申立人の被告事件は第1審の裁判宣告があったが、申立人から控訴があり、未だ確定していないので、本条の場合に該当しないことは言うまでもない。したがって、申立人が、本条に基づいてその訴訟記録の閲覧を要求することはできない。」旨判示している。

また、閲覧できる対象は、被告事件の訴訟記録であり、記録法4条の定める閲覧の対象記録も同様である。訴訟記録とは、本条が裁判公開の原則の趣旨に基づくものであることから、公訴提起後被告事件が確定するまでの間に、裁判所が事件記録として編綴した訴訟に関する書類一切をいい、例えば、起訴状、裁判書、当事者の各種申立て書、公判調書、証拠書類、身柄関係書類などが含まれるが、捜査段階で作成されたものの検察官において裁判所に提出しなかった書類などは含まれない。この点に関し、東京高決昭40・12・20下刑集7・12・2187は、「訴訟記録の公開が要求されるのは、『被告事件』のそれにかぎられる。たとえば告訴のあった事件を含む被疑事件及び準起訴手続の各記録は、本条の適用を受けない。」としている。

3 訴訟記録の保管

記録法2条1項により、刑事被告事件に係る訴訟記録は、訴訟終結後は、

当該被告事件について第1審の裁判をした裁判所に対応する検察庁の検察官が保管するものとされ、この検察官は保管検察官と呼ばれる。

4 閲覧の制限

事務処理上の支障のある場合（本条Ⅰ但）及び訴訟記録の内容が閲覧に適さない場合（本条Ⅱ）には閲覧させる義務はなく、閲覧請求に対し保管検察官は閲覧不許可処分とする。

(1) 本条1項ただし書による制限

本条1項ただし書は、訴訟記録の保存又は裁判所若しくは検察庁の事務に支障があるときは、閲覧させる義務を負わない旨定め、記録法4条1項は同旨を記録法の体系の中で文言を整理・具体化して保管検察官の義務として規定し「保管検察官は、請求があったときは、保管記録（刑事訴訟法第53条第1項の訴訟記録に限る。次項において同じ。）を閲覧させなければならない。ただし、同条第1項ただし書に規定する事由がある場合は、この限りでない。」と定める。

具体的には、閲覧によって、裁判所又は検察庁において、裁判の執行、証拠品の処分等の事務を遂行する上で支障が生ずる場合のほか、訴訟記録を閲覧させることが関連事件の捜査・公判に不当な影響を及ぼす場合も含まれると解される（香城敏麿・前掲383）。どのような事情の下で捜査・公判に不当な影響を及ぼすものと認められるかについて、以下、裁判例を見るが、いずれも、個別の事案に応じ訴訟記録中の個別の書類ごとに具体的な判断をしている。

捜査中の事件への影響に関し、東京地決平4・10・26判夕804・268（抗告棄却により確定）は、衆議院議員Xが法定の制限額を超える政治活動に関する寄附5億円を受けたという政治資金規正法違反の確定訴訟記録についての閲覧請求に対する不許可処分に関するもので、当時、上記5億円受領を収支報告書に記載しなかったこと、また受領後に他の国会議員に配付したことについてのXに対する別件政治資金規正法違反、これを受領した者の政治資金規正法違反、Xに対する上記5億円についての所得税法違反がそれぞれ告発され捜査機関において捜査中であったところ、これら各事件の被疑事実は、上記5億円の受入れ状況、使途等と極めて密接に関連するので、本件保管記録中の資料の大部分は捜査中の各事件の証拠ともなりうるものであり、上記

5億円の供与側の供述証拠、被告人作成の上申書、元公設秘書など供与を受けた側の供述調書やその裏付けとなる証拠等について、これらの証拠を閲覧開示すれば、事案の性質上、申立人の意図は別として、供与当時の具体的状況が明らかとなって、罪証隠滅行為が容易となり、今後の捜査に困難が生じるおそれが十分にあると認められ、したがって、現在これを申立人に閲覧させることは告発事件等関連事件の捜査に不当な影響を及ぼすおそれがあり、申立人の本件保管記録の閲覧請求権が制限されることはやむを得ないものと認められるとした。

また、大阪地決平7・11・6判タ898・254は、けん銃所持に係る確定事件でけん銃の入手先とされていた者が新たに被疑者として逮捕勾留され、その弁護人となった者が弁護活動をする上で必要不可欠として確定事件記録の閲覧請求をした事案に関して、確定事件の被告人の供述調書等確定事件の犯罪の立証にかかわる部分は、現在捜査中の被疑者が関与したとされる各事件の立証にもかかわるもので、閲覧を認めると捜査に支障を生ずることが明らかであるとして閲覧を認めなかった。

現に公判係属中の事件について実質的に証拠開示を受けることと同様の効果を得ることを目的とするものと認められる関連事件の確定訴訟記録の閲覧請求について、証拠開示の可否は当該訴訟の当事者の判断と裁判所の適正な訴訟指揮権の行使によって決せられるべき事柄というべきであり、確定訴訟記録の閲覧請求においても、当該訴訟におけるその点に関する公判裁判所の対応、訴訟指揮を尊重して処理すべきであって、証拠開示の申立てに対して、公判裁判所が職権発動をしないでいること等の状況等を考慮すれば、関連事件の確定訴訟記録の閲覧を許すことは当該訴訟の公判に不当な影響を及ぼすものであるなどとしてこれを認めなかった裁判例として、豊橋簡決昭63・7・21判時1283・161、水戸地土浦支決平元・4・27判タ707・272、名古屋地決平2・6・30判時1452・19がある。他方、浦和地決平4・5・14判時1452・24、京都地決平2・11・16判時1452・22は、関連する捜査中ないし公判継続中の事件について証拠隠滅工作等の捜査妨害ないし審理妨害がなされる具体的危険性があるような場合に限って閲覧拒否ができるとし、単に閲覧が捜査・公判等に対してなんらかの影響を与える可能性が存在することのみをもって閲覧を拒否することはできないとする。

これとは別に、東京地決平15・2・14判時1816・166は、刑事事件の被告人・被害者とは異なる者の間に係属している民事訴訟の証拠を収集する目的での訴訟記録の閲覧請求について、「確定した刑事事件と証拠が関連する他の特定の刑事事件の捜査・公判に不当な影響を及ぼすおそれがあるときをもって『検察庁の事務に支障のあるとき』のなかに含まれると解することは格別、刑事事件一般について将来的に事件関係者の捜査・公判に対する非協力を招くおそれがあるということまで上記不許可事由のなかに含まれると解することは、およそ無理である。けだし、このような抽象的なおそれがあることをもって閲覧制限事由に該当するとするときは、確定記録の閲覧は事実上原則禁止という結果になってしまうからである。」と判示している。

(2) 本条2項による制限

　本条2項は、弁論の公開を禁止した事件の訴訟記録又は一般の閲覧に適しないものとしてその閲覧が禁止された訴訟記録は、訴訟関係人又は閲覧につき正当な理由がある者でなければ閲覧することができない旨定め、記録法4条2項は同旨を記録法の体系の中で文言を整理・具体化して保管検察官の義務として規定し「保管検察官は、……次に掲げる場合には、保管記録を閲覧させないものとする。ただし、訴訟関係人又は閲覧につき正当な理由があると認められる者から閲覧の請求があった場合については、この限りでない。」と定めた上、閲覧制限する事由を各号で列挙する。これら閲覧制限する事由を定める各号のうち1号は、本条3項により閲覧させる義務を負わない「弁論の公開を禁止した事件の訴訟記録」を改めて規定したものであり、2号以下は、本条3項の「一般の閲覧に適しないもの」をさらに具体的に規定したものである。その内容等については項を分ける。

(3) 保管記録が弁論の公開を禁止した事件のものであるとき（記録法4Ⅱ①）

　弁論の公開を禁止した事件とは、憲法82条2項により、裁判官の全員一致で、公の秩序又は善良の風俗を害するおそれがあるものと決し、対審つまり公判審理を公開しないで行われたものをいう。一部の公開のみが禁止された場合には、禁止された公判審理に係る部分だけが該当することになる。なお、判決は公開法廷で行うこととされるので（憲82Ⅰ）、これに係る裁判書が該当する余地はない。

(4) 保管記録に係る被告事件が終結した後3年を経過したとき（記録法4

Ⅱ②)

　ただし、終局裁判の裁判書はこの制限の対象から除外され（記録法4Ⅱ柱本）、3年を経過した後も、なお閲覧が認められる。

(5)　保管記録を閲覧させることが公の秩序又は善良の風俗を害することとなるおそれがあると認められるとき（記録法4Ⅱ③）

　裁判例として、前橋地決平9・7・8判タ969・281は、被留置者の護送に関する県警本部の訓令の写し等について、同号に該当するものと判断した。静岡地沼津支決平元・12・7判時1334・239は、留置場に拘禁されていた女性を看守者が陵虐した事件の確定訴訟記録について、犯罪の手段・方法・態様の記載はわいせつな行為を具体的詳細に記述したものであり本号に該当するとし、また、留置場の設備、看守の体制・態様の記載等については拘禁の目的を阻害する蓋然性があり公の秩序を害することとなるおそれがあるとして本号に該当するとした。

(6)　保管記録を閲覧させることが犯人の改善及び更生を著しく妨げることとなるおそれがあると認められるとき（記録法4Ⅱ④）

　裁判例として、前掲前橋地決平9・7・8は、暴力団幹部である相被告人が警察官との種々の駆け引きや取引をした状況が公表されると、同人の改善・更生を妨げることとなるおそれがあると判断した。

(7)　保管記録を閲覧させることが関係人の名誉又は生活の平穏を著しく害することとなるおそれがあると認められるとき（記録法4Ⅱ⑤）

　裁判例として、前橋地決平9・7・8判タ969・281は、被告人の身上、経歴、家庭事情などの記載、相被告人の内妻・親族・友人の実名、前科前歴、暴力団所属歴等に関する記載などについて、プライバシーに関する事項であって、本号に該当するものと判断し、東京地決平9・1・31判時1601・160は、業務上横領事件の確定訴訟記録に関し、被告人との遊興状況を詳細に供述する交際女性の供述調書等について、同女性に関し本号に該当するものと判断したが、犯行に至る動機、経緯、犯行状況、横領資産の使途に関する部分に関しては、被害会社の業務や顧客のプライバシーにかかわる証拠もあるものの本号に該当するとまでは認められないとし、大阪地決平7・11・6判タ898・254は、確定事件の被告人の子弟の就学状況等に関する書面について、本号に該当するものとし、静岡地沼津支決平元・12・7判時1334・239は、留

置場に拘禁されていた女性に対し看守者が陵虐した事件の確定訴訟記録について、犯罪の手段・方法・態様の記載は猥せつな行為を具体的詳細に記述したものであり、被害者の名誉等に関し本号に該当するとし、また、被告人の身上、家族関係、生活状況等に関して被告人の親族の名誉等に関し本号に該当するとした。

(8) 保管記録を閲覧させることが裁判員、補充裁判員、選任予定裁判員又は裁判員候補者の個人を特定させることとなるおそれがあると認められるとき（記録法4Ⅱ⑥）

(9) 閲覧制限事由と公開（開示）範囲

行政機関の保有する情報の公開に関する法律6条は「開示請求に係る行政文書の一部に不開示事由が記録されている場合において、不開示情報が記録されている部分を容易に区分して除くことができるときは、開示請求者に対し、当該部分を除いた部分につき開示しなければならない。」として部分開示義務について定め、公文書等の管理に関する法律16条3項等も同様の定めをするが、本条及び記録法にはこれに相当する規定はない。

しかしながら、最決平24・6・28刑集66・7・686は、刑事確定訴訟記録のうちの第一審判決書について、「プライバシー部分を除く」としてなされた閲覧請求に対し、保管検察官が記録法4条2項4号・5号に該当するとして第一審判決書の全部を閲覧不許可処分とした事案に関し、「第一審判決書は、国家刑罰権の行使に関して裁判所の判断を示した重要な記録として、裁判の公正担保の目的との関係においても一般の閲覧に供する必要性が高いとされている記録であるから、その全部の閲覧を申立人に許可した場合には……民事裁判において、その内容が明らかにされるおそれがあり、法2条4号及び5号の閲覧制限事由に当たる可能性がないではないが、そのような場合であっても、判決書の一般の閲覧に供する必要性の高さに鑑みると、その全部の閲覧を不許可とすべきではない。本件では、申立人が『プライバシー部分を除く』範囲での本件判決書の閲覧請求をしていたのであるから、保管検察官において、申立人に対して釈明を求めてその限定の趣旨を確認した上、閲覧の範囲を検討していたとすれば、法4条2項4号及び5号の閲覧制限事由には当たらない方法を講じつつ、閲覧を許可することができたはずであり、保管検察官において、そのような検討をし、できる限り閲覧を許可すること

が、法の趣旨に適うものと解される。」として、請求人への釈明や閲覧の範囲を検討しないまま、第一審判決書の全部を閲覧不許可とした処分を違法とした。

あくまで事例判断であり、また、第一審判決書の公開の重要性を強調するものであり裁判書以外の訴訟記録についてこの趣旨がそのまま妥当するものとも解し難いものの、保管検察官において一般に部分閲覧の可否を検討する運用が求められることとなろう。

なお、同様の趣旨から、横浜地川崎支決平15・8・14判タ1151・316は、判決書のみの閲覧請求について、被告人や被害者の氏名などの固有名詞や犯罪地の住所地番を仮名に置き換える処理等を行うこととした上で、記録法4条2項3号・4号・5号の閲覧制限事由該当性を否定して閲覧を許可している。

(10) 訴訟関係人又は閲覧につき正当な理由があると認められる者

記録法4条2項各号の閲覧制限事由が認められる場合であっても、訴訟関係人又は閲覧につき正当な理由があると認められる者については、なお、閲覧が認められる。

ここで訴訟関係人とは、「訴訟の当事者的地位を有する者をいい、被告人、弁護人、刑訴27条の場合の法人の代表者、同28条の場合の法定代理人、同29条の場合の特別代理人、同42条の補佐人が当たるとされている。」(古田佑紀・大コメ刑訴8・45)。これらの者は、一般にその訴訟に関して正当な利害関係を有するばかりでなく、もともと事件の内容を承知しているので閲覧を認めても新たな弊害が生じる可能性が少ないことを趣旨とするものと解される(古田佑紀・前掲)。

この点に関し、最決平21・9・29刑集63・7・919は、確定事件の審理では弁護人ではなかったものの再審請求段階で新たに選任された弁護人が、再審請求のための記録確認を目的として確定事件訴訟記録の閲覧を求めた事案について、当該弁護人をこの「訴訟関係人」に該当するとはしなかった。確定事件の審理では弁護人ではなく、もともと事件の内容を承知してはおらず、上記趣旨からして消極に解されたものと思料される。

閲覧につき正当な理由があると認められる者については、「請求に係る訴訟記録の閲覧について本項各号に掲げる制限事由が存在するが、閲覧の目的、

閲覧の必要性、閲覧につき生じるおそれのある弊害の内容・程度等諸般の事情を総合的に考慮して、これを閲覧させるのが相当であると認められる場合」（押切謙徳ほか・注釈刑事確定訴訟記録法136）などと解されており、例として、民事上の権利の行使又は義務の履行に関して訴訟記録を閲覧することが必要な場合などが挙げられることが多い。

裁判例としては、前掲最決平21・9・29は「再審請求人により選任された弁護人が、再審請求のための記録確認を目的として、当該再審請求がされた刑事被告事件に係る保管記録の閲覧を請求した場合には、同弁護人は、法4条2項ただし書にいう『閲覧につき正当な理由があると認められる者』に該当するというべきである」と判示した。

また、前掲前橋地決平9・7・8は、週刊誌等に公表する記事の取材のために訴訟記録を閲覧請求したフリージャーナリストについて、閲覧につき正当な理由があると認められる者には該当しないとし、前掲東京地決平9・1・31は、業務上横領被害会社の顧客管理のあり方をめぐって同社を被告とする民事訴訟を提起している者の証拠資料収集目的の同業務上横領被告事件の確定訴訟記録に対する閲覧請求中、被告人との遊興状況を詳細に供述する交際女性の供述調書等に対しては正当な理由がある者には該当しないものとし、前掲静岡地沼津支決平元・12・7は、留置場に拘禁されていた女性に対し看守者が陵虐した事件の確定訴訟記録について月刊誌等に発表する記事のための資料収集を目的とする閲覧請求をし、関係人の氏名を匿名にするなどする旨誓約をしていた報道機関の者について、閲覧につき正当な理由があると認められる者には該当しないとした。

(11) **訴訟関係人からの違法不当目的による閲覧請求**

本条2項及び記録法4条2項柱書ただし書により、記録法4条2項各号の閲覧制限事由に該当し一般の閲覧に適さない訴訟記録であっても、訴訟関係人はなお閲覧できることとなるが、訴訟関係人が違法不当な目的で閲覧請求をする場合もあり、これを許すことは相当ではない。

この点に関し、不倫相手の被害者（女性）に対する脅迫等被告事件の被告人であった者がその確定記録を閲覧請求したところ、保管検察官が関係者の身上・経歴等プライバシーに関する部分についてプライバシー保護を理由として一部閲覧不許可処分にした事案についての最決平20・6・24判タ1273・

137がある。

　この閲覧請求申立人は、裁判確定直後から、被害者に対し刑事告訴、損害賠償請求訴訟提起、勤務先・自宅への文書送付、押し掛け等をし、また、頻繁に確定記録の閲覧請求を行った上、本件では、さらに「事件精査」を目的とする閲覧請求を行ったものである。上記最決は「訴訟関係人のする刑事確定訴訟記録法に基づく保管記録の閲覧請求であっても、それが権利の濫用に当たる場合には許されないものというべきである。そして、同法6条の規定に照らすと、関係人の名誉又は生活の平穏を害する行為をする目的でされた閲覧請求は、権利の濫用として許されないと解するのが相当である。本件保管記録に係る刑事訴訟事件の内容、申立人が本件閲覧請求をするに至った経緯等原審の認定した事実関係にかんがみると、関係者の身上、経歴等プライバシーに関する部分についての閲覧請求は、当該関係者の名誉又は生活の平穏を害する行為をする目的でされたと認められる相当の理由があるものであるから、権利の濫用として許されないというべきである。」として、保管検察官の一部閲覧不許可処分を是認した。

　なお、同最決が論及する記録法6条は「保管記録又は再審保存記録を閲覧した者は、閲覧により知り得た事項をみだりに用いて、公の秩序若しくは善良の風俗を害し、犯人の改善及び更生を妨げ、又は関係人の名誉若しくは生活の平穏を害する行為をしてはならない。」と定めており、すると、本件のような場合だけでなく、公の秩序若しくは善良の風俗を害し、犯人の改善及び更生を妨げ、又は関係人の名誉若しくは生活の平穏を害する行為を目的としてなされた閲覧請求は権利の濫用として許されないことになろうが、本件もそうであるように閲覧請求者が濫用意図を秘匿することが少なくないためその目的の認定は必ずしも容易でなく、そこで、同最決は「害する行為をする目的でされたと認められる」場合ではなく、「害する行為をする目的でされたと認められる相当の理由がある」場合に、「権利の濫用として許されない」としているものと解される。

(12) **憲法82条2項ただし書に掲げる事件の訴訟記録**

　政治犯罪、出版に関する犯罪又は憲法第3章に規定する国民の権利が問題となっている事件の訴訟記録については、検察官は、請求があったときは閲覧させなければならない（本条Ⅲ、記録法4Ⅰ・Ⅱ）。この点に関し、東京地

決平4・10・26判時1452・26（抗告棄却により確定）は、著名な衆議院議員に対する政治資金規正法違反被告事件の確定訴訟記録の閲覧請求について、「確かに、本件が著名な衆議院議員にかかる事件であって、広く政治的関心を呼んでいるとしても、本件が内乱罪などの国家の基本的政治秩序を侵害する罪でないことはもちろん、国家の政治的秩序を破壊しようという意図を持って行われたものでないことは明白であるから、本件の罪は憲法82条2項ただし書にいう『政治犯罪』に当らないと考えられる。」としている。

（吉田正喜）

〔情報公開法の適用除外〕
第53条の2　訴訟に関する書類及び押収物については、行政機関の保有する情報の公開に関する法律（平成11年法律第42号）及び独立行政法人等の保有する情報の公開に関する法律（平成13年法律第140号）の規定は、適用しない。

〈本条細目次〉
1　趣　旨　253
2　訴訟に関する書類及び押収物　254

1　趣　旨

　本条は、行政機関の保有する情報の公開に関する法律、独立行政法人等の保有する情報の公開に関する法律、行政機関の保有する個人情報の保護に関する法律、独立行政法人等の保有する個人情報の保護に関する法律及び公文書等に管理に関する法律の制定に伴って追加された規定である。訴訟に関する書類及び押収物の閲覧等については、同法等の規定は適用されず、刑訴法及び刑事確定訴訟記録法によって規律されることとなる（総務省行政管理局編・詳解情報公開法250）。

　本条の趣旨について、大阪地判平16・1・16訟務月報51・1・8は、「刑事訴訟法53条の2は、『訴訟に関する書類』等は類型的に秘密性が高く、その大部分が個人に関する情報を含むものであること、また、開示により犯罪

の捜査、公訴の維持その他の公共の安全と秩序の維持に支障を及ぼすおそれが大きいものであること等に加え、これらの書類等については、刑事訴訟法(40条、47条、53条、299条等)及び刑事確定訴訟記録法により、その取扱い、開示・不開示の要件、開示手続等が体系的に定められていること等から、法(いわゆる情報公開法等)の規定を適用しないこととしたものである」判示している。

2 訴訟に関する書類及び押収物

「訴訟に関する書類」とは、47条に規定する「訴訟に関する書類」と同様に、被告事件又は被疑事件に関して作成された一切の書類であり、裁判所の保管している書類に限らず、検察官や司法警察員の保管する書類なども含まれるものと解されており(甲斐行夫「情報公開制度における『訴訟に関する書類』の意義」警学55・9・134)、「押収物」についても同様に解される。前掲大阪地判平16・1・16も、「刑事訴訟法53条の2の規定の趣旨からすれば、同条に規定する『訴訟に関する書類』とは、同法47条の『訴訟に関する書類』と同様に、書類の性質・内容の如何を問わず、被疑事件・被告事件に関して作成された書類をいい、裁判所ないし裁判官の保管する書類に限らず、検察官・弁護人・司法警察員その他の者が保管しているものも含まれると解するのが相当である。」と判示している。

具体的には、前掲大阪地判平16・1・16は、確定事件においての証拠金品総目録につき、「捜査機関が、同事件の捜査の過程において、同事件の証拠品一覧として作成したもので、同事件の事件記録の一部をなすものであるから、同事件に関して作成された書類、すなわち被疑事件・被告事件に関して作成された書類として、刑事訴訟法53条の2に規定する『訴訟に関する書類』に当たると認められる。」としている。また、札幌地決平16・7・12裁判所ウェブサイトは、いわゆる交通切符の交通事件原票及びその付属書類について、「具体的な違反事実に加え、同違反事実の状況等に関する警察官等の報告及び違反者の供述が記載されているから、刑事事件である道交法違反事件の捜査書類として作成された書類であることは明らかであり、刑事司法手続に関連して作成された『訴訟に関する書類』に該当するということができる。」旨判示している。

(吉田正喜)

〔送達〕
第54条　書類の送達については、裁判所の規則に特別の定のある場合を除いては、民事訴訟に関する法令の規定（公示送達に関する規定を除く。）を準用する。

〔規〕　第62条（送達のための届出・法第54条）　被告人、代理人、弁護人又は補佐人は、書類の送達を受けるため、書面でその住居又は事務所を裁判所に届け出なければならない。裁判所の所在地に住居又は事務所を有しないときは、その所在地に住居又は事務所を有する者を送達受取人に選任し、その者と連署した書面でこれを届け出なければならない。
　　2　前項の規定による届出は、同一の地に在る各審級の裁判所に対してその効力を有する。
　　3　前2項の規定は、刑事施設に収容されている者には、これを適用しない。
　　4　送達については、送達受取人は、これを本人とみなし、その住居又は事務所は、これを本人の住居とみなす。
　　第63条（書留郵便等に付する送達・法第54条）　住居、事務所又は送達受取人を届け出なければならない者がその届出をしないときは、裁判所書記官は、書類を書留郵便又は一般信書便事業者若しくは特定信書便事業者の提供する信書便の役務のうち書留郵便に準ずるものとして別に最高裁判所規則で定めるもの（次項において「書留郵便等」という。）に付して、その送達をすることができる。ただし、起訴状及び略式命令の謄本の送達については、この限りでない。
　　2　前項の送達は、書類を書留郵便等に付した時に、これをしたものとみなす。
　　第63条の2（就業場所における送達の要件・法第54条）　書類の送達は、これを受けるべき者に異議がないときに限り、その者が雇用、委任その他の法律上の行為に基づき就業する他人の住居又は事務所においてこれをすることができる。
　　第64条（検察官に対する送達・法第54条）　検察官に対する送達は、書類を検察庁に送付してこれをしなければならない。
　　第65条（交付送達・法第54条）　裁判所書記官が本人に送達すべき書類を交付したときは、その送達があつたものとみなす。

[民事訴訟法]

第98条（職権送達の原則等）　送達は、特別の定めがある場合を除き、職権でする。

2　送達に関する事務は、裁判所書記官が取り扱う。

第99条（送達実施機関）　送達は、特別の定めがある場合を除き、郵便又は執行官によってする。

2　郵便による送達にあっては、郵便の業務に従事する者を送達をする者とする。

第100条（裁判所書記官による送達）　裁判所書記官は、その所属する裁判所の事件について出頭した者に対しては、自ら送達をすることができる。

第101条（交付送達の原則）　送達は、特別の定めがある場合を除き、送達を受けるべき者に送達すべき書類を交付してする。

第102条（訴訟無能力者等に対する送達）　訴訟無能力者に対する送達は、その法定代理人にする。

2　数人が共同して代理権を行うべき場合には、送達は、その1人にすれば足りる。

3　刑事施設に収容されている者に対する送達は、刑事施設の長にする。

第103条（送達場所）　送達は、送達を受けるべき者の住所、居所、営業所又は事務所（以下この節において「住所等」という。）においてする。ただし、法定代理人に対する送達は、本人の営業所又は事務所においてもすることができる。

2　前項に定める場所が知れないとき、又はその場所において送達をするのに支障があるときは、送達は、送達を受けるべき者が雇用、委任その他の法律上の行為に基づき就業する他人の住所等（以下「就業場所」という。）においてすることができる。送達を受けるべき者（次条第1項に規定する者を除く。）が就業場所において送達を受ける旨の申述をしたときも、同様とする。

第104条（送達場所等の届出）　当事者、法定代理人又は訴訟代理人は、送達を受けるべき場所（日本国内に限る。）を受訴裁判所に届け出なければならない。この場合においては、送達受取人をも届け出ることができる。

2　前項前段の規定による届出があった場合には、送達は、前条の規定にかかわらず、その届出に係る場所においてする。

3　第1項前段の規定による届出をしない者で次の各号に掲げる送達を受けたものに対するその後の送達は、前条の規定にかかわらず、

それぞれ当該各号に定める場所においてする。
　一　前条の規定による送達　　その送達をした場所
　二　次条後段の規定による送達のうち郵便の業務に従事する者が日本郵便株式会社の営業所（郵便の業務を行うものに限る。第106条第１項後段において同じ。）においてするもの及び同項後段の規定による送達　　その送達において送達をすべき場所とされていた場所
　三　第107条第１項第１号の規定による送達　　その送達においてあて先とした場所

第105条（出会送達）　前２条の規定にかかわらず、送達を受けるべき者で日本国内に住所等を有することが明らかでないもの（前条第１項前段の規定による届出をした者を除く。）に対する送達は、その者に出会った場所においてすることができる。日本国内に住所等を有することが明らかな者又は同項前段の規定による届出をした者が送達を受けることを拒まないときも、同様とする。

第106条（補充送達及び差置送達）　就業場所以外の送達をすべき場所において送達を受けるべき者に出会わないときは、使用人その他の従業者又は同居者であって、書類の受領について相当のわきまえのあるものに書類を交付することができる。郵便の業務に従事する者が日本郵便株式会社の営業所において書類を交付すべきときも、同様とする。

２　就業場所（第104条第１項前段の規定による届出に係る場所が就業場所である場合を含む。）において送達を受けるべき者に出会わない場合において、第103条第２項の他人又はその法定代理人若しくは使用人その他の従業者であって、書類の受領について相当のわきまえのあるものが書類の交付を受けることを拒まないときは、これらの者に書類を交付することができる。

３　送達を受けるべき者又は第１項前段の規定により書類の交付を受けるべき者が正当な理由なくこれを受けることを拒んだときは、送達をすべき場所に書類を差し置くことができる。

第107条（書留郵便等に付する送達）　前条の規定により送達をすることができない場合には、裁判所書記官は、次の各号に掲げる区分に応じ、それぞれ当該各号に定める場所にあてて、書類を書留郵便又は民間事業者による信書の送達に関する法律（平成14年法律第99号）第２条第６項に規定する一般信書便事業者若しくは同条第９項に規定する特定信書便事業者の提供する同条第２項に規定する信書便の役務のうち書留郵便に準ずるものとして最高裁判所規則で定め

るもの(次項及び第3項において「書留郵便等」という。)に付して発送することができる。
　一　第103条の規定による送達をすべき場合　　同条第1項に定める場所
　二　第104条第2項の規定による送達をすべき場合　　同項の場所
　三　第104条第3項の規定による送達をすべき場合　　同項の場所(その場所が就業場所である場合にあっては、訴訟記録に表れたその者の住所等)
2　前項第2号又は第3号の規定により書類を書留郵便等に付して発送した場合には、その後に送達すべき書類は、同項第2号又は第3号に定める場所にあてて、書留郵便等に付して発送することができる。
3　前2項の規定により書類を書留郵便等に付して発送した場合には、その発送の時に、送達があったものとみなす。

第108条(外国における送達)　外国においてすべき送達は、裁判長がその国の管轄官庁又はその国に駐在する日本の大使、公使若しくは領事に嘱託してする。

第109条(送達報告書)　送達をした者は、書面を作成し、送達に関する事項を記載して、これを裁判所に提出しなければならない。

〈本条細目次〉
1　送達の意義等　258
2　送達の主体、実施機関等　259
3　受送達者等　259
4　送達場所　261
5　送達方法　262
6　送達の瑕疵　263
　(1)　送達名宛人の誤り等　263
　(2)　送達場所の誤り等　263
　(3)　受送達の権限に関するもの　263

1　送達の意義等

　送達とは、訴訟関係人に対し、訴訟上の書類の内容を了知させることを目的として、一定の方式に従って行われる裁判所の訴訟行為である。通知(65

Ⅲ・78Ⅱ・79・100Ⅲ・113Ⅱ・125Ⅳ・157Ⅱ・260・463Ⅲ等)、交付 (規140・153等)、送付 (423Ⅱ、規150等) という類似の概念があるが、送達は一定の方式に従って行うことが要求されている点で、これらと異なる。

裁判は、訴訟関係人に重大な利害を与え得る事項であることから、公判廷で宣告する場合のほかは、特別の定めがある場合を除き、裁判書の謄本を送達して告知しなければならない (規34)。送達を要しない特別の定めとしては、除斥、回避の裁判 (規14)、勾留理由開示請求の却下決定 (規86の2)、公判期日変更請求の却下決定 (規181)、公判期日前にする証人等の尋問決定 (規191)、弁論再開請求の却下決定 (規214) 等がある。保釈取消決定及び勾留執行停止取消決定 (96) の送達については不要とする説、保釈保証金没取決定 (96Ⅱ) の送達については必要とする説が、それぞれ通説ないし多数説である (中山・大コメ刑訴1・618)。

裁判書以外の書面でも、起訴状謄本 (271Ⅰ)、訴因変更請求書謄本 (規209Ⅲ)、控訴趣意書・上告趣意書の各謄本 (規242・266) 等については、訴訟関係人に攻撃、防御等の準備の機会を与えるために、送達が必要とされている。

2 送達の主体、実施機関等

送達は、裁判所が職権で行い (民訴98Ⅰ)、裁判所書記官が送達に関する事務を取り扱う (規298、民訴98Ⅱ)。送達の実施に当たるのは、執行官 (民訴99Ⅰ) 又は郵便の業務に従事する者 (同条Ⅱ) である。執行官を用いることができないときは、廷吏を用いることができる (裁63Ⅲ)。また、書記官も交付送達 (規65) を行うという点で、送達の実施機関ということができる。

3 受送達者等

送達を受けるべき者 (受送達者) は、送達される書類によって異なり、例えば、起訴状謄本については被告人 (271)、控訴趣意書・上告趣意書については相手方 (規242・266) である。

刑事施設に収容されている者 (被収容者) に対する書類の送達は、刑事施設の長にしなければならない (民訴102Ⅲ)。被収容者に対する送達に関する裁判例としては、裁判書の正本が刑務所に勾留中の当事者の留守宅に送達された場合、その送達は違法であるが、同人が刑務所で現実に受領した時にその違法の瑕疵は治癒されるとしたもの (東京高決昭43・4・3東民時19・4・80、福岡高決昭33・1・20高民集11・1・6)、起訴状謄本を被告人の留置され

ている警察署長あてに送達しないで警視総監あてに送達することは違法であるが、271条の制限期間内に被告人に起訴状の謄本を示し、その内容を読み聞かせ、かつ被告人にも異議がないときは、その瑕疵は治癒されるとしたもの（最決昭27・5・31刑集6・5・788）、拘置所長あてに送達された起訴状謄本が、誤って同姓同名の他の在監者に交付され、被告人がその交付を受けなかった場合には、起訴状謄本の送達がなかったのと同様に公訴提起は遡ってその効力を失うとしたもの（最決昭32・6・12刑集11・6・1649）、上告趣意書提出最終日通知書が刑務所長に適法に送達されたが、同所長から被告人に交付されなかったとしても、送達の効力は失われないとしたもの（最決昭27・1・31裁集5・503）、公判期日の召喚状が代用監獄の長に送達されたが、被告人に交付されなかった場合に、移監後の拘置所の係員の指示により期日に出頭して、召喚状の交付を受けていないことにつき特に異議を述べなかったときには、後にその手続が違法である旨の主張をすることができないとしたもの（東京高判昭61・6・26刑裁月報18・5＝6・725）等がある。

受送達者の使用人その他の従業者又は同居者であって、書類の受領について相当のわきまえのある者は、補充送達受領資格者として、送達書類を受領する権限を有する（民訴106）。同居者とは、世帯を同じくし又は基本的な日常生活を共にすることによって、その者に書類が渡されれば、現実に本人の手に届いたかどうかを問わず、本人に渡ったものと同視することが相当であると認められる程度に緊密な共同生活関係を本人との間に持つ者をいい（東京地八王子支判昭37・5・16下刑集4・5＝6・588）、同一家屋に居住していても世帯を異にする者、下宿人、臨時の留守番などはこれに当たらない（大阪地決昭34・3・10下民集10・3・463）。拘置所の看守部長も補充送達受領資格者に当たる（東京高判昭25・7・4高刑集3・2・259）。

民事訴訟において、訴訟代理人は送達受領代理権を有するが、刑事訴訟の場合、代理権はないと解される（最決昭27・7・18刑集6・7・913参照）。なお、受送達者から具体的に送達受領の代理権を付与された者に対しては、出会送達（民訴169Ⅲ・171Ⅰ等）又は交付送達（規65）が可能である。

裁判書謄本の受送達者の範囲については、見解が分かれており、①申立人に対して送達すれば足りるとする見解、②裁判を受ける者に送達すれば足りるとする見解、③裁判を受ける者、申立人及び抗告権者に送達する必要があ

るとする見解、④その裁判の効果を受ける者（裁判によって法律関係に影響が及ぶ者）に送達する必要があるとする見解等がある。例えば、被告人の妻が保釈請求した場合、①の見解では妻に、②の見解では被告人に、③、④の見解では妻、被告人、検察官に送達することになると思われる。受送達者の範囲を検討する際には、訴訟関係人の権利行使、裁判の執行、他の訴訟手続への影響に対する配慮が必要であるところ、①又は②の見解では、訴訟関係人の権利行使の面で問題があり、③又は④の見解が妥当と解される（中山・大コメ刑訴1・517、622）。

4 送達場所

(1) 書類の送達は、受送達者の住居、居所、営業所又は事務所において行うのが原則である（民訴103Ⅰ）。受送達者に異議がないときは、就業場所を送達場所とすることができる（規63の2）。被収容者に対する送達については、前記3のとおり、収容施設の長が受送達者になるので、当該収容施設が送達場所となる。

(2) 被告人、弁護人らは、書面の送達を受けるため、その住居又は事務所を書面で裁判所に届け出なければならず、裁判所の所在地に住居又は事務所を有しないときは、その所在地に住居又は事務所を有する者を送達受取人に選任して、その者と連署して裁判所に届け出る必要がある（規62Ⅰ）。なお、送達受取人の届出があっても、本人の住所又は事務所に送達することができる（大判大14・1・21刑集4・1）。これらの届出義務の不履行があった場合には、付郵便送達が許されることになる（規63）。被告人が裁判所に対し書類の送達を受ける住居等について意思を明確に表示したときは、規62条1項前段の届出があったものと認められ、被告人が一審公判廷で供述した住居について、届け出た住居と取り扱うことができるとした裁判例（東京高判昭56・9・3東時32・9・57）等がある。

この届出義務は、被告人が起訴状謄本の送達を受けた以後発生し、被告人が一審で無罪判決を受けても、控訴申立通知書の送達を受けて検察官が控訴を申し立てたことを知った場合には、なお存続する（最決平19・4・9刑集61・3・321）。

被告人が保釈の制限住居に居住していない場合であっても、その事実が裁判所に明白でない限りは、制限住居あてに送達をすることができる（最決昭

29・3・20刑集8・3・280）。他方、被告人が制限住居に居住していないことが裁判所に明白である場合には、規62条1項の届出義務違反により、付郵便送達をすることができる。

その他、送達場所の届出に関する裁判例として、被告人の届け出た住居地において家主に交付した場合、被告人がその時居住していなくても、送達は有効であるとするもの（東京高決昭29・10・29東時5・10・41）、被告人が公判中住所を変更しながら届け出なかったため、従前の住居に同居していた兄嫁に交付した送達を有効としたもの（東京高決昭46・7・10判時652・98）、住居不定の在宅被告人が控訴審で住居とは認め難い場所を送達場所として届け出る書面を提出し、その後上告を申し立てながら、住居等を届け出ず、上告審あての弁護人選任回答書にも住居として前記場所を記載した場合に、その場所に付郵便送達することができるとしたもの（最決平12・6・27刑集54・5・445）等がある。

5 送達方法

送達は、原則として受送達者に書類を交付して行う（「交付送達」、民訴101）。送達を受けるべき者が日本に住居等を有することが明らかでない場合や、受送達者が受領を拒まないときは、出会った場所で送達することができる（「出会送達」、民訴105）。送達すべき場所で受送達者に出会わなかったときは、使用人その他従業者又は同居者で書類の受領について相当のわきまえのある者に書類を交付することができる（「補充送達」、民訴106Ⅰ）。受送達者又は補充送達受領権限者が正当な理由なく受領を拒否したときは、送達すべき場所に書類を差し置くことができる（「差置送達」、同条Ⅲ）。また、裁判所書記官が本人に送達すべき書類を交付したときは、その送達があったものとみなされる（「書記官の交付送達」、規65）。

届出義務者が前記4の届出義務を怠った場合には、起訴状謄本及び略式命令謄本以外の書類については、書留郵便に付することができる（「付郵便送達」、規63Ⅰ）。また、補充送達、差置送達をすることができない場合にも民訴法の規定（旧171、現107）を準用して付郵便送達をすることができる（最決昭52・3・4刑集31・2・69）。なお、特別送達の方法で告知手続をとったことを、付郵便送達として有効なものとみることはできない（最決昭47・12・26刑集26・10・759）。

6 送達の瑕疵

送達手続に瑕疵があった場合の送達の効力等に関し、これまでに取り上げたもの以外に、以下のような裁判例がある。

(1) 送達名宛人の誤り等

起訴状謄本の送達が被告法人の代表者にあててなされずに、法人を受送達者としてなされても、その後その法人の代表者等が訴訟行為をした以上、その起訴状謄本送達の瑕疵は、補正されたものと解すべきであるとしたもの(東京高判昭25・9・5特報16・131)。

起訴状謄本の送達が適法になされなかったとしても、公判期日に異議を述べなければ、その瑕疵は治癒されるとしたもの(最判昭26・4・12刑集5・5・893)。

(2) 送達場所の誤り等

送達の場所以外の場所に書類が送達されても、その後書類の送達を受けるべき者が現実にこれを受領したときは、その受領の時に有効な送達があったものと解すべきであるとしたもの(東京高判昭25・3・4高刑集3・1・76)。

米国軍属の被告人に対し、日本文の起訴状謄本及び弁護人選任通知書の送達がなく、これに代わり米軍当局で慣例上英訳した両書面のみが被告人に交付された瑕疵は、公訴提起の効力を失わせるものでないとしたもの(最決昭47・7・28刑集26・6・397)。

被告人(控訴申立人)に対し、保釈決定原本に記載された制限住居と全く異なった制限住居を記載した謄本が送達され、被告人がそれを正しい謄本と信じて謄本記載の制限住居に居住していた場合に、控訴裁判所が原本記載の制限住居にあてて控訴趣意書提出最終日通知書の送達を試み、それが不送達になった後、更に同所にあてて郵便に付する送達の方法をとったのは違法であるとしたもの(最決昭26・4・13刑集5・5・902)。

(3) 受送達の権限に関するもの

被告人が同居する妻との間に離婚の話があって当時不在であったとしても、その妻に控訴趣意書差出期日通知書が交付されれば、その送達は有効であるとしたもの(東京高決昭29・5・4東時5・5・167)。

被告人から留守中に届いた書類の受領を託されていた義弟妻が受領した控訴趣意書差出最終日指定通知書の送達は適法であるとしたもの(大阪高決昭

57・9・21判タ489・141、大阪高決昭57・10・18判タ489・142)。　　　(加藤陽)

第7章　期　間

〔期間の計算〕
第55条　期間の計算については、時で計算するものは、即時からこれを起算し、日、月又は年で計算するものは、初日を算入しない。但し、時効期間の初日は、時間を論じないで1日としてこれを計算する。
2　月及び年は、暦に従つてこれを計算する。
3　期間の末日が日曜日、土曜日、国民の祝日に関する法律（昭和23年法律第178号）に規定する休日、1月2日、1月3日又は12月29日から12月31日までの日に当たるときは、これを期間に算入しない。ただし、時効期間については、この限りでない。

〈本条細目次〉
1　期間の意義等　265
2　期間の起算点と満了点　266
　(1)　時を単位とする期間　266
　(2)　日、月又は年を単位とする期間　267
3　期間の末日の特則　267
4　時効期間　267
5　勾留期間　267

1　期間の意義等

(1)　期間とは、始期と終期で区切られた時間である。本条及び次条は、民法で規定された期間についての一般的な規定（民138〜143）について、刑事手続の特殊性に鑑み設けられた特別の規定である。

(2)　法定期間、裁定期間

上訴申立ての期間（373・414・422・433Ⅱ等）のように、期間の長さが法定されているものを「法定期間」といい、鑑定留置の期間（167Ⅰ）や令状の有効期間（規300）のように、期間の長さが個々の裁判によって定められる

ものを「裁定期間」という。

(3) 存続期間、行為期間、不行為期間

　勾留期間（60Ⅱ）、公訴時効の期間（250）等、一定の法律関係、訴訟行為が存続すべき期間を「存続期間」という。その期間の徒過により、それまでの法律関係や訴訟行為が消滅する。

　上訴申立ての期間（373・414等）、親告罪の告訴期間（235）等、一定の訴訟行為をすることを要する期間を「行為期間」という。徒過後の訴訟行為の効力は、原則として認められないこととなるが、その例外として、上訴権の回復の制度があり（362・467等）、自己又は代理人の責めに帰すことができない事由によって期間内に上訴ができなかったときは、原裁判所に上訴権回復の請求をすることができる。この規定につき、高等裁判所の控訴棄却決定に対する異議申立て及び最高裁判所の上告棄却決定に対する異議申立ての場合には、それぞれ準用される（最決昭26・10・6刑集5・11・2177、最決昭57・4・7刑集36・4・556）が、一方、訴訟費用執行免除の申立て（500）については、準用されない（最決昭36・7・13刑集15・7・1082）とするのが判例である。

　第1回公判期日の猶予期間（275、規179）等、一定の訴訟行為をすることができない期間を「不行為期間」といい、その期間内になされた訴訟行為の効果は原則として生じないことになる。例外として、不行為期間が訴訟関係人の利益のために認められている場合には、当該訴訟関係人に異議がなければ効力を認められる場合がある（前記第1回公判期日の猶予期間に関する判例として、最判昭23・4・23刑集2・4・422）。

　なお、公判調書の整理期間（48Ⅲ、最決昭32・9・10刑集11・9・2213）、死刑執行の期間（475Ⅱ、なお東京地判平10・3・20判タ983・222参照）、抗告申立書の送付期間（423Ⅱ）、略式命令の発付期間（規290Ⅰ、最決昭39・6・26刑集18・5・230）等、期間の定めはあっても訓示的な意味しかないと解されるものについては、その不遵守は当該行為の効果に影響を及ぼさない。

2　期間の起算点と満了点

(1) 時を単位とする期間

　逮捕、勾留の時間的制限（203～205）、勾引状による拘束期間（59）等がこれに当たる。この場合、即時から起算し、定められた期間が経過する時に満

了する。

(2) 日、月又は年を単位とする期間

この場合の起算について、原則として初日は算入しない（本条Ⅰ但）が、初日が午前零時から始まる場合は、その日が起算日となる（民140但）。訴訟費用負担の裁判の執行免除申立ての期間（500Ⅱ）は、その裁判が不服申立期間満了によって確定したときには、期間満了日の翌日午前零時から進行し、初日も1日として算入される（最決昭40・8・2刑集19・6・609）。

その満了については、期間の末日となるべき日の午後12時の経過をもって満了する（民141）。月及び年は、暦に従って計算する（本条Ⅱ）。「暦に従」うとは、1か月を30日、1年を365日として計算するのではなく、現行の太陽暦によって計算することである。具体的な計算方法として、例えば、①2か月の勾留期間の起算日が4月22日であるときは、暦に従い、6月21日がその満了の日となり、②勾留の残留期間は暦に従って算出するので、4月28日に勾留中の被告人が保釈を許可されて出所した場合、勾留の残存期間は1か月24日となり、③勾留の残留期間が1か月以上あるときの期間満了の日は暦に従って算出するので、被告人が8月4日に再び勾留の執行を受けた場合には、9月27日が残存期間満了の日となる（最決昭26・4・27刑集5・5・957参照）。

3　期間の末日の特則

期間の末日が日曜日、土曜日等、本条3項に規定する日に当たるときは、その翌日が末日となり、これら休日等が連続するときは、最終の休日の翌日が末日となる（本条Ⅲ本）。

4　時効期間

ここにいう「時効期間」とは、公訴時効（250）の期間を意味する。時効期間の初日は、時間を論じないで1日としてこれを計算し（本条Ⅰ但）、時効期間については、期間の末日が休日等に当たるときも、期間に算入する（本条Ⅲ但）。いずれも、被告人の利益のための特則である。

刑の時効期間の計算については、刑法に規定されている（刑22・24Ⅰ後）。

5　勾留期間

勾留期間の計算については、明文上の規定はないが、被疑者ないし被告人の利益保護の観点から、初日を算入し（前掲最決昭26・4・27参照）、期間の

末日が休日に当たる場合でも、これを期間に算入する。本条の準用とする見解（実務上の通説）と、刑法の刑期の計算方法の規定（刑22〜24）の準用とする見解（団藤・綱要399等）があるが、いずれの見解にしても計算方法及び結論に差は生じない。

鑑定留置の期間（167Ⅰ）についても、身柄拘束期間の計算という点で前記趣旨が当てはまるので、同様に解される。

もっとも、令状の有効期間（規300）の計算については、一般原則に従って計算される（最高裁刑事局長通達昭24・3・4〔刑資67・418〕）。

（加藤陽）

〔法定期間の延長〕
第56条　法定の期間は、裁判所の規則の定めるところにより、訴訟行為をすべき者の住居又は事務所の所在地と裁判所又は検察庁の所在地との距離及び交通通信の便否に従い、これを延長することができる。
2　前項の規定は、宣告した裁判に対する上訴の提起期間には、これを適用しない。

〔規〕　第66条（裁判所に対する訴訟行為をする者のための法定期間の延長・法第56条）　裁判所は、裁判所に対する訴訟行為をすべき者の住居又は事務所の所在地と裁判所の所在地との距離及び交通通信の便否を考慮し、法定の期間を延長するのを相当と認めるときは、決定で、延長する期間を定めなければならない。
2　前項の規定は、宣告した裁判に対する上訴の提起期間には、これを適用しない。
第66条の2（検察官に対する訴訟行為をする者のための法定期間の延長・法第56条）　検察官は、検察官に対する訴訟行為をすべき者の住居又は事務所の所在地と検察庁の所在地との距離及び交通通信の便否を考慮し、法定の期間を延長するのを相当と思料するときは、裁判官にその期間の延長を請求しなければならない。
2　裁判官は、前項の請求を理由があると認めるときは、すみやかに延長する期間を定めなければならない。
3　前項の裁判は、検察官に告知することによつてその効力を生ずる。

4　検察官は、前項の裁判の告知を受けたときは、直ちにこれを当該訴訟行為をすべき者に通知しなければならない。

〈本条細目次〉
1　本条の趣旨　269
2　適用範囲　269
3　上訴提起期間への不適用（本条Ⅱ）　269
4　規則の定め　269

1　本条の趣旨

　法定期間（その意義については前条の解説参照）を全ての者に対して形式的、一律に適用すると、裁判所又は検察庁から遠隔地又は不便な場所に居住している者等にとって不公平を生じる場合があることなどから、例外的な取扱いを認める規定である。

2　適用範囲

　法定の行為期間（その意義については前条の解説参照）に適用がある。他方、前記趣旨からすれば、裁判所又は検察官以外の者が裁判所又は検察官に対して行う訴訟行為に関する行為期間に適用され、裁判所又は検察官が行う訴訟行為に関する行為期間には適用されない。また、不行為期間及び存続期間（それぞれの意義については前条の解説参照）にも適用がない。

　なお、起訴前の勾留期間（208・208の2）や判決訂正の申立期間（415）等、個別に延長についての規定がある場合も、本条の適用はない。

3　上訴提起期間への不適用（本条Ⅱ）

　公判廷における裁判の宣告（規34参照）については、宣告を受ける者が予め宣告日を告知され、在廷する機会が保障されているから、延長を認める必要性がないため、本条1項の適用がない。これに対し、宣告によらず、送達によって告知される裁判に対する不服申立ての期間については、本条2項ではなく、1項が適用される（最決昭26・9・6刑集5・10・1907）。

4　規則の定め

　裁判所に対する訴訟行為について規66条が、検察官に対する訴訟行為について規66条の2が適用される。前者の適用例としては、送達により告知する決定・命令に対する不服申立ての期間（422・429Ⅳ等）等が、後者について

は、付審判の請求期間（262）等がある。 （加藤陽）

第8章　被告人の召喚、勾引及び勾留

〔召喚〕
第57条　裁判所は、裁判所の規則で定める相当の猶予期間を置いて、被告人を召喚することができる。

〔規〕　第67条（召喚の猶予期間・法第57条）　被告人に対する召喚状の送達と出頭との間には、少くとも12時間の猶予を置かなければならない。但し、特別の定のある場合は、この限りでない。
　2　被告人に異議がないときは、前項の猶予期間を置かないことができる。

〈本条細目次〉
1　召喚の意義　271
2　猶予期間　271

1　召喚の意義

召喚は、特定の者に一定の日時に裁判所その他指定の場所に出頭を命ずる強制処分（裁判）である。

本条は、受訴裁判所による被告人に対する召喚について規定する。なお、急速を要する場合には、裁判長や受命裁判官が召喚することができる（69）。また、具体的な明文の規定がなくても、裁判所（裁判官）が法律上の権限を行使するために必要な場合には、被告人を召喚することができる（決定や命令をするに際して事実の取調べをする場合〔43Ⅲ〕、第一回公判期日前の勾留に関する処分を行う場合〔280Ⅲ〕など。）。本条は、裁判所の権限としての規定であるが、法律または規則上、必ず被告人を召喚しなければならない場合がある（公判期日の召喚〔273Ⅱ・404〕、勾留理由開示期日の召喚〔規82〕）。

2　猶予期間

召喚をするには、裁判所の規則で定める相当の猶予期間を置くこととされ

ている。被告人に対する召喚状の送達と出頭との間には、少なくとも12時間の猶予を置かなければならない（規67Ⅰ本）。ただし、特別の定めがある場合は、この限りではない（同項但。第一回公判期日と被告人に対する召喚状の送達との間には少なくとも5日〔簡易裁判所においては3日〕の猶予期間が要求されている〔275、規179Ⅱ〕。[1]。

　なお、法律は必ず猶予期間を置くことを要求しているかのようであるが、猶予期間は被告人の権利保護のためのものであるから、被告人に異議がないときはこれを置かなくてもよい（規67Ⅱ・179Ⅲ。東京高判昭29・6・17特報40・157は、規179条3項が275条に抵触するものではないとする。）。「異議がない」とは、必ずしも積極的な意思表示があることを要せず、異議がないことがうかがえる事実があれば足りるとする見解や（ポケット刑訴上152、川上・大コメ刑訴2・12）、単に異議を述べないという消極的事実では足りず、異議がない旨の積極的な表示がうかがえることが必要であるとする見解もあるが（高田・注解刑訴上199）、いずれにしても、異議がないことを認めることができるかという事実認定の問題である。実務上は、被告人に異議がないか、確認されている。この点、被告人または弁護人が猶予期間が存在しなかったことにつき積極的に異議を申し出ることなく事件の審理に応じたときは、手続は違法とはならないとする裁判例がある（東京高判昭25・2・24特報15・34、東京高判昭25・11・30特報13・32、札幌高判昭26・7・25高刑集4・7・809。併合された追起訴事件の審理におけるものとして、東京高判昭28・10・5特報39・117、前掲東京高判昭29・6・17。）。

（川田宏一）

〔勾引〕
　第58条　裁判所は、次の場合には、被告人を勾引することができる。
　一　被告人が定まつた住居を有しないとき。
　二　被告人が、正当な理由がなく、召喚に応じないとき、又は応じない

---

[1]　勾留質問を行うため被告人を裁判官の面前に引致するには、逮捕中の被疑者につき起訴があった場合を除き、召喚の手続が必要となるが、勾留の裁判の迅速性の要請にかんがみると、明文の規定はないものの、事柄の性質上、12時間の猶予期間を求める規67条1項の適用はないと解する（小林・令状基本上420以下）。

おそれがあるとき。

〔規〕 第68条（勾引、勾留についての身体、名誉の保全）　被告人の勾引又は勾留については、その身体及び名誉を保全することに注意しなければならない。

〈本条細目次〉
1　勾引の意義　273
2　勾引の要件　273
　(1)　要件一般　273
　(2)　定まった住居を有しないとき　273
　(3)　正当な理由がなく、召喚に応じないとき、又は応じないおそれがあるとき　274

1　勾引の意義

勾引は、特定の者を一定の場所に引致する強制処分（裁判と執行）である。

本条は、受訴裁判所による被告人に対する勾引について規定する。急速を要する場合には、裁判長や受命裁判官が勾引することができること（69）などについては、召喚の場合と同様である。

2　勾引の要件

(1)　要件一般

勾引の要件は、被告人が、定まった住居を有しないとき（本条①）、正当な理由がなく、召喚に応じないとき、または応じないおそれがあるとき（本条②）のいずれかの理由があることである。犯罪の嫌疑の存在は勾引の要件ではなく[1]、犯罪の軽重も問わない。ただし、被告事件が軽微なため、被告人に公判期日への出頭義務がない場合（284）、出頭義務が免除された場合（285）には、勾引することは当然できない。

(2)　定まった住居を有しないとき

「定まった住居を有しないとき」の意義については、60条の解説2(2)イ(ア)参照。

---

[1]　無罪の裁判をする場合にも、被告人の出頭を要し（286参照）、勾引しなければならないことがある。

(3) 正当な理由がなく、召喚に応じないとき、又は応じないおそれがあるとき

「正当な理由」は、法律上の理由（出頭義務がない場合〔284等〕、免除された場合〔285〕）、事実上の理由（病気の場合、事故の場合など）を問わない。その有無は、勾引状発付の際に裁判所（裁判官）に判明していた事情によって判断すれば足りる。なお、召喚を受けながら届け出ずに出頭しなかった場合には、一応正当な理由がなく召喚に応じないときに当たると判断してよいであろう（病気等の場合、278、規183参照。）。

「召喚に応じないとき」は、召喚が適法になされていることが前提となる。

「召喚に……応じないおそれがあるとき」は、召喚状の送達を受ければ逃亡するおそれがある場合はもとより、召喚状発付前から既に召喚に応じないおそれがある場合も含む（正当な理由がなく召喚に応じないおそれがあると認め、被告人を勾引した手続が適法とされたものとして、東京高判昭53・4・6刑裁月報10・4＝5・709。）。

（川田宏一）

〔勾引の効力〕
第59条 勾引した被告人は、裁判所に引致した時から24時間以内にこれを釈放しなければならない。但し、その時間内に勾留状が発せられたときは、この限りでない。

〈本条細目次〉
1　勾引の効力　274
2　釈放の手続　275
3　身柄拘束の継続　275

1　勾引の効力

本条は、勾引の効力の持続期間について規定する。勾引により被告人の身柄を拘束しておける時間は24時間に限られる（本条本）。その時間内に、他に適法な身柄拘束を継続するための措置がとられない場合には、被告人を釈放しなければならない。

勾引の期間の起算点である「裁判所に引致した時」とは、被告人が勾引の

裁判をした裁判所の事実上の支配下に入ったときをいう。裁判長や受命裁判官が勾引の裁判をした場合は（69）、その所属する裁判機関としての裁判所となる。具体的に、どの時点で裁判所の事実上の支配下に入ったといえるかについては、その裁判所の所属する官署としての裁判所の構内に入ったときとする見解（ポケット刑訴上155、柏木・註釈刑訴1・260）と、裁判所職員が執行に当たった検察事務官や司法警察職員から被告人の身柄の引渡しを受け得る状態になったときとする見解（松尾・条解143）に分かれる。

2 釈放の手続

勾引による身柄拘束の効力の持続期間は24時間であるから、この期間満了前に被告人を釈放するときは、裁判所による釈放する旨の裁判を要し、検察官の執行指揮（472）により釈放する必要がある。期間満了によるときは、24時間の経過により、勾引の効力は当然に失効するから、裁判所の裁判を要しないと解されるが（反対、ポケット刑訴上155）、検察官の執行指揮により釈放すべきとする見解（高田・注解刑訴上203、川上・大コメ刑訴2・20）と、事実上釈放すれば足りるとする見解（小田・令状基本下114、松尾・条解143）に分かれる。

3 身柄拘束の継続

裁判所に引致したときから24時間以内に勾留状が発付されれば、その執行がされる前であっても、引き続き身柄を拘束できることになる（本条但）。

（川田宏一）

〔勾留の理由、期間・期間の更新〕
第60条　裁判所は、被告人が罪を犯したことを疑うに足りる相当な理由がある場合で、左の各号の一にあたるときは、これを勾留することができる。
　一　被告人が定まつた住居を有しないとき。
　二　被告人が罪証を隠滅すると疑うに足りる相当な理由があるとき。
　三　被告人が逃亡し又は逃亡すると疑うに足りる相当な理由があるとき。
2　勾留の期間は、公訴の提起があつた日から2箇月とする。特に継続の

必要がある場合においては、具体的にその理由を附した決定で、1箇月ごとにこれを更新することができる。但し、第89条第1号、第3号、第4号又は第6号にあたる場合を除いては、更新は、1回に限るものとする。
3　30万円（刑法、暴力行為等処罰に関する法律（大正15年法律第60号）及び経済関係罰則の整備に関する法律（昭和19年法律第4号）の罪以外の罪については、当分の間、2万円）以下の罰金、拘留又は科料に当たる事件については、被告人が定まつた住居を有しない場合に限り、第1項の規定を適用する。

〈本条細目次〉
1　勾留の意義　276
2　勾留の要件　277
　(1)　要件一般　277
　(2)　勾留の理由　277
　(3)　勾留の必要性　292
　(4)　勾留の制限　293
3　勾留の期間　293
　(1)　被疑者勾留と被告人勾留の関係　293
　(2)　起算日　295
　(3)　計算方法　295
4　勾留の更新　296
　(1)　更新の要件と理由　296
　(2)　更新の期間　297
　(3)　更新決定の執行　298
　(4)　更新の回数とその制限　298
　(5)　その他　299

1　勾留の意義

　勾留は、被疑者や被告人を拘禁する強制処分（裁判と執行）をいうが、本条の勾留は、その裁判（勾留状の発付）である。
　本条は、受訴裁判所による被告人の勾留の要件、勾留の期間とその更新について規定する。急速を要する場合には、裁判長や受命裁判官が勾留することができる（69）。被疑者の勾留については本条が準用されるから（207Ⅰ）、被告人と被疑者のいずれの場合も勾留の実体的要件は同一である。なお、起

訴後第一回公判期日前の勾留は、予断排除の原則から、受訴裁判所ではなく裁判官が行う (280)。

勾留の目的は、一般に、逃亡の防止（本条Ⅰ①・③）と罪証隠滅の防止（本条Ⅰ②）にあるといわれるが、被告人の勾留については、公判における審判のためのみではなく、有罪判決がなされた場合の刑の執行確保という目的も有する（最決昭25・3・30刑集4・3・457参照）。

被告人を勾留するかどうかは、裁判所の職権判断事項である。被疑者の勾留の場合は、検察官の請求が要件となるが（204〜206）、被告人の勾留の場合は、裁判所（裁判官）の職権発動のみであり、検察官に勾留請求権はない。なお、実務上、検察官は、起訴の際に、いわゆる求令状として、被告人を勾留するための裁判官の職権発動を促す意思表示をすることがある。

2　勾留の要件

(1)　要件一般

勾留の要件は、被告人が罪を犯したことを疑うに足りる相当な理由がある場合で（本条Ⅰ柱）、被告人が定まった住居を有しないとき（本条Ⅰ①〔住居不定〕）、被告人が罪証を隠滅すると疑うに足りる相当な理由があるとき（本条Ⅰ②〔罪証隠滅のおそれ〕）、被告人が逃亡しまたは逃亡すると疑うに足りる相当な理由があるとき（本条Ⅰ③〔逃亡のおそれ〕）のいずれかの理由があり、さらに、勾留の必要性があることである。

(2)　勾留の理由

ア　罪を犯したことを疑うに足りる相当な理由

㈦　一罪一勾留の原則

a　事件単位の原則

勾留は、罪を犯したことを疑うに足りる相当な理由があることが基礎となる。この「罪」は、公訴事実として掲げられた具体的な犯罪事実でなければならない。勾留の要件の有無は、犯罪事実ごとに判断すべきものと考えられている。被告人の勾留について、条文上、「罪」を犯したことを疑うに足りる相当な理由を要求し（本条Ⅰ柱）、その手続としても「被告事件」を告げてその陳述を聴かなければならず（61本）、勾留状に「公訴事実の要旨」と「罪名」の記載を求めるとともに（64Ⅰ）、勾留の効力の及ぶ範囲を当該犯罪事実に限定して、それ以外の事実に及ぼさないことにより、身柄拘束の根拠

を明らかにし、手続的に明示されていない他の犯罪事実が被告人に不利益に判断されることを防ぎ、手続的な確実性を確保する必要があるからである。これは、被疑者と被告人の身柄拘束全般に妥当する考え方であり、被疑者や被告人ごとに勾留の要件の有無を判断すべきとする人単位説に対し、事件単位説といわれる。実務上は事件単位説の取扱いで固まっており、学説上もこの見解が一般的である（事件単位の原則）。事件単位の原則によると、勾留の場面では、1個の犯罪事実については1つの勾留しか許されないことになる。これを一罪一勾留の原則という。

　b　勾留の競合

　一罪一勾留の原則によると、同じ被告人について犯罪事実ごとに複数の勾留が認められることになる。被告人の勾留と被疑者の勾留が競合することがあり、あるいは被告人の勾留が複数併存することもある。その場合には、勾留期間は各別に計算され、保釈や接見等禁止についても各別に判断されることになる。

　c　常習一罪と勾留

　一罪一勾留の原則との関係で、常習犯罪の罪で勾留のまま起訴され、起訴後に保釈された被告人が、その保釈中に当該常習犯罪とともに包括一罪を構成する犯罪を犯したような場合、二重の勾留を認めるかが問題となる。捜査段階においては、現実に犯罪の嫌疑がある以上、新たな犯罪事実について被疑者でもある被告人による罪証隠滅や逃亡を防止する必要があり、捜査機関に同時処理の可能性もなかったのであるから、保釈中に犯した犯罪を別罪として逮捕、勾留を認めるのが一般である（福岡高決昭42・3・24高刑集20・2・114、広島高松江支決昭46・5・22判時650・99／判タ263・276）。保釈中に犯した犯罪について、起訴に代えて訴因変更の措置がとられ、公訴事実に追加された後は、二重の勾留を認める見解もあるが（前掲福岡高決昭42・3・24）、批判的な見解も多く（ポケット刑訴上157、高田・注解刑訴上205）、実務上も一罪一勾留の原則によるべきであるとする見解が強い（松尾・条解146、川上・大コメ刑訴2・25。二重勾留状態を解消すべきとするものとして、前掲広島高松江支決昭46・5・22）。その場合、勾留の競合状態を解消する方法としては、①保釈中に犯した犯罪の勾留を取り消した上、身柄拘束の必要があるときは当初の保釈を取り消すという方法（当初の保釈を取り消すべきとするものとし

て、高田・前掲。)、②当初の保釈の前提となる勾留を取り消すという方法(前掲広島高松江支決昭46・5・22を受けての鳥取地決昭46・5・24判時650・99／判タ263・276。福岡高決昭49・10・31刑裁月報6・10・1021は、併存を認めつつも、一罪一勾留の原則との調和を図る必要から、第1の勾留の必要性がさほど高いものではなく、第2の勾留により十分に目的を達し得るものと認められる場合は、第1の勾留を取り消すのが望ましいとする。)、③2つの勾留をいずれも取り消し、訴因変更後の公訴事実全部を基礎とする勾留状を発付するという方法が考えられるが、②の見解が簡明であり、実務上も有力であるといわれている(松尾・前掲、川上・前掲)。

(イ) 犯罪の嫌疑

勾留の要件である「罪を犯したことを疑うに足りる相当な理由」(本条Ⅰ柱)は、具体的根拠に基づいて犯罪の嫌疑が一応認められる程度であることを要する。もとより有罪判決に要求される合理的疑いを超える程度の高度の嫌疑は必要ではないが、通常逮捕の理由としての「罪を犯したことを疑うに足りる相当の理由」(199)よりも高い嫌疑が要求される(大阪高判昭50・12・2判タ335・232)。緊急逮捕の理由としての「罪を犯したことを疑うに足りる充分な理由」(210)までの嫌疑であることは要しない。

なお、受訴裁判所のなした勾留の裁判に対しては、犯罪の嫌疑がないことを理由として抗告をすることはできない(420Ⅲ)。犯罪の事実の存否に関する判断は、専ら本案の手続に委ねられるべきだからである。ところで、裁判官のなした勾留の裁判に対する準抗告については、420条3項が準用されており(429Ⅱ)、起訴後第一回公判期日前になされた勾留の裁判に対する準抗告については、420条3項の趣旨がそのまま当てはまるから、犯罪の嫌疑がないことを理由とすることは許されない。起訴前の被疑者の勾留の裁判に対する準抗告についても、429条2項の文理解釈から、同様に解する見解が有力であるが(前橋地決昭35・7・10下刑集2・7＝8・1173、札幌地決昭36・3・3下刑集3・3＝4・385)、さらに裁判所において職権により犯罪の嫌疑の有無を判断することは差し支えないとする見解、420条3項の趣旨から、429条2項は適用されないとする見解(大阪地決昭46・6・1判時637・106／判タ264・347)もある。

イ 1項各号の事由

㈦ 定まった住居を有しないとき（住居不定）

「定まった住居を有しないとき」（本条Ⅰ①）とは、住所や居所を有しないということである。勾留の理由とされるのは、被告人が所在不明となり、召喚状の送達すらできなくなるなど、公判への出頭確保が困難になるおそれが強いからである。「住居が明らかでないとき」（64Ⅲ・217参照）や「住居が分からないとき」（89⑥参照）も、本号の趣旨に照らして特に区別する実質的な理由はなく、住居不定に当たる（東京地決昭39・5・28曹時18・3・2、東京地決昭43・5・24下刑集10・5・581）。

逃亡生活をして各地を転々としている場合や野宿をしている場合などが、住居不定の典型事例である。住居不定の該当性の有無は、①住居の種類（自宅、寮、簡易宿泊所等）、居住期間、住民登録の有無等の住居の安定性、②被告人の職業、地位、家族関係等の生活の安定性、③被告人の意思等を総合的に判断する。

勾留質問の際に、その氏名、年齢、住居を黙秘した場合には、本号に該当するとする見解があるが（東京高判昭27・4・8高刑集5・4・560）、住居等の黙秘から直ちに住居不定であるとするのは適当ではない。このような場合、他の資料によっても結局住居が不明であるときは、住居不定とせざるを得ないが（前掲東京地決昭43・5・24）、資料に住居等の被告人の身分関係を明らかにするものが含まれているときには、住居不定として取り扱わないのが相当である（札幌地決昭34・5・29下刑集1・5・1354、大阪地決昭40・10・21下刑集7・10・1937、福岡地小倉支決昭45・6・20判タ252・252。同旨、木谷・令状基本上236、馬場・注釈刑訴2・21、高田・注解刑訴上208、松尾・条解148。）。

住居不定とされた事例として、諸事情を考慮して内妻の住居が被疑者の住居と認められないとされたもの（東京地決昭41・11・21刑資236・170）、被告人が、元の住居であったアパートを転出した後、そのアパートに自分の荷物を預けて時々訪れているものの、これが被告人の住居と認められないとされたもの（福岡地決昭46・11・26刑資236・172）、犯行の約3か月前から簡易旅館に宿泊していた被告人について、同人のために労働組合の幹部がアパートの一室を借り受けたなどの事情があっても、一定期間の継続的居住という客観的状態が必要であるとして、定まった住居を有しないとされたもの（大阪高決昭47・10・27刑資236・172）、被告人が、度重なる裁判所の召喚にも応じ

ないで各地を転々とし、家族にもその居所を連絡せず、勾引状も数度にわたり執行不能に終わっているもの（岡山地決昭49・2・15刑資236・174）、被告人が実父宅に居住している旨の実父作成の上申書が提出されたが、その上申書は関係グループの一員が実父に働きかけて書かせたもので、被告人が実父方にいったん帰宅してそこから出て以来、どこで何をしているかなどを実父に明らかにしていないなどの事情があるもの（福岡地決昭50・12・12刑資236・176）、友人の住む寮やアパートを転々としていた被疑者について、実父が身元保証書を提出しているなどの事情があっても、住居不定に該当するとされたもの（新潟地決昭53・2・13刑資236・177）などがある。

住居不定とはいえないとされた事例として、被疑者が簡易宿泊所に1年以上継続して居住しているもの（東京地決昭39・7・10曹時18・4・29）、被疑者が勤務先の建設会社の指示により工事現場近くの旅館に一時的に宿泊しているもの（甲府地決昭41・3・15刑資236・178）、勾留質問の際に氏名、住居等を黙秘している被疑者が別件で公判係属中の被告人であることが判明したもの（札幌地岩見沢支決昭41・7・6刑資236・179）、被疑者が、1人暮らしの学生で、時折外泊し、昼間不在がちであるとしても、諸事情を考慮して住居不定であるとはいえないとされたもの（東京地決昭42・7・5刑資236・180）、刑務所から出所した被疑者が、簡易旅館に1か月以上寄宿し、そこから通勤しているもの（福岡地決昭43・4・30刑資236・180）、学生である被疑者が大学紛争に身を投じていたために1か月余り下宿に立ち戻らなかったとしても、諸事情を考慮してその下宿が住居であることを否定できないとされたもの（富山地決昭44・5・17刑資236・181）などがある。

(イ) 罪証を隠滅すると疑うに足りる相当な理由があるとき（罪証隠滅のおそれ）

「罪証を隠滅すると疑うに足りる相当な理由があるとき」（本条Ⅰ②）とは、証拠に対する不当な働きかけによって、犯罪の成否等に関する終局的判断を誤らせるおそれがあるときという意味である。

罪証隠滅のおそれがあるというためには、単に抽象的な罪証隠滅の可能性があるというだけでは足りず、具体的な事実に基礎付けられた罪証隠滅の蓋然性が認められなければならない（大阪地決昭38・4・27下刑集5・3＝4・444）。

罪証隠滅のおそれの有無を判断するには、勾留等をめぐって集積された多数の準抗告の決定が参考となるが、これは将来の蓋然性を予測するものであるから、漠然とした印象による判断とならないように、分析的に行うべきであり、①罪証隠滅の対象、②罪証隠滅の態様、③罪証隠滅の余地（客観的可能性・実効性）、④罪証隠滅の主観的可能性の４つの要素について、具体的事案に即して検討する必要がある（松本・捜査法大系２・20以下、神垣・令状基本上238以下）。その検討は、類型的抽象的なものにとどまることなく、個別的具体的に行うことが求められる。

　a　罪証隠滅の対象

罪証隠滅の対象となる事実については、犯罪の成否に関する事実（罪体に関する事実）、すなわち、構成要件に該当する事実のみならず違法性を基礎付けまたは阻却する事実や責任を阻却する事実が含まれることは明らかである。

いわゆる余罪は、包括一罪や常習一罪と評価される場合を除いては、対象とならない。

さらに、情状に関する事実が含まれるかが問題となる。具体的な特定の事実に関する証拠の隠滅が想定される場合に、その事実が罪証隠滅の対象となるかどうかは、当該事件の基礎となる社会的事実関係において、それが重要な事実であるかどうかを検討すべきものであり、それが犯罪の態様、動機、情状などの抽象的分類のいずれに当たるかは重要でない。すなわち、当該事件において、その具体的事実がどの程度被告人の罪責に影響を及ぼすおそれがあるかということを個別的に考えることになる（松本・前掲25）。具体的には、起訴、不起訴あるいは略式起訴、公判請求の決定、さらに量刑に影響を及ぼす事実である限り、罪証隠滅の対象になり得、情状に関する事実であっても、このような重要なものであれば除外する理由はない（仁田＝安井・刑事手続上247、小林・刑罰法大系６・214）。ただし、特に捜査段階では、事案の全体像や想定される争点すら明らかでないことも多く、罪証隠滅の対象の範囲を画していくことが困難な場合もあろうが、当該事件の類型、罪質に照らし、可能な限り、ある情状に関する事実がどの程度の重要性を有するかを具体的に判断すべきものとされている（安藤範樹「勾留請求に対する判断の在り方について」刑ジ40・14）。

個別事件の具体的事実関係の下で、罪証隠滅の対象となる事実としてとらえられたものとして、例えば、犯行に至る経緯、犯行の動機や態様等に関する事実（大阪地決昭55・11・21刑資236・200）、共犯事件における共謀の成立過程や内容、役割分担、犯行後の利益分配等、いわゆる集団事件における共謀に至る具体的事情、計画性の有無、集団における地位や役割等に関する事実（福岡地決昭33・8・26刑資236・182、山口地下関支昭36・6・12下刑集3・5＝6・632、京都地決昭44・3・27判時574・88、東京地決昭44・10・28判時589・92、東京地決昭47・6・16刑裁月報4・6・1241。なお、公安条例違反の集団示威行進を指導した事件において、現場共謀が認められる以上、犯行の動機や計画、背後の共謀等は本件違法行為の態様から見てさしたる重要性を有しないなどとして、罪証隠滅の余地はほとんどないとしたものとして、東京地決昭41・10・28下刑集8・10・1400。）、薬物事犯における犯罪の常習性、薬物の入手経路、入手状況や処分先、密売組織との関係等に関する事実（岡山地決昭48・11・26刑資236・198）などがある。ただし、情状に関する事実については、罪証隠滅の余地や主観的可能性の検討において、当該事実関係の下でその重要性の程度を十分考慮して、具体的に検討する必要があろう。

　b　罪証隠滅の態様

　罪証隠滅とは、証拠に対して不当な影響を及ぼす一切の行為をいう。その態様は、既存の証拠を隠滅する場合と、新たな反対証拠を作出する場合とが考えられるが、具体的態様に格別制限はない。

　具体的な事件との関係で罪証隠滅行為は多様であるが、典型的な例としては、物証の毀棄、隠匿や改ざん、共犯者との通謀、事件関係者との通謀、これらの者に対する働きかけ、圧迫等がある。これらの行為を被告人自身が行う場合だけでなく、被告人の意を受けた者や組織が行う場合も含まれる。

　なお、被告人にも自己に有利な証拠を収集する権利があり、例えば、自らあるいは弁護人を通じて被害弁償や示談など有利な情状を得るための活動をすることは、防御権ないし弁護権の行使となる。そのほか、共犯者や事件関係者との打合せや事実確認なども考えられるが、そのような活動が証拠に影響を及ぼすおそれがある場合に、防御権の行使として許される範囲を超え、不当な影響を与えるものとして罪証隠滅のおそれがあると評価されるかが問題となる。この点は、罪証隠滅の余地や主観的可能性の検討とも関連するが、

被告人の人権保障と国家刑罰権の適正な運用との調和という見地から、事案の性質や内容、捜査や公判の進展状況、被告人の態度等の要素を総合的に考慮して、不当な影響がどの程度あるかを慎重に判断すべきことになろう。弁護人を通してではなく、被告人自らによる共犯者や事件関係者への直接的な接触は、現実には相手方に不当な影響を及ぼすおそれのある場合が多いから、そのおそれが強いときは、罪証隠滅のおそれがあるとされる可能性が高い（松尾・条解149）。ただし、捜査が進展し、罪証隠滅の実効性が減少してきた後、とりわけ起訴後においては、刑事訴訟の一方当事者としての立場に立った被告人の防御活動の重要性も高まるから、直ちには罪証隠滅のおそれを肯定すべきでない（松本・前掲28）。

　被告人が他から働きかけを受けて自らの供述を変更するおそれがあっても、被告人に罪証隠滅のおそれを認めることはできない。すなわち、被告人自身の供述は、ここでいう「罪証」に含まれないことになる。被告人に自らの供述を変更させないために勾留を認めることになると、結局被告人から自白を得る手段として勾留を利用できることと同様になってしまうからである（松本・前掲29、松尾・前掲、川上・大コメ刑訴2・29）。

　　ｃ　罪証隠滅の余地

　罪証隠滅の余地がなければ、被告人に主観的に罪証を隠滅しようという意図があったとしても、罪証隠滅のおそれがあるとはいえないことになる。罪証隠滅の余地は、具体的な証拠に対する隠滅行為が客観的に可能であること（客観的可能性）と、それと同時に、そのような行為がなされた場合に罪証隠滅の効果が生じ得るものであること（実効性）が前提となるので、その点の検討が必要である。

　　(a)　客観的可能性

　罪証隠滅の客観的可能性については、例えば、既に死亡している事件関係者への働きかけは不可能であり、犯罪の被害者や目撃者が被告人と敵対関係に立つ者である場合には、そのような事件関係者への働きかけは客観的にみて実行が困難であり（労働組合による集団抗議行動の過程で生じた傷害・公務執行妨害事件において、利害相反する立場にある管理局側に属する参考人らに対し働きかける蓋然性が極めて乏しいことなどを考慮して、罪証隠滅のおそれを否定したものとして、仙台地決昭41・6・2下刑集8・6・932。）、特にそれが警察

官である場合は、ほぼ実行が不可能である（労働組合員と警察官との応酬の中で発生した公務執行妨害・傷害事件において、本件が他の組合員と直接関係のない単独行為で、付近に居合わせたのはほとんど警察側の者であったことなどを考慮して、罪証隠滅のおそれを否定したものとして、高松地決昭34・8・26下刑集1・8・1883。労働争議の際に発生した公務執行妨害事件において、被害者と多くの参考人が警察官であることなどを考慮して、罪証隠滅のおそれを否定したものとして、横浜地決昭36・8・9下刑集3・7＝8・813。公安条例違反事件において、警察官等多数の目撃者があって写真、供述調書等の証拠資料も整っていることなどを考慮して、罪証隠滅のおそれを否定したものとして、札幌地決昭35・11・17下刑集2・11＝12・1581。）。また、証拠物が捜査機関に押収されている場合は、これを毀棄や隠匿するのは不可能である。

共犯者等の事件関係者が、特定されていなかったり、勾留等による身柄拘束を受けていない場合には、罪証隠滅の客観的可能性は認められ得るであろうが、身柄拘束をされている場合でも、その拘束がいつ解かれるか分からないことなどから、そのことをもって直ちに罪証隠滅の客観的可能性が否定されるわけではない（参議院議員選挙立候補者の運動員による他の運動員に対する金員の交付事件において、受交付者が勾留中であるからといって、罪証隠滅のおそれがないとはいえないとしたものとして、秋田地大館支決昭40・7・15下刑集7・7・1536。）。

(b) 実効性

罪証隠滅の実効性については、証拠に対する不当な働きかけにより、裁判所の判断を誤らせるおそれがあるかが考慮されるべきであり、事案の性質や内容、捜査や公判の進展状況、被告人の供述内容や態度等の要素を検討して判断することになる。

まず、事案の性質や内容については、どの程度の量（多数かどうか）のどのような性質（非供述証拠か供述証拠か、被告人と証拠の関係等）の証拠による立証を必要とする事件であるかなどが考慮される。事案が複雑で、多数の証拠を収集する必要があれば、罪証隠滅の実効性は大きくなる（会社社長である被疑者と県出納長との共謀による複雑な背任事件において、証拠等がかなり広範囲に押収されていても、それだけでは罪証隠滅のおそれはなくならないとしたものとして、熊本地決昭34・1・22下刑集1・1・254。）。また、重要な証拠

が被告人と共通の利害関係を有する事件関係者の供述に限られる事件（贈収賄、選挙違反等）、被告人が事件関係者に対して強い影響力を有する事件などの場合にも、供述証拠に対する罪証隠滅の実効性のある状況が存在する（相対立する2つの労働組合を背景として発生した共同暴行・傷害事件において、労働組合の指導者である被疑者の事件関係者である労働組合員に対する影響力等を考慮して、罪証隠滅のおそれを肯定したものとして、札幌地決昭33・9・15一審刑集1・9・1637。覚醒剤譲受事件において、事件関係者が被疑者の妻の経営するバーの常連客であることなどを考慮して、罪証隠滅のおそれを肯定したものとして、岡山地決昭48・11・26刑資236・198。）。暴力団員による犯罪のような犯罪的団体や組織を背景に行われた事件の場合も同様である。これに対し、例えば、現行犯逮捕された万引きの単独犯のような窃盗事件等については、罪体に関する事実に対する罪証隠滅の実効性は小さいであろう。

　次に、捜査や公判の進展状況は、証拠の収集の程度と関連するものであり、捜査未了の段階では、罪証隠滅の実効性は高く、捜査が進展するに伴ってそれは低くなる。例えば、事件関係者が捜査官に詳細な供述を既にしているような場合には、被告人がその者に働きかけをしても、その効果は一般に低いといえる。検察官に対する供述調書が作成されている場合には、検察官による事件関係者の取調べが行われる程度にまで供述証拠の保全が進むに至ったことや、そのように進捗した段階でもなお供述者が詳細な供述を維持していることから、罪証隠滅の実効性が低減したといえるときもある（事件関係者の検察官に対する供述調書の作成を含めた捜査の進展により罪証隠滅のおそれがなくなったとするものとして、大阪地決昭40・10・21下刑集7・10・1937。）。もちろん、事件関係者の検察官に対する供述調書の作成後であっても、さらには公訴提起後であっても、事件関係者に働きかけて従来の供述を変更させることにより、または、捜査官の収集した証拠と反する証拠を作出することにより、罪証を隠滅することが可能な場合もあるから、検察官調書が作成され、あるいは、起訴されたからといって、直ちに罪証隠滅の実効性がなくなるものではない。ただし、細部まで供述調書どおりの証言を得ることが期待できなくなるからといって、直ちに罪証隠滅のおそれが認められることにもならない。

　さらに、被告人の供述内容や態度等として、自白している場合には、捜査

も容易に進展し証拠の収集も容易であろうから、罪証隠滅の実効性は小さくなる。これに対し、黙秘している場合には、証拠の収集が困難となることが多く、そのようなときは、捜査の未了による罪証隠滅の実効性は大きいことになる（なお、デモ行進中に現行犯逮捕された被疑者が黙秘していても、集団の中での被疑者の地位役割等を客観的行動等から判断することが容易であり、その他罪質等から考えて、罪証隠滅のおそれがあるとは認められないとしたものとして、岐阜地決昭44・11・18判時589・92。）。被告人の供述と事件関係者の供述等の関係証拠とで齟齬がある場合は、罪証隠滅の実効性が認められやすくなることがある。

　被告人が罪証隠滅をするおそれがあるが、第三者も同様の罪証隠滅をするおそれがある場合、なお被告人を勾留できるかが、特に組織犯罪について問題となる。このような場合、罪証隠滅のおそれが否定されるとするもの（熊本地決昭35・6・14下刑集2・5＝6・972）、あるいは勾留の必要性が否定されるとするもの（横浜地決昭41・1・27下刑集8・1・234）もある。しかし、被告人が組織の統制力に対して完全に受動的な場合は格別、組織に対してある程度主体的に働きかけをできる可能性があれば、罪証隠滅の実効性は否定されないであろう（松本・前掲34、川上・大コメ刑訴2・32）。

　d　罪証隠滅の主観的可能性

　罪証隠滅のおそれがあるというためには、被告人に具体的な罪証隠滅行為を行う意思があることが必要である。これは、被告人の内心の問題なので、関係資料等からその主観的意思を推認することになる。

　被告人が捜査段階から罪証隠滅行為を行ってきたというような事情は、この主観的意思を推認させる方向に働く一要素である。被告人が、ことさら否認したり、抗争的態度を示すときは、他の事情と総合して、罪証隠滅行為に出ることの徴表とみられることもあろう（組合加入運転手多数が現場にいる状況下で発生した公務執行妨害事件において、組合の幹部としての被疑者の地位や被疑者の否認の態度を考慮して、罪証隠滅のおそれがあるとしたものとして、札幌地決昭36・3・3下刑集3・3＝4・385。）。なお、被告人が自白していても、それだけで罪証隠滅の主観的可能性がないことにはならないが、当初から一貫して詳細な自白をし、真に反省悔悟した態度を示しているという事情は、罪証隠滅の意思がないことを推認させる根拠となろう。

被告人と利害を共通する他の事件関係者が罪証隠滅をするおそれがあるという事情は、被告人の罪証隠滅の意思を推認させる１つの事情として考慮されることがある（労働運動に関連して発生した共同暴行・傷害事件において、被告人を含む多数の組合員等が事前事後に組織的に証拠隠滅を図ると推測させる事情があることなどを、勾留取消しの当否の判断に当たって考慮したものとして、秋田地決昭34・8・13下刑集1・8・1870、被疑者の所属する組合が捜査を妨害する態度を示していることなどを考慮したものとして、金沢地決昭36・7・27下刑集3・7＝8・809。）。

処罰される危険性が罪証隠滅行為を行う動機となり得ることを考えると、具体的に処罰されることによって受ける不利益の程度も考慮すべきこととなる。そのような観点からは、事案の軽重や前科前歴の存否も考慮要素となろう。

なお、罪証隠滅の余地が大きく、かつ、罪証隠滅行為を容易に行い得る状況にあることは、罪証隠滅行為を行う動機に影響を与える場合もあろう。

e 黙秘権の保障と罪証隠滅のおそれ

被告人が黙秘していた場合、罪証隠滅のおそれとの関係でどのように考えるべきかが問題となる。黙秘そのものを被告人に不利益な資料として利用することは、憲法上保障された黙秘権（憲38Ⅰ）の侵害となるとする見解が強い。ただし、黙秘したことそれ自体を根拠に不利益に取り扱うことは許されないという前提に立つとしても、率直な自白という供述態度が罪証隠滅の余地を狭め、主観的可能性を否定する根拠になり得るということとの対比で、その反射的な不利益が黙秘した者に及ぶことは実際問題として否定できない（松尾・条解150。被疑者が自己の犯罪事実等について終始黙秘する等の態度を示したときは、それが他の証拠と相まって罪証隠滅の存否の判断資料となる場合があり、これをその資料に供したからといって、被疑者に黙秘権等を認めた趣旨にもとるものではないとしたものとして、京都地決昭47・8・17判時688・105。）。

㈢ 逃亡し又は逃亡すると疑うに足りる相当な理由があるとき（逃亡のおそれ）

「逃亡し又は逃亡すると疑うに足りる相当な理由があるとき」（本条Ⅰ③）とは、刑事訴追や刑の執行を免れる目的で所在不明となること、または所在不明となる可能性があることである。被告人の公判廷への不出頭は、逃亡の

〔§60〕勾留の理由、期間・期間の更新　289

おそれの徴表とはなり得るが、単なる不出頭のおそれは、居所が明確であれば勾引により対処できるから、逃亡のおそれには当たらない。それにとどまらず、裁判所の召喚や勾引の手続自体を困難ならしめるような場合には、逃亡のおそれが認められる（被告人が居所を転々と変え、勾引状による公判期日への出頭確保が困難となるおそれが相当な蓋然性をもって肯定される場合を含むとしたものとして、広島高岡山支決昭48・4・9刑裁月報5・4・496。）。

　逃亡のおそれがあるというためには、単に抽象的な逃亡の可能性があるというだけでは足りず、具体的な事実に基礎付けられた逃亡の蓋然性が認められなければならないことは、罪証隠滅のおそれの場合と同様である。

　逃亡のおそれの有無は、種々の要素を総合的に判断することになるが、やはりこれも将来の蓋然性判断であるから、分析的に行うべきであり、①生活不安定のため所在不明となる可能性、②処罰を免れるため所在不明となる可能性、③その他の理由により所在不明となる可能性の３つの要素について、具体的事案に即して検討するのが一般である（篠田・捜査法大系２・43以下、神垣・令状基本上254以下）。

　a　生活の安定性

　被告人の生活状況が安定しているかについては、簡易宿泊所、飯場、下宿、寮、借家、自宅といった住居の形態に、居住期間を加えた居住形態（専ら住居の不安定性を理由に、逃亡のおそれがあるとしたものとして、長崎地佐世保支決昭34・11・26下刑集1・11・2541。）、独身か、妻子がいるか、別居か、同居かといった家族関係、無職か、定着性のある職業か、臨時従業員か、定職かといった職業の有無や種類（強制わいせつ致傷・暴行事件において、両親の出頭誓約はあるが、被疑者は独身の漁船乗組員であるため、その所在が容易につかめず、検察庁からの出頭要求にも応じないことなどを考慮して、逃亡のおそれがあるとしたものとして、新潟地決昭48・10・13刑資236・217。）、転職歴の有無や頻度、勤務歴、地位といった就労状況（窃盗未遂事件において、被疑者は、借家に１人暮らししており、これまで数回転職しているが、それぞれの会社において相当の期間にわたって勤続していることなどを考慮して、逃亡のおそれが認められないとしたものとして、前橋地決昭48・4・7刑資236・225。）、素行の善悪といった行状、暴力団関係者や素行不良者の有無といった交友関係、若年、年配、老齢といった年齢、身元引受人の有無や適格性（被疑者が、現住居に

間借りして2か月余りしか経過していない大学生であって、学校名を黙秘し、身元引受人との身分関係も不明であることを考慮して、逃亡のおそれがあるとしたものとして、福岡地決昭45・5・1刑資236・212。公安条例違反事件において、被疑者が、学生で、捜査機関の呼出しには応じていなかったが、勾留質問において自己の住居、氏名等を供述して、今後の出頭を確約し、大学教授が身元引受書を提出したことなどを考慮して、逃亡のおそれは認められないとしたものとして、札幌地決昭35・11・17下刑集2・11＝12・1581。）などの諸要素を総合して判断することになる（被疑者は、独身で転居回数が多い上、転居届をしていない現在の住居内に生活道具がなく、大学中退後の生活歴も不明であって、身元引受人の影響力も乏しいことを考慮して、逃亡のおそれがあるとしたものとして、福岡地決昭46・3・6刑資236・213。凶器準備集合等事件において、被疑者は、卒業間近の学生であるが、犯行後、外泊、深夜帰宅等が多くなり、両親も遠方に居住し、身近な監督者がいないとして、逃亡のおそれがあるとしたものとして、福岡地決昭46・12・28刑資236・214。公職選挙法違反事件において、被疑者が、定まった住居に家族と共に居住し、日雇作業員とはいえ数年来同一の土木管理事務所を通じて就労していることなどを考慮して、逃亡のおそれが認められないとしたものとして、京都地決昭42・3・2刑資236・223。窃盗事件において、被疑者は、無職、独身であるが、前科もなく一定の住居に両親と共に生活していることなどを考慮して、逃亡のおそれが認められないとしたものとして、福岡地決昭45・6・26刑資236・224。）。

　b　処罰の可能性

　被告人が処罰を免れようとするかについては、重い刑を科せられるおそれの強い者ほど処罰を免れようとする意思が強く働くから、事案の内容や罪責の軽重、前科や前歴の有無や内容、執行猶予中か保釈中かなどの諸要素を総合して判断することになる（すり窃盗事件において、被疑者は、妻子と同居し、月収もあるが、同種事犯の前科があり、職業も流動的であるので、逃亡のおそれがあるとしたものとして、福岡地決昭48・1・11刑資236・215。覚醒剤譲受事件において、被疑者の経営する会社が不振である上、被疑者が別件で執行猶予中であることなどを考慮して、逃亡のおそれがあるとしたものとして、岡山地決昭48・11・26刑資236・218。屋外広告物条例違反事件において、被告人が定まった住居と定職を有する上、事案軽微で弁護人から身柄引受書が提出されていることな

どを、勾留取消しの当否の判断に当たって考慮して、逃亡のおそれが消滅したとしたものとして、大阪地決昭40・10・21下刑集7・10・1937。)。

　逃亡のおそれを判断するに当たり、余罪を考慮してよいかが問題となる。いわゆる事件単位の原則によれば、余罪を考慮することに疑問が生じるが、余罪の存在が処罰を免れるために逃亡する1つの要因になることは否定できない。逃亡のおそれがあるかは、その被告人に対する総合的な判断であり、その判断に当たって、余罪の存否やその軽重を考慮に入れないのは適当でないであろう。問題は、余罪については必ずしも十分な資料が提供されない可能性があるところにあるから、余罪の存在について、少なくとも通常逮捕の要件である相当の嫌疑と同程度のものが疎明される場合には、逃亡のおそれを判断するに当たりこれを考慮してよいと解する（余罪を考慮したものとして、福岡地決昭48・1・16刑資236・216。)。

　c　その他の事情
　その他の要素としては、身上関係が未確認であることなどが挙げられる。
　犯行直後の逃走等の事情については、逃走しようという衝動は、いったん逮捕されると犯行直後に比較して減少するのが通常であるから、逃走しなかった場合に比べて逃亡の可能性がより強いとはいえるものの、この点を余り強調することは適当でない。しかし、犯行後の所在不明は、逃亡のおそれを肯定する要因となると考えられる（篠田・前掲49）。
　被告人の供述態度等を、罪証隠滅のおそれの場合と同様に、逃亡のおそれを判断する要素として考慮することができるかが問題となる。被告人の主観的意思をうかがわせる重要な資料となるとする見解（松尾・条解151）とこれを重視すべきでないとする見解（篠田・前掲51、神垣・前掲258）に分かれている（労働組合員数名が管理者に対して行った共同暴行事件において、捜査段階及び勾留質問においても氏名、住居等を黙秘していた被疑者らが準抗告審に対して氏名、住居等を明らかにしたことなどを考慮して、逃亡のおそれがなくなったとしたものとして、広島地決昭37・1・20判時298・34。被疑者が、身元引受人に無断でしばしば転居し、自己の現住居を率直に述べようとしないことなどを考慮して、逃亡のおそれがあるとしたものとして、東京地決昭41・2・26下刑集8・2・367。福岡地決昭45・5・1刑資236・212は学校名を黙秘していることを考慮している。母親らと同居していること、弁護人から身柄引受書が提出されている

ことから、被疑事実について黙秘し、公務執行妨害の逮捕歴があるからといって、直ちに逃亡のおそれがあるとはいえないとしたものとして、東京地決昭43・9・12判時534・89。)。逃亡のおそれの判断がその被告人に対する総合的な判断であることを考えると、被告人の供述態度等も1つの判断要素として考慮することができるであろう。

(3) 勾留の必要性

勾留の必要性とは、勾留することによる公益的利益と、これによって被告人が被る不利益とを比較衡量し、被告人を勾留することが実質的に相当であることをいう（勾留取消しの当否の判断に当たって、勾留の必要性の判断がこのような総合的な比較衡量判断であることを前提としたものとして、東京地決昭45・8・1判タ252・238。)。勾留の必要性については、本条1項に勾留の要件として明示されていないが、被告人の身柄拘束に対する司法的抑制の見地や、条文上、勾留の必要がなくなったことが勾留取消しの理由とされていること(87Ⅰ)、勾留よりも身柄拘束の時間の短い逮捕について明らかにその必要がないと認めるときは逮捕状を発付すべきでないとされていること（199Ⅱ但）などから、勾留の一要件であると解されている。実務上、勾留請求が却下される事例のうち、必要性なしを理由とするものは多い。

勾留の必要性の判断が、事案の軽重や勾留の理由の度合いと相関関係に立った総合的な判断であることはいうまでもない。本条1項各号の勾留の理由の程度等は、当然勾留の必要性の判断に影響を与える。勾留による公益的利益が極めて小さい場合や、被告人の不利益が著しく大きい場合は、勾留の実質的相当性に欠け、必要性が認められないことになる（被疑者が許可条件違反の集団行進を指揮、煽動した事件において、犯罪の計画性、共謀関係等について若干の罪証隠滅のおそれがあるとしても、勾留の必要性がないとしたものとして、横浜地決昭41・1・27下刑集8・1・234。新聞記者である被疑者が、公務員に対して秘密文書の交付を求め、秘密を漏らすようそそのかした事件〔外務省沖縄関係秘密文書漏洩事件〕において、被疑者がその公務員に働きかけるなどして罪証隠滅を図るおそれはあるが、被疑者や関係人の供述状況や事案の性質等を考慮すると、勾留の必要性が乏しいとしたものとして、東京地決昭47・4・9刑裁月報4・4・901。)。

勾留の必要性を否定する方向に働く事情としては、一般的には、予想され

る刑の種類や軽重に照らして事案が軽微であること、罪証隠滅のおそれや逃亡のおそれが低いこと、被告人の健康状態の不良等により身柄拘束に適しないこと、被告人の人生や家族に著しい不利益が生じること（結婚、就職、試験の場合等）などが考えられる。被疑者の勾留の場合は、起訴価値のないことが明らかなことや逮捕中の処理（略式手続による罰金等）が相当であることなど、起訴価値の有無の点も考慮されている。

(4) 勾留の制限

本条3項所定の一定の軽微事件（刑法、暴力行為等処罰に関する法律及び経済関係罰則の整備に関する法律の罪については、30万円以下、それ以外の罪については、当分の間、2万円以下の罰金、拘留または科料に当たる事件）については、住居不定の場合のみ勾留することができるとされている。これは、このような軽微事件の場合には、一般的に勾留の必要性が乏しいと考えられることが考慮されたものである。こうした事件であるかどうかは、起訴状の訴因罰条によって判断され、数個の訴因があるときは、最も重い法定刑の罪によって判断する（暴行被告事件が暴行罪について懲役刑を科し得ない簡易裁判所に起訴された場合であっても、暴行罪には懲役刑が選択刑として定められているから、本項の制限には当たらないとしたものとして、横浜地決昭36・2・28下刑集3・1＝2・196。）。

3 勾留の期間

「勾留の期間」は、勾留の裁判によって勾留状の執行として拘禁できる期間である。被告人の勾留の期間は、原則として、公訴の提起があった日から2か月である（本条Ⅱ前）。

(1) 被疑者勾留と被告人勾留の関係

勾留中の被疑者については、勾留事実と同一の事実で起訴された場合、既に被疑者としての勾留の際に厳格な手続が履践されているので、特段の手続を要せずに、起訴の日から当然に被告人としての勾留が開始される（208・本条Ⅱ）。これに対して、在宅や逮捕中の被疑者について起訴された場合は、先行する勾留手続がないので、勾留の必要があれば裁判官が勾留手続を行うべきことになる（280）。

被疑者の勾留から被告人の勾留に移行するためには、起訴前の逮捕勾留の理由となっている被疑事実と公訴事実との間に同一性があることが必要であ

る。勾留状と起訴状に記載されている事実に同一性があれば、勾留状記載の罪名、被疑事実と起訴状記載の罪名、公訴事実が異なっていても、勾留状は有効である（同一性があり勾留の効力があるとしたものとして、窃盗未遂が強盗致傷に変更された場合につき、名古屋高判昭25・9・19高刑集3・4・719、殺人未遂が強盗殺人未遂に変更された場合につき、東京高判昭25・11・14特報15・30、窃盗が贓物故買に変更された場合につき、最決昭38・7・25裁集147・863、脅迫が公務執行妨害に変更されたのを違法として争われた場合につき、最判昭29・12・14刑集8・13・2142、恐喝が暴行に変更されたのを違法として争われた人身保護事件の場合につき、最判昭26・7・6民集5・8・474。覚醒剤譲渡事件において、勾留状記載の被疑事実と起訴状記載の公訴事実との間に公訴事実の同一性がないとして職権によりなされた勾留の裁判を、両事実の間には公訴事実の同一性があるとして、準抗告審で取り消したものとして、福岡地決昭47・7・21刑裁月報4・7・1431。強姦事件において、勾留状記載の被害者と起訴状記載のそれとは別人であるから勾留事実と公訴事実との同一性を欠くとして、職権により勾留を取り消したものとして、和歌山地決昭48・5・8刑裁月報5・5・1001。勾留状記載の麻薬譲渡と起訴状記載の麻薬所持との間に事実の同一性がないとして、勾留の切替えをしたものとして、福岡高那覇支決昭50・3・7刑裁月報7・3・176。)。

なお、実務上、勾留の被疑事実と公訴事実との間に同一性がない場合には、検察官が、起訴の際に、いわゆる求令状として（勾留中求令状）、被告人を勾留するための裁判官の職権発動を促している（求令起訴）。検察官は、将来同一性なしと判断されることに備えて、この同一性の有無にいくらかでも疑問の持たれる可能性があるときに、念のために求令起訴する場合がある。

被疑者の勾留の瑕疵が被告人の勾留に与える影響については、後者が裁判所の審判の必要という観点からなされるものであることに留意する必要がある（起訴後の勾留を維持するか否かは裁判所の審判の必要という観点から判断されるべきもので、現段階において被告人に本条1項所定の勾留理由があることなどから、起訴前の勾留中の捜査官による取調べ等の当否は起訴後の勾留の効力に何ら影響を及ぼさないとしたものとして、最決昭42・8・31刑集21・7・890、最決昭44・9・27裁集172・529。勾留期間延長の裁判が当初の勾留期間経過後に準抗告審で取り消されたにもかかわらず、検察官において釈放の手続をとることな

く身柄を拘束していた違法が、その起訴後、裁判官が、勾留の手続自体としては適法な手続を経た上、裁判所の審判のために必要であるとして同日中にした被告人勾留の裁判の効力に影響を及ぼさないとしたものとして、最決昭53・10・31刑集32・7・1847）。

(2) 起算日

被告人の勾留の期間が「公訴の提起があつた日」から起算されるのは、起訴前の逮捕勾留に引き続いて起訴されるという通常の場合を規定したものと解されている。具体的には、勾留中の被疑者がそのまま起訴された場合と、逮捕中の被疑者が求令起訴されて勾留された場合（起訴の翌日以後に勾留された場合も含まれる。）である。被疑者が、在宅のまま、身柄を拘束されないで起訴され、その後に勾留されるに至った場合には、その適用がなく、現実に勾留が開始された日が起算日となる（福岡高判昭25・4・22特報7・144）。これは、甲罪で勾留中の被告人が乙罪で追起訴され、乙罪についても勾留された場合の乙罪の勾留期間についても同様である（東京高決昭39・5・19下刑集6・5＝6・620）[1]。なお、現実に勾留が開始された日については、勾留状執行の当日とする見解（事実上身柄拘束が開始される点を重視）と指定の刑事施設や留置施設に引致した日（73Ⅱ参照）とする見解があるが、実務は後者によっている。

(3) 計算方法

「2箇月」の期間の計算については、暦に従い（55Ⅱ）、かつ時効期間に関する規定（同条Ⅰ但・Ⅲ但）を準用する見解（ポケット刑訴上159。通説ともいわれている。）と、勾留は性質上刑に準ずるものとして刑期の計算に関する刑法の規定（刑22〜24）を準用する見解（高田・注解刑訴上209）があるが、結論は変わらないといわれている（松尾・条解152）。初日は時間を問わず1日とし、末日は休日でも期間に算入し、1か月以上の期間は暦に従って計算す

---

[1] この点、乙罪が甲罪による身柄拘束を利用している関係にある場合には、乙罪の勾留期間に何らかの考慮をすべきであり、例えば、特段の事情のない限り乙罪の起訴の日を起算日とすべきであるとする見解もある（小林・令状基本上437）。たしかに、その実質的な意図には正当なものがあると思われるが、この見解によると、乙罪について甲罪の勾留を利用していたかを検討する必要があり、実際上その判断に困難を伴うと思われ、客観的に勾留期間を決定でき、画一的処理ができる本決定の見解でよいと考える。

る（最決昭26・4・27刑集5・5・957は55条2項によっているようである。）。保釈や勾留の執行停止、鑑定留置などにより現実に拘束されない日数は、期間に算入しない（鑑定留置状の執行により出監した場合につき、東京高判昭28・3・25高刑集6・4・435。）。なお、保釈や勾留の執行停止により釈放された日、鑑定留置に切り替えられた日、再収容の日、逃亡の日などは、その日のうちわずかでも勾留されていれば、全1日として計算される。

4 勾留の更新

(1) 更新の要件と理由

被告人の勾留の期間は、原則として2か月であるが、特に継続の必要がある場合には、具体的に理由を付した決定で、1か月ごとにこれを更新することができる（本条Ⅱ後）。勾留更新決定は、裁判であり、これに対しては不服申立てが許されているから（420・429Ⅰ②）、これに理由を付する必要があるが（44）、特に慎重を期するために、具体的な理由の明示が要求されたものである。

「継続の必要」とは、勾留の理由と必要性がなお存続していることをいう。どの程度の理由を付すべきかが問題となる。この点、勾留継続の必要性のほか、本条1項各号所定の勾留の理由が存在することを具体的に示すことを要するとする見解もある（東京高決昭39・7・2判時383・80）。しかし、本条2項後段は、勾留状の記載事項（規70）よりも更に詳細な理由を明示すべきことまで要求しているものではない（松尾・条解152、川上・大コメ刑訴2・40）。実務上は、「定まった住居を有しない」、「罪証を隠滅すると疑うに足りる相当な理由がある」、「逃亡し、又は逃亡すると疑うに足りる相当な理由がある」という程度の理由や、「なお勾留を継続する必要がある」という程度の継続の必要性の記載で足り、その根拠まで記載する必要はないという取扱いがされている。

勾留更新決定において、勾留の理由を追加することや、従前の勾留の理由と更新の理由とが本条1項各号で異なることも差し支えない（勾留時に勾留状には記載されなかったが、客観的に他の勾留の理由が存在し、あるいは、その後に新たな勾留の理由が生じた場合に、これらの勾留の理由を付加して勾留更新することは許されるとしたものとして、広島高岡山支決昭49・4・9判時741・118。従前の罪証隠滅のおそれの代わりに常習として長期3年以上の懲役または禁

鋼に当たる罪を犯したことを理由として勾留更新することは違法ではないとしたものとして、広島高判昭26・4・5特報20・17）。この点、勾留理由開示が同一の勾留について1回しか許されていないこと（86参照）と関連して問題があるとする見解もある（ポケット刑訴上160）。しかし、当初罪証隠滅のおそれがあり、証拠調べの進行によりそれがなくなったものの、なお、89条1号や3号に該当し、勾留更新の必要性が認められる場合もあろう。勾留は勾留の理由ごとに各別の勾留があるわけではなく、本条1項各号の事由がある限り、それを理由とする勾留がなされていると解すべきものであるから、勾留の理由の変動も許されないことではなく、かえって、変動の都度新たな勾留手続をとることは、煩雑に過ぎ、法の予想していない手続というべきである（松尾・前掲、川上・前掲）。

(2) 更新の期間

勾留の更新は、「1箇月ごとに」しなければならない。すなわち、1か月未満の更新を認めず（1か月不要であれば途中で勾留を取り消すことで対処できる。）、2回分まとめて更新することも許さない趣旨である。更新後の勾留期間の1か月は、勾留の最終日の翌日から起算される。

特に勾留継続の必要性があるかどうかは、勾留の理由や更新の理由の存否に変動があり得るため、従前の勾留期間の満了日近くにならなければ判断できないものである。したがって、勾留更新決定は、ある程度満了日に近接した時点でなされなければならないが、実務では、勾留更新決定の執行のための被告人への呈示までに要する期間などを考慮し、一定日数を残す段階であらかじめ決定をしておく場合が一般である（旧法事件につき、勾留更新決定が勾留期間満了日の3日ないし12日前になされた事案において、「勾留継続の必要が予測される場合に於ては、前勾留期間満了の若干日前に予め更新の決定をすることは何等差支えないことであるばかりでなく、更新決定の執行は、その原本を被告人に示してこれを為すべきものであるから、被告人に送達する日時の余裕を見込んで万全を期するためにそのことが必要な場合さえもある。右のような勾留更新の決定が若し不当の場合には被告人からは他に不服申立の方法によつて救済を求めることができるし、勾留の原因が消滅したときには、裁判所は勾留取消の決定をする筈のものであるから、これによつて不当に被告人の自由を奪うことにはならない。」として、憲法31条に違反しないとしたものとして、最大判昭24・2・

9刑集3・2・151。なお、この事案で、12日前にされた勾留更新決定は、上訴記録の送付手続を控えてのものであることがうかがわれる。)。

(3) **更新決定の執行**

　勾留更新決定の執行方法については、勾留更新決定は、その都度理由の有無を判断して慎重にされるもので、これに対しては上訴も許されているのであるから、この決定に本来の告知の手続が省略されてよいと解すべき理由はないとして、決定書謄本の送達によって告知され（規34）、効力を生ずるとする見解（柏木・註釈刑訴1・269）と、勾留更新決定は、決定書の作成により即時に成立して執行力を生じ、勾留更新決定の原本を検察官の指揮により刑事施設職員や留置担当官をして被告人に示させて執行すればよく（70Ⅱ・73準用）、決定書謄本を被告人に送達する必要はない（規34但）とする見解（高田・注解刑訴上212）がある。勾留の更新は、勾留の継続にほかならないのであるから、別段の規定のない勾留更新決定の執行については、勾留状の執行よりも厳格な手続を要するものとは解されず、勾留状の執行に準じて考えればよく、判例も後者の見解である（最判昭24・4・26刑集3・5・653〔旧法事件〕、最決昭35・10・4裁集135・517。）。

　なお、勾留更新決定後元の勾留期間満了前に鑑定留置状の執行により釈放されたとしても、勾留期間満了後、鑑定留置が終了した後に新たな勾留状を発付することなく、勾留更新決定によって延長された勾留期間に従い勾留を継続執行したことは、適法であるとする裁判例がある（東京高判昭28・3・25高刑集6・4・435）。

(4) **更新の回数とその制限**

　勾留更新の回数については、89条1号（死刑または無期若しくは短期1年以上の懲役若しくは禁錮に当たる罪を犯したものであるとき）・3号（常習として長期3年以上の懲役または禁錮に当たる罪を犯したものであるとき）・4号（本条Ⅰ②と同じ）・6号（被告人の氏名または住居が分からないとき。この住居不詳は住居不定を含むとしたものとして、大阪高決昭60・11・29刑裁月報17・11・1116。）の事由がある場合は、更新を繰り返すことができるが、それ以外の場合、すなわち逃亡のおそれを理由とする場合は1回に限られる（本条Ⅱ但）。その趣旨は、勾留の長期化を防止し、迅速な裁判を保障しようとすることにある。なお、禁錮以上の刑に処する判決の宣告があったときは、この更新の制限は

適用されない（344）。この場合でも、本条1項各号の事由がなければ勾留を継続できない（東京高決昭31・8・24高刑集9・8・891）。

(5) その他

勾留更新については、その他、裁判例として、起訴後第一回公判期日前に裁判官が勾留更新をしなかった点を、勾留を更新しない旨の命令ととらえた検察官による準抗告の申立てに対して、勾留更新決定（命令）は裁判所（裁判官）が専ら職権でなすものであって、それをしないことは単なる事実行為であるから裁判ではないとして、これに対する不服申立てはできないとするもの（福岡地決昭47・1・31刑裁月報4・1・227）、勾留更新の裁判の理由の一部のみについての不服申立てはできないとするもの（福岡地決昭47・12・27刑裁月報4・12・2042）[2]、勾留更新決定の当否は、個々の勾留更新決定に対する上訴手続で争うべきものであり、その不当を理由として勾留の取消しを求めることは原則として許されないとするもの（札幌高決昭45・12・12判タ259・215）、忌避申立てによる訴訟手続停止中であっても、停止される訴訟手続は、実体的裁判への到達を目的とする本案の訴訟手続を指し、被告人の出頭を確保して罪証隠滅を防止する等副次的目的を有するにすぎない勾留更新手続を含まないから、忌避を申し立てられた裁判官は勾留更新決定をすることができるとするもの（広島高決昭30・8・20高刑集8・8・993）がある。

（川田宏一）

〔勾留と被告事件の告知〕

第61条　被告人の勾留は、被告人に対し被告事件を告げこれに関する陳述を聴いた後でなければ、これをすることができない。但し、被告人が逃亡した場合は、この限りでない。

---

[2] なお、本決定は、一般論として、裁判官は独立して職務を行うので、保釈に関する裁判をした裁判官と勾留に関する裁判をした裁判官の判断が常に一致するとは限らず、先の裁判の理由が後の裁判を当然に拘束するものではなく、後で、勾留更新、勾留取消し、保釈などをする裁判官は、その時点で独自の立場で、勾留の理由、必要性、権利保釈の除外事由の有無を判断するのであるから、その間の理由に不一致があったとしても、手続を混乱させることにはならないとする。前記(1)参照。

〔規〕 **第69条（裁判所書記官の立会・法第61条）** 法第61条の規定により被告人に対し被告事件を告げこれに関する陳述を聴く場合には、裁判所書記官を立ち会わせなければならない。

第39条（被告人、被疑者の陳述の調書） 被告人又は被疑者に対し、被告事件又は被疑事件を告げこれに関する陳述を聴く場合には、調書を作らなければならない。

2　前項の調書については、前条第2項第3号前段、第3項、第4項及び第6項の規定を準用する。

第42条（調書の記載要件） 第38条、第39条及び前条の調書には、裁判所書記官が取調又は処分をした年月日及び場所を記載して署名押印し、その取調又は処分をした者が認印しなければならない。但し、裁判所が取調又は処分をしたときは、認印は裁判長がしなければならない。

2　前条の調書には、処分をした時をも記載しなければならない。

〈本条細目次〉
1　勾留質問の意義　300
2　勾留質問の手続　301
　(1)　冒頭手続終了と勾留質問　301
　(2)　勾留質問の場所　301
　(3)　被告事件の告知　302
　(4)　被告人の陳述の聴取　302
3　勾留質問調書　302
4　勾留状の発付　303
5　被告人が逃亡した場合　303

1　勾留質問の意義

勾留が長期間に及ぶ身柄拘束であることから、その慎重な裁判を期するため、被告人に対し被告事件を告げ、これに関する陳述を聴取するという手続を要件とした（本条本）。実務上、勾留質問と呼ばれている。

本条は、被告人の勾留質問について規定する。被疑者の場合も、本条が準用される（207Ⅰ）。

勾留質問を行うのは、勾留の権限を有する裁判所（裁判官）である。急速を要する場合には、裁判長や受命裁判官が行うことができる（69）。

2　勾留質問の手続

(1)　冒頭手続終了と勾留質問

　在宅の被告人を冒頭手続 (291) 終了後勾留する場合に、勾留質問を要するかが問題となる。この点、原則として必要とする見解もあるが（柏木・註釈刑訴1・271、高田・注解刑訴上217）[1]、不要とする判例もある（勾留をする裁判所が、既に被告事件の審理の際、被告事件に関する陳述を聴いている場合には、改めて勾留質問をすることを要しないとしたものとして、最決昭41・10・19刑集20・8・864。冒頭手続において被告人に陳述の機会が与えられているから、改めて勾留質問の手続を要しないとしたものとして、大阪高決昭48・11・20判時727・104）。ただ、勾留質問は、単に事件についての弁解を聴くというだけではなく、場合によっては、勾留の必要性との関係で被告人からその生活状況等について事情を聴く必要があるということもあるから、審理がまだ初期の段階にあり、被告人の身上関係等勾留の必要性の判断に影響を及ぼす事情が裁判所に分かっていない時点では、勾留質問をした方がよいと判断されることもあろう。

(2)　勾留質問の場所

　勾留質問の場所について、法は定めていないが、裁判事務の一部であるだけでなく、被告人に対する捜査機関の影響を遮断し、裁判の公正を客観的に担保するためにも、官署である裁判所の構内であるのが原則である。しかし、特段の必要があるときは、被告人の現在する拘置所や警察署の構内、あるいは他の裁判所の構内で行うことも許されるものと解する（いわゆる大学紛争に伴い発生した傷害被疑事件につき、裁判官が警察署で勾留質問をしたことが憲法32条に違反するとの特別抗告において、同条は、すべて国民は、憲法または法律に定められた裁判所によってのみ裁判を受ける権利を有し、裁判所以外の機関によって裁判をされることはないことを保障したものであって、裁判を行う場所についてまで規定したものではなく、裁判官が裁判所の庁舎外において勾留質問を行ったからといって、憲法に違反するものではないとしたものとして、最決昭44・7・25刑集23・8・1077）。

---

(1)　ただし、この見解も、冒頭手続において勾留の理由についての弁解の機会を与えているときは、その手続に接着して勾留しようという場合である限り、改めて勾留質問をする必要はないとする。

(3) 被告事件の告知

「被告事件」を告げるのは、被告人から公訴事実として掲げられた犯罪事実についての陳述を聴くためであるから、単に罪名を告げるだけでは足りず、少なくとも公訴事実の要旨を告げ、被告人がその意味内容を理解して十分な弁解をできるようにする必要がある。この点、公訴事実に加え、60条1項各号の事由も告知すべきとする見解もあるが（松尾・捜査法大系2・70、高田・注解刑訴上215）、これらの事由が直接犯罪事実とは関係なく、陳述を聴いた後に判断するものであることに加え、法文に照らしても、不要と考える（ポケット刑訴上163、松尾・条解154、川上・大コメ刑訴2・48）。

なお、憲法34条前段との関係では、逮捕や勾引に引き続く勾留の場合は、既に被疑事実または公訴事実の要旨の告知が行われているので（76・203・204）、憲法上の要請を満たしているが、逮捕、勾引することなく在宅の被告人をいきなり勾留する場合には、それが行われていないから、本条の被告事件の告知が憲法上の要請となる。

(4) 被告人の陳述の聴取

勾留質問では、被告人に被告事件に関する意見や弁解を聴くことになる。意見や弁解を聴くだけであるから、黙秘権の告知（198Ⅱ・291Ⅲ）をする必要がないともいえる。しかし、勾留質問調書が被告人の供述を録取した書面（322Ⅰ）として証拠となる余地があることを考えると、黙秘権を告知しておくのが妥当である。

3 勾留質問調書

勾留質問を行う場合には、裁判所書記官を立ち会わせて（規69）、勾留質問調書を作成しなければならない（規39Ⅰ）。

起訴前に勾留された被告人が、訴訟記録中に勾留質問調書が存在しないとして勾留手続の適法性を争った事案につき、検察官は、被疑者について公訴を提起したとき、裁判官に逮捕状、勾留状を差し出すことを要するだけで、これと共に勾留質問調書を差し出すべきものではないから（規167Ⅰ）、裁判官が第一回公判が開かれたとき裁判所に送付すべき書類（規167Ⅲ）のうちにこの調書が含まれないことは当然であるとする判例がある（最判昭29・5・11刑集8・5・670）[2]。それまでも、訴訟記録中に勾留質問調書が存在しなくても、それだけで勾留手続の適法性を争うことはできないとする裁判例

があったが（東京高判昭25・5・6高刑集3・2・180、札幌高判昭27・8・22高刑集5・8・1390、東京高判昭27・9・30高刑集5・12・2101)、最高裁もこの点を明らかにしたものである。

4　勾留状の発付

「陳述を聴いた後」とは、勾留状の発付が、必ずしも勾留質問の直後であることを要しないが、勾留質問が勾留の手続上の要件であるから、時間的に接着していることを要する。

5　被告人が逃亡した場合

被告人が逃亡した場合には、勾留質問を行うことが不可能であるから、直ちに、勾留状を発付することができる（本条但）。この場合には、勾留状を執行して、被告人を刑事施設や留置施設に引致した後に公訴事実の要旨を告げ、これに関する陳述を聴けば足りる（77Ⅱ）。　　　　　　　　　　（川田宏一）

〔令状〕
第62条　被告人の召喚、勾引又は勾留は、召喚状、勾引状又は勾留状を発してこれをしなければならない。

〔規〕　第73条（勾引状の数通交付）　勾引状は、数通を作り、これを検察事務官又は司法警察職員数人に交付することができる。

〈本条細目次〉
1　令状主義　304
2　令状の性質　304
3　令状の数通交付　304

---

(2)　なお、本判決も指摘するように、起訴後裁判官が被告人を勾留した場合（280）には、被告人に対して被告事件を告げこれに関する陳述を聴いた調書（本条、規39）は、第一回公判期日が開かれた後、「勾留に関する処分の書類」として裁判官から裁判所に送付されるから（規167Ⅲ)、被疑者を勾留する場合の調書と被告人を勾留する場合の調書とで差異を生ずることになる。

1 令状主義

　本条は、召喚、勾引、勾留における令状の発付について規定する。

　召喚、勾引、勾留といった対人的強制処分は、それぞれ召喚状、勾引状、勾留状といった令状を発してしなければならない（令状主義）。勾引と勾留については、憲法33条の趣旨から令状によるべきことが求められる。召喚については、同条にいう「逮捕」に当たらないから、憲法上の要請ではないが、本条により令状によるべきものとされている。

2 令状の性質

　召喚、勾引、勾留は、いずれも裁判（裁判所による場合は決定、裁判官による場合は命令）である。

　各令状は裁判書であって、一定の方式が定められており（63・64）、令状を発付することが裁判の方式である。本条に規定する各令状は、いずれも裁判所（裁判官）の発する命令状である。令状の執行は裁判の執行であるものの、令状を発することが裁判そのものの方式であるという性質から、裁判の執行は令状の謄本ではなく原本によること（65Ⅰ・70・73）などが、一般の裁判の場合（規53以下）と異なる点である。なお、勾留更新決定の執行方法については、60条の解説4(3)参照。裁判と裁判書とは別であるから、令状の執行後に令状が滅失しても、その存在と内容が証明される限り、その執行の効力に影響はない。

3 令状の数通交付

　勾引状は、同時に数通を作成することができ（規73）、そのいずれもが原本である。勾引状を執行するには勾引状の原本を示さなければならないから（73Ⅰ）、被告人が逃亡して各地を転々とするような場合には、数通の勾引状を発する実益がある。召喚状、勾留状については数通発付の規定はなく、これに消極的な見解もあるが（ポケット刑訴上165、高田・注解刑訴上218）、被告人が数か所の住居を申し立てている場合には数通の召喚状を、被告人が逃亡した場合（61但）には数通の勾留状をそれぞれ発付することができるものと解する（松尾・条解156、川上・大コメ刑訴2・53）。

　令状の執行の指揮は、原則として検察官が行うので（70Ⅰ本）、数通発付された勾引状についても、検察官を通じて検察事務官や司法警察職員に交付されることが一般である。

〔川田宏一〕

〔召喚状の方式〕
第63条　召喚状には、被告人の氏名及び住居、罪名、出頭すべき年月日時及び場所並びに正当な理由がなく出頭しないときは勾引状を発することがある旨その他裁判所の規則で定める事項を記載し、裁判長又は受命裁判官が、これに記名押印しなければならない。

〈本条細目次〉
1　召喚状の方式　305
2　記載要件　305
　(1)　氏名・住居　305
　(2)　罪　名　305
　(3)　出頭すべき年月日時・場所　306
　(4)　勾引状を発することがある旨　306
　(5)　規則で定める事項　306
　(6)　裁判長又は受命裁判官の記名押印　306

1　召喚状の方式

本条は、召喚状の記載要件について規定する。

勾引、勾留は憲法33条の要請が及ぶ引致や拘禁をする強制処分であるのに対し、召喚は同条の要請が及ばない出頭を命ずる強制処分であるから、両者で令状の記載要件は異なる。

2　記載要件

(1)　氏名・住居

召喚状は、送達によって執行するものであるから、勾引状や勾留状の場合(64Ⅱ・Ⅲ)とは異なり、被告人の氏名や住居が分からないときは、これを発することができない。したがって、「氏名及び住居」の記載は召喚状の送達が可能な程度に特定されている必要があるが、「氏名」は、戸籍上の氏名であることが望ましいものの、必ずしも戸籍上のものでなくても、ペンネームその他の通称でも差し支えない。

(2)　罪　名

「罪名」は、犯罪の名称である。刑法犯においては、刑法の条文の見出しに付された罪名を基本とし、法務大臣訓令「刑事統計調査規程」で定められ

た罪名を参考にしてある程度細分化したものを用いていることが多いが、特別法犯の多くは単に「○○法違反」という呼び方をすることが多い。

数個の犯罪が併合審理されている場合には、全部の罪名を記載する必要がある。

召喚状は、憲法33条の要請する令状ではなく、公訴事実の要旨を記載する必要はない。

(3) 出頭すべき年月日時・場所

「出頭すべき……場所」は、必ずしも裁判所に限らない。指定の場所への出頭の命令(68)も、召喚によることができる。

(4) 勾引状を発することがある旨

「正当な理由がなく出頭しないときは勾引状を発することがある旨」の記載は、58条2号前段の趣旨を明示するものであり、あらかじめ警告を発する趣旨である。

(5) 規則で定める事項

その他、規71条・102条・216条に定められている事項を記載する必要がある。

(6) 裁判長又は受命裁判官の記名押印

裁判書には、裁判をした裁判所を構成する裁判官全員が署名押印または記名押印するのが原則であるから(規55・60の2Ⅰ)、裁判長や受命裁判官が記名押印するという本条はその例外である。裁判所や裁判長が発するときは裁判長が記名押印し、受命裁判官が発するときは受命裁判官が記名押印しなければならない。

(川田宏一)

〔勾引状・勾留状の方式〕
第64条　勾引状又は勾留状には、被告人の氏名及び住居、罪名、公訴事実の要旨、引致すべき場所又は勾留すべき刑事施設、有効期間及びその期間経過後は執行に着手することができず令状はこれを返還しなければならない旨並びに発付の年月日その他裁判所の規則で定める事項を記載し、裁判長又は受命裁判官が、これに記名押印しなければならない。

2　被告人の氏名が明らかでないときは、人相、体格その他被告人を特定

するに足りる事項で被告人を指示することができる。
3　被告人の住居が明らかでないときは、これを記載することを要しない。

〔規〕　第70条（勾留状の記載要件・法第64条）　勾留状には、法第64条に規定する事項の外、法第60条第1項各号に定める事由を記載しなければならない。

〈本条細目次〉
1　勾引状・勾留状の方式　307
2　記載要件　307
　⑴　氏名・住居　307
　⑵　罪名・公訴事実の要旨　307
　⑶　引致すべき場所　309
　⑷　勾留すべき刑事施設　309
　⑸　有効期間　313
　⑹　規則で定める事項　313
　⑺　裁判長又は受命裁判官の記名押印　313

1　勾引状・勾留状の方式
　本条は、勾引状と勾留状の記載要件について規定する。
2　記載要件
⑴　氏名・住居
　本条2項・3項は、勾引状と勾留状の執行方法について、召喚状とは異なり、被告人に示して行うこと（73Ⅰ・Ⅱ）から設けられたものである。
　被告人の氏名が明らかでないときは、人相、体格その他被告人を特定するに足りる事項で被告人を指示することができる（本条Ⅱ）。実務では、氏名が明らかでないときは、留置番号で特定指示したり、写真を添付して特定指示することがある。
　被告人の住居が明らかでないときは、これを記載することを要しない（本条Ⅲ）。住居不定の場合も同様である。この場合、令状の住居欄には、それぞれ不詳、不定と記載する。
⑵　罪名・公訴事実の要旨
　罪名に加えて公訴事実の要旨の記載が要求されているのは、憲法33条に「理

由となつている犯罪を明示する令状」とあるからであり、いかなる犯罪事実について勾引、勾留するかを知らせることを目的とする。したがって、「公訴事実の要旨」は、起訴されている犯罪事実を具体的に特定するに足りる程度に記載する必要がある。実務では、いわゆる求令起訴の場合には、起訴状の写しを添付して公訴事実を引用するのが通常である。数個の犯罪事実が併合審理されている場合には、勾引状にはそのすべての犯罪事実について要旨を記載しなければならず、勾留状も、全部の公訴事実につき勾留するときはその全部について記載し、公訴事実中一部の事実につき勾留するときはその一部の事実のみについて記載すべきである。

(3) 引致すべき場所

勾引状の記載事項である「引致すべき場所」は、原則として勾引状を発した裁判所であるが、それ以外の指定する場所の場合（裁判所外での差押え、捜索、検証などに被告人を立ち会わせる必要がある場合）もある。

(4) 勾留すべき刑事施設

ア　勾留場所

勾留状の記載事項である「勾留すべき刑事施設」(勾留場所) は、代用刑事施設（旧監獄法の下ではいわゆる代用監獄）としての警察署の留置施設である留置場を含む（刑事収容15Ⅰ）。特定の拘置所、拘置支所または警察署の留置場を記載しなければならない。

イ　拘置所と代用監獄

実務では、被疑者の勾留場所は当該事件の捜査に当たっている警察署の留置場（代用監獄）を指定し、捜査が終了して起訴されるとその事件の係属した裁判所に近い拘置所（拘置支所を含む。）に被告人を移監するという運用が原則的に行われてきた。しかし、昭和40年代に入り、被疑者の勾留場所の指定につき、代用監獄と指定したときに被疑者側から、拘置所と指定したときに検察官から、それぞれ勾留の裁判に対する準抗告がなされる等の事例が増加し、被疑者の勾留場所の指定に関する準抗告の決定が多数出された。

そのうち多くのものが、「被疑者の勾留場所は、原則として、監獄である拘置所と指定すべきものであり、代用監獄である警察署の留置場に指定するには、特段の事情ないしはやむを得ない例外的事情を必要とするものと解さなければならない」との見解（必要説）をとった。その特段の事情ないし例

外的事情の存在する場合としては、拘置所の収容力に余裕がない場合のほか、拘置所に勾留すれば、「捜査が不可能または著しく困難になる」(和歌山地決昭42・2・7下刑集9・2・165、鳥取地決昭44・11・6刑裁月報1・11・1083、東京地決昭45・6・24判時610・100、札幌地決昭46・6・3刑裁月報3・6・832、大阪地決昭46・12・7判時675・110／判タ277・360)、「捜査に多大の支障をきたす」(福岡地決昭44・4・16刑裁月報1・4・453、名古屋地決昭45・1・20刑裁月報2・1・81、名古屋地決昭45・2・20刑裁月報2・2・194、富山地決昭46・6・23刑裁月報3・6・837)、「限られた期間内に迅速な捜査を遂行することに重大な支障を生ずる」(浦和地決昭45・6・18判時610・99)などの場合が挙げられている(必要説をとるものとして、ほかに、福岡地決昭43・12・28判時564・88、福岡地小倉支決昭45・6・12判タ252・250、東京地決昭45・6・23判時610・100等。)。その理由としては、法文上、旧監獄法1条1項が、監獄を4種に分類し、懲役監、禁錮監、拘留場と並んで刑事被告人等を拘禁する拘置監を規定し、かつ、同条3項に「警察官署ニ附属スル留置場ハ之ヲ監獄ニ代用スルコトヲ得」としており、この規定の順序と「代用」の文言から、代用監獄を例外とするものが多かった。

　これに対し、拘置所と代用監獄との間に原則と例外の関係はないとする見解(不要説)もあり(京都地決昭33・3・5一審刑集1・3・502、鹿児島地決昭44・8・6判時567・98／判タ238・220、名古屋地決昭45・8・17判時601・114／判タ253・270等)、昭和47年頃を境に、勾留場所の指定は事情を総合考量して裁判官が裁量によりなすべきものとするものが多くなったといわれている(拘置所の物的・人的施設能力、交通の便否のほか、捜査上の必要性、被疑者または被告人の利益等を比較考量した上、裁判官の裁量によって決すべきものであるとして、勾留場所を代用監獄とした勾留の裁判に対する準抗告を棄却したものとして、東京地決昭47・12・1刑裁月報4・12・2030。事案の内容、捜査の進展状況、被疑者の身体的、精神的条件などを総合勘案して行う裁量判断であるとして、勾留場所を拘置支所とした勾留の裁判に対する準抗告を棄却したものとして、福岡地決昭48・12・8刑裁月報5・12・1677等。なお、警察官を被害者とする被疑事件等において、勾留場所を拘置所とした勾留の裁判に対する準抗告を棄却したが、拘置所原則・代用監獄例外を明示せず、勾留場所を拘置所とすべき事情とそれによる捜査の支障とを比較衡量したものとして、京都地決昭47・6・28判タ286

・316、京都地決昭59・9・8判タ544・280、大阪地決昭59・10・1判タ544・281。）。その理由としては、法文上、旧監獄法1条3項は、本来警察目的のために設置された警察官署付属の留置場の施設が、固有の監獄施設に代えて監獄施設として利用し得るものであることを規定したものであり（営造物設営上の代用措置）、いったん監獄の設置がされた以上、その営造物としての管理運営について、本来の監獄と別異に扱うべきものではないことなどが挙げられている。

必要説は、勾留場所としての代用監獄の実質的な難点として、①代用監獄の設備や構造上の不備と、②収容者に対する処遇上の問題、③捜査官が被疑者を自己の支配下に置くことに伴う弊害等を挙げている。これらは、立法論としては傾聴すべきものを含んでいるが、必要説は解釈論としては難があるとの批判も強かった（金谷・令状基本上323、川上・大コメ刑訴2・60）。不要説に立つ場合でも、これらの問題は、個々の事案の判断に当たり、考慮すべき具体的事情の1つとして検討されることになる。他方、勾留場所としての拘置所の実質的な難点として、①面通しの困難性、②凶器や自動車等の証拠品、大量の証拠品を持ち込んでの被疑者の取調べの困難性、③引当たり捜査、実況見分等の立会いの困難性、④拘置所の取調室の設備の不十分性、⑤警察署との距離的関係、拘置所の職員数や執務時間等の制約からの捜査上のロス、機動的な捜査活動の困難性等が挙げられている。これらも、個々の事案に即して具体的に検討し、適法かつ相当な捜査の遂行における支障が相当大きいものとなる場合には、1つの具体的事情として考慮することは許されるであろう（金谷・前掲）。

なお、旧監獄法は、従来その改正をめぐって様々な議論がされてきたが、平成17年の「刑事施設及び受刑者の処遇等に関する法律」の成立とそれに伴う「刑事施設ニ於ケル刑事被告人ノ収容等ニ関スル法律」への名称変更、平成18年の「刑事収容施設及び被収容者等の処遇に関する法律」の成立により、全面的に改正された。その中で、いわゆる代用監獄（代用刑事施設）制度については、「都道府県警察に、留置施設を設置する。」（刑事収容14Ⅰ）として、留置施設の設置根拠に関する規定を整備した上で、刑事施設の収容対象者について、受刑者、死刑確定者等を除き、「刑事施設に収容することに代えて、留置施設に留置することができる。」（同15Ⅰ）とする規定を設けた（代替収

容制度)。その上で、「留置担当官は、その留置施設に留置されている被留置者に係る犯罪の捜査に従事してはならない。」(同16Ⅲ) とした。刑事裁判の充実、迅速化、裁判員制度の導入等をはじめとする制度改革の流れの中で、被疑者の取調べを含む捜査の在り方や代替収容制度の在り方は、今後なお検討を要する課題である。

　ウ　移　送

　被告人の勾留場所の変更(移送。旧監獄法の下では移監。)については、検察官が、裁判長の同意を得て、勾留されている被告人を他の刑事施設に移すことができるとされている(規80Ⅰ)。

　裁判長(裁判官)が職権で移送を命ずることができるかが、明文の規定がないので問題となる。規80条1項は、勾留場所をどこにするかについては執行を担当する検察官に決定権を与え、ただ勾留場所の変更が裁判所の審判の円滑な遂行に支障を及ぼすおそれがあることにかんがみ裁判長(裁判官)の同意にかからせているかのようでもあり、傍論としてではあるが、この問題について消極の見解をとった裁判例もあった(福岡地決昭44・1・28判時564・89)。しかし、まず、裁判所は、勾留中の被告人の身柄について職権で配慮し、必要な措置をとる一般的な権限(職権による勾留の取消し、勾留の執行停止、保釈等)を有しており、身柄拘束に対する司法的抑制の見地からは、移送に対し同意すべきかどうかの判断に際しては、単に審判の円滑な遂行に対する支障の有無の検討のみでなく、被告人に対する身柄拘束による不利益や弊害をなるべく小さくするという観点から、移送により被る被告人の不利益と移送の必要性とを比較衡量し、前者が後者に優越するときは同意を与えないことができると解すべきである。さらに、裁判所(裁判官)は、勾留状発付後の事情の変更により、勾留状に指定された場所が勾留場所として適当でないと認めるに至ったときは、その変更を職権でできるとする準抗告審の決定や(旭川地決昭47・9・8判時700・137／判夕285・253。勾留状が執行された後にも裁判所〔裁判官〕が職権によってその勾留を取り消したり執行の停止をする権限を法が認めていること〔87・95〕にかんがみ、事情の変更により勾留の裁判がその一部において適正を欠くに至ったときは、これを変更する権限を裁判所〔裁判官〕に与えていると解されることなどを根拠とする。東京地決昭48・4・14刑裁月報5・4・859もこれを援用し、積極の見解に立つことを前提とする。なお、

傍論として、裁判所において、被告人の防御権の行使を考慮し、職権により勾留場所を変更する旨の決定をすることができるとしても、被告人としては、当初の勾留の裁判あるいは移監同意の裁判に対し、その勾留場所の適否を争うことにより、是正を求める手続は十分保障されているとしたものとして、仙台高決昭48・2・21刑裁月報5・2・125。)、裁判官が職権で被告人の勾留場所を代用監獄から拘置所に変更した命令があった（起訴後引き続き代用監獄に勾留中の被告人が、余罪について執拗に威迫的な取調べを受けたと訴えており、検察官は余罪につき被告人を逮捕勾留する予定はないことを明らかにしていることなどを理由としたものとして、浦和地決平4・11・10判タ812・260。)。その後、最高裁も、「勾留に関する処分を行う裁判官は職権により被疑者又は被告人の勾留場所を変更する旨の移監命令を発することができる」として積極の見解を採用した（最決平7・4・12刑集49・4・609)。一般的には、現在の勾留場所では、弁護人との接見が困難であって、被告人の防御権行使に著しく支障を生じる場合、被告人が病身で、医師の診察治療を容易に受けられない地の代用刑事施設に勾留を継続するよりは、設備がよく近くに医師のいる拘置所に移送する方がよいと認められる場合、現在の勾留場所では取調べまたは処遇上被疑者の人権が侵害されるおそれのある場合等、移送を必要かつ相当とする事情がある場合で、裁判官が検察官に移送を促しても応じないときなどに、職権による移送命令を発することが考えられる（金谷・令状基本上340)。なお、職権による移送命令については、急速を要する場合を除いて、検察官の意見を聴いた上で行わなければならないと解する（92、規88参照)。被告人には、勾留場所変更請求権はない（前掲仙台高決昭48・2・21、東京地決昭53・6・14判時903・105／判タ364・303等はその前提に立ち、傍論として、勾留取消しに関する87条の法意に照らし勾留場所指定の取消しに関する申立て権を被疑者側に認めたものもあったが〔旭川地決昭60・3・1判時1168・161〕、前掲最決平7・4・12は、弁護人による勾留取消し請求を裁判官に移監命令の職権発動を促す趣旨でされたものと解している。)。

移送の同意、不同意に対しては、不服申立て（抗告〔420Ⅱ〕、準抗告〔429Ⅰ②〕）ができる（最決昭46・11・12裁集182・27参照)。職権による移送命令に対しても、同様に不服申立てができるが、職権による移送をしない場合、職権不発動の措置は裁判ではないから、不服申立てができない。

(5) 有効期間

「有効期間」とは、勾引状、勾留状を執行する有効期間、すなわち、「その期間経過後は執行に着手することができ」ない期間のことであり、被告人を拘禁すべき期間ではない（最決昭25・6・29刑集4・6・1138、最決昭25・12・26刑集4・12・2651）。通常は、令状発付の日から7日であるが（55Ⅰ本により初日不算入）、相当と認めるときは、7日を超える期間を定めることができる（規300）。有効期間の記載がないものは不適法であるが、判例は7日として有効と解している（前掲最決昭25・6・29）。7日より短い期間を記載した場合は、本来不適法であるが、同期間の経過後はもはや執行に着手することは許されないものの、その期間につき有効と解してよい（馬場・注釈刑訴2・39、高田・注解刑訴上222、松尾・条解158、川上・大コメ刑訴2・61。ポケット刑訴上169は、この場合にも期間を7日として有効とする。）。

(6) 規則で定める事項

その他、勾引状については、規71条・102条、勾留状については、規70条・71条に定められている事項を記載する必要がある。また、勾引状については、法律自体に特別の定めがある（勾引の嘱託の場合に関する66Ⅴ後）。勾引状に引致すべき公判期日を記載することは、当該期日までに有効期間が経過する場合でない限り許される（松尾・条解158）。

勾留状の記載事項である「法第60条第1項各号に定める事由」（規70）は、勾留状自体に勾留の要件があることを明らかにする趣旨であり、複数の事由が認められるときは、複数記載する。実務では、「2、3号」などと記載する例が多い。なお、これらの事由を認めた根拠まで記載する必要はない。

(7) 裁判長又は受命裁判官の記名押印

63条の解説 **2**(6)参照。

（川田宏一）

〔召喚の手続〕

第65条　召喚状は、これを送達する。

2　被告人から期日に出頭する旨を記載した書面を差し出し、又は出頭した被告人に対し口頭で次回の出頭を命じたときは、召喚状を送達した場合と同一の効力を有する。口頭で出頭を命じた場合には、その旨を調書

に記載しなければならない。
　3　裁判所に近接する刑事施設にいる被告人に対しては、刑事施設職員（刑事施設の長又はその指名する刑事施設の職員をいう。以下同じ。）に通知してこれを召喚することができる。この場合には、被告人が刑事施設職員から通知を受けた時に召喚状の送達があつたものとみなす。

〈本条細目次〉
　1　召喚の手続　314
　2　召喚状の送達　314
　3　召喚の手続の例外　314
　　(1)　期日請書の差出し　314
　　(2)　口頭の出頭命令　315
　　(3)　刑事施設に収容されている者に対する召喚　315
　　(4)　召喚状送達の擬制　315

1　召喚の手続
　本条は、召喚の手続について規定する。
　召喚の手続は、受訴裁判所の権限である。急速を要する場合には、裁判長や受命裁判官が召喚の手続をすることができる（69）。

2　召喚状の送達
　召喚は、召喚状の原本を送達して行うのが原則である（本条Ⅰ）。召喚は裁判の一種であり、公判廷外の裁判の告知は、裁判書の謄本を送達して行うのが原則であるが（規34本）、本条は、その特則を定めており、規34条但書の「特別の定」に当たる。送達の方法については、54条参照。
　いったん召喚手続がとられれば、公判期日の変更があっても、期日変更決定を送達すれば足り、重ねて召喚手続をとる必要はない。

3　召喚の手続の例外
(1)　期日請書の差出し
　被告人に期日の通知をし、これを受けた被告人から当該期日に出頭する旨を記載した書面（期日請書）が差し出されたときは、召喚の効力を有する（本条Ⅱ）。期日請書の方式については定めがない。
　被告人数名が出頭する期日の場合、被告人については主任弁護人の権限に

関する規25条1項のような定めはないから、期日請書はそれぞれ被告人が各別に差し出さなければならず、一部の被告人が他の被告人をも代表して期日を請けることは認められない（東京高判昭25・6・26特報14・1）。期日請書は、本来被告人名義で差し出すべきものであるが、弁護人名義の請書も被告人に対する送達として有効と解される。

(2) 口頭の出頭命令

出頭した被告人に対し、裁判所が口頭で次回期日を告知して出頭を命じたときは、召喚の効力を有する（本条Ⅱ）。第二回以降の公判期日への召喚については、この方法で行われるのが通例である。口頭で出頭を命じた場合には、その旨を調書に記載することを要する。記載すべき調書には特に制限はない。

(3) 刑事施設に収容されている者に対する召喚

裁判所に近接する刑事施設にいる被告人に対しては、刑事施設職員（刑事施設の長またはその指名する刑事施設の職員）に通知してこれを召喚することができる（本条Ⅲ）。留置施設にいる被告人の場合には、留置施設の留置業務に従事する警察官（留置担当官）への通知となる。刑事施設に収容されている者に対する召喚は、原則として召喚状の刑事施設の長への送達により行うが（本条Ⅰ・54、民訴102Ⅲ）、本条3項は便宜上これに対する特則を定めた。

「近接する」とは、必ずしも場所的な接近を意味するものではなく、召喚状を送達するよりも迅速かつ確実に通知することができる程度に接近していることをいう。

「通知」の方法については、特別の方式はなく、裁判所が各場合について相当と認めるところに従い、在監人召喚簿、電話その他適宜の方法により前もって通知をすれば足りるとした判例がある（最決昭32・8・30刑集11・8・2128）。通知したことは記録上明らかにしておかなければならない（規298Ⅲ）。

この場合には、被告人が刑事施設職員から通知を受けたときに召喚状の送達があったものとみなす（本条Ⅲ）。原則的取扱いでは、召喚状が刑事施設の長に送達されたときに効力が生ずるが、これと異なることになる。

(4) 召喚状送達の擬制

召喚の手続のその他の例外として、公判期日の召喚について、裁判所の構

内にいる被告人に対し公判期日を通知したときの召喚状送達の擬制を定めた274条がある。

(川田宏一)

〔勾引の嘱託〕
第66条　裁判所は、被告人の現在地の地方裁判所、家庭裁判所又は簡易裁判所の裁判官に被告人の勾引を嘱託することができる。
2　受託裁判官は、受託の権限を有する他の地方裁判所、家庭裁判所又は簡易裁判所の裁判官に転嘱することができる。
3　受託裁判官は、受託事項について権限を有しないときは、受託の権限を有する他の地方裁判所、家庭裁判所又は簡易裁判所の裁判官に嘱託を移送することができる。
4　嘱託又は移送を受けた裁判官は、勾引状を発しなければならない。
5　第64条の規定は、前項の勾引状についてこれを準用する。この場合においては、勾引状に嘱託によつてこれを発する旨を記載しなければならない。

〈本条細目次〉
1　勾引の嘱託の意義　316
2　勾引の嘱託の手続　317
3　転嘱・嘱託の移送　317

1　勾引の嘱託の意義

本条は、裁判所が、管轄区域外にいる被告人を勾引する必要がある場合に、他の裁判所の裁判官に被告人の勾引を嘱託する権限を認めた。

勾引の嘱託は、勾引状の執行の嘱託（72）とは異なり、勾引状の発付とそれに基づく一連の執行の手続（67）を嘱託することである。なお、勾留の嘱託は認められていない。

勾引の嘱託は、受訴裁判所の権限である。急速を要する場合には、裁判長や受命裁判官が勾引の嘱託をすることができる（69）。

2　勾引の嘱託の手続

　裁判所は、被告人の現在地の地方裁判所、家庭裁判所、簡易裁判所の裁判官に、被告人の勾引を嘱託することができる（本条Ⅰ）。

　「被告人の現在地」とは、被告人が事実上現在する地を意味し、土地管轄の基準としての現在地（2Ⅰ）とは異なり、違法な身柄拘束によって現在する地を含む。被告人の現在地を管轄する裁判所であれば、事物管轄とは無関係に、地方裁判所、家庭裁判所、簡易裁判所のうち、どの裁判所の裁判官に勾引を嘱託してもよい。嘱託の方法は問わない。実務では、裁判長（裁判官）名で受託裁判官宛ての被告人勾引嘱託書を送るのが通例である。

3　転嘱・嘱託の移送

　受託裁判官は、受託の権限を有する他の地方裁判所、家庭裁判所、簡易裁判所の裁判官に転嘱することができる（本条Ⅱ）。勾引の「受託の権限を有する」とは、嘱託によって勾引状を発付すべきときに被告人がその裁判所の管轄区域内に現在する場合をいう。

　受託裁判官は、受託事項について権限を有しないときは、受託の権限を有する他の地方裁判所、家庭裁判所、簡易裁判所の裁判官に嘱託を移送することができる（本条Ⅲ）。勾引の「受託事項について権限を有しない」とは、嘱託によって勾引状を発付すべきときに被告人がその裁判所の管轄区域内に現在しない場合をいう。

　「転嘱」と「嘱託の移送」とは、受託裁判官が受託の権限を有するかにより決まる。「転嘱」とは、受託裁判官が自ら権限を有する場合に、距離的関係などでより適切な他の裁判所の裁判官に委託することである。「嘱託の移送」とは、受託裁判官が自ら権限を有しない場合、例えば、受託後被告人の現在地が移動したときに、他の裁判所の裁判官に移送することである。再転嘱、嘱託の再移送をすることも許される。

　嘱託や移送を受けた裁判官は、権限を有する場合、勾引の理由の有無を判断し、勾引の理由がある場合には、勾引状を発付する義務がある（本条Ⅳ）。

　本条4項により発付される勾引状について、64条が準用される（本条Ⅴ前）。勾引状に記載すべき「引致の場所」は、勾引状を発付する裁判官所属の裁判所であって、嘱託裁判所ではない（73Ⅰ後）。なお、この勾引状については、嘱託によってこれを発する旨の記載が必要であるが（本条Ⅴ後）、

併せて嘱託裁判所も記載するのが妥当である。これが「指定された裁判所」（67Ⅱ・Ⅲ・73Ⅰ前、規76Ⅱ）に当たる。　　　　　　　　　　　　　　（川田宏一）

〔嘱託による勾引の手続〕
第67条　前条の場合には、嘱託によつて勾引状を発した裁判官は、被告人を引致した時から24時間以内にその人違でないかどうかを取り調べなければならない。
２　被告人が人違でないときは、速やかに且つ直接これを指定された裁判所に送致しなければならない。この場合には、嘱託によつて勾引状を発した裁判官は、被告人が指定された裁判所に到着すべき期間を定めなければならない。
３　前項の場合には、第59条の期間は、被告人が指定された裁判所に到着した時からこれを起算する。

〔規〕　第76条（嘱託による勾引状・法第67条）　嘱託によつて勾引状を発した裁判官は、勾引状の執行に関する書類を受け取つたときは、裁判所書記官に被告人が引致された年月日時を勾引状に記載させなければならない。
２　嘱託によつて勾引状を発した裁判官は、被告人を指定された裁判所に送致する場合には、勾引状に被告人が指定された裁判所に到着すべき期間を記載して記名押印しなければならない。
３　勾引の嘱託をした裁判所又は裁判官は、勾引状の執行に関する書類を受け取つたときは、裁判所書記官に被告人が到着した年月日時を勾引状に記載させなければならない。

〈本条細目次〉
1　嘱託による勾引の手続　318
2　受託裁判官のなすべき手続　319
3　59条の期間の起算点　319

1　嘱託による勾引の手続

本条は、前条により受託裁判官が発した勾引状により被告人が引致された

後に受託裁判官がなすべき手続と、59条の勾引の期間の起算点について規定する。

2 受託裁判官のなすべき手続

受託裁判官は、被告人を引致したときから24時間以内に、まず、人違いでないかどうかを取り調べなければならない（本条Ⅰ）。取調べの結果、人違いであることが判明したときは、直ちに釈放しなければならない。人違いでないことを確認した後、公訴事実の要旨と弁護人選任権等の告知をする（76Ⅰ・Ⅲ）。

受託裁判官は、人違いでないかどうかの点以外については、取調べを行うことができないものと解されている。

24時間の起算点を明らかにするため、受託裁判官が勾引状の執行に関する書類を受け取ったときは、裁判所書記官に、被告人が引致された年月日時を勾引状に記載させなければならない（規76Ⅰ）。

受託裁判官は、人違いでないときは、速やかに、かつ、直接、被告人を指定された裁判所に送致しなければならない（本条Ⅱ前）。「指定された裁判所」とは、通常は嘱託した裁判所である。送致の手続については規定がないが、勾引状の執行（70）に準じて、受託裁判官所属の裁判所に対応する検察庁の検察官の指揮によって、検察事務官や司法警察職員が護送すべきであろう。送致の手続をなすべき時間についても規定がないが、本条1項に照らし、被告人が引致されたときから24時間以内に送致の手続を完了すべきである。

護送に要する時間が不当に長くなるのを防止するため、受託裁判官は、被告人が指定された裁判所に到着すべき期間を定めて（本条Ⅱ後）、勾引状に記載しなければならない（規76Ⅱ）。この期間は、日数で指定しても、到着の日時で指定しても差し支えない。なお、被告人の到着が定められた期間を超えた場合についての規定はなく、この場合の取扱いが問題となる。原則として被告人を釈放すべきであるが、206条の趣旨に準じて、遅延がやむを得ない事情による場合には、釈放する必要はないと解する。

3 59条の期間の起算点

被告人は、指定された裁判所に到着したときから24時間留置することができる（本条Ⅲ・59）。その起算点を明確にするため、勾引の嘱託をした裁判所（裁判官）は、勾引状の執行に関する書類を受け取ったときは、裁判所書記

官に、被告人が裁判所に到着した年月日時を勾引状に記載させなければならない（規76Ⅲ）。　　　　　　　　　　　　　　　　　　　　（川田宏一）

〔出頭命令・同行命令・勾引〕
第68条　裁判所は、必要があるときは、指定の場所に被告人の出頭又は同行を命ずることができる。被告人が正当な理由がなくこれに応じないときは、その場所に勾引することができる。この場合には、第59条の期間は、被告人をその場所に引致した時からこれを起算する。

〈本条細目次〉
1　出頭命令・同行命令の意義　320
2　出頭命令・同行命令の要件　321
3　出頭命令・同行命令後の勾引の要件　321
4　勾引の方法　321

1　出頭命令・同行命令の意義

　出頭命令は、被告人に対して一定の場所への出頭を命ずるものである。同行命令は、出頭している被告人に対して一定の場所への同行を命ずるものである。いずれも、召喚と類似する性質を有する対人的強制処分の裁判であり、被告人はこれに応ずる義務があるが、令状を必要とせず、猶予期間を置くことを要しない点で、召喚と異なる。
　本条は、受訴裁判所による被告人に対する出頭命令、同行命令について規定する。急速を要する場合には、裁判長や受命裁判官が出頭命令、同行命令を発することができる（69）。
　出頭命令、同行命令は、各種の手続に被告人を立ち会わせる方法として、召喚のほかに、より簡単な方法として認められたものである。そうすると、法が召喚によるべきものとしている場合（例えば、273条2項の公判期日への被告人の召喚など）には、出頭命令や同行命令によることは許されないが、それ以外の場合には、召喚でも、より簡易な出頭命令、同行命令によってもよいと解する。
　出頭命令、同行命令には、その裁判の方式について特別の規定がない。し

たがって、原則として、裁判の方式、告知に関する一般規定である規53条・34条が適用される。

2 出頭命令・同行命令の要件

出頭命令、同行命令の要件について、本条は「必要があるとき」とするのみであるが（本条前）、召喚の場合と対比すると、猶予期間を置く必要のない場合、すなわち被告人の準備をそれほど考える必要のない場合に許されると解する。例えば、差押状や捜索状の執行の立会い（113Ⅲ）、検証の立会い（142）などの場合が考えられる。なお、公判期日外の証人尋問（158・281）は、被告人の立会権があるが（157Ⅰ）、立ち会うかどうかは被告人の自由であるから、この場合には出頭命令、同行命令を発することはできない。

3 出頭命令・同行命令後の勾引の要件

出頭命令、同行命令の場合には、召喚の場合（58②）と異なり、正当な理由がなく命令に応じないときのみ勾引でき（本条中）、命令に応じないおそれがあるというだけでは勾引できない。

4 勾引の方法

勾引の方法については、通常の勾引に関する規定（59・62・64・66・67）が適用されるが、59条の勾引の期間の起算点については、被告人をその場所に引致したときとなる（本条後）。　　　　　　　　　　　（川田宏一）

〔裁判長の権限〕
第69条　裁判長は、急速を要する場合には、第57条乃至第62条、第65条、第66条及び前条に規定する処分をし、又は合議体の構成員にこれをさせることができる。

〔規〕　第71条（裁判長の令状の記載要件・法第69条）　裁判長は、法第69条の規定により召喚状、勾引状又は勾留状を発する場合には、その旨を令状に記載しなければならない。

〈本条細目次〉
1　裁判長の緊急処分権限　322

2　令状の記載要件　322

1　裁判長の緊急処分権限

　被告人に対する召喚、勾引、勾留は、すべて受訴裁判所の権限として行われる（ただし、第一回公判期日前の勾留に関する処分につき、280条参照。）。合議体で審理するときには、構成裁判官全員の評議（裁75）によることを要するが、急を要する場合に構成員に差し支えがあるときもある。そこで、本条は、裁判長に、自ら直接処分する、あるいは、受命裁判官に処分を行わせるという緊急の処分権限を認めた。したがって、「急速を要する場合」とは、合議体構成裁判官による評議を待ついとまがない場合をいう。

2　令状の記載要件

　本条により発する令状の記載要件については、63条・64条が掲げられていないが、当然適用される。本条の裁判長の緊急処分による場合、特に本条による旨を令状に記載しなければならない（規71）。なお、受命裁判官が発付する場合については、その旨を令状に記載することが必要とされていないが、令状の適宜の箇所にその旨を記載するのが妥当であるとする見解もある（松尾・条解163）。

(川田宏一)

〔勾引状・勾留状の執行〕
第70条　勾引状又は勾留状は、検察官の指揮によつて、検察事務官又は司法警察職員がこれを執行する。但し、急速を要する場合には、裁判長、受命裁判官又は地方裁判所、家庭裁判所若しくは簡易裁判所の裁判官は、その執行を指揮することができる。
2　刑事施設にいる被告人に対して発せられた勾留状は、検察官の指揮によつて、刑事施設職員がこれを執行する。

　〔規〕　第72条（勾引状、勾留状の原本の送付・法第70条）　検察官の指揮により勾引状又は勾留状を執行する場合には、これを発した裁判所又は裁判官は、その原本を検察官に送付しなければならない。
　　　　第74条（勾引状、勾留状の謄本交付の請求）　勾引状又は勾留状の執

行を受けた被告人は、その謄本の交付を請求することができる。

〈本条細目次〉
1　勾引状・勾留状の執行者　323
　(1)　執行指揮者　323
　(2)　執行機関　323
　(3)　刑事施設にいる被告人に対する勾留状の執行　323
2　勾引状・勾留状の原本の送付　324
3　勾引状・勾留状の謄本の交付請求　324

1　勾引状・勾留状の執行者
本条は、勾引状、勾留状の執行者について規定する。
(1)　執行指揮者
勾引状、勾留状の執行を指揮するのは、原則として検察官である（本条Ⅰ本）。ここに検察官というのは、勾引状、勾留状を発付した裁判所（裁判官が発付したときは、その裁判官の所属する裁判所）に対応する検察庁の検察官である(472Ⅰ本)。執行指揮の方式は、令状の原本に認印して行えば足りる(473但)。

例外的に、急速を要する場合には、裁判所や裁判長が令状を発したときは裁判長が、受命裁判官が発したときは受命裁判官が、嘱託によって発したときは嘱託を受けた地方裁判所、家庭裁判所、簡易裁判所の裁判官が、それぞれ直接検察事務官や司法警察職員による執行を指揮することができる（本条Ⅰ但）。
(2)　執行機関
勾引状、勾留状の執行を担当するのは、検察事務官や司法警察職員である（本条Ⅰ本）。「検察事務官」は、当該検察官の所属する検察庁の検察事務官である（検察5・27参照）。
(3)　刑事施設にいる被告人に対する勾留状の執行
刑事施設にいる被告人に対する勾留状は、検察官の指揮により、刑事施設職員が執行する（本条Ⅱ）。

本条が、刑事施設にいる被告人に対する勾引状の執行について定めていないため、召喚状の送達または刑事施設職員に対する通知によって、刑事施設

職員が護送することになるとする見解（ポケット刑訴上179）、刑事施設にいる被告人を勾引する必要はないから、勾引状の執行を排除する趣旨であるとする見解（柏木・註釈刑訴1・286）、司法警察職員たる刑事施設職員はその職務執行の範囲が刑事施設における犯罪に限られているから、その範囲内では刑事施設に収容されている者に対して勾引状を執行することができるが、刑事施設外の犯罪に関する勾引状を執行することはできないとする見解（松尾・条解164）、刑事施設にいる被告人に対する勾引状の執行も本条1項によると解する見解（高田・注解刑訴上234、川上・大コメ刑訴2・80）等、諸見解に分かれている。

2　勾引状・勾留状の原本の送付

　検察官の指揮により勾引状、勾留状を執行する場合には、これを発した裁判所（裁判官）は、その原本を検察官に送付しなければならない（規72）。これは、令状を執行するには、その原本を被告人に示す必要があるからである（73）。

3　勾引状・勾留状の謄本の交付請求

　勾引状、勾留状の執行を受けた被告人は、令状の謄本の交付を請求できる（規74）。令状の謄本は裁判所書記官が作成するから（規37）、謄本の交付請求は、裁判所書記官に対してしなければならない。勾引状、勾留状の効力が存続する限り、交付請求の時期に制限はない。裁判書の謄本の交付請求については、46条に一般的規定があるが、規74条はその特則として設けられたもので、被告人に費用を負担させない趣旨であると解されている。　（川田宏一）

〔勾引状・勾留状の管轄区域外における執行・執行の嘱託〕
　第71条　検察事務官又は司法警察職員は、必要があるときは、管轄区域外で、勾引状若しくは勾留状を執行し、又はその地の検察事務官若しくは司法警察職員にその執行を求めることができる。

　勾引状、勾留状が発付された後、検察事務官、司法警察職員がこれを執行するに当たり、被告人がこれら執行機関の管轄区域外に逃亡したような場合に、その執行ができないというのでは非常に不都合である。そこで、本条は、

検察事務官、司法警察職員が、実際の便宜のために管轄区域外で自ら執行し、またはその地の検察事務官、司法警察職員にその執行を嘱託することができるようにした。

「管轄区域」は、執行を指揮する検察官、裁判官の管轄区域ではなく、検察事務官、司法警察職員の管轄区域であり、検察事務官については所属検察庁の管轄区域を指し（検察5・27）、司法警察職員についてはその所属する公務員としての本来の職務の管轄区域を指す。

勾引状、勾留状の管轄区域外での執行を嘱託する場合、検察事務官が司法警察職員に求めてもよく、司法警察職員が検察事務官に求めてもよい。執行を求められた検察事務官、司法警察職員はこれに応ずる義務がある。

（川田宏一）

〔被告人の捜査・勾引状・勾留状の執行の嘱託〕
第72条　被告人の現在地が判らないときは、裁判長は、検事長にその捜査及び勾引状又は勾留状の執行を嘱託することができる。
2　嘱託を受けた検事長は、その管内の検察官に捜査及び勾引状又は勾留状の執行の手続をさせなければならない。

本条は、被告人の現在地が不明のため勾引状、勾留状の執行ができない場合に、裁判長が検事長に所在捜査と令状の執行を嘱託することを認めた（本条Ⅰ）。裁判所が既に発付した勾引状、勾留状について、その「執行」(73)だけを嘱託することを認めたものであり、勾引の嘱託（66）とは異なる。

嘱託の権限を有するのは裁判長（単独体の場合は裁判官）に限られ、69条後段の受命裁判官や66条の受託裁判官は含まれない。

嘱託の方法としては、通常の場合、被告人の所在捜査の嘱託と同時に住居の記載のない勾引状、勾留状（64Ⅲ）を発付してその執行を嘱託する。なお、被告人がその検事長の管轄区域内にいないこともあるため、執行不能に終わることを考慮して、所在捜査だけを嘱託することもできる。

被告人の所在捜査を嘱託してその所在が判明したときに、本条によりさらに執行の嘱託をすることができるかが問題となる。これを肯定する見解もあ

るが（ポケット刑訴上180）、被告人の所在が判明した以上、通常の執行の方法（70・71）によるのが適当であろう（馬場・注釈刑訴２・60、高田・注解刑訴上236、松尾・条解165）。

　嘱託を受けた検事長は、その検事長を長とする高等検察庁とその管内の地方検察庁、区検察庁の検察官に、被告人の所在捜査と勾引状、勾留状の執行指揮をさせなければならない（本条Ⅱ）。令状を執行するのは、検察事務官、司法警察職員である（70）。　　　　　　　　　　　　　　　　　（川田宏一）

〔勾引状・勾留状執行の手続〕
第73条　勾引状を執行するには、これを被告人に示した上、できる限り速やかに且つ直接、指定された裁判所その他の場所に引致しなければならない。第66条第４項の勾引状については、これを発した裁判官に引致しなければならない。
２　勾留状を執行するには、これを被告人に示した上、できる限り速やかに、かつ、直接、指定された刑事施設に引致しなければならない。
３　勾引状又は勾留状を所持しないためこれを示すことができない場合において、急速を要するときは、前２項の規定にかかわらず、被告人に対し公訴事実の要旨及び令状が発せられている旨を告げて、その執行をすることができる。但し、令状は、できる限り速やかにこれを示さなければならない。

　　〔規〕　第75条（勾引状、勾留状執行後の処置）　勾引状又は勾留状を執行したときは、これに執行の場所及び年月日時を記載し、これを執行することができなかつたときは、その事由を記載して記名押印しなければならない。
　　　２　勾引状又は勾留状の執行に関する書類は、執行を指揮した検察官又は裁判官を経由して、勾引状又は勾留状を発した裁判所又は裁判官にこれを差し出さなければならない。
　　　３　勾引状の執行に関する書類を受け取つた裁判所又は裁判官は、裁判所書記官に被告人が引致された年月日時を勾引状に記載させなければならない。

〈本条細目次〉
1 勾引状・勾留状の執行手続 327
2 勾引状・勾留状の通常執行 327
　(1) 令状の呈示 327
　(2) 通常の執行 327
3 勾引状・勾留状の緊急執行 328
4 勾引状・勾留状の執行後の処置 329

1 勾引状・勾留状の執行手続

　本条は、勾引状、勾留状の通常執行と緊急執行について規定する。

2 勾引状・勾留状の通常執行

(1) 令状の呈示

　勾引状、勾留状を執行するには、まず、令状を被告人に示す必要がある（本条Ⅰ・Ⅱ）。この令状呈示の根拠については、特殊な裁判告知の方法（規34但）であるとする見解（井上・実務講座2・202）、憲法34条前段の理由の告知であるとする見解（ポケット刑訴上182）がある。この令状呈示が裁判の告知であるとすると、本条3項は公判廷外での裁判官以外の者による口頭の告知を認めたことになる上、この告知は裁判成立の要件ではないと考えられなければならないことになる。また、令状呈示が、憲法34条前段の理由の告知に該当するなら、弁護人選任権の告知もその時点でなされるのが当然であるのに、令状執行後になすべきことも予定されている（76Ⅰ・77Ⅱ）。そこで、本条による令状呈示は、憲法33条の「権限を有する司法官憲が発し、且つ理由となってゐる犯罪を明示する令状」が発せられていることを明確にし、不当な逮捕でないことを相手方にも理解させるという機能を持つものと解すべきである（馬場・注釈刑訴2・62、高田・注解刑訴上239）。

(2) 通常の執行

　勾引状、勾留状とも、その執行に際しては、被告人を、できる限り速やかに、かつ、直接、指定された裁判所その他の場所（64条1項〔引致すべき場所〕。66条4項の勾引状についてはこれを発した裁判官。）、あるいは指定された刑事施設（64条1項〔勾留すべき刑事施設〕。留置施設を含む。）に引致しなければならない（本条Ⅰ・Ⅱ）。「直接」は、他の場所を回り道しないことを意味する。ただし、護送中必要があるときは、「できる限り速やかに」の制限に違

反しない限り、一時最寄りの刑事施設や留置施設に留置することができる(74)。

3　勾引状・勾留状の緊急執行

　勾引状、勾留状を所持しないためこれを示すことができない場合で、急速を要するときは、被告人に対し公訴事実の要旨と令状が発せられている旨を告げて、その執行をすることができる（本条Ⅲ本）。この緊急執行は、既に令状自体は発付されているから、緊急逮捕（210）の場合と異なり、憲法33条との関係で問題になることはない。

　「急速を要するとき」は、至急に令状を入手することができず、入手するまで待てば、被告人が所在不明となって令状の執行が著しく困難になるおそれがある場合をいう（いずれも本条3項を準用する逮捕状の緊急執行〔201Ⅱ〕に関して、これを肯定したものであるが、司法巡査5名が某会社工場内外各所において被疑者が工場から出てくるのを待って逮捕状を執行すべく待機中、自転車で工場から出てきた被疑者を2名の巡査が発見したが、逮捕状の所持者と連絡してこれを被疑者に示す時間的余裕がなかったので、逮捕状が発せられている旨を告げて逮捕しようとしたものとして、最決昭31・3・9刑集10・3・303、被逮捕者が自宅に現在するが前からしばしば他村等に出かけ、自宅に定住していないのでいつどこに出かけて行くか計り難いのみならず、逮捕状の所持者に連絡して急速に逮捕状を入手することが困難であったものとして、東京高判昭34・4・30高刑集12・5・486。）。

　緊急執行においては、被告人に対し、罪名を告げるだけでは足りず、それが令状による身柄拘束であり、いかなる犯罪事実によるものであるかが分かる程度に公訴事実の要旨を告知しなければならない（いずれも逮捕状の緊急執行に関するものであるが、十分に被疑事実の要旨を告げる余裕が存在するにもかかわらず〔被告人は再三にわたり逮捕状の呈示を求めていた〕、単に脅迫罪による逮捕状が出ている事実を告げたにとどまり、被疑事実の要旨を告げなかった逮捕手続につき不適法としたものとして、前掲東京高判昭34・4・30、単に窃盗の嫌疑により逮捕状が発せられている旨告げたのみで、公訴事実の要旨を告げなかった場合には、逮捕状の緊急執行の手続要件を欠き不適法としたものとして、福岡高判昭27・1・19高刑集5・1・12、「宮城前の騒擾事件で逮捕状が出ているから逮捕する」旨告げた逮捕につき適法としたものとして、東京高判昭28・12・14

特報39・221、罪名を告げただけで被逮捕者が被疑事実の内容を了知し得る状況にある場合には、逮捕状発付の事実と罪名を告げただけで逮捕しても違法でないとしたものとして、大阪高判昭36・12・11下刑集3・11＝12・1010。）。

なお、緊急執行の場合、令状を被告人にできる限り速やかに示さなければならない（本条Ⅲ但）。

4 勾引状・勾留状の執行後の処置

勾引状、勾留状を執行した後の処置については、執行したときは、令状に執行の場所、年月日時（執行機関が被告人に令状を示して執行に着手した場所と日時。緊急執行の場合は、被告人に現実に告知した場所と日時。）を記載し、執行できなかったときは、その事由を記載して記名押印しなければならない（規75Ⅰ）。勾引状、勾留状の執行に関する書類は、令状を発した裁判所（裁判官）に差し出さなければならない（規75Ⅱ）。勾引状の執行に関する書類を受け取った裁判所（裁判官）は、59条・67条1項・68条後段の期間の起算点を明らかにするために、裁判所書記官に被告人が引致された年月日時を勾引状に記載させなければならない（規75Ⅲ）。

(川田宏一)

〔護送中の仮留置〕
第74条　勾引状又は勾留状の執行を受けた被告人を護送する場合において必要があるときは、仮に最寄りの刑事施設にこれを留置することができる。

本条は、勾引状、勾留状の執行を受けた被告人を、執行した場所から指定された場所、指定された刑事施設や留置施設まで護送（73Ⅰ・Ⅱ〔引致〕・67Ⅱ〔送致〕）するのに、距離が遠い等の理由により時間を要したり、交通機関の利用との関係で一時留め置く必要があるような場合に、最寄りの刑事施設（留置施設を含む。）に仮留置できることを認めた。本条は、令状の緊急執行の場合（73Ⅲ）にも適用がある。

仮留置できる期間について定めはないが、本条は、速やかにかつ直接なされるべき引致、送致の途中、例外的措置として仮留置を認めたものであるから、最小限度でなければならない。この仮留置期間は、59条・67条1項の期

間には含まれない。　　　　　　　　　　　　　　　　　　　（川田宏一）

〔勾引された被告人の留置〕
第75条　勾引状の執行を受けた被告人を引致した場合において必要があるときは、これを刑事施設に留置することができる。

　勾引された被告人は、勾引の効力として24時間の留置が認められており（59・67Ⅲ・68後）、引致場所で留置するのが通常であるが、本条は、身柄確保の見地から、必要があるときは、刑事施設（留置施設を含む。）に留置することができることを定めた。
　実務上、この場合の留置の手続としては、引致された被告人に対して公訴事実の要旨と弁護人選任権等の告知（76参照）をした上、勾引状に特定の刑事施設や留置施設に留置する旨付記し、勾引状の執行が検察官の指揮によることに準じて、原本を検察官に送付し、事実上検察官の執行指揮により留置する扱いをしている例が多い。　　　　　　　　　　　　　　　（川田宏一）

〔勾引された被告人と公訴事実・弁護人選任権の告知〕
第76条　被告人を勾引したときは、直ちに被告人に対し、公訴事実の要旨及び弁護人を選任することができる旨並びに貧困その他の事由により自ら弁護人を選任することができないときは弁護人の選任を請求することができる旨を告げなければならない。但し、被告人に弁護人があるときは、公訴事実の要旨を告げれば足りる。
２　前項の告知は、合議体の構成員又は裁判所書記にこれをさせることができる。
３　第66条第４項の規定により勾引状を発した場合には、第１項の告知は、その勾引状を発した裁判官がこれをしなければならない。但し、裁判所書記にその告知をさせることができる。

〔規〕　第77条（裁判所書記官の立会・法第76条等）　裁判所又は裁判官が法第76条又は第77条の処分をするときは、裁判所書記官を立ち会わせなければならない。
　　　　第78条（調書の作成・法第76条等）　法第76条又は第77条の処分については、調書を作らなければならない。

〈本条細目次〉
1　勾引された被告人に対する告知　331
2　告知事項　331
　(1)　公訴事実の要旨　331
　(2)　弁護人選任権等　331
3　告知手続　332
　(1)　時　期　332
　(2)　主　体　332

1　勾引された被告人に対する告知

　憲法34条前段は、「何人も、理由を直ちに告げられ、且つ、直ちに弁護人に依頼する権利を与へられなければ、抑留又は拘禁されない。」と、同37条3項は、「刑事被告人は、いかなる場合にも、資格を有する弁護人を依頼することができる。被告人が自らこれを依頼することができないときは、国でこれを附する。」とそれぞれ規定している。本条は、憲法のこれらの規定を受けて、勾引された被告人に対し、その権利として、公訴事実の要旨と弁護人選任権等を告知すべきことを明示した。

2　告知事項

(1)　公訴事実の要旨

　公訴事実の要旨の告知が要求されているのは、被告人に弁解の機会を与えるためであるから、いかなる犯罪事実について公訴を提起されたかが分かればよいので、勾引状記載の公訴事実の要旨を告げれば足りる。

(2)　弁護人選任権等

　弁護人選任権（私選弁護人）と国選弁護人選任請求権（36）の告知も要求されている。私選、国選を問わず、既に被告人に弁護人があるときは、弁護人選任権も国選弁護人選任請求権も告知する必要がない（本条Ⅰ但）。なお、判例は、憲法37条3項は、国選弁護人選任請求権を被告人に告知すべき義務

を裁判所に負わせているものではないとしており（最大判昭24・11・30刑集3・11・1857)、本条が裁判所の告知義務を定めていることになる。

3 告知手続

(1) 時　期

被告人を勾引したときは、「直ちに」被告人に対し告知事項を告げることが求められている（本条Ⅰ本)。憲法34条前段の理由の告知のみならず弁護人選任権の告知についても、本条の告知が憲法上の要請であると解されるから、これを直ちに行う必要がある。ただし、被告人の権利告知も、勾引された被告人に対する一連の手続の中で行われるものであるから、その性質上多少の時間的ゆとりが許されないものとは解されない。勾引後できる限り遅滞なく勾留のための勾留質問を行って、その冒頭に告知を行っている実務の運用も、違憲、違法とはいえない。

(2) 主　体

告知は、勾引状を発付した裁判所（裁判官）が行うのが原則であるが（本条Ⅰ)、受命裁判官や裁判所書記官にさせることもできる（本条Ⅱ)。受託裁判官や移送を受けた裁判官が勾引状を発付したときは、これらの裁判官が告知するのが原則であるが、裁判所書記官にさせることもできる（本条Ⅲ)。受託裁判官が告知したときは、被告人の送致を受けた嘱託裁判所（67Ⅱ）は、重ねて告知する必要はない。

裁判所（裁判官）が告知する場合には、裁判所書記官の立会いが必要であり（規77)、この場合には調書を作成しなければならない（規78)。これは調書の作成権限が書記官にあるためであり、書記官が告知する場合には他の書記官の立会いは不要である。

〔川田宏一〕

〔勾留と弁護人選任権等の告知〕

第77条　逮捕又は勾引に引き続き勾留する場合を除いて被告人を勾留するには、被告人に対し、弁護人を選任することができる旨及び貧困その他の事由により自ら弁護人を選任することができないときは弁護人の選任を請求することができる旨を告げなければならない。但し、被告人に弁護人があるときは、この限りでない。

2　第61条但書の場合には、被告人を勾留した後直ちに、前項に規定する事項の外、公訴事実の要旨を告げなければならない。但し、被告人に弁護人があるときは、公訴事実の要旨を告げれば足りる。
3　前条第2項の規定は、前2項の告知についてこれを準用する。

〈本条細目次〉
1　勾留される被告人に対する告知　333
2　告知事項　333
　(1)　公訴事実の要旨　333
　(2)　弁護人選任権等　333
3　告知手続　334
　(1)　時　期　334
　(2)　主　体　334

1　勾留される被告人に対する告知

　本条も、前条と同様、憲法34条前段・37条3項を受けて、勾留状執行の際の被告人に対し、その権利として、弁護人選任権等を告知すべきことを明示した。逮捕や勾引に引き続き勾留する場合を除外しているのは、逮捕したとき（203Ⅰ・204Ⅰ・211・216）と勾引したとき（76Ⅰ）には、既に弁護人選任権等の告知がなされているからである。ただし、実務上は、逮捕、勾引された場合も含め、勾留質問（61本）の際には弁護人選任権を告知している。

2　告知事項

(1)　公訴事実の要旨

　前条の場合と異なり、勾留状執行の際には既に勾留質問（61本）において被告事件の告知がなされているから、公訴事実の要旨の告知が除外されている。被告人が逃亡した場合には、勾留質問の手続がなされておらず（同条但）、被告事件の告知がなされていないから、事後に公訴事実の要旨を告知することとした（本条Ⅱ）。

(2)　弁護人選任権等

　弁護人選任権（私選弁護人）と国選弁護人選任請求権（36）の告知が要求されている。私選、国選を問わず、既に被告人に弁護人があるときは、弁護人選任権も国選弁護人選任請求権も告知する必要がない（本条Ⅰ但）。

3　告知手続
(1)　時　期
　告知の時期については、本条1項は「被告人を勾留するには」としており、勾留状執行の前であることを要する。
(2)　主　体
　告知の主体については、前条2項と同様である（本条Ⅲ）。76条の解説3(2)参照。

（川田宏一）

〔弁護人選任の申出〕
　第78条　勾引又は勾留された被告人は、裁判所又は刑事施設の長若しくはその代理者に弁護士、弁護士法人又は弁護士会を指定して弁護人の選任を申し出ることができる。ただし、被告人に弁護人があるときは、この限りでない。
　2　前項の申出を受けた裁判所又は刑事施設の長若しくはその代理者は、直ちに被告人の指定した弁護士、弁護士法人又は弁護士会にその旨を通知しなければならない。被告人が2人以上の弁護士又は二以上の弁護士法人若しくは弁護士会を指定して前項の申出をしたときは、そのうちの1人の弁護士又は一の弁護士法人若しくは弁護士会にこれを通知すれば足りる。

〈本条細目次〉
1　弁護人選任の申出　334
2　弁護人選任の申出の方法　335
　(1)　弁護士・弁護士法人・弁護士会の指定　335
　(2)　申出の時期　335
3　裁判所・刑事施設の長等による通知　335

1　弁護人選任の申出
　本条も、前2条と同様、憲法34条前段・37条3項を受けて弁護人選任権の具体化を図ったものであるが、前2条が裁判所側の行為により被告人の憲法上の権利の実現を図るものであるのに対し、本条は被告人側からの行為とそ

れに対応して裁判所や刑事施設側のとるべき措置について規定する。
2　弁護人選任の申出の方法
(1)　弁護士・弁護士法人・弁護士会の指定
　勾引、勾留された被告人は、弁護士、弁護士法人、弁護士会を指定して私選弁護人の選任を申し出ることができる（本条Ⅰ本）。ただし、被告人に弁護人があるときは、この限りではない（本条Ⅰ但）。指定することができる弁護士、弁護士法人、弁護士会については制限がなく、被告人が現に勾引、勾留されている地に事務所を置き、またはその地を設立区域とする弁護士、弁護士法人、弁護士会に限られない。なお、弁護士会には、日本弁護士連合会は含まれない。

　本条は、国選弁護人の選任請求とは関係がない。国選弁護人の選任請求に当たっては、特定の弁護士、弁護士法人、弁護士会を指定することはできない。

(2)　申出の時期
　選任申出の時期については制限はなく、勾引、勾留されている間であれば、いつでもなし得る。

3　裁判所・刑事施設の長等による通知
　被告人から、弁護人選任の申出を受けた裁判所、刑事施設の長等は、直ちに被告人の指定した弁護士、弁護士法人、弁護士会に選任の申出があったことを通知しなければならない（本条Ⅱ前）。私選、国選を問わず、既に被告人に弁護人があるときは、弁護人選任の申出が更になされても、この通知は不要である。

　弁護人選任の申出後、裁判所、刑事施設の長等は、費用につき国庫負担で通知をする。

　通知によって特別の法的効果は生ぜず、通知を受けた弁護士、弁護士法人、弁護士会には受任義務が生じないが、特定の弁護士、弁護士法人に対するものは、事実上委任契約の申込みとみられ、それを承諾する弁護士、弁護士法人の社員は、「弁護人を選任することができる者の依頼により弁護人となろうとする者」（39Ⅰ）に当たる。

　被告人が複数の弁護士、弁護士法人、弁護士会を指定して申出をしたときは、そのうちの1人の弁護士、1つの弁護士法人、弁護士会に通知すれば足

りる（本条Ⅱ後）。国の機関としては、裁判所、刑事施設の長等のいずれかが１回通知すれば、他には通知の義務がなくなる。　　　　　　　　（川田宏一）

〔勾留と弁護人等への通知〕
第79条　被告人を勾留したときは、直ちに弁護人にその旨を通知しなければならない。被告人に弁護人がないときは、被告人の法定代理人、保佐人、配偶者、直系の親族及び兄弟姉妹のうち被告人の指定する者１人にその旨を通知しなければならない。

〔規〕　第79条（勾留の通知・法第79条）　被告人を勾留した場合において被告人に弁護人、法定代理人、保佐人、配偶者、直系の親族及び兄弟姉妹がないときは、被告人の申出により、その指定する者１人にその旨を通知しなければならない。
　　　第80条（被告人の移送）　検察官は、裁判長の同意を得て、勾留されている被告人を他の刑事施設に移すことができる。
　　２　検察官は、被告人を他の刑事施設に移したときは、直ちにその旨及びその刑事施設を裁判所及び弁護人に通知しなければならない。被告人に弁護人がないときは、被告人の法定代理人、保佐人、配偶者、直系の親族及び兄弟姉妹のうち被告人の指定する者１人にその旨及びその刑事施設を通知しなければならない。
　　３　前項の場合には、前条の規定を準用する。

〈本条細目次〉
１　勾留通知　336
２　通知の手続　337
　⑴　主　体　337
　⑵　内　容　337
　⑶　通知先　337
　⑷　領事官通報　338

１　勾留通知

　被告人が勾留された場合には、弁護人は、接見交通（39Ⅰ）、勾留理由開示請求（82Ⅱ）、勾留取消し請求（87Ⅰ）、保釈請求（88Ⅰ）等、被告人のた

めの弁護活動が必要となり、これらの活動のために被告人が勾留された事実を早急に知ることが必要である。被告人に弁護人がないときも、被告人の法定代理人や一定の親族らは、被告人とは独立して弁護人を選任することができるので（30Ⅱ）、弁護人選任権を行使したり、被告人との接見（80）、勾留理由開示請求（82Ⅱ）、勾留取消し請求（87Ⅰ）、保釈請求（88Ⅰ）等、被告人のための防御活動をする上で、被告人が勾留されたことを知る必要がある。本条は、このような観点から、被告人を勾留した場合の裁判所の通知義務について規定する。

また、被告人が移送された場合には、弁護人や被告人の親族等にとって、被告人の勾留場所を知ることは同様に必要なことであるから、この場合の検察官の通知義務も定められている（規80Ⅱ）。なお、被告人の移送については、64条の解説 2(4)ウ参照。

2　通知の手続

(1) 主　体

通知する主体は勾留した裁判所であるが、起訴前の勾留と第一回公判期日前の勾留の場合は裁判官である（207Ⅰ・280）。なお、実際の通知は裁判所書記官にさせることができる（規298Ⅱ）。通知の方法に制限はなく、通知をした場合にはこれを記録上明らかにしておかなければならない（同条Ⅲ）。

(2) 内　容

通知の内容は、「被告人を勾留した」旨であり、実務では、被告人の勾留の年月日、勾留場所、罪名、勾留した裁判所を通知している。

(3) 通知先

ア　弁護人に対する場合

弁護人があるときは、直ちに通知しなければならない（本条前）。複数の弁護人があるときには、主任弁護人または副主任弁護人に通知すれば足りる（規25Ⅰ）。主任弁護人や副主任弁護人の指定がされていないときは、被告人の指定する弁護人のうちの1人でよく、被告人が指定しないときは、裁判所が任意に選んだ1人でよい。なお、特別弁護人（31Ⅱ）があるときには弁護人がないときに当たらないから、特別弁護人のみであるときは特別弁護人に対して通知しなければならない。

イ　弁護人以外の者に対する場合

弁護人がないときは、被告人の法定代理人、保佐人、配偶者、直系の親族、兄弟姉妹のうち、被告人の指定する者1人に通知しなければならない（本条後）。「配偶者」は、内縁関係も含むと解されている。

被告人が、指定を拒んだり、通知を拒絶した場合に、通知する必要があるかが問題となる。法定代理人や親族等が記録上判明している限り、その者に通知するのが相当であるとする見解もある。できるだけ被告人を説得して、そのうち適当と認める者1人に通知することが望ましいが、このような場合にまで裁判所に通知義務があるとは解されず、被告人が自己の権利を十分知った上でこれを拒否しているのであれば、裁判所としてはその意思を尊重し、通知することを要しないと解する。

法定代理人や親族等がいないときは、被告人からその他の通知先を申し出させ、その者に通知しなければならない（規79）。

被告人が、法定代理人や親族等がいることが記録上明らかであるのに、これらの者への通知を拒んで、それ以外の者に通知を要求する場合に、通知する必要があるかが問題となる。規79条に明らかなとおり、被告人に親族等がある以上、裁判所としては、被告人の要求する者に通知すべき義務はない。しかし、この場合であっても、親族等が遠方に居住し、親族等に通知するよりも、被告人の要求する者が住込稼働先の雇主や同居の知人等であってその者に通知する方が被告人の利益になると認められるときは、当該雇主、知人等に連絡するのが相当である。これに対し、被告人の要求する者に通知することにより、証拠隠滅等の弊害が予想される場合は、もともとその者に対する通知義務はないのであるから、親族の方への通知を検討することになろう。法定代理人や親族等がいない場合であっても、被告人が暴力団関係者を指定したときは、罪証隠滅の関係もあり、実務上は他の者を指定するよう促すのが望ましい（松尾・条解172）。

通知すべき相手方の住所ないし連絡先を被告人などが知らず、記録などからも判明しないときは、実際上通知不能であり、通知義務は生じない。

(4) **領事官通報**

外国人の身柄を拘束した場合、領事関係に関するウィーン条約や二国間条約により、その外国人の所属する国が条約締結国のときは、その国の領事官に対し、遅滞なくその旨を通報しなければならない（本人の希望によるとき

と、希望の有無にかかわらず義務付けられるときがある。）。ただし、先行する逮捕により身柄拘束を受けた後、既に領事官通報がなされているときは、勾留の際に改めて通報する義務はない。

(川田宏一)

〔勾留と接見交通〕
第80条　勾留されている被告人は、第39条第1項に規定する者以外の者と、法令の範囲内で、接見し、又は書類若しくは物の授受をすることができる。勾引状により刑事施設に留置されている被告人も、同様である。

〈本条細目次〉
1　接見交通　339
2　勾留されている被告人　339
3　法令による制限　340
4　書類・物　340

1　接見交通

　勾留されている被告人、勾引状により刑事施設や留置施設に留置されている被告人は、弁護人や弁護人となろうとする者以外との接見交通が防御活動上重要であるほか、身辺的事項についての家族、知人等との連絡も社会生活上必要であり、勾留等の目的を超えて制約を受ける理由はない。そこで、本条は、39条1項の弁護人または弁護人となろうとする者以外の者との接見と書類、物の授受を、法令の範囲内で保障した。

2　勾留されている被告人

　「勾留されている被告人」とは、勾留状の執行により、現実に刑事施設や留置施設に拘禁されている被告人をいう。勾留状の執行を受けても、まだ拘禁されていない者は含まれない。被疑者についても、207条1項により、本条が準用される。

　逮捕され留置中の被告人（例えば、逮捕中に起訴された場合）や被疑者について、本条の適用があるかが問題となる。見解が分かれているが、逮捕中の者について本条を準用する規定がないこと（209参照）、81条が逮捕中の者については接見交通の制限の対象としていないことなどから、これらの者は弁

護人または弁護人となろうとする者以外の者との接見や書類、物の授受は許されず、ただ、糧食の授受についてのみ、人道的な見地から（81但参照）、許されると解すべきであろう（ポケット刑訴上192、河上・注釈刑訴2・77、松尾・条解174、川上・大コメ刑訴2・115）。

3 法令による制限

法令による制限としては、現行の法令では、81条のほか、刑事収容施設及び被収容者等の処遇に関する法律等に規定がある。なお、本条による接見は、弁護人との接見の場合と異なり、原則として、刑事施設職員や留置施設職員の立会いか録音、録画の下に行われる（刑事収容116Ⅰ・218Ⅰ）。

4 書類・物

授受の対象となる「書類」に一般書籍が含まれるかが問題となる。見解が分かれており（含まれるとするものとして高田・注解刑訴上251。含まれないとするものとしてポケット刑訴上191。）、積極の見解が有力であるが、「書類」に含まれないとしても「物」に当たることはいうまでもなく、81条の「書類その他の物」として接見交通の制限の対象となるから、実益はない（河上・注釈刑訴2・78、松尾・条解173、川上・大コメ刑訴2・116）。　　　　　（川田宏一）

〔接見交通の制限〕
第81条　裁判所は、逃亡し又は罪証を隠滅すると疑うに足りる相当な理由があるときは、検察官の請求により又は職権で、勾留されている被告人と第39条第1項に規定する者以外の者との接見を禁じ、又はこれと授受すべき書類その他の物を検閲し、その授受を禁じ、若しくはこれを差し押えることができる。但し、糧食の授受を禁じ、又はこれを差し押えることはできない。

〈本条細目次〉
1　接見等禁止の意義　341
2　接見等禁止の要件　341
　(1)　逃亡し又は罪証を隠滅すると疑うに足りる相当な理由　341
　(2)　裁判員裁判における特例　343

(3) 勾留されている被告人　343
　3　接見等禁止の裁判　343
　(1) 内　容　343
　(2) 期限・条件付きの接見等禁止　345
　(3) 接見等の一部禁止　346
　(4) 接見等禁止の一部ないし全部の解除　347

1　接見等禁止の意義

　本条は、受訴裁判所による接見等禁止について規定する。逃亡や罪証隠滅のおそれがあることは勾留の理由であり、その防止という目的は被告人の身柄拘束によって一応達せられるが、さらに接見交通により、外部の者と通謀するなどして、逃亡しまたは罪証を隠滅するおそれのある場合がある。そこで、これを防ぐために、検察官の請求によりまたは職権で、勾留されている被告人と39条1項に規定する者（弁護人または弁護人となろうとする者）以外の者との接見を禁じ、これと授受すべき書類その他の物を検閲し、その授受を禁じ、これを差し押さえることができるものとした。

　本条は被疑者についても準用される（207Ⅰ）。なお、起訴後第一回公判期日前は、受訴裁判所ではなく裁判官が行う（280）。

　接見等禁止の裁判は、検察官の請求によりまたは職権で行うものとされているが、実務上は、検察官が起訴前の勾留請求の際に請求してくるのが通例である。

2　接見等禁止の要件

(1)　逃亡し又は罪証を隠滅すると疑うに足りる相当な理由

　「逃亡すると疑うに足りる相当な理由」、「罪証を隠滅すると疑うに足りる相当な理由」は、勾留の要件でもある（60Ⅰ②・③）。しかし、接見等禁止の制度は、被告人が勾留されていることを前提とし、勾留だけでは賄いきれない逃亡や罪証隠滅を防止するものであるから、本条にいう逃亡または罪証隠滅のおそれは、勾留だけでは賄いきれない逃亡または罪証隠滅のおそれを指すものと解される（熊本地決昭39・2・5下刑集6・1＝2・139、福岡地小倉支決昭39・11・2下刑集6・11＝12・1579、京都地決昭43・6・14判時527・90／判タ225・244、京都地決昭44・3・27判時574・88、浦和地決平3・6・5判タ763・287。大阪地決昭34・2・17下刑集1・2・496も、「同法〔刑事訴訟法〕第81条

にいわゆる接見禁止の裁判は、被疑者を勾留していてもなお逃亡し又は罪証を隠滅すると疑うに足りる相当な理由がある場合に、同法第80条の例外的措置としてなされるものであり、しかもそれが被疑者に対する重大な心理的苦痛をももたらすものである点に鑑み、極めて慎重に、最小限度の運用にとどめるべきことはいうまでもない。」と指摘する。)。すなわち、勾留による身柄拘束によっては防止できない程度に、より強度な逃亡や罪証隠滅のおそれが認められるものであることを要する。なお、被告人が逃亡や罪証隠滅のおそれという理由で勾留されていないときでも、接見等禁止を決定する時点においてその理由があると認められれば、接見交通を制限することができる。

　実務上は、逃亡のおそれではなく、罪証隠滅のおそれを理由として接見等禁止が行われるのがほとんどである。罪証隠滅のおそれの程度については、勾留と接見等禁止の場面で異なるが、その検討の手法は基本的に同様である。接見等禁止においても罪証隠滅のおそれのある場合としては、例えば、犯罪類型に照らし、組織的犯罪に加わった事案、犯罪組織の一員として犯行に加担した被告人が組織関係者と通謀して罪証隠滅を図る事案や、事案の性質に照らし、重要な証拠が被告人と共通の利害関係を有する関係者の供述に限られる事案、被告人が重要証人と思われる者に対して強い影響力を有する事案、特に、証拠が専ら供述に頼らざるを得ない事案などが多い（川上・大コメ刑訴2・121、河原俊也「接見等禁止」判タ1108・47。なお、共犯者の存在、組織を背景にした犯行と見い出し難く、被疑者と共謀し、あるいはこれに同調、共鳴して、積極的にこれに働く者が存するものとは想定し得ないとして、接見禁止の請求を却下した原裁判に対する準抗告を棄却したものとして、京都地決昭59・9・8判タ544・280。）。

　ただ、罪証隠滅が強く疑われる事案であっても、証拠収集の進展との関係でその客観的可能性、実効性を考慮する必要があり、捜査の初期の段階であれば、捜査機関は未だ十分な証拠を収集しておらず、罪証隠滅を行うことも比較的容易であろうが、公訴提起、証拠調べを経るに従って、罪証隠滅の余地は次第に小さくなり、判決宣告の段階まで至れば、罪証隠滅はますます困難になることに留意する必要がある（第一回公判期日後であっても理由と必要性があれば接見等禁止をなし得るが〔大阪高決昭61・5・28刑裁月報18・5＝6・728〕、勾留後40日を経過した、第一回公判期日後の接見等禁止決定について、罪

証隠滅のおそれは否定できないとしても、原決定の時点に至って初めて接見等を禁止しなければならないほどの必要性はないとして、これを取り消したものとして、東京高決平15・6・18判時1840・150／判タ1138・314。第一審裁判所の付した接見等禁止決定について、控訴審裁判所がその全部を解除する決定を行ったところ、検察官が異議を申し立てた事件において、第一審において有罪の判決が宣告されており、その証拠関係や共犯者らの審理経過等諸般の事情を考慮して、これを棄却したものとして、東京高決平16・2・24判時1866・154。)。

(2) 裁判員裁判における特例

裁判員裁判においては、被告人による裁判員、補充裁判員、選任予定裁判員との接触については、裁判員法102条1項により一般に禁止されている行為である上、証人等の場合と異なり、被告人による接触が許される正当な理由はないと考えられること、被告人が裁判員等に接触するようなことがあっては、裁判の公正とこれに対する信頼が確保できないと考えられることなどから、刑事訴訟法の規定の適用の特例が設けられている。

接見等禁止の場面では、逃亡のおそれ、罪証隠滅のおそれに加え、「裁判員、補充裁判員若しくは選任予定裁判員に、面会、文書の送付その他の方法により接触すると疑うに足りる相当な理由」があるときにも、接見等禁止ができることとされた（裁判員64Ⅰ）。

(3) 勾留されている被告人

対象は勾留状により勾留されている被疑者、被告人に限られ、勾引状により刑事施設や留置施設に留置されている被告人には接見等禁止はできない。逮捕中の被疑者、被告人は、もともと接見交通に関する80条の適用がないと解されるから、対象とはならない。同条の解説2参照。

3 接見等禁止の裁判

(1) 内容

ア 総説

接見等禁止の裁判の内容としては、接見禁止、授受の対象となる書類その他の物の検閲、授受禁止、差押えが規定されている。これらは、いずれも裁判所の決定（起訴前〔207Ⅰ〕、第一回公判期日前〔280〕の場合は裁判官の命令）である。この裁判が外部的に成立するためには告知が必要であり、告知の方法は、規34条但書の特別の定めがないから、決定書謄本を検察官と被告人に

送達することによって行う。決定書の原本は、規150条の書類には含まれないから、検察官に送付すべきではない。

決定の効力は、勾留の基礎とされた事実に限られる。

なお、接見等禁止の裁判では、刑事収容施設及び被収容者等の処遇に関する法律により設けられた刑事施設視察委員会（刑事収容7）とその委員や留置施設視察委員会（同20）とその委員との接見を除くこととしている。

また、領事関係に関するウィーン条約の加盟国（我が国に領事機関が設置されている国に限る。）の外国人である被疑者、被告人は、自国の領事官と接見する権利が保障されているため、接見等禁止の裁判では、領事官との接見を除くこととしている。

イ　書類その他の物

実務上、「書類」には一般書籍を含むと解する見解が有力である。「書類」に含まれないとすると、「物」に当たることになる。この点、疑義が残るのであれば、書籍の授受を禁止するかどうか決定で明示することが望ましい。

ウ　検閲

検閲は憲法21条2項により禁止されているが、本条の「検閲」は憲法で禁止されている検閲には当たらない（最大判昭59・12・12民集38・12・1308参照）。検閲するときは、裁判所（裁判官）が検閲する旨の意思表示をし、刑事施設職員に検閲すべき物を回付させた上で行う。検察官には検閲権はない。検閲の結果、必要に応じて、授受を禁止し、差し押さえ、あるいは差出人に返戻することもできる。

エ　差押え

本条の差押えの性質については、99条以下の強制処分としての差押えとみる見解と、特別に差押えを許容したものとみる見解がある。本条の対象物件に、証拠物に限らず、逃亡、罪証隠滅のための物が含まれることを考えると、99条1項但書の特別規定と解する（河上・注釈刑訴2・83、松尾・条解175、川上・大コメ刑訴2・129）。

オ　糧食の授受

本条但書は、人身保護の見地から、糧食については授受の禁止や差押えを禁止している。糧食であっても、検閲はできるので、その結果、他の物が含まれていることが判明すれば、それを除去して授受を許可し、また、それを

除去すると、あるいは除去できないために、糧食としての効用がない場合には、授受を禁止し、また、差し押さえることができる。

なお、被疑者に対する糧食差入れ禁止の期間と自白の日時との関係上、外形的には糧食差入れ禁止と自白との間に因果の関係を推測させ、少なくともその疑いのある事案であるにもかかわらず、原判決が何ら特段の事由を説示することなくその自白の任意性、信用性を争う主張を排斥した判断は、審理不尽、理由不備の違法があるとした判例がある（最判昭32・5・31刑集11・5・1579）。

(2) 期限・条件付きの接見等禁止

接見等禁止の裁判については、法律上期間の定めがないため、勾留による身柄拘束が継続する限り、その効力も継続すると解されている。したがって、起訴前の勾留の際になされた接見等禁止の効力は、起訴後においても当然に存続し、本案の裁判が確定するまで継続することになる。ただし、身柄拘束を受けていない被告人に対する接見等禁止は意味がなく、保釈については保釈が取り消された時点で、勾留執行停止中についてはその停止期間の終了した時点で、その必要に応じて接見等禁止の請求がされれば足りるから、保釈、勾留の執行停止があったときは、決定の効力は消滅する（勾留執行停止決定がされ、これが執行された以上、接見等禁止の前提となるべき現実の身柄拘束が消滅しているから、接見等禁止の請求自体もはや失当であり、接見等禁止請求却下に対する準抗告の申立てもその前提を欠くとしたものとして、神戸地決昭44・2・21刑裁月報1・2・183。）。なお、接見等禁止中の被疑者が鑑定留置された場合は、被疑者の現実の身柄拘束は継続しているとはいえ、鑑定留置と勾留はその性質、要件を異にし、接見等禁止についても考慮すべき事情に相違があること、勾留中の者が鑑定留置されたときは勾留は執行停止されたものとされること（167の2）から、接見等禁止の効力は消滅するものと解される。

接見等禁止の裁判に期限や条件を付すことができるかが問題となる。罪証隠滅のおそれを理由とする接見等禁止の場合、勾留を前提としてもなお罪証隠滅のおそれが否定できないというのは、多くの場合起訴前の段階であると思われ、起訴後においてこれがあるとしても、通常は第一回公判期日が終了すれば、そのおそれは消滅するか、かなり薄れると考えられる。もちろん、

接見等禁止の必要性が消滅すれば、裁判所は職権で接見等禁止を取り消さなければならない。しかし、裁判所が絶えず接見等禁止の必要性をチェックするということは、実際上容易なことではなく、そのため、検察官や弁護人側から裁判所に対して職権発動を促す申立てがなされないでいると、裁判所としても接見等禁止の必要性が消滅しているのに依然として接見等禁止がなされているという事態も生じやすい。そこで、このような事態を避け、接見等禁止の効力を罪証隠滅のおそれの特に濃厚な期間に限るため、実務上、被疑者段階の接見等禁止の裁判の当初から、「公訴提起に至るまでの間」という期限を付する運用が一般に行われている。このような運用によると、裁判という訴訟行為に不確定期限（終期）を付することになるが、その終期が客観的に明白な事実にかかるときは、訴訟行為の明確性、迅速性の要求に反せず、被疑者、被告人にとっても有利であり、接見等禁止は必要最小限度にとどめられるべきであるという要請にも合致する。起訴後も接見等禁止の必要性が継続する場合には、検察官の請求により改めて接見等禁止の裁判をすればよいから、実務上不都合を生じることもない。これに対し、例えば、「共犯者甲が逮捕されるまで」、「検察官による乙の取調べが完了するまで」といった解除条件は、決して被疑者、被告人に不利益ではないが、このような条件の成就は客観的に明白であるとはいい難く、訴訟行為の明確性を害するものとして許されないと解する。また、「共犯者甲が保釈されたときには接見禁止をする」といった停止条件は、現段階では接見禁止の要件を欠くのであるから、接見禁止の裁判を行うべきではない（この問題については、小田・令状基本下143以下が詳しい。）。

　なお、公判前整理手続に付された事件については、第一回公判期日までに相当期間を要することが多い上、争点と証拠の整理の進展によって罪証隠滅のおそれが低減していくことが考えられる。そこで、実務上、例えば、裁判員裁判対象事件では、接見等禁止の裁判につき、起訴から数か月後の特定の日を終期とするなどの運用がされ、その必要性を適宜チェックできるように工夫されている。

　(3)　接見等の一部禁止

　弁護人以外の者全部との接見等禁止をすることなく、特定の範囲の者との接見等のみを禁止することができるかが問題となる。接見等禁止は、その制

度の趣旨から、必要最小限度の範囲にとどめられるべきであり、接見等禁止の必要がある特定人の範囲が客観的に明白に定められるのであれば、許される場合もあると考える（大阪地決昭34・2・17下刑集1・2・496）。「暴力団○○組関係者」との接見を禁止するというようなものは、客観的特定性を欠くものとして許されない。

(4) 接見等禁止の一部ないし全部の解除

接見等禁止については、検察官に請求権があるが、接見等禁止の全部または一部の解除については、法律上規定がないので、検察官はもとより被告人、弁護人にも解除（取消し）請求権はないと解され、検察官、被告人、弁護人からなされた解除（取消し）を求める請求は、裁判所（裁判官）の職権発動を促す申立てとして扱われる（東京地決昭46・6・30刑裁月報3・6・839）。そこで、裁判所（裁判官）が、申立てを理由があると判断するときは接見等禁止の裁判を解除する（取り消す）旨の決定をし、また、これを継続する必要があると認めるときは、職権発動しない旨を明らかにしている。裁判所（裁判官）が職権発動をしないとした判断に対しては、不服を申し立てる途はない（なお、接見等禁止一部解除決定に対する弁護人による不服申立てについて、原裁判官は職権により相当と認める限度で接見等禁止決定の一部を解除したものと解され、残余の部分につき特に却下、不許可等の裁判をしたものではないと認められ、不服の対象となるべき裁判が存在しないから、準抗告を不適法としたものとして、前掲東京地決昭46・6・30、原裁判所がした接見等禁止一部解除決定は、実質的にみて、被告人の接見等禁止一部取消し請求についてはその大部分を却下した意味合いを併有するので、被告人の異議申立ては抗告申立てとして取り扱うのが相当であるとしたものとして、大阪高決平14・7・17判タ1124・301。これに対し、東京高決平4・11・25高刑集45・3・120は、接見等禁止中の被告人を国会の証人として喚問するための裁判所による接見等禁止一部解除決定に対し、弁護人が証人喚問に反対して抗告した事案において、接見等禁止の解除は勾留されている被告人にとって利益であるから、被告人や弁護人から不服申立てをすることは許されないとして、これを不適法とする。）。

検察官以外の者からの解除の申立ての場合には、実務上、検察官の意見を聴いている。この解除の申立てには、その全部にかかるものと、その一部にかかるものとがある。一部解除にも、ある特定の人との関係でこれを禁止の

対象から外すことを求める場合と、ある特定の日時に個別に接見することを求める場合がある。

(川田宏一)

〔勾留理由開示の請求〕
第82条 勾留されている被告人は、裁判所に勾留の理由の開示を請求することができる。
2 勾留されている被告人の弁護人、法定代理人、保佐人、配偶者、直系の親族、兄弟姉妹その他利害関係人も、前項の請求をすることができる。
3 前2項の請求は、保釈、勾留の執行停止若しくは勾留の取消があつたとき、又は勾留状の効力が消滅したときは、その効力を失う。

〔規〕 第81条（勾留の理由開示の請求の方式・法第82条） 勾留の理由の開示の請求は、請求をする者ごとに、各別の書面で、これをしなければならない。
2 法第82条第2項に掲げる者が前項の請求をするには、被告人との関係を書面で具体的に明らかにしなければならない。
第81条の2（開示の請求の却下） 前条の規定に違反してされた勾留の理由の開示の請求は、決定で、これを却下しなければならない。
第86条の2（開示の請求の却下決定の送達） 勾留の理由の開示の請求を却下する決定は、これを送達することを要しない。

〈本条細目次〉
1 勾留理由開示の意義 349
2 勾留理由開示の請求 349
 (1) 請求権者 349
 (2) 開示裁判所 350
 (3) 請求の時期・回数 351
 (4) 請求の方式 352
 (5) 請求の効力 352
3 開示すべき勾留の理由の内容 352

1 勾留理由開示の意義

本条から86条までは、勾留理由開示の手続について定める。この制度は、

被疑者の勾留（207Ⅰ）、鑑定留置（167Ⅴ）に準用される。

　勾留理由開示は、それ自体としては、被告人等からの請求に基づき、公開の法廷において、勾留の理由を告げることと、被告人等が意見を陳述することである（本条〜84）。

　勾留理由開示制度の趣旨がどこにあるかが問題となる。憲法34条後段は、「何人も、正当な理由がなければ、拘禁されず、要求があれば、その理由は、直ちに本人及びその弁護人の出席する公開の法廷で示されなければならない。」と定めている。勾留理由開示制度の趣旨については、この規定の解釈、特にその沿革である英米法における不法拘禁からの救済を目的とする人身保護手続（ヘイビアス・コーパス）との関連で議論されている。本制度は、不当勾留からの救済を目的とするという見解と、勾留理由の公開を要求するにとどまるとするという見解に分かれるが、後者によっても、それを通じて間接的ではあるにせよ不当勾留からの救済を念頭に置いたものであることは否定できないであろう。

　本条は、勾留理由開示の請求について規定する。

2　勾留理由開示の請求

(1) 請求権者

ア　勾留されている被告人

　勾留されている被告人は、勾留理由開示を請求することができる（本条Ⅰ）。

　請求権者である「勾留されている被告人」とは、勾留状の執行により現実に拘禁されている被告人をいう。勾留状の執行を受けたが、指定された刑事施設や留置施設に引致される前の被告人も含まれると解される。しかし、勾引状の執行を受けた被告人や逮捕中の被疑者、被告人は含まれない。保釈や勾留執行停止の裁判により現に釈放されている者は、これに当たらない。

イ　弁護人・利害関係人

　請求権者としては、勾留されている被告人のほかに、弁護人、被告人と一定の身分関係のある者や利害関係人が規定されている（本条Ⅱ）。弁護人、利害関係人の請求権は、独立代理権であり（弁護人の場合41条の特別の定めとなる。）、被告人の明示の意思に反しても請求することができる。

　数人の弁護人があるときは、主任弁護人制度に関する規定の適用があり、規25条2項本文の制限を受けると解される。

個別に列挙されている利害関係人は民法の定めるところにより明らかであるが、「その他利害関係人」の範囲が問題となる。この点、①全く利害関係を持たない者を除く他はすべて含むと広く解する見解（高田・注解刑訴上259）、②被告人の勾留につき直接かつ具体的に何らかの利害関係を持つ者とする見解（神垣・令状基本下131、河上・注釈刑訴２・87、川上・大コメ刑訴２・134）、③被告人と身分関係またはこれに類する関係を有する者であることを要すると狭く解する見解（ポケット刑訴上198）がある。①の見解は、憲法34条後段が請求権者を限定していないことや、本条項の文言上「その他利害関係人」（並列の関係）となっていて「その他の利害関係人」（部分全体の関係）となっていないことなどを根拠として広く解するが、利害関係人の請求権は、弁護人のそれと同じく独立代理権である上、利害関係人自ら開示期日に出席して意見を述べることができ（84Ⅱ）、勾留の取消し（87Ⅰ）や保釈（88Ⅰ）の請求権はないにしても、開示後は被告人のために独立して上訴することもできるのであるから（354）、利害関係人の範囲を無制限に広く解することは適当でない（川上・前掲）。実務上は、③の見解に立つものが多いが（82条２項の「利害関係人」は、「被告人又は被疑者が勾留されることについて身分的関係又はこれに類する直接かつ具体的な利害関係を有する者を指称するものと解するのが相当であ」るとして、労働争議に関連して発生した公務執行妨害事件により勾留された被疑者の所属する労働組合の執行委員長からなされた請求を不適法としたものとして、東京地決昭34・8・27下刑集１・８・1888。同旨、東京地決昭34・8・25下刑集１・８・1882、田川簡決昭36・9・27下刑集３・9＝10・970、山口地岩国支決昭45・5・7刑裁月報２・6・622。）、②の見解に立つものもある（82条２項の「利害関係人」は、「被告人の勾留について直接かつ具体的な利害関係をもつ者、即ち、被告人の勾留によって事実上又は法律上何らかの直接の影響を受ける者と解するのが相当であり、更に右直接かつ具体的な利害関係は、過去の利害関係ではなく、現在の利害関係を指すものと解するのが相当である。」としつつ、被告人が主催する大学の自主講座の構成員で、被告人の住居に約２か月同居したことのある者について、利害関係人に当たらないとしたものとして、岡山地決昭49・2・13刑裁月報６・２・178。）。

(2) 開示裁判所

開示を請求すべき裁判所については、場合を分けて考える必要がある（松

尾・条解177)。被疑者の勾留については、勾留状を発付した裁判所の裁判官が開示する（207Ⅰ）。勾留状を発付した裁判官自ら開示する場合のほか、事情により、当該国法上の裁判所に所属する他の裁判官がすることもできる。準抗告裁判所が勾留請求却下の裁判に対する準抗告を認め、原裁判を取り消した上、勾留状を発付した場合は、準抗告裁判所が開示するのが相当である。起訴後第一回公判期日までは、公訴の提起を受けた裁判所の裁判官が開示する（280Ⅰ・Ⅲ）。なお、簡易裁判所の裁判官が発付した勾留状により勾留された被疑者の事件が地方裁判所に起訴された場合の第一回公判期日前の勾留理由開示は、その地方裁判所の裁判官が行うべきである（最決昭47・4・28刑集26・3・249）。第一回公判期日後は、受訴裁判所が行う。なお、終局裁判があった後は、上訴と勾留に関する処分についての97条の規定に留意する必要があるほか、後記(3)参照。

(3) 請求の時期・回数

勾留理由開示の請求の回数については、制限がある。被疑者段階で勾留された場合には、その期間中はもちろん、起訴後においても請求することができる（東京高決昭46・8・5刑裁月報3・8・1086）。しかし、判例は、86条の趣旨に照らせば、再度の勾留理由開示の請求は、同一勾留の継続中は許されないとし（最決昭28・10・15刑集7・10・1938）、さらに、勾留理由開示の請求は、同一勾留については勾留の開始された当該裁判所において1回に限り許されるとした（最決昭29・8・5刑集8・8・1237、最決昭29・9・7刑集8・9・1459）。ここで、勾留の開始された当該裁判所とは、勾留の開始された当該審級と解されており（高橋・判例解説（刑）昭29・213）、勾留を開始した裁判所が事件を移送した場合も、当該審級である限り移送を受けた裁判所に勾留理由開示の請求が許されると解される。この判例は、請求時期についても、当該裁判所ないしこれと同一の審級に係属中に限られることになるのか、それとも上級審に係属した後でも勾留の開始された裁判所に請求すればよいのかという点は明示しておらず、上訴審で勾留状が発せられた場合を除いて、第一審裁判所に係属中に限られるとする裁判例があったが（横浜地決平8・7・30判タ936・256）、最高裁も、第一審で被告人の勾留が開始された後、勾留のまま第一審裁判所が被告人に対して実刑判決を言い渡し、その後、被告人の控訴により控訴記録が控訴裁判所に到達している場合には、第一審

裁判所に対するものであっても、勾留理由開示の請求をすることは許されないとした（最決平26・1・21判時2223・129／判タ1401・172）。

(4) 請求の方式

勾留理由開示の請求は、請求をする者ごとに、各別の書面でしなければならない（規81Ⅰ）。口頭による請求は認められない。被告人が複数である場合にも、請求は各別の書面でしなければならない。82条2項に掲げる者が請求をするには、被告人との関係を書面で具体的に明らかにしなければならない（規81Ⅱ）。請求書には、年月日を記載して署名押印しなければならない（規60。弁護人の場合は規60条の2第2項により記名押印で足りる。）。

規81条の規定に違反してされた勾留理由開示の請求は、決定で却下しなければならない（規81の2）。この却下決定に対しては不服申立て（抗告〔420Ⅱ〕、準抗告〔429Ⅰ②〕）ができる（最決昭46・6・14刑集25・4・565）。却下決定は、送達することを要しない（規86の2）。これは、規34条但書の「特別の定のある場合」に当たる。ここにいう却下決定は、規81条の2によるものだけでなく、86条の却下決定も含む。

(5) 請求の効力

勾留理由開示の請求は、保釈、勾留の執行停止、勾留の取消しがあったとき、勾留状の効力が消滅したときは、その効力を失う（本条Ⅲ）。これらの場合は、現実の身柄拘束が消滅してしまっているからであり、裁判所（裁判官）は請求に対して何らの裁判をする必要もない。「勾留状の効力が消滅」するのは、勾留期間が満了した場合（60Ⅱ）のほか、345条所定の裁判の告知があった場合である。検察官が勾留期間内に独自の権限で釈放した場合は、厳密にいうと勾留状の効力が消滅した場合に当たるかは問題があるが、以後勾留状は使えなくなるという意味において、本条3項との関係では勾留状の効力が消滅した場合に当たるといってよい。

勾留理由開示の請求の取下げは、明文に規定はないが、認めてよいと解されている。その方式については、請求の方式に準じ書面でなすべきであろう。

3 開示すべき勾留の理由の内容

開示すべき「勾留の理由」とは、勾留の基礎となっている犯罪事実と60条1項各号の事由をいう。勾留の必要性については、一般には、60条1項各号の事由がある場合には、勾留の必要性も認められるのが通常であるから、開

示する必要はないが、事案が軽微であったり、勾留の必要性について被告人に争いがあるような場合には、開示するのが相当である。開示すべき理由の程度等については、84条の解説2(3)参照。　　　　　　　　　　（川田宏一）

〔勾留の理由の開示〕
第83条　勾留の理由の開示は、公開の法廷でこれをしなければならない。
2　法廷は、裁判官及び裁判所書記が列席してこれを開く。
3　被告人及びその弁護人が出頭しないときは、開廷することはできない。但し、被告人の出頭については、被告人が病気その他やむを得ない事由によつて出頭することができず且つ被告人に異議がないとき、弁護人の出頭については、被告人に異議がないときは、この限りでない。

〔規〕　第82条（開示の手続・法第83条）　勾留の理由の開示の請求があつたときは、裁判長は、開示期日を定めなければならない。
　　2　開示期日には、被告人を召喚しなければならない。
　　3　開示期日は、検察官、弁護人及び補佐人並びに請求者にこれを通知しなければならない。
　第83条（公判期日における開示・法第83条）　勾留の理由の開示は、公判期日においても、これをすることができる。
　　2　公判期日において勾留の理由の開示をするには、あらかじめ、その旨及び開示をすべき公判期日を検察官、被告人、弁護人及び補佐人並びに請求者に通知しなければならない。
　第84条（開示の請求と開示期日）　勾留の理由の開示をすべき期日とその請求があつた日との間には、5日以上を置くことはできない。但し、やむを得ない事情があるときは、この限りでない。
　第85条（開示期日の変更）　裁判所は、やむを得ない事情があるときは、開示期日を変更することができる。
　第85条の2（被告人、弁護人の退廷中の開示・法第83条）　開示期日において被告人又は弁護人が許可を受けないで退廷し、又は秩序維持のため裁判長から退廷を命ぜられたときは、その者の在廷しないままで勾留の理由の開示をすることができる。

〈本条細目次〉
1 勾留理由開示の手続 354
2 裁判所 354
3 当事者 354
　(1) 被告人・弁護人 354
　(2) 検察官等 355
4 期日の通知等 355

1 勾留理由開示の手続

本条は、勾留理由開示の法廷における手続について規定する。憲法34条後段の要請から、公開の法廷で行うこと（本条Ⅰ）、被告人、弁護人の出頭が開廷の要件であること（本条Ⅲ本）を定めている。勾留理由開示は、特に開示期日を定めて行うこともできるし（規82）、公判期日において行うこともできる（規83）。いずれの場合も、裁判の公開について規定した憲法82条の要請によるものではないため、例外的に公開を禁止することはできない。

2 裁判所

裁判官と裁判所書記官は列席の義務がある（本条Ⅱ）。

勾留理由開示を行う裁判官に対して忌避の申立てができるかが問題となる。消極の見解、積極の見解のほか、勾留理由開示は裁判官の職務執行であるから、裁判官に除斥原因があるときは、これを理由とする忌避の申立ては許されるが、実体審理を行うものではないから、不公平な裁判をするおそれがあるという理由では忌避の申立てはできないとする見解がある（ポケット刑訴上201。裁判をするための手続でないことは明らかであるから、不公平な裁判をするおそれがあることを理由として忌避することは不適法であるとしたものとして、福岡高決昭34・9・3下刑集1・9・1933。）。

3 当事者

(1) 被告人・弁護人

被告人、弁護人の出頭は憲法上の要請である。しかし、弁護人が選任されていないときにまで、これを選任して出頭させることは要求されていないと解される（なお、裁判官において弁護人の選任がないまま開廷して勾留の理由を告げたのは違法であるとしてなされた準抗告の申立てにつき、勾留理由開示においてされる裁判官の行為は429条1項2号にいう勾留に関する裁判には当たらない

から、不適法であるとしたものとして、最決平5・7・19刑集47・7・3）。被告人に弁護人がないときは、いわゆる必要的弁護事件（289）であっても、勾留理由開示は実体審理を行うものではないから、国選弁護人の選任を要しない。したがって、被告人に弁護人がないときは、被告人が出頭すれば開廷することができる。

ただし、迅速処理の要請から、被告人の出頭については、被告人が病気その他やむを得ない事由によって出頭することができず、かつ被告人に異議がないとき、弁護人の出頭については、被告人に異議がないとき、いずれも開廷することができる（本条Ⅲ但）。被告人に異議がないことは、開廷前に明らかになっていなければならないが、その趣旨が明確であれば、黙示の意思表示でもよい。

被告人が正当な理由なく出頭しないときは、弁護人の出頭の有無にかかわらず、286条の2の準用により（河上・注釈刑訴2・92、川上・大コメ刑訴2・143）、あるいは当然に（神垣・令状基本下133）、そのまま開廷できると解する。弁護人が正当な理由なく出頭しない場合に、被告人の異議の有無にかかわらず開廷することができるかが問題となる。弁護人の不出頭が被告人の責めに帰すべきものでない限りは、被告人に異議があるときは開廷することができないと解するのが適当である。開示期日において、被告人、弁護人が無断で退廷し、または秩序維持のために裁判長から退廷を命ぜられたときは、被告人、弁護人が在廷しないまま開示手続をすることができる（規85の2）。退廷中の者には、意見陳述の権利（84Ⅱ）は認められない。

(2) 検察官等

検察官の出席は開廷の要件ではない。しかし、検察官は、開示期日に出席して意見を述べることができるので（84Ⅱ）、検察官に対しても期日を通知することを要する（規82Ⅲ・83Ⅱ）。被告人、弁護人以外の請求者の出席についても同様である。

4 期日の通知等

開示期日には被告人を召喚しなければならない（規82Ⅱ）。弁護人が数人あるときは、主任弁護人に通知すれば足りる（規25Ⅰ）。被告人、弁護人以外の請求者にも通知をする必要があるが（規82Ⅲ・83Ⅱ）、複数の請求者があったときは、その者の請求によって勾留の理由を開示することとなった最初

の請求者1人に通知をすれば足りる。

　開示期日は、迅速に行われる必要があることから、開示の請求のあった日から起算して5日以上置くことは許されない（規84本）。ただし、やむを得ない事情があるときは、それ以上の日数を置くこともできる（同条但）。やむを得ない事情としては、1人の裁判官しかいない簡易裁判所で、その裁判官が病気であるような場合、多数の被告人から同時に請求があり、期間内にすべての開示期日を入れることができないような場合などが考えられる。裁判所（裁判官）は、やむを得ない事情があるときは、開示期日を変更することができる（規85）。

（川田宏一）

〔勾留理由の開示の方式〕
第84条　法廷においては、裁判長は、勾留の理由を告げなければならない。
2　検察官又は被告人及び弁護人並びにこれらの者以外の請求者は、意見を述べることができる。但し、裁判長は、相当と認めるときは、意見の陳述に代え意見を記載した書面を差し出すべきことを命ずることができる。

〔規〕　第85条の3（開示期日における意見陳述の時間の制限等・法第84条）法第84条第2項本文に掲げる者が開示期日において意見を述べる時間は、各10分を超えることができない。
　　　2　前項の者は、その意見の陳述に代え又はこれを補うため、書面を差し出すことができる。
　　第86条（開示期日の調書）　開示期日における手続については、調書を作り、裁判所書記官が署名押印し、裁判長が認印しなければならない。

〈本条細目次〉
1　勾留理由開示の方式　357
2　開示すべき勾留の理由　357
　(1)　内　容　357
　(2)　時　点　357
　(3)　程　度　358

(4)　勾留延長・勾留更新の理由　358
　3　意見陳述　359
　(1)　検察官の意見陳述　359
　(2)　被告人・弁護人の意見陳述　359
　(3)　内　容　359
　(4)　制　限　359
　4　開示期日の調書　360

1　勾留理由開示の方式
　本条は、勾留理由開示期日に、法廷で行われる手続について規定する。
　開示裁判所については、82条の解説**2**(2)参照。

2　開示すべき勾留の理由
　(1)　内　容
　法廷では、勾留の基礎となっている犯罪事実と60条1項各号の事由を告げなければならない（勾留の必要性の点も含め、82条の解説**3**参照）。
　(2)　時　点
　勾留理由開示制度の趣旨とも関係するが、勾留状発付当時の勾留の理由を開示すれば足りるか、勾留理由開示当時のそれを開示すべきかが問題となる。勾留理由開示制度は、不当勾留からの救済も目的とし、勾留取消し制度（87）と関係があるから、現在の勾留の理由も開示しなければならないとする見解がある（木谷・令状基本下122、河上・注釈刑訴2・88、高田・注解刑訴上268、川上・大コメ刑訴2・138）。これに対し、勾留理由開示制度は、不当勾留からの救済を直接の目的とするものではなく、82条の勾留理由開示の請求権者と87条の勾留取消しの請求権者との間には相違があるので、勾留理由開示が勾留取消しと関連するという点には疑問があり、むしろ勾留理由開示と勾留に対する上訴（事後審である抗告・準抗告）とを関連させているというべきであり（354参照）、さらに、現在の勾留の理由を開示すべきものとすると、勾留の理由の変化に伴って何回も開示請求を許すことになるであろうが、判例は同一勾留に対する請求を1回に限っていること（最決昭29・8・5刑集8・8・1237、最決昭29・9・7刑集8・9・1459）からすると、勾留状発付当時の勾留の理由を開示すれば足りるとする見解がある（ポケット刑訴上197、松尾・条解181）。なお、後者の見解に立ったとしても、そもそも勾留理由開示当

時の理由を告げることが明らかに不当であるというわけではなく、個々の事案に応じて、それを告げるという運用をすることが相当な場合もあるであろう。

(3) 程　度

勾留の理由をどの程度開示すべきかが問題となる。勾留理由開示制度の目的は、少なくとも、勾留の理由を開示して、勾留の裁判の正当性を公にするという点にあるから、犯罪事実と60条1項各号の事由について、結論を告げるだけでは不十分であり、具体的に告げる必要がある[1]。具体的な証拠資料を示すべきとする見解もあるが（高田・注解刑訴上268）、47条が訴訟書類の公判開廷前の非公開を定めていること、捜査の密行性との関係で特に被疑者の場合は罪証隠滅等につながり得ることを考慮すると、証拠資料の内容をそのまま明らかにすることは許されないというべきである（ポケット刑訴上197、河上・注釈刑訴2・95、松尾・条解182、川上・大コメ刑訴2・139）。

なお、勾留の理由の開示内容に不服がある場合、勾留理由開示の手続が既になされた勾留の裁判の理由の告知にすぎず、勾留の理由の当否を判断する裁判に当たらないことは明白であるとして、準抗告の申立ては不適法であるとする裁判例がある（神戸地決昭47・2・17判時663・101）[2]。その後の、裁判官において弁護人の選任がないまま開廷して勾留の理由を告げたのは違法であるとしてなされた準抗告の申立てにつき、勾留理由開示においてされる裁判官の行為は429条1項2号にいう勾留に関する裁判には当たらないから、不適法であるとした判例（最決平5・7・19刑集47・7・3）に照らしても、相当である。

(4) 勾留延長・勾留更新の理由

勾留延長（208Ⅱ・208の2）、勾留更新（60Ⅱ）の理由を開示することの要否についても、開示すべきとする見解（木谷・前掲126）、開示することを要しないとする見解（松尾・条解182、勾留更新につきポケット刑訴上197）に分

---

[1]　通常は、準抗告審の判断中で示されるものと同じ程度の具体性を持てばよいであろう。

[2]　もっとも、傍論として、理由の開示が不適法不相当の方法である場合には、裁判長の処分に対する異議申立て（309Ⅱ）をする道が開かれているとする。後掲最決平17・10・24刑集59・8・1442も参照。

3　意見陳述

(1)　検察官の意見陳述

出席した検察官は、意見を陳述することができる（本条Ⅱ）。

(2)　被告人・弁護人の意見陳述

被告人、弁護人は、意見を陳述することができる（本条Ⅱ）。被告人に数人の弁護人があるとき、主任弁護人制度（規25Ⅱ本）の適用があるかが問題となる。積極の見解が多数であるが（河上・注釈刑訴2・95、高田・注解刑訴上269）、公判期日において証拠調べが終わった後にする陳述と同視すべきものであるから、規25条2項但書の場合に当たるとする見解もある（井上・実務講座2・242）。もっとも、実務では、時間制限（規85の3Ⅰ）があるので、紛糾を避けるために各弁護人に発言を許す場合があるとされる（河上・前掲96、川上・大コメ刑訴2・147）。

被告人、弁護人以外の請求者は、その請求によって勾留の理由を開示することになった請求者のことであり、1人に限られる（86、規81Ⅰ参照）。

(3)　内　容

意見陳述の内容は、勾留の理由についての意見である。その範囲を逸脱した陳述は、制限することができる（295Ⅰ）。意見の中には質問は含まれない。実務上は、開示された内容に不明確な点があるとして、弁護人等から裁判長に釈明を求めることがある。規208条3項が定める求釈明権は基本的には裁判長の有している権限であり、訴訟関係人が裁判長に対して直接釈明を求めることができるとする規定はないから、これに対して裁判長に釈明義務はない。

(4)　制　限

裁判長は、相当と認めるときは、意見の陳述に代え意見を記載した書面を差し出すべきことを命ずることができる（本条Ⅱ但）。「相当と認めるとき」とは、口頭による陳述を認めると、例えば、勾留の理由とは関係のない事項を述べたり、時間制限（規85の3Ⅰ）を無視するおそれがあるなど、開示手続の円滑な遂行が妨げられるおそれがある場合をいう。そのおそれは、具体的に明らかな場合であることを要すると解する。なお、書面を出すか出さないかは、命令を受けた者の自由である。

意見陳述の時間は、1人10分を超えることができず（規85の3Ⅰ）、相互に融通し合うことはできない。

4 開示期日の調書

　開示期日における手続については、調書を作らなければならない（規86）。開示期日の調書は、公判調書そのものではなく、51条による調書の記載に対する異議申立ても許されない。ただし、公判期日において勾留の理由を開示したときは、公判調書に記載すれば足りると解されている。なお、最決平17・10・24刑集59・8・1442は、起訴後第一回公判期日前に、弁護人が申請した起訴前の勾留理由開示の期日調書の謄写を許可しなかった裁判官の処分に対し、429条1項2号により準抗告が申し立てられた事案について、本件期日調書の謄写の不許可は、勾留理由開示を担当した裁判官が40条1項に準じて行った訴訟に関する書類の謄写に関する処分であって、429条1項2号にいう勾留に関する裁判には当たらないから、これに対しては、準抗告を申し立てることはできず、309条2項により異議を申し立てることができるにとどまるとした。この判例は、弁護人には訴訟に関する書類である勾留理由開示の期日調書の閲覧謄写権があることを前提としているように解されるとともに、勾留理由開示手続における裁判官の行為に対しては準抗告を申し立てることができないとする最決平5・7・19刑集47・7・3の射程が期日調書の閲覧謄写の許否の裁判にまで及ぶことを明らかにしたといえる。

（川田宏一）

〔受命裁判官による勾留理由の開示〕
　第85条　勾留の理由の開示は、合議体の構成員にこれをさせることができる。

　本条は、便宜上、合議体の構成員、すなわち、受命裁判官に勾留理由開示の手続を行わせることを認めた。

（川田宏一）

〔数個の勾留理由開示の請求〕
第86条　同一の勾留について第82条の請求が２以上ある場合には、勾留の理由の開示は、最初の請求についてこれを行う。その他の請求は、勾留の理由の開示が終つた後、決定でこれを却下しなければならない。

〔規〕　第86条の２（開示の請求の却下決定の送達）　法第82条参照。

〈本条細目次〉
1　勾留理由開示請求の競合　361
2　勾留理由開示を行う請求　361
　(1)　同一の勾留　361
　(2)　最初の請求　362
3　その他の請求の却下　362

1　勾留理由開示請求の競合

本条は、同一の勾留について、複数の勾留理由開示の請求があった場合の取扱いについて規定する。

2　勾留理由開示を行う請求

同一の勾留について、勾留理由開示の請求が２以上ある場合には、勾留理由開示は最初の請求についてこれを行う（本条前）。

(1)　同一の勾留

「同一の勾留」とは、同一の勾留状による勾留、同一の公訴事実についてなされている勾留をいう。したがって、勾留更新前後、保釈前と保釈取消し後の勾留は、いずれの場合も同一性を失わない。なお、60条１項各号所定の勾留の理由の変動が勾留の同一性に影響を及ぼすかが問題となる。この点、勾留の理由が同一であるかどうかが勾留の同一性を決する要素であるとし、勾留の理由が変わったときには勾留の同一性が失われるとする見解がある（高田・注解刑訴上272）。しかし、この見解によれば、同一の勾留についても、勾留の理由が異なれば、何度でも勾留理由開示の請求ができることになるが、判例は、そのような見解をとっておらず、そのような変動を問わずに勾留の同一性を認めていると解される（最決昭28・10・15刑集７・10・1938、最決昭29・８・５刑集８・８・1237、最決昭29・９・７刑集８・９・1459参照）。

(2) 最初の請求

「最初の請求」であるかは、裁判所の受付の順序により決まる。

3 その他の請求の却下

その他の請求は、勾留理由開示が終わった後、決定でこれを却下しなければならない（本条後）。請求が競合した場合に直ちに一方を却下しないのは、当初の請求が取り下げられたり、不適式であったりすることがあるからであるとされている。

勾留理由開示請求の却下の裁判に対しては、勾留に関する裁判として、不服申立て（抗告〔420Ⅱ〕、準抗告〔429Ⅰ②〕）ができる（最決昭46・6・14刑集25・4・565参照）。一度開示手続が終了すると、再度勾留理由開示を請求することはできない（最決昭28・10・15刑集7・10・1938）。本条は、同一時点における請求の競合に関するものであるが、その趣旨は同一勾留の前後の請求にも当てはまる。再度の勾留理由開示請求があったときは、本条に準じてこれを却下すべきとする見解（松尾・条解183）と、請求権が消滅したものとして却下すべきとする見解（ポケット刑訴上205、河上・注釈刑訴2・100、川上・大コメ刑訴2・152）がある。

〔川田宏一〕

〔勾留の取消し〕

第87条 勾留の理由又は勾留の必要がなくなつたときは、裁判所は、検察官、勾留されている被告人若しくはその弁護人、法定代理人、保佐人、配偶者、直系の親族若しくは兄弟姉妹の請求により、又は職権で、決定を以て勾留を取り消さなければならない。

２ 第82条第3項の規定は、前項の請求についてこれを準用する。

〈本条細目次〉
1 勾留の取消しの意義　363
2 勾留の取消しの要件　363
　(1) 勾留の理由の消滅　363
　(2) 勾留の必要性の消滅　364
　(3) 勾留の要件の原始的欠缺　365
3 勾留の取消しの手続　366

(1) 請求権者　366
(2) 請求の方式　367
(3) 勾留取消し決定　367
(4) 勾留取消し後の身柄の取扱い　367
(5) 請求の失効　367

1　勾留の取消しの意義

　勾留は長期間にわたる身柄拘束であるので、法は、その適正な運用を図るために、勾留の裁判自体に対する不服申立てである抗告(420Ⅱ)、準抗告(429Ⅰ②)のほか、保釈（88）、勾留の執行停止（95）といった制度を設けた。抗告、準抗告が勾留の裁判自体に内在する瑕疵を理由として勾留の効力を失わせるものであり、保釈や勾留の執行停止が勾留後の事情を考慮して勾留の効力を一時的に停止するものであるのに対し、勾留の取消しは、勾留後の事情を考慮して勾留の効力を将来に向かって失わせるものである。したがって、勾留の取消しは、撤回の性質を有する。

　勾留の取消しの事由については、本条のほか、勾留による拘禁が不当に長くなったときに関する91条がある。

2　勾留の取消しの要件

　勾留の理由や勾留の必要性がなくなったときは、裁判所は、請求または職権で、勾留を取り消さなければならない（本条Ⅰ）。勾留の理由と勾留の必要性については、60条の解説 **2** (2)(3)参照。

(1)　勾留の理由の消滅

　「勾留の理由がなくなつたとき」とは、60条1項の勾留の理由がなくなったことをいう。すなわち、犯罪の嫌疑がなくなった場合、60条1項各号の事由がすべてなくなった場合である（屋外広告物条例違反の事案の勾留取消しの裁判に対する準抗告申立て事件において、勾留の理由である罪証隠滅のおそれと逃亡のおそれのいずれも消滅したとしたものとして、大阪地決昭40・10・21下刑集7・10・1937）。各号のうちの一つの事由が消滅しても、他の事由が存在したり、新たな事由が生じているときは、勾留の理由がなくなったことにはならない。なお、60条3項に当たらない事件として勾留した後で同項に当たる事件であることが判明し、住居不定の事由が存在しないときも、勾留の理由がなくなったといえる。

(2) 勾留の必要性の消滅

「勾留の必要がなくなつたとき」とは、勾留の理由があると認められる場合には、一般的に勾留の必要性も認められる場合が多いので、例えば、住居不定（60Ⅰ①）の被告人に確実な身柄引受人が現れたような場合や、軽微な事案でその後の示談の成立や被害者の宥恕等で明らかに起訴価値がなくなった場合などが考えられる（屋外広告物条例違反の事案の勾留取消しの裁判に対する準抗告申立て事件において、勾留の必要がないとしたものとして、大阪地決昭40・10・11判タ183・201。）。

被疑者の勾留については、原則として総則の勾留に関する規定が準用されるところ（207Ⅰ）、本条の勾留取消しの規定が準用されるかが問題となる。勾留の必要性の有無は検察官が判断すべきであるから、勾留の理由がなお存続する限り、裁判官は勾留の必要性がないという理由でその取消しをすることはできないとする見解もあるが、身柄拘束に対する司法的抑制の見地から、準用されるものと解する（川上・大コメ刑訴2・154）。被疑者の勾留の場合、事件がまだ裁判所に係属していないので、勾留の必要性がなくなれば、勾留取消しの裁判がなくても、検察官の意思で釈放できると解されており、実務においてもそのように取り扱われている。

捜査の違法が勾留の必要性を消滅させる要素となり得るかが問題となる。この点、勾留中の違法な取調べなどの捜査の違法があった場合にも、これを自白の証拠能力の否定などの事後的な救済に委ねることなく、早期救済の方法として、勾留の必要性、相当性を判断する際の1つのファクターとして考えることができるとする見解がある（萩原太郎・捜査法大系2・293、金谷・令状基本上404。取調官が、黙秘権を行使して供述拒否の意思が明らかな被疑者を連日取調室に呼び、執拗に尋問を繰り返している場合には、本条にいう勾留の必要がなくなった場合に準じて勾留を取り消すのが相当であるとしたものとして、岡山地決昭44・9・5判時588・107[1]）。一般論として、勾留についての必要性の判断は、本来勾留しなければならない積極的な必要性〔勾留する方に働く事情〕と勾

---

[1] ただし、勾留取消し決定謄本が被疑者に送達される前に公訴提起されたため、準抗告審では、起訴前の勾留の違法は起訴後の勾留の違法に影響しないとして、原決定が取り消され、特別抗告も棄却されている。後掲最決昭42・8・31刑集21・7・890参照。

留することによる不利益、弊害〔勾留しない方に働く事情〕との総合的な比較衡量判断であるが、捜査官の違法行為により勾留中の者に対し著しい不利益、弊害を与えることがあるとすれば、その事情は当然勾留しない方に働く一事情として考慮すべきであって、これを理由とする場合の勾留取消しも本条を直接適用してなすべきとしたものとして、東京地決昭45・8・1判タ252・238。)。

　ただし、別件逮捕の違法性を理由に勾留取消し請求がされた事案において、本件勾留について、公訴提起により既に起訴後の勾留となっているのであるから、それを維持するか否かは、裁判所の審判の必要という観点から判断されるべきものであり、その後も本件勾留の理由があるときには、起訴前の別件勾留とその勾留中の取調べの当否は、起訴後における本件勾留の効力に影響を及ぼさないとした判例がある（最決昭42・8・31刑集21・7・890。なお、被疑者として勾留されていた者についての勾留取消し請求は、当該勾留事実の公訴提起後は、法律上の利益が失われ、不適法であるとしつつ、職権で勾留の理由と必要性があることを判断したものとして、東京地決昭63・6・22判タ670・272。また、勾留の裁判に対する異議申立て棄却決定が確定した後に、この異議申立てと同じ論拠に基づいて勾留を違法として取り消すことはできないとしたものとして、最決平12・9・27刑集54・7・710。その判文からは必ずしも明確ではないものの、裁判の内容的確定力に基づく制約を根拠としているものとも理解できる。)。

(3) 勾留の要件の原始的欠缺

　勾留の当初から勾留の理由や必要性がなかったなど、勾留の裁判に原始的瑕疵があった場合には、本来は勾留の裁判に対する不服申立て（抗告〔420Ⅱ〕、準抗告〔429Ⅰ②〕）で是正すべきものである。しかし、不服申立てのない限り、裁判所がこれを見過ごさなければならないというのは適当ではなく、職権により勾留取消しを行い得ると解する（勾留更新決定の不当を理由として勾留取消し請求がされた事案について、例外的に勾留取消しを行う可能性を認めたものとして、札幌高決昭45・12・12判タ259・215。裁判官の押印、契印を欠く逮捕状による逮捕に引き続く勾留につき、職権による勾留取消しを認容したものとして、東京地決昭39・10・15下刑集6・9＝10・1185。)。なお、裁判の自縛性、抗告制度の存在などの観点から、新たな判断資料が出現したような場合は格別、単に判断が変わったというだけの理由による取消しは許されない。

3　勾留の取消しの手続

勾留の取消しは請求または職権によってなされる（本条Ⅰ）。

(1) 請求権者

ア　検察官

検察官は、勾留の理由と必要性を知り得る立場にあり、また、被告人の正当な利益を保護する任務を有するから、請求権者とされている。ただし、被疑者の勾留については、検察官は自ら被疑者を釈放することができるとされているので（前記2(2)参照）、現実には検察官からの取消し請求は考えられない。

イ　被告人

「勾留されている被告人」の意義については、82条の解説2(1)ア参照。

ここでいう被告人は、現実に身柄拘束を受けている者に限られるかが問題となる。保釈中、勾留の執行停止中の被告人はその取消しにより再び身柄拘束が開始される可能性があり、あるいは、保釈中の被告人は勾留取消しにより保釈条件の拘束から解放され、保釈保証金の還付を受ける利益を有するので、その意味で勾留自体を取り消す実質的な利益があることから、このような場合には勾留取消しの請求は当然には失効しないとする見解があるが（京都地決昭44・3・29刑裁月報1・3・342、岐阜地決昭45・2・16刑裁月報2・2・189）、本条2項が準用する勾留理由開示請求の失効に関する82条3項との関係で、解釈論上無理があろう。これらの者から勾留取消しの請求がなされた場合は、裁判所（裁判官）の職権発動を促す申立てと解し、裁判所（裁判官）は職権で勾留を取り消すことができると解する（名古屋地決昭45・5・9判時633・105）。

もとより、実刑の有罪判決が確定すれば、被告人に対する勾留は終了し、勾留の取消しの問題は生じなくなる（勾留取消し請求却下決定に関する特別抗告申立て事件において、判決が確定した後、その基礎となった被告事件係属中の勾留について取消しを求める趣旨の書面が裁判所に提出されても、そのような書面は、本条1項の申立てその他刑事訴訟法上意味ある申立てとは認められないから、裁判所はこれに対し何ら判断を示す必要がないなどとして、これを棄却したものとして、最決平19・6・19判タ1247・135。）。

ウ　弁護人等

弁護人その他の請求権者の請求権は、独立代理権であると解されている。数人の弁護人があるときは、主任弁護人制度に関する規25条2項本文の適用があるとする見解が有力であるが、早期に身柄拘束の効力を失わせるという勾留取消しの制度趣旨にかんがみ、個々の弁護人による請求を認める考え方もあろう。「配偶者」の中に、内縁の妻が含まれるかについては、消極に関する見解（ポケット刑訴上207）、事実状態としての身体拘束を前提としているから、事実状態としての配偶者に着目し、積極に解する見解（河上・注釈刑訴2・103、川上・大コメ刑訴2・158）に分かれる。

(2) 請求の方式

勾留取消しの請求の方式は、申立て一般の方式について規定した規296条による。請求の取下げ（撤回）は、明文の規定はないが、許されると解する。

(3) 勾留取消し決定

勾留取消しの裁判は、裁判所が決定で行う（本条Ⅰ）。ただし、起訴前と第一回公判期日までは、裁判官が命令で行う（207Ⅰ・280）。決定をするについては、急速を要する場合と検察官の請求による場合を除いて、検察官の意見を聴かなければならない（92Ⅱ）。勾留取消しの裁判は、勾留に関する裁判であるから、これに対しては不服申立て（抗告〔420Ⅱ〕、準抗告〔429Ⅰ②〕）ができる。

(4) 勾留取消し後の身柄の取扱い

勾留取消しの裁判の告知がなされた場合、検察官は直ちにあるいは速やかに身柄を釈放すべきであるとする見解があるが（青森地決昭42・8・28判時497・82／判タ210・247、秋田地決昭46・5・18判時640・104／判タ267・327）、勾留請求却下の場合と同様、検察官が準抗告すべきかを検討するのに必要な合理的時間内と、準抗告の申立てがあった場合には準抗告審が執行停止の許否を一応判断し得る状態に達するのに必要と思われる合理的時間内は、身柄の拘束ができるものと解する（小林・令状基本上362、川上・大コメ刑訴2・159。国家賠償請求訴訟の判決の理由中において、勾留請求却下の場合についてこの点を判示したものとして、高知地判昭42・11・17判時503・24。）。

(5) 請求の失効

勾留取消しの請求は、保釈、勾留の執行停止、勾留の取消しがあったとき、勾留状の効力が消滅したときは、その効力を失う（本条Ⅱ）。適法な理由に

よって現実の身柄拘束が解かれた以上、勾留取消しの請求は当然に失効する趣旨であり、裁判所（裁判官）は、請求に対して裁判をする必要はない。

(川田宏一)

〔保釈の請求〕
第88条　勾留されている被告人又はその弁護人、法定代理人、保佐人、配偶者、直系の親族若しくは兄弟姉妹は、保釈の請求をすることができる。
2　第82条第3項の規定は、前項の請求についてこれを準用する。

〈本条細目次〉
1　保釈の意義　368
2　保釈の請求　369
　(1)　請求権者　369
　(2)　請求の方式　369
　(3)　請求の失効　370

1　保釈の意義

　保釈は、一定の保証金の納付等を条件として、勾留の執行を停止し、被告人を勾留による身柄拘束状態から解放する裁判とその執行である。広義では勾留の執行停止に含まれるが、保証金の納付等を条件とする点で、これを条件としない狭義の勾留の執行停止（95）とは異なる。また、勾留状の効力自体を消滅させるものではない点で、勾留の取消し（87）とも異なる。被告人が、保釈条件に違反した場合には、保証金の没取という経済的不利益が加えられることを担保に、勾留と同様の被告人の逃亡等の防止という効果を上げようとするものである。

　保釈に関する処分は、受訴裁判所が行う。なお、第一回公判期日までは裁判官が行う（280Ⅰ）。保釈は、被告人についてのみ認められ、被疑者については認められない（207Ⅰ但）。

　被告人は、公訴提起により、刑事訴訟の一方当事者としての地位に立ち、その防御権を有するが、身柄拘束状態では、その防御権の行使に事実上の制約が生じやすい。保釈の運用に当たっては、被告人の防御権を保障するとい

う観点も重要となる。

保釈は、必要的か、任意的か、義務的かという見地から、権利保釈(89)、裁量保釈(90)、義務的保釈(91)に、請求によるものかという見地から、請求による保釈(本条)、職権による保釈(90)に、それぞれ分類される。

保釈も、事件単位の原則により、被告人に対してではなく、勾留の裁判(勾留状)ごとになされるものであるから、複数の勾留状が併存しているときは、それぞれについて保釈許可決定がないと、被告人は現実に身柄拘束を解かれないことになる。また、保釈中の被告人に対し、他の犯罪事実によって逮捕、勾留することは可能である。

本条は、保釈の請求権者とその請求が失効する場合について規定する。

2 保釈の請求

(1) 請求権者

ア 勾留されている被告人

勾留されている被告人は、保釈を請求することができる(本条Ⅰ)。

「勾留されている被告人」の意義については、82条の解説2(1)ア参照。なお、勾留された被告人であっても、鑑定留置中の者は除かれる(167Ⅴ但)。現在勾留の執行停止中の被告人であっても、停止期間の満了を条件に保釈の請求ができると解する(松尾・条解185)。

イ 弁護人等

弁護人、被告人と一定の身分関係のある者も、保釈の請求権者とされている(本条Ⅰ)。これらの請求権者の請求権は、独立代理権であると解されている。数人の弁護人があるときは、主任弁護人制度に関する規25条2項本文の適用があるとする見解が有力であるが、早期に身柄拘束の効力を停止させるという保釈制度の趣旨にかんがみ、個々の弁護人による請求を認める考え方もあろう。検察官は請求権者とはされていない。

(2) 請求の方式

保釈の請求の方式は、申立て一般の方式について規定した規296条による。

請求は、上訴申立ての有無にかかわらず、上訴提起期間中もすることができる。もとより、実刑の有罪判決が確定すれば、被告人に対する勾留は終了し、保釈の問題は生じなくなる(保釈請求却下決定に関する特別抗告申立て事件において、既に懲役1年6月の有罪判決が確定したことをもって、抗告の理由

について裁判をする実益がないとして、これを棄却したものとして、最決昭43・9・11裁集168・681。）。既に保釈許可の裁判を受けているときは、重ねて保釈請求をすることができない（原判決言渡し後、原裁判所で保釈許可決定を得た被告人が、保証金が高額のため納付できず、出所できないでいたところ、記録が上告審に到達後、最高裁に再度保釈申請をした事案における、最決昭41・4・15判タ191・147。）[1]。

請求の取下げ（撤回）は、明文の規定はないが、保釈許否の裁判があるまでは認められると解する（松尾・条解186、川上・大コメ刑訴2・163。なお、保釈許可決定に対する準抗告申立て後、原裁判の執行停止の裁判がなされた事案において、原裁判は取り消される可能性を生じた未確定の状態になっており、訴訟経済上の利益からも、保釈請求の取下げを認めてもよいとし、取下げにより原裁判が失効したときは、準抗告は対象を失い不適法なものとなるとしたものとして、福岡地決昭47・6・6判時675・113。）。

(3) 請求の失効

保釈の請求は、保釈、勾留の執行停止、勾留の取消しがあったとき、勾留状の効力が消滅したときは、その効力を失う（本条Ⅱ）。したがって、裁判所（裁判官）は請求に対して裁判をする必要はない。勾留中の被告人が鑑定留置されたときは、請求は失効するものと解する。　　　　　（川田宏一）

〔必要的保釈〕

第89条　保釈の請求があつたときは、次の場合を除いては、これを許さなければならない。

　一　被告人が死刑又は無期若しくは短期1年以上の懲役若しくは禁錮に当たる罪を犯したものであるとき。

　二　被告人が前に死刑又は無期若しくは長期10年を超える懲役若しくは禁錮に当たる罪につき有罪の宣告を受けたことがあるとき。

　三　被告人が常習として長期3年以上の懲役又は禁錮に当たる罪を犯し

---

[1] 保証金の額が不当であると争うのであれば、保釈許可決定に対する不服申立ての方法によるべきことになる。

たものであるとき。
　四　被告人が罪証を隠滅すると疑うに足りる相当な理由があるとき。
　五　被告人が、被害者その他事件の審判に必要な知識を有すると認められる者若しくはその親族の身体若しくは財産に害を加え又はこれらの者を畏怖(い)させる行為をすると疑うに足りる相当な理由があるとき。
　六　被告人の氏名又は住居が分からないとき。

〈本条細目次〉
1　必要的保釈（権利保釈）の意義　371
2　権利保釈の適用範囲　371
3　権利保釈の除外事由　372
　⑴　各号の事由　372
　⑵　権利保釈の除外事由と余罪　379

1　必要的保釈（権利保釈）の意義

　本条は、必要的保釈について規定する。

　被告人は有罪判決があるまでは無罪の推定を受けているので、適法な保釈の請求があったときは、裁判所（裁判官）は、本条1号から6号に規定する事由がある場合を除いて、必ず保釈を許可する裁判をしなければならない。このような実質にかんがみ、本条の保釈は一般に権利保釈と呼ばれている。もとより、保釈許可の裁判があっても、保証金の納付がなければ、釈放されない（94Ⅰ）。本条各号の事由は、保釈によって、定型的に、公判廷への出頭確保が困難になる、あるいは、刑罰権の適正な実現が困難になると予想される場合等を挙げたものといえる。保釈は、保証金の納付等を条件として、その没取という経済的不利益が加えられることを担保に、逃亡等を防止しようとする制度であるから、単なる逃亡のおそれは権利保釈の除外事由とならない。また、単なる再犯のおそれも除外事由とはならない。

　なお、本条各号の事由がある場合であっても、裁量により保釈が許されることがある（職権保釈〔裁量保釈〕に関する90条参照）。

2　権利保釈の適用範囲

　保釈取消し（96）後の再保釈の請求についても、本条の適用があると解する（松尾・条解186、川上・大コメ刑訴2・166）。

禁錮以上の刑に処する判決の宣告があった後は、本条は適用されない（344）。いったん有罪判決の宣告があった場合は、権利保釈が根拠とする無罪の推定が破られることになるとともに、刑の執行の確保の要請も強まるからである。この場合は、被告人に逃亡のおそれがあるというだけの理由で保釈を許さないことができる（東京高決昭31・8・24高刑集9・8・891）。もちろん、344条により権利保釈の適用がなくなっても、裁判所が裁量保釈を許すことは認められる（90）。

3　権利保釈の除外事由

(1)　各号の事由

ア　1号

まず、「被告人が死刑又は無期若しくは短期1年以上の懲役若しくは禁錮に当たる罪を犯したものであるとき」が、権利保釈の除外事由となる（本条①）。このような重罪について有罪の判決がなされると、相当に重い刑に処せられる場合があり、逃亡のおそれが強く、保証金の担保によっては公判廷への出頭確保が定型的に困難になると考えられたものである。

これに「当たる罪」かは、法定刑を基準にして決める。従犯の減軽が必要的になされる幇助犯の場合であっても、正犯の法定刑を基準とする（大阪高決平2・7・30高刑集43・2・96）。短期1年以上の懲役刑のほかに、選択刑として罰金刑が法定されている罪も、本号所定の罪に当たる（最決昭59・12・10刑集38・12・3021は、「短期1年以上の懲役刑のほか選択刑として罰金刑が法定されている罪に係る事件の被告人についても、地方裁判所に公訴が提起されたときは、刑訴法89条1号の適用があると解するのが相当」とする。）。

「犯したものであるとき」とは、このような罪の訴因によって起訴されていることであり、裁判所の認定した事実によるのではない。訴因が予備的または択一的に記載されているときは（256Ⅴ）、そのいずれかがこの罪に当たればよい。訴因変更があったときは（312）、新訴因が基準となる。検察官が訴因変更請求をし、裁判所が訴因変更許可決定をする前は、厳密には新訴因となっていないが、新訴因を基準として判断することができるとする見解（本条4号の事由の検討に当たってこの見解に立ったものとして、岡山地決昭47・8・10刑裁月報4・8・1511。）と旧訴因を基準として判断すべきであるとする見解（本条3号の事由の検討に当たってこの見解に立ったものとして、広島高決

昭47・7・3判時676・99／判タ282・282。）に分かれている。

　イ　2号

　次に、「被告人が前に死刑又は無期若しくは長期10年を超える懲役若しくは禁錮に当たる罪につき有罪の宣告を受けたことがあるとき」も、権利保釈の除外事由である（本条②）。1号と同様、逃亡のおそれが強く、保証金の担保によっては公判廷への出頭確保が定型的に困難になると考えられたものである。

　「前に」とは、保釈決定の時期を基準にしてそれ以前にということである。
　「当たる罪」については、前記ア参照。
　「有罪の宣告を受けたことがある」は、判決の宣告があればよく、それが確定していることを要しない。有罪であればよく、刑の執行猶予、刑の免除があった場合も本号の適用がある。しかし、有罪の宣告を受けた判決が、上訴等によって本号に当たらない判決に変更されたときは、本号の適用はなくなる。執行猶予期間の経過（刑27）、刑の消滅（刑34の2）、大赦・特赦（恩赦3・5）によって刑の言渡しが効力を失った後は、これらの制度の趣旨から、本号の適用はない（執行猶予期間の経過によって刑の言渡しが効力を失った場合に、本号の適用がないとしたものとして、広島高岡山支決昭47・1・7判時673・95。）。

　ウ　3号

　「被告人が常習として長期3年以上の懲役又は禁錮に当たる罪を犯したものであるとき」も、権利保釈の除外事由となる（本条③）。その趣旨について、再犯防止のための刑事政策的な規定と解する見解もあるが（大津地決昭36・6・20下刑集3・5＝6・636）、勾留自体は再犯防止を目的とした制度ではないから、1号・2号と同様、保証金の担保によっては公判廷への出頭確保が定型的に困難になると考えられたものと理解すべきである。常習としてこのような罪を犯した者には厳しい刑事処分が予想される上、そのような者はその規範意識が著しく鈍麻しているから、釈放すれば保証金の没取に関わりなく所在不明となるおそれがとりわけ強いので、権利保釈を許さないこととしたものである（木谷・令状基本下30。なお、札幌地決昭39・8・24下刑集6・7＝8・974は、逃亡のおそれと再犯のおそれの双方を考慮した規定であるとする。）。

「常習として」は、現に起訴されている罪（勾留の基礎となっている罪）についての常習性をいう（賍物故買事件の被告人について、前科が8犯あるものの、賍物罪によるものではなく、また、同じ罪質の罪に触れたともうかがわれないことなどから、常習性があるとはいえないとしたものとして、東京高決昭46・7・6判時649・96。）。本条3号の趣旨に照らすと、同号の常習性の概念と刑事実体法の常習性の概念は、基本的に同一のものと解される（木谷・前掲31。同号の常習性について、高松高決昭30・6・18裁判特報2・13・656は、「その罪質を同じうする犯罪が一種の習癖として反覆して行われたと認め得られる場合をいう」とする。同旨、東京高決昭46・9・2判タ274・345。その認定に当たり、金沢地決昭34・9・3下刑集1・9・2087は、窃盗罪で、過去に、4回懲役刑に処せられ、1回起訴猶予処分を受けており、懲役前科のうち直近の2回は、いずれも同種の列車内でのすり行為を含んでいることを考慮して、「本件窃盗未遂の公訴事実を、以上の各窃盗の事実及びその犯行日時の間隔等に対比して検討してみるときは被告人は窃盗（すり行為）の常習性を有するものというべきであり、本件窃盗未遂行為も右習性の発現として行われたものと認めるのが相当」であるとし、京都地決昭34・4・17下刑集1・4・1145も、過去に同一のナイトクラブ経営者に対して暴行脅迫を加えて同様に飲酒遊興代金の請求を断念せざるを得ない状態にしたことなどを考慮して、「勾留の基礎となつている被告人の恐喝罪は右のような被告人の習性の一つの現われと認めることができ」るなどとする。なお、前掲東京高決昭46・9・2は、自己の経営する会社の資金繰りに窮して、他人の不動産を自己所有のものとして、それを担保に貸借名下に約3か月間に7回にわたり900万円を騙取したという事案について、前記犯罪を反復する習性があるとは認められないとする。）。常習性が犯罪構成要件となっている場合に限られず（前掲高松高決昭30・6・18。傷害等事件において、本件を「常習傷害」等として起訴しなかったことは、本条3号の常習性を認定する妨げとならないとしたものとして、大阪地決昭41・5・31下刑集8・5・819。）、それ以外でも、資料に基づいてその罪が常習として行われたと認められる場合を含む（東京高決昭29・7・15裁判特報1・1・24は、「刑事訴訟法第89条第3号にいう『常習として』というのは常習性が犯罪の構成要件となつている場合のみならず、当該犯行について犯罪を反覆する習性が客観的に認められる場合を指すものと解すべきであつて、犯罪の性質、態様、環境等から右の習性が認められるならば、……当該犯行を目

なお、常習性を構成要件要素とする罪につき有罪判決をするだけの心証を形成することができないときでも、保釈の許否の判断に関して要求される心証の程度は異なるから、権利保釈の除外事由としての常習性を肯定し得る場合がある（木谷・前掲33。被告人が勾留事実を否認しているのであるから、罪を犯したことを前提として常習性の発現とするのは不当であるとする主張に対し、被告人は罪を犯したと疑うに足りる相当な理由があるとして勾留されているのであるから、被告人が否認しているとの一事をもってその嫌疑に消長を来さないとしたものとして、広島高決昭56・9・1判時1021・139。）。

常習性の認定には、通常、同種前科前歴の存在が有力な資料となるが、必ずしも同種前科の存在を要しない（前掲高松高決昭30・6・18、名古屋地決昭36・9・26下刑集3・9＝10・967）。同種前科がない場合としては、犯行の手口や被告人の生活態度から、常習性が強く推認される場合（いわゆる鹿追い賭博による詐欺を行った被告人につき、このような犯行が一朝にしてなし得る種類のものでないこと、共犯者がこの種犯行の常習者であることなどを理由に、常習性を肯定したものとして、大阪地決昭40・4・26下刑集7・4・791。）、一度経験すると習癖化しやすい薬物犯罪の場合（別件の覚醒剤自己使用罪について保釈中、再度自己使用罪を犯した場合につき、2週間以内に生じたと推定される17個の注射痕があること、覚醒剤譲渡の事実がうかがわれることなどの事実を認定して、常習性を肯定したものとして、前掲広島高決昭56・9・1。）、同種前科とはいえなくとも、罪質の似た犯罪の前科がある場合（通行中の女性に暴行を加えて傷害を負わせた被告人について、匕首の不法所持による銃刀法違反の罰金前科、銃刀法違反、暴行の執行猶予付き懲役前科、暴行の起訴猶予前歴、その他被告人の日頃の行動などを総合して、常習性を肯定したものとして、福岡高決昭41・4・28下刑集8・4・610。）、当該犯罪行為自体が長期間多数回にわたり繰り返されている場合（売春防止法違反事件において、犯行が長期かつ継続的に行われたもので、被告人がこれによって生計を立ててきたものであることから、常習性を肯定したものとして、横浜地決昭35・7・26下刑集2・7＝8・1182。）などが考えられる（木谷・前掲34）。常習性は、現に起訴されている犯罪の後になされた捜査中の同種の事犯によって判断することもできる（前掲東京高決昭29・7・15、前掲高松高決昭30・6・18、名古屋地豊橋支決昭35・5・11下刑

集2・5＝6・953、前掲名古屋地決昭36・9・26)。

「当たる罪」、「犯したものであるとき」については、前記ア参照。

エ　4号

「被告人が罪証を隠滅すると疑うに足りる相当な理由があるとき」も、権利保釈の除外事由に当たる（本条④)。勾留の制度趣旨に照らし、当然であろう。

「被告人が罪証を隠滅すると疑うに足りる相当な理由があるとき」の意義は、勾留の理由の場合（60Ⅰ②）と同じ内容である。具体的には、60条の解説2(2)イ(イ)参照。

罪証隠滅のおそれがあるとされた事例として、会社倒産に絡む商法違反等事件において、第一回公判期日前の段階で、企業の頂点に立つ被告人の地位や否認の態度等から、被告人が共犯者その他の関係者に働きかけるおそれがあるとしたもの（大阪地決昭50・2・10判時774・122）、多数集団による兇器準備集合、公務執行妨害事件において、未だ実質審理に入っておらず、被告人らが、共謀の事実、角材等の配布状況、各被告人の言動等について、事件関係者らと連絡するなどして組織的に罪証を隠滅するおそれがあるとしたもの（東京高決昭44・4・22判時559・84）、多数集団による兇器準備集合、傷害致死等事件において、組織的活動の一環としての犯行であることに加えて、被告人がその最高幹部の1人であることやその応訴態度などを勘案すると、論告、弁論の段階に達しているかのようであっても、なお立証の余地が残されていないわけではないから、罪証隠滅のおそれがあるとしたもの（東京高決昭60・8・16東時36・8＝9・59）などがあり、また、詐欺等事件において、共犯者の供述に依存するという共謀の立証に着目し、自己の支配力等を利用し、共犯者等に対する罪証隠滅工作を行うおそれが大きいことを理由としたもの（東京地決昭40・10・15下刑集7・10・1925）などがある。

罪証隠滅のおそれがないとされた事例として、漁業法違反事件において、公訴事実の認定に必要な証拠が一応確保され、被告人両名が始終犯行を認め詳細を供述していることを総合すると、乗組員の多くが禁止区域内での底曳網漁業操業の事実について捜査官の取調べに対し知らない旨供述しているとしても、被告人両名に罪証を隠滅するおそれがあるとはいえないとしたもの（長崎地決昭35・2・25下刑集2・2・301)、労働争議中に発生した暴力行為等

処罰に関する法律違反、傷害等事件において、主要な証拠資料が使用者側の者といわゆる新組合に属する者の供述であることなどを理由としたもの（熊本地決昭35・6・10下刑集2・5＝6・967）、デモ行進中の公務執行妨害、傷害事件において、捜査が一応完了しており、被害者、目撃者が警察官であることなどを理由としたもの（東京地決昭36・2・10下刑集3・1＝2・179）、偽造公文書行使事件において、関係書類が既に押収され、関係人の取調べも一応終了し、被告人も知情の点も含め認め詳細に供述していることを総合すると、偽造本犯が未逮捕で逃走中であっても、被告人には罪証隠滅のおそれがないとしたもの（奈良地決昭38・3・18下刑集5・3＝4・437）、贈賄事件において、収賄者側が罪証隠滅工作を行ったとしても、逮捕直後から事実を認めている贈賄者である被告人がその工作に応じ、これに協力して、自白を覆すに足りる活動をする可能性がないことなどを理由としたもの（青森地弘前支決昭41・11・21下刑集8・11・1493）、窃盗事件において、第一回公判期日前であっても、初犯者の被告人と共犯者が公訴事実を全面的に自白し、罪体、罪状に関する重要な点について相当程度解明されていることなどを理由としたもの（甲府地決昭55・9・30判時989・135）、短刀の不法所持事件において、第一回公判期日で、被告人が事実を認め、短刀とその差押調書謄本の証拠調べが終了していることなどを理由としたもの（東京高決昭39・9・10東時15・9・189）、万引き窃盗事件において、公判で情状証人の取調べと被告人質問を残すのみとなった段階で、目撃者の供述内容と被告人が謝罪文に記載した犯行時の行動が一部異なっていても、職業警備員である目撃者に被告人が働きかける可能性は高くないことなどを理由としたもの（東京高決平23・12・7東時62・1＝12・131）などがある。

　罪証隠滅のおそれについては、証拠収集や公判審理の進展との関係でその余地（客観的可能性、実効性）を考慮する必要があり、権利保釈の除外事由について考える上でも、事案の真相解明のために証拠を収集保全する流動的発展的性質を有する公訴提起前の捜査段階を既に経て、証拠が確保されたことを前提とした段階に来ているだけでなく、一般に、公訴提起、証拠調べを経るにしたがって、罪証隠滅の余地は次第に小さくなり、判決宣告の段階まで至れば、それがますます困難になることに留意する必要がある（81条の解説2⑴参照）。また、その前提として、そもそも罪証隠滅の対象となる事実

として量刑上意味のある重要な事実であるか、慎重に吟味する必要がある。公判前整理手続を通じた事案の争点や証拠の早期確定は、罪証隠滅の余地や主観的可能性を減少させる方向に働くことになろう（松本芳希「裁判員裁判と保釈の運用について」ジュリ1312・128[(1)]）。近年、罪証隠滅のおそれについて、抽象的、類型的な判断に陥っていたのではないかという問題意識が広まり、裁判実務において保釈の積極的、弾力的な運用が推し進められているという指摘もされている（三好幹夫「保釈の運用」別冊判タ35・8）。

　オ　5号

「被告人が、被害者その他事件の審判に必要な知識を有すると認められる者若しくはその親族の身体若しくは財産に害を加え又はこれらの者を畏怖させる行為をすると疑うに足りる相当な理由があるとき」も、権利保釈の除外事由とされる（本条⑤）。本号は、罪証隠滅の典型である事件関係者に対する働きかけのうちの加害的行為である、いわゆるお礼参りを防止するために政策的に設けられたものである。

「事件の審判に必要な知識を有すると認められる者」とは、人証一般を指し、罪体に関する証人に限らず、情状に関する証人も含まれると解する。その他、共犯者たる共同被告人、鑑定人、通訳人、翻訳人も含まれる（なお、賭博場開張図利事件において、捜査の端緒を与えた情報提供者について、検察官側がその氏名を明らかにしておらず、将来証人として証言を求められることも予想できず、「事件の審判に必要な知識を有すると認められる者」に当たらないとしたものとして、福岡高那覇支決昭59・10・5刑裁月報16・9＝10・692）。

「その親族」は、民法上の親族を指すものと解するが、内縁の配偶者に対する加害は、被害者等本人を畏怖させる行為と認められる場合が多いであろう（ポケット刑訴上212、松尾・条解188）。

「身体」は、生命、身体的自由、貞操を含むが、名誉は入らない。

「財産」は、財物に限らず、無体財産その他財産上の利益を含む。

「害を加え又は……畏怖させる行為」は、被害者等が、害を受け、畏怖するような具体的なものであることが必要である（本条5号に該当するとしたも

[(1)] なお、同論文は、これまでの保釈の運用の実情について、詳しく分析しており、保釈の要件についてより具体的、実質的に判断していくべきであり、裁判員事件でより弾力的な保釈の運用を行っていくべきであると提言している。

のとして、岐阜地決昭37・12・28下刑集4・11＝12・1203、大阪高決平2・6・19判時1364・161。）。

裁判員裁判においては、被告人の裁判員、補充裁判員、選任予定裁判員との接触については、刑事訴訟法の規定の適用の特例が設けられている（81条の解説2⑵参照）。権利保釈の除外事由の場面では、本条5号の除外事由に、「裁判員、補充裁判員若しくは選任予定裁判員に、面会、文書の送付その他の方法により接触すると疑うに足りる相当な理由があるとき」が付け加えられている（裁判員64Ⅰ）。

　カ　6号

「被告人の氏名又は住居が分からないとき」も、権利保釈の除外事由である（本条⑥）。

氏名か住居のいずれか一方が分からなければ、本号に当たる（家出中、浮浪中の被告人について、親がその身柄を引き受けるなどしていても、住居を特定したことにはならないとしたものとして、名古屋地決昭36・9・26下刑集3・9＝10・967、東京高決昭59・10・30判時1157・169。）。住居不定は、「住居が分からないとき」に当たる。住居不定については、60条の解説2⑵イ㋐参照。

⑵　権利保釈の除外事由と余罪

権利保釈の許否を判断するに当たり、勾留の基礎となっている事実以外の事実（余罪）を考慮できるかが問題となる。本条2号・6号は、もともと勾留事実、余罪とは関係がないから、ここでは1号・3号から5号の各号について検討する。

いわゆる事件単位の原則によれば、権利保釈の除外事由は、勾留事実のみを基準として判断すべきことになる（権利保釈の除外事由としての罪証隠滅のおそれの有無は、勾留事実についてだけ考慮すべきであるとするものとして、名古屋高決昭30・1・13裁判特報2・1＝3・3、奈良地決昭38・3・18下刑集5・3＝4・437、東京高決昭39・9・10東時15・9・189、東京地決昭40・4・15下刑集7・4・784。96条1項3号・4号の保釈取消し事由について、同旨のものとして、福岡高決昭30・7・12高刑集8・6・769。同項4号の保釈取消し事由について、勾留事実に関する証人等について存しない限り保釈を取り消すべきでないとしたものとして、大阪高決昭37・11・14高刑集15・8・639。なお、仙台高決昭40・9・25下刑集7・9・1804は、本条1号については、必ずしも勾留の基礎

となっている罪がこれに該当するものであることを要せず、この罪と併合審理されている罪がこれに該当する場合をも含むとする。たしかに、被告人に逃亡のおそれがあるかは被告人に対する全公訴事実等を総合して判断すべきともいえるが、余罪に関する嫌疑の判断の在り方について疑問がある〔神垣・令状基本下23〕。被告人の身柄拘束が必要であれば、追起訴事実についても新たな勾留状を発付することになろう。)。

なお、常習一罪などの包括一罪、牽連犯などの科刑上一罪の関係にある事実については、訴因変更により審判の対象となった場合には、勾留の効力は起訴されているすべての事実に及ぶ。そこで、包括一罪、科刑上一罪の起訴されていない部分を保釈の許否の判断に当たって考慮できるかが問題となる。未だ訴因変更がされておらず、裁判所の審判の対象となっていない場合には、これについて罪証隠滅がなされても、直ちに勾留事実についての審理の妨害になるとはいえない。結局、包括一罪の一部をなす事実であっても、現に審判の対象となっていない事実については、その事実の訴因変更がなされ審判の対象となるかが不確定なものである以上、保釈の許否の判断に当たり勾留事実と同様に考慮することは許されないと解する（検察官による訴因変更請求後、裁判所による訴因変更許可決定までの間の取扱いについては、前記(1)ア参照。なお、東京地決昭41・6・8下刑集8・6・938は、本条4号は勾留の基礎となっている公訴事実と密接かつ重要な関係にある他の被疑事実についての罪証隠滅のおそれをも含むとする。)。

ただし、以上は、余罪を勾留事実と同様に考慮できるかという問題についてである。いわゆる事件単位の原則によっても、権利保釈の除外事由の存否を判断するための資料の1つとして余罪を考慮すること、すなわち、勾留事実の事案の内容、性質、被告人の性格等を検討するための資料としてこれを考慮することまでも禁止するものではない（小田・令状基本下26）。常習性が構成要件とされていない犯罪についても、勾留事実が本条3号の常習として犯されたものかを判断する一資料として、余罪を考慮できるのであるから、常習一罪の場合も、同様に、同号の該当性の判断資料として、起訴されていない一罪の他の部分を考慮することができる。　　　　　　　　　　　　　　（川田宏一）

〔職権保釈〕
第90条　裁判所は、適当と認めるときは、職権で保釈を許すことができる。

〈本条細目次〉
1　職権保釈（裁量保釈）の意義　381
2　裁量保釈の判断　381
　(1)　裁量保釈の基準　381
　(2)　裁量保釈と余罪　384

1　職権保釈（裁量保釈）の意義

　本条は、職権保釈について規定する。ただし、義務的保釈（91）の場合にも、裁判所（裁判官）の職権による保釈が行われる。

　裁判所（裁判官）は、適当と認めるときは、職権で保釈を許可することができる。保釈の請求がなされ、権利保釈の除外事由（89各号）がある場合にも、本条を根拠に、職権によって裁量で保釈を許可できる（東京高決昭29・4・21特報40・73）。禁錮以上の刑に処する判決の宣告があった後の保釈も、本条による（344）。このような実質にかんがみ、本条の保釈は一般に裁量保釈と呼ばれている。

2　裁量保釈の判断

(1)　裁量保釈の基準

　裁量保釈の要件として、本条は、「適当と認めるとき」と定めるのみである。これは、裁判所（裁判官）の自由裁量によることを意味するが、もとより、全くの自由裁量を認めるものではなく、保釈制度の趣旨に照らし、合理性のあるものでなければならない。

　権利保釈の除外事由がある場合の裁量保釈の判断については、保釈を相当とする合理的かつ相応な事情が必要ということになろう。具体的には、犯罪の軽重、事案の内容、性質、犯情、被告人の経歴、行状、性格、前科前歴、家族関係、健康状態、公判審理の進行状況、勾留期間、共犯者があるときは共犯者の状況等、諸般の事情を総合考慮して、合理的な裁量により判断すべきことになる（仁田＝安井・刑事手続上263）。例えば、適切な身元引受人の存在は、被告人の公判廷への出頭確保に資する一要素として考慮されよう。

　89条1号に該当しても、相当額の保証金の設定によって出頭確保が期待で

き、身柄を拘束することによる不利益の方が大きいと判断される場合には、保釈が認められることがある（殺人未遂事件において、動機が偶発的かつ単純で遺恨も認められないこと、結果的には被害も軽く済んでいること、被告人が同種前科等ないこと、自ら捜査官憲に出頭する等改悛の情が認められること、被害者から減刑嘆願書が提出されていることなどを理由に、第一回公判期日前の裁量保釈を不当とはいえないとしたものとして、徳島地決昭39・11・14下刑集6・11＝12・1582）。同条3号に該当しても、諸般の事情から、相当額の保証金の設定によって逃亡の防止が可能と見込まれる場合には、保釈を許可することが考えられる。なお、権利保釈の除外事由としての同号は、再犯防止のためのものと解すべきではないが（89条の解説3(1)ウ参照）、裁量保釈の許否の判断に当たっては、再犯のおそれを、逃亡、不出頭のおそれの強弱を判断するための一資料として考慮することは差し支えない（再犯のおそれを考慮したものとして、高松高決昭39・10・28下刑集6・9＝10・999。）。実務上、保釈中に再犯を行い、逮捕を免れるなどの理由から、逃亡、不出頭に至る場合がある。同条4号に該当する場合にも、罪証隠滅のおそれの程度等を検討して、保釈の許否を判断する（商法違反等事件において、罪証隠滅のおそれが強く、相当長期の審理が予想され、いまだ第一回公判期日が開かれず、裁判所の審理計画が樹立されていない段階において、裁量保釈を許すことは相当でないとしたものとして、大阪地決昭50・2・10判時774・122。公務執行妨害事件において、被告人に対する公訴事実の検察官立証が終了していること、被告人の刑責に関係のない相被告人のみの窃盗事件の審理に相当長期を要することなどを理由に、裁量保釈を認めたものとして、東京高決昭60・4・11判時1179・152。強盗致死事件において、弁論終結後、判決宣告前の段階において、事案の特殊性に照らすと、なお罪証隠滅のおそれがあるなど、裁量保釈を相当とする状況が整ったとはいえないとしたものとして、東京高決平元・2・21判時1311・153。なお、恐喝事件において、罪証隠滅のおそれはあるが、起訴後の勾留が既に勾留延長の上満期釈放された別件についての捜査に利用されていることなどから、裁量保釈を相当としたものとして、東京地決昭47・12・27判時709・155。）。

　近年、裁量保釈も含め、保釈の積極的、弾力的な運用が進められており（89条の解説3(1)エ参照）、保釈請求に関する特別抗告申立て事件においても、裁量保釈を認めなかった原決定等を取り消したものがある（サーフボードの接

触にまつわる恐喝事件において、偶発的な事案であること、関係者の供述に食い違いがあるも大筋で一致していること、被告人が前科前歴なく、安定した職業、家庭等を有すること、共犯者と被害者との間で示談が成立していることなどを考慮して、原決定を取り消して裁量保釈を許可したものとして、最決平14・8・19裁集282・1。大麻樹脂約1グラムの共同所持事件において、共犯者が被告人との共謀を供述していること、被告人も勾留質問までは概略を認めていたこと、被告人が前科前歴なく、家族と同居し、大学入試を目前に控え受験勉強中であることなどから、原決定、原々裁判を取り消して裁量保釈を許可したものとして、最決平17・3・9裁集287・203。女児の着衣の上から乳房を触るなどした強制わいせつ事件において、89条3号・4号に該当し、常習性も強い事案であるが、被告人が捜査段階から本件を認め、弁護人も争わない予定としていること、先行する5件の同種強制わいせつ事件についても、被告人が認め、検察官請求証拠をすべて同意して取調べが終わっていること、先行事件の公判裁判所も保証金額各75万円〔合計375万円〕で保釈を許可していること、追起訴が今後予定されていないこと、両親らが被告人の身柄引受けなどをしていること、被告人に前科前歴がないことなどを理由に、原々裁判を取り消して保釈請求を却下した原決定を取り消したものとして、最決平24・10・26裁集308・481。薬物を用いた2件の準強姦事件において、89条1号・3号・4号に該当するものの、先行する5件の準強姦〔未遂〕事件を含め、事実を認め、検察官請求証拠をすべて同意して取調べが終わっていること、追起訴が今後予定されていないこと、妻が被告人の身柄引受けなどをしていること、被告人に前科前歴がないことなどを考慮し、保証金額を1500万円とし、被害者らとの接触禁止等の条件を付して保釈を許可した原々決定を取り消して保釈請求を却下した原決定を取り消したものとして、最決平26・3・25判時2221・129／判タ1401・165。)。

なお、裁判員裁判において特に強く求められる連日的開廷の要請（281の6）の下では、被告人と弁護人による防御権の行使を十全ならしめるために、適時の綿密な打合せ等、訴訟活動の準備の必要が高まることが考えられる（松本芳希「裁判員裁判と保釈の運用について」ジュリ1312・128）。したがって、このような事情は、公判審理の進行状況に関する一事情として、裁量保釈の許否の判断の際に考慮されることになろう（裁判員事件での保釈請求に関する特別抗告申立て事件において、裁量保釈を認めた原決定に問題点があることを指摘

して、裁量保釈の際に考慮すべき点について注意喚起しつつ、特別抗告審の介入を控えたとみられるものとして、最決平22・7・2判時2091・114／判タ1131・93。）。

(2) **裁量保釈と余罪**

　裁量保釈が相当であるかは、勾留の基礎となっている事実について考えるべきである（高松高決昭41・10・20下刑集8・10・1346）。ただし、勾留事実の事案の内容、性質、被告人の経歴、行状、性格等の事情を判断するための一資料として、勾留事実以外の事実（余罪）考慮することは差し支えない（最決昭44・7・14刑集23・8・1057は、「被告人が甲、乙、丙の3個の公訴事実について起訴され、そのうち甲事実のみについて勾留状が発せられている場合において、……90条により保釈が適当であるかどうかを審査するにあたつては、甲事実の事案の内容や性質、あるいは被告人の経歴、行状、性格等の事情をも考察することが必要であり、そのための一資料として、勾留状の発せられていない乙、丙各事実をも考慮することを禁ずべき理由はない。」とする。）。なお、余罪の存在だけを理由として保釈請求を却下することができないことには、留意する必要がある。

　　　　　　　　　　　　　　　　　　　　　　　　　　　（川田宏一）

〔不当に長い拘禁と勾留の取消し・保釈〕
第91条　勾留による拘禁が不当に長くなつたときは、裁判所は、第88条に規定する者の請求により、又は職権で、決定を以て勾留を取り消し、又は保釈を許さなければならない。
2　第82条第3項の規定は、前項の請求についてこれを準用する。

〈本条細目次〉
1　義務的勾留取消し・義務的保釈の意義　385
2　義務的勾留取消し・義務的保釈の要件　385
3　勾留取消し・保釈の手続　386
　(1)　請求の方式　386
　(2)　勾留の取消し・保釈の許可　386
4　請求の失効　387

1　義務的勾留取消し・義務的保釈の意義

憲法38条2項は、「不当に長く抑留若しくは拘禁された後の自白は、これを証拠とすることができない。」と規定し、直接的にではないが、不当に長い拘禁を禁止する趣旨を示している。本条は、勾留による拘禁が不当に長くなったときに、裁判所が、請求または職権で、勾留を取り消し、または保釈を許さなければならないことを規定する（本条Ⅰ）。本条の勾留取消し、保釈は、それぞれ義務的勾留取消し、義務的保釈と呼ばれている。

2　義務的勾留取消し・義務的保釈の要件

「勾留による拘禁」とは、勾留の裁判によって現実に身柄拘束されている状態をいう。

「不当に長くなつたとき」とは、単なる時間的観念ではなく、事案の性質、態様（犯罪の軽重を含む。）、審判の難易、被告人の健康状態その他諸般の状況から、総合的に判断されるべき相対的な概念である（名古屋高決昭34・4・30高刑集12・4・456）。したがって、具体的事案に応じて判断することになる（業務上横領事件において、勾留の基礎となる公訴事実の検察官立証の大部分が終了したにもかかわらず、予定された追起訴が再三遅れて勾留期間が9か月余りに達したことなどの事情を考慮して、逃亡のおそれがあるとしても勾留による拘禁が不当に長くなったことを理由に、勾留を取り消した事例として、京都地決昭44・11・15判時584・159。東京高判昭26・12・25特報25・121は、不当に長い勾留を理由に勾留が取り消されたことを前提とする。なお、「不当に長く抑留若しくは拘禁された後の自白」に当たるとしたものとして、最大判昭23・7・19刑集2・8・944、最大判昭24・11・2刑集3・11・1732、最大判昭27・5・14刑集6・5・769。不当に長い勾留といえないとした事例として、爆発物取締罰則違反等事件において、勾留期間は11か月余りにわたっているが、集団犯罪として起訴され、内容も相当複雑で、その間多数の証拠調べを行い、概ね集中的に審理が重ねられているなどの事情を考慮したものとして、札幌高決昭28・7・29特報32・43、窃盗事件において、検察官の余罪の捜査、追起訴が逮捕勾留後4か月を経過してなされているが、被告人の弁護人選任の遅延が審理延引の一理由であることを考慮したものとして、東京高判昭29・8・24裁判特報1・5・173、詐欺事件において、勾留期間は約1年6か月にわたっているが、前後3回にわたって詐欺事実につき起訴があり、いずれも多数回にわたり被害総額も多額であること、これにつ

き取り調べた証人が200名余にのぼっていること、勾留期間中に被告人の健康状態を考慮して2回にわたって勾留執行停止をしたことなどを考慮したものとして、前掲名古屋高決昭34・4・30、爆発物取締罰則違反等事件において、勾留期間は4年4か月に及んでいるが、事案が重大である上、組織的な犯行であって、被告人と相被告人が犯罪の成否を争い、他にも併合された事件があることからすると、その審理のために相当長期間を必要とする事案であること等を考慮したものとして、東京高決昭49・4・10判時740・108、爆発物取締罰則違反等事件において、勾留期間は2年半以上に及んでいるが、被告人が全面的に事実を争い、多数の証人調べが必要になったこと、事案の重大性、複雑性、被告人らの公判態度、証拠調べの進捗状況等を考慮したものとして、東京高決昭50・8・28東時26・8・137。)。

3 勾留取消し・保釈の手続

(1) 請求の方式

義務的勾留取消し、義務的保釈は、請求または職権により行われるが、請求の方式は、申立て一般の方式について規定した規296条による。請求権者は、88条に規定する勾留されている被告人、その弁護人、法定代理人、保佐人、配偶者、直系の親族、兄弟姉妹である。実務上、通常の勾留取消し請求、保釈請求において、本条の事由があると主張されるのが一般である。

(2) 勾留の取消し・保釈の許可

本条の勾留の取消し、保釈の許可は義務的である。勾留の理由、必要性があってもこれを取り消さなければならない点で、87条による勾留の取消しと異なり、権利保釈、裁量保釈が認められない場合であっても保釈しなければならない点で、89条・90条による保釈と異なる。

勾留を取り消すか、保釈を許可するかの選択の基準が問題となる。請求者側の意思や財産状態を尊重しつつ、原則として保釈により、ただ、これによるときは請求者の財産状態からみて、保証金を納付することができないと判断されるときは勾留を取り消すという扱いが相当であろう（ポケット刑訴上215、松尾・条解191、川上・大コメ刑訴2・181。東京高判昭26・12・25特報25・121、京都地決昭44・11・15判時584・159は、いずれも保証金を納付できなかった事案で、勾留を取り消している。)。

勾留を取り消し、または保釈を許可しても、その後の事情により再度勾留し、あるいは保釈を取り消して、身柄拘束することは差し支えない。しかし、

この場合、前後の身柄拘束が事実上継続していると認められる程度に接近しているときは、本条の趣旨から許されない。

4 請求の失効

義務的勾留取消し、義務的保釈の請求は、保釈、勾留の執行停止、勾留の取消しがあったとき、勾留状の効力が消滅したときは、その効力を失う（本条Ⅱ）。82条の解説 **2**(5)、87条の解説 **3**(5)参照。　　　　　　（川田宏一）

〔保釈と検察官の意見〕

第92条　裁判所は、保釈を許す決定又は保釈の請求を却下する決定をするには、検察官の意見を聴かなければならない。

2　検察官の請求による場合を除いて、勾留を取り消す決定をするときも、前項と同様である。但し、急速を要する場合は、この限りでない。

〈本条細目次〉
1　検察官の意見聴取　387
2　保釈の裁判　387
　(1)　保釈許否の決定　387
　(2)　決定の手続　388
3　勾留取消しの決定　389
4　不服申立て　390
　(1)　抗告・準抗告　390
　(2)　申立権者　390
　(3)　申立ての時期　390

1　検察官の意見聴取

本条は、裁判所（裁判官）が、保釈許否の決定をするとき（本条Ⅰ）、検察官の請求による場合を除いて勾留取消し決定をするとき（本条Ⅱ）に、検察官の意見を聴かなければならないことを規定する。被告人を身柄拘束から解放する際に、公益の代表者としての検察官の意見を反映させようとするものである。

2　保釈の裁判

(1)　保釈許否の決定

保釈の許否は、決定（第一回公判期日前に裁判官が行う場合〔280〕は命令）による。保釈は、被告人に対するものではなく、勾留の裁判に対するものであるから、複数の勾留状が発付されている場合は、勾留状ごとに保釈の許否の判断をする必要がある。その場合には、実務上、併合して判断している。1個の勾留に対して数個の保釈請求がある場合も、各請求を併合して判断することがある。

なお、決定において、保釈の請求があったから保釈する旨を記載するにとどめ、保釈の適用法令を明示しないことにより、直ちに違法となるものではない（東京高決昭29・4・21判時40・73）。

(2) 決定の手続

ア　検察官の意見

「検察官の意見を聴かなければならない」とは、検察官に意見を述べる機会を与えなければならないという意味である。相当の期間内に意見が述べられないときは、意見のないまま決定してもよい。検察官の意見は、口頭や電話による場合もあるが、通常は書面[1]によって述べられる。検察官は、保釈の当否のほか、保釈を不相当とする場合にはその理由を具体的に明らかにするのが適当であり、保釈を相当とする場合には保証金額その他の条件についても意見を述べることができる。なお、検察官の意見は、あくまでも裁判所（裁判官）が保釈の許否を判断する上での参考意見であり、裁判所（裁判官）を拘束するものではない。

イ　事実の取調べ

裁判所（裁判官）は、保釈の許否の判断のために、事実の取調べをすることができる（43Ⅲ、規187Ⅳ）。被告人、弁護人、その他の保釈請求者の意見を聴くことは義務付けられていないが、事実の取調べとして、これらの者に面接し、文書を提出させるなどして、資料とすることができる。また、それ以外の者から事情聴取したり、公務所等に照会し（279）、検察官から更に捜査記録を含む資料を提出させることもできる（弁護人から検察官手持ち証拠の閲読は控えられたいとの申出がなされ、弁護人の了解を得て、検察官の意見書記載の事実を犯情判断の資料として保釈条件を決定したことが、違法ではないとし

---

[1]　実務上は、裁判所（裁判官）が検察官に送付する求意見書の回答欄によっている。

たものとして、東京高決昭54・3・29東時30・3・53）。

ウ　決定の時期

裁判所（裁判官）は、検察官の意見を聴取し、事実の取調べを終えたときは、速やかに保釈許否の決定をすべきである。実務上、第一回公判期日が間近に迫り、受訴裁判所に保釈の当否の判断を委ねるのが相当である場合や、弁護人から、別件で被告人が逮捕勾留される可能性が強いことを理由に保釈許否の決定の留保を求められたような場合などに、しばらく判断を留保することがある（なお、裁判官が、第一回公判期日前、保釈請求から20日後に、その許否の決定を余罪の追起訴見込み調査などを理由になお留保したのに対し、弁護人から準抗告が申し立てられた事案について、保釈許否の決定の留保は429条1項2号にいう「保釈……に関する裁判」には当たらず、不適法であるとしつつ、勾留処分を担当する裁判官としては、できる限りその裁判を迅速にすべきであって、裁判の留保その他の方法によっていたずらに裁判を遅延させることは厳に慎まなければならないとしたものとして、東京地決昭40・10・11下刑集7・10・1920）。

エ　告知の方法

保釈許否の決定の外部的成立要件として、その告知が必要であると解されている。実務上、決定書を作成して、その謄本を被告人、検察官、請求者、代納許可を受けた者（94Ⅱ）、有価証券、保証書の差出しを許された者（同条Ⅲ）に対して送達しているようである。弁護人にも、謄本の送達その他適当な方法により告知している。

3　勾留取消しの決定

検察官以外の者の請求または職権により勾留を取り消す場合にも、検察官の意見を聴かなければならないとされているが（本条Ⅱ本）、勾留の取消しは、緊急を要することが多いと考えられるため、急速を要するときはその必要がないとされている（本条Ⅱ但。なお、事前に検察官の意見を聴かずに、職権により起訴後の勾留を取り消した裁判について、法が検察官の意見聴取を必要としている趣旨は、公訴維持等の職責を持つ検察官にもその立場から意見を述べる機会を与え、これを参考にすることが望ましいとの配慮に基づくものであり、それに尽きると解されるから、検察官に対する意見聴取の手続は勾留取消しの裁判の本質的部分をなすものではないとして、検察官の意見聴取を履践しなかった手続上の不備が原決定を取り消さなければならないほどの重大な瑕疵に当たるとは

いえないとしたものとして、札幌高決昭48・2・10刑裁月報5・2・122。)。

4　不服申立て

(1)　抗告・準抗告

保釈許可決定、保釈請求却下決定に対しては、不服申立て（抗告〔420Ⅱ〕、準抗告〔429Ⅰ②〕）ができる。保釈許可決定に対しても、保証金額や保釈条件に不服があるときは、不服を申し立てることができる（93条の解説4参照）。

(2)　申立権者

保釈許否の決定に対する抗告、準抗告の固有の申立権者は、検察官、被告人（351Ⅰ）である。被告人の法定代理人、保佐人（353）、代理人、弁護人は、被告人の上訴権を代理して、被告人のために申立てをすることができるが、被告人の明示の意思に反することはできない（356）。

なお、配偶者からの保釈請求を却下した裁判に対し、その配偶者自らが抗告、準抗告を申し立てることができるかについて、下級裁は、積極の見解（札幌高判平7・11・7判時1570・146）と消極の見解（東京地決昭49・1・8刑裁月報6・1・101）に分かれていたが、最高裁は、勾留された被告人の配偶者、直系親族、兄弟姉妹は、88条1項により保釈の請求をすることができるから、それらの者が自ら申し立てたその保釈の請求を却下する裁判があったときは、352条「決定を受けたもの」、429条1項「不服がある者」として、抗告、準抗告を申し立てることができるとした（最決平17・3・25刑集59・2・49）。

(3)　申立ての時期

保釈の許否の決定に対する抗告は、通常抗告であり、準抗告もこれに準ずるから、裁判が告知された後は、いつでもすることができる。ただし、原決定を取り消しても実益がなくなった場合は許されず（421但）、抗告、準抗告申立て後にその実益がなくなった場合も同様である（保釈請求却下決定に関する特別抗告申立て事件において、その申立て後に被告人が保釈により釈放された場合には、抗告はその理由について裁判をする実益がないとして、これを棄却したものとして、最決昭29・1・19刑集8・1・37。なお、保釈許可決定により被告人の身柄が釈放されてから8日間を経過した後に、検察官がその決定に対して準抗告の申立てをすることは、手続の安定性の要請を考慮すると、その遅延につき検察官の責に帰すべからざる特別の事情がない限り、不適法であるとしたものとして、東京地決昭48・3・2刑裁月報5・3・360。)。

（川田宏一）

〔保証金額、保釈の条件〕
第93条　保釈を許す場合には、保証金額を定めなければならない。
2　保証金額は、犯罪の性質及び情状、証拠の証明力並びに被告人の性格及び資産を考慮して、被告人の出頭を保証するに足りる相当な金額でなければならない。
3　保釈を許す場合には、被告人の住居を制限しその他適当と認める条件を附することができる。

〈本条細目次〉
1　保釈の条件　391
2　必要的条件　391
　(1)　保証金額の決定　391
　(2)　保証金額の決定基準　392
　(3)　必要的条件の変更　393
3　任意的条件　393
　(1)　制限住居の指定　394
　(2)　その他の条件　394
　(3)　任意的条件の変更　395
4　不服申立て　395

1　保釈の条件

　本条は、裁判所（裁判官）が保釈を許可する場合、保証金額を定めなければならないこととその金額を定める基準、住居制限その他の条件を付することができることについて規定する。保釈の制度は、被告人が保釈条件に違反した場合には保証金の没取という経済的不利益が加えられることを担保に、勾留と同様の被告人の逃亡等の防止という効果を上げようとするものであるから、保証金額の決定は保釈の許可の本質的、必要的条件であり、住居制限その他の条件は付加的、任意的条件である。

2　必要的条件

(1)　保証金額の決定

　裁判所は、保釈を許可する場合には、必ず保証金額を定めなければならない（本条Ⅰ）。保証書等をもって代えることを許す場合（94Ⅲ）も同様である。複数の勾留について、1通の決定書によって保釈を許可する場合には、勾留

ごとに保証金額を定めるべきである。
(2) 保証金額の決定基準
ア 決定の視点
　保証金額は、犯罪の性質、情状、証拠の証明力、被告人の性格、資産を考慮して、被告人の出頭を保証するに足りる相当な金額でなければならない(本条Ⅱ)。

　保釈制度の趣旨からすれば、被告人の出頭確保の要請が中心となるが、これは、単に審判のためのみではなく、有罪判決がなされた場合の刑の執行確保のためでもあるから、保証金額は、この点も含めて、被告人の出頭を確保するに足りる相当な金額でなければならない。

　なお、保証金額の決定に当たって、罪証隠滅のおそれを考慮に入れてよいかが問題となる。たしかに、保証金は本来被告人の出頭確保のためのものであり、本条2項も罪証隠滅の防止の観点について直接言及していない。しかし、勾留自体罪証隠滅の防止も目的としており、そのおそれがある場合にも裁量保釈（90）は認められるので、その際に罪証隠滅のおそれとその防止を考慮して保証金額を決定できれば、保釈の可能性を広げることになるとともに、保証金の没取という威嚇は罪証隠滅の防止も目的としているから（保釈の取消しに関する96Ⅰ③・④・Ⅱ参照）、これを考慮することができると解する。

イ 考慮事項
(ア) 犯罪の性質・情状
　「犯罪の性質及び情状」は、逃亡、罪証隠滅の蓋然性の程度、逃亡した場合等の社会的影響を判断するための考慮事項である。具体的には、犯罪の罪質、法定刑のほか、犯行の動機、態様、結果、被告人の前科前歴等が考慮される。
(イ) 証拠の証明力
　「証拠の証明力」は、有罪の蓋然性の程度を判断するための考慮事項である。具体的には、証拠の種類、性質、証明の程度等を検討する。
(ウ) 被告人の性格・資産
　「被告人の性格」は、逃亡、罪証隠滅の蓋然性の程度を判断するための考慮事項である。具体的には、粗暴性や犯罪の常習性等の有無、暴力団関係者

か等の社会的地位が考慮される。

「被告人の……資産」は、出頭を確保するに足りる相当な金額を判断するための不可欠の考慮事項である。被告人自身の財産のほか、被告人が現実に利用し得る財産、経済的信用も含む。

(エ) その他

本条2項の考慮事項は例示列挙であり、保証金額の決定に当たっての考慮事項は、以上のものに限られない。逃亡の蓋然性の程度を判断するための考慮事項として、被告人が身柄拘束を解かれた場合の生活環境（住居の安定度、家族関係、就労状況、身柄引受人の有無等を考慮することになる。）が重要である。その他、共犯者や他事件との均衡、別件保釈中の場合のその事情（別件で既に納付している保証金額も考慮する必要がある。）、実刑判決後の再保釈の場合のその事情（実刑判決の宣告により、被告人の無罪の推定が破られるとともに、被告人の逃亡のおそれが飛躍的に増大し、刑の執行確保の要請も強まることになる。）も、考慮事項となる。

ウ　相当な金額

「相当な金額」とは、任意的条件（本条Ⅲ）と相まって、被告人の逃亡、罪証隠滅を防止するのに必要かつ十分な金額である。

(3)　必要的条件の変更

保釈許可決定をした裁判所（裁判官）が、後に自ら保証金額を変更できるかが問題となる。積極に解する見解もあるが（札幌地決昭40・11・12下刑集7・11・2107）、法的安定性の要請による裁判の覊束力を考慮すると、保証金額の変更を許容する規定がない以上、消極に解する見解が妥当である（大阪高決昭33・12・22裁判特報5追録535）。保釈許可決定の後、保証金の一部を保証書等をもって代える等の納付方法の変更は可能である（94Ⅲ）。なお、抗告がされた場合は、423条2項により、再度の考案を通じて、原裁判所も保証金額を変更し得る（準抗告の場合は、再度の考案が認められていない〔432参照〕。）。

3　任意的条件

裁判所（裁判官）は、保釈を許す場合には、裁量により、被告人の住居を制限しその他適当と認める条件を付することができる（本条Ⅲ）。被告人を保釈しても、任意的条件を守らせることによって勾留の目的を達することが

できる場合には、条件を付けて保釈し、できるだけ広い範囲で保釈を許そうという考慮に基づく。

(1) 制限住居の指定

実務上、保釈に当たっては、ほとんどすべての場合に制限住居が定められている。住居地については、最小行政区画を示せば足り番地まで記載する必要はないとする判例もあるが（名古屋高判昭25・2・11特報6・98）、書類の送達等の関係もあり、番地まで正確に記載するのが妥当である。

(2) その他の条件

「その他適当と認める条件」とは、被告人の逃亡、罪証隠滅を防止するとともに、保釈後の被告人の公判出廷、有罪判決確定後の刑の執行を確保するのに必要かつ有効な条件をいう（福岡高決昭30・10・21裁判特報2・20・1061）。実務上、通常付されている条件として、住居変更の制限（住居変更につき裁判所の許可を得ること）、旅行の制限（一定日数以上の旅行や外国旅行につき裁判所の許可を得ること）等がある。また、罪証隠滅防止の観点から、被害者等との接触禁止の条件が付されることもある（詐欺等事件において、「被告人は、弁護人を介さずして事件関係者に対し面接、電話、文書その他いかなる方法によるとを問わず一切接触しないこと」との条件を付したことが、違法ではないとしたものとして、大阪高決昭63・9・9判時1317・157。なお、諸般の事情を考慮して、被害者以外に広く事件関係者一般について直接の面接を禁止するまでの必要性は認められないとしたものとして、東京地決昭47・9・28判時694・121。)。

なお、善行保持や再犯禁止の条件を付することができるかが問題となる。これらは、勾留の基礎となった事実とは関連性が認められない上、その内容も明確性を欠き、そもそも、本条3項の「適当と認める条件」とは、被告人の逃亡、罪証隠滅を防止するのに必要かつ有効な条件をいい、再犯防止のための条件は包含されていないと考えるべきであるから、消極に解する（再犯禁止等の条件が許されないとしたものとして、「保釈期間中他の犯罪を犯さぬよう謹慎していなければならない」との条件について、前掲福岡高決昭30・10・21、「罪質の如何を問はず再犯を犯したる時は本決定を取消す」との条件について、東京高決昭33・3・19裁判特報5・4・122、「本件公訴事実と同種犯行を行なつたときは保釈を取り消すこと」との条件について、高松高決昭39・10・28下刑集6・

9＝10・999。)。

(3) 任意的条件の変更

任意的条件は、保証金額の場合と異なり、事情の変更があったときは、保釈許可決定をした裁判所（裁判官）が、自らこれを変更することができると解する（大阪高決昭33・12・22裁判特報5追録535は、保証金額の変更は許されないが、任意的条件の変更は妨げないとする。制限住居の変更につき、東京高決昭53・10・17東時29・10・176。保釈後における事情変更により、任意的条件が追加された事案について、「任意的保釈条件は、保釈保証金と異なり、保釈の裁判の本質的内容ではなく、保釈後の将来を律するための合目的見地より設定されるものであるから、保釈後制限住居に変更があつた場合に見られるように、その追加、変更が……許されないものではなく、……事情が変更され、従前の任意的保釈條件ではこれに対処することができなくなつた場合には、保釈制度を、勾留に代るものとして、合目的に適切有効に運用するため、右事情変更に即応して、任意的保釈條件の追加、変更が必要かつ相当とされる場合に限り、……任意的保釈條件の追加、変更は正当として許容される」としたものとして、東京高決昭54・5・2高刑集32・2・129。制限住居の変更許可が裁量の範囲を超えているとしたものとして、東京高決昭54・6・4刑裁月報11・6・537。）。なお、任意的条件の変更を求める申立ては、裁判所（裁判官）の職権発動を促すものにとどまり、変更を許さない措置に対し、不服申立てはできない（制限住居の変更を求める申立てにつき、前掲東京高決昭53・10・17。）。

4　不服申立て

保証金額や任意的条件に不服があれば、不服申立て（抗告〔420Ⅱ〕、準抗告〔429Ⅰ②〕）ができる。保証金を納付して釈放された後でも、保証金額を不服とする抗告、準抗告の申立てが許されるかが問題となる。消極に解する見解もあるが（神戸地決昭43・3・22下刑集10・3・328は、「被告人の身柄の釈放により保釈許可の裁判はその執行を終了するが、保釈許可の裁判は保証金の納付の後でなければ執行することができないのであるから、保証金の納付は保釈許可の裁判についての被告人側の上訴権の放棄に相当するものと言うべく、身柄の釈放により被告人側の準抗告の申立権は消滅するものと解すべきである。」とする。）、積極に解する見解が妥当であろう（東京地決平6・3・29判時1520・154／判タ867・302は、「保証金額に不服のある被告人側がとりあえずはこれを納付し

て身柄が釈放された後に、直ちに右不服を理由とする準抗告申立てに及ぶことは、これを認める必要性があり、このような準抗告の申立てがその利益を欠くと解するのは相当でない。」とする。)。

(川田宏一)

〔保釈の手続〕
第94条　保釈を許す決定は、保証金の納付があつた後でなければ、これを執行することができない。
2　裁判所は、保釈請求者でない者に保証金を納めることを許すことができる。
3　裁判所は、有価証券又は裁判所の適当と認める被告人以外の者の差し出した保証書を以て保証金に代えることを許すことができる。

〔規〕　第87条（保釈の保証書の記載事項・法第94条）　保釈の保証書には、保証金額及び何時でもその保証金を納める旨を記載しなければならない。

〈本条細目次〉
1　保釈許可決定の執行手続　396
2　保釈の手続　397
　(1)　保証金の納付と保釈許可決定の執行　397
　(2)　保証金の代納　397
　(3)　有価証券による代用　398
　(4)　保証書による代用　398
3　不服申立て　399

1　保釈許可決定の執行手続

　本条は、保釈許可決定の執行手続について規定する。保釈許可決定は、保証金の納付後でなければ執行できないとするとともに、保釈請求者でない者からの保証金の納付を許し、また、保証金に代えて有価証券や裁判所が適当と認める被告人以外の者による保証書をもって保証金の納付に代えることを許した。

2 保釈の手続

(1) 保証金の納付と保釈許可決定の執行

保釈許可決定の執行は、裁判の執行に関する一般原則（472・473）に従い、検察官の執行指揮により行われる。保証金の納付が執行の条件であるから（本条Ⅰ）、まず保証金が裁判所に納付されると、保釈許可決定書の謄本に保証金納付済みの記載をしてこれを検察官に送付し（規36Ⅰ）、検察官はこれを確認して執行の指揮をする（472）。保釈許可決定の謄本の送付後に保証金が納付されたときは、保証金納付済通知書を作成して送付し、あるいは保証金納付通知簿により通知する。

なお、保釈が取り消され、または効力を失った場合に、被告人が刑事施設に収容される前に新たに保釈許可決定があったときには、前に納付された保証金は、新たな保証金の全部または一部として納付されたものとされる（規91Ⅱ）。

実刑判決の言渡しにより保釈自体が失効した場合（343）や、勾留自体が勾留期間の満了（60Ⅱ）等により失効した場合は、保釈許可決定を執行する余地がない。

(2) 保証金の代納

裁判所（裁判官）は、保釈請求者でない者に保証金のいわゆる代納を許すことができる（本条Ⅱ）。本条3項とともに、保釈が許可された被告人が現実に釈放されることを容易にしようとした規定である。なお、保釈請求者が誰であろうと、被告人本人が保証金を納付する場合には、代納の許可は不要である。

職権保釈の場合は、もともと保釈請求者はないが、「保釈請求者でない者」は被告人以外の者を指すものと解する。

「許すことができる」とは、関係者からの申出があったときに、裁量により許可することができるという意味である。保釈請求権者（88）以外の者から申出があった場合、その者の納付した保証金を没取されることが、被告人にとって全く苦痛とならないような者からの代納は、保釈制度の趣旨から許されないが、被告人にとって逃亡等を断念させる経済的不利益となる場合には、代納が許可されることになる。代納は保証金の一部についても許可することができる。保釈許可決定と同時にすることも事後にすることもできる。

(3) 有価証券による代用

　裁判所（裁判官）は、有価証券をもって保証金に代えることを許すことができる（本条Ⅲ）。「有価証券」は、国債、株券のように、それ自体経済的価値があるとともに、換金性を有することが必要である。約束手形、小切手は、性質上、代用し得ない。有価証券の金額は、時価を基準とすべきである。有価証券、保証書の代用許可は、関係者からの申出により、裁量により行うものであり、保釈許可決定と同時でも事後でもよい。

　保証金の納付方法の変更については、被告人、弁護人等にこれを請求することができる旨を定めた規定がないから、これを求める申立ては、請求権の行使ではなく、裁判所（裁判官）に対して職権発動を促すものにすぎない。

(4) 保証書による代用

　裁判所（裁判官）は、その適当と認める被告人以外の者の差し出した保証書をもって保証金に代えることを許すことができる（本条Ⅲ）。「保証書」は保証金額といつでもそれを納める旨を記載した書面である（規87）。保証書を差し出した者（保証人）は、保釈取消しにより保証金の没取の裁判（96Ⅱ・Ⅲ）があった場合には、保証書記載の保証金額を納付すべき義務を負う。検察官の命令を記載した書面が執行力のある債務名義と同一の効力を有することとなり、最終的には保証人の財産に対して強制執行されることになる（490Ⅰ・Ⅱ）。

　保証金が納付され、保釈許可決定が執行された後に、保証書による代用許可が許されるかが問題となる。本条3項が保証書の代用許可の時期を限定していないこと、代用許可の裁判があったことの証明と保証書の差出しと引換えに保証金を還付することにすれば、手続上も特に問題を生じないことから、許されると解する。

　裁判所（裁判官）は、保証書では被告人の出頭の確保等が困難であると考えるときは、いつでも現金の納付を命ずることができる（規87参照）。この納付命令に応じない場合、96条1項2号により、あるいは同項5号の条件違反に準じて保釈を取り消して刑事施設に収容すべきとする見解（河上・注釈刑訴2・126、髙田・注解刑訴上300、川上・大コメ刑訴2・204）と、保釈許可決定の執行の条件が整わない状態に戻ることになるから、原状回復的に再収容すればよく、保釈の取消しではないから、保証金の没取はできないとする

3 不服申立て

保証金の納付方法の変更を求める申立ては、裁判所（裁判官）に職権発動を促すものにすぎない以上、裁判所（裁判官）がこれを容れないときについても、職権の不発動というだけであるから、不服の対象となる裁判がなく、不服申立てはできない（東京高決昭63・10・13東時39・9＝12・36）。もっとも、裁判所（裁判官）が変更の申立てを受けて保証金の納付方法の変更決定をした場合、検察官は不服申立て（抗告〔420Ⅱ〕、準抗告〔429Ⅰ②〕）ができる（検察官の抗告を受けて、保証金納付者と納付方法の変更決定を取り消したものとして、東京高決平5・8・30東時44・1＝12・67。）。 （川田宏一）

〔勾留の執行停止〕
第95条　裁判所は、適当と認めるときは、決定で、勾留されている被告人を親族、保護団体その他の者に委託し、又は被告人の住居を制限して、勾留の執行を停止することができる。

〔規〕　第88条（執行停止についての意見の聴取・法第95条）　勾留の執行を停止するには、検察官の意見を聴かなければならない。但し、急速を要する場合は、この限りでない。
　　　　第90条（委託による執行停止・法第95条）　勾留されている被告人を親族、保護団体その他の者に委託して勾留の執行を停止するには、これらの者から何時でも召喚に応じ被告人を出頭させる旨の書面を差し出させなければならない。

〈本条細目次〉
1　勾留の執行停止の意義　400
2　勾留の執行停止の要件　400
　(1)　実体的要件　400
　(2)　手続的要件　401
3　勾留の執行停止の裁判　402
4　不服申立て　403
5　勾留の執行停止の失効　403

1　勾留の執行停止の意義

　勾留の執行停止は、勾留の執行力のみを一時的に停止し、被告人を勾留による身柄拘束状態から解放する裁判とその執行である。勾留の効力を消滅させない点で、保釈と同様であるが（広義の勾留の執行停止）、保証金の納付を要しない点、当事者に請求権がなく、職権によってのみ行われる点、被疑者にも認められる点（207Ⅰ但参照）で、保釈と異なる。なお、本条とは別に勾留の執行が停止される場合があるが（鑑定留置における勾留の執行停止〔167の2〕、法廷秩序規23）、本条の勾留の執行停止とは性質が異なる。

　勾留の執行停止は、受訴裁判所が行う。なお、起訴前と第一回公判期日までは裁判官が行う（207Ⅰ・280）。

　本条は、勾留の執行停止の裁判とその要件について規定する。

2　勾留の執行停止の要件

(1)　実体的要件

　裁判所（裁判官）は、適当と認めるとき、勾留されている被告人について、勾留の執行を停止することができる。

　「勾留されている被告人」の意義については、82条の解説 **2**(1)ア参照。

　勾留の執行停止の実体的要件として、本条は「適当と認めるとき」と定めるのみである。これは、裁判所（裁判官）の自由裁量によることを意味する。ただし、保証金の没取という経済的不利益による担保を伴う保釈制度が存在し、保釈の方が身柄確保の点では優れている。勾留の執行停止について当事者に請求権が認められないのも、この点が考慮されている。したがって、勾留の執行停止は、例外的、補充的制度としてとらえられるべきであり、保釈が不可能あるいは不適当であって、本条所定の条件と裁判所（裁判官）の定めた条件のみで罪証隠滅や逃亡に対処できる場合、または、結果的に罪証隠滅、逃亡等の事実が発生しても、なお被告人を身柄拘束の状態から解放すべき緊急かつ切実な必要性がある場合に認められると解する（広島高決昭60・10・25判時1180・161／判タ592・119は、「適当と認めるとき」について、「制度の目的に照らすと、それは緊急かつ切実な必要性がある場合をいう」とする。）。実務上、被告人の病気、近親者の通夜、葬儀等の場合に、勾留の執行停止が認められる例がある（恐喝未遂事件において、博徒の総長である被告人に対し、叔父の葬儀への出席を理由に勾留の執行停止を認めたものとして、東京地決昭39・

9・29判タ166・221。暴力団組員である被告人に対し、暴力団の解散式への出席のため、「警察官を同行すること」を条件に勾留の執行停止を認めた原決定について、不適当として取り消したものとして、名古屋地決昭40・9・28下刑集7・9・1847。選挙違反の事案において、区議会の委員会への出席と区議選立候補の準備等だけでは、勾留の執行停止の理由として不適当であるとしたものとして、東京地決昭42・2・21判時475・62。被告人の勾留が余罪捜査、追起訴準備のために利用されているとして勾留の執行停止をした原決定を、相当とするような事情がうかがえないとして取り消したものとして、名古屋高決昭45・12・15判時623・111。改造拳銃による殺人未遂等事件において、市長選挙に立候補した被告人に対し、選挙運動の必要性を考慮して勾留の執行停止を認めた原決定について、適当であるとは認められないとして取り消したものとして、前掲広島高決昭60・10・25。実弟の結婚式への出席のため勾留の執行停止を認めた原決定について、適当であるとは認められないとして取り消したものとして、大阪高決昭60・11・22判時1185・167／判タ586・87。)。

(2) **手続的要件**

勾留の執行停止をするには、親族、保護団体その他の者への委託、または被告人の住居の制限を条件とする必要がある。

ア 必要的条件

(ア) 委託による勾留の執行停止

被告人を、親族（民725）、保護団体（更生保護法人〔更生事2Ⅵ〕等）その他の者に委託することが求められる。「その他の者」の範囲については、制限はなく、個人でも団体でもよく、裁判所が適当と認める者であればよい。この場合、委託を受けた者から、いつでも召喚に応じ、被告人を出頭させる旨の書面を差し出させなければならない（規90）。

(イ) 住居制限による勾留の執行停止

保釈の場合（93Ⅲ）とは異なり、勾留の執行停止の場合には、委託の方法によらないときは、必ず住居の制限を行わなければならない。住居地については、93条の解説3(1)参照。

イ 任意的条件

勾留の執行停止に当たり、明文の規定はないが、必要的条件に加え、期間その他適当と認める条件を付せるかが問題となる。保証金の担保がある保釈

ですら任意的条件を付けられるのに（93Ⅲ）、勾留の執行停止について許されないのは合理的でないこと、勾留の執行停止は、裁判所（裁判官）の職権による裁量的処分であるから、適当な条件を付すこともその制度趣旨に沿うこと、間接的ではあるが勾留の執行停止に期間や条件を付せることを前提とした規定があること（刑事施設への収容の手続を定める98条1項、勾留の執行停止の取消しの要件である96条1項5号参照。）などから、積極に解することに異論はない（木谷・令状基本上468）。付せる条件は、保釈の場合と異ならない（93条の解説3(2)参照。逃亡や罪証隠滅を防止するために、検察官が戒護者を付すことができることを条件としたものとして、東京高決昭59・9・7東時35・8＝9・73。）。期間については、これを定めないで勾留の執行停止をすることもできるが、実務上、ほぼ例外なく定めており、特に収容の手続（98Ⅰ）との関係で、期間の終期は時刻まで定めるのが通例である。期間を定めた場合、これを延長または短縮できるかが、鑑定留置の場合（167Ⅳ）と異なり、明文の規定がないので問題となる。期間が付せられた以上、これは勾留の執行停止の裁判の重要な内容になるから、明文の規定なしに同一審級の裁判所が変更できるとするのは疑問であるとして消極に解する見解（木谷・捜査法大系2・302[(1)]）と、勾留の執行停止自体が裁判所の裁量的処分であるから、これを否定すべきではないとして積極に解する見解（河上・注釈刑訴2・129、高田・注解刑訴上303）に分かれる。

3 勾留の執行停止の裁判

勾留の執行停止は、当事者に請求権がなく、裁判所（裁判官）の裁量により、職権によってのみ行われる。したがって、当事者から勾留の執行停止の申立てがあっても、それは裁判所（裁判官）の職権発動を促すものにすぎないので、裁判所（裁判官）はこれに対して裁判をし、これを告知する訴訟法上の義務はない（最判昭24・2・17刑集3・2・184）。

勾留の執行停止をするに当たっては、検察官の意見を聴かなければならない。ただし、急速を要する場合は、この限りでない（規88）。

---

(1) 短縮を必要とするときは勾留の執行停止決定を取り消し、延長を必要とするときは新たな勾留の執行停止決定を発することで対応するとする。

4　不服申立て

　勾留の執行停止の決定に対しては、不服申立て（抗告〔420Ⅱ〕、準抗告〔429Ⅰ②〕）ができる（なお、被告人の母親の危篤を理由とする勾留の執行停止の決定について、停止期間の31時間は不当であるとしてこれを取り消し、9時間に短縮したものとして、東京高決昭59・9・7東時35・8＝9・73。）。

　当事者からの勾留の執行停止の申立てについて、職権発動をしない場合、決定があったとは認められないから、これに対して不服申立てをすることはできない（最決昭61・9・25裁集243・821）。なお、被告人は、勾留の執行停止の請求権はないものの、被告人の申立てに対して裁判所が進んで却下の決定をしたときは、勾留に関する裁判であるから、420条により抗告できるとする見解もあるが（東京高決昭32・5・9高刑集10・3・318。東京高決昭46・9・6高刑集24・3・530も同趣旨のように思われる。）、当事者に請求権が認められていない以上、決定の形式で請求を却下しても、それは職権不発動の1つの形式にすぎないから、消極に解するのが適当であろう（小林・令状基本下52、木谷・捜査法大系2・304。同旨、大阪高決昭49・11・20刑裁月報6・11・1158。）。

5　勾留の執行停止の失効

　勾留の執行停止が失効するのは、勾留の執行停止が取り消される場合（96）と、勾留の執行停止が当然失効することによる場合がある。後者の場合としては、勾留の執行停止期間が満了した場合、禁錮以上の刑に処する判決が言い渡された場合（343）、勾留自体が失効した場合がある。　　　（川田宏一）

〔保釈等の取消し、保証金の没取〕
第96条　裁判所は、左の各号の一にあたる場合には、検察官の請求により、又は職権で、決定を以て保釈又は勾留の執行停止を取り消すことができる。
　一　被告人が、召喚を受け正当な理由がなく出頭しないとき。
　二　被告人が逃亡し又は逃亡すると疑うに足りる相当な理由があるとき。
　三　被告人が罪証を隠滅し又は罪証を隠滅すると疑うに足りる相当な理

由があるとき。
　四　被告人が、被害者その他事件の審判に必要な知識を有すると認められる者若しくはその親族の身体若しくは財産に害を加え若しくは加えようとし、又はこれらの者を畏怖させる行為をしたとき。
　五　被告人が住居の制限その他裁判所の定めた条件に違反したとき。
2　保釈を取り消す場合には、裁判所は、決定で保証金の全部又は一部を没取することができる。
3　保釈された者が、刑の言渡を受けその判決が確定した後、執行のため呼出を受け正当な理由がなく出頭しないとき、又は逃亡したときは、検察官の請求により、決定で保証金の全部又は一部を没取しなければならない。

　〔規〕　第91条（保証金の還付・法第96条、第343条等）　次の場合には、没取されなかつた保証金は、これを還付しなければならない。
　　一　勾留が取り消され、又は勾留状が効力を失つたとき。
　　二　保釈が取り消され又は効力を失つたため被告人が刑事施設に収容されたとき。
　　三　保釈が取り消され又は効力を失つた場合において、被告人が刑事施設に収容される前に、新たに、保釈の決定があつて保証金が納付されたとき又は勾留の執行が停止されたとき。
　2　前項第3号の保釈の決定があつたときは、前に納付された保証金は、あらたな保証金の全部又は一部として納付されたものとみなす。

〈本条細目次〉
1　保釈・勾留の執行停止の取消し等　405
2　保釈・勾留の執行停止の取消しの裁判　405
　(1)　取消しをする裁判所　405
　(2)　取消し決定の手続　405
　(3)　取消し決定　405
　(4)　取消し事由　407
3　保証金の没取　412
　(1)　保釈取消しによる保証金の没取　412
　(2)　判決確定後の保証金の没取　414
4　保証金の還付　416

1 保釈・勾留の執行停止の取消し等

　本条は、保釈中、勾留の執行停止中の被告人について、一定の事由が認められる場合に、検察官の請求または職権で、これを取り消すことができることを認め、保釈の取消しの場合に、これに伴う保証金の没取について規定する。保釈は保証金の没取の制度を前提とするものであるから、保釈の取消し、保証金の没取の裁判は重要な意義を有する。

　保釈等の取消しは、保釈等の後の事情を考慮して、その効力を将来に向かって失わせるものであるから、撤回の性質を有する。なお、保釈、勾留の執行停止は、禁錮以上の刑に処する判決の宣告があったときは、効力を失い（343）、無罪等の裁判の告知があったときは、勾留状が効力を失う（345）関係で、やはり効力を失う。また、期間の定めのある勾留の執行停止は、その期間満了により効力を失う。これらは本条の場合とは異なる。

2 保釈・勾留の執行停止の取消しの裁判

(1) 取消しをする裁判所

　保釈等の取消しは、受訴裁判所が行う。なお、第一回公判期日までは裁判官が行う（280。被疑者の勾留の執行停止の取消しについては、207Ⅰ。）。第一回公判期日への不出頭を理由とする取消しも、裁判官が行うべきものと解する（東京高決昭52・11・2東時28・11・132）。

(2) 取消し決定の手続

　保釈等の取消し決定は、検察官の請求または職権により行われる。保釈許否の決定（92Ⅰ）、勾留の執行停止の決定（規88）の場合と異なり、被告人、検察官の意見を聴く必要はない（保証金没取決定をするについて、保釈取消し決定の執行の不能、困難を来すおそれ等を指摘して、あらかじめ被告人の陳述ないし意見を聴く必要はないとしたものとして、東京高決昭43・5・14下刑集10・5・557。）。

(3) 取消し決定

　裁判所（裁判官）は、取消し事由があっても、裁量により保釈等を取り消さないことができる（大阪地決昭37・9・24判時322・41）。

　死亡した被告人に対する保釈取消し決定は、勾留の効力そのものが消滅していると解されるから、無効である（被告人が死亡した後に保釈取消し決定がされた事案について、再度の考案により弁護人の抗告を容れてこれを更正したも

のとして、東京地決昭41・11・19判時469・65。)。

　保釈等の取消し決定に対しては、いずれも不服申立てができるので、その決定に理由を付す必要がある（44）。その記載は、上訴審が記録と照合して原裁判の認定判断を知ることができれば足りる（保釈取消しの理由として、単に「刑事訴訟法第96条第1項第2号第5号の該当事由があるからこれを取消す」と記載された決定について、具体的事実が明示されていないからといって理由不備とはならないとしたものとして、東京高決昭34・2・7東時10・2・99。)。

　取消し決定があると、決定書の謄本が検察官に送付され（規36Ⅰ）、被告人には刑事施設への収容の際に勾留状の謄本とともにこれが呈示される（98Ⅰ）。ここで、事前に取消し決定の謄本を被告人に送達することを要するかが問題となる。規34条が裁判の告知について原則として裁判書の謄本の送達を要求していること、被告人に不服申立ての機会を保障する必要があることから、取消し決定の謄本の送達により、被告人に告知して初めて外部的に成立し、執行できるとする見解もある（ポケット刑訴上234。同旨、福岡高宮崎支決昭34・9・8高刑集12・7・714。ただし、保証金没取決定が同時になされた事案であり、保釈取消し決定だけがなされた場合の効力発生の時期については、判断を留保している。)。しかし、規34条にいう「特別の定」は、「送達を要しない」との明文の規定がある場合だけでなく、裁判の性質に照らして送達を要しないことが法規上当然予定されていると解されるものも含み（例えば、勾引状、勾留状等）、保釈等の取消し決定は、その裁判の性質、内容から、同条にいう「特別の定」がある場合に当たると解されること、送達を必要とする見解によると、被告人が逃亡して謄本を送達できない場合に、取消し決定が外部的に成立せず、執行できないという実際上の問題を生ずるほか、逃亡のおそれを理由に保釈等を取り消す場合、かえって被告人の逃亡を助長するに等しい結果を招くこと、収容手続前に被告人が取消し決定の当否を争える機会を設けなければならない根拠もないことから、送達を不要とする見解が多数である（河上・注釈刑訴2・132、髙田・注解刑訴上306、松尾・条解198、川上・大コメ刑訴2・215。同旨、東京高決昭52・6・8判時878・116。)。実務上は、通常は保釈の際の制限住居に宛てた郵便による送達の手続がとられている。保釈取消し決定と保証金没取決定が1通の書面で行われることが多く、後者については、その謄本の送達が必要と解されており（後記3⑴イ参照）、そ

れに伴い前者の謄本も送達される結果となるのである（松尾・前掲、川上・前掲。この問題については、秋山・令状基本下72以下が詳しい。）。

　保釈等の取消し決定が外部的に成立すると、勾留状の効力が回復する。したがって、保釈、勾留の執行停止によって現実に身柄が釈放された時の勾留の残存期間が、取消し決定があった時から進行する。この場合、前の勾留に接見等禁止が付されていても、その効力は回復しない。接見等禁止決定は、勾留による被告人の現実の身柄拘束の存在が前提であり、それが続いている限りにおいて効力も継続するものであること、実質的にみても、保釈、勾留の執行停止の前とその取消しによる再収容後とでは、具体的事情を異にし、再収容後においては接見等禁止の必要性が消滅していることが多いと考えられ、その効力が当然に回復するとするのは妥当でないことなどによる（小田・令状基本下160以下、河上・前掲、川上・前掲217）。

　取消しの決定、取消し請求の却下決定に対しては、不服申立て（抗告〔420Ⅱ〕、準抗告〔429Ⅰ②〕）ができる。

(4)　取消し事由

ア　総　説

　取消し事由は、本条1項各号に規定されている。いずれも、保釈中、勾留の執行停止中に生じた事由である必要がある。

イ　1項各号の事由

㈠　1　号

　まず、「被告人が、召喚を受け正当な理由がなく出頭しないとき」が、保釈等の取消し事由となる（本条Ⅰ①）。

　「召喚を受け」は、適法な召喚を受けることを要する。

　「正当な理由がなく」とは、被告人の責めに帰すべき事由があることをいう。正当な理由がないとされた事例として、保釈中別件で勾留されたが、保釈出所中で現に公判審理が進行していることを官憲に申し出て公判期日に出頭できるよう手続をとらず、出頭しなかったもの（東京高決昭30・8・24東時6・8・273、東京高決昭31・3・22高刑集9・2・182）、病気による不出廷である旨の正式の診断書が提出されているが、その病気が社会通念からいって公判審理引き延ばしの目的であるとの疑いが相当程度以上濃厚であると認められたもの（東京高決昭44・2・13高刑集22・1・12。なお、規183条3項所定

の適式の診断書が提出されたときは、その診断書の記載の正確性が法令上相当程度客観的に担保されていること〔規184Ⅱ・185、刑160〕にかんがみ、不出頭に関する正当な理由の存在を一応推定すべきであり、正当な理由なしと認め得るのは、規184条2項に基づく取調べの結果、その記載内容に誤りがあるときとか、その記載内容に誤りがなくとも、公判審理引き延ばし等の不当な目的により被告人自身がその疾病に原因を与えていることが明らかであるときなどに限られるとしたものとして、大阪高決昭59・7・4判時1137・160。)などがある。これに対し、正当な理由があるとされた事例として、公判期日の直前に急病にかかり、所定の手続をとれなかったもの(東京高決昭29・4・1特報40・60)、公判期日の召喚状が別件で勾留中の留守宅に送達されるなどし、被告人がその期日を知り得なかったため、無届で出頭しなかったもの(東京高決昭34・2・7東時10・2・97)などがある。

「出頭」とは、当該公判期日が開かれる公判廷内の所定の位置に被告人が自ら出ることであると解する。被告人が、審判を受けられる場所に、審判を受け得る状態で出頭することが必要である。裁判所の構内にいても法廷に入らない場合、傍聴席にいて被告人席に着こうとしない場合は、出頭したことにならない(法廷に乱入するなどした傍聴人らに対し、退去命令が発せられたところ、被告人らも退去を命じられた傍聴人らとともに自ら法廷から退去したことが、正当な理由がなく出頭しないときに当たるとしたものとして、東京地決昭42・9・14刑資241・121。)。

被告人の公判期日への不出頭につき、正当な理由があるとして公判期日の変更を認めた後に、不出頭について正当な理由がなかったことが判明した場合、保釈を取り消すことができるかが問題となる。この点、裁判所が、先に被告人の不出頭に正当な理由があるとして公判期日を変更しながら、後に被告人が正当な理由なく公判期日に出頭しなかったとして保釈を取り消すことは許されないとして消極に解する見解がある(札幌地決昭55・12・9判時992・136)。しかし、公判期日変更決定は、訴訟指揮に関する裁判の一種であり、内容的確定力を有さず、拘束力を認める根拠はないこと、性質上急速を要するので、疎明で足りるとされていること(規179の4Ⅰ)などから、このような裁判にその後の裁判に対する拘束力を認めることはできず、積極に解する見解が適当である(小田・令状基本下66、川上・大コメ刑訴2・223。同旨、札

幌高決昭62・12・8 高刑集40・3・748。）。

なお、規179条の3は、公判期日に召喚を受けた被告人が正当な理由がなく出頭しない場合には、58条（被告人の勾引）・96条（保釈の取消し等）の規定等の活用を考慮しなければならないとする。

(イ) 2 号

次に、「被告人が逃亡し又は逃亡すると疑うに足りる相当な理由があるとき」が、保釈等の取消し事由となる（本条Ⅰ②）。本号の逃亡のおそれの意義が問題となる。逃亡のおそれがあることは、権利保釈の除外事由ではないので、本号は、保釈中に新たに生じた場合か、以前よりも著しくそのおそれが強くなった場合を意味すると解する（高田・注解刑訴上309、松尾・条解198、川上・大コメ刑訴2・225）。勾留の執行停止の場合も同様に考えられる。

本号は、逃亡すると疑うに足りる相当の理由があるときは保釈を取り消すことができると定めているから、現実に逃亡した事実がないということのみで逃亡のおそれがないということはできない（東京高決昭31・6・28裁判特報3・15・725）。本号にいう逃亡ないし逃亡のおそれは、保釈決定取消し時に存在しなければならないが、決定前に別件等で勾留されていたとしても、逃亡のおそれが消滅したとはいえない（東京高決昭31・3・22高刑集9・2・182参照）。逃亡後、任意出頭してきた被告人についても、任意出頭によって逃亡の事実がなくなったとはいえず、逃亡のおそれがあるとして保釈を取り消してよい（東京高決昭43・1・17東時19・1・3）。なお、逃亡のおそれを判断するのに、保釈中の再犯を考慮することは差し支えない（前掲東京高決昭31・6・28）。

(ウ) 3 号

「被告人が罪証を隠滅し又は罪証を隠滅すると疑うに足りる相当な理由があるとき」も、保釈等の取消し事由である（本条Ⅰ③）。本号の罪証隠滅のおそれの意義が問題となる。罪証隠滅のおそれがあることは権利保釈の除外事由であるが、裁量保釈も許されることから、本号は、保釈や勾留の執行停止中に新たに生じた場合か、以前よりも著しくそのおそれが強くなった場合を意味すると解する（松尾・条解198、川上・大コメ刑訴2・226。被告人が罪状認否において公訴事実を否認したというだけで、他に罪証隠滅を疑うに足りる資料がない限り、保釈取消し決定をすることは失当であるとしたものとして、仙台

高決昭29・3・22高刑集7・3・317。他方、建物に抵当権を設定した際、土地についても偽造文書により不実の抵当権設定登記を経由したという事案において、保釈中に、その抵当権の実行に藉口して、被害者に対して土地についても抵当権の設定があったと認めさせるように策動することは、本号に該当するとしたものとして、仙台高決昭30・4・14裁判特報2・8・307。)。保釈の場合、起訴前の勾留の段階とは異なり、検察官が一応の証拠を確保している段階にあることに留意する必要がある。また、被告人が弁護人を通じて、被害者と示談の交渉をしたり、関係者の証言内容を確認し、真実を述べるように勧めることは、その手段方法が相当性を失わない限り、防御権の行使として、本号に当たらない（なお、「A……に対し、直接または弁護人を除く他の者を介して面接等による一切の接触をしてはならない」との指定条件の下に保釈されていた被告人が、検察官請求証人Aに対する弁護人の証人テストに同席して、Aに対して直接話しかけ、自己の意に沿うような証言をするよう圧力をかけた行為は、本条1項3号・5号に該当するとした原決定を是認したものとして、東京高決平15・12・2東時54・1＝12・82。)。

本号の事由は、89条4号の場合と同様、勾留の基礎となっている事実についてだけ考慮すべきである（89条の解説3(2)参照)。

㈢　4　号

「被告人が、被害者その他事件の審判に必要な知識を有すると認められる者若しくはその親族の身体若しくは財産に害を加え若しくは加えようとし、又はこれらの者を畏怖させる行為をしたとき」も、保釈等の取消し事由に当たる（本条Ⅰ④)。

「事件の審判に必要な知識を有すると認められる者」、「その親族」、「身体」、「財産」、「害を加え……畏怖させる行為」については、89条の解説3(1)オ参照。本号は、権利保釈の除外事由である89条5号と異なり、現実に害を加えまたは加えようとした場合、畏怖させる行為をした場合に限っている。

本号の事由も、前号の場合と同様、勾留の基礎となっている事実についてだけ考慮すべきである（89条の解説3(2)参照)。

裁判員裁判においては、被告人の裁判員、補充裁判員、選任予定裁判員との接触については、刑事訴訟法の規定の適用の特例が設けられている（81条の解説2(2)参照)。保釈等の取消しの場面では、本号の取消し事由に、「裁判

員、補充裁判員若しくは選任予定裁判員に、面会、文書の送付その他の方法により接触したとき」が付け加えられている（裁判員64Ⅰ）。

　㈪　5号

　さらに、「被告人が住居の制限その他裁判所の定めた条件に違反したとき」も、保釈等の取消し事由とされる（本条Ⅰ⑤）。本号の条件は、93条3項の任意的条件を指す（93条の解説**3**参照）。これらの条件は、広く被告人の逃亡、罪証隠滅を防止するためのものを含むが、些細な条件違反を理由に保釈を取り消すのは相当でない場合がある。条件違反は、被告人の責めに帰すべきものに限られると解する（被告人が、保釈許可決定謄本の送達を受けなかったため、指定された制限住居を知らず、他の場所を制限住居と誤解していた場合は、制限住居に違反したとはいえないとしたものとして、東京高決昭33・6・11東時9・6・154。これに対し、制限住居を守り得ない事情が生じたときは、遅滞なくその旨を裁判所に連絡すべき義務があるから、別件の刑の執行のために収監された場合に、何らの理由なく放任していたときは、本号に該当するとしたものとして、大阪地決昭34・12・26下刑集1・12・2725。また、被告人が、他人の氏名、本籍、住居、生年月日を冒用し、その他人の住居を制限住居として保釈許可の裁判を受けたため、その制限住居に居住していないことが認められるときは、指定条件に違反するとしたものとして、東京高決昭46・10・19判タ274・347）。

　なお、指定条件に違反した事実があった場合には、その後違反状態が消滅していても、それにより違反の事実がなかったということにはならない（被告人が、保釈により釈放された後、犯罪の目的で制限住居を離れた場合、任意かつみだりに住居の制限に違反したものであるから、たとえその後被告人が犯罪により逮捕されて公判に出廷し得るようになったとしても、そのために、住居制限違反の違法性がなくなるものではないとしたものとして、東京高決昭25・12・1特報14・11）。

　ウ　その他の事由

　本条1項各号の事由以外の場合であっても、保釈の取消しができるか、例えば、保釈中の被告人自身が保釈の取消しを申し出た場合、裁判所は職権で保釈を取り消すことができるかが問題となる。このような場合に保釈取消しを認める法文上の根拠がないことから、従来は消極に解する見解が多かった（河上・注釈刑訴2・133）。しかし、本条1項は、強制的な保釈取消し事由を

定めたものと解し、被告人からの任意の申出に基づく保釈取消しまで禁ずる趣旨を含むものではないと解されること、現行法上も保釈許可決定があった場合に、保証金を納付して釈放されるか、納付しないで勾留を続けられるかは被告人の自由に属することなどから、積極に解する見解が適当であろう（金谷・令状基本下60、川上・大コメ刑訴2・218。同旨、鳥取地米子支決平5・10・26判時1482・161。）。

3 保証金の没取

(1) 保釈取消しによる保証金の没取

ア 裁判の性質

裁判所（裁判官）は、保釈を取り消す場合には、決定で保証金の全部または一部を没取することができる（本条Ⅱ）。没取するか、没取するとしても、全部没取するか、一部没取するかは、裁判所（裁判官）の裁量に委ねられ、保釈の取消しに至った事情、保証金納付者側の事情等を考慮して判断する。

保証金の没取の裁判は、保証金やこれに代わる有価証券の納付者の国に対する保証金等の還付請求権を消滅させ、または保証書を差し出した保証人に対して保証金額を国庫に納付することを命ずることを内容とするものである（最大決昭43・6・12刑集22・6・462参照）。

イ 時期等

保釈取消しに伴う保証金の没取は、保釈の取消しと同時になされなければならないかが問題となる。本条2項が、「保釈を取り消す場合には……没取することができる」と規定しており、保釈取消し後において保証金を没取することができる旨の規定がないことから、保証金を没取する決定は、保釈を取り消す決定と同時にしなければならないと解すべきであるとする見解がある（大阪高決昭27・9・6高刑集5・10・1649）。しかし、被告人は収監される前に保証金の返還を請求することはできないとする判例（最決昭25・3・30刑集4・3・457）からすれば、保証金は刑事施設への収容の担保の意味があることになるので、収容に応じなければ保証金を没取する必要がある上、保釈取消しについては急速を要するが、没取については要否、金額等につき事実を調査した上で別途決める必要がある場合がある。したがって、本条2項の「保釈を取り消す場合」というのは、保釈の取消事由とされる具体的事実があるときは、それと同じ事実に基づいて没取することができるという没取

の実体的要件を規定したにすぎず、取消し決定と同時にしなければならないという手続的要件を規定したものではないと解することもできるので、同時でなくてもよいとする見解が適当である（東京高決昭52・8・31高刑集30・3・399、東京高決昭62・1・5高刑集40・1・1）。実務では、保釈の取消しと保証金の没取とを1通の裁判書で同時に行うのが通例であるが、合理的な理由があるときは、保証金の没取は保釈取消しと別の機会になし得るものと解する（秋山・令状基本下77）。

　ここで、事前に保証金没取決定の謄本を被告人に送達することを要するかが問題となる。消極に解する見解もあるが（鹿児島地決昭34・3・10下刑集1・3・864）、保証金没取決定については、あらかじめ告知しても決定の円滑な執行の妨げとなることはないこと、被告人が保釈取消しにより刑事施設に収容された後に通常の方法で告知することが可能であること、保証金没取決定には98条のような規定がないから、謄本送達を要しないとすると、保証金没取決定が全く被告人に告知されないで執行される結果となり疑問であることなどの理由から、保証金没取決定については、規34条但書の「特別の定」のある場合に該当せず、同条本文により、謄本送達を要するものと解する（秋山・前掲84、河上・注釈刑訴2・137、髙田・注解刑訴上312、松尾・条解199、川上・大コメ刑訴2・231。同旨、福岡高宮崎支決昭34・9・8高刑集12・7・714。）。なお、この場合、逃亡中の被告人（本条Ⅱ）または被告人であった者（本条Ⅲ）に対し、刑事施設への収容を待って通常の方法で送達できることはいうまでもないが、実務上、収容前には、保釈制限住居に宛てて決定書謄本を付郵便送達する扱いが行われている。

　被告人が刑事施設に収容された後でも、保証金を没取できるかが問題となる。規91条1項2号が「被告人が刑事施設に収容されたとき」は没取されなかった保証金を還付しなければならないと規定するとともに、保証金に刑事施設への収容の担保の意味があるとすると、収容した後は没取できないとの見解も考えられる（前掲東京高決昭52・8・31参照）。しかし、同号は保証金の還付時期を規定したにすぎず、没取可能時期を規制したり還付請求権を確定させる趣旨まで含むものではなく、収容前に没取の事由が生じていたならば、それが収容により遡って消滅することはないというべきであるから、収容後の没取も可能であると解する（大阪高決昭51・1・28高刑集29・1・24、前

掲東京高決昭62・1・5)。

　　ウ　不服申立て
　保証金没取決定に対しては、不服申立て（抗告〔420Ⅱ〕、準抗告〔429Ⅰ②〕）ができる。
　従来、判例は、保証金没取決定に対し、先に被告人のために保証書を差し出した者は、352条の「被告人以外の者で決定を受けたもの」として自ら不服を申し立てることはできないとしていたが（最決昭31・8・22刑集10・8・1273、最決昭34・2・13刑集13・2・153）、その後不服申立てができると変更した（最大決昭43・6・12刑集22・6・462は、「被告人以外の者が保釈保証金もしくはこれに代わる有価証券を納付し、または保証書を差し出すのは、直接国に対してするのであり、それによつてその者と国との間に直接の法律関係が生ずるのであつて、その還付もまた国とその者との間で行なわれるのである。してみれば、この場合の保釈保証金を没取する決定は、その者の国に対する保釈保証金もしくはこれに代わる有価証券の還付請求権を消滅させ、またはその者に対して保証書に記載された保証金額を国庫に納付することを命ずることを内容とする裁判だといわなければならないから、その者はまさしく刑訴法352条にいう『検察官又は被告人以外の者で決定を受けたもの』に該当し、その者も没取決定に対し不服の申立（抗告）をすることができると解するのが相当である。」とする。）。したがって、保証金没取決定には、その決定書に、裁判を受ける者として、被告人以外の者で、保証金、これに代わる有価証券を納付し、あるいは保証書を差し出した者をも表示し、これらの者に対しても決定謄本を送達する方法によってこれを告知する必要がある。
　なお、最高裁のした保証金没取決定に対しては、428条の準用により異議申立てをすることができる（最決昭52・4・4刑集31・3・163）。

　(2)　判決確定後の保証金の没取
　保釈された者が、刑の言渡しを受けその判決が確定した後、執行のため呼出しを受け正当な理由がなく出頭しないとき、または逃亡したときは、検察官の請求により、決定で保証金の全部または一部を没取しなければならない（本条Ⅲ）。本条3項は、保証金に刑の執行の確保の意味を持たせたものである。
　「刑の言渡」は、345条により勾留状が失効する場合を含まない。

「逃亡したとき」は、判決確定前から逃亡している場合を含む。

判決確定後は、検察官の請求によらない職権による保証金の没取は認められない。この場合の保証金の没取は必要的である。

判決確定後は、事件が受訴裁判所の手を離れ、その意味で係属裁判所がないことになるので、保証金を没取すべき管轄裁判所が問題となるが、現に本案記録の存在する検察庁に対応する裁判所とされている（最決昭32・10・23刑集11・10・2694）。

保釈された者が刑事施設に収容され刑の執行が開始された後でも、保証金を没取できるかが問題となる。本条3項は、保証金没取の制裁の予告の下、これによって、禁錮以上の実刑判決が確定した後に逃亡等が行われることを防止するとともに、保釈された者が逃亡等をした場合には、この制裁を科すことにより、刑の確実な執行を担保する趣旨であるから、判例は、保釈された者について、同項所定の事由が認められる場合には、刑事施設に収容され刑の執行が開始された後であっても、保証金を没取できるとする（最決平21・12・9刑集63・11・2907。なお、没取請求自体は被告人の収容前に行われ、その後被告人が収容された事案である。）。

また、保釈された者が実刑判決を受け、その判決が確定するまでの間に逃亡等をしたものの、判決確定までにそれが解消され、判決確定後の時期において逃亡等の事実がない場合に、保証金を没取できるかが問題となる。保釈された者の逃亡について、実刑判決前は本条1項、2項により、実刑判決確定後は本条3項により、それぞれ対処される旨規定されているが、343条として禁錮以上の刑の宣告があったときは保釈が効力を失う旨の規定が設けられたにもかかわらず、必要な規定が整備されなかったため、実刑判決確定前の逃亡に対処する規定が欠けたといわれている。積極の見解と消極の見解があるが、判例は、本条3項の文理と趣旨に照らすと、判決確定までに逃亡等が解消され、判決確定後の時期において逃亡等の事実がない場合には、同項の適用ないし準用により保証金を没取できないとする（最決平22・12・20刑集64・8・1356。なお、没取請求は被告人の収容後に行われた事案であるが、本決定は、収容後の没取請求ができないという判断を示すことなく、本条3項の解釈適用の検討を行っている。）。

本条3項による保証金没取決定に対しても、不服申立て（抗告〔420Ⅱ〕）

ができる（なお、在監者〔刑事施設に収容中の被告人〕の上訴申立てに関する366条1項は、本条3項による保証金没取請求事件につき在監者が特別抗告を申し立てる場合に準用されるとしたものとして、最決昭56・9・22刑集35・6・675。）。

4　保証金の還付

　規91条は、保証金の還付について規定する。保証金は、被告人の出頭確保、刑の執行確保のためのものであるから、その必要がなくなったときは、提出者に還付することになる。

　同条1項は、還付の要件として、「勾留が取り消され、又は勾留状が効力を失つたとき」（同項①）、「保釈が取り消され又は効力を失つたため被告人が刑事施設に収容されたとき」（同項②）、「保釈が取り消され又は効力を失つた場合において、被告人が刑事施設に収容される前に、新たに、保釈の決定があつて保証金が納付されたとき又は勾留の執行が停止されたとき」（同項③）を挙げ、これらの場合には、没取されなかった保証金は還付しなければならないとしている。

　「勾留状が効力を失つたとき」とは、勾留期間が満了した場合（60Ⅱ）、無罪等の裁判の告知があった場合（345）をいう。被告人が死亡した場合もこれに準ずると解されている。

　「保釈が……効力を失つた」ときとは、343条の場合である。

　規91条2項は、再保釈があったときの保証金の流用について規定する。同条1項3号の保釈の決定があったときは、前に納付された保証金は、新たな保証金の全部または一部として納付されたものとみなすとしている（343条により保釈が効力を失った後、新たに保釈の決定があり、規91条2項により前に納付された保証金が新たな保証金の一部として納付されたものとみなされる場合であっても、残額が納付されないまま、本条3項に規定する事由が生じたときは、同項により、前の保釈の保証金として、その全部または一部を没取しなければならないとしたものとして、最決昭50・3・28刑集29・3・59。）。　　　（川田宏一）

〔上訴と勾留に関する決定〕
第97条　上訴の提起期間内の事件でまだ上訴の提起がないものについて、勾留の期間を更新し、勾留を取り消し、又は保釈若しくは勾留の執行停

止をし、若しくはこれを取り消すべき場合には、原裁判所が、その決定をしなければならない。
2　上訴中の事件で訴訟記録が上訴裁判所に到達していないものについて前項の決定をすべき裁判所は、裁判所の規則の定めるところによる。
3　前2項の規定は、勾留の理由の開示をすべき場合にこれを準用する。

〔規〕　第92条（上訴中の事件等の勾留に関する処分・法第97条）　上訴の提起期間内の事件でまだ上訴の提起がないものについて勾留の期間を更新すべき場合には、原裁判所が、その決定をしなければならない。
2　上訴中の事件で訴訟記録が上訴裁判所に到達していないものについて、勾留の期間を更新し、勾留を取り消し、又は保釈若しくは勾留の執行停止をし、若しくはこれを取り消すべき場合にも、前項と同様である。
3　勾留の理由の開示をすべき場合には、前項の規定を準用する。
4　上訴裁判所は、被告人が勾留されている事件について訴訟記録を受け取つたときは、直ちにその旨を原裁判所に通知しなければならない。

〈本条細目次〉
1　上訴と勾留に関する決定　417
2　原裁判所のなし得る処分　418

1　上訴と勾留に関する決定

　本条は、終局裁判がなされた後の、上訴の提起期間内で上訴の提起以前と、上訴の提起後訴訟記録が上訴裁判所に到達する以前の、勾留に関する処分を行うべき裁判所について規定する。終局裁判がなされても、上訴提起前は、まだ原裁判所の訴訟係属が消滅していないので、原裁判所がこれを行わなければならない（本条Ⅰ）。上訴提起後は、訴訟記録の整理に相当期間を要するため、これが上訴裁判所に到達するまでは、裁判所の規則の定めるところによることとし（本条Ⅱ）、規則は原裁判所が行うこととした（規92Ⅱ・Ⅲ）。なお、第一審の無罪判決を不服として控訴を申し立てた検察官が、控訴審に被告人の再度の勾留を求めた事案において、訴訟記録が到達していない段階では、控訴審には身柄に関する処分権限がないとして、職権発動しなかったものとして、東

京高決平12・4・20東時51・1＝12・44。)。

2 原裁判所のなし得る処分

　原裁判所のなし得る処分としては、勾留の期間の更新、勾留の取消し、保釈、勾留の執行停止、保釈や勾留の執行停止の取消し（本条Ⅰ・Ⅱ、規92Ⅱ。なお、勾留の更新に関する規92条1項は97条1項の改正により削除されるべきものであったが、改正漏れとなっている。)、勾留の理由の開示（本条Ⅲ、規92Ⅲ）が規定されている。これら以外の処分であっても、保釈の条件の変更（制限住居の変更の許可、保証金の納付者の変更の許可〔94Ⅱ〕、有価証券・保証書による代用の許可〔同条Ⅲ〕）等もできると解する。

　ところで、終局裁判をした後に原裁判所が被告人を勾留できるかが、勾留自体については明文の規定がないので問題となる。この点、かつては消極に解する見解が多数であった（秋山・令状基本上430。控訴申立後原裁判所が新たに被告人を勾留した事案において、本条2項、規92条2項の趣旨は、本来上訴の提起があった場合、事件は上訴審に移審するが、事件記録が現存している原裁判所に特に決定権限を認め、実務上の便宜を図る点にあるから、原裁判所に認められる権限は明文で定められている事項に限定されるべきことを理由としたものとして、大阪高決昭39・2・15高刑集17・1・152。)。しかし、最決昭41・10・19刑集20・8・864は、「思うに、刑訴法60条によると、裁判所は、被告人が罪を犯したことを疑うに足りる相当な理由がある場合で、被告人が定まつた住居を有しないなど一定の事由があるときは、被告人を勾留することができることになつており、その時期については、なんらの制限もないのであるから、たとい上訴提起後であつても、右の要件があり、かつ勾留の必要がある場合には、被告人を勾留することができるものといわなければならない。ただ問題は、上訴提起後、訴訟記録がまだ上訴裁判所に到達していない場合に、被告人を勾留するのは、上訴裁判所か、それとも原裁判所かということであるが、この点については、刑訴法上明文の規定は存在しない。そこで、もしこれを上訴裁判所でなければならないとすると、上訴裁判所としては、訴訟記録が到達するまでは、勾留の要件や必要性の存否を知る方法がないため、勾留の手続をすることが事実上不可能で、いかに勾留の必要がある場合であつても勾留をすることができない事態を生ずることになる。このような事態の生ずることは、勾留が本来急速を要するものであることからみても、きわめ

て不合理で、とうてい法の予期するところではないというべきである。……右各条項〔97Ⅱ・Ⅲ・規92Ⅱ・Ⅲ〕に勾留の規定がないのは、勾留の必要がある事件については、判決前に勾留がなされているのが通例で、判決後に新たに勾留がなされる場合はまれであることから、すでに勾留がなされていることを前提にした事項だけを規定したものと解することができるのであつて、あえて原裁判所がみずから勾留をすることを否定しているとまでは解されない。以上のとおりであつて、原裁判所は、上訴提起後であつても、訴訟記録がまだ上訴裁判所に到達しない間は、被告人を勾留することができるものといわなければならない。」として、積極の見解を採用した。この決定は、移審の効力の発生時期については言及していないが、実務上、原裁判所の勾留権限をめぐる問題は解決された。原裁判所の判決宣告後まだ上訴提起のない間に被告人を勾留することも当然できることになる（大阪高決昭49・6・19判時749・114／判タ311・274）。

　上訴裁判所が、被告人が勾留されている事件について訴訟記録を受け取ったときは、判断の重複を避けるため、直ちにその旨を原裁判所に通知しなければならない（規92Ⅳ）。

　なお、事件が上訴審から差戻し、移送された場合（398・399・404・412・413）、同一審級の他の裁判所に移送された場合（19）、簡易裁判所から地方裁判所に移送された場合（332）にも、規92条2項から4項と同様の問題を生じるので、いずれもこれらを類推適用して同様に処理してよいであろう。

（川田宏一）

〔保釈の取消し等と収容の手続〕
第98条　保釈若しくは勾留の執行停止を取り消す決定があつたとき、又は勾留の執行停止の期間が満了したときは、検察事務官、司法警察職員又は刑事施設職員は、検察官の指揮により、勾留状の謄本及び保釈若しくは勾留の執行停止を取り消す決定の謄本又は期間を指定した勾留の執行停止の決定の謄本を被告人に示してこれを刑事施設に収容しなければならない。
2　前項の書面を所持しないためこれを示すことができない場合におい

て、急速を要するときは、同項の規定にかかわらず、検察官の指揮により、被告人に対し保釈若しくは勾留の執行停止が取り消された旨又は勾留の執行停止の期間が満了した旨を告げて、これを刑事施設に収容することができる。ただし、その書面は、できる限り速やかにこれを示さなければならない。
　3　第71条の規定は、前2項の規定による収容についてこれを準用する。

〔規〕　第92条の2（禁錮以上の刑に処せられた被告人の収容手続・法第98条）
　　　法第343条において準用する法第98条の規定により被告人を刑事施設に収容するには、言い渡した刑並びに判決の宣告をした年月日及び裁判所を記載し、かつ、裁判長又は裁判官が相違ないことを証明する旨付記して認印した勾留状の謄本を被告人に示せば足りる。

〈本条細目次〉
1　保釈の取消し等と収容の手続　420
2　執行指揮者・執行機関　420
3　執行手続　420
4　緊急執行・管轄区域外の執行等　421
5　その他　421

1　保釈の取消し等と収容の手続

　保釈の取消し、勾留の執行停止の取消し、勾留執行停止の期間満了により、それまで停止されていた勾留の裁判の効力が回復するので、釈放されていた被告人を再度勾留による身柄拘束の状態に戻すことになる。本条は、その場合の執行機関と執行手続について規定する。

2　執行指揮者・執行機関

　勾留状の執行については、70条1項・2項が執行指揮者と執行機関を規定しているが、本条は、勾留状の執行そのものではないことから、別途規定が置かれた。勾留状の執行の場合（70Ⅰ但）と異なり、急速を要する場合であっても、裁判長や裁判官の執行指揮は認められていない。その他、執行指揮者、執行機関については、70条の解説1参照。

3　執行手続

　被告人の刑事施設への収容は、検察官の指揮により、検察事務官、司法警

察職員、刑事施設職員が、勾留状の謄本と保釈取消し決定、勾留執行停止取消し決定、期間を指定した勾留執行停止決定の謄本を被告人に示して行う(本条Ⅰ)。勾留状と保釈取消し決定等の各謄本を被告人に示すのは、被告人の身柄拘束の根拠が、効力が回復した勾留の裁判の執行力と勾留の裁判の執行力を停止する原因となっていた裁判を取り消す裁判の執行力等の双方によることにある。なお、本条に規定する各裁判書謄本の呈示は、裁判の告知としてのものではなく、身柄拘束の再開が正当な理由に基づくものであることを被告人に了解させるという、人権保障の意味によるものである。

4 緊急執行・管轄区域外の執行等

　本条1項の書面を所持しないために示すことができない場合で、急速を要するときは、検察官の指揮により、被告人に対し保釈、勾留の執行停止が取り消された旨、勾留の執行停止の期間が満了した旨を告げて、刑事施設に収容できるものとした(本条Ⅱ本)。ただし、その書面は、できる限り速やかにこれを示さなければならない(本条Ⅱ但)。本条による被告人の刑事施設への収容の手続は、勾留状の執行と本質において異ならないので、73条3項と同様の緊急執行の手続を定めたものである。緊急執行については、73条の解説3参照。また、同様に、71条が準用され(本条Ⅲ)、管轄区域外の執行、執行の嘱託も認められる。管轄区域外の執行等については、71条の解説参照。

5 その他

　343条は、禁錮以上の刑に処する判決の宣告があったときは、保釈、勾留の執行停止は効力を失い、新たに保釈、勾留の執行停止がなされない限り、98条が準用されるとする。規92条の2は、これにより被告人を刑事施設に収容するには、言い渡した刑、判決宣告をした年月日と裁判所を記載し、裁判長または裁判官が相違ないことを証明する旨付記して認印した勾留状の謄本を被告人に示せば足りるとする。この場合の収容は、判決の執行としてなされるものではなく、判決の宣告自体の効力に基づくものであり、その事実を証明するものがあれば足りるからである。

　　　　　　　　　　　　　　　　　　　　　　　　　　(川田宏一)

第9章　押収及び捜索

〔差押え、提出命令〕
第99条　裁判所は、必要があるときは、証拠物又は没収すべき物と思料するものを差し押えることができる。但し、特別の定のある場合は、この限りでない。
2　差し押さえるべき物が電子計算機であるときは、当該電子計算機に電気通信回線で接続している記録媒体であつて、当該電子計算機で作成若しくは変更をした電磁的記録又は当該電子計算機で変更若しくは消去をすることができることとされている電磁的記録を保管するために使用されていると認めるに足りる状況にあるものから、その電磁的記録を当該電子計算機又は他の記録媒体に複写した上、当該電子計算機又は当該他の記録媒体を差し押さえることができる。
3　裁判所は、差し押えるべき物を指定し、所有者、所持者又は保管者にその物の提出を命ずることができる。

　　〔規〕　第93条（押収、捜索についての秘密、名誉の保持）　押収及び捜索については、秘密を保ち、且つ処分を受ける者の名誉を害しないように注意しなければならない。

〈本条細目次〉
1　本条の趣旨　423
2　差押え・提出命令をなすことのできる時期　423
3　差押えの必要性　424
4　証拠物又は没収すべき物　424
　(1)　コンピュータ内の情報　425
　(2)　人の身体の一部　425
　(3)　供述調書　426
5　押収の範囲　427
　(1)　被告人・弁護人の手中にある証拠物等　427

(2)　第三者の所有物　427
　(3)　他の国家機関による差押え中の物　427
　(4)　捜査機関が押収した物を検察官が証拠として裁判所に提出した場合　427
6　特別の定　427
7　提出命令　428
　(1)　提出命令の趣旨　428
　(2)　提出すべき物の指定　429
　(3)　提出に関する手続　429
　(4)　上告審における提出命令の可否　429
　(5)　被告人に対する提出命令　430
8　不服申立て　430
9　本条2項の趣旨等　430
10　本条2項の処分を行い得る場合　431
11　複写の対象となる記録媒体　431
12　複写可能な電磁的記録　431
13　行　為　432

1　本条の趣旨

　本条は、裁判所の行う押収（物を保全するためにその占有を取得し、又はこれを継続する処分）のうち、差押え・提出命令についての規定である。本条の「裁判所」は受訴裁判所を意味するが、受訴裁判所以外に①受命裁判所又は受託裁判所、②証拠保全の請求を受けた裁判官、③検察官、検察事務官又は司法警察職員も差押えを行う場合がある。本条は、差押え・提出命令の一般規定であり、①については125条4項、②については179条2項、③については222条1項でいずれも本条が準用される。もっとも、3項の提出命令の規定は、その性質上、捜査機関の場合には準用されない。

2　差押え・提出命令をなすことのできる時期

　裁判所が差押え、提出命令をなすことができる時期は第1回公判期日後に限られる。280条のように時期に関する明文の規定はないが、証拠調べを行う前に、受訴裁判所が差押え、提出命令の必要性を自ら判断することは予断排除の原則に触れると考えられるためである。なお、第1回公判期日前に証拠物を押収する必要が生じた場合には、被告人側は証拠保全の請求（179）を行い、捜査機関は犯罪捜査として捜索・押収を行うこととなる（藤永幸治・注釈刑訴2・150）。このことは公判前整理手続の制度が設けられ、第1回

公判前に一定の限度内で裁判所が証拠に触れることが可能となったことによっても、何らの変更はないものと解されよう。

3　差押えの必要性

裁判所が差押えを行うのは「必要があるとき」である。必要性の判断に当たっては、「犯罪の態様、軽重、差押物の証拠としての価値、重要性、差押物が隠滅毀損されるおそれの有無、差押によつて受ける被差押者の不利益の程度その他諸般の事情」（最決昭44・3・18刑集23・3・153）を勘案し、明らかに差押えの必要がないと認められる場合には差押えをすべきではない。捜査機関による差押えについてもその必要性の有無を裁判所が審査することができる（前掲最決昭44・3・18）。

なお、必要性の判断に当たって他の利益との衡量が必要となる場合もある。例えば、報道機関の取材テープが対象物となる場合には、取材の自由に対する制約なども考慮して必要性を審査することになる（最決平2・7・9刑集44・5・421等）。

4　証拠物又は没収すべき物

証拠物、没収すべき物のいずれも動産、不動産を問わないが、性質上有体物に限られる。「証拠物」とは、証拠となるもので代替性のない物をいう（渡辺咲子・大コメ刑訴2・24）。また、「没収すべき物」とは、その事件の判決において没収の言い渡しのなされる可能性のある物をいうと解される（渡辺・前掲255）。差押えの時点において、裁判所が没収すべき物と判断した物に限られる。差押えの時点で没収すべき物として押収した物について終局的に没収されなかったとしても、差押え自体が違法となるわけではない（松尾・条解205）。「没収すべき物」を差し押えるのは、没収すべき物を確保し、判決執行の際その同一性に誤りがないようにするためであり、これが確保される状況にあれば、没収すべき物であっても必ずしも裁判所が差し押さえる必要はない（東京高判昭25・11・13特報15・26）。また、裁判所が押収していることが、没収を言い渡すための要件ではなく（最決昭29・3・23刑集8・3・318）、裁判所が押収しているか否かを問わず没収の言い渡しができる。

証拠物と没収すべき物は、必ずしも一致しない。差押え対象物は証拠物又は没収すべき物であるから、そのいずれかに該当すれば、差押えをなし得る。

以下、差押えの対象となるかが問題となる物について若干の検討を加える。

(1) コンピュータ内の情報

　差押えの対象となるのは、「物」であり、有体物でなくてはならないので、情報そのものは差押えの対象とはならない。しかし、これがプリントアウトされた物はもとより、情報が記録されたフロッピーなどの電磁的記録媒体やコンピュータのハードウェアに情報が記録されている場合のコンピュータ本体も差押えの対象となる。この点で、差し押さえようとする「パソコン、フロッピーディスク等の中に被疑事実に関する情報が記録されている蓋然性が認められる場合において、そのような情報が実際に記録されているかをその場で確認していたのでは記録された情報を損壊される危険があるときは、内容を確認することなしに右パソコン、フロッピーディスク等を差し押さえることが許される」（最決平10・5・1刑集52・4・275）。ここでいう「損壊される危険性」は、事案に即して関連性を判断するために内容を確認するための支障となる事情として挙げられているものと解され、関連性、必要性について一応の蓋然性が認められるものを包括的に差し押さえることが認められると解される（渡辺・前掲258）。なお、コンピュータの差押えに関しては2項に特則が設けられた。

(2) 人の身体の一部

　人の身体の一部となっている物については、そのままでは差押えの対象とはならない。しかし、①自然のままの状態で、それらの物が人の身体から分離された場合、②その物を任意に身体から分離した場合、③その者の生命、重大な身体の欠陥を救うため等の医学上の手術によるとか、身体検査令状、鑑定処分許可状による処分によって、その物が分離された場合には、差押えの対象となる（藤永・前掲151）。例えば、被疑者が排泄した尿（東京高判昭48・12・10判時728・107）、吐き出した唾液、検査のため医師が採取した血液等は差押えの対象となる。

　この点で、身体内にある尿の強制採取が許されるかが問題となる。判例は、体内にある尿について、尿道にカテーテルを挿入して強制的に押収することも「被疑事件の重大性、嫌疑の存在、当該証拠の重要性とその取得の必要性、適当な代替手段の不存在等の事情に照らし、犯罪の捜査上真にやむをえないと認められる場合には、最終的手段として、適切な法律上の手続を経てこれを行うことも許されてしかるべきである」るとしている。もっとも、捜査機関

が強制採尿を実施する場合の捜索差押令状については、身体検査令状に関する218条6項を準用し、強制採尿は医師をして医学的に相当と認められる方法で行わせなければならない旨の条件の記載が不可欠である（最決昭55・10・23刑集34・5・300。ただし、令状にこの記載を欠く場合であっても、最高裁判例の要請するところを実質的に満たしていることが明らかなときには瑕疵が治癒されるとしたものとして東京高判平3・3・12判時1385・129がある。）。また、身体内の血液については、身体の一部を構成するために差押えの対象にはならないと解される（松尾・前掲204）が、令状によって強制採血を行うことは可能である（高松高判昭61・6・18判時1214・142参照。なお、この裁判例は、被告人の同意がないのに令状なしで行われた採血を違法としながら、その血液を鑑定資料とした鑑定書の証拠能力を肯定した事例である。）。令状による場合には、身体検査令状と鑑定処分許可状の併用が一般的に行われている。

なお、身柄を拘束されていない被疑者を採尿場所へ任意に同行することが事実上不可能であると認められる場合には、強制採尿令状の効力として、採尿に適する最寄の場所まで被疑者を連行することができ、その際、必要最小限度の有形力を行使することができる（最決平6・9・16刑集48・6・420。なお、この最高裁決定が出されるまでは、採尿場所までの連行が許される根拠を111条の「必要な処分」とする裁判例もあった。例えば、東京高判平2・8・29判時1374・136）。また、強制採尿令状が発付されている場合、執行段階で常に尿の任意提出の機会を与える必要はなく、被疑者が尿の任意提出を申し出たときに「任意の尿の提出を期待できないとして、強制採尿の実施に踏み切ったとしても、その判断が人権配慮等の観点から明らかに不合理でない限り、違法性を帯びることはない」（東京高判平24・12・11判タ1400・367）。

(3) 供述調書

供述調書は、その意味内容を証拠とする場合には、供述に代わるものであって、代替性があるので、本条にいう「証拠物」に当たらず、差押え、押収の対象とはならない（名古屋高決昭32・11・13高刑集10・12・799）。もっとも、供述調書の意味内容を証拠とする目的ではなく、偽造調書などその客観的な形状を証拠調べの対象とする場合には、差押え、提出命令の対象となり得る（福岡高決昭44・1・31刑裁月報1・1・39「例えば供述調書であつても、その存在又は状態が証明のために必要とされ、又は供述の再現ができない場合に、これ

を証拠にしようとする限り、その限度では代替性がないものといわなければならない。」)。ただし、このような場合でも、証拠隠滅の証憑がなければ、押収の必要性が認められないとする裁判例（東京高決昭43・11・1東時19・11・213）がある。

5 押収の範囲

(1) 被告人・弁護人の手中にある証拠物等

物の押収は、憲法38条1項の禁ずる供述の強制には当たらず（藤永・前掲154）、被告人が占有している物も差押えの対象となる。弁護人の占有する物についても同様に差押えの対象となる。もっとも、身体拘束中の被告人と弁護人との間で授受されるものについては、憲法39条の保障の実質を害するような差押えは原則として許されないと解すべきであろう（渡辺・前掲268）。

(2) 第三者の所有物

第三者の所有物であっても差押えの対象となる（最判昭31・4・24刑集10・4・608）。この場合には、その物の所有者又は保管者の有する権利は、被告人の場合より重く保護する必要があり、差押えの必要性の判断の利益衡量に当たって留意する必要がある（京都地決昭46・4・30刑裁月報3・4・617）。

(3) 他の国家機関による差押え中の物

民事上又は行政上の差押え手続により差押え中の物についても、本条による差押えは可能である。本条による差押えとは目的が異なるからである。他の捜査機関や裁判所が押収中の物についても、理論上は差押え可能であるが、他の捜査機関や裁判所にその引き渡しを強制できないから、実務上は取り寄せなどの方法によるべきである（藤永・前掲154）。

(4) 捜査機関が押収した物を検察官が証拠として裁判所に提出した場合

この場合に、裁判所がその占有を取得するためには、改めて押収手続を執る必要がある（最決昭26・1・19刑集5・1・58）。

6 特別の定

「特別の定」のある場合には裁判所による差押えができない。103条から105条までの規定、81条ただし書などが、この「定」に当たる。

なお、この「定」の例として公証人法25条、不動産登記規則31条、戸籍法施行規則7条などが挙げられることもあるが、これらは一定の書類等の持ち出しを禁ずる規定であり、差押えができなくなるわけではないと解される（橋

本晋・新基本法コンメンタール刑事訴訟法132)

7 提出命令

(1) 提出命令の趣旨

提出命令は、対象物の所有者等にその提出義務を生じさせる決定である。決定であるから、告知によって効力を生じ、告知を受けた者は、当該物件を裁判所に提出する義務を負う。提出したときに押収の効力が生じるが、不提出の場合の制裁はない。したがって、提出命令を受けた者が対象物を提出しない場合、押収の目的を達するには1項の差押えによるしかない。

提出命令も、1項の差押えの場合と同様に、「必要があるとき」にのみ発することができる（前掲名古屋高決昭32・11・13）。提出命令を発するか否かは、「審判の対象とされている犯罪の性質、態様や軽重などを考慮したうえで、証拠としての価値及び必要性のほか、特定性や代替性、名宛人が受ける不利益など諸般の事情を勘案して、その是非を判定すべきものと考えられる」（大阪高決平5・11・29高刑集46・3・306[1]）。

提出命令では、特に報道機関に対する提出命令が、表現の自由との関係で問題になることが多い。この点で判例は「公正な刑事裁判を実現することは、国家の基本的要請であり、刑事裁判においては、実体的真実の発見が強く要請されることもいうまでもない。このような公正な刑事裁判の実現を保障するために、報道機関の取材活動によつて得られたものが、証拠として必要と認められるような場合には、取材の自由がある程度の制約を蒙ることとなつてもやむを得ないところというべきである。しかしながら、このような場合においても、一面において、審判の対象とされている犯罪の性質、態様、軽重および取材したものの証拠としての価値、ひいては、公正な刑事裁判を実現するにあたつての必要性の有無を考慮するとともに、他面において取材したものを証拠として提出させられることによつて報道機関の取材の自由が妨げられる程度およびこれが報道の自由に及ぼす影響の度合その他諸般の事情を比較衡量して決せられるべきであり、これを刑事裁判の証拠として使用することがやむを得ないと認められる場合においても、それによつて受ける報道機関の不利益が必要な限度をこえないように配慮されなければならない。」

---

[1] なお、同判決は具体的事案において、原審の提出命令を違法と判断している。

としている（最大決昭44・11・26刑集23・11・1490、なお、前掲最決平2・7・9参照）。

なお、提出命令の名宛人の受ける不利益に関し、名宛人である会社の資料で専ら会社内部で利用するために作成されたもので、これが関係者以外の者に公開されることによる会社の不利益が著しく大きいといえる場合について、争点との関係で取調べの必要性が高くないことから提出命令を違法とした裁判例がある（東京高決平22・10・29高刑集63・3・1）。

(2) 提出すべき物の指定

提出すべき物の指定は、個別具体的にされなければならない（藤永・前掲155）。本条1項の差押えは占有を取得する事実行為を含む処分であり、差し押さえる段階で差し押さえられるべきものが特定されていれば足りる。他方、提出命令は、命令を発する段階で提出すべき物が指定される必要がある。「ここに差し押えるべき物の指定というのは、特定の物を受命者の側において判断の余地がない程度に、具体的に限定指摘することであつて、差し押えるべき物を個別的に指定するか、少くともこれが証拠物又は証拠書類にあたるか、若しくは没収すべき物と思料される程度に特定され得る場合であつて、これらの程度もわからない如き概括的表示では足りないものと解する」（前掲福岡高決昭44・1・31）。

(3) 提出に関する手続

提出をさせるのは、公判廷の内外を問わない。公判廷外で提出命令により物の提出を受けるときは、裁判所書記官の立会いを必要とする（規100Ⅰ）。また、押収品の目録を作成し、これを調書に添付する（規41Ⅲ）ほか、所有者等に目録を交付しなければならない（120）。公判廷において提出を受けたときは、公判調書に記載される（規44Ⅰ㉛）。

(4) 上告審における提出命令の可否

事実審理を行わない上告審においても証拠物の提出を命ずることができる。上告審において提出命令を発し、これにより提出され、領置した証拠については、事実審における証拠調べの方法を採らずに公判にこれを顕出することとなるが、このような証拠調べの方式を採ることから「直ちにこれを事実認定の証拠とすることはできないとしても、少くとも原判決の事実認定の当否を判断する資料に供することは許されるものと解すべき」とした判例（最

大判昭34・8・10刑集13・9・1419)がある。

(5) **被告人に対する提出命令**

提出命令は単に提出の義務を課するにとどまり、憲法38条1項の禁ずる供述の強制には当たらない。したがって、被告人が所有者、所持者あるいは保管者である場合に被告人に対して提出命令を出すこともできると解される（松尾・条解206）。

8 不服申し立て

裁判所の押収に関する決定に対して不服のある場合には抗告ができる（420Ⅱ）。また、裁判官のした処分については準抗告ができる（429）。

提出命令は、命令を受けた者がこれに応じて、その対象となった物件を提出し、裁判所が領置することにより押収の効力が生じるものである。したがって、提出命令についても420条2項の「押収に関する決定」に当たると解するのが相当であり、抗告の対象となる（最決昭44・9・18刑集23・9・1146）。

〔和田雅樹〕

9 本条2項の趣旨等

近時、通信ネットワークが高度に発展し、電子計算機で処理すべき電磁的記録を、ネットワークを利用することによって、物理的に離れた様々な場所にある記録媒体に送信して保管することが、極めて容易になるとともに一般化している。そこで、このような状況等に鑑み、平成23年改正により、差押対象物が電子計算機であるときに、当該電子計算機と一体的に使用されている記録媒体から電磁的記録を複写した上で差押えをすることができることとされたものである。

このように、本条2項の処分は、実質的に、電子計算機の差押えの範囲を、これと一体的に使用されている記録媒体にまで拡大しようとするものであるところ、差押状には、その一体となるべき記録媒体の範囲を記載すべきこととされており（107Ⅱ参照）、これにより、複写の対象となる記録媒体は特定・明示されるから、憲法35条1項の趣旨は満たすと考えられる。また、複写の対象となる記録媒体は、物理的には、差し押さえるべき電子計算機と異なるものではあるが、その性質上、電子計算機と一体的に使用されており、認識・把握すべき事項が存在する蓋然性も共通して認められることから、差し押さえることについての「正当な理由」の有無の判断は、電子計算機と一体

的に行うことが可能であって、同条2項の趣旨も満たすと考えられる。

10　本条2項の処分を行い得る場合

　本条2項の処分は、令状に記載された差し押さえるべき物が「電子計算機」であるときに行うことができる。「電子計算機」とは、自動的に計算やデータ処理を行う電子装置のことをいう。パーソナルコンピュータ等のほか、このような機能を有するものであれば、携帯電話等もこれに当たり得る。

11　複写の対象となる記録媒体

　複写の対象となるのは、「当該電子計算機に電気通信回線で接続している記録媒体」のうち「当該電子計算機で作成若しくは変更をした電磁的記録又は当該電子計算機で変更若しくは消去をすることができることとされている電磁的記録を保管するために使用されていると認めるに足りる状況にあるもの」である。これに当たり得るものとしては、例えば、差押対象物たる電子計算機で作成したメールを保管するために使用されているメールサーバ、差押対象物たる電子計算機で作成・変更した文書ファイルを保管するために使用されているオンラインストレージサーバ、差押対象物たる電子計算機で作成・変更した文書ファイルを保管するために使用されている、社内LANでアクセス可能なファイルサーバ等が想定される。

　記録媒体が、差押対象物たる電子計算機で作成・変更した電磁的記録等を「保管するために使用されていると認めるに足りる状況にある」とは、当該電子計算機の使用状況等に照らし、その記録媒体が当該電子計算機で作成・変更した電磁的記録等を保管するために使用されている蓋然性が認められることをいう。例えば、差し押さえるべきパーソナルコンピュータにインストールされているメールソフトにアカウントが設定されている場合、そのアカウントに対応するメールボックスの記録領域については、当該パーソナルコンピュータで作成・変更した電磁的記録等を保管するために使用されている蓋然性を認め得るであろう。

12　複写可能な電磁的記録

　複写の対象となるのは、「当該電子計算機で作成若しくは変更をした電磁的記録」又は「当該電子計算機で変更若しくは消去をすることができることとされている電磁的記録」である。一般に、被疑事実との関連性があると思料されないものを差し押さえることは許されないところ、このことは、本条

2項の処分の対象となるべき電磁的記録についても基本的に同様であると考えられるが、その対象となる電磁的記録は、差押対象物たる電子計算機に電気通信回線で接続している記録媒体に記録されている電磁的記録の全てではなく、「当該電子計算機で作成若しくは変更をした電磁的記録又は当該電子計算機で変更若しくは消去をすることができることとされている電磁的記録」に限られているのであって、このような電磁的記録については、通常、被疑事実との関連性があると思料されるものと考えられるから、個々の電磁的記録について、個別に被疑事実との関連性の有無を判断しなければならないわけではないと考えられる。他方、差押えの現場において、被疑事実との関連性があると思料される電磁的記録とそれ以外の電磁的記録との区別が容易である場合に、捜査機関が、明らかに被疑事実との関連性がないと思料される電磁的記録の複写を殊更に行うことは許されないと考えられる。

13 行　為

　本条2項の処分として可能なのは、電磁的記録の「複写」である。電磁的記録を他の記録媒体に複写するとともに、元の記録媒体から消去するという意味での「移転」は、本条2項の処分としては行うことができない。

　本条2項の処分の対象となる電磁的記録は、差押対象物たる電子計算機のほか、「他の記録媒体」にも複写することが可能である。その複写先となる「他の記録媒体」は、差押えを受ける側が用意する場合もあれば、差押えをする側が用意する場合もあり得る。令状には「差し押さえるべき物」として当該「他の記録媒体」を記載する必要はないと考えられる。

　本条2項においては、対象となる電磁的記録を差押対象物たる「電子計算機又は他の記録媒体に複写した上、当該電子計算機又は当該他の記録媒体を差し押さえることができる」と規定されており、差押えの前に電磁的記録の複写が行われることが前提とされている。したがって、例えば、他の場所で差し押さえた電子計算機を使用して、事後的に警察署からメールサーバ等の記録媒体にアクセスし、電磁的記録を複写することはできない。

　他方、本条2項の処分は、差押対象物たる電子計算機を現実に差し押さえた場合に限ることとはされていないから、必要な電磁的記録を「他の記録媒体」に複写してこれを差し押さえ、当該電子計算機自体は差し押さえないということも可能である。

（吉田雅之）

〔記録命令付差押え〕
第99条の2　裁判所は、必要があるときは、記録命令付差押え（電磁的記録を保管する者その他電磁的記録を利用する権限を有する者に命じて必要な電磁的記録を記録媒体に記録させ、又は印刷させた上、当該記録媒体を差し押さえることをいう。以下同じ。）をすることができる。

〈本条細目次〉
1　本条の趣旨　433
2　対象となる電磁的記録　433
3　相手方　434
4　行　為　434
5　法的効果等　434

1　本条の趣旨

　近時、通信ネットワークが高度に発展し、遠隔地にある複数の記録媒体に電磁的記録を分散して保管し、必要な都度、これをダウンロードするなどして利用することが一般化している上、コンピュータ・システムが複雑化し、その操作には専門的な知識や技術が必要となる場合が多くなっている。また、サーバ等の大容量の記録媒体の場合、1個の記録媒体に極めて多数の電磁的記録が保管されている場合が多く、当該記録媒体を差し押さえると、その管理者の業務に著しい支障が生じるおそれがある。他方、通信事業者等は、裁判官の発する令状があれば、必要な電磁的記録をCD-R等の記録媒体に記録した上、これを提出することに協力する場合が多いところ、当該電磁的記録の内容を証拠化することができれば捜査の目的を達することができるときは、当該記録媒体自体を差し押さえることなく、必要な電磁的記録を証拠として収集し得る方法をとり得るようにすることが合理的である。そこで、平成23年改正により、記録命令付差押えの制度が設けられたものである。

2　対象となる電磁的記録

　記録命令付差押えの対象となるのは、「必要な電磁的記録」であり、それが「記録させ若しくは印刷させるべき電磁的記録」（107Ⅰ）として令状に記載されることとなる。対象となるのは、令状に基づき被処分者が記録をする時までに存在する電磁的記録であるから、通信傍受のように、令状執行後に

一定の期間にわたって記録されることとなる電磁的記録を広く対象として継続的に記録することを命じることはできないと考えられる（なお、令状発付後その執行までの間に新たに存在するに至った電磁的記録も対象となるが、この点は、通常の差押えの場合と同様である。）。

3 相手方

記録命令付差押えの相手方となるのは、「電磁的記録を保管する者」と「電磁的記録を利用する権限を有する者」である。前者は、電磁的記録を自己の実力支配内に置いている者をいい、例えば、電磁的記録が記録されている記録媒体を所持する者等がこれに当たると考えられる。他方、後者は、適法に、電磁的記録が記録されている記録媒体にアクセスして当該電磁的記録を利用することができる者をいう。当該電磁的記録を排他的に管理する権限を有することは不要であり、単に当該電磁的記録を利用できる権限を有することをもって足りる。例えば、法人の内規により、システム端末からホストコンピュータの電磁的記録にアクセスしてこれを利用することが認められているにとどまる者もこれに当たると考えられる。

4 行 為

記録命令付差押えにおいて命じることができるのは、電磁的記録を記録媒体に「記録させ、又は印刷させ」ることである。移転は含まれない。「記録」させるとは、ある記録媒体に記録されている電磁的記録をそのまま他の記録媒体に複写させることや、暗号化された電磁的記録を復号化させた上、これを他の記録媒体に記録させることのほか、複数記録媒体に記録されている電磁的記録を用いて必要な電磁的記録を作成させた上、これを他の記録媒体に記録させることを含むものである。

5 法的効果等

記録命令付差押えは強制処分であり（「押収」に当たる。）、その名宛人として電磁的記録の記録・印刷を命じられた者は、当然、法的にその義務を負うことになる。もっとも、義務違反に対する罰則は設けられていない（記録命令付差押えは、元々、通信プロバイダ等の協力的な者を想定した制度であり、被処分者が応じないことが予想される場合に行うことは予定していない上、仮に被処分者が予想に反して命令に応じなかった場合には、必要な電磁的記録が記録されている記録媒体自体を差し押さえることが可能である。）。　　　　（吉田雅之）

〔郵便物等の押収〕
第100条　裁判所は、被告人から発し、又は被告人に対して発した郵便物、信書便物又は電信に関する書類で法令の規定に基づき通信事務を取り扱う者が保管し、又は所持するものを差し押え、又は提出させることができる。
2　前項の規定に該当しない郵便物、信書便物又は電信に関する書類で法令の規定に基づき通信事務を取り扱う者が保管し、又は所持するものは、被告事件に関係があると認めるに足りる状況のあるものに限り、これを差し押え、又は提出させることができる。
3　前2項の規定による処分をしたときは、その旨を発信人又は受信人に通知しなければならない。但し、通知によつて審理が妨げられる虞がある場合は、この限りでない。

〈本条細目次〉
1　本条の趣旨　435
2　合憲性　436
3　「被告人から発し、又は被告人に対して発した」　436
4　郵便物、信書便物又は電信に関する書類　436
5　法令の規定に基づき通信事務を取り扱う者　436
6　被告事件に関係があると認められる状況　437
7　処分通知　437

1　本条の趣旨

憲法21条2項は「通信の秘密」を保障しており、これを受けて郵便法7条、8条は郵便物について、民間事業者による信書の送達に関する法律4条、5条は信書便物について、電気通信事業法3条、4条は通信について、それぞれ検閲の禁止、秘密の保障を規定している。他方で、これらの郵便物等が犯罪の手段として利用される場合も少なくなく、郵便物等について犯罪の証拠物又は没収すべき物として差し押さえる必要性が認められることもある。そこで、通信事務を取り扱う者が保管中の郵便物等の押収についても令状による差押えや提出命令を認めることを規定したのが本条であり、これは、222条によって捜査機関による押収に準用される。

本条1項は被告人が受発信者である郵便物についての規定である。その場合、郵便物中に、証拠物が含まれる蓋然性が高く、封入物の場合、内容の確認が困難であることから本項により99条の要件が緩和されたものと解される（渡辺咲子・大コメ刑訴2・290）。

本条2項は、受発信者が被告人でない場合についての規定であるが、この場合でも「被告事件に関係があると認めるに足りる状況」があれば、99条の要件が1項の場合と同様に緩和されることとなる（藤永幸治・注釈刑訴2・159）。

2　合憲性

本条に規定するような「犯人が差し出し、それが犯罪事実の一部を構成している電報及びこれに関する書類の如きは、憲法35条及びこれに由来する刑訴法上の強制処分の規定に準拠した方法による限り、なお、すでに配達されたものについては任意提出に基づく領置を含め、これを押収し、後に裁判上証拠として使用することが憲法上も許容されていると解するのが相当である」（東京高判昭54・2・14判タ386・145）[1]。

3　「被告人から発し、又は被告人に対して発した」

発受信者が誰かは、必ずしも表示によるのではなく、実質的に判断して差し支えない（松尾・条解208）。

4　郵便物、信書便物又は電信に関する書類

郵便物は郵便法14条に定める郵便物すべて、信書便物は民間事業者による信書の送達に関する法律2条3項の規定する信書便物をそれぞれ指す。また、電信に関する書類とは、発信紙、中継紙、送達紙等電信に関する一切の書類をいう。

5　法令の規定に基づき通信事務を取り扱う者

日本郵便株式会社、東日本電信電話株式会社、西日本電信電話株式会社、KDDI株式会社などのほか、郵便物運送委託法5条の運送業者も「法令の規定に基づき通信事務を取り扱う者」に当たる。

---

(1)　なお、同判決に対する上告審では、この点は単なる法令違反の主張として斥けられている（最判昭55・5・30判タ416・128）。

6　被告事件に関係があると認められる状況

本条2項にいう「被告事件に関係があると認めるに足りる状況」とは、当該郵便物等が99条1項にいう「証拠物又は没収すべき物と思料」できる状況という趣旨に解すべきである（橋本晋・新基本法コンメンタール刑事訴訟法133）

7　処分通知

本条2項の規定による処分を行った場合には、その旨を発信人又は受信人に通知しなければならないが、本条3項ただし書きにより、「通知によつて審理が妨げられる虞がある場合」には、この通知が不要となる。ここでいう「通知によつて審理が妨げられる虞がある場合」とは、通知によって関係証拠の隠滅がなされるおそれが生じる場合などが考えられる（松尾・条解209）。

（和田雅樹）

〔領置〕
第101条　被告人その他の者が遺留した物又は所有者、所持者若しくは保管者が任意に提出した物は、これを領置することができる。

〔規〕　第41条（検証、押収の調書）　検証又は差押状若しくは記録命令付差押状を発しないでする押収については、調書を作らなければならない。
　　2　検証調書には、次に掲げる事項を記載しなければならない。
　　　一　検証に立ち会つた者の氏名
　　　二　法第316条の39第1項に規定する措置を採つたこと並びに被害者参加人に付き添つた者の氏名及びその者と被害者参加人との関係
　　　三　法第316条の39第4項に規定する措置を採つたこと。
　　3　押収をしたときは、その品目を記載した目録を作り、これを調書に添附しなければならない。

〈本条細目次〉
1　本条の趣旨　438
2　「遺留した物」　438
3　「所有者、所持者若しくは保管者」　438

4 領置の手続　438
5 公判廷で取調べを終えた証拠物　439

1　本条の趣旨

「領置」とは、裁判所が物を占有する処分の一つであり、押収の一種である（最決昭29・10・26裁集99・531）。対象物の占有取得過程で強制力を伴わない点で差押えと異なる。いったん占有を取得した以上は、強制的に占有を継続することとなる。捜査機関による領置については、221条による。

2　「遺留した物」

「遺失物」より広義で、占有者の意思に基づかないでその所持を離れた物のほか、占有者が自らの意思で置き去りにした物もこれに当たる（松尾・条解211）。また、不要物として公道上のごみ集積場に排出されたごみも遺留物として領置の対象となる（捜査機関による領置についての最決平20・4・15刑集62・5・1398）。

3　「所有者、所持者若しくは保管者」

「保管者」に当たるかが問題となった事例として、治療行為として覚せい剤被疑事件の容疑者から採尿を行った医師が尿の「保管者」に当たるとされた事例（札幌地判平4・9・10判時1443・159）があるが、「医師が治療のために尿を採取した場合、医師は、自分の意思だけでこれを使用、廃棄することができるから、それまではこれを所持していると解すべき」であり「所持者」に当たると解するのが相当であろう（東京高決平9・10・15東時48・1＝12・67）。なお、そのほかに遺失物の届け出を受けた警察署長が「保管者」に当たるとされた事例（東京地判平4・7・9判時1464・160）などがある。

なお、保管者が任意提出する行為が、当該物を保管者に交付するなどした者との関係で契約あるいは事務管理という私法上の義務に違反することがあり得る。しかしこのことによって、直ちに、任意提出及び領置の手続が違法となるわけではない（前掲札幌地判平4・9・10）。

また、任意提出者の占有が適法である以上、その処分権限の有無は問わないと解される（前掲東京地判平4・7・9）。

4　領置の手続

領置も押収に関する裁判であるから、不服のある者は420条2項又は429条

1項2号により抗告又は準抗告を申し立てることができる。

　領置の決定をするときは、裁判所書記官を立ち会わせ（規100）、調書を作成させなければならない（規41Ⅰ）。また、領置した物の目録を作成し、これを調書に添付させなければならない（同条Ⅲ）。この目録の写しは、領置した物の所有者、所持者又は保管者に交付される（120）。なお、公判廷で提出された物を領置するには別に押収調書を作成する必要はなく、公判調書に記載することで足りる（東京高判昭28・7・13特報39・12）。なお、規44条1項31号で公判廷において行った押収については、公判調書の記載事項とされている。

5　公判廷で取調べを終えた証拠物

　捜査機関が押収した物について、検察官が証拠請求し、公判廷で取り調べた場合、その物は原則として裁判所に提出しなければならない（310）。この場合でも裁判所は改めて領置の手続を執らなければその占有を取得できない（最決昭26・1・19刑集5・1・58）。この場合の領置についての押収関係は裁判所と検察官の間に生じるのではなく、裁判所と当初の被押収者との間で生じる。したがって、これらの物の還付等は当初の被押収者に対してなされることとなる（最決昭30・11・18刑集9・12・2483は、検察官が裁判所に提出し、裁判所が領置した証拠物について、捜査機関に当該物を差し出した者の裁判所に対する仮還付請求権を認めている。）。

　　　　　　　　　　　　　　　　　　　　　　　　　　　（和田雅樹）

〔捜索〕
第102条　裁判所は、必要があるときは、被告人の身体、物又は住居その他の場所に就き、捜索をすることができる。
2　被告人以外の者の身体、物又は住居その他の場所については、押収すべき物の存在を認めるに足りる状況のある場合に限り、捜索をすることができる。

　　〔規〕　第102条（被告人の身体検査の召喚状等の記載要件・法第63条等）　被告人に対する身体の検査のための召喚状又は勾引状には、身体の検査のために召喚又は勾引する旨をも記載しなければならない。

〈本条細目次〉
1 本条の趣旨 440
2 「必要があるとき」 440
3 身体の捜索 440
4 被告人の住居等の捜索 440
5 被告人以外の者の住居等の捜索 441

1 本条の趣旨

本条は、受訴裁判所の行う捜索について、その対象及び要件を定める規定である。222条により、捜査機関の行う捜索に準用される。

2 「必要があるとき」

捜索することができるのは、必要がある場合に限られる。差押えについては、犯罪の態様・軽重、証拠の重要性、差押えを受ける者の不利益など諸般の事情を考慮して、明らかに必要性がないときには、差押えが許されない（最決昭44・3・18刑集23・3・153）と解されており、本条が規定する捜索の必要性についても同様に解される。

3 身体の捜索

身体の捜索は、身体そのもののほか、着衣を含み、身体は外表のみではなく、内部についても捜索し得るとするのが通説である（松尾・条解212）。身体内部の捜索としては、尿道にカテーテルを挿入して行う強制採尿についても捜索・差押えの一種とされている（最決昭55・10・23刑集34・5・300）。もっとも、捜査機関が強制採尿を実施する場合の捜索差押許可状については、身体検査令状に関する218条6項を準用し、強制採尿は医師をして医学的に相当と認められる方法で行わせなければならない旨の条件の記載が不可欠である。

4 被告人の住居等の捜索

「被告人の住居」といえるかについては、客観的な状況から合理的に判断することとなる。この点で、被告人が1週間前まで居住し、荷物も多少残した状態でいなくなった同居人方の住居の捜索が適法とされた判例（最決昭61・3・12判時1200・160）がある。また、被疑者方居室に対する捜索差押許可状により同居室を捜索中に被疑者あてに配達され同人が受領した荷物についても、同許可状により捜索することができる（最決平19・2・8刑集61・1・

1）。
5 被告人以外の者の住居等の捜索
　被告人以外の者の住居等については、被告人の場合のように、証拠物の存在が当然に推定されるわけではないので、本条2項で、捜索の対象となる場所に差し押さえるべき物が存在する蓋然性がある場合に限って捜索が認められる（東京地判平8・3・25判タ925・188参照）。　　　　　　　　（和田雅樹）

〔公務上秘密と押収〕
第103条　公務員又は公務員であつた者が保管し、又は所持する物について、本人又は当該公務所から職務上の秘密に関するものであることを申し立てたときは、当該監督官庁の承諾がなければ、押収をすることはできない。但し、当該監督官庁は、国の重大な利益を害する場合を除いては、承諾を拒むことができない。

〈本条細目次〉
1　本条の趣旨　441
2　公務員　441
3　職務上の秘密　442
4　監督官庁　442
5　「国の重大な利益を害する場合」　442

1　本条の趣旨
　刑事訴訟の真実発見の要請に対して、一定の場合には、国の重大な利益に関する公務上の秘密の保護を優先するという規定である。
2　公務員
　本条にいう「公務員」に、国家公務員が含まれることは問題がない。地方公務員については、通常国の重大な利益を害するという立場にないため含まないという考え方もあり得る。しかし、文理上、地方公務員と国家公務員を区別する理由はなく、地方公務員も国の重大な秘密を取り扱うこともあるので、本条の「公務員」に含まれると解される（藤永幸治・注釈刑訴2・167）。
　いわゆる「みなし公務員」は、職務の公共性から公務員と同様の義務を負

わせられるものであり、国の統治作用を保護する本条の規定とは性質を異にするため、本条の「公務員」には含まれないと解すべきであろう（渡辺咲子・大コメ刑訴2・318）。

3 職務上の秘密

国家公務員法100条に規定する「職務上の秘密」については、「単に形式的に秘扱とせられたというにとどまらず、実質的にも職務上知ることのできた秘密」（最決昭35・11・30刑集14・13・1766）と解されており、指定秘でありかつ実質秘であることを要するとされている。もっとも、国家公務員法100条については、刑罰によって保護する必要があるかを裁判所が判断するのに対して、本条の「職務上の秘密」に当たるかの判断は、公務員又は公務所が行う。本条は、刑事訴訟における真相解明の利益に優先する公務上の秘密を保護するための規定であり、国家公務員法100条の場合と比べて、「職務上の秘密」を厳格に解するべきである（藤永・前掲168）。

4 監督官庁

行政組織上、当該公務員の属する行政機関において、当該秘密を保護すべきか開示すべきかを判断できる上級の機関又はその機関の長をいう。次条の場合以外で、監督官庁がないものについては、当該公務員又は公務所が自ら判断すべきである（松尾・条解214）。

5 「国の重大な利益を害する場合」

「国の重大な利益を害する」か否かについての最終的な判断権が裁判所にあるとの見解もある[1]が、「重大な利益を害するか否か」について、裁判所がこれを秘密裡に審査する手続もないことから、最終的な判断権者は裁判所ではなく監督官庁であると解される（渡辺・前掲320）。

その事実が公開されることによって、国の安全又は外交上の利益に重大な支障が及ぶ可能性のある場合、公安の維持に重大な支障を生ずるおそれがあ

---

[1] 自衛隊航空幕僚長が通達等について国の重大な利益を害する場合に当たるとして提出命令に応じなかった事例で、新潟地裁がそのような見解を表明したと伝えられているが、判決文上はこの点は明らかになっていない。なお、同地裁は、通達を調べられない以上、真実は発見できないとして、通達の取調べに代わる証人の取調べ請求を却下し無罪を言い渡したが、控訴審では、そのような審理の仕方を違法としている（新潟地判昭50・2・22判時769・19、東京高判昭52・1・31高刑集30・1・1）。

る場合、その他各種行政の運営上著しい支障を生ずるおそれのある場合等が「国の重大な利益を害する場合」に当たる（大阪地判昭35・4・6下刑集2・3＝4・600[(2)]）。

(和田雅樹)

〔公務上秘密と押収〕
第104条　左に掲げる者が前条の申立をしたときは、第1号に掲げる者についてはその院、第2号に掲げる者については内閣の承諾がなければ、押収をすることはできない。
　一　衆議院若しくは参議院の議員又はその職に在つた者
　二　内閣総理大臣その他の国務大臣又はその職に在つた者
2　前項の場合において、衆議院、参議院又は内閣は、国の重大な利益を害する場合を除いては、承諾を拒むことができない。

〈本条細目次〉
　1　本条の趣旨　443
　2　承諾権者　443

1　本条の趣旨

公務員の中でも国会議員、内閣総理大臣その他の国務大臣については、監督官庁がないことから、国会議員についてはその所属する院、国務大臣については内閣を承諾権者とすることとした規定であり、103条の特則となる。

2　承諾権者

本条1項1号の場合、その者が現に属するか、当時属していた衆議院又は参議院が承諾権者となる。現に一方の院に属しているが、以前に他方の院に属していた者については、押収の対象とされている物の保管・所持がいずれの院に属しているときに生じたかによって承諾すべき院が決められる（藤永幸治・注釈刑訴2・171）。

(和田雅樹)

[(2)]　この事案では、国税局長が「営業庶業等所得標準率表」等について提出命令に応じることを拒絶した。

〔業務上秘密と押収〕
第105条　医師、歯科医師、助産師、看護師、弁護士（外国法事務弁護士を含む。）、弁理士、公証人、宗教の職に在る者又はこれらの職に在つた者は、業務上委託を受けたため、保管し、又は所持する物で他人の秘密に関するものについては、押収を拒むことができる。但し、本人が承諾した場合、押収の拒絶が被告人のためのみにする権利の濫用と認められる場合（被告人が本人である場合を除く。）その他裁判所の規則で定める事由がある場合は、この限りでない。

〈本条細目次〉
1　本条の趣旨　444
2　押収拒絶権者　444
3　「保管し、又は所持する物」　445
4　「他人の秘密」　445
5　本人の承諾　445
6　被告人が秘密の主体である場合の押収拒絶　446
7　「その他裁判所の規則で定める事由」　446

1　本条の趣旨

本条は、他人の秘密を扱う一定の職に在る者等について、業務上の秘密の保護を刑事訴訟における真実発見の要請に優先させる特則を設けたものであり、103条と同様の趣旨に基づく規定である。このことは国税犯則取締法に基づく差押え手続にも及ぶと解される（熊本地決昭60・4・25判タ557・290）。

2　押収拒絶権者

押収を拒絶できる者は、本条に列挙された者に限られる（証言拒絶権を規定した149条に関して証言を拒絶できる者の列挙を制限列挙とするものとして最大判昭27・8・6刑集6・8・974）。

押収拒絶は権利であって義務ではない。したがって、本条に規定された者が押収に応じたからといって、押収物の証拠能力が失われることはない（医療のために採尿を行った医師がその尿を任意提出した事例について東京高判平9・10・15東時48・1＝12・67）。

なお、報道機関は本条に規定されていないため、本条の押収拒絶権は認め

られない。しかし、報道の自由との関係で、その押収に当たっては、「公正な刑事裁判を実現するにあたつての必要性の有無を考慮するとともに、他面において取材したものを証拠として提出させられることによつて報道機関の取材の自由が妨げられる程度およびこれが報道の自由に及ぼす影響の度合その他諸般の事情を比較衡量して決せられるべきであり、これを刑事裁判の証拠として使用することがやむを得ないと認められる場合においても、それによつて受ける報道機関の不利益が必要な限度をこえないように配慮されなければならない」（最大決昭44・11・26刑集23・11・1490）。この考え方はその後の判例にも踏襲されている（最決平元・1・30刑集43・1・19、最決平2・7・9刑集44・5・421）。

3 「保管し、又は所持する物」

委託を受けて保管・所持する物に限らず、事務の委託の結果として作成し、収集した物を含む（渡辺咲子・大コメ刑訴2・330）。「物」とは書簡その他の記述を記載した書面に限らず、あらゆる物に及ぶ。医師のカルテや弁護士の業務日誌などもこれに含まれる（藤永幸治・注釈刑訴2・172）。

4 「他人の秘密」

性質上客観的に秘密とされるもののほか、委託の趣旨において秘密とされたものを含むと解するのが通説とされている（渡辺・前掲329）。しかし、性質上客観的に秘密に当たらないものについて、単に委託者が秘密にしてほしいと希望しているという理由で、真実発見の要請を犠牲にして保護すべきと考えるのは不合理であり、客観的に秘密であること（秘密保持の意思、非公知性及び客観的な秘匿利益）を要すると解すべきであろう（藤永・前掲173）。

もっとも、秘密であるか否かは、押収拒絶権者が判断し、原則として、裁判所はその判断に拘束されることとなるので、実質的に両説の違いは大きくないこととなろう。しかし、本条ただし書の権利濫用の有無は裁判所が判断することとなるので、外形上秘密性を有しないことが明らかな場合と認められるときには、押収拒絶が権利濫用に当たるとして、押収することが可能と解すべきである（松尾・条解216）。

5 本人の承諾

「本人」とは、委託者に限らず、秘密の主体となる者をいうと解するのが通説である（藤永・前掲173）。押収の拒絶は、秘密の主体である「本人」

のために認められるのであるから、本人のためではなく、もっぱら被告人のために押収を拒絶することは認められない。本人が死亡した場合も、本人のために押収を拒絶する理由がなくなるため、押収は拒絶できないと解すべきである（渡辺・前掲332）。

6　被告人が秘密の主体である場合の押収拒絶

本人が被告人のときは、押収拒絶が権利濫用に当たる場合に認められないとする本条ただし書が適用されない（本条但括弧）。これは、被告人自身による証拠隠滅の罪が問われないことに類するものと解されている（松尾・前掲217）。

7　「その他裁判所の規則で定める事由」

押収拒絶権の除外事由を定める裁判所規則は、現在までのところ、設けられていない。

　　　　　　　　　　　　　　　　　　　　　　　　　　　　（和田雅樹）

〔令状〕
第106条　公判廷外における差押え、記録命令付差押え又は捜索は、差押状、記録命令付差押状又は捜索状を発してこれをしなければならない。

〈本条細目次〉
1　本条の趣旨　446
2　各別の令状　447

1　本条の趣旨

裁判所の行う差押え・捜索であっても公判廷外における場合には、令状を必要とすることを規定したものである。差押状、捜索状は裁判所の命令状で、差押え、捜索はその執行に当たる。また、平成23年の刑事訴訟法の改正により新設された記録命令付差押え（99の2）についても、令状による規律が必要であることから、同年の改正により本条に新たに記録命令付差押状が付加された。

なお、捜査機関の行う差押え・捜索については、218条以下に規定がある。

公判廷における差押え・捜索は、裁判所がその決定をして、自らその執行

をすれば足り、令状は必要とされない（472Ⅰ但）。
2　各別の令状
　憲法35条2項は「捜索又は押収は、権限を有する司法官憲が発する各別の令状により、これを行ふ」と規定している。この規定は、捜索・差押えの対象物を特定しないような概括的、一般的な令状を禁止するアメリカ憲法の修正4条の規定の流れを汲むと解されている（佐藤道夫・注釈刑訴2・177）。
　憲法の規定する各別の令状の要請を満たすかは、上記の趣旨に基づき実質的に判断する必要があり、捜索と差押えを一つの令状で行うことが禁止されるわけではない（最大判昭27・3・19刑集6・3・502）。憲法35条の規定は、「捜索または押収について、それぞれの場合ごとに各別の令状を必要とし、たとえば、数個の場所について行う捜索を1通の令状で行つたり、各別の機会に行う押収を1通の令状で行うことを禁止することは勿論、たとえ、同一の場所又は物に関するものであつても、ある事件について発せられた令状を他の事件に流用する等のことをも禁ずる趣旨をいいあらわしているものと解すべきである。しかし、一つの事件で同一の機会に捜索と押収とを併せ行う場合には、捜索状と差押状とを、たとえば『捜索差押状』というような1通の令状の形式で作成することは一向差支がないものというべきであろう」（東京高判昭27・7・25高刑集5・8・1358）。
〔和田雅樹〕

〔差押状・記録命令付差押状・捜索状の方式〕
第107条　差押状、記録命令付差押状又は捜索状には、被告人の氏名、罪名、差し押さえるべき物、記録させ若しくは印刷させるべき電磁的記録及びこれを記録させ若しくは印刷させるべき者又は捜索すべき場所、身体若しくは物、有効期間及びその期間経過後は執行に着手することができず令状はこれを返還しなければならない旨並びに発付の年月日その他裁判所の規則で定める事項を記載し、裁判長が、これに記名押印しなければならない。
　2　第99条第2項の規定による処分をするときは、前項の差押状に、同項に規定する事項のほか、差し押さえるべき電子計算機に電気通信回線で接続している記録媒体であつて、その電磁的記録を複写すべきものの範

囲を記載しなければならない。
3　第64条第2項の規定は、第1項の差押状、記録命令付差押状又は捜索状についてこれを準用する。

〔規〕　第94条（差押状等の記載事項・法第107条）　差押状、記録命令付差押状又は捜索状には、必要があると認めるときは、差押え、記録命令付差押え又は捜索をすべき事由をも記載しなければならない。

〈本条細目次〉
1　本条の趣旨　448
2　被告人の氏名　448
3　罪　名　448
4　差し押さえるべき物　449
5　捜索すべき場所　451
6　裁判所の規則で定める事項　454
7　本条2項の趣旨　454
8　記載方法　454

1　本条の趣旨
憲法35条は、捜索、押収を行うには、「捜索する場所及び押収する物を明示する令状」が必要であるとしており、本条は、この規定を受けて差押状・捜索状の方式を定めたものである。

2　被告人の氏名
被告人の氏名が判明しない場合には、3項により64条2項が準用され、人相、体格その他被告人を特定するに足りる事項で被告人を指示することとなる。捜査段階において、被疑者が不詳である場合には「被疑者不詳」である旨を記載すれば足りる（東京地決昭45・3・9判時589・28）。

3　罪　名
捜索・差押状に罪名を記載することは憲法35条の要請ではない。「憲法35条は、捜索、押収については、その令状に、捜索する場所及び押収する物を明示することを要求しているにとどまり、その令状が正当な理由に基いて発せられたことを明示することまでは要求していないものと解すべきである。されば、捜索差押許可状に被疑事件の罪名を、適用法条を示して記載するこ

とは憲法の要求するところでなく、捜索する場所及び押収する物以外の記載事項はすべて刑訴法の規定するところに委ねられており、刑訴219条1項により右許可状に罪名を記載するに当つては、適用法条まで示す必要はないものと解」される（最大決昭33・7・29刑集12・12・2776）。

上記の趣旨に基づき、特別法違反の事件で罰条を記載せず、単に「地方公務員法違反」、「公職選挙法違反」とのみ記載した令状についていずれも違法ではないとした裁判例（前者につき東京地決昭33・5・8判時149・7、後者につき東京地決昭33・6・12判時152・20）がある。

4 差し押さえるべき物

差押状について「差し押さえるべき物」を明示することは憲法上の要請である。しかし、差し押さえるべき物の特定に当たって、ある程度抽象的概括的に記載することは認められる。この点で、捜索について「捜査の状況によつてはあらかじめ捜索すべき場所……を個別的に明確に特定することは実際上困難な場合があり、しかもぜひとも捜索を必要とする合理的な事由があるため、捜索を受ける者の利益〔と〕捜索の必要性とを考量したうえで、ある限度のひろがりをもつ表示をすることもやむをえないことがある」とし、このことが差し押さえるべき物についても当てはまるとした裁判例（東京地決昭45・3・9判時589・28）がある。

しかし、差押え対象物件が何かが全く分からないような抽象的概括的過ぎる記載は、差し押さえるべき物の明示を求める憲法及び本条の趣旨に反することとなり認められない。そこで、どの程度までの概括的な記載が認められるかが問題となる。

具体的には、「本件に関連する一切の文書及び物件」というような記載が認められるかが問題となることがある。この点で、参考になる裁判例として代表的なものとしては、以下のものがある。

① 「会議々事録、闘争日誌、指令、通達類、連絡文書、報告書、メモその他本件に関係ありと思料せられる一切の文書及び物件」という記載は、「その他本件に関係ありと思料せられる一切の文書及び物件」という概括的記載はあるが、具体的な例示に付加されており、例示物件に準ずるような闘争関係の一切の文書物件であることが明瞭であり特定に欠けることはないとした事例（前掲東京地決昭33・5・8）。

② 「本件犯罪に関係ある文書、簿冊その他の関係文書（頒布先メモ、頒布指示文書、同印刷関係書類等）及び犯罪に関係あると認められる郵送関係物件（封筒印鑑等）」という記載では、頒布先メモ、頒布指示文書、同印刷関係書類等は「その他の関係文書」の例示、封筒印鑑等は「郵送関係物件」の例示としてそれぞれ意味を持つものにすぎず、「本件犯罪に関係ある」、「犯罪に関係あると認められる」が何を意味するかが分からないため物件が特定されておらず、これを特定するための推認を働かせることを通常人に期待できないため、結局、特定に欠けるとした事例（前掲東京地決昭33・6・12）。
③ 「本件に関連あるメモ、帳簿書類、往復文書、預金通帳、印鑑等」という記載は、一応対象を例示、列挙した上で、「本件に関連ある」との限定を加えたものであり、特定に欠ける違法なものとはいえないとした事例（東京高判昭47・6・29判時682・92）。

事前に差押物を具体的に掲示することは困難であり、具体的な例示に付加する形で、「その他本件に関連する一切の文書及び物件」を差し押さえるべき物として挙げることは、具体的例示からの類推と犯罪事実による限定がなされるのであるから、特定に欠けることはないとするのが通説である（渡辺咲子・大コメ刑訴2・360）。この点で、判例も上記①の上告審において、上記の記載が「具体的な例示に附加されたものであつて、同許可状に記載された地方公務員法違反被疑事件に関係があり、且つ右例示の物件に準じられるような闘争関係の文書、物件を指すことが明らかであるから、同許可状が物の明示に欠くるところがあるということもできない。」としている（前掲最大決昭33・7・29）。もっとも、単に「本件に関連する」とするだけではなく、更に合理的な限定が可能であれば、できる限り限定すべきことはいうまでもない。

なお、そのほかに、差し押さえるべき物の特定が問題になった事例として、「〔本件けん銃の所持〕に関連するけん銃、実包およびこれに関する附属する物件一切」という記載のある捜索差押許可状で猟銃を差し押さえた事件で、本件猟銃が差押えの対象物件に当たるか否かが明瞭でないとしても、上記けん銃の捜索・差押えを行っている際にたまたま発見された猟銃を差し押さえたことについては、けん銃の不法所持と猟銃の不法所持が関連する犯罪であ

ること、猟銃の不法所持自体が犯罪を構成し、その場に立ち会っていた被告人を現行犯逮捕することも不可能ではなかったことなどの事情から不当とは言えないとして、本件差押えに係る猟銃について証拠能力を認めた裁判例（東京高判昭41・5・10高刑集19・3・356）がある。

5　捜索すべき場所

　捜索状について捜索すべき場所を明示することも憲法上の要請である。捜索すべき場所は、管理権が単一な範囲について、場所の空間的位置を明示して特定するのが通常である。2以上の場所を捜索するときは、捜索場所ごとに令状を必要とし、1通の令状に2以上の場所を記載することは原則としてできない。同じ空間的位置にあっても管理権が異なれば、各別の令状が必要となる（松尾・条解220）。場所の表示は、「合理的に解釈してその場所を特定し得る程度に記載することを必要とするとともに、その程度の記載があれば足りると解」される（最決昭30・11・22刑集9・12・2484）。これについてもある程度広がりを持つ表示をすることがやむを得ないことについては、差し押さえるべき物の場合と同様である。なお、合理的に解釈して場所を特定することができれば、場所の占有者や居住者の氏名の表示は必ずしも必要ではなく、氏名に一見して明白な誤記があっても特定に欠けることはない（最大判昭27・3・19刑集6・3・502）。

　もっとも、差し押さえるべき物の場合には、実際に捜索を開始しないと何が隠匿されているが分からないのに対して、捜索すべき場所については、このような事情は認められない。したがって、場所の特定については、物の特定以上に限定することが求められることとなろう。この点で「差押え物件が隠匿保管されていると思料される場所」というような概括的な記載がなされた場合に、捜索すべき場所の特定に欠けないかが問題となろう。この問題に関して参考となる主な裁判例としては、以下の二つがあるが、結論が分かれている。

① 「甲小学校内職員室および校長室その他差押えるべき物件が隠匿保管されていると思料される場所（但し教室を除く）」という記載中の「その他差押えるべき物件が隠匿保管されていると思料される場所（但し教室を除く）」の記載は、本件の事実関係に照らせば、「甲小学校内の場所で、職員室、校長室および教室以外の場所」を指すことが明らかであり、「令状に

記載された捜索すべき場所は、『甲小学校内（ただし教室を除く）』であると解」されるとして、捜索差押令状の記載を有効とした事例（盛岡地決昭41・12・21判時478・80）。
② 「乙教組丙市支部事務局が使用している場所及び差押え物件が隠匿保管されていると思料される場所」という記載では、「及び」の後の記載について捜索・差押えをすべき場所の特定に欠ける違法なものであるとした事例（佐賀地決昭41・11・19下刑集8・11・1489）(1)。

結局、「差押え物件が隠匿保管されていると思料される場所」という記載のみでは、一般的には、抽象的過ぎて特定性に欠けることになろうが、具体的事案に即して、合理的に解釈して捜索場所が特定できるのであれば、このような記載でも足りるといえよう。

また、内部に部屋がいくつか存在する場所などでどこまでの特定が必要かが問題となることもある。この点では、具体的事案に即して「教育会館内日本教職員組合本部」という記載で足りるとした裁判例（東京地決昭33・5・8判時149・7）、「大学内研究室棟」という記載で足りるとした裁判例（東京地決昭45・3・9判時589・28）がある。そのほか、ホテル全体を捜索する必要がある場合に各客室番号を記載する必要はないが、現に宿泊客のいる場合には、そのプライバシー等を侵害してまで捜索する必要があるかが十分に考慮されなければならず、「ホテル○○内」という記載では、無条件に宿泊客のいる客室の捜索を許可したものと解することはできないとした裁判例（東京地判昭50・11・7判時811・118）がある。これと関連して「モーテル○○の管理人室内」を捜索場所とする捜索差押許可状によって、管理人室から植込みを挟んで約10メートル離れた場所にあるプレハブの捜索を行った事例で、当該プレハブの実体は管理人室の離れの一部屋に過ぎなかったと解されるから、管理人室と一体をなす付属建物として本件捜索差押許可状の捜索の対象となるものと認めるのが相当であるとした上で、本件捜索差押許可状が捜索の場所を管理人室内としたのは、客用の各室を除外することに狙いがあると認められ、このようなプレハブまでをも対象に含めない趣旨とは解されない

---

(1) もっとも、「及び」以下の部分については無効であるが、「乙教組丙市支部事務局が使用している場所」に対する令状として有効であると判断している。

とした裁判例（東京高判平4・10・15高刑集45・3・101）がある。

　なお、その他には、「甲経営の旅館及附属建物」という場所の記載が地番の特定とともになされている場合に、当該地番が旅館ではなく、甲の居宅であった場合であっても、この居宅に対する捜索は違法とならないとした判例（最決昭29・9・28裁集98・853）や、「乙社」という特定がされていた場所に「乙社」自体は存在しなくなっていたが、乙社がかつてその場所にあり、その事業を引き継いだ者が引き続き使用し、そのスタッフの中に乙社のメンバーであった者が含まれている等の事情が認められる場合に「乙社」という特定で乙社の存在していた丙ビル丁号室を捜索すべき場所として特定していたと解されるとした裁判例（東京地決昭46・7・29刑裁月報3・7・1048）、特定の人の使用する「机」という特定について「机の周囲の床上、机に付属する椅子の上下およびその周囲の床上」などを指すとして「机の近くに置かれた屑籠」も机に付属して置かれていると認められる状況にあるかぎり「机」に含まれるとして捜索が許されるとした裁判例（東京地決昭49・4・27判時738・114）がある。上記のいずれについても、捜索すべき場所として記載された場所を合理的に解釈することによって特定がなされた事例である。

　捜索すべき場所に存在する物を捜索できるかについても問題となりえるが、その場所に存在する物は、通常、その場所の管理権に属すると考えられるので、捜索の対象となる（同居人の携帯していたボストンバッグに対する捜索を認めた事例として最決平6・9・8刑集48・6・263がある。）。被疑者方を捜索中に被疑者宛に配達され被疑者が受け取った物についても捜索の対象となる（最決平19・2・8刑集61・1・1）。

　さらに、捜索現場にいた人の身体を捜索することは原則として許されないが、「場所に対する捜索差押許可状の効力は、当該捜索すべき場所に現在する者が当該差し押さえるべき物をその着衣・身体に隠匿所持していると疑うに足りる相当な理由があり、許可状の目的とする差押を有効に実現するためにはその者の着衣・身体を捜索する必要が認められる具体的な状況の下においては、その者の着衣・身体にも及ぶものと解するのが相当である」（東京高判平6・5・11判タ861・299。同旨の裁判例として東京地判昭63・11・25判タ696・234）。

6　裁判所の規則で定める事項

　規94条に「必要があると認めるときは、差押え、記録命令付差押え又は捜索をすべき事由をも記載しなければならない」と定められている。このほか、捜索状・差押状には、108条2項の裁判所の指示や116条の夜間執行の許可などが記載されることがある。　　　　　　　　　　　　　　　　　（和田雅樹）

7　本条2項の趣旨

　本条2項は、電気通信回線で接続している記録媒体からの複写を行う場合における令状記載事項について規定するものである。

8　記載方法

　99条2項の処分をするときは、差押状に、「差し押さえるべき電子計算機に電気通信回線で接続している記録媒体であつて、その電磁的記録を複写すべきものの範囲」を記載しなければならない。その具体的な記載方法については、個別の事案に応じて、接続先のサーバに係るサービスの種類（メールサーバかファイルサーバか等）、アクセスのためのID、記録媒体のうち記録領域の利用方法（フォルダによるファイルの分類）等により定められることになると考えられる。一般的な記載例としては、「メールサーバのメールボックスの記録領域であって、被疑者の使用するパーソナルコンピュータにインストールされているメールソフトに記録されているアカウントに対応するもの」、「オンラインストレージサーバの記録領域であって、被疑者の使用するパーソナルコンピュータにインストールされている、そのサーバにアクセスするためのアプリケーションソフトに記録されているIDに対応するもの」、「被疑者の使用するパーソナルコンピュータにLANで接続しているファイルサーバの記録領域であって、被疑者のIDでアクセスすることができ、かつ、上記パーソナルコンピュータで作成若しくは変更をした電子ファイル又は上記パーソナルコンピュータで変更若しくは消去をすることができることとされている電子ファイルが保存されているもの（△△の職員がその職務上作成又は変更したファイルを記録するために使用しているものに限る。)」といったものなどが考えられる。　　　　　　　　　　　　　　　　　　　　（吉田雅之）

〔差押状・記録命令付差押状・捜索状の執行〕
第108条　差押状、記録命令付差押状又は捜索状は、検察官の指揮によって、検察事務官又は司法警察職員がこれを執行する。ただし、裁判所が被告人の保護のため必要があると認めるときは、裁判長は、裁判所書記官又は司法警察職員にその執行を命ずることができる。
２　裁判所は、差押状、記録命令付差押状又は捜索状の執行に関し、その執行をする者に対し書面で適当と認める指示をすることができる。
３　前項の指示は、合議体の構成員にこれをさせることができる。
４　第71条の規定は、差押状、記録命令付差押状又は捜索状の執行についてこれを準用する。

　〔規〕　第95条（準用規定）　差押状、記録命令付差押状又は捜索状については、第72条の規定を準用する。
　　　第97条（差押状等執行後の処置）　差押状、記録命令付差押状又は捜索状の執行をした者は、速やかに執行に関する書類及び差し押さえた物を令状を発した裁判所に差し出さなければならない。検察官の指揮により執行をした場合には、検察官を経由しなければならない。
　　　第99条（差押状、記録命令付差押状の執行調書の記載）　差押状の執行をした者は、第96条若しくは前条又は法第121条第１項若しくは第２項の処分をしたときは、その旨を調書に記載しなければならない。
　　　第100条（押収、捜索の立会い）　差押状又は記録命令付差押状を発しないで押収をするときは、裁判所書記官を立ち会わせなければならない。
　　　２　差押状、記録命令付差押状又は捜索状を執行するときは、それぞれ他の検察事務官、司法警察職員又は裁判所書記官を立ち会わせなければならない。

〈本条細目次〉
1　本条の趣旨　456
2　捜索・差押えの執行　456
3　調書の作成　457
4　「被告人の保護のため必要がある」とき　457
5　執行後の手続　457

6　不服申立て　457

1　本条の趣旨

本条は、前条に定める差押状、記録命令付差押状、捜索状の執行機関について規定したものである。平成23年の刑事訴訟法改正に伴い、記録命令付差押状が追加された。以下では、特に断らない限り、「差押え」というとき記録命令付差押えも含むものとする。

2　捜索・差押えの執行

捜索・差押えの執行の検察官による指揮の方法については、472条、473条に規定されている。また、その執行に当たっては、他の検察事務官、司法警察職員又は裁判所書記官の立会いを要する（規100Ⅱ）。

なお、捜索・差押えは、捜索すべき場所において捜索し、差し押さえるべき物を差し押さえ、これを了知し、執行機関の完全な支配内に移すまでは、その執行は終了しない（名古屋高判昭26・9・10高刑集4・13・1780）。

ところで、捜索・差押えの執行に際し捜索現場で写真撮影を行うことができるかが問題となる。この点について、裁判官の発付した捜索差押許可状に基づき、司法警察員が申立人方居室において捜索・差押えをするに際して、右許可状記載の「差し押えるべき物」に該当しない印鑑、ポケット・ティッシュペーパー、電動ひげそり機、洋服ダンス内の背広について写真を撮影した事案について、「右の写真撮影は、それ自体としては検証としての性質を有すると解されるから、刑訴法430条2項の準抗告の対象となる『押収に関する処分』には当たらないというべきである。したがって、その撮影によって得られたネガ及び写真の廃棄又は申立人への引渡を求める準抗告を申し立てることは不適法であると解するのが相当である」とされている（最決平2・6・27刑集44・4・385）。

捜索・差押えの状況について後に争いが生じることもあり得ることから、これに備えて執行状況を写真撮影することには合理性が認められる。この点では、「捜索差押の際に、捜査機関が、証拠物の証拠価値を保存するために証拠物をその発見された場所、発見された状態において写真撮影することや、捜索差押手続の適法性を担保するためその執行状況を写真撮影することは捜索差押に付随するものとして許されるものと解すべき」とした裁判例（東京

地決平元・3・1判時1321・160）がある。

　もっとも、捜索現場での写真撮影が常に適法であるとは限らない。例えば、押収すべき物に当たらない被疑者以外の所持品を並べたり、住居内を写真撮影した事例について、これを違法として、プライバシー侵害による国家賠償を認めた裁判例（東京高判平5・4・14判タ859・160）もある。写真撮影の必要性や目的、当該写真撮影によるプライバシー侵害などの程度を総合考慮して、その適法性が判断されることとなろう（そのほかに、捜索差押許可状に記載されているもの及びこれらを補足、補充するもの以外の物件を、その内容等を確保する目的で、被処分者の同意なしに写真撮影することを違法としたものとして大津地決昭60・7・3刑裁月報17・7＝8・721がある。）。

3　調書の作成
　差押状、記録命令付差押状、捜索状を執行した者は、自ら調書を作らなければならない（規43）。

4　「被告人の保護のため必要がある」とき
　被告人の請求によって差押えや捜索が行われる場合などは、「被告人の保護のため必要がある」。このような場合は、検察官の指揮により検察事務官又は司法警察職員が執行するのではなく、裁判長の命により裁判所書記官又は司法警察職員が執行する（本条Ⅰ但）。検察官が対立当事者となることから、被告人の利益を十分に顧慮しないおそれがあり得、また、被告人がそのような疑惑を持つことを避ける必要があることを考慮したものである（渡辺咲子・大コメ刑訴2・373）。

5　執行後の手続
　差押状、記録命令付差押状、捜索状の執行をした者は、速やかに執行に関する書類及び差し押さえた物を令状を発した裁判所に差し出さなければならない。検察官の指揮により執行した者は検察官を経由しなければならない（規97）。

6　不服申立て
　本条に基づいて検察事務官又は司法警察職員がした処分については、430条の適用がないとするのが通説である。430条は、検察官等が自らの権限の行使としてした押収に関する処分に対する不服申立てについて規定したものと解されるからである（佐藤道夫・注釈刑訴2・197）。

〔和田雅樹〕

〔執行の補助〕
第109条　検察事務官又は裁判所書記官は、差押状、記録命令付差押状又は捜索状の執行について必要があるときは、司法警察職員に補助を求めることができる。

〈本条細目次〉
1　本条の趣旨　458
2　必要があるとき　458

1　本条の趣旨
　本条は、前条の規定に基づき検察官の指揮によって執行に当たる検察事務官又は裁判長の命によって執行に当たる裁判所書記官が、司法警察職員に補助を求めることができることを規定したものである。

2　必要があるとき
　執行そのものに必要な場合のほか、執行の際に警備の必要がある場合も補助を求めることができる（松尾・条解223）。

（和田雅樹）

〔執行の方式〕
第110条　差押状、記録命令付差押状又は捜索状は、処分を受ける者にこれを示さなければならない。

〈本条細目次〉
1　本条の趣旨　458
2　処分を受ける者　459
3　呈示の要否　459
4　呈示の時期　460
5　呈示の方法　461

1　本条の趣旨
　差押状、記録命令付差押状又は捜索状の執行を受ける者に対して、裁判の内容を知らせることにより、捜索又は差押えの執行の公正を担保するととも

にその執行を受ける者の利益が不当に害されないようにするための規定である。

2　処分を受ける者

「処分を受ける者」は、差押え物件、捜索場所の現実の支配者を意味する（「処分を受ける者」の意義について、「捜索の対象たる場所又は差押の目的物を直接に占有ないし所持している者を指すものと解すべきである。」とした裁判例〔東京地判昭44・12・16判時579・29〕がある。）。捜索現場の状況から、直接の占有者、所持者と合理的に判断される者であれば、後日それが誤りであったと判明したとしてもこれらの者に対して令状を呈示した行った捜索・差押えは有効であると解される（渡辺咲子・大コメ刑訴2・383）。

なお、特定の場所に対する捜索差押許可状に基づいて、当該捜索場所に在室する者に対してその身体の捜索を行う場合における当該在室者は、令状呈示の対象となる「処分を受ける者」に該当しない（東京高判平16・9・29東時55・1＝12・86）。

3　呈示の要否

本条による令状の呈示は、捜索・差押えの開始前に行うのが原則である。しかし、状況によっては、常に処分を受ける者に対して呈示ができるとは限らない。例えば、処分を受ける者を発見できなかった場合（最判昭28・6・19裁集83・319）、処分を受ける者が不在の場合（東京高判昭40・10・29判時430・33）には呈示は不要である。しかし、処分を受ける者に代わりうると認められる者がいればその者に、その者もいない場合には114条の立会人に呈示するのが通常である（松尾・条解224）。

また、処分を受ける者が令状による捜索・差押えの執行であることを知りながら、令状の閲読を拒否した場合（東京地判昭50・5・29判時805・84）や、暴れるなどして呈示を受ける権利を放棄したとみなされる場合には、呈示を行わずに捜索・差押えに着手できる（渡辺・前掲285）。もっとも、捜索・差押えの立会いを拒否したからといって呈示を受ける利益を放棄したとまではいえないとする裁判例（大阪高判平7・1・25高刑集48・1・1）もある[1]。

---

(1)　ただし、この裁判例は、被疑者が立会いを強く拒否したため、被疑者の親に令状を呈示し、執行に立ち会わせたことなどから、違法の程度は重大ではないとして、本件捜索・差押えによって収集した証拠物（覚せい剤）の証拠能力は肯定している。

なお、被告人方の捜索を開始するに当たって、処分を受ける者である被告人が不在の場合に、市町村職員の立会いの下に適法に捜索を開始した後に、被告人が帰宅した時、改めて被告人に捜索状を呈示しなくても、その執行が不適法になるものではないとする裁判例（名古屋高判昭26・9・10高刑集4・13・1780）があるが、これは執行を妨害した者に対する公務執行妨害罪の成否に関する判示であることに注意を要しよう。いずれにせよ、処分を受ける者が捜索開始後に帰宅した場合には、改めて呈示することが妥当であろう（渡辺・前掲385）。

4 呈示の時期

令状は捜索・差押えの開始前に呈示することが原則であるが、例えば、覚せい剤取締法違反などで厳格な事前の呈示が必要であるとすると、覚せい剤を洗面所に流すなどして証拠物を破棄隠匿するおそれが生じる。そこで、例えば、合鍵等を使用して捜索・差押え場所に立ち入り、その後、直ちに令状を呈示して捜索・差押えを行うことも認められる（最決平14・10・4刑集56・8・507、大阪高判平6・4・20高刑集47・1・1、東京高判平8・3・6高刑集49・1・43）。

さらに、このようにして捜索・差押え場所に立ち入ったところ、令状を呈示する前に、相手方が証拠隠滅行為に出たような場合にこれを防止するために必要な処置を執っても直ちに違法となるものではないとした裁判例（東京高判昭58・3・29刑裁月報15・3・247）がある。同様の考え方に基づき、覚せい剤取締法違反事件で、証拠隠滅が予想される状況下で、相手方の在室が窺われる場合に、合鍵等を使用して室内に入ったところ、被疑者から令状を呈示することを要求されたのに対して、「令状はここにあるので後で見せる」旨告げた後、被疑者が傍らに置いていたバッグに手をかけようとしたため、それを制してこのバッグを取り上げ、その中からけん銃や覚せい剤を発見した後に、令状を呈示した事案で、相手方に捜索差押許可状を事前に呈示しなかったことが違法とはいえないとした裁判例（大阪高判平5・10・7判時1497・134）がある。

なお、国税犯則取締法による臨検・捜索・差押えについては、許可状を呈示しなければならない旨の規定がないため、これを処分を受ける者に示す必要はないとする裁判例（仙台高判昭26・10・18特報22・80）と手続の公正の担

保の観点から、許可状を呈示すべきであるとする裁判例（東京高判昭44・6・25高刑集22・3・397）がある。条文上の規定がなく、呈示しないことが直ちに違法とはいえないとしても、呈示するのが妥当であろう（佐藤道夫・注釈刑訴2・200）。なお、関税法違反事件の反則調査については令状の呈示が義務付けられている（関税125）。

5 呈示の方法

呈示を求める趣旨が手続の公正の担保と被処分者の利益の保護にあることから、本条による令状の呈示は、単に物理的に相手に示せば足りるというのではなく、「〔当〕該処分を受ける者がその記載内容を閲読、認識しうるような状態、方法でなされる必要があるものといわなければならない」（前掲東京地判昭50・5・29）。もっとも、相手方が了知できるような方法で行えば足りるのであって、捜査官が処分を受ける者に令状を示したところ、相手方が「分かった。」と応じたために、それ以上に内容の確認を求めたり読み聞かせたりせずに行った捜索・差押えを適法とした裁判例（大阪高判平9・9・17判時1628・145）がある（もっとも、この事件では事後的に、相手方が令状の呈示を求めてきたため、再度相手方に令状を示して内容を確認させている。）。

なお、令状の呈示よって手続の公正の担保と被処分者の利益の保護という本条の目的は達せられるのであるから、呈示に加えて、例えば呈示を受けた者から令状の要点をメモしたい旨の申し出があった場合でも、捜索・差押えを行う者がこれに応じる義務はなく、これに応じずに行った捜索・差押えも適法である（金沢地決昭48・6・30刑裁月報5・6・1073）。　　　　（和田雅樹）

〔電磁的記録に係る記録媒体の差押えの執行方法〕
　第110条の2　差し押さえるべき物が電磁的記録に係る記録媒体であるときは、差押状の執行をする者は、その差押えに代えて次に掲げる処分をすることができる。公判廷で差押えをする場合も、同様である。
　一　差し押さえるべき記録媒体に記録された電磁的記録を他の記録媒体に複写し、印刷し、又は移転した上、当該他の記録媒体を差し押さえること。
　二　差押えを受ける者に差し押さえるべき記録媒体に記録された電磁的

記録を他の記録媒体に複写させ、印刷させ、又は移転させた上、当該他の記録媒体を差し押さえること。

〈本条細目次〉
1　本条の趣旨等　462
2　本条の処分を行い得る場合　463
3　行　為　463

1　本条の趣旨等

　電磁的記録に係る証拠の収集方法としては、記録媒体自体を差し押さえることが考えられるが、その記録媒体が大型のサーバで、これを差し押さえると被差押者の業務に著しい支障が生じるおそれがあるなど、記録媒体自体の差押えを回避すべき事情がある一方で、差押えをする者にとっても、特定の電磁的記録が取得できれば捜査の目的が達成できるという場合には、当該記録媒体の差押えに代えて電磁的記録を取得することを可能にすることが合理的である。この点、本条の新設前においても、被差押者の協力を得て、必要な電磁的記録を他の記録媒体に複写又は印刷させて当該他の記録媒体を差し押さえる方法や、記録媒体自体の差押えをした上で、111条2項の処分として当該記録媒体から必要な電磁的記録を他の記録媒体に複写又は印刷し、差し押さえた記録媒体は速やかに還付する方法等が可能であった。しかし、前者は、被差押者が協力的でない場合にはとることができず、また、後者については、他の記録媒体への複写・印刷を被差押者側のシステムを使って行い得るかが必ずしも明らかではなかった上、他の記録媒体への電磁的記録の移転は行うことができなかった。そこで、このように、本条の新設前においてはとり得なかった方法やとり得るかが必ずしも明らかではなかった方法を含めて、電磁的記録に係る記録媒体の差押えの執行方法を整備するため、平成23年改正により、本条が設けられたものである。

　本条の処分は、電磁的記録に係る記録媒体の差押えが可能である場合に、より侵害的でない方法の選択を可能とするものであるが、紙媒体の文書の場合と同様に、電磁的記録についても、その真実性や関連性は、記録されている情報それ自体だけでなく、それが記録されている状態を含めた全体から判

断されるべきものであって、記録媒体が原本であることが重要である場合も少なくない上、記録媒体におけるデータの削除痕跡も含めて解析する必要があるなど、記録媒体自体に証拠価値が認められる場合も多いと考えられる。そのため、同条の処分を選択するか否かは、基本的に差押えをする者の裁量に委ねられており、同条の処分が差押えにおける原則的な在り方となるものではない。

　本条の処分は、必要な電磁的記録が記録されている記録媒体自体は差し押さえずにその電磁的記録を取得することを可能にするという点で、記録命令付差押えと共通している。もっとも、本条の処分は、あくまで差押えを前提とするものであり（したがって、記録媒体が差押対象物として特定されている必要がある。）、また、記録命令付差押えにおいては認められていない電磁的記録の移転が可能である一方、記録命令付差押えにおいては可能な、複数の記録媒体に分散して記録されている電磁的記録を1つの記録媒体にまとめて記録させることはできないこととされている。

2　本条の処分を行い得る場合

　本条の処分は、令状に記載された差し押さえるべき物が「電磁的記録に係る記録媒体」であるときに行うことができる。差し押さえるべき物として「電子計算機」と記載されている場合は、その電子計算機を構成するメインメモリやハードディスク等の記録媒体がこれに含まれることから、本条の処分が可能である。

3　行　為

　本条1号は差押えをする者が自ら電磁的記録の複写等を行う場合を、本条2号は差押えを受ける者にこれらの行為を行わせる場合を、それぞれ規定するものであり、両者のうちいずれを選択するか、複写、印刷又は移転のいずれを選択するかは、差押えをする者が判断することとなる。「他の記録媒体」は、差押えを受ける側が用意する場合もあれば、差押えをする側が用意する場合もあり得る。

（吉田雅之）

〔押収捜索と必要な処分〕
第111条　差押状、記録命令付差押状又は捜索状の執行については、錠を

はずし、封を開き、その他必要な処分をすることができる。公判廷で差押え、記録命令付差押え又は捜索をする場合も、同様である。
2　前項の処分は、押収物についても、これをすることができる。

〈本条細目次〉
1　本条の趣旨　464
2　執行についての必要な処分　464
  (1)　捜索・差押え場所への立入り　465
  (2)　写真撮影　467
  (3)　着衣を脱がせること　467
  (4)　電話の受発信を制限すること　468
  (5)　差押対象物件を破壊分離して持ち帰ること　468
  (6)　コンピュータ情報の捜索・差押えに必要な処分　469
3　押収物　469
4　押収物に対する処分　469
  (1)　未現像フィルムの現像　469
  (2)　覚せい剤の予試験　470

1　本条の趣旨

　押収及び捜索を行うには、施錠を解いたり、開封するなどの処分を要する場合があるため、代表的な処分を例示した上で、必要な処分ができることを明らかにした規定である。

2　執行についての必要な処分

　「執行について」は、令状の執行そのものよりは広い概念で、それに接着しかつ執行をするのに不可欠な行動を含む趣旨と解される（渡辺咲子・大コメ刑訴2・397）。

　「必要な処分」は、押収の目的を達するために合理的に必要な範囲内の処分を指す（東京高判昭45・10・21高刑集23・4・749）。相手方が協力しない場合に、捜索の目的を達するために捜査官としては、必要な処分をするほかないことがある。しかし、これは他面で捜索を受ける者の権利を侵害し得ることとなるため、その執行方法は、事案に応じて適切妥当であり、かつ、必要やむを得ないものでなければならない（東京地判昭29・4・24下民集5・4・530）。

具体的な処分として問題になったものとしては、以下のものがある。なお、強制採尿令状の執行のため被疑者を採尿場所まで連行することについても本条の「必要な処分」とする裁判例（例えば東京高判平2・8・29判時1374・136など）があったが、最高裁がこれは令状の効力として認められるとの判断を示した（最決平6・9・16刑集48・6・420）。

(1) 捜索・差押え場所への立入り

ア　来意を告げずに相手方に解錠させる行為

薬物事犯などでは、例えば、開扉をめぐって押し問答をしている間に証拠隠滅が図られるなど短時間のうちに証拠が隠滅されるおそれがある。このような場合、「捜査官は、令状の執行処分を受ける者らに証拠隠滅工作に出る余地を与えず、かつ、できるだけ妨害を受けずに円滑に捜索予定の住居内に入って捜索に着手でき、かつ捜索処分を受ける者の権利を損なうことがなるべく少ないような社会的に相当な手段方法をとることが要請され、法は……『必要な処分』としてこれを許容しているものと解される」とした上で、捜査官が宅配便の配達を装って玄関扉を開けさせて住居内に立ち入った上で、捜索・差押えを実施しても違法とはいえないとした裁判例（大阪高判平6・4・20高刑集47・1・1）がある。

イ　相手方に来意を告げずに解錠する行為

薬物事犯などにおける罪証隠滅のおそれなどから捜索差押許可状の呈示に先立って警察官らがホテルの支配人からマスターキーを借り受け、来意を告げることなく、施錠された客室のドアをマスターキーで開けて入室した措置について「捜索差押えの実効性を確保するために必要であり、社会通念上相当な態様で行われていると認められるから」「必要な処分」として許容されるとした判例（最決平14・10・4刑集56・8・507。同旨の裁判例として東京高判平8・3・6高刑集49・1・43。）。また、合鍵で解錠することに加えて鎖錠を切断して入室したことについて必要な処分として許されるとした裁判例（大阪高判平5・10・7判時1497・134）もある。

ウ　ガラス戸を破壊するなどの行為

合鍵で解錠することを超えてガラス戸を破壊したり、扉を破壊するなど、物理的な損壊行為を行うことが認められるかが問題となる。これは、結局、当該事案において、当該行為に社会的相当性が認められるかによるが、相手

方の対応、損壊の必要性、他の手段の有無、破壊行為の態様などを総合的に判断することとなろう。

この点で、薬物事犯における罪証隠滅のおそれ、捜索・差押えを直ちに行う必要性、ガラス戸の破壊以外の方法が存在しないこと、ガラス戸の損壊方法・程度が相当性を超えるとはいえないことから、ガラス戸を損壊して入室した上で行った捜索・差押えについて違法とはいえないとした裁判例（大阪高判平7・11・1判時1554・54）がある。これに対して、差押対象物件に覚せい剤が含まれておらず、緊急性の乏しい状況で、玄関ドアが施錠されていたことから性急にベランダのガラスを割って、室内に立ち入って行った捜索・差押えを違法とした裁判例（東京高判平15・8・28〔永井敏雄・判例解説（刑）216〕）もある。

この点については、国家賠償事件において争われることも多い。

扉等の破壊行為が必要な処分としての相当性を欠き、捜索・差押えが違法であるとした裁判例としては以下のものがある。

ア　鍵の保管者が鍵の提供を拒否したり、鍵の提供をまっていては執行の目的を達し得ないような緊急の事情が認められない場合に、相手方に鍵の提供を求めずに、金庫を破壊した行為は違法であるとしたもの（東京地判昭44・12・16判時579・29）。

イ　相手方に鍵の提供を求め、いったん拒否されたが、再度申し入れ中に扉を破壊（扉の破壊開始5分後に鍵の提出を受けた。）した行為は、性急に過ぎ、破壊の程度も度をこし慎重さを欠くとして違法であるとしたもの（東京地判昭51・4・15判時833・82）。

これに対して、扉等の破壊行為も必要な処分としての相当性を欠くとはいえず、捜索・差押えが違法とまではいえないとした裁判例として以下のものがある。

ウ　令状の呈示や立会人の確定について相手方と捜査官の間で押し問答がなされ、相手方が関係従業員全員の立会いがなければ開門しないと表明したのに対して、表門の南京錠の吊輪状部分を鉄線鋏で切断開門した行為について、相手方の立会要求が不当なものであり、令状呈示から10分経過しても執行に着手できない状況にあったこと、相手方の被害が南京錠1個という軽微なものにとどまっていることから、社会的相当性を欠くとはいえず、違法性

がないとしたもの（浦和地判昭56・9・16判時1027・100）。

エ　捜索場所である大学側が提供したマスターキーが役に立たず、捜索現場の管理をしている者が勝手に鍵を交換したと判断することに合理的な理由があり、立会いをした大学職員の承諾の下で他に方法がなかったことからドア及びガラスを破壊した行為は違法といえないとしたもの（東京地判平3・4・26判時1402・74）。

オ　施錠箇所の鍵を容易に入手できる保証がなく、捜索場所である大学の建物内で過去に激しい抵抗がなされたことがあり、今回も激しい抵抗が予想される事案で、鍵を入手せずに執行を開始し、扉をこじ開けるなどした行為は違法とまではいえないとしたもの（東京地決昭45・3・9判時589・28）。

(2)　写真撮影

「捜索差押の際に、捜査機関が、証拠物の証拠価値を保存するために証拠物をその発見された場所、発見された状態において写真撮影することや、捜索差押手続の適法性を担保するためその執行状況を写真撮影することは捜索差押に付随するものとして許されるものと解すべき」である（東京地決平元・3・1判タ725・245）。

他方で、写真撮影は、捜索・差押え手続に付随する処分として、違法性が阻却されることがあるとしつつ、差し押さえられるべき物とされている物等を捜索過程で見ることやこれを記憶にとどめることは防ぎようがなく、禁止することはできないが、これを写真撮影することがすべて適法ということはできないとして、具体的事案に即して、プライバシー侵害を認めて写真撮影を違法とした国家賠償事件の裁判例（東京高判平5・4・14判タ859・160）がある。

(3)　着衣を脱がせること

人の身体に対する捜索・差押えは、その者の名誉を害しないように十分配慮しなければならないことは、もちろんであり、「必要な処分」も必要最小限にとどめなければならない。したがって、例えば、人を全裸にするようなことはできない。身体に対する捜索を行う場合には、事件の性質、居合わせた者の性別、態度、服装等の情況を総合的に判断して必要性の範囲を判断しなければならない。具体的な事案としては、薬物事犯で、被疑者着用のエプロンのひもをほどき、トレーナーを脱がせた上、自発的に脱がなければ強制

してでも脱がせるとの趣旨を告げて被疑者自身をしてズボンと下着（ブラジャー）を脱がせた行為について、必要な処分の範囲を超えて違法であると判断した裁判例（東京地八王子支決昭62・10・3判タ705・267）がある。

(4) **電話の受発信を制限すること**

立会人その他の者が捜索・差押えの際に電話の受発信を行うと、関係者を当該現場に呼び寄せて、捜索・差押えの妨害をしたり、一定の圧力をかけたりするおそれがあることが考えられる。しかし、一般に捜索・差押えは相当数の執行担当者が当該現場で執行に当たるものであり、立会人らがその際に積極的に証拠物の隠滅を行うことは事実上不可能であるし、112条により、立会人以外の者は執行担当者の判断で当該現場から退去させることもできるのであるから、電話により証拠物の隠滅が図られる可能性があるからといって、その受発信を禁止することまで必要であるということはできないとした国家賠償事件の裁判例（東京地判平8・11・22判タ965・106）がある。もっとも、電話の受発信の制限が常に許されないわけではなく、状況に応じて社会的に相当と認められる場合には制限することもできよう。この点で、暴力団組員である被疑者が、その居宅に対する捜索開始後に、携帯電話機を取り出して発信しようとしたのを制止した行為について、被疑者の属する暴力団事務所が近くにあり、当該暴力団による捜査妨害が過去にも行われてきたことなどから、捜索目的を達するために必要であり、社会的にも相当なものであったとして、「必要な処分」として許されるとした裁判例（福岡高判平24・5・16高検速報1492）がある。

(5) **差押対象物件を破壊分離して持ち帰ること**

航空法違反の事件で、航空法違反を構成する鉄塔等を要塞本体から分離・搬出する行為について、本件差押え時、要塞及び鉄塔は空港反対運動の拠点として反対派の者らによって占拠されていたから、差押物を現場で保存した場合、これが毀損・改造されあるいは隠匿されるなどして、人為的に改変されるおそれが高く、たとえ看守者を置くなどの措置を講じたとしても、新空港開港を目前として過激派集団による危険なゲリラ闘争が続発していた当時の情勢からすれば、多くの混乱が発生することは避けられず、差押えの目的を保持することは困難であったというべきであり、航空法違反を構成する鉄塔等の存在と形状を保存するために、これらの差押物を要塞本体から分離・

搬出したのは必要やむを得ない措置であって、その執行方法は差押えの目的を達する上でも、社会的妥当性の点からも違法・不当とはいえないとした裁判例（東京高判平11・4・8判時1682・58）がある。

(6) コンピュータ情報の捜索・差押えに必要な処分

差し押さえるべき物が電子計算機である場合で、当該電子計算機をその都度コードに接続して、ネットワークを利用していることもある。このような場合に、99条2項による差押えを行うに際して、差し押さえるべき電子計算機をネットワークに接続する作業等は差押えに必要な処分に当たると考えられる（杉山徳明＝吉田雅之「『情報処理の高度化等に対処するための刑法等の一部を改正する法律』について（下）」曹時64・5・1099）。

3 押収物

押収物は、差し押さえた物のほか、提出命令によって提出された物及び任意提出を受けて領置した物なども含む（佐藤道夫・注釈刑訴2・203）。この点で、任意提出された物についての領置手続と令状に基づく差押え手続では、司法審査を受けていないという差異があるため、同じ押収手続でも「必要な処分」に差異があり、領置した覚せい剤と思料される物品についての予試験及び本試験を行ったことは違法であるとした裁判例（東京地判平4・7・9判時1464・160。もっとも、その違法の程度は本件手続によって領置された覚せい剤又はその鑑定書の証拠能力を否定しなければならないほど重大なものではないとしている。）がある。しかし、領置も占有の継続については強制処分であり、法文上も「押収物」として領置した物と差し押さえた物を区別しておらず、領置か差押えかで差異を認める理由はないと考えられる（渡辺・前掲401）。

4 押収物に対する処分

押収物に対する処分として代表的なものとしては、封緘された封書の開披、差し押さえた金庫の解錠、フロッピーディスク等の情報の読み取り等が挙げられる。

そのほかの「処分」として問題となったものとして、以下のものがある。

(1) 未現像フィルムの現像

当該「フィルムが……真に本件犯行と関係ある証拠物であるかどうかを確かめ、かつ裁判所において直ちに証拠として使用しうる状態に置くために、

本件フィルムを現像して、その影像を明かにしたことは」必要な処分に当たるとしたもの（東京高判昭45・10・21高刑集23・4・749）。

(2) 覚せい剤の予試験

覚せい剤の予試験については、1項の必要な処分として行い、当該物品が覚せい剤であることを確認してから押収することが多いであろう。しかし、押収した物について予試験を行い、覚せい剤であることを確認することも押収物に対する必要な処分として認められる（例えば、東京高判平6・5・11判タ861・299も押収した覚せい剤について予試験を行うことができることを前提としていると解される。）。

なお、押収物については、喪失又は破損を防ぐために相当の措置をしなければならない（規98）。

(和田雅樹)

〔捜索・差押えの際の協力要請〕
第111条の2　差し押さえるべき物が電磁的記録に係る記録媒体であるときは、差押状又は捜索状の執行をする者は、処分を受ける者に対し、電子計算機の操作その他の必要な協力を求めることができる。公判廷で差押え又は捜索をする場合も、同様である。

〈本条細目次〉
1　本条の趣旨　470
2　本条により協力を求め得る場合　471
3　相手方　471
4　協力の内容　471
5　法的効果　471

1　本条の趣旨

電磁的記録に係る記録媒体の差押え等に当たっては、コンピュータ・システム全体の構成、個々の電子計算機の機能・役割・操作方法、セキュリティの解除方法、差し押さえるべき記録媒体や必要な電磁的記録が記録されているフォルダの特定方法等について、技術的・専門的な知識が必要となる場合が多いため、捜査機関等があらゆる面で自力執行することは、実際上困難な

場合が多いだけでなく、被処分者の業務や無関係な第三者の利益の保護の面からも適当でない場合があることから、それらについて最も知識を有すると思われる被処分者の協力を得ることが必要となる。また、被処分者の中には、記録媒体中の電磁的記録について権限を有する者との関係で、これを開示しない義務を負っている者もあり、そのような被処分者に関しては、差押え等に協力できるとする法的根拠を明確にしておくことが望ましい。そこで、平成23年改正により、電磁的記録に係る記録媒体の差押え等について協力要請が可能であることが明文で規定されたものである。

2 本条により協力を求め得る場合

協力要請をすることができるのは、差押状に記載された差し押さえるべき物が「電磁的記録に係る記録媒体」であるときである。

3 相手方

協力要請の相手方となるのは「処分を受ける者」である。「処分を受ける者」とは、差押えの場合には差し押えるべき物を現実に支配している者であり、捜索の場合には捜索すべき場所又は物を現実に支配している者(捜索の対象が身体であるときは、その者)である。

4 協力の内容

協力要請においては、電磁的記録に係る記録媒体の差押え等の目的を達成するために必要な協力を求めることが可能である。その具体的な内容は、事案に応じて様々であると思われるが、条文上例示されている「電子計算機の操作」のほか、例えば、コンピュータ・システムの構成やシステムを構成する個々の電子計算機の役割・機能・操作方法を説明すること、差し押さえるべき記録媒体や複写すべき電磁的記録が記録されているフォルダを指示すること、暗号化された電磁的記録を復号化すること等が考えられる。

5 法的効果

協力要請は、相手方に対して協力を法的に義務付けるものであるが、もとより不可能を強いるものではなく、正当な理由があるときは協力を拒むことができると考えられる。また、協力の拒否に対する罰則等の制裁規定はない。

仮に被処分者が協力要請に応じないときは、捜査機関が、差押え等に「必要な処分」(111Ⅰ)として自ら電子計算機等を操作し、又は専門的な知識を有する補助者に電子計算機等を操作させるなどの方法をとることが可能であ

る。　　　　　　　　　　　　　　　　　　　　　　　　　　（吉田雅之）

〔執行中の出入禁止〕
第112条　差押状、記録命令付差押状又は捜索状の執行中は、何人に対しても、許可を得ないでその場所に出入りすることを禁止することができる。
2　前項の禁止に従わない者は、これを退去させ、又は執行が終わるまでこれに看守者を付することができる。

〈本条細目次〉
1　本条の趣旨　472
2　執行中　472
3　禁止処分を受ける者　472
4　許可及び禁止の処分権者　473
5　対象となる場所　473
6　禁止処分の方法　473
7　禁止違反の場合　473
8　看守者　473

1　本条の趣旨
令状の執行者にその妨害排除のための権限を与えた規定である。

2　執行中
「執行中」とは、令状の執行開始後、その終了までをいう。執行の開始とは、執行者が処分を受ける者又は立会人に令状を呈示して執行の開始を宣言した時をいい、執行の終了とは、執行者が差押物を自己の支配下に完全に移転した時をいうが、差押物を発見できなかったときは、執行者が処分を受ける者等に執行の終了を宣言した時に終了するものと考えられる（佐藤道夫・注釈刑訴2・204）。

3　禁止処分を受ける者
何人に対しても出入禁止の処分をすることができる。令状の執行処分を受ける者も含まれるが、113条の規定による立会権者は、その性質上禁止処分

の相手方には含まれないと解される（佐藤・前掲205）。

4 許可及び禁止の処分権者
現場における執行者がこれを行う。

5 対象となる場所
原則として令状記載の場所を指すが、捜索・差押えの場所への出入禁止の目的達成のために、その目的との均衡上、相当と認められる範囲で、形式的に令状に記載された場所に限らず、その場所の「直近の一定区域についても必要な措置を採る」ことを妨げない（東京高判昭31・2・10高検速報624）。

6 禁止処分の方法
出入禁止の処分の方法に制限はない。一般には立て札などによるが、個々的に口頭で行ってもよい（渡辺咲子・大コメ刑訴2・407）。

7 禁止違反の場合
禁止違反それ自体に直接の制裁は設けられていない。執行者の行為を妨害すれば、公務執行妨害に問われるのはもちろんである。禁止に従わない者は退去させることができるが、この場合、必要と認められる程度の実力を行使して退去させることができる（松尾・条解227）。

8 看守者
看守者の資格に制限はなく、承諾があれば私人でもよい。看守の方法として、禁止を侵そうとすることを社会的に相当な範囲で制止することまではできるが、身体の自由を拘束することはできない（佐藤・前掲206）。

（和田雅樹）

〔当事者の立会い〕
第113条　検察官、被告人又は弁護人は、差押状、記録命令付差押状又は捜索状の執行に立ち会うことができる。ただし、身体の拘束を受けている被告人は、この限りでない。
2　差押状、記録命令付差押状又は捜索状の執行をする者は、あらかじめ、執行の日時及び場所を前項の規定により立ち会うことができる者に通知しなければならない。ただし、これらの者があらかじめ裁判所に立ち会わない意思を明示した場合及び急速を要する場合は、この限りでない。

3 　裁判所は、差押状又は捜索状の執行について必要があるときは、被告人をこれに立ち会わせることができる。

〈本条細目次〉
1 　本条の趣旨　474
2 　立会権者　474
3 　身体拘束　474
4 　通　知　474
5 　被告人の立会いの強制　475

1 　本条の趣旨
　令状の執行に当事者を立ち会わせることにより、手続の公正を担保しようとする規定である。
2 　立会権者
　1項で立会権者として「検察官、被告人又は弁護人」と規定されているが、3者のいずれかに立会権を認めるという趣旨ではない。検察官はもとより、被告人と弁護人のいずれにも立会権が認められる（松尾・条解228）。弁護人の立会いは、41条により、弁護人が独立して行うことのできるものと解され、2項の執行の日時場所の通知は被告人と弁護人のそれぞれに対してなす必要がある。弁護人が数人ある場合は、主任弁護人に通知すれば足りる（規25Ⅰ）。
3 　身体拘束
　1項ただし書の「身体の拘束」については、理由の如何は問わない。当該被告事件以外の事件によって逮捕、勾留されている者、受刑中の者等も含まれる。
4 　通　知
　立会権を実効あらしめるために事前の通知が必要とされる。通知を行うのは、執行者である。ただし、立会権者が事前に立ち会わない意思を明示した場合及び急速を要する場合には、通知は不要である。「急速を要する」とは、証拠物について隠匿、滅失等のおそれがあり、即時の執行を必要とし、立会権者に通知しても立会権者が実際に立ち会うのに必要な間、執行を先延ばしできないような場合をいう。この場合に当たるか否かの判断は執行者が行うこととなる（佐藤道夫・注釈刑訴2・207）。

5 被告人の立会いの強制

　被告人が物件の所在場所について指示する必要がある場合など、令状の執行に必要なときは、裁判所は、被告人の立会いを強制することができる。立会いを拒否する場合には、勾引状により勾引することができる（佐藤・前掲208）。

（和田雅樹）

〔責任者の立会い〕
第114条　公務所内で差押状、記録命令付差押状又は捜索状の執行をするときは、その長又はこれに代わるべき者に通知してその処分に立ち会わせなければならない。
2　前項の規定による場合を除いて、人の住居又は人の看守する邸宅、建造物若しくは船舶内で差押状、記録命令付差押状又は捜索状の執行をするときは、住居主若しくは看守者又はこれらの者に代わるべき者をこれに立ち会わせなければならない。これらの者を立ち会わせることができないときは、隣人又は地方公共団体の職員を立ち会わせなければならない。

〈本条細目次〉
1　本条の趣旨　475
2　「公務所」の意義　476
3　公務所の長又はこれに代わるべき者　476
4　通　知　477
5　立会いの時期　477
6　立会いの意義　477
7　立会いの義務　477
8　住居等　478
9　2項後段の立会い　478
10　2項による立会人なしの令状執行の可否　479
11　その他の立会い　479

1　本条の趣旨

　建物等の中で差押状・捜索状の執行が行われる場合において、その建物の

管理者等の責任者を立ち会わせることにより、執行を受ける者の権利の保護を図るとともに、その執行手続の公正を担保するための規定である。

2 「公務所」の意義

1項に規定する「公務所」とは、当該公務所の長の管理権の及ぶ施設（付属施設や構内等の囲繞地を含む）を意味する。

公務所内の特定の場所を労働組合等が事実上排他的に占有している場合の当該場所に対する捜索について、営林署内の労働組合事務局の捜索を行うに当たり、当該事務局を含む営林署の庁舎全体の管理責任者である営林署長を1項の規定に基づき立ち会わせたことを相当と判断した裁判例（秋田地決昭34・8・12下刑集1・8・1865）がある。他方、国家賠償事件において、公立小学校内の組合事務所として使用していた付属建物について、2項にいう「人の看守する建造物」に当たるとした上で、看守者である組合の責任者の立会いを要するとして、小学校の管理者による立会いを違法とした裁判例（東京地判昭44・12・16判時579・29）もある。

これらの場所については、当該場所の占有について適切な管理権が設定されていて、公務所の長の管理権が排除されるような関係になければ、公務所の一部に対する捜索・差押えとして1項の適用があると考えるべきであろう（佐藤道夫・注釈刑訴2・210）。この点で、後者の裁判例には疑問がある。

なお、上記の考え方は、2項の住居主等の解釈についても当てはまる。例えば、私立大学構内の学生会館に対する捜索について、学生会館の学生連盟が当該学生会館を事実上占有支配していた事案において、学生会館も大学所有の施設の一つとして大学側が管理するものであり「そのような施設の日常的な管理運営を学生の手に委ねることも往々あるとしても、その場合でも、大学側において基本的管理権ないし直接的、現実的な支配を一切委譲、放棄するなど特段の事情のない限り、大学が基本的管理権者としてその施設に対する直接的、現実的支配を有することに変わりはなく、ただ、学生は大学の有する基本的管理権の範囲内において当該施設の日常的管理運営を委ねられるにとどまる」として、立会人は大学とすべきであるとした裁判例（東京高判平6・6・30判例地方自治127・89）がある。

3 公務所の長又はこれに代わるべき者

「公務所の長」とは、当該公務所の施設を直接管理する最上級者をいう。施

設が異なった場所に独立・分散している場合には、それぞれの施設ごとの最上級管理権者が「長」に当たる（松尾・条解229）。

4 通知

通知は令状の執行者が行う。方式を問わず、電話等適宜の方法で通知すれば足りる（渡辺咲子・大コメ刑訴2・420）。

5 立会いの時期

捜索・差押えの開始前であっても、緊急の場合、捜索・差押えの実効を確保するために必要な措置を執ることができる。したがって、罪証隠滅行為が行われるおそれのある場合に、令状を呈示し、立会人に立ち会わせる前に捜索場所に立ち入るなどの行為を行うことは当然許される。これらの必要な措置を執った後、捜索・差押えを実施し、その際に立会人を置けば足りる（東京高判昭58・3・29刑裁月報15・3・247、大阪高判平5・10・7判時1497・134、東京高判平8・3・6高刑集49・1・43）。

6 立会いの意義

本条による立会いは、実質的に立会いの目的を達し得るような情況を与えるものでなければいけない。この点で5部屋に対して14名の捜査官が一斉捜索を行った場合で、間取り上、2人の立会人では、到底全部を見渡すことができないときには「立会い」を欠く違法な捜索に当たるとして、当該捜索の結果としての押収処分を取り消すべきものとした裁判例（東京地決昭40・7・23下刑集7・7・1540）がある。

7 立会いの義務

本条により立会いを求められた公務所の長、住居主等には、立会いの義務がある（松尾・前掲229）。しかし立ち会わない場合の制裁はない。また、立会場所に連行するなどしてその立会いを強制することもできない（立会いを強制できないことから被疑者を立ち会わせなかったことを適法とした裁判例として東京高判昭56・4・21高検速報2507、逮捕されていない被疑者を強制的に連行して立ち会わせたことを違法とした裁判例として大阪高判昭59・8・1刑裁月報16・7＝8・515。もっとも、後者の裁判例も当該手続による押収物の証拠能力は否定していない。）。

なお、1項では2項と異なり、公務所の長又はこれに代わるべき者が立会いを拒否した場合の方策を規定していない。そのため、立会いを拒否した場

合には、捜索・差押えはできないとする見解も多い（ポケット刑訴上267等）。しかし、もともと、立会いは公務所の長らの義務であって、立会いを拒否することは法の想定外で、立会いのない捜索・差押えを認めない趣旨で規定が置かれていないとは考えられない。このような場合には、適当な第三者を立ち会わせるなど手続の公正さを担保する配慮を行った上で、執行を行うことは許されると解すべきである（松尾・前掲230、渡辺・前掲422）。

8 住居等

人の住居又は人の看守する邸宅、建造物に当たるか否かついては、刑法130条の解釈がそのまま当てはまる。船舶については、いわゆる小舟のような小規模な船は除かれるとするのが通説である（佐藤・前掲212）。汽車、電車、航空機など船舶以外の乗り物についても、2項の準用ないし類推適用を認めるべきであろう（渡辺・前掲423）。これらの乗り物には船舶のような居住性がないことから、本条の適用を認めるべきでないとする説（佐藤・前掲212）もあるが、必ずしも居住性のない建造物も本条の対象となっており、居住性によって区別する必然性は乏しいと思われる。

9 2項後段の立会い

「これらの者を立ち会わせることができないとき」は、立会人のない場合のみならず、立会いを拒否された場合も含む（大阪地判昭38・9・17下刑集5・9＝10・870。なお、この裁判例の事案では、立会人なしに執行された捜索・押収が違法とされている。）。立ち会う意思があれば立ち会うことが可能な十分な時間的余裕を与えて、令状の執行を通知したのにもかかわらず、執行着手時刻になっても立会人が現れなかった場合には、「立ち会わせることができないとき」に当たるとした裁判例（東京地決昭45・3・9判時589・28。なお、同一の手続について提起された国家賠償事件においても同旨の判断がなされている。東京地判昭51・4・15判時833・82。）がある。

2項後段の立会いは、執行手続の公正さの担保のみではなく、執行を受ける者の利益の保護のため、一定の地縁関係にある者に立ち会わせるという趣旨であり、ここにいう「隣人」は、文字どおり隣に住む人に限定する趣旨ではなく、近所に居住する人という程度で足りる（渡辺・前掲425）。

「地方地方公共団体の職員」には、限定はない。地方公務員たる警察官については、含まれないと解すべきとする説（渡辺・前掲425、松尾・条解231）

があるが、文理上、警察官が含まれないとはいえないであろう（佐藤・前掲213）。もっとも、運用上は、無用な摩擦を避けるために警察官以外の地方公務員を立ち会わせるのが相当であろう。実際には、消防署員を立ち会わせる例（前掲東京地決昭40・7・23、前掲東京地決昭45・3・9等）が多いようである。

10　2項による立会人なしの令状執行の可否

　本人が立会いを拒否したため立ち会わせることができず、隣人等も立会いを拒否したときには、捜索・差押えを執行できないとするのが通説である（渡辺・前掲425）。他方、暴力団事務所の捜索に際し、相手方は一歩の立入りも許さぬ強硬な態度に出て、捜査官と相手方その他の者の間で不祥事が起きかねず、隣人は平素から当該暴力団をおそれて協力が期待できず、地方公共団体職員も相手方ら暴力団組員が警察官に反抗しているさなかに立会いに応ずることが期待できず、仮に立会いを得るにしても長時間を要する情況にある場合には、客観的に立会人を待てない程度に要急性があったものとして立会人なしに行った捜索を適法とした裁判例（大阪高判昭39・5・21高検速報昭39・6・1）もある。状況によっては、立会人なしの令状執行が絶対に許されないとまではいえないであろう。

11　その他の立会い

　差押状又は捜索状を執行するときには、執行する者とは別の検察事務官、司法警察職員又は裁判所書記官を立ち会わせなければならない（規100Ⅱ）。これは裁判所が公判廷で行う捜索・差押えに関する規定であって、司法警察職員が捜査のために裁判所の令状を得て行う司法警察職員独自の差押えについては、この規定の適用はない（大阪高判昭26・3・9特報23・47）。

（和田雅樹）

〔女子の身体の捜索と立会い〕
　第115条　女子の身体について捜索状の執行をする場合には、成年の女子をこれに立ち会わせなければならない。但し、急速を要する場合は、この限りでない。

〈本条細目次〉
1　本条の趣旨　480
2　衣服に対する捜索　480
3　立会いを要しない場合　480
4　公判廷における捜索　481
5　「急速を要する場合」　481

1　本条の趣旨

女性の身体を捜索する場合に、女性の身体に対する羞恥心を保護しようとする趣旨の規定である。

2　衣服に対する捜索

本条の捜索には、身体を捜索する場合のみならず、着用している衣服について捜索する場合も含まれる。ただし、衣服の上からポケット等を触れる程度のものは、ここにいう捜索には当たらないものと解されるであろう。どこからが「女子の身体」に対する捜索に当たるかは、社会常識に従って判断することとなろうが、一般的に考えて女性に羞恥心を抱かせるような方法を用いることは本条によるべきである（渡辺咲子・大コメ刑訴2・428）。

3　立会いを要しない場合

本条の趣旨から、女性警察官のみによる身体の捜索が行われた場合には、本条の適用がないとする裁判例（東京地決平2・4・10判タ725・243）がある。同裁判例は、本条の趣旨について、「刑訴法115条が女性の身体に対する捜索に成人女子の立会を必要としたのは、その捜索が男性の警察官によって実施されることを想定したうえで、成年女子の立会によって捜索を受ける女性の羞恥心を解消軽減するとともに、警察官による性的侵害の危険ないし疑惑の発生を防止しようとする」ことにあるとし、その趣旨から女性警察官のみによる女性の身体捜索の場合は、こうした危険がなく「成年女子」の立会いを要しないとした。

なお、戸籍上及び生物学上の性は男性であるが、内心において女性であるとの確信を有し、性適合手術及び豊胸手術を受けた性同一性障害者が、警察署に留置されるに当たって男性警察官によって身体検査を行われたこと等により身体的、精神的損害を被ったとする国家賠償事件において、「特段の事情のない限り、女子職員が身体検査を行うか、医師若しくは成年の女子を立

ち会わせなければならないと解するのが相当である」とした裁判例（東京地判平18・3・29判時1935・84）がある。

4　公判廷における捜索

本条は「捜索状の執行をする場合」についての規定であるため、公判廷における捜索については、文理上その適用はない（適用があるとするものとして渡辺・前掲429）。しかし、女性に対する身体捜索の特殊性に鑑み、本条の趣旨を尊重し、本条に準じた取扱いをなすべきであろう（佐藤道夫・注釈刑訴2・213）。

5　「急速を要する場合」

「急速を要する場合」に当たるかは、執行者が判断する。　　　（和田雅樹）

〔時刻の制限〕
第116条　日出前、日没後には、令状に夜間でも執行することができる旨の記載がなければ、差押状、記録命令付差押状又は捜索状の執行のため、人の住居又は人の看守する邸宅、建造物若しくは船舶内に入ることはできない。
2　日没前に差押状、記録命令付差押状又は捜索状の執行に着手したときは、日没後でも、その処分を継続することができる。

〈本条細目次〉
1　本条の趣旨　481
2　「日出前、日没後」　481
3　夜間の執行　482

1　本条の趣旨

夜間における個人の私生活の平穏を保護しようとする規定である。

2　「日出前、日没後」

「日出前、日没後」は、手続の安定性の観点から各地の暦に従って判断するとするのが、通説である（佐藤道夫・注釈刑訴2・215）。

3　夜間の執行

　令状に夜間執行できる旨の記載がある場合及び次条に規定されている場所での執行を除き夜間執行は許されない。ただし、夜間執行できる旨の記載がない捜索差押許可状に基づいて夜間に病院で行った強制採尿手続について、本条の趣旨から「夜間における私生活の平穏を保護するために設けられた刑訴法116条1項の制約は受けないと解される」として、適法であるとした裁判例（東京高判平10・6・25判タ992・281）がある。

（和田雅樹）

〔時刻の制限の例外〕
第117条　次に掲げる場所で差押状、記録命令付差押状又は捜索状の執行をするについては、前条第1項に規定する制限によることを要しない。
　一　賭博、富くじ又は風俗を害する行為に常用されるものと認められる場所
　二　旅館、飲食店その他夜間でも公衆が出入りすることができる場所。ただし、公開した時間内に限る。

〈本条細目次〉
　1　本条の趣旨　482
　2　「風俗を害する行為」　482
　3　「公開した時間内」　482

1　本条の趣旨

　夜間における個人の私生活の平穏を保護する必要のない場所について、前条の例外として夜間の執行を許すこととしている規定である。

2　「風俗を害する行為」

　「風俗を害する行為」は、社会道徳上いかがわしい行為をいい、犯罪を構成しないものも含む。具体的に「風俗を害する行為」に当たるかは社会通念に従って判断することとなろう（佐藤道夫・注釈刑訴2・217）。

3　「公開した時間内」

　公開した時間内に着手すれば、公開時間後も前条2項の趣旨に基づき、継

続して処分を続行できる（松尾・条解232）。　　　　　　　　（和田雅樹）

〔執行の中止と必要な処分〕
第118条　差押状、記録命令付差押状又は捜索状の執行を中止する場合において必要があるときは、執行が終わるまでその場所を閉鎖し、又は看守者を置くことができる。

〈本条細目次〉
1　本条の趣旨　483
2　執行の中止　483
3　閉鎖の方式　483

1　本条の趣旨
　執行の中止ができることを直接に規定した条文はないが、執行に長時間を要する場合などに執行を一時中止し、後に再開することは当然可能である。本条は、このような捜索・差押えの執行中止中の妨害を排除することを目的として、112条と同様の趣旨で、必要な措置を執ることができることとした規定である。

2　執行の中止
　執行の中止は、執行の一時的な停止であり、中止中も観念的には執行は継続している。執行を終了した場合には、同一の令状で再度の執行を行うことはできないが、執行を中止した場合は、同一の執行の継続であるから新たな令状を要しない。

3　閉鎖の方式
　閉鎖の方式については、特別の規定はなく、任意の方法によってなし得るが、閉鎖の事実を明らかにする措置を講じなければならない。この場合、多くは封印が用いられる。

（和田雅樹）

〔証明書の交付〕
第119条　捜索をした場合において証拠物又は没収すべきものがないときは、捜索を受けた者の請求により、その旨の証明書を交付しなければならない。

〔規〕　第96条（捜索証明書、押収品目録の作成者・法第119条等）　法第119条又は第120条の証明書又は目録は、捜索、差押え又は記録命令付差押えが令状の執行によつて行われた場合には、その執行をした者がこれを作つて交付しなければならない。

〈本条細目次〉
1　本条の趣旨　484
2　請求権者　484
3　作成交付者　484
4　交付の効果　485

1　本条の趣旨
　捜索の結果、当該捜索の対象となった証拠となる物又は没収する必要のある物が発見されなくても、捜索の執行自体が終了する場合もある。しかし、このような場合、捜索が中止されたのか終了したのかが必ずしも明らかでないこと、捜索を受けたことによって犯罪に関与したという目で近隣の人などから見られるおそれのあることなどから、捜索が終了したことを明確にし、世間の疑惑の解消に資するように、対象者の請求がある場合に捜索証明書という公文書の作成交付を義務づけた規定である。

2　請求権者
　請求権者は捜索を受けた者であり、身体の捜索を受けた者並びに捜索された場所又は目的物の所有者、権原ある占有者及び事実上の支配者を意味する（増井清彦・注釈刑訴2・220）。

3　作成交付者
　本条の捜索証明書は、執行をした者が作成交付しなくてはならない（規96）。公判廷で行った捜索については裁判所書記官が（規37）、公判廷外における捜索については令状の執行者が作成交付する。

4　交付の効果

捜索証明書を発行しても、改めて捜索状が発付されれば、再度の捜索は可能である（松尾・条解233）。もっとも、捜索状の再度の発付については、押収すべき物の存在する蓋然性がより大きいことが要求されよう（増井・前掲221）。

（和田雅樹）

〔押収目録の交付〕
第120条　押収をした場合には、その目録を作り、所有者、所持者若しくは保管者（第110条の2の規定による処分を受けた者を含む。）又はこれらの者に代わるべき者に、これを交付しなければならない。

〔規〕　第96条（捜索証明書、押収品目録の作成者・法第119条等）　法第119条参照。

〈本条細目次〉
1　本条の趣旨　485
2　「押収」の意義　486
3　交付者及び交付の相手方　486
4　記載の程度　486
5　本条に違反した押収の効力　486
6　調書への記載　487

1　本条の趣旨

押収が行われた場合、本条に基づき押収目録を[1]交付することによって、どのような押収機関が、どの事件について、誰の所有又は管理する物を押収したかが明らかになり、被押収者の財産の不当な侵害の防止が図られること

---
[1]　捜査機関が作成するものについては押収品目録と呼ばれる（規96、検察庁事件事務規程51、捜査規範109）が、裁判所の作成するものは押収目録の語が用いられる（検察庁証拠事務規程24参照）。本条の押収には差押状執行による場合も含まれ、その際は押収品目録が交付されるが、ここでは「押収目録」の語を押収品目録も含めて押収の際の目録の意味で用いることとする。

となる。また、押収目録により、被押収者は、押収物が差押状に記載された差押えの目的物に当たるかどうか、差押物の所在等を知ることができ、押収処分の効力等を争うことも可能となる。さらに、押収目録により押収物の数量、形状、所在、権利の帰属関係が明らかになり、その作成は没収の裁判や還付等の処分が誤りなく行われるためにも有益である。

2 「押収」の意義

本条でいう「押収」には、差押状による差押え、公判廷における差押えのほか、提出命令による提出及び領置も含まれる。

3 交付者及び交付の相手方

押収目録を作成交付するのは、差押状執行の場合は執行をした者である（規96）。公判廷における押収の場合は裁判所書記官が作成する（規37）。

押収物についての「所有者、所持者若しくは保管者」のうち、交付の相手方となるのは、直接押収を受けた者である（渡辺咲子・大コメ刑訴2・445）。これらに「代わるべき者」は、代わって受け取ることが適当な者であれば資格は問わない（渡辺・前掲446）。なお、前条の捜索証明書とは異なり、請求の有無にかかわらず、交付しなければならない。

4 記載の程度

押収目録を交付する趣旨に照らして、目録の内容としては、押収物を特定するための物の名称・種類、形状、数量を記載するほか、押収日時、場所、事件名を記載すべきこととなるが、膨大な差押物のすべてについて一つずつ記載することが不合理な場合もある。したがって、ある程度の包括的、概括的な記載は許される。この点で「ある程度包括的あるいは概括的な記載は許されるとしても、捜索差押許可状に記載の差し押えるべき物との関連性が判断できないような記載は許されない」とした上で、本来差押えの対象物はダンボール箱在中の物品であるのに、これについて一切記載がなく「ダンボール箱1」などと記載した目録について、「目録の記載からは、何が差し押えられたかも判然とせず、また、捜索差押許可状に記載の被疑罪名や差し押えるべき物との関連性も判然としない」として差押処分の違法を認めて取り消した裁判例（東京地八王子支決平9・2・7判時1612・146）がある。

5 本条に違反した押収の効力

押収目録を交付することは義務であるが、押収後の手続であり、交付しな

かったからといって押収の効力が失われるわけではない（領置品目録に関する裁判例として高松高判昭26・7・12特報17・30）。この点で、本条は訓示規定であるとした裁判例もある（仙台高秋田支判昭33・3・26高検速報昭33・10）。

6 調書への記載

公判廷で行った押収については、公判調書の記載事項とされている（規44Ⅰ㉛）。したがって、公判廷でした押収については、公判調書に記載することで足り、「更めて押収調書を作成するの必要はない。」（東京高判昭28・7・13特報39・12）。

公判外で行った押収については、押収調書の作成が必要となる（規41Ⅰ）。押収目録は押収調書に添付しなければならない（同条Ⅲ）。なお、押収目録とこれを添付すべき公判調書との間に契印を欠く場合について、公務員の作成する文書に関する規58条に反するが、これらの書類が無効となったり、押収手続が違法となるわけではないとする裁判例（東京高判昭25・11・11特報15・25）がある。

（和田雅樹）

〔押収物の保管、廃棄〕
第121条　運搬又は保管に不便な押収物については、看守者を置き、又は所有者その他の者に、その承諾を得て、これを保管させることができる。
２　危険を生ずる虞がある押収物は、これを廃棄することができる。
３　前２項の処分は、裁判所が特別の指示をした場合を除いては、差押状の執行をした者も、これをすることができる。

〔規〕　第98条（押収物の処置）　押収物については、喪失又は破損を防ぐため、相当の処置をしなければならない。

〈本条細目次〉
1　本条の趣旨　488
2　「運搬又は保管に不便な押収物」　488
3　「看守者」　488
4　保管上の義務　488
5　廃　棄　489

6　調書への記載　489

1　本条の趣旨

　押収物については、押収した場所から直ちに裁判所に運搬し、裁判所において保管するのが原則である。また、押収した証拠物は、刑事裁判の重要な証拠資料であるから、滅失、毀損、変質を避けなければならない。しかし、押収物の性質、形状によっては、裁判所までの運搬や裁判所での保管が困難な場合がある。また、保管自体に危険を伴うこともあろう。そこで、本条は、このような場合に対処するために、裁判所への運搬、保管の原則の例外を定めたものである。なお、222条1項により捜査機関による押収についても準用されている。

2　「運搬又は保管に不便な押収物」

　「運搬又は保管に不便な押収物」とは、例えば、自動車、船舶、大型工作機械など、運搬・保管が物理的に困難な物が、これに当たる。また、死体の一部など保管方法に特別な配慮を要する物もある（橋本晋・新基本法コンメンタール刑事訴訟法147）。

3　「看守者」

　本条の看守者も112条の「看守者」と同義である。

4　保管上の義務

　押収機関は、押収した証拠物を保管する場合には、所有者その他の権利者の権利を保護するために善良な管理者の注意をもって保管を行わなければならない。

　この点について、保管方法が不適切であるとして国に賠償責任を認めた裁判例として、関税法違反事件で差し押さえていた船舶が類焼した場合（最判昭40・12・3判時436・39）、同じく関税法違反で差し押さえて保管していた船舶が大破、解体した場合（高松高判昭40・11・9訟務月報12・7・16）、道路運送車両法違反事件で、押収したバスの保管が不適切であったためにバスが損傷し、経年による価格低下以上に価格が下落した場合（東京高判昭40・10・26判時428・57）、わいせつ文書頒布罪で、領置された書籍の紙型を紛失したことにより還付不能となった場合（東京地判昭39・8・15判時383・2）についてのものなどがある。

また、本条1項に基づき押収機関が第三者に保管を委託した場合であっても保管者としての責任が解除されることはない。この点で、道路運送法違反事件で差し押さえた大型バスについて、保管を委託された者が看守者を置くなど適切な措置を講ずることなく路上に放置したため車両が荒廃した場合に国の賠償責任を認めた裁判例（東京地判昭39・4・28判時381・36）がある。

5　廃　棄

　押収物のうち、その性質上危険を生ずるおそれがある物件は、廃棄処分することができる。「危険を生ずる虞がある」とは、爆発物や伝染病原菌が付着している物のように、物理的に危険を生ずる蓋然性の極めて高度な物に限られる（増井清彦・注釈刑訴2・232）。廃棄は、他人の所有権を侵害する処分であり、その対象は没収することのできる押収物に限らないのであるから、「危険を生ずる虞」は、制限的に解釈する必要がある（渡辺咲子・大コメ刑訴2・455）。廃棄の方法には制限はない。一般には焼却、粉砕、溶解などの方法が採られる。

6　調書への記載

　差押状の執行をした者が本条の処分をしたときは、その旨を調書に記載しなくてはならない（規99）。

（和田雅樹）

〔押収物の代価保管〕
第122条　没収することができる押収物で滅失若しくは破損の虞があるもの又は保管に不便なものについては、これを売却してその代価を保管することができる。

〈本条細目次〉
1　本条の趣旨　489
2　換価処分の対象となる押収物　490
3　換価方法　490
4　換価代金の性質　490

1　本条の趣旨

　本条は、前条と同様に押収物の保管に関する原則の例外を定めた規定であ

り、保管がその性質上困難な押収物について、換価処分を認めたものである。

2 換価処分の対象となる押収物

換価処分をなし得るのは、没収することができる押収物に限られる。必要的没収の対象となる押収物に限られず、任意的没収の対象となる物も含まれる。

実際に没収されることまでは要しない。関税法違反事件で押収された船舶について本条に基づいて換価処分がされたが、実際には没収されなかったとしても、当該船舶が「没収することができる押収物」であって、滅失若しくは破損のおそれがあるか又は保管に不便な場合には、その換価処分は適法であるとした裁判例（鹿児島地判昭28・10・27国家賠償例集641）がある。また、関税法違反事件で押収された船舶について、被告人の無罪が確定し、没収し得ない物となった場合であっても、当該船舶が有罪となった共犯者との関係で没収すべき物に当たるとき、その換価処分を適法とした裁判例（福岡高判昭29・6・30高民集7・6・513）がある[1]。結果的に没収されなかった物の換価処分が適法か否かは、当該処分が行われた時点で、没収できるものと認めるだけの合理的根拠があったかどうかで決すべきであろう（増井清彦・注釈刑訴2・236）。

なお、没収することができる物であると同時に証拠物でもある押収物について換価処分できるかが問題となるが、没収の対象物はほとんどが証拠物であり、証拠物についても121条の廃棄処分が認められていることなどから積極に解すべきであろう（松尾・条解235）。

3 換価方法

売却の方法については、特別の規定はないが、押収物の所有者等の納得の得られる公正な方法によるべきである。

4 換価代金の性質

本条に従い換価処分された換価代金は、刑法19条の対価ではなく、没収との関係では、被換価物件と同一視すべきものである。したがって、換価処分

---

[1] もっとも、これらの裁判例は、関税法違反について当該船舶等が犯人以外の所有に係るときは、所有者が当該船舶が犯行の用に供されることについて悪意の場合に限り、没収することができるとする規定（関税118Ⅰ但）ができる前の裁判例であることに留意する必要がある。

がなされても、被告人の押収物に対する占有が失われるわけではない（最大判昭33・3・5刑集12・3・384）。

換価処分がなされた場合は、換価代金を没収の対象物とする（最決昭25・10・26刑集4・10・2170、福岡高宮崎支判昭63・7・19判時1294・142等）こととなる。押収されていない換価代金であってもその存在が明らかで没収の要件を満たしていれば、没収して差し支えない（高松高判昭26・7・18特報17・32）。

また、換価代金となった以上、物そのものとしての同一性がなくなるのは当然であり、押収物そのものとしての同一性、特定性の保持を断念して換価した後には、特定性の要請は意味を失う。したがって、換価代金を封金扱いするなどして保管しておかなければ没収できないなどということはなく、その経済的価値が保管されていれば足りる。このような観点から押収機関が日本銀行に預け入れ保管していた換価代金を没収したことについて何ら違法な点はないとした裁判例（大阪高判昭51・2・24刑裁月報8・1=2・22）がある。

（和田雅樹）

〔還付、仮還付〕
第123条　押収物で留置の必要がないものは、被告事件の終結を待たないで、決定でこれを還付しなければならない。
2　押収物は、所有者、所持者、保管者又は差出人の請求により、決定で仮にこれを還付することができる。
3　押収物が第110条の2の規定により電磁的記録を移転し、又は移転させた上差し押さえた記録媒体で留置の必要がないものである場合において、差押えを受けた者と当該記録媒体の所有者、所持者又は保管者とが異なるときは、被告事件の終結を待たないで、決定で、当該差押えを受けた者に対し、当該記録媒体を交付し、又は当該電磁的記録の複写を許さなければならない。
4　前3項の決定をするについては、検察官及び被告人又は弁護人の意見を聴かなければならない。

〈本条細目次〉
1 本条の趣旨 492
2 還付処分を行う機関 492
3 「留置の必要がない」 493
4 還付請求の申立て 493
5 還付の時期 494
6 還付の相手方 494
7 還付の効力の発生時期 495
8 還付ができない場合 495
9 仮還付の請求者、相手方 495
10 仮還付決定の判断の基準 496
11 仮還付の効力 496
12 意見聴取 497
13 不服申立て 497
14 本条3項の趣旨 498
15 措置の内容 498

1 本条の趣旨

押収は、本来当該事件の終結までその効力が持続するのが建前である。しかし、押収は、その所有者等の私有財産権を制約するものであるため、私人の権利の制限が必要最小限度に止められるよう配慮しなければならない。そこで、押収後、占有を継続する必要がなくなった物について、被押収者に対して終局的又は一時的に返還することが相当であり、本条はその旨を規定したものである。

1項の「還付」とは、終局的に返還することをいう。還付の決定があれば、押収はその効力を失う。

これに対して、2項の仮に還付することを仮還付と呼んでいる。仮還付とは、押収物の留置の必要が全くなくなったわけではないが、当面留置を解いても当該事件の審理に支障がないと認められる場合に、将来必要があるときには、再び押収機関の保管に戻すことを留保して、一時的に押収物を返還することをいう。

2 還付処分を行う機関

裁判所が還付決定を行うことができるのは、裁判所が押収の手続をした物に限られる（最決昭26・1・19刑集5・1・58）。「押収」には領置も含まれる。

したがって、検察官が公判で証拠物として提出した物件について裁判所が領置した場合も、所有者が本条2項に基づき仮還付請求をすることができる（最決昭30・11・18刑集9・12・2483）。

これに対して、検察官、司法警察員等の捜査機関が押収している物については、これらの機関が還付処分を行う。なお、検察官が公判に提出しなかった押収物がある場合で、当該被告事件につき控訴、上告されるなどして押収の基礎となった被告事件の係属裁判所が変わるときがある。このようなときであっても、特段の事情のない限り、現に押収を継続している検察庁の検察官において還付等に必要な処分をすべきである（最決昭58・4・28刑集37・3・369）。したがって、このようなときに検察官が還付をしないという不作為があった場合に、当該不作為の処分を行ったのも現に押収を継続している検察庁の検察官となるわけであるから、これに対応する裁判所に不服申立てを行わなければならない（前掲最決昭58・4・28）。

3　「留置の必要がない」

本条1項に規定する「留置の必要がない」の判断基準について「犯罪捜査または公訴維持の目的と……受還付権者の損害の程度の比較衡量」によるべきとする裁判例（大阪地決昭50・9・25判時804・113）もある。しかし、これは、性質の異なるものの比較衡量を求めることとなり、その判断が困難であろう。端的に、その物が捜査・公訴の維持のために必要かどうかを判断すれば足りると考えられる。

4　還付請求の申立て

還付については、仮還付についての2項のように請求できる者についての規定がない。そのため、関係者の請求は職権発動を促す効力しかなく、還付請求権はないと解すべきとする説（緑川亨・強制処分講義202等）と本条1項は還付の申立てがないときでも還付が義務的であることを強く強調した規定であり、仮還付よりも強く権利主張できるはずの還付について申立権を認めないのは均衡を失するから、法は還付についても関係者に申立権を認めているものと解すべきであるとする説（横田＝高橋・諸問題29）があった。この点について、最高裁は、430条2項による準抗告で認められているのは、押収処分の取消し変更に過ぎず、それ以上還付を求めることはできないとした原決定を覆し、押収処分を受けた者からの還付請求を却下した処分の取消し

と自己への還付を求めて430条2項の準抗告が申し立てられた場合には、「押収物について留置の必要がないときは、同法222条1項において準用する124条1項による被害者への還付等、申立人以外の者に還付することが相当である場合や、捜査機関に更に事実を調査させるなどして新たな処分をさせることが相当である場合を除き、準抗告裁判所は、原処分を取り消すとともに、捜査機関に対して、押収物を申立人に還付するよう命ずる裁判をすべき」とし（最決平15・6・30刑集57・6・893）、被押収者に還付請求権を認めた。

5 還付の時期

還付ができるのは、終局裁判の確定までである。判決宣告後、上訴前又は確定前にも還付はできる。もっとも、判決主文で還付の言い渡しをした後、確定前に本条による還付を行うと、宣告された判決の内容を無意味にすることとなるので、このような場合は還付できない（松尾・条解237）。上訴申立て後、原裁判所に記録が残っている間については、97条2項、規92条2項のような特別の規定が設けられておらず、還付できないと解される（渡辺咲子・大コメ刑訴2・465）。

6 還付の相手方

「還付は、押収物について留置の必要がなくなった場合に、押収を解いて原状を回復することをいうから、被押収者が還付請求権を放棄するなどして原状を回復する必要がない場合又は被押収者に還付することができない場合のほかは、被押収者に対してすべきである」（最決平2・4・20刑集44・3・283）。なお、被押収者が還付請求権を放棄するなどして原状回復の必要がないことが明らかな場合には、被押収者に還付する必要はない（大阪地決昭49・12・26判時778・114）。そのほか、被押収者が不明でこれに還付することが不能な場合も被押収者ではない所有者などに還付することが認められるであろう。

なお、「押収物の本還付を受けるべき者について、被押収者に限らず、合理的裁量によりそれ以外の者にも還付できるという相当な根拠のある有力な見解が存在し、その見解に立って実務も行われていた当時においては、〔被押収者以外の者に還付することに〕合理的理由があったというべきであり、……検察官の措置に、（国家賠償法1条1項にいう）過失があったとすることはできない。」として被押収者以外の者に対する還付について違法とはいえ

ないとした裁判例（大阪高判平6・11・15訟務月報41・6・1341）もある。

また、検察官が証拠として裁判所に提出し、領置手続の執られた押収物については、検察官に対してではなく、もともとの被押収者に対して還付することを要する（仮還付に関する前掲最決昭30・11・18）。

7 還付の効力の発生時期

押収機関が還付する場合には、捜査機関が還付決定を行い、これを還付を受ける者に告知した時にその効力が生じると解される（山口地下関支決昭36・7・25下刑集3・7＝8・808、東京地決昭48・4・21刑裁月報5・4・872）。したがって、この後は押収処分の取消しを求める法律上の利益は失われる。

8 還付ができない場合

還付すべき物がなくなった場合には還付はできない。この点で、押収物が検察官の歳入編入処分によって国の一般財産と混和し特定性を失った場合には還付が不能であるとした判例（最決昭54・12・12刑集33・7・839）がある。

押収、還付は、国による被押収者からの占有の取得とその原状回復をめぐる法律関係であって、私法上の実体的な権利関係とは無関係に進められ、そこに実体上の権利者が関与する余地はなく、また、本来それによって実体的な権利関係が確定したり、その変動を来す余地はない。この点で、例えば、捜査機関が還付公告をして6か月内に還付請求がなかったことから、当該押収物が形式的には国庫に帰属することになった場合であっても、実体上の権利を有する者が、これによって被った損失について、国に対して不当利得返還請求等をすることは妨げられないとする裁判例（東京地判平5・1・29判時1444・41）がある。

9 仮還付の請求者、相手方

仮還付の請求は、2項に定めるとおり、「所有者、所持者、保管者又は差出人」がすることができる。したがって、例えば、被押収者ではなく被害者たる所有者が請求することもできる。仮還付の手続は民事上の権利関係を確定するものではないから、盗難物であった押収品を善意取得した者から押収した場合でも、民法193条所定の2年間は被害者が仮還付請求権を有するとする裁判例（大阪地決昭43・11・8下刑集10・11・1153[(1)]）がある。

また、仮還付をなすべきか否か、所有者、所持者、保管者又は差出人のいずれに仮還付をなすべきかは、裁判所又は捜査段階にあっては捜査機関の自

由裁量によるものであり、その裁量の範囲を著しく逸脱しない限り、妥当性を欠いても違法とはいえないとした裁判例（横浜地決昭45・7・7刑裁月報2・7・755）がある。たしかに、仮還付は終局的な処分ではなく、一時的に押収物を返還するものであること、所有者、所持者、保管者又は差出人のいずれもが請求できると規定されていることからすれば、原状回復を原則とする還付の場合とは違い、必ずしも被押収者に仮還付することを原則としないと解する余地もある。

なお、所有権について争いのある場合に、一方当事者に仮還付したとしても、仮還付は私法上権利関係を確定するものではなく、そのこと自体で仮還付が違法となるわけではない。したがって、仮還付とは別に利害関係人がその権利を主張することができる（このような主張を認めた裁判例として前掲横浜地決昭45・7・7）。

そのほか、押収物を不法に占有していた者に対して仮還付処分を行った場合について、被害者に還付すべき明らかな理由があるか否かを斟酌しなかったのは不当であるとした裁判例（広島地福山支決昭34・5・20下刑集1・5・1332）がある。

10　仮還付決定の判断の基準

仮還付請求があった場合に仮還付すべきかどうかについては、所有権あるいは占有権の帰属関係、請求者が対象物件の保管に適する者かどうか等当該事案における諸般の状況を考慮して決することとなる。また、その決定の基準ないし具体的条件は還付の場合と同一ではないとする裁判例（大阪地決昭46・2・23刑裁月報3・2・306）がある。

11　仮還付の効力

仮還付された物についても押収の効力は依然として継続しており、没収の対象とすることができる（札幌高判昭26・4・12高刑集4・4・406）。

なお、仮還付された後に被告事件において、別段の言い渡しがないときは、還付の言い渡しがあったものとされる（347Ⅲ、最大決昭29・11・24裁集100・573）。

---

(1)　なお、同決定の事案では被押収者に仮還付すべきであるとして被害者に対する仮還付処分が取り消されている。

12 意見聴取

本条4項により、還付、仮還付の決定をするについては、検察官及び弁護人又は被告人の意見を聴かなければならない。なお、この規定は、捜査機関の行う捜索・押収についても準用される（222Ⅰ）。しかし、捜査の密行性から捜査機関の行う捜索・押収について、当事者主義、弁論主義を基調とする裁判手続を予定した総則規定を準用するに当たっては、当事者主義的色彩を要請される段階や程度に応じて準用されるべきであるとして、仮還付に関して被疑者の意見を聴かなかったことが、その処分の有効性を左右するものではないとした裁判例（東京地決昭45・11・24刑裁月報2・11・1251）がある。

13 不服申立て

還付請求に対する裁判所の決定に対する不服申立ては、通常抗告の方法による（420条2項により、還付に関する決定は、訴訟手続に関し判決前にした決定ではあるが、抗告ができることとされている。）。なお、この点で、単独の裁判官で構成される裁判所の行った仮還付請求却下の決定は、「裁判官」がした裁判ではなく、「裁判所」の決定であることから429条の準抗告の対象とはならない（最決昭35・1・26刑集14・1・29）。

捜査機関が押収している場合に、これに対して還付を求めたところ、これが却下された場合の不服申立ては430条の準抗告による（司法警察員の行った還付請求却下の処分を取り消した裁判例として大阪地決昭38・1・29下刑集5・1＝2・157。）。

430条の不服申立ての対象となるのは「処分」であるが、押収機関が還付請求に対する却下処分をせず、還付すべき物を還付しない場合に不服申立てができないとすると、被押収者の権利が十分に保護されないこととなる。この点で、少なくとも還付又は仮還付の申立てがあり、「相当の期間現実に還付又は仮還付がなされなかつた場合には……その不作為は押収物の還付に関する却下処分」として不服申立ての対象となると解されるとする裁判例（東京地決昭40・7・15下刑集7・7・1525）がある。また、還付の請求に対する口頭による拒否の意思表示も「処分」に当たるとする裁判例（前掲大阪地決昭46・2・23）がある。

なお、差押処分の取消しにより、押収の効力が消滅した後に、差押え物件を返還する行為は、押収の効力の消滅に伴って占有を移転するものに過ぎな

いから、押収物について留置の必要がなくなった場合に押収を解いて原状を回復する還付の処分とは異なり、430条の準抗告の対象となる「押収物の還付に関する処分」には当たらない（最決平4・10・13刑集46・7・611）。

（和田雅樹）

14 本条3項の趣旨

本条3項は、110条の2により電磁的記録の移転をした場合における原状回復措置について定めるものである。

110条の2の処分において、差押えを受ける者が用意した他の記録媒体に電磁的記録を複写等してこれを差し押さえた場合には、被差押者が当該他の記録媒体の所有者等であり、留置の必要がなくなったときには、原状回復として、その者に当該他の記録媒体を還付することとなる。これに対し、捜査機関が用意した他の記録媒体に電磁的記録を複写等してこれを差し押さえた場合には、捜査機関が当該他の記録媒体の所有者等であり、その記録媒体自体については、被差押者に返還すべき理由はないため、その者には当該他の記録媒体を還付しないこととなるが、この場合であっても、当該他の記録媒体に電磁的記録を移転してこれを差し押さえた場合には、被差押者のもとから電磁的記録は消去されていることとなるから、原状回復の方法を認める必要がある。そこで、このような場合には、被差押者に対し、当該他の記録媒体を交付し、又は当該電磁的記録の複写を許さなければならないこととされているものである。

15 措置の内容

原状回復措置の内容は、被差押者に対し、電磁的記録が移転された他の記録媒体を交付し、又は当該電磁的記録の複写を許すことである。

（吉田雅之）

〔押収贓物の被害者還付〕
第124条　押収した贓物で留置の必要がないものは、被害者に還付すべき理由が明らかなときに限り、被告事件の終結を待たないで、検察官及び被告人又は弁護人の意見を聴き、決定でこれを被害者に還付しなければならない。

2　前項の規定は、民事訴訟の手続に従い、利害関係人がその権利を主張することを妨げない。

〈本条細目次〉
1　本条の趣旨　499
2　本条による還付と前条による仮還付との関係　499
3　「贓物」　500
4　被害者　500
5　「被害者に還付すべき理由が明らかなとき」　500
6　意見聴取　501
7　不服申立て等　501

1　本条の趣旨

　押収物の当該事件終結前の還付については前条1項に原則が定められているが、本条は、押収物が盗品である場合の特則を定めたものである。前条1項の原則に基づけば、押収物は被押収者に還付されることとなる。そこで、押収物が盗品で、被押収者が窃盗犯人である場合についても、この原則に従うと、権利者である被害者が、民事上の請求をして被害回復を図らなければならないこととなる。しかし、明らかに民事上の請求権を有する被害者にこのような手続を常に強いることは、妥当ではないであろう。このような場合、刑事手続の中で直接被害者にこれを引き渡すことが実際上も便宜であり、妥当であることから本条が設けられた（増井清彦・注釈刑訴2・251）。なお、本条2項は、本条1項があくまで刑事手続としての還付に関する規定であって、何ら民事上の権利関係を確定するものではないことを確認的に規定したものである。

2　本条による還付と前条による仮還付との関係

　還付は、終局的に返還することであり、仮還付は、押収物の留置の必要が全くなくなったわけではないが、当面留置を解いても当該事件の審理に支障がないと認められる場合に、将来必要があるときには、再び押収機関の保管に戻すことを留保して、一時的に押収物を返還することをいう。押収物が盗品の場合であっても、還付をすることは適当ではないが、仮還付は認められるというときに、被害者ではない差出人の請求によって仮還付される可能性

がある。しかし、具体的妥当性の観点から本条の特則が設けられた趣旨に照らせば、盗品について被害者以外の者から仮還付の請求がなされた場合には、安易にこれに応じるのではなく、本条による被害者還付についても配慮した上で適切に対応する必要があろう。この点で、検察官が盗品である押収物を仮還付する場合に「被害者に還付すべき理由が明かなものとしてこれを被害者に還付すべきものであるか否かを勘案してこれが処分をなすべきもの」であるとした裁判例（広島地福山支決昭34・5・20下刑集1・5・1332）がある。

3　「贓物」

「贓物」とは、財産罪に当たる犯罪行為によって不法に領得された盗品等であって被害者が法律上追求できるものをいう。

4　被害者

被害者とは、問題になっている被告事件の保護法益の主体として「贓物」について正当な権利を持つ者をいう（松尾・条解239）。個人的法益に対する犯罪以外の犯罪については、当該犯罪によって同時に個人的法益を侵害された者が被害者である。保護法益の主体が複数であれば、そのすべてが被害者となる。被害者が死亡していれば、その相続人に還付すればよい。被害者が特定されてはいるが、その所在が明らかでないとき、又は、被害者が不詳の場合であっても被害者が存在することが明らかなとき、被害者還付することは差し支えない（仙台高判昭34・2・19高刑集12・2・59。なお、被害者が特定されていない押収物について最判昭30・1・14刑集9・1・52でも被害者還付の決定がなされている。）。

5　「被害者に還付すべき理由が明らかなとき」

「被害者に還付すべき理由が明らかなとき」とは被害者の有する実体上の返還請求権自体が明白な場合をいう（岡山簡決昭50・11・28判時816・109）。したがって、「捜査機関の行う還付においても、右引渡請求権の有無につき、事実上又は法律上の疑義があるときは、被害者還付をすべきでないと解するのが相当である」（神戸地判昭56・10・28判時1036・94）。

捜査段階での押収に関し、押収の基礎となった事件について、検察官が起訴猶予処分にした場合には、犯罪事実自体は認められるわけであるから、被害者に返還請求権が認められ、222条で準用される本条に基づき被害者に還付することとなる。これに対し、「嫌疑不十分」、「嫌疑なし」として不起訴

処分にした場合については、「被害者」の引渡請求権の存在が明らかではないので、原則に戻り被押収者に還付すべきこととなる（「嫌疑なし」で不起訴処分とされた窃盗事件で押収された被害品について「被害者還付」すべきではなく被押収者に還付すべきと判断した事例として豊島簡決昭40・7・2下刑集7・7・1517がある。）。この場合、その後の権利関係は民事裁判で争うこととなるが、検察官には民事上の権利関係を判断する権限がない以上当然のことであり、本条2項もこうした私法上の権利主張を認めている。

また、盗品を即時取得した者から押収した物について、盗難後2年を経過した時点で被害者に還付した事案について、被害者に対する還付処分を本条に反する違法な職務執行であるとした裁判例（名古屋地判平13・11・29判時1788・78）がある。

6　意見聴取

本条による被害者還付をする場合にも検察官及び被告人又は弁護人の意見を聴かなければならない。この点で、被疑者の意見を聴かないでした被害者還付の手続を違法とした裁判例として京都地決昭48・6・27刑裁月報5・6・1070[1]がある。

7　不服申立て等

本条の還付処分に対する不服申立ても、前条の還付に対する不服申立てと同様の手続による。

窃盗事件の被害物品について差出人である古物商と被害者の双方から還付申立てがあり、検察官がこれを古物商に還付したところ、430条1項に基づいて被害者から当該還付処分の取消しと自己に対する還付を求める準抗告がなされた事案で、被害者に還付すべき理由が明らかな場合に当たるとして、古物商に対する還付が取り消され、被害者に還付しなければならないとした裁判例（東京地決昭42・6・8判時490・79）がある。この決定に基づいて検察官が被害者に還付するとの処分をなした場合に、この処分は検察官に何らの裁量のない執行指揮に過ぎず、430条1項にいう検察官の「処分」には当たらないとして、この処分に対する準抗告を不適法とした裁判例（東京地決

---

[1] もっとも、本件では押収物が現金であり、被害者還付の結果、被害者の他の財産と混和し特定性を欠くにいたったことから、当該還付処分の取消しについては、430条の準抗告の利益がなくなったとして棄却されている。

昭42・6・26判時490・79）がある。

　また、本条により還付した押収物を被還付者が他に売却し、搬出し、被還付者の下に存在しなくなった場合には、この還付処分を取り消す実益がなく、還付処分に対する430条に基づく準抗告は不適法とした判例（最決昭44・8・27裁集172・365）がある。

　ところで、原判決が被害者還付を言い渡すべきであったのに、言い渡さなかった場合で原判決について上訴の申立てがあったとき、被害者還付の是正は、どの時点で行うのかが問題となる。この点で、被害者還付の言い渡しは、終局判決とともに言い渡されたとしても、手続的に同時に確定させなければならないものでもなく、上訴申立てを受けた上級審は、本案部分の上訴申立ての理由の有無にかかわらず、被害者還付に関する手続の違法を自由に、必要に応じて、その部分に限定して是正することができると解されるとする裁判例（大阪高判昭60・11・8高刑集38・3・199）がある。　　　　　　　　（和田雅樹）

〔受命裁判官、受託裁判官〕
　第125条　押収又は捜索は、合議体の構成員にこれをさせ、又はこれをすべき地の地方裁判所、家庭裁判所若しくは簡易裁判所の裁判官にこれを嘱託することができる。
　2　受託裁判官は、受託の権限を有する他の地方裁判所、家庭裁判所又は簡易裁判所の裁判官に転嘱することができる。
　3　受託裁判官は、受託事項について権限を有しないときは、受託の権限を有する他の地方裁判所、家庭裁判所又は簡易裁判所の裁判官に嘱託を移送することができる。
　4　受命裁判官又は受託裁判官がする押収又は捜索については、裁判所がする押収又は捜索に関する規定を準用する。但し、第100条第3項の通知は、裁判所がこれをしなければならない。

〈本条細目次〉
　1　本条の趣旨　503
　2　「押収又は捜索」　503

  3　受命裁判官、受託裁判官　503
  4　「権限を有しないとき」　503
  5　準用規定　503

1　本条の趣旨

　押収又は捜索の裁判は、裁判所が決定の方式で行うべきものであるが、本条は、受命裁判官、受託裁判官にこれをさせることを許した規定である。

2　「押収又は捜索」

　「押収又は捜索」とは、押収・捜索の裁判をいい、差押状、捜索状の発付を含むが、現実の執行行為をいうのではない（渡辺咲子・大コメ刑訴 2・487）。

3　受命裁判官、受託裁判官

　受命裁判官は、合議体の構成員である。受命裁判官に押収又は捜索の裁判をさせるかどうかは、受訴裁判所が合議によって決定する。受託裁判官は、押収又は捜索を現実に執行する土地を管轄する裁判所の裁判官である。執行する土地を管轄する裁判官であれば、事物管轄の如何を問わないから、通常事件について家庭裁判所の裁判官に嘱託することも可能である（増井清彦・注釈刑訴 2・260）。

4　「権限を有しないとき」

　3項にいう「権限を有しないとき」とは、執行行為の目的となる物がその地に存在しなかったときや、目的物が他の地に移動したときを意味し、この場合には、受託事項について権限を有しないので、権限のある裁判官に嘱託を移送することとなる。

5　準用規定

　受命裁判官又は受託裁判官がする押収又は捜索については 4 項で裁判所がする押収又は捜索に関する規定が準用される。106条（令状）、108条 1 項ただし書（執行指揮）、同条 2 項（執行に関する指示）、121条 1 項、2 項（押収物の保管、廃棄）の各規定について準用されることについては争いがない。122条から124条に規定する押収物の換価処分、還付・仮還付の処分ができるかが問題となり得るが、規定の位置や429条 1 項 2 号が裁判官のする還付等に関する裁判に対する準抗告の規定を設けていること[1]から、これらの処分についても受命裁判官、受託裁判官が行うことができると解されよう（松尾・

条解240)。

　なお、4項ただし書で、100条3項の通知（郵便物等の押収をした場合の発信人又は受信人に対する通知）を裁判所がしなければならないこととしているのは、通知が審理の妨げとなるか否かは受訴裁判所でなければ判断できないからである（増井・前掲261）。

〔勾引状等の執行と被告人の捜索〕
第126条　検察事務官又は司法警察職員は、勾引状又は勾留状を執行する場合において必要があるときは、人の住居又は人の看守する邸宅、建造物若しくは船舶内に入り、被告人の捜索をすることができる。この場合には、捜索状は、これを必要としない。

〈本条細目次〉
1　本条の趣旨　504
2　捜索の範囲　505
3　令状の呈示　505

1　本条の趣旨

　憲法35条は、33条の場合を除いて、住居への侵入、捜索及び押収は令状がなければ認められないと規定している。「33条の場合」とは、現行犯逮捕及び令状に基づく「逮捕」の場合である。33条にいう「逮捕」は、犯罪の嫌疑を理由として身体を拘束すること一般を意味し、刑事訴訟法上の逮捕に限らず、勾引、勾留、鑑定留置なども含むと解されている（野中俊彦＝中村睦男＝高橋和之＝高見勝利・憲法1［第5版］416）。本条はこの憲法の規定を受けて、正当な令状である勾引状又は勾留状を執行して被告人を拘束する場合には、現場で被告人を発見するために住居等に入り、捜索することを許した規定である。保釈の取消し、勾留執行停止期間の満了、鑑定留置期間の満了等

---

(1) 本条によって裁判官が還付等に関する裁判をできないとすると、還付等に関する裁判は「裁判所」しか行わないこととなり、「裁判官」の裁判に対する不服を規定した429条1項2号に「還付に関する裁判」を規定する意味が失われることとなる。

による収容の際も、勾留状に基づいて行われることとなるので、必要があれば、本条によって被告人の捜索を行うことができる（松尾・条解240）。

2　捜索の範囲

「人の住居」には、被告人の住居等のみではなく、第三者の住居等も含まれる。住居等の解釈は、114条に定める場合と同じである。

3　令状の呈示

本条による住居等への立入り、捜索等については、勾引状・勾留状が捜索状等に代わる機能を果たすので、住居主など捜索を受ける者に対して勾引状・勾留状を呈示する必要があると解される（増井清彦・注釈刑訴2・263）。もっとも、暴力団事務所で警察官等の立入りに激しく抵抗している状況下で、220条による逮捕状の執行のための人の捜索の場合に逮捕状を呈示しなくてよいとした裁判例（大阪高判昭39・5・21高検速報昭39・6・1）もあり、状況によって住居等への立入り前に勾留状を呈示しないことが違法とまでいえないこともあり得よう。

〔和田雅樹〕

〔勾引状等の執行と被告人の捜索〕
第127条　第111条、第112条、第114条及び第118条の規定は、前条の規定により検察事務官又は司法警察職員がする捜索についてこれを準用する。但し、急速を要する場合は、第114条第2項の規定によることを要しない。

〈本条細目次〉
  1　本条の趣旨　505
  2　準用される規定　506

1　本条の趣旨

前条による捜索は人の捜索であるが、本章に規定する物の捜索と共通性を有することから、物の捜索に関する規定のうちの一定のものを準用することとしたものである。102条2項は準用されていないが、その趣旨に従うべきであり、第三者の住居等への捜索は、被告人がそこにいると認められる状況

のある場合に限られる（渡辺咲子・大コメ刑訴2・491）。

2　準用される規定

　準用されるのは、111条(押収捜索と必要な処分)、112条(執行中の出入禁止)、114条（責任者の立会い）、118条（執行の中止と必要な処分）である。準用に当たっては、これらの規定の「差押状、記録命令付差押状又は捜索状」は「勾引状又は勾留状」と読み替えられる。109条の準用はなく、検察事務官は司法警察職員に補助を求めることができない。

（和田雅樹）

第10章　検　証

〔検証〕
第128条　裁判所は、事実発見のため必要があるときは、検証することができる。

〔規〕　第41条（検証、押収の調書）　検証又は差押状若しくは記録命令付差押状を発しないでする押収については、調書を作らなければならない。
　　2　検証調書には、次に掲げる事項を記載しなければならない。
　　　一　検証に立ち会つた者の氏名
　　　二　法第316条の39第1項に規定する措置を採つたこと並びに被害者参加人に付き添つた者の氏名及びその者と被害者参加人との関係
　　　三　法第316条の39第4項に規定する措置を採つたこと。
　　3　押収をしたときは、その品目を記載した目録を作り、これを調書に添附しなければならない。
　　第42条（調書の記載要件）　第38条、第39条及び前条の調書には、裁判所書記官が取調又は処分をした年月日及び場所を記載して署名押印し、その取調又は処分をした者が認印しなければならない。但し、裁判所が取調又は処分をしたときは、認印は裁判長がしなければならない。
　　2　前条の調書には、処分をした時をも記載しなければならない。
　　第105条（検証の立会）　検証をするときは、裁判所書記官を立ち会わせなければならない。

〈本条細目次〉
1　趣　旨　508
　(1)　検証の意義等　508
　(2)　証拠調べとしての検証　509
　(3)　検証における判断　510
2　公判廷における検証　510

3 公判廷外における検証 511
4 立会人の指示説明等 512

1 趣　旨

本条は、受訴裁判所が事実の発見のために検証を行うことができる旨を規定する。

(1) 検証の意義等

検証とは、五官の働きによって物、人、場所等の状態を認識する作用である（大判昭7・4・18刑集11・384、福岡高判昭25・3・27特報10・101）。

検証は強制処分の性質を有し、対象物の所有者等は検証を受忍する義務を負い、これを拒否することはできない。憲法35条との関係については、裁判所又は裁判官自身が実施する場合であれば、たとえ公判廷外において行われるものであっても、令状は要求されていない。

検証の客体は、条文上特段の制限はなくその範囲は広範であり、有体物に限られず無体物であってもその対象となる。電話の通話内容を通話当事者双方の同意を得ずに傍受することについて、最決平11・12・16刑集53・9・1327は、通話内容を聴覚により認識し、それを記録するという点で、五官の作用によって対象の存否、性質、状態、内容等を認識、保全する検証としての性質をも有するとしている（なお、刑事訴訟法に222条の2として「通信の当事者のいずれの同意も得ないで電気通信の傍受を行う強制の処分については、別に法律で定めるところによる。」と加える刑事訴訟法の一部を改正する法律〔平成11年法律第138号〕が平成11年に成立したことにより、そのような通信の傍受は、犯罪捜査のための通信傍受に関する法律〔平成11年法律第137号〕に基づいて行われるようになった）。

特殊な装置等を用いて通常の五感の働きによって認識し得ない物等の存在や内容等を認識する処分についても、検証に当たる場合がある。捜査機関によるものではあるが、荷物の外部からエックス線を照射して内容物の射影を観察する、いわゆるエックス線検査（その射影によって荷物の内容物の形状や材質をうかがい知ることができる上、内容物によってはその品目等を相当程度具体的に特定することも可能なもの）につき、荷送人や荷受人の内容物に対するプライバシー等を大きく侵害するものであるから、検証としての性質を有す

るとされている（最決平21・9・28刑集63・7・868）。

　検証の主体は、公判期日においては受訴裁判所である（本条）。また、公判準備においては、受訴裁判所がなし得るほか、合議体の構成員（受命裁判官）や受訴裁判所から嘱託を受けたこれをすべき地の地方裁判所等の裁判官（受託裁判官）も検証をなし得る（142・125Ⅰ）。

　このほか、証拠保全における裁判官（受任裁判官。179、規137）や、検察官、検察事務官及び司法警察職員（218・220）もその主体となる。実務上は、このような捜査機関が任意処分として同様の行為をするいわゆる実況見分を実施する場合が多く見られるが、実況見分調書の証拠能力は検証調書のそれと同様に取り扱うとするのが判例である（最判昭35・9・8刑集14・11・1437等）。

(2) 証拠調べとしての検証

　検証は、物的証拠に対する証拠調べであると一般的に認められており（団藤・綱要418、旧刑訴法の「刑事訴訟法案理由書」119）、したがって、証拠調べに関する一般的規定（292・297・298・309等）が適用され、検察官、被告人又は弁護人は検証の請求をすることができ（298Ⅰ）、検証を行うには証拠決定をしなければならない（規190）。当事者請求の検証の採否は、当該事件の具体的な性格その他の事情を考慮して、裁判所が自由な裁量によって決定でき、事件との関連性が認められない場合や既に取り調べた証拠と重複しているため、その必要がないと認められる場合には、却下することもできる（裁判所書記官研修所編・刑事検証とその調書［改訂版］［裁判所書記官研修所資料16］14）。この点に関し、業務上過失致傷被告事件について、弁護人から現場検証の請求があった場合に、これに代わる実況見分調書を取り調べる予定のない限り現場検証を実施しなければならないとして、当該請求を却下したことが訴訟手続の法令違反に当たるとした福岡高判昭60・7・16判タ566・316、業務上過失致死被告事件について、第一次控訴審において取り調べた実況見分調書の証明力に限度があるのにもかかわらず再検証を実施しなかったことなどが問題とされ、審理不尽の違法があるとして第二次控訴審が破棄差戻し判決を言い渡した大阪高判平5・8・24判タ846・296がある。

　検証の決定に対しては、押収等の場合と異なり（420）、抗告することはできない。

検証が公判廷で行われる場合、通常は個々の物についてその存在や状態を認識する作用であり、一般にこれは「証拠物の取調べ」とされるが、検証の性格を有することに変わりはなく、したがって、証拠物の取調べの方式に関する306条及び307条により規律されるほか、対象物の破壊その他必要な処分をすることができる（129）。

(3) 検証における判断

検証は五官によって事物を認識する作用であり、このような人の認識活動についてはある程度の判断を伴うことはやむを得ないが、およそ認識したところからかけはなれた判断（意見）というべきものを包含してはならない（石井・実務証拠法112、鈴木・注解刑訴上405、亀山・注釈刑訴2・275）。判例は、大審院時代のものとして大判昭7・4・18刑集11・384が、必要とする物体につき実験をしこれに対して考察及び判断を加えその結果を明らかにすることは検証の性質上当然法律の認めるところであり、検証調書に事物の実験による判断を記載することは違法ではないとする一方、広島高判昭27・6・20特報20・77が、捜査機関作成の検証調書につき、「被告人の行為は已むを得ざるに出でた行為とは認められずその動作は（腕を制したる以外は）専ら攻撃の動作である」と記載したのは事実の認識を超えた意見であって検証調書としてこの部分が無効であるとしている。

2 公判廷における検証

検証は公判廷で行われる場合と、公判廷外で行われる場合がある。

公判廷で行われる場合は、通常は個々の物について行われる証拠物の取調べであり（306・307）、その取調べをした場合にはその証拠の標目及びその取調べの順序を公判調書に記載すれば足りる（規44Ⅰ㉚）。

被告人と犯人の同一性が問題とされる場合に被告人の容貌や体格を認識する手続について、判例は、大審院時代の大判明42・12・16刑録15・1795において、そのような被告人の容貌を他の証拠判断の用に供するに当たっては検証その他の証拠調べをなす必要はないとし、最決昭28・7・8刑集7・7・1462においても、被告人の犯人性が争点となった事案において、被告人の容貌体格をその同一性を確認する資料とするような場合、その性質は検証に属するところではあるが、公判廷において裁判官が特段の方法を用いずに当然に認知でき当事者もこれを知り得るような場合においては、原則として証拠

物の取調べ又は公判廷における検証として特段の証拠調手続を履践する必要がないものと解すべきものであると判示している。この判例については、学説上反対するものも見られるところ（足立・実務講座2・341、鈴木・注解刑訴上404、渡辺・基本法コメ刑訴111）、この事例のような場合に検証の手続を履践しなかったことが直ちに違法と評価すべきものとは思われないが、手続の明確性の確保の観点等からすると、検証の手続をとっておくことが妥当であろう（石井・実務証拠法377、松尾・条解208）。

3　公判廷外における検証

　検証が公判廷外で行われる場合、これを実施したら検証調書を作成しなければならない（規41Ⅰ）。検証調書は裁判所書記官が作成する（規105・37）。裁判所は、公判期日において検証調書を取り調べなければならない（303）。

　公判廷外における検証のうち、受訴裁判所が実施する検証については、証拠となるのは裁判所の体験内容そのものであって、検証調書が証拠となるものではないとする見解もあるが（鴨・証拠法314、栗本・実務講座8・1872）、303条や321条1項2号の規定の存在からするとそのような解釈に無理がある感は否めず、この検証調書の記載内容が証拠となることは否定できないところ、検証現場で心証形成をすることは実際上あり得るものであり、これを一切否定するというのも現実的ではない。結局、受訴裁判所が実施する場合には、公判廷外における検証と検証調書の取調べ全体が検証において要求される証拠調べと解される（亀山・注釈刑訴2・274、鈴木・注解刑訴上404、岩橋＝辻・大コメ刑訴3・19、石井・実務証拠法383）。

　検証調書の作成時期・場所については、検証と同時に作成する必要はなく、場所についても適宜の場所で作成して構わない（大判昭2・12・24刑集6・555）。検証が引き続き複数の場所で行われた場合に、これを1通の検証調書にまとめても違法ではない（大判明39・2・16刑録12・225）。

　検証調書には、検証の結果を記載しなければならず、その場合、裁判所書記官ではなく裁判官の認識したところを記載しなければならない。また、裁判所が合議体等複数の裁判官で検証を実施した場合において、検証調書に記載すべき事項は裁判官一同の認識した事実であり（大判大13・3・29刑集3・289）、仮にその認識したところが異なる場合は、各裁判官の認識を記載すべきであろう（ポケット刑訴上288、亀山・注釈刑訴2・275、鈴木・注解刑訴上407、

岩橋＝辻・大コメ刑訴3・24）。

（検証）調書には、書面、写真その他裁判所又は裁判官が適当と認めるものを引用し、訴訟記録に添付して、これを調書の一部とすることができる（規49）。引用した図面や写真は、検証調書と一体をなし、その調書の一部となる（福岡高判昭25・3・27特報10・101）。

検証の結果を調書にして、検証調書として公判廷において取調べをした後、裁判官が後日の公判においてその記載内容に文言を付加し、又はこれを訂正することは、検証調書の性格に鑑み許されず（東京高判昭41・10・17高刑集19・6・731）、また、検証の実施後、検証場所以外の場所においてなされた被疑者その他の者の供述を検証現場における立会人の指示陳述のような形式で検証調書に記載しても、そのような記載は検証調書として証拠能力を認めることはできない（実況見分調書につき高松高判昭35・12・15高刑集13・10・769）。

証人尋問の際に証人の供述に関連して検証をした場合には、その結果を証人尋問調書に記載すれば足り、特に検証調書を作成することは要せず（大判大15・3・2刑集5・63）、また、検証の際に発見した物の差押手続を同一の調書に記載しても違法ではない（大判明39・6・11刑録12・671）。

司法警察職員等の検証の結果を記載した検証調書については、一定の要件を満たした場合に証拠能力が認められる（321Ⅲ）のに対し、裁判所又は裁判官の検証の結果を記載した検証調書については無条件に証拠能力が認められる（321Ⅱ）。

4 立会人の指示説明等

検証は関係者を立ち会わせて、指示説明を求めて実施するのが通常である。このような指示説明については、供述の性質を有することは否定できないものの、判例は、伝聞法則の確立していなかった旧法下から一貫して、指示説明は検証の手段であり、その指示説明を検証調書に記載するのはその結果を記載するものにほかならず、立会人の証人尋問の手続をとる必要はないとしている（大判大14・6・17新聞2430・10、大判昭4・1・29刑集8・19、大判昭5・3・20刑集9・221、大判昭8・6・21刑集12・847、大判昭9・1・17刑集13・1・1、福岡高判昭25・3・27特報10・101、名古屋高金沢支判昭25・9・22特報13・117、実況見分調書につき最判昭36・5・26刑集15・5・893、最決昭41

・2・17裁集158・271、最決昭48・6・5裁集189・253)。

　検証は、事物の状態を認識する作用であるが、事件との関連においてそのような認識をしなければならず、指示説明は事物の事件との関連における意味内容の理解を容易にするためになされるもの、すなわち、検証の動機や手段となるものであって、その認識の結果は検証の結果といえるものであって、したがって、立会人の証人尋問の手続をとる必要はないということになろう（横井・ノート2・124、中山「検証立会人の供述」判例百選5・188、岩橋＝辻・大コメ刑訴3・30）。もとより、証拠資料となるのは指示説明に基づく検証の結果であって、指示説明をその内容に沿う事実（例えば、×地点で車両が衝突したという事実）の認定に用いることはできない（実況見分調書につき最決昭41・2・17裁集158・271、最決昭48・6・5裁集189・253)。

　このように立会人の証人尋問を必要としない指示説明の範囲については、証人審問権の保障（憲37Ⅱ）等の趣旨からすると、検証の動機や手段として必要最小限度のものでなければならない（栗田・判例解説（刑）昭36・137、亀山・注釈刑訴2・277、石井・実務証拠法180、岩橋＝辻・大コメ刑訴3・31・477、ポケット刑訴上287）。この限度を超えて供述した部分（現場供述）を証拠として用いるためには、被告人以外の者であれば、立会人を同時に証人として証人尋問を実施することが考えられ、被告人であれば、322条2項によって証拠能力を認めることとなる（石井・実務証拠法181、亀山・注釈刑訴2・277）。公判準備における裁判所の検証に立ち会った被告人の供述を録取した検証調書が322条2項の書面に該当するとしたものとして福岡高判昭26・10・18高刑集4・12・1611がある。

　裁判所が検証するに際し、検証前に立会人として明示しなかった者を立ち会わせて指示説明をさせても違法ではない（東京高判昭27・7・30特報34・133)。

(飯島泰)

〔検証と必要な処分〕
　第129条　検証については、身体の検査、死体の解剖、墳墓の発掘、物の破壊その他必要な処分をすることができる。

〔規〕 **第101条（検証についての注意）** 検証をするについて、死体を解剖し、又は墳墓を発掘する場合には、礼を失わないように注意し、配偶者、直系の親族又は兄弟姉妹があるときは、これに通知しなければならない。

〈本条細目次〉
1　趣旨等　514
2　身体の検査　514
　(1)　身体検査の意義等　514
　(2)　限界事例に関する裁判例　515
3　死体の解剖　516
4　墳墓の発掘、物の破壊、その他必要な処分　516

1　趣旨等

　本条は、裁判所が検証につき身体の検査を始めとする必要な処分を強制処分として行い得ることを規定する。

　身体検査、死体の解剖等は例示であり、必要な処分については制限がない。しかし、当該検証の目的を達するため最小限度必要な処分に限られるのは当然であり、また、処分の方法についても妥当性が要求される（ポケット刑訴上290、鈴木・注解刑訴上411、髙田・刑訴264）。

2　身体の検査

(1)　身体検査の意義等

　身体検査とは、五官の働きによって人の身体（容貌、体型、傷痕等）の形状を認識する作用である。

　その対象者に制限はなく、被告人のみならず、被告人以外の者であってもその対象となる。

　身体検査は特に個人の名誉や秘密に影響することが大きいので、間接強制の手段では効果がないと認めるときに限って直接強制を可能とするなど、131条以下に種々の条件を規定して特別の配慮をしている。

　検証のための身体検査について、鑑定の場合における身体検査（168 I）と目的を異にするので、おのずから検査の方法内容等にも差異を生じ、検証の場合には外面から見たり触れたりする程度にとどまるべきとする見解があるが（ポケット刑訴上288、龍岡・捜査法大系3・201）、条文上は「身体の〔を〕

検査」と規定されそれ以外に特段の限定が付されていないこと、検証と鑑定の差異は専ら専門的知識の有無にあり、事実の認識と判断という点では径庭がないこと、特別の知識経験を有する者を補助者として検証をなし得ることなどからすると、そのような差異を認めるまでのことはなく、そのような補助者を用いての検証による方法、鑑定による方法、複合的方法のいずれも可能であるというべきである（亀山・注釈刑訴2・281、鈴木・注解刑訴上408、平田「刑訴法129条の必要な処分の意義」判タ296・421）。

(2) 限界事例に関する裁判例

身体検査については、問題とされる強制処分の内容によっては、身体への侵襲や対象者の羞恥心を著しく害するなど人権侵害のおそれがあるとともに、鑑定等の他の強制処分と複合的に妥当し得るものもあることなどから、身体検査令状でなし得る処分の限界については、個々の事案につき種々の議論があるところである。

この点、まず、尿の採取については、かつて、身体検査令状説、鑑定処分許可状説、その両者の併用説に見解が分かれていたが、最決昭55・10・23刑集34・5・300は、捜索差押令状を必要とするとしつつ、「〔強制採尿〕行為は人権の侵害にわたるおそれがある点では、一般の捜索・差押と異なり、検証の方法としての身体検査と共通の性質を有しているので、身体検査令状に関する刑訴法218条5項〔現6項〕が右捜索差押令状に準用されるべきであって、令状の記載要件として、強制採尿は医師をして医学的に相当と認められる方法により行わせなければならない旨の条件の記載が不可欠であると解さなければならない。」と判示し、実務的には決着をみたところである。

また、血液の採取については、その採取の態様に種々のものがあり得るが、失神状態にある被疑者からアルコール濃度測定のために、その同意なく、かつ、令状なくして採血した事案につき、仙台地判昭46・8・4判時653・121が、刑訴法218条の身体検査令状が必要であると判示したのに対し、仙台高判昭47・1・25刑裁月報4・1・14は、血液の採取は「いささか検証の限度を超えると思われ特別の知識経験を必要とする医学的な鑑定のための処分としての身体検査によるのが相当と思料される」として、鑑定処分許可状が必要であると判示した。実務的には、強制採血の場合には、身体検査令状と鑑定処分許可状を併用するのが大勢であるとされている（有賀貞博「身体検査

の限界」令状に関する理論と実務2〔別冊判タ〕124）。

3 死体の解剖

検証のための死体の解剖についても、身体検査における議論と同様、鑑定の場合における死体の解剖と比較し、その方法及び程度もおのずから制限されるという見解があるが（ポケット刑訴上289）、前同様の理由からそのような差異を認めるまでの必要性はないものと解される。

規則上、死体を解剖する場合には、礼を失わないように注意し、配偶者、直系の親族又は兄弟姉妹があるときは、これに通知しなければならないとされている（規101）。

4 墳墓の発掘、物の破壊、その他必要な処分

墳墓の発掘が掲げられているのは、墳墓の発掘は刑法189条において犯罪とされているところ、検証に必要であればこれが許されることを明らかにするためである（松尾・条解245、鈴木・注解刑訴上410）。祭祀礼拝の対象とならない古墳の発掘は、刑法上の犯罪の対象とならないとされているが（大判昭9・6・13刑集13・747）、ここでも同様に解することとなり、「その他必要な処分」に当たる（柏井・基本法コメ刑訴113）。規則上、死体の解剖と同様、一定の親族に対する通知義務等が課されている（規101）。

物の破壊については、所有権の侵害を伴うものであり（憲29）、特に慎重でなければならない（団藤・条解上240、岩橋＝辻・大コメ刑訴3・53）。

〔飯島泰〕

〔時刻の制限〕
第130条　日出前、日没後には、住居主若しくは看守者又はこれらの者に代るべき者の承諾がなければ、検証のため、人の住居又は人の看守する邸宅、建造物若しくは船舶内に入ることはできない。但し、日出後では検証の目的を達することができない虞がある場合は、この限りでない。
2　日没前検証に着手したときは、日没後でもその処分を継続することができる。
3　第117条に規定する場所については、第1項に規定する制限によることを要しない。

本条は、検証のために住居等に立ち入る場合の時間的制約について規定するものである。一般に夜間に住居等に立ち入ることは、その住居者等の私生活の平穏を害することが著しいので、これに一定の制約を加えようとするものであり、夜間における差押状・捜索状の執行の制限等を定める116条、117条と同趣旨の規定である。

なお、116条1項では、「令状に夜間でも執行することができる旨の記載」があれば夜間執行をなし得るのに対し、本条は、1項ただし書の実質要件を満たす場合に夜間執行をなし得る。　　　　　　　　　　　　　（飯島泰）

〔身体検査に関する注意、女子の身体検査と立会い〕
第131条　身体の検査については、これを受ける者の性別、健康状態その他の事情を考慮した上、特にその方法に注意し、その者の名誉を害しないように注意しなければならない。
2　女子の身体を検査する場合には、医師又は成年の女子をこれに立ち会わせなければならない。

身体検査は、人の身体に対する強制処分でこれに直接強制力を用い得るものであるため、特にその者の名誉を保護する必要があることから、1項においてその旨の注意義務を規定し、2項において特に配慮の必要性が高い女子の身体検査についての特則を規定したものである。

本条は、その性質上訓示規定と解されるが（滝川等・コメ172）、その趣旨は徹底されなければならない（亀山・注釈刑訴2・290、松尾・条解247）。

2項は、身体捜索に関する115条と同趣旨の規定であるが、身体検査という事柄の性質上、女子のみならず医師も立会人になり得ること、急速を要する場合の例外を設けていないことが115条と異なる（亀山・注釈刑訴2・291、ポケット刑訴上292）。女子の身体検査ではあっても、特に実力を用いず、かつ、通常、外部に現れている女子の身体を検査する場合には2項の立会いを必要としない場合（例えば、犯人性の確認のため公判廷において被告人の容貌・体格を確認する場合）もあるものと考えられる（鈴木・注解刑訴上413、裁判所書記官研修所編・刑事検証とその調書［改訂版］〔裁判所書記官研修所資料16〕36）。

〔身体検査のための召喚〕
第132条　裁判所は、身体の検査のため、被告人以外の者を裁判所又は指定の場所に召喚することができる。

〔規〕　第102条（被告人の身体検査の召喚状等の記載要件・法第63条等）　被告人に対する身体の検査のための召喚状又は勾引状には、身体の検査のために召喚又は勾引する旨をも記載しなければならない。
第103条（被告人以外の者の身体検査の召喚状等の記載要件・法第136条等）　被告人以外の者に対する身体の検査のための召喚状には、その氏名及び住居、被告人の氏名、罪名、出頭すべき年月日時及び場所、身体の検査のために召喚する旨並びに正当な理由がなく出頭しないときは過料又は刑罰に処せられ且つ勾引状を発することがある旨を記載し、裁判長が、これに記名押印しなければならない。
2　被告人以外の者に対する身体の検査のための勾引状には、その氏名及び住居、被告人の氏名、罪名、引致すべき場所、身体の検査のために勾引する旨、有効期間及びその期間経過後は執行に着手することができず令状はこれを返還しなければならない旨並びに発付の年月日を記載し、裁判長が、これに記名押印しなければならない。

　本条は、被告人以外の者の身体検査をする場合に、その出頭を確保するために召喚を可能とする規定である。
　身体検査の対象が被告人である場合には、57条によって召喚することとなり、被告人が召喚に応じない場合には、勾引によるべきこととされており（58）、133条又は134条の制裁の適用はない（団藤・条解上242）。
　本条の召喚状の記載要件については、規103条1項を参照。　　　（飯島泰）

〔出頭拒否と過料等〕
第133条　前条の規定により召喚を受けた者が正当な理由がなく出頭しないときは、決定で、10万円以下の過料に処し、かつ、出頭しないために

生じた費用の賠償を命ずることができる。
　2　前項の決定に対しては、即時抗告をすることができる。

　本条は、身体検査のために召喚を受けた被告人以外の者が出頭しない場合に、その者を過料に処することなどによって間接的にその出頭を担保するための規定である。
　本条は、「前条の規定により召喚を受けた者」についての規定であるので、被告人には適用がない。
　本条は過失の場合にも成立するし（ポケット刑訴上293、鈴木・注解刑訴上415）、単に多忙というだけでは、「正当な理由」があるとはいえない（160条に関し、大決昭6・11・7刑集10・544）。本条の制裁は秩序罰としての過料であり、刑罰ではないため、併せて134条の刑罰を科すことも妨げない（憲39後参照。ポケット刑訴上293。160・161に関し、最判昭39・6・5刑集18・5・189）。過料を科すかどうかは裁判所の裁量に属する（ポケット刑訴上293。160条に関し、最決昭32・11・2刑集11・12・3056）。
　本条の過料及び費用賠償は、出頭を命じた裁判所が決定で行うものであるが、いずれも制裁的な性質を有していることは否定できず、憲法31条の趣旨に鑑み、決定をするに当たってはあらかじめ本人の陳述を聴くことが必要であろう（鈴木・注解刑訴上416、亀山・注釈刑訴2・295）。　　　　　（飯島泰）

〔出頭拒否と刑罰〕
第134条　第132条の規定により召喚を受け正当な理由がなく出頭しない者は、10万円以下の罰金又は拘留に処する。
　2　前項の罪を犯した者には、情状により、罰金及び拘留を併科することができる。

　本条は、身体検査のために召喚を受けた被告人以外の者の出頭拒否を犯罪として処罰するための規定である。133条と同様、被告人には適用がない。
　本条の不出頭の罪は犯罪であるから、前条の場合とは異なり故意犯と解される（団藤・条解上244、ポケット刑訴上294、亀山・注釈刑訴2・297）。

本条の処罰は、検察官の公訴提起に基づき、一般の刑事手続によって行うこととなる（団藤・条解上245）。　　　　　　　　　　　　　　（飯島泰）

〔出頭拒否と勾引〕
　第135条　第132条の規定による召喚に応じない者は、更にこれを召喚し、又はこれを勾引することができる。

　本条は、身体検査のために召喚を受けた被告人以外の者がこれに応じない場合に、勾引という直接的な手段でその出頭を確保するための規定である。
　被告人の勾引については、57条によることとなる。
　132条による召喚に応じない者については更に召喚することができることは132条から当然に解釈できるところであり、本条は召喚に応じない場合に勾引以外にも再度の召喚方法があることを注意的に規定したものと解される（団藤・条解上245）。
　本条の勾引状の記載要件については、規103条2項を参照。　　（飯島泰）

〔召喚・勾引に関する準用規定〕
　第136条　第62条、第63条及び第65条の規定は、第132条及び前条の規定による召喚について、第62条、第64条、第66条、第67条、第70条、第71条及び第73条第1項の規定は、前条の規定による勾引についてこれを準用する。

　　〔規〕　第104条（準用規定）　身体の検査のためにする被告人以外の者に対する勾引については、第72条から第76条までの規定を準用する。

　本条は、被告人以外の者に対する身体検査のための召喚（132・135）及び勾引（135）の手続について、第8章の被告人の召喚及び勾引の所要の規定を準用するものである。
　召喚については、62条（令状）、63条（召喚状の方式）及び65条（召喚の手

続）の各規定を準用している。

　勾引については、62条（令状）、64条（勾引状・勾留状の方式）、66条（勾引の嘱託）、67条（嘱託による勾引の手続）、70条（勾引状・勾留状の執行）、71条（勾引状・勾留状の管轄区域外における執行・執行の嘱託）、73条1項（勾引状執行の手続）の各規定を準用している。59条（勾引の効力）は準用されていないが、勾引したときはできる限り速やかに身体の検査を行って釈放の措置をとるべきである（団藤・条解上247）。勾引状の緊急執行の規定（73Ⅲ）は、その必要性が乏しいことに鑑み、準用されていない（団藤・条解上247）。

　　　　　　　　　　　　　　　　　　　　　　　　　　　　　　（飯島泰）

〔身体検査の拒否と過料等〕
第137条　被告人又は被告人以外の者が正当な理由がなく身体の検査を拒んだときは、決定で、10万円以下の過料に処し、かつ、その拒絶により生じた費用の賠償を命ずることができる。
2　前項の決定に対しては、即時抗告をすることができる。

　本条は、身体の検査を拒否した者に過料に処することなどによって身体検査を間接強制するための規定である。なお、140条も参照。
　133条と異なり、被告人にも適用される。
　被告人に対する身体検査は、供述を強制するものではなく、憲法38条1項に違反するものではないので（ポケット刑訴上298）、身体の検査を受けることが自己に不利益な証拠を提供することになるというだけでは、検査拒否の正当な理由には当たらない（団藤・綱要420、松尾・条解250）。
　本条の手続については、133条の解説を参照。

　　　　　　　　　　　　　　　　　　　　　　　　　　　　　　（飯島泰）

〔身体検査の拒否と刑罰〕
第138条　正当な理由がなく身体の検査を拒んだ者は、10万円以下の罰金又は拘留に処する。
2　前項の罪を犯した者には、情状により、罰金及び拘留を併科すること

ができる。

　本条は、身体検査の拒否を犯罪として処罰するための規定である。134条と異なり、被告人にも適用されると解される（亀山・注釈刑訴2・301、鈴木・注解刑訴上421）。
　本条の罪は犯罪であるから、134条と同様に故意犯と解される（ポケット刑訴上298、鈴木・注解刑訴上421、松尾・条解251）。
　本条の処罰の手続については、134条の解説を参照。　　　　　（飯島泰）

〔身体検査の直接強制〕
　第139条　裁判所は、身体の検査を拒む者を過料に処し、又はこれに刑を科しても、その効果がないと認めるときは、そのまま、身体の検査を行うことができる。

　本条は、身体検査の直接強制が最後の手段であるとして、これを行うための条件を規定したものである。なお、140条も参照。
　既に過料に処し、又は刑を科すことまでは要求されていないが（ポケット刑訴上299）、少なくともそのような手段では身体検査の目的を達しないという見込みがあることが必要とされる（団藤・条解上250、鈴木・注解刑訴上423）。
　この点、特別公務員暴行陵虐事件に係る付審判請求事件において、218条2項により逮捕・勾留中の被疑者から強制的に指紋を採取することにつき、東京地決昭59・6・22判時1131・160は、222条1項により本条が準用され、被疑者が指紋採取に任意に応じず、これを拒否した場合において、間接強制では効果がないと認められるときは、そのままその目的を達するため必要最小限度の有形力をもって直接強制をすることは許されるとしている（神戸地判平4・12・14判時1464・120も同旨）。　　　　　（飯島泰）

〔身体検査の強制に関する訓示規定〕
第140条　裁判所は、第137条の規定により過料を科し、又は前条の規定により身体の検査をするにあたつては、あらかじめ、検察官の意見を聴き、且つ、身体の検査を受ける者の異議の理由を知るため適当な努力をしなければならない。

　本条は、身体検査の拒否に対して過料を科し、又は直接強制を行うに際し、十分な慎重さを要求すべく、あらかじめ検察官の意見を聴取すべきこととし、併せて被検者の検査拒否の理由を知るため努力しなければならないこととした規定である。
　本条の性格については、訓示規定と解する説（団藤・条解上251、滝川等・コメ180、柏井・基本法コメ刑訴〔旧版〕117）と、単なる訓示規定ではなく、本条の手続を行わなければ少なくとも過料の決定は抗告による取消事由になると解する説（ポケット刑訴上300、鈴木・注解刑訴上424）等があるが、神戸地判平4・12・14判時1464・120は前者の立場によっている。
　なお、218条2項の捜査機関による指紋の採取については、本条が準用されるが（222Ⅰ）、前掲神戸地判平4・12・14は、本条は、直接強制を行う捜査機関は直接強制を受ける者の異議の理由を知るための適当な努力をしなければならないという趣旨に読み替えられるべきものであり、検察官の意見を聴取しなかったことが違法となるものではないとしている。　　　（飯島泰）

〔検証の補助〕
第141条　検証をするについて必要があるときは、司法警察職員に補助をさせることができる。

　本条は、検証の便宜上、必要があると認めるときに、司法警察職員の補助を得ることを可能にする規定である。
　本条の補助は、検証をするについての補助であるから、検証現場の警備は、このような補助には当たらない（ポケット刑訴上301、松尾・条解252、裁判所書記官研修所編・刑事検証とその調書〔改訂版〕〔裁判所書記官研修所資料16〕

106)。 (飯島泰)

〔準用規定〕
第142条　第111条の2から第114条まで、第118条及び第125条の規定は、検証についてこれを準用する。

〈本条細目次〉
1　趣旨等　524
2　当事者の立会い　524
3　検証場所の責任者の立会い　525

1　趣旨等

本条は、検証について、第9章「押収及び捜索」の規定のうち、112条（執行中の出入禁止）、113条（当事者の立会い）、114条（責任者の立会い）、118条（執行の中止と必要な処分）、125条（受命裁判官、受託裁判官）の規定を準用するものである。

本条は、押収の拒絶に関する103条から105条までの規定を準用していない。144条から149条までの証人適格の制限又は証言拒絶権に関する規定については、例外規定で限定的列挙であり、これを他の場合に類推適用すべきでないというのが判例であるが（最大判昭27・8・6刑集6・8・974）、同事案は飽くまでも証言拒絶権に関するものであって、検証においても秘匿すべき事項が公になる危険性は対象物を押収する場合と何ら変わりないのであるから、103条から105条までの規定の準用を認めてもよいものと解される（松岡・捜査法大系3・136、裁判所書記官研修所編・刑事検証とその調書〔改訂版〕〔裁判所書記官研修所資料16〕63、鈴木・注解刑訴上425、岩橋＝辻・大コメ刑訴3・98、亀山・注釈刑訴2・270）。郵便物等の押収に関する100条についても、同様に解されよう。

2　当事者の立会い

113条の準用により、検察官、被告人又は弁護人は検証への立会権限を有することとなる。旧法においても同趣旨の規定があったところ（旧178・158

・159)、公判廷外で検証が実施された旧法下の事案について、大判昭2・7・11刑集6・263は、検証をなすべき日時場所を検察官及び弁護人に通知せずその立会いなくして実施された検証を無効ではないとしたが、最大判昭24・5・18刑集3・6・783は、裁判所は検証を実施する場合には、弁護人に立会いの機会を与える必要があり、その機会を与えないで行われた検証調書を採用することは違法であるとした（足立・実務講座339、ポケット刑訴上301、原田・実務ノート1・52も同旨）。もっとも、そのような機会を与えれば足り、実際に立ち会うことまでは要しない（最判昭28・8・18刑集7・8・1742）。被告人の身柄が拘束されている場合には、弁護人に立会いの機会を与えれば足りると解される（公判廷外の証人尋問につき同様の判断をしたものとして最判昭28・3・13刑集7・3・561参照）。

3　検証場所の責任者の立会い

114条の準用により、建物等の中で検証を実施する場合には、その建物等の責任者を立ち会わせなければならない。

公務所の長又はこれに代わるべき者が立会いを拒否した場合、その立会いのないまま検証を行うことができるとした判例として、河上「捜索・差押令状による捜索、差押上の諸問題（その1）」警学28・6・154に引用される仙台地決昭45・1・28がある。

〔飯島泰〕

第11章　証人尋問

〔証人の資格〕
第143条　裁判所は、この法律に特別の定のある場合を除いては、何人でも証人としてこれを尋問することができる。

〔規〕　第106条（尋問事項書・法第304条等）　証人の尋問を請求した者は、裁判官の尋問の参考に供するため、速やかに尋問事項又は証人が証言すべき事項を記載した書面を差し出さなければならない。但し、公判期日において訴訟関係人にまず証人を尋問させる場合は、この限りでない。
　2　前項但書の場合においても、裁判所は、必要と認めるときは、証人の尋問を請求した者に対し、前項本文の書面を差し出すべきことを命ずることができる。
　3　前2項の書面に記載すべき事項は、証人の証言により立証しようとする事項のすべてにわたらなければならない。
　4　公判期日外において証人の尋問をする場合を除いて、裁判長は、相当と認めるときは、第1項の規定にかかわらず、同項の書面を差し出さないことを許すことができる。
　5　公判期日外において証人の尋問をする場合には、速やかに相手方及びその弁護人の数に応ずる第1項の書面の謄本を裁判所に差し出さなければならない。
　第107条（請求の却下）　前条の規定に違反してされた証人尋問の請求は、これを却下することができる。
　第114条（尋問の立会）　証人を尋問するときは、裁判所書記官を立ち会わせなければならない。
　第115条（人定尋問）　証人に対しては、まず、その人違でないかどうかを取り調べなければならない。
　第123条（個別尋問）　証人は、各別にこれを尋問しなければならない。
　2　後に尋問すべき証人が在廷するときは、退廷を命じなければならない。
　第124条（対質）　必要があるときは、証人と他の証人又は被告人と対

質させることができる。
　第125条（書面による尋問）　証人が耳が聞えないときは、書面で問い、口がきけないときは、書面で答えさせることができる。

〈本条細目次〉
1　本条の趣旨　527
2　「証人」の意義　527
3　証人審問権・要求権（憲37Ⅱ）との関係　527
4　「この法律に特別の定のある場合」　528
5　証人適格　528
　⑴　裁判官　528
　⑵　司法警察職員、検察官　528
　⑶　被告人、共同被告人　529
　⑷　弁護人　529
　⑸　法人の代表者、意思無能力者の代理人　529
　⑹　裁判権に服さない者　530
　⑺　証言無能力者　530
6　証人尋問手続　532

1　本条の趣旨

　本条は、裁判所の証人尋問の権限に関する一般的規定であり、原則として誰でも証人として尋問することができる旨を定めている。

2　「証人」の意義

　「証人」とは、自己の体験した事実及びその事実から推測した事実を裁判所又は裁判官に対し供述する第三者をいう。

　これに対し、鑑定人は、特別の知識・経験に属する一定の法則やこれを具体的事実に適用して得た判断の結果を報告する者である。両者の違いは、大きく分けると、①代替性（証人は非代替的であり、召喚に応じない者に対して勾引が認められる〔152〕のに対し、鑑定人は代替的であり、勾引は認められない〔171〕。）、②専門性（鑑定人には、旅費、日当等のほか、鑑定料等が支払われ〔173〕、必要な処分をする権限を有する〔168〕。）の有無である。

3　証人審問権・要求権（憲37Ⅱ）との関係

　憲法37条2項は、刑事被告人は、すべての証人に対して審問する機会を充分に与えられ、公費で自己のために強制的手続により証人を求める権利を有

する旨を定めているが、ここでいう「すべての証人」とは、当該訴訟手続で裁判所が現実に証人として召喚した者をいうのであって、被告人が喚問を申請した証人全部をいうのではない（最大判昭24・5・18刑集3・6・789〔いわゆる刑訴応急措置法に関するもの〕、最決昭25・10・4刑集4・10・1866等）。したがって、裁判所は、被告人側から申請された証人について、健全な裁量によって、その採否を決定することができる（最大判昭23・6・23刑集2・7・734、最判昭27・12・25刑集6・12・1413）。

4 「この法律に特別の定のある場合」

具体的には144条、145条（証人不適格）、146条〜149条（証言拒絶権）を指す。なお、字義どおり見ると、他の法律で定められた場合は無効のようにも読めるが、本法施行（昭24・1・1）以降に施行された他の法律でこれらを定めた場合には、後法が優先することになる（団藤・条解255）。

5 証人適格

本条は、前記4の場合を除き、原則としてすべての人に証人適格があることを定めている。以下問題となる場合について述べる。

(1) 裁判官

判断者の立場と証拠方法である証人の立場は両立しないため、当該事件の職務中は証人とはなり得ない。他方で、職務の執行から退いた場合には一応可能と解されるが、裁判の公正の観点から消極に解する見解もある（鴨・証拠法95）。いずれにしても、公判期日における訴訟手続については公判調書のみによって証明されること（52）、判断過程や判断内容に関する事項については、判決書に反映されていること、評議の秘密があること（裁75、裁判員70）との関係で、裁判官に証言を求める実益は乏しいといえよう。裁判員も、担当職務との関係では、裁判官と同じ扱いとなろう。立会書記官も、その地位、役割からみて、裁判官に準じて考えられよう（松尾・条解256）。なお、裁判官、書記官、裁判員が事件の証人となった場合は、除斥される（20④・26Ⅰ、裁判員17⑥）。

(2) 司法警察職員、検察官

捜査に関与した司法警察職員は、訴訟当事者でないので当然証人となり得る（大判昭2・4・23刑集6・162〔旧法〕）。検察官も、捜査や公訴提起にかかわった場合は司法警察職員と同様に解される。他方、公判立会検察官は、

証人となることで公判立会いの資格を喪失する（東京高判昭25・6・3判タ9・59）。検察官が、立会いの職務を他の検察官に譲って、自らが証人となることは可能である（東京高判昭27・6・26高刑集5・9・1467）。この場合、証人尋問終了後に公判立会検察官の職務に戻ることも、裁判官のような除斥規定がないので認められるとするのが通説だが、検察官の客観義務（検察4）との関係で、できる限り避けるべきであるとの指摘もある（鈴木茂嗣・注解刑訴上434）。

(3) 被告人、共同被告人

被告人については、証人適格を認めないのが判例（大阪高判昭27・7・18高刑集5・7・1170）、通説である。共同被告人についても、弁論を分離しない限り、証人尋問を行うことはできない（大判大15・9・13刑集5・407〔旧法〕、前掲大阪高判昭27・7・18）が、弁論を分離すれば、証人尋問が可能であり（最決昭29・6・3刑集8・6・802）、分離後、その証人尋問調書を弁論併合後に当該被告人の関係で証拠とすることも許容される（最決昭31・12・13刑集10・12・1629、最判昭35・9・9刑集14・11・1477）。

(4) 弁護人

弁護人の証人尋問については、被告人の代理人ないし利益擁護者という立場を重視し、これを制限的に解釈する見解が有力である一方（鈴木茂嗣・注解刑訴上436等）、真相究明の重視と、弁護人には証言拒絶権がある（149）ことを根拠に格別制限的に解釈すべきでないとの見解もある（亀山継夫・注釈刑訴2・322）。いずれにしても、被告人の適切な防御権行使の観点からは、弁護人を証人尋問することは必要やむを得ない場合に限るべきであろう（仲家暢彦・大コメ刑訴3・114）。なお、弁護人を証人として採用した場合は、検察官の場合と同様、当該弁護人がその職務を行うことはできないので、他に弁護人がないときは、必要的弁護事件の場合は職権で弁護人を付す（289）などの措置を採る必要があろう。

(5) 法人の代表者、意思無能力者の代理人

法人の代表者（27）については、訴訟当事者ではないので証人適格を認める見解が一般的であるが、他方で、証人適格を認めない見解もある（青柳・通論上160等）。法人と代表者が共に起訴され併合審理を受けている場合は、共同被告人として供述を求めることになるので、問題が顕在化しないが、法

人のみが審理を受けていたり、代表者が犯行後に交代して新代表者が公判廷に出頭したりする場合に問題となる。基本的には証人適格を有するが、代表者がその法人に代わって訴訟手続に関与するという特別な立場であることに鑑み、被告人質問に準じた方法により供述を求めることは許されると解されよう。ただし、供述を求める時点で代表者たる地位でない場合は、証人尋問の方法によるしかない（秋葉康弘＝川合昌幸「法人を被告人とする事件の処理に関する書記官事務上のいくつかの問題点について」書研所報38・126）。意思無能力者の代理人（28）も基本的に法人の代表者と同様に解されよう。

(6) **裁判権に服さない者**

治外法権を有する者など裁判権に服さない者については、証人尋問に応じる義務は生じないが、これに任意に応じる場合は証人尋問ができる（最判昭24・7・9刑集3・8・1193）。

(7) **証言無能力者**

証言能力は、証人適格の問題として理解されているが（亀山継夫・注釈刑訴2・325等）、刑訴法、刑訴規則に規定はなく、個々の証人及び証言事項ごとに、裁判所、裁判官の自由な判断により個別、具体的に決せられる（判例・通説）。証言能力の判断を証人の採否の段階で行うことは困難であるため、判決の段階で証言能力の有無の判断と、証言の信用性評価を併せて行うことになるが、その判断要素には重なるものが多い。判例の傾向としては、証言能力自体は認めつつ、当該事案や証言事項、証言内容に照らし、信用性判断を慎重に行っているものが多い。以下、しばしば問題となる年少者及び精神障害者について、証言能力や証言の信用性が問題となった裁判例（審級があるものは上級審から）を新しいものから順に紹介する。

ア　年少者について

①札幌地判平17・6・2判タ1210・313（強制わいせつ、事件当時6歳〔証言時7歳〕の少女の被害証言の信用性を肯定）、②横浜地判平17・3・31判タ1186・342（傷害致死、事件当時5歳1か月〔証言時6歳4か月〕の幼児の目撃証言の信用性を肯定）、③大阪高判平11・9・29判時1712・3（殺人、いわゆる甲山事件の第2次控訴審。知的障害児の目撃証言の信用性を否定。第1次第1審・神戸地判昭60・10・17判タ583・40〔否定〕。第1次控訴審・大阪高判平2・3・23判タ729・50〔肯定〕、第2次第1審・神戸地判平10・3・24判時1643・3〔否定〕）、

④札幌地判平11・3・29判タ1050・284（強姦致傷、供述調書作成当時4歳5か月だった幼児の目撃供述の証拠能力は肯定したが、信用性を否定）、⑤神戸地姫路支判平8・10・22判時1605・161（強制わいせつ、事件当時4歳の少女の被害供述〔母親との対話録音〕の信用性を肯定）、⑥最判平元・10・26判タ713・75（いわゆる板橋強制わいせつ事件、事件当時小学4年生〔9歳〕の少女の犯人識別証言の信用性を否定、原審・東京高判昭62・12・15判時1265・152〔肯定〕）、⑦東京高判昭61・9・17判タ631・247（強制わいせつ致傷、事件当時小学1年生〔7歳4か月〕、証言時小学2年生〔7歳9か月〕の児童の被害証言の証言能力・信用性を肯定）、⑧福岡高判昭50・10・16判時817・120（強制わいせつ、事件当時6歳の幼児の被害証言の信用性を否定、原審・福岡地小倉支判昭49・1・30判時748・126〔否定〕）、⑨大阪地判昭52・10・14判時896・112（強制わいせつ、事件当時6歳2か月と4歳7か月の各幼児の被害証言の信用性を肯定）、⑩東京地判昭48・11・14判時723・24（強制わいせつ致傷、事件当時3歳6か月〔証言時3歳8か月〕の幼児の被害証言の証言能力・信用性を肯定）、⑪大阪地判昭48・3・5判タ306・303（強制わいせつ、事件当時5歳10か月の幼稚園児の被害証言の信用性を肯定）、⑫東京高判昭46・10・20判タ274・348（業務上過失傷害、目撃時4歳と5歳の各幼児の目撃証言の証言能力を肯定）、⑬大阪高判昭44・1・28判時572・88（業務上過失致死、目撃時3歳4か月〔証言時6歳7か月〕の幼児の目撃証言の証言能力は肯定したが、信用性を否定。原審・大阪地判昭41・6・29判タ194・138〔信用性肯定〕）、⑭大阪地判昭42・12・26判タ221・234（業務上過失傷害、証言時3歳〜4歳の幼児の目撃証言の証言能力・信用性を肯定）、⑮京都地判昭42・9・28判時501・120（強制わいせつ致傷、事件当時4歳の幼児の被害証言及び目撃時小学校3年生〔8歳〕の幼児の目撃証言の各証言能力・信用性を肯定）、⑯大阪高判昭35・11・18判時246・26（横領、事件当時10歳の児童の犯人識別証言の信用性を肯定、原審・神戸地尼崎支判昭33・3・10判時147・14〔否定〕）、⑰最判昭26・4・24刑集5・5・934（強姦致傷、13歳の少女の被害証言の証言能力を肯定）、⑱最判昭25・12・12刑集4・12・2543（贓物故買、15歳及び16歳の証言の証言能力を肯定）、⑲最判昭23・4・17刑集2・4・364（強盗、証言時11歳の小学児童の証言の証言能力を肯定）、⑳大判昭8・6・24刑集12・924（8歳の児童の証言能力を肯定）。

　イ　精神障害者について

上記ア③のほか、①東京高判昭36・11・27下刑集 3・11＝12・999（精神年齢4年6か月程度の知的障害者の供述の信用性を肯定）、②最判昭23・12・24刑集 2・14・1883（精神障害者の証言の証拠採用を是認）。

6　証人尋問手続

　証人尋問は、①公判期日に公判廷で実施する場合、②公判期日外に裁判所外で実施する場合（158）、③公判期日外に裁判所内で実施する場合（281）の3つがある。手続主体は、原則として受訴裁判所であるが、②の場合は受命裁判官又は受託裁判官に行わせることができる（163）。また、検察官による第1回公判期日前の証人尋問（226・227）及び弁護人による証拠保全としての証人尋問（179）は、裁判官が行う。

　規123条は、他の証人からの不当な影響を避けるため、証人尋問は各別に行うこととし、後に尋問すべき証人が在廷するときは退廷を命じなければならないと定めているが、訓示規定であり、合理的な理由があるときは例外を許す趣旨であり（同席させた上で対質させることが可能なことについて規124条）、規123条に違反して証人尋問が行われても、その供述は無効ではない（仙台高判昭26・10・15高刑集 4・11・1394、東京高判昭53・12・11東時29・12・208）。実務においては、罪体証人については比較的厳格に運用しているが、情状証人については訴訟関係人の意見も聴いた上で後に調べる証人も在廷させたまま証人尋問を行うことも多い。

　具体的な証人尋問の手法については、規199条の2以下に定められている。書面を証人に示して尋問することも一定の要件の下で許容されているが（書面の成立や同一性に関する事項につき規199条の10、記憶喚起について同条の11）、記憶喚起のために供述録取書を示すことはできず（同条の11Ⅰ）、書面を示す場合もその内容が証人に不当な影響を与えないように注意する必要がある（同条の11Ⅱ）などの配慮がされている。証拠能力のない司法警察員に対する供述調書をその供述者である証人に読み聞かせ、証人がそのとおり間違いないと答えても、その証言には証拠能力がない（東京高判昭36・6・15判タ121・50）。

（中村光一）

〔公務上秘密と証人資格〕
第144条　公務員又は公務員であつた者が知り得た事実について、本人又は当該公務所から職務上の秘密に関するものであることを申し立てたときは、当該監督官庁の承諾がなければ証人としてこれを尋問することはできない。但し、当該監督官庁は、国の重大な利益を害する場合を除いては、承諾を拒むことができない。

〈本条細目次〉
1　本条の趣旨　533
2　「公務員」の範囲　533
3　職務上の秘密　534
4　「当該監督官庁」　534
5　「国の重大な利益を害する場合」　534

1　本条の趣旨

　本条は、刑訴法上の実体的真実主義の要請と公務上の秘密保持の要請（国公100Ⅰ、地公34Ⅰ）との調整を図るために証人適格を制限する規定であり、押収に関する刑訴法103条と同趣旨のものである。民事手続にも同旨の規定がある（民訴191）。

2　「公務員」の範囲

　地方公務員がこれに含まれるかについては、積極に解する見解が多数である。しかし、その根拠と適用範囲については論者によって異なる。すなわち、国の事務の機関委任を受けている場合（現在は、法定受託されている場合と読むべきである。）は、その限度で本条の公務員であるとするもの（高田卓爾・注解刑訴上343〔103条の注解部分〕）、形式的には地方公務員も含まれるが、職務の性質上、国の重大な利益を害する場合はほとんど考えられないから監督官庁としてはほとんど常に承諾しなければならないことになるとするもの（亀山継夫・注釈刑訴2・332）、都道府県知事や市町村長の職務のうち、国の重大な利益にかかる事項はもとより、警察官の行う犯罪捜査に関する秘密事項等についても適用が考えられるとするもの（松尾・条解259。同旨、藤永幸治・注釈刑訴2・167〔103条の注釈部分〕）がある。

　いわゆる「みなし公務員」が含まれるか否かについては、これを含むとす

る見解が有力であるが（亀山継夫・注釈刑訴2・333、松尾・条解259）、含まないとする見解（藤永幸治・注釈刑訴2・167）、法令によってその身分が公務員とみなされる者は含まれるが、罰則適用の関係でのみ公務員とみなされる者は含まれないとする見解（高田卓爾・注解刑訴上343）もある。

3　職務上の秘密

本条の秘密は、「職務上知ることのできた秘密」（国公100Ⅰ等）よりも狭く、公務員の所管に属する職務自体に含まれる秘密であって、本条ただし書の趣旨からしても、国の利害にかかわるものであることを要する（仲家暢彦・大コメ刑訴3・133。なお、最決昭35・11・30刑集14・13・1766参照）。

職務上の秘密に関するものであるとの申立ては、当該公務員、その者が属する公務所のいずれも行うことができ、その者が直接所属する公務所の上級の公務所も行うことができる（ポケット刑訴上249）。そして、本条の職務上の秘密であるか否かの判断は、当該公務員又は所属公務所が行うとする見解が通説である（高田卓爾・注解刑訴上344）。

4　「当該監督官庁」

当該職務上の秘密の保持につき指揮監督し、当該秘密を処分する権限を有する官庁である（仲家暢彦・大コメ刑訴3・135、亀山継夫・注釈刑訴2・333）。

証人が裁判官である場合、司法行政事務に関する職務上の秘密は裁判所法80条の定めるところによることとなり、裁判事務に関するものは当該裁判官が承諾権者と解するほかないであろう（仲家暢彦・大コメ刑訴3・135、亀山継夫・注釈刑訴2・334、鈴木茂嗣・注解刑訴上443）。

監督官庁への承諾は、証人尋問を決定した裁判所又は裁判官が直接求めるのが相当であり、実務の取扱いでもある（仲家暢彦・大コメ刑訴3・135、松尾・条解260）。

5　「国の重大な利益を害する場合」

通説は、国の重大な利益を害するかどうかは、当該監督官庁の判断に委ねられていると解している（亀山継夫・注釈刑訴2・335、高田卓爾・注解刑訴上345、松尾・条解260等）。

（中村光一）

〔同前〕
第145条　左に掲げる者が前条の申立をしたときは、第1号に掲げる者については その院、第2号に掲げる者については内閣の承諾がなければ、証人としてこれを尋問することはできない。
　一　衆議院若しくは参議院の議員又はその職に在つた者
　二　内閣総理大臣その他の国務大臣又はその職に在つた者
２　前項の場合において、衆議院、参議院又は内閣は、国の重大な利益を害する場合を除いては、承諾を拒むことができない。

〈本条細目次〉
　1　本条の趣旨　535
　2　院の承諾　535

1　本条の趣旨
　本条は、前条の証人尋問の承諾をするに場合において、監督官庁がない場合の承諾権者を明らかにするものであり、押収に関する104条と同旨の規定である（なお、民訴191Ⅰ参照）。

2　院の承諾
　承諾を与えるべき「その院」は、当該証人が現に属し、又は属していた院である。両院に属したことがある者については、証言を求められる秘密がいずれの院の職務に関するものであるかによって、承諾を与える院が決まる。国会の閉会中は、承諾を与えることはできない。　　　　　　（中村光一）

〔自己の刑事責任と証言拒絶権〕
第146条　何人も、自己が刑事訴追を受け、又は有罪判決を受ける虞のある証言を拒むことができる。

　　〔規〕　第121条（証言拒絶権の告知・法第146条等）　証人に対しては、尋問前に、自己又は法第147条に規定する者が刑事訴追を受け、又は有罪判決を受ける虞のある証言を拒むことができる旨を告げなければ

ならない。
　　2　法第149条に規定する者に対しては、必要と認めるときは、同条の規定により証言を拒むことができる旨を告げなければならない。
　第122条（証言の拒絶・法第146条等）　証言を拒む者は、これを拒む事由を示さなければならない。
　　2　証言を拒む者がこれを拒む事由を示さないときは、過料その他の制裁を受けることがある旨を告げて、証言を命じなければならない。

〈本条細目次〉
1　本条の趣旨　536
2　拒絶権行使の主体及び範囲　536
3　拒絶権の告知　538
4　拒絶権の行使・不行使　538

1　本条の趣旨

　本条は、憲法38条１項に基づき、いわゆる自己負罪拒否特権を証人について認めた規定である（最大判昭27・8・6刑集6・8・974）。民事手続にも同旨の規定がある（民訴196前）。

2　拒絶権行使の主体及び範囲

　証言拒絶権を行使し得るのは自然人に限られる。法人の代表者や代理人は、法人に対する刑事訴追や有罪処罰のおそれを理由に証言を拒絶できない（仲家暢彦・大コメ刑訴3・141、亀山継夫・注釈刑訴2・337）。

　「刑事訴追を受け、又は有罪判決を受ける虞のある場合」とは、「もしその尋問に答えて供述すれば、その供述内容が、自己の犯した犯罪に関する訴追、あるいは有罪認定において不利益に働くこととなる可能性がある場合」をいい、その証言が、他の資料とあいまって起訴の可能性を高めるような場合もこれに含まれる（仲家暢彦・大コメ刑訴3・142、亀山継夫・注釈刑訴2・337）。また、本条に該当するのは、証言の内容自体に刑事訴追や有罪処罰を受けるおそれのある事項を含む場合であるから、例えば、証人が、前にした検察官面前供述と異なる証言をすることによって将来偽証罪で訴追されるかもしれないことを理由に証言を拒むことなどはできない（最決昭28・9・1刑集7・9・1796、最決昭28・10・23刑集7・10・1968）。

　証言を拒絶できる証言については、有罪判決を受けるかどうかを左右する

ような証言に限らず、自己の刑事責任について不利益な証拠となる一切の証言を含むとする見解もある（鈴木茂嗣・注解刑訴上447）。一方で、単に訴追裁量や量刑において不利益となる事実は含まれないとの見解もある（亀山継夫・注釈刑訴2・338、松尾・条解262）。大阪高判昭40・8・26下刑集7・8・1563は、「その証言の内容自体に自己の刑事責任に帰する犯罪の構成要件事実の全部又は一部を含む場合、及びその内容自体にはかかる犯罪の構成要件事実は含まなくても、通常犯罪事実を推測させる基礎となる密接な関連事実を包含する場合」であり、「単に犯罪発覚の端緒となるに過ぎないような事項、訴追される危険性が希薄な事項、証人個人の単なる危惧のような客観性と合理性を欠く事実等」は含まれないとしている。現実に当該事項が密接関連事実に当たるかについての判断は、当該証言を求められている事件の性質、内容、当該事件における証人の立場、事件の進捗段階、訴追態度、証人尋問の立証趣旨等の諸般の状況から判断されるべきであろう（仲家暢彦・大コメ刑訴3・143）。この点に関する裁判例としては、福岡地決昭33・9・3一審刑集1・9・1611、秋田地決昭36・5・31判時163・35、神戸簡判昭37・4・6下刑集4・3＝4・287、盛岡簡判昭43・7・25下刑集10・7・777などがある。

氏名については、原則として、憲法38条1項の不利益事実には含まれない（最大判昭32・2・20刑集11・2・802）が、自己の氏名を明らかにすることにより、犯人と判明するような場合は、証言拒絶の対象となるとする見解がある（鈴木茂嗣・注解刑訴上447）。

刑事訴追や有罪判決を受ける「おそれ」については、客観性、合理性を持った可能性でなければならないとする見解（亀山継夫・注釈刑訴2・338）及びこれに沿う判例（前掲大阪高判昭40・8・26）があるが、結局のところ、個々の事案に即して具体的に判断されるべきものである。訴追の可能性については、その事件が確定判決時の余罪であり、通常は訴追されないというだけでは、訴追の可能性なしとはいえない（札幌地判昭49・4・19判時757・97）。不起訴になった場合も同様である（仲家暢彦・大コメ刑訴3・144、亀山継夫・注釈刑訴2・338）。

これに対し、証人がある犯罪を犯したとしても、その事件で有罪・無罪の確定判決を受けている場合は、憲法39条、刑訴法337条1号により再び起訴

され、有罪判決を受けるおそれはないので、証言を拒むことは許されない。保護処分を受けるなど、少年法46条により訴追できない場合も同様に解されよう。刑の廃止（337②）、大赦（337③）、時効の完成（337④）などの他の免訴事由がある場合については、免訴の確定判決がない限りなお「おそれ」があるとする見解（ポケット刑訴上314）もあるが、免訴事由があるときは、現実にはほとんど訴追されないであろうから、免訴事由が客観的に存在すれば足りると解される（亀山継夫・注釈刑訴2・339）。

3　拒絶権の告知

裁判官（長）は、証人に対し、尋問前に証言拒絶権を告知する必要がある（規121Ⅰ）が、告知を欠いたとしても、当該事件での証言の効力には影響がないと解すべきである（ポケット刑訴上315、亀山継夫・注釈刑訴2・339、大判大14・3・3刑集4・115〔旧法〕、憲法38条1項との関係につき最判昭27・11・5刑集6・10・1159）。

4　拒絶権の行使・不行使

証言拒絶権を行使するか否かは証人の自由である。証言拒絶権を行使しないで証言すれば、適法な証言であり（東京高判昭27・9・22高刑集5・12・2058）、虚偽の供述をすれば偽証罪となる（最決昭28・10・19刑集7・10・1945、最決昭32・4・30刑集11・4・1502）。いったん供述を始めれば、反対尋問において、より詳細な供述を求められた場合にも証言を拒否することはできない（仲家暢彦・大コメ刑訴3・148、亀山継夫・注釈刑訴2・339）。なお、証言拒否権を正当に行使したが、裁判所が誤って証言を命じた場合の虚偽の供述につき、偽証罪を否定した裁判例がある（札幌地判昭46・5・10刑裁月報3・5・654）。

証人が証言を拒絶する場合は、その事由を示す必要があり、事由を示さないときは、裁判官（長）は制裁を受けることがあることを告知して証言を命じなければならない（規122Ⅰ・Ⅱ）。証言拒絶の事由は、裁判所によって証言拒絶権の存否が合理的に判断できるような内容をもって示さなければならず（仲家暢彦・大コメ刑訴3・147、亀山継夫・注釈刑訴2・340、鈴木茂嗣・注解刑訴上449）、単に「自分に不利益になり、そして罪になると思われる」と供述しただけでは足りないとした裁判例がある（神戸地決昭34・8・3下刑集1・8・1854）。証言拒絶の事由を示さない限り、制裁の告知、証言命令を待

つまでもなく証言義務が生ずるので、制裁の告知や証言命令の有無は、証言拒否罪 (161) の成否に影響しない (最決昭46・3・23刑集25・2・177)。

(中村光一)

〔近親者の刑事責任と証言拒絶権〕
第147条　何人も、左に掲げる者が刑事訴追を受け、又は有罪判決を受ける虞のある証言を拒むことができる。
　一　自己の配偶者、3親等内の血族若しくは2親等内の姻族又は自己とこれらの親族関係があつた者
　二　自己の後見人、後見監督人又は保佐人
　三　自己を後見人、後見監督人又は保佐人とする者

〈本条細目次〉
1　本条の趣旨　539
2　適用範囲　539

1　本条の趣旨
　本条は、専ら立法政策的考慮から、証言義務の例外を認めたものである(最大判昭27・8・6刑集6・8・974)。証人と一定の身分関係にある者について刑事責任上不利益な事項を強制的に供述させるのは情宜上忍びないということである (仲家暢彦・大コメ刑訴3・149、亀山継夫・注釈刑訴2・342)。民事手続にも同旨の規定がある (民訴196前)。

2　適用範囲
　本条の列挙は限定的と解すべきであり、類推適用は許されず (前掲最大判昭27・8・6)、内縁関係者は含まれない (仲家暢彦・大コメ刑訴3・149、亀山継夫・注釈刑訴2・342、鈴木茂嗣・注解刑訴上450)。

(中村光一)

〔同前の例外〕
第148条　共犯又は共同被告人の1人又は数人に対し前条の関係がある者

でも、他の共犯又は共同被告人のみに関する事項については、証言を拒むことはできない。

1　本条の趣旨

　本条は、証人と共犯又は共同被告人の一部との間に前条の身分関係がある場合であっても、前条の身分関係のない共犯又は共同被告人のみに関する事項については、証言拒絶権がないことを注意的に明らかにしたものである。

（中村光一）

〔業務上秘密と証言拒絶権〕
第149条　医師、歯科医師、助産師、看護師、弁護士（外国法事務弁護士を含む。）、弁理士、公証人、宗教の職に在る者又はこれらの職に在つた者は、業務上委託を受けたため知り得た事実で他人の秘密に関するものについては、証言を拒むことができる。但し、本人が承諾した場合、証言の拒絶が被告人のためのみにする権利の濫用と認められる場合（被告人が本人である場合を除く。）その他裁判所の規則で定める事由がある場合は、この限りでない。

〈本条細目次〉
1　本条の趣旨　540
2　適用範囲　541
3　「秘密」　542
4　適用除外　542
5　証言拒絶権の行使・不行使　542

1　本条の趣旨

　本条は、依頼者との間の個人的な信頼関係に基づいて個人の秘密を委託されることとなる一定の職業に従事する者について証言拒絶権を認めることにより、実体的真実主義と業務上の秘密保持という公共的利益との調整を図る規定である。押収に関する105条と同じ趣旨であり、民事手続にも同旨の規定がある（民訴197Ⅰ②）。

2 適用範囲

　判例・通説は、本条の主体は限定列挙であり、類推適用は許されないとしている（報道機関についての最大判昭27・8・6刑集6・8・974、福岡高決昭44・9・20判時569・23〔105条に関するもの〕）。この判例によると、新聞記者その他の報道機関関係者は、本条の適用ないし準用を受けないこととなる（なお、民事訴訟において取材源の秘匿を認めたものとして最決平18・10・3民集60・8・2647参照）。これに対しては、報道機関の態様、記者の社会的地位、ニュース源の秘密を与えた者の記者に対する信頼関係とその秘密の内容、程度を考慮し、その秘密の保護が証言義務に優先すると判断すべき場合もあるとの見解（鴨・証拠法123、沼尻芳孝・捜査法大系3・149）、保護されるべき利益の証言義務に対する優越度、侵害の危険の直接性・現在性が明白かつ容易に認められる場合には、超訴訟法的に証言拒絶権が認められるとの見解（亀山継夫・注釈刑訴2・344）、本条の解釈としてではなく、160条、161条の正当な理由、あるいは規122条2項の証言命令の可否の解釈として個別的具体的に判断すべきとの見解がある（鈴木茂嗣・注解刑訴上451、浦辺衛・証拠法大系3・91）。

　他方、本条が挙示する職業の隣接職種については、別途検討の余地がある。この点、証言拒絶権をどの範囲まで認めるかは立法政策の判断に属するものというべきであり、証言拒絶権を解釈論として直ちに拡張することには無理があるため、運用で権利や利益の侵害が必要な限度を超えないよう配慮すべきとする見解がある（松尾・条解265）。しかし、現代社会の進展に伴い、制定当時に予想し得なかったような隣接職種が増えており、本条挙示の職業が取り扱う業務と同じものを隣接職種において取り扱うことが可能になることも想定される。そこで、限定列挙であるとの判例の立場を基本的に踏襲しながらも、本条挙示の職業が取り扱う業務と同じものを隣接職種の者が取り扱う場合は、本条の趣旨を実質的に及ぼし、証言拒絶権を認める余地があるように思われる。この点に関しては、例えば、保健師、准看護師については、助産師、看護師に準じて考えてよいし、公認会計士、税理士、海事補佐人なども弁理士との対比で問題となるとする見解があり（亀山継夫・注釈刑訴2・343）、本条所定の業務者の直接的な補助者、薬剤師については、本条の業務者に含まれるとの見解もある（鴨・証拠法120〜122）。

3 「秘密」

客観的又は主観的に秘密であることで足りる。性質上客観的に秘密とされるものは、委託の趣旨に特に反対の旨が認められない限り、「秘密」に当たり、性質上客観的に秘密とされないものについても、特に委託の趣旨において秘密であることを欲する旨が現れている場合には、これに当たる（仲家暢彦・大コメ刑訴3・155）。

4 適用除外

本人が証言を承諾した場合、その行使が権利濫用と認められる場合は、行使することができない。ここでいう「本人」は、秘密の利益主体をいい、必ずしも業務の委託者には限らない（通説）。

5 証言拒絶権の行使・不行使

証言拒絶権を行使するか否かは証人の自由である。

証言拒絶権を行使せずに証言した場合における証拠能力について、大阪高判平4・3・12判タ802・233は、捜査段階の弁護人が、接見交通の際の被告人の発言内容について、辞任後に法廷で証言した場合について、当該弁護人が双方申請の証人であり、公判段階の弁護人から異議が出されていないことなどを理由にその証拠能力を認めている。

本条の証言拒絶権を行使せずに証言した場合における秘密漏示罪（刑134）の適用については、正当な理由があるので処罰されないとする見解（亀山継夫・注釈刑訴2・345）がある一方、同罪の成立とは別問題であるとする見解もある（松尾・条解265、藤永幸治・注釈刑訴2・173）。証言義務と秘密保持義務の衝突する場面であり、法律がその解決策として証言拒絶権の行使を証人の自由な選択に委ねている以上、証人が証言義務を優先したことをもって刑罰による非難をすることが相当であるとは思われず、秘密漏示を意図して当該証言場面を意図的に作出するなどした場合は別論、証人尋問において秘密にわたる事項を証言したからといって、犯罪は成立しないと解すべきであろう。

（中村光一）

〔出頭義務違反と過料等〕

第150条　召喚を受けた証人が正当な理由がなく出頭しないときは、決定

で、10万円以下の過料に処し、かつ、出頭しないために生じた費用の賠償を命ずることができる。
2　前項の決定に対しては、即時抗告をすることができる。

〈本条細目次〉
1　本条の趣旨　543
2　正当な理由　543
3　制裁手続　543
4　過　料　544
5　費用賠償　544
6　即時抗告　544

1　本条の趣旨

　本条は、召喚を受けながら正当な理由なく出頭しない証人に対する秩序罰を定めたもので、証人の出頭を間接的に強制する趣旨の規定である。身体検査に関する133条と同趣旨の規定であり、民事手続にも同旨の規定がある（民訴192）。なお、宣誓・証言拒否に関する160条の趣旨につき、最判昭39・6・5刑集18・5・189参照。

2　正当な理由

　出頭できない程度の病気、緊急やむを得ない業務、結婚式や葬式等の家中の取り込み、交通機関の故障、旅行中その他やむを得ない事情で召喚の事実を知らなかった場合などが挙げられる（仲家暢彦・大コメ刑訴3・158、松尾・条解266）。単に多忙のため出頭できない旨の届出をしたに過ぎない場合には、不出頭につき正当な理由があるとはいえないとした旧法下の裁判例がある（大決昭6・11・7刑集10・544）。本条の制裁は行政罰であるから、過失により出頭しなかった場合にも、その適用を免れることはできない（仲家暢彦・大コメ刑訴3・159）。なお、病気等による不出頭の場合の診断書その他の資料の提出の必要性については、278条、規186条、183条～185条を参照されたい。

3　制裁手続

　出頭を命じた当該裁判所が、決定手続（43、規33）によって行う。過料や費用賠償を科すか否かは裁判所の裁量による。これらは刑罰ではないが、財

産的利益の剥奪であるから、公判廷外で決定する場合であっても、憲法31条の趣旨に照らし、本人の陳述を聴くことを要すると解すべきである（亀山継夫・注釈刑訴2・295、鈴木茂嗣・注解刑訴上416）。なお、非訟事件手続法（旧法）による過料制裁の合憲性について最決昭41・12・27民集20・10・2279、刑訴応急措置法制定前の第三者没収の裁判の合憲性について最大判昭37・11・28刑集16・11・1577を参照。

4 過 料

1回の不出頭ごとに科すことができる。現実に出頭した者に対し、過去の不出頭について科すこともできると解される（松尾・条解266。反対、鈴木茂嗣・注解刑訴上416）。本条の過料と次条の刑罰が併科されても、憲法39条後段には違反しない（160条に関する前掲最判昭39・6・5）。

5 費用賠償

証人の不出頭により無駄になったすべての費用（例えば、裁判所外における証人尋問の際の裁判所の出張費用等）を含むとする見解（鈴木茂嗣・注解刑訴上416）もあるが、費用の公平な負担や範囲の明確性の観点から、訴訟費用に関するもの（例えば、無駄になった期日の国選弁護人の日当、報酬）に限定されると解される（亀山継夫・注釈刑訴2・295、松尾・条解267）。

6 即時抗告

過料等を受けた者が即時抗告できることについては争いない（352）。検察官、被告人が即時抗告できるかについては、351条を根拠に双方ともこれを肯定する見解（ポケット刑訴上294）、検察官のみ肯定する見解（亀山継夫・注釈刑訴2・296）、双方とも否定する見解（鈴木茂嗣・注解刑訴上453）が対立している。

（中村光一）

〔出頭義務違反と刑罰〕
第151条　証人として召喚を受け正当な理由がなく出頭しない者は、10万円以下の罰金又は拘留に処する。
　2　前項の罪を犯した者には、情状により、罰金及び拘留を併科することができる。

⟨本条細目次⟩
1　本条の趣旨　545
2　成立要件　545

1　本条の趣旨
　本条は、召喚を受けながら正当な理由なく出頭しない証人に対する刑罰を定めたものである。民事手続にも同旨の規定がある（民訴193）。

2　成立要件
　前条とは異なり、本条は故意が要件となる。いったん正当な理由なく出頭しなかった場合、その後に出頭に応じたとしても、犯罪の成立又は処罰を阻却するものではない（仲家暢彦・大コメ刑訴3・163、亀山継夫・注釈刑訴2・297、鈴木茂嗣・注解刑訴上417）。1回の不出頭ごとに本条の罪が成立し、併合罪の関係に立つ（亀山継夫・注釈刑訴2・297、鈴木茂嗣・注解刑訴上417）。前条の過料と本条の刑罰が併科されても、憲法39条後段には違反しない（最判昭39・6・5刑集18・5・189）。

（中村光一）

〔再度の召喚・勾引〕
第152条　召喚に応じない証人に対しては、更にこれを召喚し、又はこれを勾引することができる。

⟨本条細目次⟩
1　本条の趣旨　545
2　再度の召喚　545
3　勾引　546

1　本条の趣旨
　本条は、召喚に応じない証人に対し、再度の召喚又は勾引ができる旨を定めた規定である。

2　再度の召喚
　再度の召喚をするか、勾引するかは裁判所の裁量による（大判昭8・10・

12刑集12・1758)。召喚に応じない証人に代えて他の証人が得られる場合には、召喚又は勾引をすることなく、先の証人尋問決定を取り消しても差し支えない(前掲大判昭8・10・12)。証人が召喚に応じないため尋問が不可能になった場合、更に召喚又は勾引して証人尋問を行うほどの必要性がない限り、そのような手続を採ることなく結審しても違法ではなく、その際証人尋問を取り消す必要もないとした裁判例がある(大判昭5・12・12刑集9・893)。もっとも、手続の明確性の観点から、通常は、当事者に異議がないことを確認した上で、証人尋問決定の取消し(証人尋問請求を維持している場合は更に同請求の却下)をすることが相当な場合が多いであろう。最判昭38・12・24刑集17・12・2526は、既に証人尋問をした証人について、被告人から同一の立証趣旨で再尋問請求があり、裁判所がこれを採用して召喚状を発したが、所在不明により送達不能になり、証人尋問決定を取り消すことなく結審したという事案において、裁判所の黙示的な証人尋問決定の取消しと証人尋問請求の却下に対して被告人、弁護人が異議を申し立てていない以上、その訴訟手続に法令違反はないとしている。

3 勾 引

　証人を勾引する前提として、召喚に応じなかったことに正当な理由がなかったことを要するかという点については、法文上は必ずしも明らかではないが、被告人の勾引でさえこれを要件としていること(58②)、同行命令に応じない場合の勾引については、正当な理由なく同行に応じなかった場合に限られること(162)に照らして、正当な理由がなかったことを要すると解するのが通説である(仲家暢彦・大コメ刑訴3・165)。　　　　　(中村光一)

〔準用規定〕
第153条　第62条、第63条及び第65条の規定は、証人の召喚について、第62条、第64条、第66条、第67条、第70条、第71条及び第73条第1項の規定は、証人の勾引についてこれを準用する。

　〔規〕第110条(召喚状、勾引状の記載要件・法第153条等)　証人に対する召喚状には、その氏名及び住居、被告人の氏名、罪名、出頭すべき

〔§153〕準用規定　547

年月日時及び場所並びに正当な理由がなく出頭しないときは過料又は刑罰に処せられ且つ勾引状を発することがある旨を記載し、裁判長が、これに記名押印しなければならない。
2　証人に対する勾引状には、その氏名及び住居、被告人の氏名、罪名、引致すべき年月日時及び場所、有効期間及びその期間経過後は執行に着手することができず令状はこれを返還しなければならない旨並びに発付の年月日を記載し、裁判長が、これに記名押印しなければならない。

第111条（召喚の猶予期間）　証人に対する召喚状の送達と出頭との間には、少くとも24時間の猶予を置かなければならない。但し、急速を要する場合は、この限りでない。

第112条（準用規定）　証人の勾引については、第72条から第76条までの規定を準用する。

第113条（尋問上の注意、在廷証人）　召喚により出頭した証人は、速やかにこれを尋問しなければならない。
2　証人が裁判所の構内にいるときは、召喚をしない場合でも、これを尋問することができる。

〈本条細目次〉
1　本条の趣旨　547
2　召　喚　547
3　勾　引　548

1　本条の趣旨

本条は、証人の召喚及び勾引の手続について、それぞれ被告人の召喚、勾引の手続を準用する旨定めたものである。

2　召　喚

証人については、57条、132条のように、召喚できる旨の直接の規定はないが、当然召喚できると解されている（150条～152条の規定振りも、証人の召喚を前提としている。）。ただし、常に召喚しなければならないわけではなく、証人が裁判所の構内にいるときは、召喚をしないで尋問できる（規113Ⅱ）。証人を召喚するには、原則として少なくとも24時間の猶予期間を置く必要がある（規111）。これに反してなされた召喚は、適法性を欠き、不出頭の証人に対する制裁や勾引は許されないと解されるが（仲家暢彦・大コメ刑訴3・

608、亀山継夫・注釈刑訴2・349)、証人が出頭し、異議なく尋問に応じた場合には、尋問は有効であり、その証言は証拠能力を有する(大判昭8・2・14刑集12・62)。

3 勾引

勾引した場合の留置場所、留置期間については、153条の2の解説を参照されたい。

なお、被告人に対する勾引状の執行の際の捜索に関する126条が準用されていないことから、証人を勾引するために人の住居等に立ち入り、証人を捜索することができるかが問題となる。これに疑問を呈する見解もある(鈴木茂嗣・注解刑訴上456)が、屋内に証人がいることが客観的に明らかでありながら、いくら大声で呼んでも出てこないような場合に、執行に当たるべき者がその証人の現にいる部屋まで立ち入って勾引状を現実的に執行するという程度の実力の行使は許されるとする見解もある(松尾・条解269)。

(中村光一)

〔証人の留置〕
第153条の2　勾引状の執行を受けた証人を護送する場合又は引致した場合において必要があるときは、一時最寄の警察署その他の適当な場所にこれを留置することができる。

〈本条細目次〉
1　本条の趣旨　548
2　留置場所　549
3　留置期間　549

1　本条の趣旨

本条は、被告人の勾引に関する74条、75条に相当する規定であり、特に遠隔地の証人について勾引する場合の実際上の必要から、昭和28年に追加されたものである。

2　留置場所

　74条、75条が留置場所を「刑事施設」としているのに対し、本条は、「警察署その他の適当な場所」としている。被疑者、被告人とは異なる証人としてふさわしい取扱いをするのであれば、留置施設を利用することも妨げられない（通説）。通常は、警察署の保護室や宿直室が使用されるようである。

3　留置期間

　勾引状を執行した場合は、できる限り速やかに、かつ、直接、指定の場所に引致すべきであるから（153・73Ⅰ）、護送中の留置が必要最小限に限られることは当然である。引致後は、被告人の場合における59条のように24時間以内に釈放する旨の制限規定が置かれておらず、理論的には、当該証人尋問について合理的に必要とされる時間内は留置が許されるが、できる限り速やかに尋問を行い、釈放すべきである（鈴木茂嗣・注解刑訴上456）。証人尋問が中断し、時間的間隔を置いて再開する場合に留置を継続できるか否かについては、日をまたいで引き続き留置することは許されないが、召喚の手続を改めて経ることなく再度の勾引をすることは許されるとする見解（鈴木茂嗣・注解刑訴上458）、1日以上の間隔を置いて尋問する場合は留置が許されないが、居住地に帰るまでに1日以上を要する場合において、夕方尋問を打ち切り、引き続き翌朝尋問を再開するようなときは、留置を継続することが許されるとする見解（松尾・条解270）などに分かれている。

　　　　　　　　　　　　　　　　　　　　　　　　　　　　（中村光一）

〔宣誓〕

第154条　証人には、この法律に特別の定のある場合を除いて、宣誓をさせなければならない。

　　〔規〕　第117条（宣誓の時期・法第154条）　宣誓は、尋問前に、これをさせなければならない。
　　　　　第118条（宣誓の方式・法第154条）　宣誓は、宣誓書によりこれをしなければならない。
　　　　　2　宣誓書には、良心に従つて、真実を述べ何事も隠さず、又何事も附け加えないことを誓う旨を記載しなければならない。
　　　　　3　裁判長は、証人に宣誓書を朗読させ、且つこれに署名押印させな

ければならない。証人が宣誓書を朗読することができないときは、裁判長は、裁判所書記官にこれを朗読させなければならない。
　4　宣誓は、起立して厳粛にこれを行わなければならない。
第119条（個別宣誓・法第154条）　証人の宣誓は、各別にこれをさせなければならない。
第120条（偽証の警告・法第154条）　宣誓をさせた証人には、尋問前に、偽証の罰を告げなければならない。

〈本条細目次〉
1　本条の趣旨　550
2　宣誓手続　550
3　偽証罪の成立　551
4　宣誓の効力　551

1　本条の趣旨

　本条は、証言内容の真実性を担保するために、証人に、原則として宣誓させることを定めた規定である。わが国では、宣誓に宗教的色彩はなく、宣誓の上虚偽証言をすれば、偽証罪（刑169）により処罰されることに、真実性担保の実質があるといえる。

　「この法律に特別の定のある場合」については143条の解説を参照されたい。外国の元首や外交官など、国際慣習上あるいは国際法上刑事裁判権を免除されている者について宣誓を命じることはできない。

　共犯者は、証人となる場合には、本条による宣誓が必要である（最判昭27・2・26裁集61・597）。わが国に駐留する米軍の構成員等も、証人として尋問する以上、宣誓させなければならない（仲家暢彦・大コメ刑訴3・175）。

2　宣誓手続

　宣誓方式は規118条に定められている。宣誓させるべき証人に宣誓させないでした証人尋問は無効であり、その供述及び証人尋問調書は証拠能力を有しない（大判大9・3・3刑録26・101、大判大13・7・12刑集3・571、大判昭9・9・3刑集13・1109）。現実に宣誓していても、宣誓書を作成しなかった場合は、証言としての効力を有しない（大決昭3・6・18刑集7・427）。もっとも、宣誓書の署名押印に関し、名のみの自署の場合（大判大10・2・16刑録27・57、大判昭6・5・18刑集10・233）、押印を欠いた場合（大判大13・5・

5刑集3・396)、証人が無筆と言ったために代書させた場合（大判昭2・12・24刑集6・577）のいずれも有効とされている。なお、外国人の場合は署名だけで足りる（外国人ノ署名捺印及無資力証明ニ関スル法律1Ⅰ）。

宣誓は各別にさせなければならない（規119）。複数証人が一斉に宣誓書を朗読することは実務上よく行われているが、もとより同条に違反するものではない。代表宣誓は同条違反となるが、多数説は、宣誓の効力に影響を及ぼさないとする（亀山継夫・注釈刑訴2・354、鈴木茂嗣・注解刑訴上461）。

証人と鑑定人の宣誓を共通にすることは許されず（大判明39・3・22刑録12・333、大判大9・3・3刑録26・101）、方式の選択を誤れば、宣誓は無効であり、これに基づく供述の証拠能力は原則として否定される（仲家暢彦・大コメ刑訴3・177、亀山継夫・注釈刑訴2・353）。宣誓は、尋問前にさせなければならず、事後に宣誓をさせても、その証言は証拠能力を有しない（仲家暢彦・大コメ刑訴3・178、亀山継夫・注釈刑訴2・353）。

宣誓した証人に対しては、偽証罪の告知を行わなければならない（規120）。ただし、偽証罪を告知すべき場合において、裁判所がこれを告知しなくても、証言の効力に影響はない（最判昭26・3・15刑集5・4・535）。その意味で、規120条は訓示規定である。偽証罪の告知を宣誓前に行ったとしても違法ではない（高松高判昭28・2・27特報36・5）。治外法権を有する者などわが国の裁判権に服さない者は宣誓義務がなく、偽証の罰を告げることはできないが、告げたとしても証言の効力に影響しない（最判昭24・7・9刑集3・8・1193〔連合国軍人に関するもの〕）。刑事未成年者（刑41）についても同様と解される（松尾・条解272）。

3　偽証罪の成立

宣誓をした証人が虚偽の供述をしたときは、偽証罪が成立する。刑法169条の「法律により宣誓した証人」とは、規118条所定の方式による宣誓をした証人であるとした裁判例がある（東京高判昭30・8・30刑集8・8・999）。

4　宣誓の効力

同一証人を複数回の公判期日にわたって証人尋問する場合において、それが1個の証人尋問の継続と認められる限り、当初の宣誓の効力がすべての尋問に及ぶことになる（仲家暢彦・大コメ刑訴3・179）。実務上、このような場合は、裁判長が、先にした宣誓の効力が維持される旨告げ、公判調書に記載

するのが通例である。この点、同一証人について新たな証拠決定がされている場合においても、宣誓を要しないとする裁判例がある（大判大11・10・24刑集1・582、大判大14・12・26刑集4・795、大阪高判昭25・9・6特報14・36）が、学説はこれに反対である（仲家暢彦・大コメ刑訴3・179、亀山継夫・注釈刑訴2・354、鈴木茂嗣・注解刑訴上460）。現在の実務においては、新たな証拠決定があった場合においては、同一審級であってもその都度宣誓をさせる運用が定着している。

（中村光一）

〔宣誓無能力〕
第155条　宣誓の趣旨を理解することができない者は、宣誓をさせないで、これを尋問しなければならない。
２　前項に掲げる者が宣誓をしたときでも、その供述は、証言としての効力を妨げられない。

〔規〕　第116条（宣誓の趣旨の説明等・法第155条）　証人が宣誓の趣旨を理解することができる者であるかどうかについて疑があるときは、宣誓前に、この点について尋問し、且つ、必要と認めるときは、宣誓の趣旨を説明しなければならない。

〈本条細目次〉
1　本条の趣旨　552
2　宣誓能力　552

1　本条の趣旨

本条は、宣誓無能力者については、宣誓をしないで尋問させる旨及び宣誓無能力者に宣誓をさせたとしても、証言としては有効である旨を定めた規定である。

2　宣誓能力

「宣誓の趣旨」とは、良心に従って真実を述べる義務である（規118Ⅱ。通説。亀山継夫・注釈刑訴2・356、鈴木茂嗣・注解刑訴上463）。

宣誓能力の有無は、個々の証人ごとに裁判所が判断すべきものである。宣

誓の意味が理解できなくても、単純な事柄について証言することが可能な場合がある。その場合は証言の証拠能力に問題はなく、証拠価値については裁判官の自由な判断に委ねられる（東京高判昭25・8・29特報16・129）。

責任無能力者については、宣誓を拒否しても、宣誓拒否罪（161）が成立しないのは当然であり、過料及び費用賠償（160）についても科すことができないと解される（仲家暢彦・大コメ刑訴3・182、亀山継夫・注釈刑訴2・356）。宣誓無能力者が、宣誓の上偽証をしても、偽証罪は成立しない（最判昭27・11・5刑集6・10・1159）。

（中村光一）

〔推測事項の証言〕
第156条　証人には、その実験した事実により推測した事項を供述させることができる。
2　前項の供述は、鑑定に属するものでも、証言としての効力を妨げられない。

〈本条細目次〉
1　本条の趣旨　553
2　許される推測と許されない意見　553

1　本条の趣旨

本来、証人は自己の認識した事実を述べる立場にあるが、人が認識した事実を他人に伝達する上で、その人の評価・判断が加わることは不可避である。また、自らの体験に基づく推測には、証言の本質である非代替性を備えているといえる。このようなことから、本条1項は、証人が直接体験した事実のみならず、その事実からの推測を述べることを許容したものである（小野慶二・証拠法大系1・60以下）。また、本条2項は、経験した事実を、特別の知識経験に基づき推測した場合も、証言として有効である旨規定している。

2　許される推測と許されない意見

証人尋問においては、意見を求め又は議論にわたる尋問は正当な理由がある場合を除き、禁止されているところ（規199の13Ⅱ③）、本条に該当する場

合は、この正当な理由があるといえる。もっとも、本条により許される推測か、許されない意見かの判断は、実際はなかなか難しい。

　代表的な裁判例として、以下のものがある。③以外はすべて旧法下の事件であり、①～③は体験事実より推測した事項に当たるとされ、④、⑤は単なる意見とされた。

　①翼賛壮年団の幹事をしていた証人の「自分が団史編纂のために手許に保存していた書類の記載を総合すると、ある者がある時期、団長をしていたことが分かる」旨の証言（最判昭23・8・9刑集2・9・1143）。

　②窃盗犯人の「自分は余分な急行券等はないと断ると、何某は『ないはずはない』と主張し、窓口に来ては客の邪魔をしたり、夜は飲酒してどなりつけたりした。そして、何某は絶対に急行券がもらえるものと決めてかかって無理を言うので、困って盗むようになった。自分は何某に盗んだということを言わなかったが、盗んだことが当然分かるはずである」旨の供述（最判昭25・9・5刑集4・9・1620）。

　③公然わいせつ被告事件における劇場の客の「踊り子の演技観覧によって生じた感想」についての証言（最判昭29・3・2裁集93・59）。

　④証人の「検事廷の証言は別に嘘を言ったわけではない。公判廷の証言は、検事廷の証言と骨子においては相違ないと思う」旨の証言（最大判昭24・6・13刑集3・7・1039）。

　⑤強盗の犯意につき、取調べに当たった捜査官の「被告人は品物を強奪すべくやったというように印象が残っている」旨の供述（最判昭26・3・30刑集5・4・731）。

　③については、過去の体験事実そのものであるとの指摘がある。また、④、⑤は単なる意見であると結論付けられているが、証人に、どの程度体験事実を具体的に供述させるかによって、異なる結論となったことも考えられる。裁判所において、本条が証人の体験事実に基づく推測を許容している本質を踏まえた適切な判断が求められよう。

　　　　　　　　　　　　　　　　　　　　　　　　　　　（中村光一）

〔当事者の立会権、尋問権〕
　第157条　検察官、被告人又は弁護人は、証人の尋問に立ち会うことがで

きる。
2 証人尋問の日時及び場所は、あらかじめ、前項の規定により尋問に立ち会うことができる者にこれを通知しなければならない。但し、これらの者があらかじめ裁判所に立ち会わない意思を明示したときは、この限りでない。
3 第1項に規定する者は、証人の尋問に立ち会つたときは、裁判長に告げて、その証人を尋問することができる。

〈本条細目次〉
1 本条の趣旨 555
2 適用範囲 555
3 尋問権 556
4 違反した場合 557

1 本条の趣旨

本条は、証人尋問における検察官、被告人及び弁護人の立会権を定めた規定である。文言上は「被告人又は弁護人」とあるが、「被告人及び弁護人」と解するのが多数説であり、現在の実務もこれに沿って運用されている（ただし、東京高判昭25・7・28高刑集3・2・345は反対）。

2 適用範囲

証人尋問一般に関する規定であるが、裁判所外尋問（158）及び公判期日外尋問（281）に適用されることに主たる意味がある。また、受命裁判官及び受託裁判官による証人尋問（163）や証拠保全としての証人尋問（179）についても適用がある。

身柄拘束中の被告人にも立会権は認められているが、判例は、裁判所外の証人尋問において、被告人が勾留中であるときは、特別の事由のない限り、弁護人に立会いの機会を与えていれば憲法37条2項には違反しないとしている（最大判昭25・3・15刑集4・3・371等）。これに対しては、学説の批判が強い（鈴木茂嗣・注解刑訴上471、亀山継夫・注釈刑訴2・364等。後記4も参照）。

被告人が裁判長の許可なく退廷した場合は、証人尋問立会権を放棄したものとみなされる。被告人又は弁護人が法廷警察権により退廷させられるなどして証人尋問に立ち会えなかった場合は、281条の2、304条の2とは異なり、

証人尋問終了後に供述の要旨を告知する必要がないとするのが判例（最判昭29・2・25刑集8・2・189）・通説である。

捜査手続としての第1回公判期日前の証人尋問（226・227）については、被告人及び弁護人の立会権は当然には認められておらず（228Ⅱ。同条が憲法37条2項に違反しないことについて最判昭27・6・18刑集6・6・800等）、裁判所は、被告人又は弁護人に尋問の日時及び場所を通知する必要はなく（最決昭28・3・18刑集7・3・568）、被告人、弁護人のいずれか又は双方あるいは弁護人中の何名に立会いを許すかということも担当裁判官の裁量である（最決昭28・4・25刑集7・4・876）。他方、検察官には、本条1項により、立会権が認められる（大阪高判昭32・12・18裁判特報4・23・637）。訴訟関係人が、裁判所の許可により立ち会った場合は、本条3項により証人尋問ができるものと解される（通説）。

付審判請求事件における事実取調べに事件関係人を立ち会わせるかは裁判所の自由裁量に委ねられている（大阪高決昭45・3・5刑裁月報2・3・231）。

控訴審については、被告人に公判期日への出頭義務がないことに加え、控訴審の構造も絡んで本条の適用が問題となる。判例は、事実の取調べとして証人尋問を実施し、これを裁判の資料とするような場合は、憲法37条2項の被告人の権利保護のため、特に被告人をこれに立ち会わせて審問する機会を与えなければならないとする（最判昭27・2・6刑集6・2・134、最決昭26・6・8刑集5・7・1250）。また、最決昭43・6・25刑集22・6・552は、控訴審が事実の取調べとして証人尋問を行う場合に、予め被告人に証人の氏名・立証趣旨すら知る機会を与えずに、公判期日外において職権をもって証人尋問を決定し施行することは、検察官及び弁護人が立ち会い、かつ、異議がないとしても、刑訴法上許されないとしている。

3　尋問権

本条3項で、証人尋問を「裁判長に告げて」行うこととされているのは、許可を要するという趣旨ではなく、裁判長の訴訟指揮に従うことを注意的に定めたものである。したがって、裁判長が訴訟指揮権に基づき不適切な尋問を制限しても、被告人の尋問権を不当に制限したことにはならない（最大決昭25・4・7刑集4・4・512）。弁護人が証人を尋問した後であっても、被告人が自ら尋問を希望したときは、尋問の機会を与えなければならないが、裁

判長が被告人に尋問することができる旨を告げて、積極的に尋問を促すまでの義務はない（最決昭25・3・6刑集4・3・308等）。

4　違反した場合

本条に違反した場合は、訴訟手続の法令違反となる。なお、責問権の放棄により瑕疵が治癒されるかが問題となる（瑕疵の治癒一般について、最決昭29・9・24刑集8・9・1519、最判昭29・9・24刑集8・9・1534）。

学説は、被告人、弁護人ともに立会いの機会を与えなかった場合、弁護人に立会いの機会を与えたが、予め立会いの希望を表明していた被告人にその機会を与えなかった場合、被告人には立会いの機会を与えたが、弁護人にはその機会を与えなかった場合は、憲法37条に違反する重大な瑕疵に当たり、立ち会えなかった者が責問権の放棄を積極的に明示した場合を除き、瑕疵は治癒されないが、重大とはいえない瑕疵については、当事者が異議を述べない場合には治癒されると解している（仲家暢彦・大コメ刑訴3・197、亀山継夫・注釈刑訴2・365、鈴木茂嗣・注解刑訴上471）。

この点に関する裁判例をみると、公判期日外の証人尋問につき、勾留中の被告人が立会いと尋問の権利を強く求めていたにもかかわらず、立ち会う機会を与えず証人尋問を実施したという事案について、本条1項に違反し、その結果得られた尋問調書は証拠能力を欠くとした裁判例がある（東京高判平6・2・10判タ854・299）。また、裁判所外尋問の決定をし、弁護人には告知したが、被告人には証拠決定及び尋問事項の告知をしなかったという事案について、158条2項、159条1項に違反する瑕疵があるが、被告人、弁護人とも、その後の証人尋問及び当該証人尋問調書の取調べにおいて異議を述べていないことをもって、瑕疵が治癒されたとする裁判例がある（東京高判昭45・2・23高刑集23・1・177、東京高判昭59・6・21東時35・6＝7・42）。

証人尋問の通知を欠いた場合でも、当該当事者が現実に尋問に立ち会うことができた場合は、瑕疵は治癒される。また、証人尋問の通知は、期日とともに、時刻も定めて行うべきであるが、時刻を定めていなくても、現実に証人尋問が指定の日に検察官及び弁護人立会いの上、異議なく行われた場合には、瑕疵は治癒される（東京高判昭25・1・14高刑集3・1・5）。なお、証人尋問の場所が、天候、環境その他証拠決定施行の都合により、証拠決定をした尋問場所の最寄りの適当な場所に変更されても、当事者の立会権を害しな

い限り、違法ではない（最判昭24・12・15刑集3・12・2011、最判昭25・4・14刑集4・4・578）。

(中村光一)

〔証人への付添い〕
第157条の2　裁判所は、証人を尋問する場合において、証人の年齢、心身の状態その他の事情を考慮し、証人が著しく不安又は緊張を覚えるおそれがあると認めるときは、検察官及び被告人又は弁護人の意見を聴き、その不安又は緊張を緩和するのに適当であり、かつ、裁判官若しくは訴訟関係人の尋問若しくは証人の供述を妨げ、又はその供述の内容に不当な影響を与えるおそれがないと認める者を、その証人の供述中、証人に付き添わせることができる。
2　前項の規定により証人に付き添うこととされた者は、その証人の供述中、裁判官若しくは訴訟関係人の尋問若しくは証人の供述を妨げ、又はその供述の内容に不当な影響を与えるような言動をしてはならない。

〈本条細目次〉
1　本条の趣旨　558
2　要　件　558
3　付き添わせる者（証人付添人）　559
4　付添い決定　559
5　付添いの措置　560

1　本条の趣旨

本条は、平成12年法律第74号により、証人の負担軽減措置として、証人尋問の際の遮蔽措置（157の3）、ビデオリンク方式による証人尋問（157の4）とともに設けられたもので、証人の不安や緊張を和らげるため、証言中、適当な者を証人に付き添わせることができることとしたものである。

2　要　件

「年齢、心身の状態その他の事情」が考慮事情として挙示されているところからは、年少者や高齢者、性犯罪被害者、知的障害者などが想定されているといえる（松尾・条解280）。281条の2、304条の2などとは異なり、証人

から充分な供述を得ることができるか否かは考慮しない。また、証人が必ずしも被害者である必要はない。被害者以外の者としては、例えば、目撃証人や、被告人又は傍聴人を畏怖している共犯者証人などが考えられる（三神＝井手・犯罪被害者等の保護のための諸制度に関する書記官事務の実証的研究32）。

なお、本条の措置と、遮蔽措置やビデオリンク方式を併せて活用することも、各要件を満たす限り許容される。

3　付き添わせる者（証人付添人）

証人付添人として想定されているのは、年少者が被害者である場合の親や、診察に当たっている心理カウンセラーである。警察や検察庁の職員については、犯罪被害者対策にのみ従事しているのであれば問題はないであろうが、当該事件の捜査に関与している場合は、証言に対する不当な影響を与えるおそれがあり、基本的には避けるべきであろう。弁護士については、法的助言者として付き添わせることは予定されていないが、証人との従前の信頼関係等から、本条の要件を充足すると認められれば、付添人とすることは許されよう。

法律上、付添人の人数に制限はないが、1人いれば法の趣旨が達成できる場合が多いであろう。複数名を付き添わせることが相当な例としては、例えば、重篤な病気を抱えた者が証人となる際に、親族に加え、医師又は看護師が付き添うことが考えられる。実務では、年少の証人に両親が付き添ったり、女性証人に夫と子が付き添った例もあるようである（三神＝井手・前掲49）。

4　付添い決定

付添いの決定は職権で行う。通常は、証人尋問請求をした側から、職権発動を促す申出があるので、これに対応して検討することになろう。決定をするに当たり、訴訟関係人に釈明を求めたり（規208Ⅰ）、事実の取調べ（43Ⅲ）を行うことができる。本条の決定は証人尋問当日の公判廷において行うこともできるが、証人付添人の準備にもかかわるので、可能な限り、事前に行うことが望ましいであろう。付添いの措置をとる旨の決定は、証拠調べの方法を定める決定（297Ⅰ）であるから、異議申立ての対象となる（309Ⅰ）。他方、付添いを認めない判断は、単に職権を発動しないということなので、異議申立ての対象にはならない。

5　付添いの措置

　証人付添人は、証人の供述中、その傍らに着席し、証人の様子を見守ることが想定されているが、証人の体調が悪くなった場合に、その具合を確かめたり、裁判所に情報を伝えたりすることは許容されよう。「供述中」とあるが、入退廷の際に証人付添人が証人と行動をともにすることも本条が想定していると解すべきである。証人付添人に、証人の供述に不当な影響を与える言動があった場合は、異議申立ての対象となる。このような事情が認められれば、裁判所は、証人付添人にそのような言動をすることを止めるよう命じることになるが、それでも従わない場合は、付添い措置自体を取り消すことになろう。

　なお、証人付添人の旅費、日当等については、根拠規定がないので支給できないと解される（なお、164条の解説2も参照されたい。）。　　　　（中村光一）

〔証人尋問の際の証人の遮へい〕
第157条の3　裁判所は、証人を尋問する場合において、犯罪の性質、証人の年齢、心身の状態、被告人との関係その他の事情により、証人が被告人の面前（次条第1項に規定する方法による場合を含む。）において供述するときは圧迫を受け精神の平穏を著しく害されるおそれがあると認める場合であつて、相当と認めるときは、検察官及び被告人又は弁護人の意見を聴き、被告人とその証人との間で、一方から又は相互に相手の状態を認識することができないようにするための措置を採ることができる。ただし、被告人から証人の状態を認識することができないようにするための措置については、弁護人が出頭している場合に限り、採ることができる。
2　裁判所は、証人を尋問する場合において、犯罪の性質、証人の年齢、心身の状態、名誉に対する影響その他の事情を考慮し、相当と認めるときは、検察官及び被告人又は弁護人の意見を聴き、傍聴人とその証人との間で、相互に相手の状態を認識することができないようにするための措置を採ることができる。

〈本条細目次〉
1 本条の趣旨　561
2 憲法との関係　561
3 要件　561
4 遮蔽決定　562
5 遮蔽措置　562

1 本条の趣旨

本条は、平成12年法律第74号により、証人の負担軽減措置として、証人尋問の際の付添い措置（157の2）、ビデオリンク方式による証人尋問（157の4）とともに設けられたもので、証人が被告人や傍聴人の面前で供述する際の心理的負担を軽減するため、被告人と証人との間、あるいは傍聴人と証人との間に遮蔽措置（それぞれ「被告人遮蔽」、「傍聴人遮蔽」という。）を講じることができる旨定めたものである。本条が新設される以前からも、実務上は、訴訟関係人の同意を得て、裁判長の訴訟指揮権に基づき遮蔽措置が採られていた（本条施行前に実施された遮蔽措置に関する判例として、判例解説（刑）平17・100、105で紹介された最決平12・6・2〈未〉、東京高判平14・4・25高検速報平14・61がある。）が、本条は、それを明文化したものである。

2 憲法との関係

最判平17・4・14刑集59・3・259は、遮蔽措置及びビデオリンク方式による証人尋問を定めた本条、157条の4は、裁判の公開を保障する憲法82条1項、37条1項、被告人の証人審問権を保障する同条2項前段に違反するものではないとしている。

3 要件

被告人遮蔽の要件は、①「犯罪の性質、証人の年齢、心身の状態、被告人との関係その他の事情」により、②「証人が被告人の面前において供述するときは圧迫を受け精神の平穏を著しく害されるおそれがあると認める場合」であって、③「相当と認めるとき」である。②は、外的要因が原因となって、著しい羞恥心や屈辱を覚える、著しく困惑させられる、著しく恐怖を感じさせられる等相当程度の心理的精神的負担を負う状態を指す（松尾編著・逐条解説犯罪被害者保護二法74）。②の要件との兼ね合いで、①において、証人自身の属性（年齢や心身の状態）に加え、事件の性質や、被告人との関係も考

慮要素に含まれている。②が認められれば、通常は③も認められるであろうから、他の負担軽減措置を採ることで足りるか否か（例えば、ビデオリンク方式を採ることで足り、遮蔽までする必要がないなど）を検討することになろう。対象者が被害者に限られていないのは付添いの場合と同様である。

傍聴人遮蔽の要件は、①「犯罪の性質、証人の年齢、心身の状態、名誉に対する影響その他の事情」により、②「相当と認めるとき」である。被告人遮蔽のように証人審問権は問題とならないので、要件が緩やかに設定されている。

各要件を満たす限り、被告人遮蔽と傍聴人遮蔽とを併用することもでき、実務では両者を併用することが多い。また、本条の措置と、証人付添人やビデオリンク方式を併せて活用することも、各要件を満たす限り許容される。

なお、裁判所外尋問（158）でも遮蔽措置を活用できる。

4　遮蔽決定

遮蔽措置を採る旨の決定は職権で行う。通常は、証人尋問請求をした側から、職権発動を促す申出があるので、これに対応して検討される。決定をするに当たり、求釈明（規208Ⅰ）や事実の取調べ（43Ⅲ）ができること、遮蔽措置を採る旨の決定が異議申立ての対象となる（309Ⅰ）一方、遮蔽措置を採らないことが異議申立ての対象にならないことは、付添いの場合と同様である。

5　遮蔽措置

遮蔽については、相互に認識できなくする場合、証人から被告人を認識できなくする場合、被告人から証人を認識できなくする場合の3つのやり方がある。被告人から証人を認識することができないようにするための措置については、弁護人が出頭している場合に限り可能であるが（本条Ⅰ但）、この点は、被告人側の証人審問権に配慮したものである。他方、傍聴人遮蔽については、相互に認識することができないものに限っている。

実務では、相互に相手の状態を認識できないようにする方法として、衝立を用いている。証言台が法壇を向いている場合は、衝立を証人席の周り（証言台以外の3方向）に設置することになろう。また、本条の趣旨に鑑み、証言中の遮蔽だけでは目的が達成できないことも多いであろうから、証人の入退廷の際も衝立を使用して証人の姿を隠したり、被告人との入退廷の時間を

ずらしたりして鉢合わせないように配慮するのが相当であろう。なお、弁護人と証人との間を遮蔽することはできないので、弁護人席からは証人の姿が隠れないように、衝立の位置を工夫する必要がある。一方からのみ相手の状態を認識できないようにする場合は、マジックミラーを用意する方法などが考えられよう。遮蔽措置とビデオリンク方式を併用する場合には、被告人や傍聴人から見えるモニターを切るなどして、証人の映像が被告人や傍聴席から見えないような措置を講じることになる。

（中村光一）

〔ビデオリンク方式による証人尋問〕
第157条の4　裁判所は、次に掲げる者を証人として尋問する場合において、相当と認めるときは、検察官及び被告人又は弁護人の意見を聴き、裁判官及び訴訟関係人が証人を尋問するために在席する場所以外の場所（これらの者が在席する場所と同一の構内に限る。）にその証人を在席させ、映像と音声の送受信により相手の状態を相互に認識しながら通話をすることができる方法によつて、尋問することができる。
一　刑法第176条から第178条の2まで若しくは第181条の罪、同法第225条若しくは第226条の2第3項の罪（わいせつ又は結婚の目的に係る部分に限る。以下この号において同じ。）、同法第227条第1項（第225条又は第226条の2第3項の罪を犯した者を幇助する目的に係る部分に限る。）若しくは第3項（わいせつの目的に係る部分に限る。）若しくは第241条前段の罪又はこれらの罪の未遂罪の被害者
二　児童福祉法（昭和22年法律第164号）第60条第1項の罪若しくは同法第34条第1項第9号に係る同法第60条第2項の罪又は児童買春、児童ポルノに係る行為等の規制及び処罰並びに児童の保護等に関する法律（平成11年法律第52号）第4条から第8条までの罪の被害者
三　前2号に掲げる者のほか、犯罪の性質、証人の年齢、心身の状態、被告人との関係その他の事情により、裁判官及び訴訟関係人が証人を尋問するために在席する場所において供述するときは圧迫を受け精神の平穏を著しく害されるおそれがあると認められる者
2　前項に規定する方法により証人尋問を行う場合において、裁判所は、

その証人が後の刑事手続において同一の事実につき再び証人として供述を求められることがあると思料する場合であつて、証人の同意があるときは、検察官及び被告人又は弁護人の意見を聴き、その証人の尋問及び供述並びにその状況を記録媒体（映像及び音声を同時に記録することができるものに限る。）に記録することができる。
3　前項の規定により証人の尋問及び供述並びにその状況を記録した記録媒体は、訴訟記録に添付して調書の一部とするものとする。

〈本条細目次〉
1　本条の趣旨　564
2　憲法との関係　564
3　要　件　564
4　ビデオリンク決定　565
5　ビデオリンク尋問　565
6　記録媒体への録画　565

1　本条の趣旨

本条は、平成12年法律第74号により、証人の負担軽減措置として、証人尋問の際の付添い措置（157の2）、遮蔽措置（157の3）とともに設けられたもので、証人が被告人や傍聴人の面前で供述する際の心理的負担を軽減するため、同一構内の別室に証人を在席させ、映像と音声の送受信により相手の状態を相互に認識しながら通話をすることができる、いわゆるビデオリンク方式による証人尋問（ビデオリンク尋問）ができる旨定めたものである。これにより、証人は、訴訟関係人や傍聴人と対面せずに証言できる。

2　憲法との関係

前条の解説2を参照されたい。

3　要　件

考慮要素は基本的には前条の遮蔽措置と同じであるが、遮蔽措置は主として被告人や傍聴人といった人的要因との関係で圧迫を受けることが想定されているのに対し、ビデオリンク尋問の場合は裁判官や訴訟関係人が在席する法廷等の場所的要因による圧迫を考慮することになる。強姦、強制わいせつ等の性犯罪被害者や、児童福祉法、児童ポルノ法違反等の年少の被害者につ

いては、法廷等での証言自体、精神的な重圧になることが考えられるので、これらについては本条1項1号、2号に列挙されている。本条1項3号については、例えば、暴力団等による組織的犯罪の被害者、目撃者、年少者、知的障害者等である場合に、これに該当することがあり得るものと考えられる（松尾編著・逐条解説犯罪被害者保護二法88）。「相当と認めるとき」とあるが、本条1項各号に該当すれば、原則として相当性は肯定されよう。

なお、本条の措置と、証人付添人や遮蔽措置を併せて活用することも、各要件を満たす限り許容される。また、裁判所外尋問（158）でも活用できる。

4 ビデオリンク決定

ビデオリンク尋問を採用する旨の決定は職権で行う。決定の性質等は証人付添人や遮蔽措置と同様である。

5 ビデオリンク尋問

法廷等と証人が在席する別室との双方に、モニターとカメラを設置し、これらを通じて尋問を行う。尋問者は法廷等に留まり、モニターに映る証人の姿を見て尋問し、証人は別室で、モニターに映る尋問者の姿を見て尋問に答えることになる。証人側のモニターについては尋問者のみが映し出されるが、尋問者側のモニターについては円滑な尋問の進行を図るため、証人の姿だけでなく、尋問者自身の映像や、別室の全景についてもモニターに表示できる仕組みとなっている。なお、ビデオリンク尋問と遮蔽措置を併用する場合は、衝立を設置するまでの必要はなく、モニター画面を被告人や傍聴人に見えないように設置するなどすれば足りる。

6 記録媒体への録画

いったんビデオリンク尋問を実施しても、その証人が同一の犯罪事実について後の刑事事件の審理において、繰り返し証言をする必要が生じる場合がある。犯人として複数の被告人が起訴され、それらの公判が分離されている場合がその典型であるが、同一被告人の事件において、第1回公判期日前の証人尋問や証拠保全としての証人尋問においてビデオリンク尋問を行う場合も同様である。このような場合に再度証言を求められることで生じる心理的精神的負担を軽減するため、将来の尋問が考えられる場合は、証人の同意を条件に、ビデオリンク尋問を録画しておくことができる。録画した記録媒体は、その後別事件の公判で証拠として活用できる（321の2・305Ⅳ・Ⅴ参照）。

（中村光一）

〔証人の裁判所外への喚問・所在尋問、当事者の権利〕
第158条　裁判所は、証人の重要性、年齢、職業、健康状態その他の事情と事案の軽重とを考慮した上、検察官及び被告人又は弁護人の意見を聴き、必要と認めるときは、裁判所外にこれを召喚し、又はその現在場所でこれを尋問することができる。
2　前項の場合には、裁判所は、あらかじめ、検察官、被告人及び弁護人に、尋問事項を知る機会を与えなければならない。
3　検察官、被告人又は弁護人は、前項の尋問事項に附加して、必要な事項の尋問を請求することができる。

〔規〕　第108条（尋問事項の告知等・法第158条）　裁判所は、公判期日外において検察官、被告人又は弁護人の請求にかかる証人を尋問する場合には、第106条第1項の書面を参考として尋問すべき事項を定め、相手方及びその弁護人に知らせなければならない。
　　2　相手方又はその弁護人は、書面で、前項の尋問事項に附加して、必要な事項の尋問を請求することができる。
第109条（職権による公判期日外の尋問・法第158条）　裁判所は、職権で公判期日外において証人を尋問する場合には、あらかじめ、検察官、被告人及び弁護人に尋問事項を知らせなければならない。
　　2　検察官、被告人又は弁護人は、書面で、前項の尋問事項に附加して、必要な事項の尋問を請求することができる。

〈本条細目次〉
1　本条の趣旨　567
2　憲法37条2項との関係　567
3　公判期日外の証人尋問（281）との関係　567
4　要　件　567
5　尋問場所及び召喚　568
6　尋問事項の告知及び付加　568
7　本条違反の効果　569

1 本条の趣旨

本条は、公判期日外の証人尋問のうち、裁判所外における証人尋問の要件及び手続を定めるものである（後記3も参照）。

2 憲法37条2項との関係

被告人、弁護人に尋問の日時・場所を通知して立会いの機会を与え、被告人の証人尋問権を害しない措置を講じた以上、被告人及び弁護人の立会いがなかったからといって、憲法37条2項に違反するものではない（福岡高判昭29・10・30裁判特報1・12・533）。

3 公判期日外の証人尋問（281）との関係

281条は、「証人については、裁判所は、第158条に掲げる事項を考慮した上、検察官及び被告人又は弁護人の意見を聴き必要と認めるときに限り、公判期日外においてこれを尋問することができる。」と定めている。同条と本条との関係について、通説は、いずれも公判期日外の証人尋問に関する規定であり、281条が裁判所構内で実施する場合を、本条が裁判所外で実施する場合を規定したものと解している。また、本条2項、3項は281条の証人尋問の場合に、281条の2（被告人の退席）は本条の証人尋問の場合にそれぞれ準用されるとするのが通説である。

4 要件

「証人の重要性、年齢、職業、健康状態その他の事情」を考慮し、「必要と認めるとき」に行う。必要性の判断基準については、公判期日における証人尋問が不可能又は著しく困難である場合に限るとする見解（岡次郎・実務ノート1・284）もあるが、「公判廷で尋問し、供述させることが困難な場合又は不適当であり、かえって、裁判所外で行う方が適切である、証人尋問の目的を達成するのに効果的である場合」と、比較的柔軟に必要性判断をすべきであるとの見解（亀山継夫・注釈刑訴2・368）が有力である。考慮要素からは、年少者や高齢者、入院中であるなどの事情により、裁判所への出頭が困難である者、職務上所在地を離れられない者、あるいは離れることで重大な支障が生じる者が対象と考えられる。また、繁忙、あるいは遠隔地にいるなどの理由から出頭の時間を確保することが困難な者についても、裁判所外尋問を検討する対象になろう。上記のとおり、必要性判断を比較的緩やかに解する見解に立てば、例えば、事件現場を検証する際に、目撃証人を呼んで現

場で聞くということも可能であろう。選挙違反、贈収賄事件などで、多数の証人が裁判所から離れた一地域に集中している場合において、証人の中に病気、高齢、職業等の理由でその居住地を離れさせるのが酷である者が含まれているとき、証人を一挙に取り調べないと真相の把握が難しくなるおそれがあるときなどは、証人の居住地に近い場所で一挙に尋問する必要性があるとされている（仲家暢彦・大コメ刑訴3・643、亀山継夫・注釈刑訴2・370、松尾・条解287）。また、強姦の被害者など、羞恥心や恐怖心のため公開の法廷というあらたまった場所では供述が得られない場合に本条を活用すべきであるとの見解がある（亀山継夫・注釈刑訴2・370、松尾・条解287）。この点は、平成12年に遮蔽措置やビデオリンク尋問が導入され、立法的手当がなされているところではあるが、遮蔽措置やビデオリンク尋問を採用してもなお、法廷ないし裁判所構内での尋問、供述が困難ということもあり得るので、その場合は裁判所外尋問の併用も可能であろう（松尾・条解284）。

　裁判所は、裁判所外尋問を行う場合は、訴訟関係人に意見を聴く必要があるが、当事者が反対であってもその意見に拘束されない（前掲福岡高判昭29・10・30）。また、尋問すべき具体的な場所まで意見を聴く必要はない（東京高判昭25・1・14高刑集3・1・5）。

5　尋問場所及び召喚

　裁判所外尋問を決定する場合には、場所を特定して明示しなければならない（仲家暢彦・大コメ刑訴3・229、亀山継夫・注釈刑訴2・371）。決定の趣旨に反しない限り、天候、環境その他証拠調べの都合等により、指定場所の最寄りの適当な場所で尋問を行うことも許される（最判昭24・12・15刑集3・12・2011、最判昭25・4・14刑集4・4・578）。場所は、国内に限らず、公海、公空であってもよく、外国であっても、当該国の承諾があれば差し支えない（仲家暢彦・大コメ刑訴3・230、亀山継夫・注釈刑訴2・371）。召喚しないまま直接尋問場所まで同行命令（162）によって同行できるかについては、積極（鈴木茂嗣・注解刑訴上475）、消極（松尾・条解288）に見解が分かれている。

6　尋問事項の告知及び付加

　尋問事項は、尋問に立ち会わない旨明示している当事者に対しても告知しなければならないと解される（仲家暢彦・大コメ刑訴3・231、鈴木茂嗣・注解刑訴上475）。もっとも、審理の経過等から尋問事項が当事者に明らかな場合

には、あらためて告知する必要はない（東京高判昭26・6・9高刑集4・6・652）。

尋問事項の付加請求の採否は、裁判所の裁量によるが、特に必要でないことが明らかでない場合のほかは、請求を認めることが相当であろう（亀山継夫・注釈刑訴2・371、鈴木茂嗣・注解刑訴上476）。

7　本条違反の効果

特段の事情が認められないのに、公判期日外の証人尋問（281）を実施した場合であっても、また、予め被告人に尋問事項を告知しなかったとしても、これに立ち会った被告人、弁護人に異議がなく、公判廷における当該証人尋問調書の取調べに際して異議を述べなかったときは、その瑕疵を理由に上訴することはできない（最判昭29・9・24刑集8・9・1534）。

公判期日外の証人尋問について、被告人が立ち会わなかった場合において、被告人に予め尋問事項を告知していなかった場合でも、弁護人がこれに立ち会い、その供述調書の証拠調べに当たり、被告人、弁護人とも異議を述べなかった場合には、瑕疵は治癒される（裁判所内の尋問につき、東京高判昭25・4・6特報16・50、裁判所外の尋問につき、東京高判昭45・2・23高刑集23・1・177）。なお、裁判所外尋問において、予め被告人に証人の氏名、立証趣旨すら知る機会を与えずに、公判期日外に証人尋問を行うことは、弁護人がこれに立ち会い、異議がなかったとしても、訴訟法上許されない（最決昭43・6・25刑集22・6・552）。

（中村光一）

〔同前〕
第159条　裁判所は、検察官、被告人又は弁護人が前条の証人尋問に立ち会わなかつたときは、立ち会わなかつた者に、証人の供述の内容を知る機会を与えなければならない。
　2　前項の証人の供述が被告人に予期しなかつた著しい不利益なものである場合には、被告人又は弁護人は、更に必要な事項の尋問を請求することができる。
　3　裁判所は、前項の請求を理由がないものと認めるときは、これを却下することができる。

〔規〕 第126条（公判期日外の尋問調書の閲覧等・法第159条）　裁判所は、検察官、被告人又は弁護人が公判期日外における証人尋問に立ち会わなかつた場合において証人尋問調書が整理されたとき、又はその送付を受けたときは、速やかにその旨を立ち会わなかつた者に通知しなければならない。
2　被告人は、前項の尋問調書を閲覧することができる。
3　被告人は、読むことができないとき、又は目の見えないときは、第1項の尋問調書の朗読を求めることができる。
4　前2項の場合には、第50条の規定を準用する。

〈本条細目次〉
1　本条の趣旨　570
2　証言内容を知る機会の付与　570
3　再尋問　571

1　本条の趣旨

　本条は、前条の裁判所外尋問に立ち会わなかった当事者に内容を知る機会を与えるとともに、その内容が、被告人側にとって、予期しなかった著しい不利益なものである場合に、憲法37条2項の証人審問権を保障する趣旨から、証人に対する再尋問の機会を与えようとするものである。

2　証言内容を知る機会の付与

　証言内容を知る機会を与える相手は、裁判所外尋問に立ち会わなかった当事者である。弁護人が数人いて、その一部が立ち会わなかった場合において、立ち会わなかった弁護人に対しては必要ないと解する見解が多数説である（亀山継夫・注釈刑訴2・373、鈴木茂嗣・注解刑訴上477）。

　裁判所は、証人尋問調書が整理されたとき、又はその送付を受けたときは、速やかにその旨を立ち会わなかった者に通知しなければならない（規126Ⅰ）。検察官は270条により、弁護人は40条により閲覧謄写権を有する。被告人は、公判調書の場合と異なり、弁護人の有無にかかわらず閲覧権を有する（規126Ⅱ。なお、弁護人のいない被告人の閲覧は裁判所構内で行う〔規50Ⅰ〕）。弁護人が立ち会ったが、被告人が立ち会わなかった裁判所外尋問において、証人尋問調書が整理されたことを被告人に通知して証言内容を知らせる機会を与えなかったとしても、当該証人尋問調書の証拠調べに際し、異議を述べ

なかったときは、責問権を放棄したものとして瑕疵が治癒されるとした裁判例がある（東京高判昭45・2・23高刑集23・1・177）。

3 再尋問

証人の供述内容が予期しなかった著しい不利益なものである場合は、被告人側は再尋問を請求できる。「予期しなかつた」とは、単に現実に予期しなかっただけでは足りず、事前に告知された尋問事項からは通常予期できないような供述内容であることを要する（仲家暢彦・大コメ刑訴3・235、亀山継夫・注釈刑訴2・374）。裁判所は、証人の供述が予期しなかったとはいえない場合、著しく不利益なものとはいえない場合のほか、再尋問請求にかかる尋問事項が事件の審理に必要がないとみられる場合には、再尋問請求を却下できる（仲家暢彦・大コメ刑訴3・235、亀山継夫・注釈刑訴2・374）。再尋問請求を却下した裁判に対しては抗告できない（420Ⅰ）。　　　　（中村光一）

〔宣誓証言の拒絶と過料等〕
第160条　証人が正当な理由がなく宣誓又は証言を拒んだときは、決定で、10万円以下の過料に処し、かつ、その拒絶により生じた費用の賠償を命ずることができる。
　2　前項の決定に対しては、即時抗告をすることができる。

〈本条細目次〉
　1　本条の趣旨　571
　2　正当な理由　572
　3　制裁手続　572
　4　過　料　572
　5　費用賠償　572

1　本条の趣旨

本条は、宣誓・証言拒否に関し、訴訟手続上の秩序を維持するために秩序違反行為に対して当該手続を主宰する裁判所又は裁判官により直接に科せられる秩序罰を規定したものである（最判昭39・6・5刑集18・5・189参照）。宣誓、証言を間接的に強制する機能を持つ。

2 正当な理由

　宣誓拒否については、宣誓義務があるのに宣誓を拒んだ場合であり、証言拒否については、証言義務がある（146条～149条の証言拒絶権がない場合や、144条、145条の監督官庁の承諾があった場合）のに証言を拒んだ場合である。実体的には証言拒絶権を有する場合であっても、拒否の理由を示さず、又は理由を示しても、虚偽であったり、正当な拒絶事由とならないものであった場合も、正当な理由なく証言を拒んだものと解すべきである（通説。神戸地決昭34・8・3下刑集1・8・1854）。

3 制裁手続

　出頭を命じた当該裁判所が、裁量により、決定手続によって行うこと、本人の陳述を聴くことを要すると解すべきであることについて、150条の解説3を参照されたい。なお、規122条2項は、証人が証言を拒否した場合は、制裁の告知と証言命令を行うこととされており、同手続がなされれば、告知聴聞の機会が与えられたと解されよう。

4 過料

　宣誓拒否は一回的な行為であるので、過料も1回しか科すことができない。証言拒否については、同一の証拠決定に基づく証人尋問における数個の尋問事項にわたる証言拒否であっても、過料は1回しか科すことができないとするのが通説であるが、証言拒否ごとに過料を科すことができるとする見解もある（亀山継夫・注釈刑訴2・376）。通説も、いったん過料を科した後に再度拒否した場合には、同一の証拠決定に基づく証人尋問内であっても、別個に過料を科すことができると解している。本条の過料と次条の刑罰の併科も許されると解される（前掲最判昭39・6・5）。本条の制裁を科すか否かは裁判所の裁量に属するもので、過料の制裁を科さなかったことにつき、309条1項の異議申立てをすることは許されない（最決昭32・11・2刑集11・12・3056）。

5 費用賠償

　150条の解説5を参照されたい。

　　　　　　　　　　　　　　　　　　　　　　　　　　　　（中村光一）

〔宣誓証言の拒絶と刑罰〕
第161条 正当な理由がなく宣誓又は証言を拒んだ者は、10万円以下の罰金又は拘留に処する。
2　前項の罪を犯した者には、情状により、罰金及び拘留を併科することができる。

〈本条細目次〉
1　本条の趣旨　573
2　成立要件　573
3　罪　数　574

1　本条の趣旨

　本条は、正当な理由なく宣誓や証言を拒んだ証人に対する刑罰を定めたものである。前条は秩序罰としての過料を規定したものであるのに対し、本条は、刑事司法に協力しない行為に対して通常の刑事訴訟手続により科せられる刑罰としての罰金、拘留を規定したものであり、目的、要件及び実現の手続を異にし、必ずしも二者択一の関係にあるものではなく、併科することを妨げないと解すべきである（最判昭39・6・5刑集18・5・189）。

2　成立要件

　「正当な理由」とは、144条及び145条の当該監督官庁の承諾がないときや、146条〜149条、あるいは他の法律による証言拒絶権を有する場合である。それ以外にも正当な理由があるかについては問題があり、判例は、新聞記者が取材源について証言を拒否するのは正当な理由によるものとはいえないとした（最大判昭27・8・6刑集6・8・974）が、批判がある。秩序罰としての機能を有する前条とは異なり、証言拒絶権の理由を示さないことが直ちに本条の正当な理由がないことにはならない（最決昭46・3・23刑集25・2・177）。規122条2項の証言命令が発せられたことは、本罪の成立要件ではない（前掲最決昭46・3・23。反対、鈴木茂嗣・注解刑訴上481）。

　尋問手続において証人が宣誓又は証言を拒絶すれば直ちに本条違反が成立し、その後に宣誓又は証言をしても犯罪の成立を阻却しない。実際の証人尋問では、当初宣誓や証言を渋り、その後、説得に応じ、あるいは自ら翻意し

てこれをすることがあるが、その場合に、全体として宣誓や証言の拒否があったといえるかは、事実認定の問題として、柔軟に判断されるべきである。

3 罪数

公判期日を単位とし、数個の尋問事項について数回にわたり証言を拒否しても、包括一罪とし、証言拒否が複数の公判期日に及んだ場合には、公判期日ごとに一罪を構成し、併合罪の関係に立つとする見解が有力である（鈴木茂嗣・注解刑訴上480、秋田簡判昭40・8・6判時431・50）。他方で、尋問事項ごとに本罪が成立し、拒否の態様によって観念的競合又は併合罪になるとする見解（亀山継夫・注釈刑訴2・380）、逆に、同一尋問事項についての証言拒否が数回の期日にわたる場合であっても、包括一罪に当たるとする見解（松尾・条解293）もある。証言拒絶の対象である尋問事項や、証言拒絶の態様にもよるが、証人尋問が1つの証拠決定に基づく証拠調べとして行われる限り、包括一罪とみるのが相当であろう。　　　　　　　　　　　　（中村光一）

〔同行命令・勾引〕
第162条　裁判所は、必要があるときは、決定で指定の場所に証人の同行を命ずることができる。証人が正当な理由がなく同行に応じないときは、これを勾引することができる。

〈本条細目次〉
1　本条の趣旨　574
2　同行命令　574

1　本条の趣旨

本条は、裁判所外における証人尋問を実施するために、所定の場所に証人を同行させ、同行に応じないときは勾引することができる旨を定めた規定である。

2　同行命令

同行命令は、証人に対して、裁判所あるいは裁判官とともに、裁判所外における証人尋問の場所に行くことを命じる裁判である。証人は同行命令に応

じる義務がある。同行命令は、証人が既に裁判所その他の当初の指定場所に出頭している場合に限り、発することができるので、必ずしも送達を要せず、その場で証人に命令を口頭で告知し、公判調書又は証人尋問調書に記載することで足りると解されている（亀山継夫・注釈刑訴 2・381、松尾・条解294）。

　同行命令に応じない証人に対しては、間接強制の手段（150・151）はなく、本条による勾引のみが許される。　　　　　　　　　　　　　　（中村光一）

〔受命裁判官、受託裁判官〕
第163条　裁判所外で証人を尋問すべきときは、合議体の構成員にこれをさせ、又は証人の現在地の地方裁判所、家庭裁判所若しくは簡易裁判所の裁判官にこれを嘱託することができる。
2　受託裁判官は、受託の権限を有する他の地方裁判所、家庭裁判所又は簡易裁判所の裁判官に転嘱することができる。
3　受託裁判官は、受託事項について権限を有しないときは、受託の権限を有する他の地方裁判所、家庭裁判所又は簡易裁判所の裁判官に嘱託を移送することができる。
4　受命裁判官又は受託裁判官は、証人の尋問に関し、裁判所又は裁判長に属する処分をすることができる。但し、第150条及び第160条の決定は、裁判所もこれをすることができる。
5　第158条第2項及び第3項並びに第159条に規定する手続は、前項の規定にかかわらず、裁判所がこれをしなければならない。

〔規〕　第127条（受命、受託裁判官の尋問・法第163条）　受命裁判官又は受託裁判官が証人を尋問する場合においても、第106条第1項から第3項まで及び第5項、第107条から第109条まで並びに前条の手続は、裁判所がこれをしなければならない。

〈本条細目次〉
1　本条の趣旨　576
2　受命・受託裁判官による証人尋問ができる場合　576
3　受命・受託裁判官による証人尋問　576

1 本条の趣旨

本条は、受命裁判官又は受託裁判官による証人尋問の施行を定めた規定である。

2 受命・受託裁判官による証人尋問ができる場合

受命・受託裁判官による証人尋問は、裁判所外におけるものに限り許される。公判期日外に裁判所の構内で行う証人尋問を受命裁判官に行わせることは違法である（最決昭29・9・24刑集8・9・1519。ただし、予め検察官、弁護人等の同意があり、かつ、当該証人尋問に被告人、弁護人が立ち会っていて異議を述べた形跡がなく、その後の公判において証人尋問調書の証拠調べが行われた際にも訴訟関係人が異議を述べた形跡がない場合には、手続上の瑕疵が治癒されるとする。）。

受訴裁判所が、特定の事項について特定の証人を尋問することを決定した後でなければ、その尋問の施行を受命裁判官に命じ、又は受託裁判官に嘱託することができないと解されている（仲家暢彦・大コメ刑訴3・248、亀山継夫・注釈刑訴2・382、松尾・条解295）。

いわゆるロッキード事件において、裁判所は、226条による証人尋問の請求を受けた裁判官が、国際司法共助により外国に証人尋問の嘱託をすることができるとした（東京高判昭59・4・27高刑集37・2・153、東京高判昭62・7・29高刑集40・2・77。なお、上告審である最大判平7・2・22刑集49・2・1は、この点について判断していない。）。

3 受命・受託裁判官による証人尋問

証人の死亡や所在不明等で尋問ができない場合には、受命・受託裁判官はその旨を受訴裁判所に通知すべきであり、それによって証拠決定は尋問不能で完了したことになり、その調書を取り調べる義務はないことになる（仲家暢彦・大コメ刑訴3・250、松尾・条解295、大判昭6・3・23刑集10・2・92）。

受託裁判官に弁護人選任届が提出されたときは、その弁護人による弁護は、当該証人尋問のみに限定されると解される（亀山継夫・注釈刑訴2・383、大判昭11・4・15刑集15・583）。

4　受訴裁判所の権限

　受命・受託裁判官だけでなく、受訴裁判所も、証人の出頭拒否、宣誓・証言拒否に対し、過料等の制裁を科すことができる（本条Ⅳ但）。ただし、二重に制裁を科すことは認められない（仲家暢彦・大コメ刑訴3・250、亀山継夫・注釈刑訴2・383）。また、尋問事項書の提出（規106・107）、尋問事項の決定・告知（158Ⅱ、規108・109）、証言内容を知る機会の付与（159、規126）は訴訟進行に通じている受訴裁判所が行うこととされている（本条Ⅴ、規127）。

（中村光一）

〔証人の旅費・日当・宿泊料〕
　第164条　証人は、旅費、日当及び宿泊料を請求することができる。但し、正当な理由がなく宣誓又は証言を拒んだ者は、この限りでない。
　２　証人は、あらかじめ旅費、日当又は宿泊料の支給を受けた場合において、正当な理由がなく、出頭せず又は宣誓若しくは証言を拒んだときは、その支給を受けた費用を返納しなければならない。

〈本条細目次〉
1　本条の趣旨　577
2　旅費等の請求（1項）　577
3　費用の返納（2項）　578
4　訴訟費用　578

1　本条の趣旨

　本条は、証人の旅費、日当、宿泊料を定めた規定である。具体的な支給額や支給方法については、刑事訴訟費用等に関する法律及び刑事の手続における証人等に対する給付に関する規則の定めるところによる。

2　旅費等の請求（1項）

　証人は、原則として裁判が終了するまでに（刑訴費10）、旅費（同法3）、日当（同法4）、宿泊料（同法5）を請求することができる。
　勾引した証人（「昭28・10・29最高裁刑2・15154事務総長通達」裁判所時報144・2）、受刑者で刑事施設から押送されて出頭した証人（「昭30・9・7最高裁

刑事局長電信回答」刑資140・153）も、その請求により旅費等が支給される。証人が外国から出頭した場合にも、その間の旅費等を請求することができる（刑訴費6）。在廷証人に対しても、往復の旅費を支給することは適法である（名古屋高金沢支判昭26・3・5特報30・38）。これに対し、証人付添人（157の2）に対しては旅費等の支給はできないと解すべきであろう（年少者等とともに出廷する付添人に対して旅費を支給することはできないとするものに、「昭31・6・29最高裁経理局監査課長回答」刑資140・155）。

証人が正当な理由なく宣誓又は証言を拒んだ場合には、旅費等を支給することができない（本条Ⅰ但）。尋問事項の一部について証言を拒んだ場合を含むと解するのが通説である（仲家暢彦・大コメ刑訴3・252、亀山継夫・注釈刑訴2・384）。

3　費用の返納（2項）

本条2項は、費用の返納について定めることで、証人の旅費等についても、概算払による前払を可能とすることを明確にしたものである。返納は、裁判の執行ではなく、会計法規に基づくものである（仲家暢彦・大コメ刑訴3・253、亀山継夫・注釈刑訴2・385）。

4　訴訟費用

証人に支給した旅費等は、訴訟費用となる（刑訴費2①）。　　（中村光一）

第12章 鑑　定

〔鑑定〕
第165条　裁判所は、学識経験のある者に鑑定を命ずることができる。

〔規〕　第129条（鑑定の報告）　鑑定の経過及び結果は、鑑定人に鑑定書により又は口頭でこれを報告させなければならない。
　　２　鑑定人が数人あるときは、共同して報告をさせることができる。
　　３　鑑定の経過及び結果を鑑定書により報告させる場合には、鑑定人に対し、鑑定書に記載した事項に関し公判期日において尋問を受けることがある旨を告げなければならない。
　　第130条（裁判所外の鑑定）　裁判所は、必要がある場合には、裁判所外で鑑定をさせることができる。
　　２　前項の場合には、鑑定に関する物を鑑定人に交付することができる。

〈本条細目次〉
1　趣　旨　579
2　「鑑定」の意義　580
3　鑑定人の資格　580
4　鑑定対象及び鑑定の要否　581
5　鑑定手続　582
6　鑑定結果の取扱い　584
7　裁判員裁判における精神鑑定　584
8　科学的鑑定　585

1　趣　旨

　本条は、裁判所が鑑定を命じる権限を有すること及び鑑定は学識経験のある者に依頼すべきことを定めている。鑑定人には、裁判所に特別の知識経験を補充することで、その判断等を補助する役割が期待されている。

2 「鑑定」の意義

「鑑定」とは、「裁判所が裁判上必要な実験則等に関する知識経験の不足を補給する目的でその指示する事項につき第三者をして新たに調査をなさしめて法則そのもの又はこれを適用して得た具体的事実判断等を報告せしめるもの」をいう（最判昭28・2・19刑集7・2・305）。証人（143）が、自己の体験した事実及びその事実から推測した事項（156参照）を供述するものであり、原則として誰でもこれになることができる一方、当該体験等を語るという性質上、他の者が代替することはできないのに対し、鑑定人は学識経験者であれば、他の者に代替することができる。そして、代替的性格から、鑑定人を勾引することはできず（171）、その専門性から、裁判所が命じた鑑定人には裁判所から旅費日当のほかに鑑定料等が支払われる（173）。

医師が自ら治療をしたことのある患者の診察当時における病状について供述する場合は証人として行うこととなる（大判昭2・9・23刑集6・365）。ただし、この区別は現実の訴訟ではそれほど意味のあるものではなく、後述のとおり、鑑定人に対する尋問を証人尋問として行うことも多い。憲法37条2項が保障する証人審問権の対象には鑑定人（尋問）も含まれると解される（東京高判昭28・4・20特報38・93）。

捜査官の嘱託（223Ⅰ）に基づき受託者のする鑑定（以下、本章において「嘱託鑑定」という。）も、専門家が行うもので、嘱託鑑定書が裁判に提出された場合は、裁判所の知識経験の不足を補うことになるという意味では、本条による鑑定と同様の性質を有している。判例は、嘱託鑑定書の証拠能力について321条4項の準用を認めている（最判昭28・10・15刑集7・10・1934）。

3 鑑定人の資格

鑑定人に求められる「学識経験」とは、鑑定事項に関する特別の知識経験を指す。鑑定人は、学者、研究者に限られない。ニスの性質、カーボン式電気熔接器の性能等は、常に必ずしも専門大家の鑑定を要するものではなく、これに関するある程度専門の知識経験のある者（高等学校物理教官）の体験又は知識による判断を参酌して裁判所で判断してよく（仙台高判昭27・2・26特報22・102）、ある地方における気候の寒暖と樹木伐採の時期について、その地方の山林業者を鑑定人に選定することも違法ではない（大判明39・11・22刑録12・1266）。鑑定人が他人の著書等によるなどの方法で必要な知識経験

を会得し、これを利用して鑑定しても差し支えない（前掲最判昭28・2・19）。鑑定人は、当該訴訟の第三者であることを要するが、当該事件の捜査官等であっても、特別の知識経験を有している限り、鑑定能力を備えているとして、嘱託鑑定に係る鑑定書の証拠能力を認めたものがある（広島高松江支判昭30・8・1裁判特報2・15・794）。

4 鑑定対象及び鑑定の要否

鑑定の対象は、犯罪事実の存否、責任能力の有無等の実体法上の判断に必要な事項のほか、刑の量定、法令の存否及びその解釈、訴訟行為能力等の手続法上の判断に必要な事項が含まれる（中井憲治・大コメ刑訴3・265）。公判手続停止の原因たる心神喪失の状態に在るか否か（314 I）に関して行われることもままある（大判昭9・6・8刑集13・714等）。法令の解釈、適用は裁判官本来の職責に属するものであるとして、弁護人からの鑑定請求を却下した例もある（東京地決昭36・2・13判時252・36）が、採用例も散見される（北島丸事件について大久保太郎・判例解説（刑）昭45・240以下、月刊ペン事件について木谷明・判例解説（刑）昭56・60参照）。外国法令の存在や解釈が問題となる場合で、日本における調査研究が余り行われていない分野については、鑑定を行うことが相当な場合もあるであろう。

鑑定の要否の判断は、裁判所の裁量に委ねられる。鑑定の本旨である「特別の知識経験の補充」の必要があるか否かという観点から検討することになろう。

薬物・銃器等を規制する特別法規に係る構成要件該当事実の認定に関し、必ずしも鑑定によらなくてもよいとされたものがある（覚せい剤について最判昭31・10・23裁集115・131、名古屋高判昭30・4・28裁判特報2・10・445、東京高判昭54・8・30東時30・8・119、麻薬について名古屋高判昭25・11・20特報14・91、旧銃砲等所持禁止令の匕首〔あいくち〕について東京高判昭25・11・15特報13・28、酒税法の濁酒について仙台高判昭26・5・15特報22・46、旧煙草専売法の巻煙草の官製・私製の区別について大阪高判昭24・12・21特報4・1）。しかしながら、規制薬物に関する近時の法規制は、別表形式や政令委任により、規制対象の薬物を厳密に定義するやり方を基本的に採用している一方、混合物や不純物を多く含む薬物も少なからず出回っており、化学的検査なくしてこれらが規制薬物に当たるか否かの判断を行うのは困難であり、上記裁判例

の多くは今日では意義を失っている。近時は、鑑定実施体制の整備、鑑定技術の向上等もあり、鑑定（嘱託鑑定）によってこれらに該当することが立証されるのが通例である（中井憲治・大コメ刑訴3・271）。

責任能力の有無、程度が問題となっている場合であっても、常に精神鑑定が必要となるわけではない。昭和20年代の最高裁判例には、精神鑑定によらないで、他の証拠関係から被告人の責任能力の存在を肯定した原審判断を維持したものが多数ある（最判昭23・7・6刑集2・8・785、最判昭23・11・17刑集2・12・1588、最判昭23・11・30裁集5・533、最判昭23・12・11刑集2・13・1735、最判昭24・5・7刑集3・6・699、最判昭25・1・13刑集4・1・12、最判昭25・6・21刑集4・6・1045、最判昭25・12・26刑集4・12・2636）。責任能力の有無、程度は、基本的には事実認定の問題であり、精神鑑定以外の証拠によって心神喪失や心神耗弱であることの合理的疑いが払拭できるのであれば、鑑定は不要である。その意味では、精神鑑定の採否も、通常の証拠請求の採否と同様に、裁判所の合理的裁量に委ねられているといえる（中井憲治・大コメ刑訴3・268、亀山継夫・注釈刑訴2・394）。とはいえ、精神障害の有無や程度、あるいは、これが犯行に与えた影響については、医師等の専門分野の助けを借りなければ確たる判断がしづらい場合も多い。被告人に、精神科への入通院歴や、幻覚・幻聴の存在など、精神障害の存在を一定程度疑わせる事情があり、犯行の動機・態様、犯行前後の言動や、当時の生活状況等に了解し難い不審な点がある場合には、精神鑑定を実施する必要性が高いといえる。上記判例中には、救済判例として理解すべきものが含まれているとの指摘がある（中井憲治・大コメ刑訴3・269等）ことに留意すべきである。

5　鑑定手続

鑑定手続は、概ね、①鑑定決定、②鑑定事項の定め、③鑑定人の選任・召喚、④鑑定人尋問（人定質問→宣誓→適格性に関する尋問→鑑定事項の告知→鑑定命令）、⑤鑑定作業、⑥鑑定経過及び結果の報告という経過をたどる。裁判員裁判では、第1回公判期日前に⑥を除く鑑定手続を実施することができる（裁判員50）。裁判員裁判をめぐる議論については後記**7**参照。

①の鑑定の要否判断の基準については前記**4**のとおり。

②の鑑定事項は、当事者の申請に拘束されず、裁判所が取捨選択の上、決定し得る（大判昭8・6・26刑集12・950）。

③の鑑定人の選任は、鑑定決定と同時に行う必要はなく、誰を鑑定人に選任するかは裁判所の裁量に委ねられている（大判明35・5・12刑録8・94）。鑑定人に対する忌避の制度はない（民訴214参照）が、当事者は、特定の鑑定人を選定したことに対する異議（刑訴309Ⅰ）を申し立てることができる。

　⑤の鑑定作業における鑑定人の権限については、168条の解説参照。

　⑥の報告の方式には鑑定書と口頭とがある（規129Ⅰ）が、いずれによるかは裁判所の裁量に委ねられている。鑑定書に契印は不要である（規58参照）が、作成年月日を記載して署名押印をしなければならない（規60）。ただし、作成日付を欠いていても、それだけでは無効とはならない（大判大15・7・3刑集5・395）。同一事項について、鑑定資料を加えて更に鑑定を命じられた場合は、鑑定人は一通の鑑定書を作成しても違法ではない（大判明40・10・18刑録13・1155）。鑑定人数名に対し個々に鑑定を命じられた場合において、鑑定事項が同一で鑑定の経過及び結果が同一であるときは共同して一個の鑑定書で報告しても違法ではない（大判大15・5・20刑集5・171。なお、規129Ⅱ）。鑑定結果のみならず、鑑定の理由に当たる部分も証拠として犯罪事実認定に供することができる（大判大12・11・29刑集2・881）が、それは鑑定の結論たる意見・判断を理由づけ、縁由づけるという意味において証拠の一部となるにすぎず、理由中の記述が直ちに犯罪事実認定の証拠となるものではない（佐々木條吉「鑑定資料」刑事公判318）。他方、鑑定結果に対する説明について記載がないからといって、直ちに鑑定書の証拠能力がないということにはならない（最判昭24・3・15刑集3・3・299、大判昭2・10・4刑集6・367）。

　鑑定書を証拠とするには、証拠調べを要する。証拠調手続については、改めて取調請求及び決定を要しないとする職権説、これを要するとする請求説、鑑定請求には鑑定書の取調請求も含まれていると解する請求擬制説が対立している（野間洋之助「鑑定書の証拠調べ手続」刑事公判326以下参照）。職権説によっても、伝聞証拠に関する同意（326Ⅰ）ないし同意がない場合の作成の真正立証（321Ⅳ）を要するし、当事者に異議がない場合は取り調べないこともできると解すれば（職権説が類推適用する303条の解釈として、公判準備の結果について、当事者が取り調べないことに異議がなく、裁判所も必要ないと思料するものは取り調べなくてもよいとの見解がある。）、実際の運用にほとんど

違いはない。なお、鑑定書により報告させる場合の証拠調べの方式は、証拠書類の取調べと同様となる（大決大14・7・2刑集4・468）。

6　鑑定結果の取扱い

　裁判所は、鑑定人の鑑定結果に拘束されるものではない。複数の鑑定結果が異なっている場合、いずれが正当かは裁判所の自由心証により判断し得る（大判昭8・10・16刑集12・1796）。心神喪失又は心神耗弱に該当するか否かは法律判断であり、専ら裁判所の判断に委ねられている。2つの精神鑑定書の結論部分にいずれも被告人が心神喪失の情況にあった旨の記載があっても、鑑定書全体の記載内容とその他の証拠（犯行当時の病状、生活状態、犯行動機・態様等）とを総合して心神耗弱の事実を認定することは許容される（最決昭33・2・11刑集12・2・168、最決昭59・7・3刑集38・8・2783）。責任能力は、生物学的要素（精神障害の内容）と心理学的要素（理非善悪の弁識能力及びこれに従って行動する能力）を総合的に考慮して判断される（大判昭6・12・3刑集10・682参照）ところ、法律判断たる責任能力はもとより、その判断の前提となる生物学的・心理学的要素についても、究極的には裁判所の評価に委ねられるべきである（最決昭58・9・13裁集232・95、最判平20・4・25刑集62・5・1559）。ただし、裁判所の判断は、経験則、論理法則に反するものであってはならない。前掲最判平20・4・25は、専門家たる精神医学者の意見が鑑定等として証拠となっている場合には、鑑定人の公正さや能力に疑いが生じたり、鑑定の前提条件に問題があったりするなど、これを採用し得ない合理的な事情が認められるのでない限り、その意見を十分に尊重して認定すべきであるとしている。

7　裁判員裁判における精神鑑定

　裁判員制度が導入されることとなり、精神鑑定の在り方についても検討が行われたが、その過程で、裁判所と鑑定人たる精神医学者との役割分担についても議論がされるようになった。従来の精神鑑定においては、(a)犯行当時、被告人が罹患していた精神障害の内容・程度、(b)その精神障害が犯行にどのような影響を与えたか、に加え、(c)被告人の理非善悪の弁識能力及び行動制御能力の有無・程度、更には(d)被告人の責任能力の有無・程度についても鑑定人が意見を述べることがしばしばあった。しかしながら、いかに豊富な鑑定経験があるといっても、(c)(d)のような法律判断そのものや、そ

の前提となる法規範的判断についてまで、当該鑑定人の専門的知見に委ねるのは相当ではない。鑑定人にこれらを聴くことを許容したとされる名古屋高金沢支判昭26・4・20特報30・53等の裁判例も、判文を見る限り、上記のような運用を積極的に評価、推奨していたとは思えない。裁判員裁判においては、鑑定の本旨ではない事柄についての鑑定人の意見が、裁判員に不当な影響を与えかねないことにも鑑み、鑑定対象が(a)(b)であることを明確にすべきであるとの見解が実務家の間で概ね共通認識となり、鑑定事項を、例えば、「1　犯行時の被告人の精神障害の有無及び内容、2　その精神障害が犯行に与えた影響の有無及び影響の仕方（機序）」などとする運用がされている（村瀬＝河本＝三村＝駒田「難解な法律概念と裁判員裁判」司法研究報告書61・1・40以下、吉井隆平「裁判員裁判と精神鑑定」植村退官3・435以下、齋藤＝近道＝西村「責任能力2⑵」判タ1379・71）。その他にも、裁判員裁判では、口頭報告を原則とし、鑑定人を尋問する際に鑑定メモ（鑑定の骨子のほか、専門用語・事項を列挙したもの）を補助的に利用し、当該メモを尋問調書の末尾に添付すること、これに先立ち、鑑定作業終了後に訴訟関係人も交えた事前カンファレンスを行うことなどが提案され、実践されている（上記挙示の各文献参照）。

8　科学的鑑定

　刑事事件においては、以上に挙示したもののほか、血液型鑑定、ポリグラフ検査、声紋鑑定、毛髪鑑定、警察犬による臭気選別、足跡鑑定、指紋鑑定、DNA型鑑定、画像鑑定、繊維等の微物鑑定等の多様な科学的鑑定が行われている。これらについては、検察側から事実認定の証拠として請求され、しばしばその証拠能力（関連性）や証明力をめぐり争われている。

　なお、最高裁は、いわゆる伝統的筆跡鑑定について証拠能力（関連性）を認めている（最決昭41・2・21裁集158・321）が、証明力については問題も多い（問題の所在及び裁判例については山崎学「筆跡鑑定」刑事事実認定50選下213参照）。

　ポリグラフ検査については、最決昭43・2・8刑集22・2・55により、証拠能力が認められた。同事案では326条1項の同意があったが、下級裁判所においては、同意がなくても321条4項により証拠能力が肯定され得るとの見解で一致してきている（岩瀬徹「ポリグラフ検査」刑事事実認定50選下205）。

ただし、信用性については、広島高判昭56・7・10判タ450・157、最判昭57・1・28刑集36・1・67（差戻審は福岡高判昭61・4・28判時1201・3）、東京高判昭57・4・11高検速報2575、仙台高判昭60・4・22判時1154・3、札幌地判平13・5・30判タ1068・277及びその控訴審である札幌高判平14・3・19判タ1095・287等多くの事例で問題となっており、これらを見ると、有罪認定の積極証拠として用いることに慎重ないし消極的な姿勢を裁判所が示していることが窺える（近時のポリグラフ検査の詳細については、田辺泰弘「ポリグラフ検査について」研修732～735。なお、ポリグラフ検査結果を裁判員裁判における証拠として許容することに消極的評価をするものとして、岡田ほか・後掲司法研究報告書40以下参照）。

臭気選別については、最決昭62・3・3刑集41・2・60において一定の条件下で証拠能力が肯定されたが、証明力をめぐっては、東京高判昭54・1・24判時936・135（肯定）、前掲広島高判昭56・7・10（否定）、東京高判昭60・6・26判タ564・288（肯定）、東京地判昭62・12・16判タ664・252（否定）、京都地判平10・10・22判時1685・126（否定）、京都地判平12・3・21判時1714・164（肯定）など、その評価が分かれている。

声紋鑑定については東京高判昭55・2・1判タ407・58、札幌高判昭63・1・21判タ672・70、東京地判平2・7・26判タ737・62等の裁判例がある。

DNA型鑑定については、科学の進展とともに、犯人識別の有力な証拠の一つとして、近時急速に用いられるようになり、最決平12・7・17刑集54・6・550（足利事件）は、いわゆるMCT118型検査について、証拠価値の評価についての慎重な検討が必要としつつも、証拠としての許容性を肯定し、その後も、重大事件を含む多くの事件において、犯人性を推認する有力な証拠となっている。前記最高裁決定以降、DNA型鑑定の技術は進歩し、STR型検査が導入され、実務に定着している（近時のDNA型鑑定については、岡田＝遠藤＝前田「科学的証拠とこれを用いた裁判の在り方」司法研究報告書64・2「第2章」部分、田辺泰弘「DNA型鑑定について」研修716～720を参照）。STR型検査によるDNA型鑑定の識別の精度は非常に高くなっており、これを前提としてDNA型鑑定を唯一の証拠として被告人の犯人性を認めたものに横浜地判平24・7・20判タ1386・379がある。また、DNA型鑑定の識別能力の高さは、捜査において、犯人の特定・検挙に結びつくという効果のみならず、無

実の者を捜査対象から除外する力があるという指摘がある（田辺・前掲718・69）。上記足利事件についての東京高決平21・6・23判タ1303・90や、いわゆる東電OL殺人事件（確定判決は東京高判平12・12・22判タ1050・83）についての東京高決平24・6・7高刑集65・2・4は、いずれもDNA型再鑑定による鑑定結果（鑑定資料と再審請求人とのDNA型の不一致）が有力な決め手となって、再審開始決定がなされている。

　科学的証拠を的確に評価する上で検討が必要となる場面は広範囲である。基礎となる一般的な原理、検査方法の相当性、個々の事件における検査の妥当性、検査者の能力といった検査方法に関するもののみならず、検査結果の評価が問題になる場合もある（検査方法としては確立したとされているSTR型検査によるDNA型鑑定においても難しい問題がある。）。資料の収集過程における汚染防止の問題は、捜査活動の在り方にも影響する重要な問題である。科学的証拠自体によって明らかになる事実は、争点判断との関係で断片的な状況証拠の一つにすぎないことが多いから、その証拠価値を過大評価しないよう注意する必要がある。

（村越一浩）

〔宣誓〕
第166条　鑑定人には、宣誓をさせなければならない。

　　〔規〕　第128条（宣誓・法第166条）　鑑定人の宣誓は、鑑定をする前に、これをさせなければならない。
　　　2　宣誓は、宣誓書によりこれをしなければならない。
　　　3　宣誓書には、良心に従つて誠実に鑑定をすることを誓う旨を記載しなければならない。

〈本条細目次〉
1　趣　旨　588
2　宣誓の方式　588
3　宣誓の効力　588

1　趣　旨

本条は、鑑定の真実性及び正確性を担保するための規定である。

2　宣誓の方式

宣誓は、鑑定をする前に、宣誓書により、良心に従って誠実に鑑定する旨誓約することにより行う（規128）。宣誓の文言が多少相違しても、同趣旨であるときは、宣誓として有効である（大判大14・6・9刑集4・394）。証人の宣誓は、過去の事柄について供述することを誓うもので、鑑定人の宣誓とは意義を異にするから、証人としての宣誓をしても、鑑定人の宣誓としての効力はない（大判明39・3・22刑録12・333）。鑑定証人（174）の場合は、証人としての宣誓をさせるべきである（大判大11・11・17刑集1・666）。

3　宣誓の効力

鑑定作業は宣誓後に行う必要がある。鑑定対象の山林に6日間にわたり立ち入り、地勢や林相を実験した後に宣誓手続を行い、作成された鑑定書は無効を免れない（大判大3・9・28刑録20・1650）。ただし、宣誓前に鑑定の目的物を示した程度では違法にはならない（大判大12・6・20刑集2・567）。

（村越一浩）

〔鑑定留置、留置状〕
第167条　被告人の心神又は身体に関する鑑定をさせるについて必要があるときは、裁判所は、期間を定め、病院その他の相当な場所に被告人を留置することができる。
2　前項の留置は、鑑定留置状を発してこれをしなければならない。
3　第1項の留置につき必要があるときは、裁判所は、被告人を収容すべき病院その他の場所の管理者の申出により、又は職権で、司法警察職員に被告人の看守を命ずることができる。
4　裁判所は、必要があるときは、留置の期間を延長し又は短縮することができる。
5　勾留に関する規定は、この法律に特別の定のある場合を除いては、第1項の留置についてこれを準用する。但し、保釈に関する規定は、この限りでない。

6　第1項の留置は、未決勾留日数の算入については、これを勾留とみなす。

〔規〕　第130条の2（鑑定留置状の記載要件・法第167条）　鑑定留置状には、被告人の氏名及び住居、罪名、公訴事実の要旨、留置すべき場所、留置の期間、鑑定の目的、有効期間及びその期間経過後は執行に着手することができず令状は返還しなければならない旨並びに発付の年月日を記載し、裁判長が記名押印しなければならない。
　　　第130条の3（看守の申出の方式・法第167条）　法第167条第3項の規定による申出は、被告人の看守を必要とする事由を記載した書面を差し出してしなければならない。
　　　第130条の4（鑑定留置期間の延長、短縮・法第167条）　鑑定のためにする被告人の留置の期間の延長又は短縮は、決定でしなければならない。
　　　第130条の5（収容費の支払・法第167条）　裁判所は、鑑定のため被告人を病院その他の場所に留置した場合には、その場所の管理者の請求により、入院料その他の収容に要した費用を支払うものとする。
　　　2　前項の規定により支払うべき費用の額は、裁判所の相当と認めるところによる。
　　　第131条（準用規定）　鑑定のためにする被告人の留置については、この規則に特別の定のあるもののほか、勾留に関する規定を準用する。但し、保釈に関する規定は、この限りでない。

〈本条細目次〉
1　趣　旨　589
2　要　件　590
3　期　間　590
4　場　所　590
5　看守命令　591
6　手　続　591
7　鑑定留置の性質　591
8　逃走罪（刑97）との関係　592

1　趣　旨

本条は、被告人の精神や身体に関する鑑定をするについて、必要があるときは、病院等に一定期間鑑定留置することができる旨定めたものである。

2 要件

　鑑定留置の必要があるときである。60条1項各号の要件を具備する必要はなく、同条3項のような制限もない。犯罪の嫌疑を要するかについては、①必要説（鈴木茂嗣・注解刑訴上501等、東京地決昭42・8・5判タ209・198）、②不要説（亀山継夫・注釈刑訴2・403等）、③「犯罪構成要件に該当する違法な行為をしたと疑うに足りる相当な理由がある場合」と読み替えて準用する修正説（中井憲治・大コメ刑訴3・302、金谷・令状基本下366等）に分かれている。これらの見解の対立は、責任能力に疑義があり、精神鑑定を行う場合における鑑定留置を念頭に置いたものである。鑑定留置は身体拘束を伴う強制処分であることから、嫌疑自体を不要とする見解は不当である一方、責任能力を具備していることを要求するのは制度の趣旨に沿わないので、③の修正説が相当であろう。

3 期間

　鑑定留置については、法律上期間の制限はなく（60Ⅱの準用はない）、必要に応じ、延長・短縮も可能である（本条Ⅳ）が、身体拘束の性質を有する強制処分であることに鑑み、必要最小限度に抑えられるべきである。どの程度の期間を設定するかについては、鑑定事項の内容、検査・観察や鑑定書作成に要する期間等が主たる考慮要素であり、通常は、鑑定人の意見を参考にして決めることとなろう。また、事案の大小や予想される処分との兼ね合いも考慮すべきである。裁判例として、鑑定留置期間が長すぎるとしてこれを取り消したもの（東京高決昭49・5・23判タ311・267）、鑑定留置期間を延長した原裁判が、事案や予想される処分内容に比して被疑者に過度の負担を強いることになるとしてこれを取り消したもの（大阪地堺支決平8・10・8判時1598・161）がある。

4 場所

　従来は、精神科病院等の病院施設が利用されてきたが、近年では拘置所等の刑事施設が留置場所として利用されることが多い。旧監獄法と異なり、現行の刑事収容施設及び被収容者等の処遇に関する法律には、鑑定留置を刑事施設で行うための根拠規定が置かれている（刑事収容2⑧・3⑤）。逃走防止や身柄保全の観点からは、病院よりも刑事施設が適当であること、勾留期間潜脱のおそれ、すなわち、鑑定留置期間を取調べに利用するおそれについて

は、現在の捜査実務では、鑑定留置請求は、必要な取調べが済んだ後になされ、鑑定留置中は取調べを行っていない実情にあること（亀山継夫・注釈刑訴2・405、中井憲治・大コメ刑訴3・307）などに照らすと、鑑定留置場所を刑事施設とすることが相当である場合も多いであろう。

鑑定のため数時間病院に留め置いて各種テストを受けさせる程度で足りる場合は、裁判所の護送指揮依頼に基づく検察官の護送指揮（事件事務規程〔法務省訓令〕37〔旧35〕）によることを許容する見解が有力である（神垣・令状基本下363、瀧川・刑事実務186、石井・実務証拠法392）。

5　看守命令

留置につき必要があるときは、司法警察職員に被告人の看守を命ずる（本条Ⅲ）。重大事案において、病院を留置場所として鑑定留置決定をする場合は、看守命令を発することを検討すべきであろう（前掲東京高決昭49・5・23）。

6　手　続

鑑定留置は、鑑定留置状を発してこれを行う（本条Ⅱ）。鑑定留置については、勾留質問に相当する手続（事件の告知と陳述の聴取、弁護人選任権の告知等）を行う必要がある（本条Ⅴ）が、同一事実で勾留中の被疑者・被告人について、既に勾留段階で陳述を聴いている場合は、改めて質問手続等を行う必要はないと解される（通説。被告人勾留に関する最決昭41・10・19刑集20・8・864参照）。

7　鑑定留置の性質

特別の定めのある場合を除き、勾留に関する規定が準用され（本条Ⅴ本）、鑑定留置の取消しや執行停止も可能である。接見等の禁止をすることもできるが、鑑定留置中は、勾留の執行が停止され（167の2）、勾留中の接見等禁止決定は当然に効力を失うので、新たな接見等禁止決定が必要となる。鑑定留置中に、鑑定目的遂行に支障を及ぼさない限度において、鑑定留置中の被疑者を任意に取り調べることは許容されるとする裁判例（広島高判昭49・12・10判タ321・169）があるが、実務では行われていない。

未決勾留日数の算入に当たっては、勾留とみなされる（本条Ⅵ）。実務では、起訴前の未決勾留日数については算入しない運用が一般的であるが、起訴前になされた鑑定留置が長期間に及んでいるものの中には、その未決算入を検討すべき場合もあるであろう。大阪高判平25・10・22〈未〉は、起訴前

の鑑定留置期間99日間を全く考慮しないのは量刑判断として失当であり、当該事案において鑑定留置に要する合理的な期間は30日にとどまるとした。なお、鑑定留置期間の開始日や終了日の残余の部分で勾留が執行されている場合には、未決勾留日数の算入において当該日を二重に評価することがないよう注意すべきである。

8 逃走罪（刑97）との関係

鑑定留置中の被疑者・被告人の逃走に刑法97条を適用し得るかについては見解が分かれている（詳細は柳＝河原・大コメ刑法［第2版］6・236以下参照）。裁判例には、勾留に引き続き鑑定留置がされた事案において、①鑑定留置された病院施設の状況が勾留と同じ程度の拘禁状態にあることを根拠に逃走罪の成立を認めたもの（仙台高判昭33・9・24高刑集11追録1）と、②身柄が看守者の実力的支配下に置かれており、かつ通常の手段、方法をもってしては脱出することの不可能な場所に収容されていると認められる場合は、勾留に準ずるものとして逃走罪の成立を認めたもの（名古屋高金沢支判昭46・9・30刑裁月報3・9・1181）がある。逃走罪の保護法益が国家の拘禁作用を害することにあるところ、鑑定留置は勾留に関する規定が原則準用されるなど、手続上は「拘禁」として位置付けられていることなどに照らすと、少なくとも勾留中の被告人が引き続き鑑定留置された場合には、拘禁の寛厳の程度にかかわらず逃走罪の成立を肯定すべきであろう（中井憲治・大コメ刑訴3・315、亀山継夫・注釈刑訴2・409、柳＝河原・前掲236）。　　　　（村越一浩）

〔鑑定留置と勾留の執行停止〕
第167条の2　勾留中の被告人に対し鑑定留置状が執行されたときは、被告人が留置されている間、勾留は、その執行を停止されたものとする。
2　前項の場合において、前条第1項の処分が取り消され又は留置の期間が満了したときは、第98条の規定を準用する。

〈本条細目次〉
1　趣　旨　593
2　効　果　593

1 趣　旨

本条は、鑑定留置と勾留の執行停止との関係について定めたものである。昭和28年法律第172号により追加された規定であり、本条により、留置場所のいかんを問わず、勾留執行が停止されることが明らかになった。なお、最判昭28・9・1刑集7・9・1787は、本条施行前のものである。

2 効　果

鑑定留置がされたときは、勾留執行が停止する（本条Ⅰ）。鑑定留置が取り消され又は鑑定留置期間が満了したときは、勾留状の謄本等を示して被告人を刑事施設に収容し、残余の勾留期間についての執行が開始される（本条Ⅱ・98）。

(村越一浩)

〔鑑定と必要な処分、許可状〕

第168条　鑑定人は、鑑定について必要がある場合には、裁判所の許可を受けて、人の住居若しくは人の看守する邸宅、建造物若しくは船舶内に入り、身体を検査し、死体を解剖し、墳墓を発掘し、又は物を破壊することができる。

2　裁判所は、前項の許可をするには、被告人の氏名、罪名及び立ち入るべき場所、検査すべき身体、解剖すべき死体、発掘すべき墳墓又は破壊すべき物並びに鑑定人の氏名その他裁判所の規則で定める事項を記載した許可状を発して、これをしなければならない。

3　裁判所は、身体の検査に関し、適当と認める条件を附することができる。

4　鑑定人は、第１項の処分を受ける者に許可状を示さなければならない。

5　前３項の規定は、鑑定人が公判廷でする第１項の処分については、これを適用しない。

6　第131条、第137条、第138条及び第140条の規定は、鑑定人の第１項の規定によつてする身体の検査についてこれを準用する。

〔規〕　第132条（準用規定）　鑑定人が死体を解剖し、又は墳墓を発掘する場合には、第101条の規定を準用する。

594　第1編　総則　　第12章　鑑定

第133条（鑑定許可状の記載要件・法第168条）　法第168条の許可状には、有効期間及びその期間経過後は許可された処分に着手することができず令状はこれを返還しなければならない旨並びに発付の年月日をも記載し、裁判長が、これに記名押印しなければならない。
2　鑑定人のすべき身体の検査に関し条件を附した場合には、これを前項の許可状に記載しなければならない。

第134条（鑑定のための閲覧等）　鑑定人は、鑑定について必要がある場合には、裁判長の許可を受けて、書類及び証拠物を閲覧し、若しくは謄写し、又は被告人に対し質問する場合若しくは証人を尋問する場合にこれに立ち会うことができる。
2　前項の規定にかかわらず、法第157条の4第3項に規定する記録媒体は、謄写することができない。
3　鑑定人は、被告人に対する質問若しくは証人の尋問を求め、又は裁判長の許可を受けてこれらの者に対し直接に問を発することができる。

〈本条細目次〉
1　趣　旨　594
2　鑑定人の権限　594
3　裁判所の許可を要する処分　596
4　鑑定の効力が問題となる場合　597
5　許可に対する不服申立て　598

1　趣　旨

本条は、鑑定のため必要な処分のうち、特に裁判所の許可を要するものについて定めている。鑑定人が行うことができる処分が本条挙示のものに限定されるわけではない。本条規定の処分が、他人の権利を侵害したり、裁判所の手続の進行に支障を生じさせるおそれがあることから、これらの処分については裁判所の許可を必要としたものである。また、規134条1項によると、鑑定人は、裁判長の許可を受けて、書類・証拠物の閲覧・謄写や被告人質問・証人尋問への立会い（更には同条3項による発問）ができるとされているが、鑑定資料がこれらに限定されるという趣旨ではない（石井・実務証拠法386）。

2　鑑定人の権限

鑑定人は、鑑定命令において制限されたものでない限り、鑑定をするために必要かつ相当な範囲内で、あらゆる資料を参照することができるとともに、

その資料入手のために必要なあらゆる処分をすることができる（大判大13・11・28刑集3・834、大判昭5・2・13刑集9・136、大判昭8・12・7刑集12・2237、大判昭10・1・24刑集14・6、最判昭35・6・9刑集14・7・957）。

一切の訴訟記録を鑑定資料として鑑定を命じた場合には、鑑定命令後の記録も鑑定資料とすることができる（大判大12・7・3刑集2・615）。伝聞証拠等の当然には証拠能力があるわけではない資料についても鑑定の資料として用いることができる（旧法下の検事の聴取書につき大判昭11・11・16刑集15・1446）。裁判所を介さずに被告人又は参考人から直接陳述を得ることも差し支えない（大判大5・11・6刑録22・1669）。精神鑑定において、被告人の病状を近親者に尋ねること（大判大11・2・23刑集1・73）、創傷鑑定につき、当該被害者や主治医から事情を聴くこと（大判明43・6・21刑録16・1263）、死因につき、主治医から意見を聴くこと（前掲大判昭10・1・24）、犯罪現場で実地調査すること（広島高判昭51・11・15判時841・112）、他人の著書等により知識経験を会得した上でこれを利用すること（最判昭28・2・19刑集7・2・305）もできる。

鑑定人は、鑑定の方法を自由に選択できる。薬物について、いわゆる抜き取り検査による鑑定を行うこと（東京高判昭29・1・16特報40・16、東京高判昭29・8・9裁判特報1・3・129、名古屋高判昭33・1・13裁判特報5・1・2）、密輸に使用された船舶が所在不明となった場合において、その価額を鑑定するに当たり、以前他の密輸に同船が使用された当時の鑑定書を基礎とし、そこから減価償却することによって当該価額を鑑定すること（高松高判昭27・10・8特報17・60）、麻薬かどうかの鑑定につき、関係者の供述及び問題となっている物と同じ内容のものを含有すると認められる薬品に対する鑑定等を資料とすること（仙台高判昭31・10・17裁判特報3・24・1162）は、いずれも鑑定の方法として許容し得るものであり、あとは当該鑑定結果の持つ証明力判断の問題となる（上記事案はいずれも肯定）。

また、目的遂行に必要な範囲内において、適当な者を補助者として用いることもできる（大判大12・2・19刑集2・104、大判昭12・6・5刑集16・895、福岡高判昭28・12・25特報26・62）。

これに対し、裁判所が、鑑定の資料や方法につき、特に制限を付した場合には、鑑定人は、これに従わなければならない（大判大6・8・27刑録23・993、

大判大12・2・13刑集2・56）が、いったん制限した資料や方法についても、これを追加変更できる（前掲大判大12・2・13、大判明40・10・18刑録13・1155）。資料を制限する場合としては、訴訟記録中に信用性を欠く証拠が含まれており、これを除外した方が適正な鑑定を得ることができると考えられる場合等が考えられる（石井・実務証拠法387）。

3 裁判所の許可を要する処分

本条1項の各処分については、処分を受ける者や関係者の権利を侵害するものであるので、裁判所の許可を要することとされている。処分者の承諾（無価値物の破壊のような承諾が推定される場合も含む。）があるときは裁判所の許可は不要である。ただし、高価な物の破壊については、処分を受ける者の承諾があっても、本条の許可を得るべきであろう（中井憲治・大コメ刑訴3・328、亀山継夫・注釈刑訴2・415、石井・実務証拠法391）。

住居その他の場所への立入りについては、列挙は制限的ではなく例示的なもので、例えば、列車、飛行機、自動車内に立ち入る場合にも許可が必要であると解されている（中井憲治・大コメ刑訴3・329、鈴木茂嗣・注解刑訴上507、松尾・条解314）。

身体検査には、外部的な検査のみならず、血液等の体液の採取、脳波テスト、胃カメラ検査、レントゲン検査等の方法による検査も含まれる。鑑定目的を達成するため、被鑑定人の同意を得て、飲酒実験をさせることもできる（中井憲治・大コメ刑訴3・331、亀山継夫・注釈刑訴2・413）。麻酔分析についても、同意があれば許されるが、同意がない場合は本条1項の許可状の発付が必要である（宮崎地決昭45・7・24刑裁月報2・7・783、中井憲治・大コメ刑訴3・332）。ただし、麻酔分析の際に得られた被告人の供述は、あくまで鑑定の一資料としてしか用いることができない（静岡地判昭41・3・31下刑集8・3・506。なお、東京高判昭27・9・4高刑集5・12・2049は、同意等があれば被告人の供述を犯罪事実の認定に供する余地がある旨説示しているが、疑問である。）。採血については、医師等をして医学的に相当な方法を用いて、捜査のため必要最小限度の量を採取できるものと解されており、捜査の必要性が認められる場合において、同意が得られないときは、身体検査令状と鑑定処分許可状の併用により、強制採血を行うのが実務の一般的な運用である（丸山・実例刑訴1・243、登石・令状に関する理論と実務2〔別冊判タ〕118）。これ

に対し、強制採尿については、積極説、消極説に見解が分かれていたが、最決昭55・10・23刑集34・5・300がこれを肯定し、捜索差押令状によるべきであるとした上で、身体検査令状に関する218条5項（現6項）を準用して、令状の記載要件として、強制採尿は医師をして医学的に相当と認める方法により行わせることを条件とする記載が不可欠であると判示し、以後、実務は、これに沿った運用をしている。上記以外の身体の一部、例えば、唾液、毛髪等の強制採取についても、捜査の必要性が高く、その方法が身体に対する侵襲性の低いものであれば肯定されるであろう。これらは身体にとり完全に不要なものとはいい難いので、令状の種類は、強制採血と同様に、身体検査令状と鑑定処分許可状の併用によることが相当であろう（井上・令状基本下379、丸山・前掲248、249、登石・前掲119）。これに対し、嚥下物は身体の一部を構成するものではないので、捜索差押許可状によることが相当であり、体外への排出には専門的知識・技術を要するので、捜索差押許可状に加え、鑑定処分許可状を併用するのが相当である（丸山・前掲250）。

4　鑑定の効力が問題となる場合

　鑑定活動が、裁判所の許可なく、あるいは裁判所の制限に違反して行われたり、必要性・相当性を欠く方法で行われたりした場合、鑑定の効力が当然無効となるのではなく、個々の事例において瑕疵の内容・性質・程度等を具体的に検討し、瑕疵の違法が重大で鑑定結果に影響を及ぼすおそれがあると認められる場合に限り、鑑定が無効とされる（中井憲治・大コメ刑訴3・326、亀山継夫・注釈刑訴2・414、石井・実務証拠法389）。

　同意がないのに無令状で行われた採血については、①違法であり、鑑定書の証拠能力が否定されるとしたもの（横浜地判昭45・6・22刑裁月報2・6・685、仙台地判昭46・8・4判時653・121、仙台高判昭47・1・25刑裁月報4・1・14〔前記仙台地判の控訴審〕、札幌地判昭50・2・24判時786・110）、②違法としつつ、鑑定書の証拠能力を認めたもの（高松高判昭61・6・18刑裁月報18・5＝6・709）、③適法としたもの（福岡高判昭50・3・11刑裁月報7・3・143、松山地大洲支判昭59・6・28判時1145・148）がある。③に挙示した事案は、いずれも体外に流出した血液を採取したものであり、同意を得ることなく、かつ無令状で体内から血液を採取する行為は違法であると解すべきである。あとは事案の重大性、嫌疑の強さ、採血の必要性・緊急性、採血方法の相当性等

を総合的に勘案し、証拠排除すべきか否かを判断することとなろう（この点につき、森岡安廣・刑事証拠下447参照）。

　鑑定命令において一定期間内の取引の証拠金及びその代用品の合計額の鑑定を命じられた場合において、利用し得る資料から、その期間を超える期間の総額しか鑑定できないときには、当該鑑定命令の要求する趣旨に反しない限り、命令所定の期間を超えて鑑定しても必ずしも違法とはいえない（前掲大判大13・11・28）。

　鑑定の目的物を破壊するについて、本条の許可を得なかった場合でも、当該処分を受けた者から異議が出ない以上、それだけの理由で鑑定が無効にはならない（最判昭29・4・15刑集8・4・471）。

5　許可に対する不服申立て

　本条の許可決定に対し、検察官及び被告人は抗告できない（420Ⅰ）。物の破壊に対し、その物の権利者からの不服申立ての手続がないが、押収に関する決定（420Ⅱ）に準じて抗告を認めるべきであるとの見解が有力である（中井憲治・大コメ刑訴3・343、亀山継夫・注釈刑訴2・417、鈴木茂嗣・注解刑訴上510）。

　　　　　　　　　　　　　　　　　　　　　　　　　　　　（村越一浩）

〔受命裁判官〕
　第169条　裁判所は、合議体の構成員に鑑定について必要な処分をさせることができる。但し、第167条第1項に規定する処分については、この限りでない。

〈本条細目次〉
1　趣　旨　598
2　権限の範囲　599
3　鑑定留置の除外　599

1　趣　旨

　本条は、鑑定について必要な処分に関する受命裁判官の権限を定めている。

2　権限の範囲

「鑑定について」の処分である。主として168条の定める許可処分を念頭に置いているが、同条6項が準用する過料制裁処分（137）、権利保護上の注意措置（140）もこれに含まれる（中井憲治・大コメ刑訴3・344、亀山継夫・注釈刑訴2・418、松尾・条解317）。これに対し、鑑定決定（鑑定の要否の判断）自体は受訴裁判所自らが行わなければならない。鑑定事項も、鑑定の中核的な部分であることから、その決定は受訴裁判所が行うべきであるとの見解が有力である（中井憲治・大コメ刑訴3・344、松尾・条解317。ただし、清田・刑事実務176は反対）。これに対し、鑑定人の選任については、鑑定人が代替性を有することに鑑み、受命裁判官によって行い得るとする見解も有力である（171の解説に係る亀山継夫・注釈刑訴2・422、鈴木茂嗣・注解刑訴上514各参照）が、その重要性に鑑み、受訴裁判所が行うべきであるとの見解（松尾・条解317）も有力である。鑑定の持つ受訴裁判所に対する補助的役割に照らせば、鑑定事項をどのように定めるかということや、鑑定人を誰にするかということについては、受訴裁判所が判断すべきであり、本条の射程外であろう。

3　鑑定留置の除外

受命裁判官は、167条1項の鑑定留置をすることができない。鑑定留置期間の延長・短縮、取消しについても同様に解すべきであろう（中井憲治・大コメ刑訴3・345、松尾・条解318、石井・実務証拠法396）。鑑定留置に付随する処分、すなわち、同条5項が準用する鑑定留置状の執行指揮（70Ⅰ但）、被告事件に関する告知手続等（61・77・78）、接見交通の制限（81）、理由開示手続（82以下）などについては受命裁判官が行い得る（中井憲治・大コメ刑訴3・345、亀山継夫・注釈刑訴2・418、鈴木茂嗣・注解刑訴上511、松尾・条解318）。

（村越一浩）

〔当事者の立会い〕
　第170条　検察官及び弁護人は、鑑定に立ち会うことができる。この場合には、第157条第2項の規定を準用する。

〈本条細目次〉
1　趣　旨　600
2　本条の「鑑定」　600
3　立会権者　600
4　鑑定の日時・場所の通知　600

1　趣　旨

　本条は、鑑定の立会権者を定めた規定である。鑑定手続の公正を担保するためのものである。

2　本条の「鑑定」

　本条の「鑑定」とは、168条1項に列挙する身体検査、死体解剖などの鑑定人が行う事実的措置をいう。手続の公正を期するためのものであるので、鑑定書の作成作業や参考文献の収集等はこれに当たらない（中井憲治・大コメ刑訴3・346、亀山継夫・注釈刑訴2・419）。なお、鑑定人尋問への立会いは171条、157条により被告人も含めて保障されている。

3　立会権者

　検察官及び弁護人である。被告人は含まれない。数人の弁護人がある場合には、その全員が立会権を有する（通説）。

4　鑑定の日時・場所の通知

　裁判所は、立会権者に対し、あらかじめ立ち会わない意思を明示した場合を除き、鑑定の日時及び場所を通知しなければならない（本条、157Ⅱ）。通知は適宜の方法でよい（中井憲治・大コメ刑訴3・347、亀山継夫・注釈刑訴2・419、鈴木茂嗣・注解刑訴上512、電話でよいことにつき大判昭7・10・13刑集11・1475）。本条の通知について、①常に必要とする説（鈴木茂嗣・注解刑訴上512）、②裁判所が自ら立会いの必要なしと認めて立会いをすべき日時場所を定めなかった場合は、当事者にも通知する必要はないとする説（中井憲治・大コメ刑訴3・347、亀山継夫・注釈刑訴2・420、大判昭10・7・25刑集14・838）、③明示でない場合も含め立ち会わない意思が明白であるときは、通知を要しないとする説（松尾・条解319）がある。実務においては、精神鑑定における各種検査や問診の日程について逐一通知をしていないのが実情であろう。判例は、日時場所を通知しないで鑑定が行われたとしても、鑑定の効力に影響しないとしている（大判大15・12・24刑集5・593、広島高判昭51・11・

15判時841・112)。　　　　　　　　　　　　　　　　　　　　　　（村越一浩）

〔準用規定〕
第171条　前章の規定は、勾引に関する規定を除いて、鑑定についてこれを準用する。

〔規〕　第135条（準用規定）　鑑定については、勾引に関する規定を除いて、前章の規定を準用する。

〈本条細目次〉
1　趣　旨　601
2　準用規定　601
3　鑑定人尋問における受命・受託裁判官の権限　601

1　趣　旨
　鑑定人は、証人同様にその供述によって証拠資料を提出するもので、証人と類似した性格を有することから、鑑定に関し、証人尋問に関する規定を準用する一方、鑑定人の代替性に鑑み、勾引に関する規定については準用しないことを明示した。規135条にも同様の規定がある。

2　準用規定
　勾引に関する規定を除いて準用される。期日外尋問に関する281条も準用されると解する（松尾・条解320）。これに対し、宣誓（166）のように、鑑定の章に規定があるものは直接その規定が適用される（ただし、後記173条による164条1項但書の準用について議論がある。）。

3　鑑定人尋問における受命・受託裁判官の権限
　本条による163条（裁判所外尋問における受命・受託裁判官の権限）の準用により、受命・受託裁判官が、鑑定人尋問に関し何をどこまで行うことができるか。鑑定決定、すなわち鑑定の要否の判断そのものは、当然に受訴裁判所が行うべきものである。鑑定事項、すなわち何を鑑定するのかについても同様に解する見解が有力である（中井憲治・大コメ刑訴3・352、亀山継夫・注釈刑訴2・422、鈴木茂嗣・注解刑訴上514、松尾・条解320。ただし、清田・刑事実

務176は受命・受託裁判官が鑑定事項を定めたり、付加・修正することは可能であるとする。)。鑑定人の選任については、その代替的性質に鑑み、受命・受託裁判官が行い得るとの見解がある（亀山継夫・注釈刑訴2・422、鈴木茂嗣・注解刑訴上514）が、反対も強い（松尾・条解320）。誰を鑑定人にするかは訴訟進行上重要な意義を有することから、実務においては、通常は、受命・受託裁判官が行う鑑定人尋問の前に受訴裁判所において鑑定人を選任している。

(村越一浩)

〔裁判官に対する身体検査の請求〕
第172条　身体の検査を受ける者が、鑑定人の第168条第1項の規定によつてする身体の検査を拒んだ場合には、鑑定人は、裁判官にその者の身体の検査を請求することができる。
2　前項の請求を受けた裁判官は、第10章の規定に準じ身体の検査をすることができる。

〈本条細目次〉
1　趣　旨　602
2　請求の方式　602
3　身体検査の実施　603
4　検証に関する規定の準用　603

1　趣　旨

鑑定人は、鑑定について必要がある場合には、裁判所の許可を受けて身体を検査することができるが、本条は、相手方が任意に応じない場合に備え、鑑定人の請求により、裁判官が身体検査を直接強制することができることとした。

2　請求の方式

請求の相手は、通常は、受訴裁判所の属する裁判所の裁判官であろうが、それが困難であれば、鑑定人の所在地や身体検査を行うべき場所等を管轄する地方裁判所又は簡易裁判所の裁判官になろう（中井憲治・大コメ刑訴3・354、亀山継夫・注釈刑訴2・423、松尾・条解321）。

3 身体検査の実施

　裁判所が検証として行う身体検査に準じ、鑑定としての身体検査を行う。本条に基づく身体検査は、裁判官自らが行う必要はない。身体検査に関する司法的抑制を働かせることに意味があるのであるから、実際の検査は鑑定人に行わせ、裁判官は指揮監督すれば足りる（中井憲治・大コメ刑訴3・355、亀山継夫・注釈刑訴2・423、鈴木茂嗣・注解刑訴上515、松尾・条解321）。

　裁判所が、身体検査の許可に当たって条件を付している場合（168Ⅲ）であっても、裁判官はこれに拘束されるわけではないが、通常は、特別の事情がない限り、裁判官の行う身体検査も受訴裁判所が付した条件に従ったものとなろう（中井憲治・大コメ刑訴3・355、亀山継夫・注釈刑訴2・424、松尾・条解321）。

4 検証に関する規定の準用

　準用の対象は、第10章（検証）の規定である（鈴木茂嗣・注解刑訴上515は、罰則規定〔138〕の準用を認めることは、罪刑法定主義の見地から問題であるとするが、中井憲治・大コメ刑訴3・356及び亀山継夫・注釈刑訴2・424は準用を肯定する。）。身体検査のための被告人の召喚等は第8章（被告人の召喚、勾引及び勾留）の規定が適用される。142条により、第9章（押収及び捜索）の一部の規定が準用されているが、性質上、本条の身体検査には（再）準用されないと解される（中井憲治・大コメ刑訴3・357、亀山継夫・注釈刑訴2・425、松尾・条解322）。

　　　　　　　　　　　　　　　　　　　　　　　　　（村越一浩）

〔鑑定料・鑑定必要費用等〕
第173条　鑑定人は、旅費、日当及び宿泊料の外、鑑定料を請求し、及び鑑定に必要な費用の支払又は償還を受けることができる。
2　鑑定人は、あらかじめ鑑定に必要な費用の支払を受けた場合において、正当な理由がなく、出頭せず又は宣誓若しくは鑑定を拒んだときは、その支払を受けた費用を返納しなければならない。

1　趣旨等

　本条は、鑑定人が、旅費、日当、宿泊料のほか、鑑定料及び鑑定に必要な

費用の支給を受ける権利を有することについて定めている。証人における宣誓、証言拒否に関する164条1項但書に相当する規定はないが、その準用を認める見解が有力である（中井憲治・大コメ刑訴3・359、亀山継夫・注釈刑訴2・426、鈴木茂嗣・注解刑訴上517）。

　費用の「支払を受ける」とは費用の前払を、「償還を受ける」とは鑑定人が立替払した費用の弁償を受ける場合を指す。前払をするか否かは裁判所の裁量である（中井憲治・大コメ刑訴3・359、亀山継夫・注釈刑訴2・427）。

　旅費、日当、宿泊料、鑑定料及び鑑定費用の額や手続については、刑事訴訟費用等に関する法律の諸規定を参照。　　　　　　　　　　　（村越一浩）

〔鑑定証人〕
　第174条　特別の知識によつて知り得た過去の事実に関する尋問については、この章の規定によらないで、前章の規定を適用する。

1　趣旨等

　本条は、鑑定証人の尋問について証人尋問に関する規定が適用されることを注意的に定めたものである。捜査段階で鑑定嘱託を受けた者が、当該鑑定結果について供述する場合は、「特別の知識によって知り得た過去の事実」の供述に当たる（中井憲治・大コメ刑訴3・361、松尾・条解323）。裁判所が命じた鑑定人が鑑定書を提出した後に、その鑑定書に関して鑑定人を尋問する場合に、証人尋問と鑑定人尋問（規129Ⅰ・Ⅲ）のいずれによるかについて見解が分かれているが、実務ではいずれのやり方も行われている（中井憲治・大コメ刑訴3・362、松尾・条解323）。　　　　　　　　　　　（村越一浩）

第13章　通訳及び翻訳

〔通訳〕
第175条　国語に通じない者に陳述をさせる場合には、通訳人に通訳をさせなければならない。

〈本条細目次〉
1　趣　旨　605
2　「国語に通じない者」　606
3　「陳述をさせる場合」　607
4　通訳言語及通訳人の選定　607
5　原供述と通訳結果との関係　608
6　通訳の正確性　609
7　通訳人選任の手続　609
8　通訳費用の負担　610

1　趣　旨

　本条は、裁判では、国語を解しない者が陳述をする場合には、通訳を介して行わなければならない旨を定めている。直接には、証拠等の内容を裁判所が理解するために設けられたものであるが、国語を解しない被告人に、裁判手続の趣旨、内容を十分に理解させ、了知させることにより、その権利保護を図るという面があるとされている。公判期日の証拠調べに際し通訳を必要とした被告人に対する判決宣告期日において通訳を付さなかった第1審の手続は本条に反する（最判昭30・2・15刑集9・2・282）。本条は、国際人権B規約14条3項(f)（裁判所において無料で通訳の援助を受ける権利）にも沿う規定である。

　通訳とは、国語の理解力・表現力がない者の陳述・表現を国語による陳述の形に転換し、又は国語による陳述を理解することができない者に対してその者が理解することができる言語・表現に転換することをいい、その性質は、

言語に関する一種の鑑定であるとの理解が一般的である。他方、①通訳は、比較的機械的な作業に近い判断過程を経てなされるもので経過について説明を要しない点、②通訳人は、証拠方法であるにとどまらず、訴訟関係者間のコミュニケーションの媒介者としての役割、機能をも有している点で、鑑定人との違いがある（堀籠幸男＝入江猛・大コメ刑訴3・364）。

2 「国語に通じない者」

国語は、裁判所法74条の「日本語」と同義である。言語学的に日本語に属するものであっても、一般の日本国民に理解できないような特殊な方言は、本条にいう国語に当たらない。札幌高判昭52・3・3高検速報107・9は、アイヌ語は日本語ではないとして、原審裁判長が被告人のアイヌ語による意見陳述を許さなかったことにつき違法はないとした。

「国語に通じない者」とは、日本語について標準的な理解力・表現力を欠いている者をいう。大阪地決昭63・2・29判時1275・142は、生来のろう者で、ろう教育を受けていないためほとんど文字を理解できない者を本条に当たるとした。日本語に通じないか否かの判断は、裁判所の合理的判断に委ねられており、陳述者の経歴や環境、理解・表現能力や態度その他の資料によって決せられる（大阪高決昭27・1・22高刑集5・3・301）。多くの裁判所では、検察官から、起訴状に付せんを貼付する方法などにより、当該事件が要通訳事件であること及びその通訳言語についての連絡を受けているほか、検察官、弁護人から適宜情報を得るなどして、通訳の要否及び言語の選定を検討している（最高裁判所事務総局刑事局監修・特殊刑事事件の基礎知識——外国人事件編〔法曹会〕61）。日本語に通じない外国人に対する起訴状謄本の送達の際に訳文を添付しなくても憲法31条や国際人権B規約14条3項(a)に違反しないと解される（東京高判平2・11・29〔前者〕、東京高判平3・9・18〔後者〕。これらにつき、判タ777・260）が、近時の運用では、裁判所において、起訴状謄本送達の際の説明文中で起訴罪名を通知した上、第1回公判期日前の早い時期に、通訳人候補者の協力を得るなどして、被告人に対し、公訴事実の要旨の翻訳文を送っているのが一般的である。

通訳が必要であるのにその判断を誤り、通訳人を付さないで行った裁判手続は違法である。その後に通訳人を付して手続を行った際に、被告人、弁護人ともそれまでの手続に対する異議を述べなかった場合、それまでの瑕疵は

治癒されるとしたものがある（東京高判昭25・12・1特報15・43）が、公判手続の更新をするのが無難であろう（東京高判昭29・6・29特報40・170）。逆に、被告人が日本語を全く解しない者でないとしても通訳人を付すことが禁じられるわけではない（最判昭27・7・22裁集66・307）。複数の公訴事実のうちの一つの公訴事実に係る起訴状朗読の通訳をしなかったことは違法であるが、被告人が、起訴状の概要の翻訳文を受領していること、被告人の日本語能力、認否の状況（自白）等に照らし、判決不影響としたものがある（東京高判平15・12・2東時54・1＝12・78）。

3 「陳述をさせる場合」

被告人や証人、勾留質問や勾留理由開示における被疑者がこれに該当する。鑑定人もこれに該当し得るが、特殊な場合に限られるであろう。補佐人（42）や代理人（28・283・284）も理論上はこれに該当し得る（通説）。被疑者、被告人の親族等で日本語に通じない者が82条2項に基づき勾留理由開示を請求し、理由開示法廷に列席した場合は、84条2項の規定に鑑み、通訳を要する（通説）。日本語に通じない被害者等が、心情意見陳述（292の2）を行う場合や、被害者参加人（316の33以下）として公判期日等に出席する場合も通訳が必要となろう。裁判所又は裁判官が関与しない捜査手続には、本条は適用ないし準用されない。また、損害賠償命令（犯罪被害保護23以下）については、同手続の本質が民事手続であること（同法40参照）に鑑み、本条の適用ないし準用はないと解する。裁判官、検察官及び弁護人は、日本語に通じていることが当然の前提とされているので、通訳の対象ではない。裁判員・補充裁判員も、欠格事由に関する裁判員法14条1号に照らし、本条の通訳の対象にはならないであろう。

4 通訳言語及び通訳人の選定

日本語に通じない外国人が日常使用する言語が少数言語であり、これによることが困難な事例などでは、その外国人が理解できる他の言語で通訳することもやむを得ない（法廷通訳につき東京高判昭35・12・26判タ115・55〔タイ語ではなく英語〕、東京高判平6・11・1判タ890・284〔イロカノ語ではなくタガログ語〕。捜査通訳につき東京高判平4・4・8判タ791・267〔ペルシャ語ではなく英語〕、東京高判平4・7・20判時1434・143〔パンジャブ語ではなく、英語、ウルドゥー語〕、東京高判平10・9・22東時49・1＝12・53〔広東語ではなく被告人

が理解、表現できない北京語で通訳されたとの主張を排斥〕）。特殊な外国語で直接日本語に通訳する能力のある者を確保することができないときは、別の外国語を介し、A語→B語→日本語（あるいはその逆）のリレー方式による通訳を行うこともある。捜査段階の通訳人について、外国語を母国語とする通訳人の日本語の習熟度、表現力は、日常の社会生活上の会話能力を有し、常識程度の法律知識があれば足りるとした裁判例がある（東京高判平8・7・16判タ927・262）が、逐次の全訳通訳が求められ、法律的な議論も交わされる法廷通訳では、これより高い能力が必要であり、特に刑事裁判手続や法律用語を一定程度理解していることが要求されよう。この点に関し、一部に重大な誤訳があったが、具体的事情に照らして本条の要求する通訳能力を有しているとしたもの（前掲東京高判平15・12・2）、原審通訳人の通訳能力が著しく低い点など訴訟手続の法令違反がある旨の弁護人の主張を排斥したもの（高松高判平10・3・3高検速報平10・167）、裁判員裁判において、通訳に誤りがあるとしてその違法性が争われたもの（大阪高判平22・10・22高検速報平22・115）がある。これらの裁判例においては、法廷通訳が本条の要求するレベルを満たしているかについて、通訳人自身の能力だけをみるのではなく、当該審理されている事案の性質、争点の内容に加え、被告人自身がどの程度日本語の理解能力を有していたかも踏まえて判断されている。なお、日米安保条約3条に基づく行政協定17条9項(f)（有能な通訳を用いる権利）が裁判所に有能な通訳を付す義務を負わせたものでないことについて最決昭34・2・6刑集13・1・55参照。

通訳人には公正さが求められる。使用言語の希少性等から、やむを得ず捜査段階の通訳人をそのまま法廷通訳人に選任せざるを得ない場合もないわけではなく、それ自体直ちに不当・違法であるとまではいえないが、できる限り避けるべきである（大阪高判平3・11・19判時1436・143参照）。捜査官自らが通訳を担当することは好ましいことではないが、それだけでは捜査の公正を欠くものではないとして供述調書の証拠能力を肯定した裁判例がある（大阪地判昭58・1・28判時1089・159。その控訴審は大阪高判昭58・10・25〈未〉〔萩原昌三郎「外国人の供述調書」刑事証拠上92〕）。

5　原供述と通訳結果との関係

外国語でなされた原供述を日本語に訳した場合、通訳対象となった原供述

と通訳結果たる日本語訳のうち、何が証拠資料となるのかについては、①原供述説、②一体説、③双方独立説、④日本語訳説の4説が考えられる。大阪高判昭26・9・5高刑集4・8・1048は翻訳（外国語文書に日本語の訳文が添付されたもの）について、原文書が証拠であるとするが、一体説が相当である（佐藤道夫・注釈刑訴2・431、松尾・条解325、鈴木茂嗣・注解刑訴上520、堀籠幸男＝入江猛・大コメ刑訴3・373）。最決昭32・10・29刑集11・10・2708（検察官に対する英語の供述を通訳人が日本語に通訳し、これを録取した書面に被告人の署名がなく、英訳調書に被告人の署名があり、両書面に通訳人が相違ない旨署名したものにつき、両調書を一括して被告人の検面調書として証拠能力を肯定した原審判断を維持）は一体説に沿うものと解される。

6 通訳の正確性

通訳の正確性を争うものとしては、①通訳の公正さ、②基本的能力、③個々の通訳内容に分類される。①②については前記4参照。③についての争いは、309条1項の異議によるべきであるとするのが多数説である（杉田宗久「通訳の正確性と異議」新実例刑訴2・282以下参照）。

我が国の捜査実務では、外国人の供述調書については、日本語の供述調書のみを作成し、読み聞かせは調書を口頭で翻訳して行う方法によることが多い。訳文の作成、添付がないからといって証拠能力は直ちには否定されない（東京高判昭51・11・24判タ347・290、前掲大阪高判昭58・10・25）。捜査通訳の正確性が問題となる場合、これを信用性の問題と捉えるか、証拠能力の要件と捉えるかについて説が分かれているが、証拠能力の問題と考える立場が有力である（杉田・前掲292）。

7 通訳人選任の手続

法廷通訳において宣誓を欠く通訳は無効である（旧法下のものとして、大決昭3・6・18刑集7・427）。公判期日に出頭した通訳人の氏名の記載を遺脱しても、公判調書は無効にならず、判決に影響を及ぼす訴訟手続の法令違反にも該当しない（東京高判昭32・8・9裁判特報4・17・424）。これに対し、捜査段階において、宣誓手続をさせないで検察事務官に通訳させて供述調書を作成しても、証拠能力を認めることができる（東京高判昭28・5・20特報38・106）。

8 通訳費用の負担

通訳費用（178・173Ⅰ、刑訴費2②）を被告人に負担させることができるかが、国際人権B規約14条3項(f)（無料で通訳の援助を受ける権利）との関係で問題となる。東京高判平5・2・3東時44・1＝12・11（小島吉晴「被告人に対する通訳の費用の負担について」研修538・23参照）は、同規約を適用して通訳費用の不負担との結論を導いている。これに対し、同規約は、通訳料を含む訴訟費用を刑の言渡しを受けた被告人に負担させることまで禁じた趣旨ではないと解する見解がある（池田茂穂「国際人権規約と我が国刑事司法規定との関係について」時の法令1055・33等）。実務では、被告人の資力にかかわらず、181条1項但書を適用して通訳費用を負担させない扱いが一般的である（堀籠幸男＝入江猛・大コメ刑訴3・392）。　　　　　　　　　　（村越一浩）

〔同前〕
第176条　耳の聞えない者又は口のきけない者に陳述をさせる場合には、通訳人に通訳をさせることができる。

〈本条細目次〉
1　趣　旨　610
2　本条の対象者　610
3　通訳の必要性　611

1　趣　旨

本条は、耳の聞こえない者又は口のきけない者は、必ずしも日本語に通じないわけではないが、それでも理解や表現に難がある場合もあるので、これらの者に陳述させる場合には、通訳人に通訳させることができることとしたものである。

2　本条の対象者

病気その他の理由により一時的に本条の状態にある者も含まれる（通説）。大阪地決昭63・2・29判時1275・142は、生来の聴覚障害で、ろう教育も受けていないため自らの氏名等以外の文字を理解できず、わずかな手話を交え

た身振りでしか表現できない者は、本条ではなく175条の「国語に通じない者」に該当するとした。また、脳内出血の後遺症により、判決の宣告を受けても即座に理解することが困難である被告人に対し、有罪判決を宣告するためには専門家の協力の下に主文及び理由の要旨を告知する必要があるのに、原判決書を通常どおり朗読して判決を宣告した手続には判決に影響を及ぼすことが明らかな訴訟手続の法令違反があるとしたものがある（名古屋高判平9・2・10高検速報平9・105）。

「陳述をさせる場合」の範囲については前条の解説3参照。裁判員裁判において、聴覚障害者が裁判員等に選任された場合には、審理・評議の際に、当該障害者の障害の実情に応じて手話通訳や要約筆記等の援助をする必要があるが、本条に基づく措置というより裁判所の環境整備として行うべき問題である。

3 通訳の必要性

本条の通訳は任意的である。筆問筆答や書面による陳述を活用することで被告人に手続内容を理解させ、訴訟行為を行わせることができる場合には、著しく不相当とする事情がない限り、通訳人を付さないことが違法ではないとする裁判例がある（大阪高判昭50・11・28判タ340・303）。本条の趣旨は、通訳以外の方法によることができるとき（規125参照）は、そのいずれによるかを裁判所の合理的裁量に委ねたものと解される（例えば、相手が話すことは聞こえない又は聴き取りにくいが、自分が話すことはできる者は、補聴器の使用、パソコンや書画カメラ等のOA機器の活用等によりある程度の対応が可能であろう。）。これに対し、通訳以外の方法によることができない場合には、通訳が義務的となる（堀籠幸男＝入江猛・大コメ刑訴3・395参照）。被告人が耳の全く聞こえない、かつ日本語による口話も難しい者であるときは、その者の権利擁護のためには、手話通訳によることを検討すべきである（最判平10・3・12刑集52・2・17参照）。

(村越一浩)

〔翻訳〕

第177条　国語でない文字又は符号は、これを**翻訳**させることができる。

612　第1編　総則　　第13章　通訳及び翻訳

〈本条細目次〉
1　趣　旨　612
2　「国語でない文字又は符号」　612
3　翻訳の意義　612
4　翻訳の必要性　612

1　趣　旨

　本条は、日本語以外の文字又は符号によって作成された書面が、訴訟資料又は証拠資料として提出されたときは、一定の範囲のものについて、翻訳人を選任した上翻訳させ、有効な訴訟資料又は証拠資料とすることができる旨を規定したものである。

2　「国語でない文字又は符号」

　裁判所において使用する書面には、日本語、すなわち漢字及びかなという日本文字を使用しなければならない（裁74）。外来語であっても、一般に用いられるに至ったものは、日本語といい得るので、使用することができる。「D・D・T油液」のような、物の名称については、外国語を用いても、裁判所法74条に違反しない（最判昭26・10・18刑集5・11・2268）。「ドル」は、外来した言語であるけれども、メートル、グラム等と同様、日本語である（最決昭33・9・16裁集127・219）。なお、近年は、社会経済の一層の国際化の進展、情報通信分野の目覚ましい発展等から、大量の外来語が生産され、流入し、漢字・かなへの言い換えが行われることなく使用され、短期間で社会に定着している。本条や裁判所法74条の解釈、運用を考える上ではこのような状況も考慮されるべきであろう。

3　翻訳の意義

　ここでいう翻訳は、日本語以外の文字又は符号による表現内容を原文に即して日本語による表現に転換することを指しており、通訳とは異なり、その逆は想定されていない。被告人が外国人である場合で、日本語で作成された文書の内容を外国語に転換する必要が生じるような場合は、通訳人を介して口頭でその内容を被告人に了知させることが予定されている。

4　翻訳の必要性

　判例では、外国語で記載された上告趣意書については不適法であると解されている（最決昭35・3・23刑集14・4・439、最決昭43・6・25裁集167・725、

最決昭48・11・27裁集190・737、最決昭49・6・20裁集192・793)。ただし、これらの事案においてはいずれも弁護人が選任され、弁護人からも上告趣意書が提出されている。身柄拘束された外国人被告人が、通訳者や翻訳者、弁護人の協力がなく、やむなく外国語で上訴を申し立てたような場合についても同様の解釈をとり、不適法な申立てとして処理すべきかについては慎重な意見がある(鈴木茂嗣・注解刑訴上524、堀籠幸男＝入江猛・大コメ刑訴3・370。なお、前掲最決昭35・3・23における小谷裁判官の補足意見参照)。

証拠資料が外国語で作成されているからといって、証拠能力がないわけではない(東京高判昭25・8・12特報16・125)が、翻訳をするかどうかは裁判所の裁量により決せられる。英文の文書の一部に翻訳文が添付されていない場合、その添付されていない部分については裁判所法74条違反であり、裁判所はこれを無視することができるけれども、これに翻訳文の添付を命じるなどして有効な書類とすることもできる(東京高判昭52・7・20高検速報2253)。

なお、外国語で作成された証拠書類に訳文の添付がない場合には、裁判所が自ら翻訳の上、朗読することも許される旨判示する裁判例がある(仙台高判昭25・4・8特報8・98、仙台高判昭25・4・18特報8・102、東京高判昭26・7・10特報21・131)が、一体説に立つことを前提にすると、自ら翻訳することは避けるべきであろう(堀籠幸男＝入江猛・大コメ刑訴3・398)。

(村越一浩)

〔準用規定〕
第178条　前章の規定は、通訳及び翻訳についてこれを準用する。

　　〔規〕　第136条（準用規定）　通訳及び翻訳については、前章の規定を準用する。

〈本条細目次〉
1　趣　旨　614
2　準用の範囲　614

1　趣　旨

本条は、通訳及び翻訳が言語に関する鑑定類似の性質・機能を有することから、鑑定に関する規定を準用することとしたものである。同様に、規136条において、鑑定に関する刑訴規則の規定を準用することとされている。

2　準用の範囲

上記のとおり、鑑定に関する規定が準用されるため、171条において、鑑定が準用する証人尋問に関する規定も準用される。しかしながら、実際には、宣誓（166）及び鑑定料や鑑定に必要な費用（173）以外の規定が準用される余地は考えられない（堀籠幸男＝入江猛・大コメ刑訴3・400）。通説は、証人尋問に関する規定が準用される場合の「尋問」は、通訳や翻訳をさせることのみならず、通訳や翻訳に関する説明や疑問の解明等に必要な尋問を含むとするが、実際に行われるほとんどの通訳人尋問は、人定質問に引き続いて裁判長が、「被告人（証人）は国語に通じないので通訳を命じる」と述べ、通訳人が了解した旨答え、宣誓をするだけで終わっており、実質的な尋問は行われていない。

（村越一浩）

第14章　証拠保全

〔証拠保全の請求〕
第179条　被告人、被疑者又は弁護人は、あらかじめ証拠を保全しておかなければその証拠を使用することが困難な事情があるときは、第1回の公判期日前に限り、裁判官に押収、捜索、検証、証人の尋問又は鑑定の処分を請求することができる。
2　前項の請求を受けた裁判官は、その処分に関し、裁判所又は裁判長と同一の権限を有する。

〔規〕　第137条（処分をすべき裁判官・法第179条）　証拠保全の請求は、次に掲げる地を管轄する地方裁判所又は簡易裁判所の裁判官にこれをしなければならない。
　　一　押収（記録命令付差押えを除く。）については、押収すべき物の所在地
　　二　記録命令付差押えについては、電磁的記録を記録させ又は印刷させるべき者の現在地
　　三　捜索又は検証については、捜索又は検証すべき場所、身体又は物の所在地
　　四　証人の尋問については、証人の現在地
　　五　鑑定については、鑑定の対象の所在地又は現在地
　2　鑑定の処分の請求をする場合において前項第5号の規定によることができないときは、その処分をするのに最も便宜であると思料する地方裁判所又は簡易裁判所の裁判官にその請求をすることができる。
　　第138条（請求の方式・法第179条）　証拠保全の請求は、書面でこれをしなければならない。
　2　前項の書面には、次に掲げる事項を記載しなければならない。
　　一　事件の概要
　　二　証明すべき事実
　　三　証拠及びその保全の方法

四　証拠保全を必要とする事由
　3　証拠保全を必要とする事由は、これを疎明しなければならない。

〈本条細目次〉
1　請求権者　616
2　請求の要件　616
3　請求の時期　616
4　裁判官の権限　617
5　不服申立て　617

1　請求権者

　請求権者は、「被告人、被疑者又は弁護人」であり、検察官については、226条・227条において第1回公判期日前の証人尋問請求権が認められている。

2　請求の要件

　「あらかじめ証拠を保全しておかなければその証拠を使用することが困難な事情」が必要である。
　最決昭55・11・18刑集34・6・421は、業務上過失傷害被告事件での被害車両の押収の証拠保全請求について、検証で足りる旨を示唆しつつ、押収の必要性を否定する判断をしている。
　千葉地決昭57・8・4判時1064・144／判タ477・218は、自白の任意性に関する証拠の保全のため、被告人が取調べ状況について記載した警察署婦人少年室の入口の壁面の検証を認めた。
　証人となる見込みの者が不法滞在の外国人で、退去強制が予想される場合には、本条の証拠保全を活用する必要が高いであろう（退去強制により出国した者の検察官に対する供述調書の証拠能力が問題となった最判平7・6・20刑集49・6・741の事案参照）。
　既に捜査機関が収集し保管している証拠については、特段の事情がない限り、本条の証拠保全の対象とはならない（最決平17・11・25刑集59・9・1831）。
　請求の方式は規138条に規定されている。

3　請求の時期

　「第1回の公判期日前」に請求が行われなければならない。したがって、事後審である控訴審においては証拠保全の請求を行うことはできない（最決昭

35・5・28刑集14・7・925)。上訴審から差し戻され、又は移送された場合も、証拠保全の請求を行うことはできない（規217③）。なお、再審請求に使用する証拠をあらかじめ保全するため一件記録等の押収を求める証拠保全請求は不適法である（最決昭49・5・30裁集192・569)。

4　裁判官の権限

請求対象である「裁判官」の管轄は規137条に定められている。

請求を受けた裁判官は、その処分に関し、裁判所又は裁判長と同一の権限を有するので、第1編第9章～第13章の規定が準用される。

5　不服申立て

裁判官の裁判に対する準抗告（429）の対象には、捜索、検証、証人尋問及び鑑定処分の採否の決定は明示されていないところ、東京地決昭36・12・6下刑集3・11=12・1300は、被告人による証人尋問の証拠保全請求を却下した裁判に対する不服申立ては許されないとした。

一方で、証拠保全としての押収の請求を却下する裁判につき、最決昭55・11・18刑集34・6・421は、429条1項2号にいう「押収に関する裁判」に含まれるとの判断を示した。

証拠保全としての押収の請求を認める裁判に対しては、同号での準抗告を認める説（河上・注釈刑訴7・62、古田=河村・大コメ刑訴9・751、横田=高橋・諸問題25）が一般であり、却下の裁判が含まれる以上、認容の裁判を除外する理由はないと思われる。その場合、検察官の不服申立権については否定する説（藤永=河村・大コメ刑訴3・410〔当該裁判取消しの職権発動を促すべきとする。〕）もあるが、準抗告一般に関して、検察官は常に申し立て得るとの考えも有力である（河上・注釈刑訴7・42、古田=河村・大コメ刑訴9・737、横田=高橋・前掲61）。この点につき、捜査機関が保管している証拠に関する事案であるが、前記最決平17・11・25の原々決定に対して検察官が申し立てた当初の準抗告審では検察官には申立権がないとして準抗告が棄却され、警察署長の申立てに対する準抗告審である原決定（京都地決平17・9・9刑集59・9・1836）では、傍論ながら、事件が検察官に送致されていることを理由に検察官にも準抗告の申立権があるとされた（大野・判例解説（刑）平17・635は、かかる立場を支持する。)。

（小倉哲浩）

〔証拠保全された書類・証拠物の閲覧謄写〕
第180条　検察官及び弁護人は、裁判所において、前条第１項の処分に関する書類及び証拠物を閲覧し、且つ謄写することができる。但し、弁護人が証拠物の謄写をするについては、裁判官の許可を受けなければならない。
２　前項の規定にかかわらず、第157条の４第３項に規定する記録媒体は、謄写することができない。
３　被告人又は被疑者は、裁判官の許可を受け、裁判所において、第１項の書類及び証拠物を閲覧することができる。ただし、被告人又は被疑者に弁護人があるときは、この限りでない。

　前条の証拠保全により収集・保全された書類や証拠物は、処分をした裁判官が属する官署としての裁判所において保管され、検察官及び弁護人は、公訴提起の前後を問わず、その裁判所でこれを閲覧・謄写することができる。
　訴訟記録の閲覧・謄写の場合（40・270）と比較し、弁護人による証拠物の謄写には裁判官の許可が必要であること、ビデオリンク方式により証人尋問を行った場合の記録媒体を謄写することができない点は同様であるが、検察官も「裁判所において」閲覧・謄写をしなければならない点は異なる。
　被告人又は被疑者については、公判記録の場合（49）と同様、弁護人がいないときに限って、裁判官の許可を受けて閲覧のみを行うことができる。
　本条にいう「被告人」及び「弁護人」には、証拠保全請求をした被告人の共同被告人及びその弁護人も含むと解されている（団藤・条解322、平場・注解刑訴上532、松尾・条解335。佐・注釈刑訴２・448、藤永＝河村・大コメ刑訴３・413は、その場合には証拠保全請求をした被告人の同意を必要とする。）。

（小倉哲浩）

第15章　訴訟費用

〔訴訟費用の被告人負担〕
第181条　刑の言渡をしたときは、被告人に訴訟費用の全部又は一部を負担させなければならない。但し、被告人が貧困のため訴訟費用を納付することのできないことが明らかであるときは、この限りでない。
2　被告人の責に帰すべき事由によつて生じた費用は、刑の言渡をしない場合にも、被告人にこれを負担させることができる。
3　検察官のみが上訴を申し立てた場合において、上訴が棄却されたとき、又は上訴の取下げがあつたときは、上訴に関する訴訟費用は、これを被告人に負担させることができない。ただし、被告人の責めに帰すべき事由によつて生じた費用については、この限りでない。
4　公訴が提起されなかつた場合において、被疑者の責めに帰すべき事由により生じた費用があるときは、被疑者にこれを負担させることができる。

〈本条細目次〉
1　訴訟費用の範囲　620
2　憲法及び条約との関係　620
　(1)　国選弁護費用　620
　(2)　証人尋問費用　620
　(3)　通訳費用　620
3　刑の言渡しをした場合の訴訟費用の負担　620
　(1)　費用を負担させ得る範囲　620
　(2)　貧困のため費用を納付することができない場合の不負担　624
4　被告人の責に帰すべき事由によって生じた訴訟費用の負担　624
5　検察官のみが上訴した場合の訴訟費用の負担　625
6　被疑者に付された国選弁護人の費用の負担　625
7　判決書への記載　625

1 訴訟費用の範囲

訴訟費用の範囲は、刑事訴訟費用等に関する法律2条により、①証人、鑑定人、通訳人又は翻訳人の旅費、日当及び宿泊料、②鑑定料、通訳料又は翻訳料、③国選弁護人の旅費、日当、宿泊料及び報酬と定められている。なお、被疑者に付された国選弁護人の費用もこれに含まれる（法律支援39Ⅱ）。

2 憲法及び条約との関係

(1) 国選弁護費用

最大判昭25・6・7刑集4・6・966は、国選弁護人の費用を被告人に負担させることは憲法37条3項に違反しないとし、最判昭63・9・27判タ681・125もこれを踏襲している。

(2) 証人尋問費用

最大判昭23・12・27刑集2・14・1934は、旧法の規定により証人喚問費用等を負担させた事案につき、憲法37条2項は、被告人が有罪の言渡しを受けた場合も訴訟費用の負担を命じてはならないという趣旨の規定ではないとしており、現行法についても同様の判断が繰り返されている（最判昭26・10・19裁集54・1225、最判昭60・12・19裁集241・543等）。

(3) 通訳費用

国際人権B規約14条3(f)が、刑事裁判において「無料で通訳の援助を受けること」を権利として保障していることから、通訳費用の負担を命じることは許されないとする裁判例（東京高判平5・2・3東時44・1＝12・11）があるが、上記B規約の条項は判決確定後に通訳料を被告人に負担させない趣旨までを含むものでないとする裁判例（浦和地決平6・9・1判タ867・298〔ただし、裁判の執行に対する異議申立てを不適法と判断した上での傍論〕）もある。実務上は、いずれにせよ通訳費用を負担させない取扱いがされている（福崎・大コメ刑訴3・426）。

3 刑の言渡しをした場合の訴訟費用の負担

(1) 費用を負担させ得る範囲

被告人に負担させ得る訴訟費用は、刑の言渡しをした事件の審理のために必要な処分に要した費用であり、審理の経過や結果に照らして被告人に負担させるのが相当であるといえるものをいう（東京高判昭27・2・7高刑集5・3・328、最判昭63・9・27判タ681・125の伊藤正己裁判官補足意見）。

ア　事件の範囲

　費用を負担させる刑の言渡しをした「事件」の範囲は、いわゆる公訴事実の同一性を基準に判断されている。

　したがって、訴因変更前に実施した証人尋問が訴因変更後の有罪認定に有用であった場合（高松高判昭25・12・20特報15・209）や予備的訴因の追加前に実施した証人尋問が、追加された予備的訴因の認定事実（主位的訴因は排斥）に関係を有するものであった場合（高松高判昭29・4・6高刑集7・8・1169）にその証人に関する費用を負担させ得ることになる。

　また、包括一罪や科刑上一罪となる事実の一部が犯罪の証明がないものとされたとしても、残りの部分が有罪となれば、犯罪の証明がないとされた部分に関して生じた費用を被告人に負担させることができると解されており（団藤・条解324、荒川・実務講座2・397、増井・注釈刑訴2・464、福崎・大コメ刑訴3・440。科刑上一罪につき反対の見解として、平場・注解刑訴上538）、包括一罪の一部につき無罪とした部分に要した訴訟費用を負担させることは裁判所の裁量により定め得るとした裁判例（東京高判昭30・4・4裁判特報2・7・248）もある。

　一罪関係にある場合には、犯罪の証明がないとされた部分のための訴訟費用も有罪部分の認定に資することが多いであろうから問題は生じにくいと思われるが[1]、犯罪の証明がないとされた部分のみに関係し、有罪部分には全く関係しない費用の場合は、少なくとも運用上は被告人に負担させないことが望ましいとされる（松尾・条解338、福崎・大コメ刑訴3・444）。前記高松高判昭29・4・6は、「判決の認定事実又は情状に全然関係のなかつた証人等に関する費用は除外すべきであろう」とし、前記東京高判昭30・4・4も「これを被告人に負担させることが妥当であるかどうかの問題を生ずることはあり得る」としている。ただし、条文上は、全部又は一部を負担させなければならないことになるので（一部にせよ負担させることが義務的であることにつき団藤・条解324、増井・注釈刑訴2・467、福崎・大コメ刑訴3・443）、発生した費用を負担させることが妥当性を欠くもののみの場合は問題が残る。その

---

(1)　平場・注解刑訴上538も、「一方についての供述が他方に影響を持たないことはまれであろう。」とする。

ような場合には、本条１項但書の本来の趣旨からは外れるが、その趣旨を拡張ないし準用（講学上は類推）し、「貧困」に当たらなくとも裁判所の裁量で費用を負担させないことができると解するべきであろう[2]。

　併合罪関係にある事実について一部無罪となった場合には、その無罪の事実のみに関する証人の費用は、被告人の責めに帰すべき事由がなければ負担させることはできない（最判昭30・1・14刑集9・1・52、最判昭31・12・13刑集10・12・1633、最判昭37・9・4判時319・48）。

　しかしながら、無罪となった事実に関する証人であっても、その証言が同時に有罪となった事実の資料となる場合には、被告人に費用を負担させることができる。当初の起訴事実（無罪）について行われた証人尋問の結果が、追起訴された事実（有罪）についても援用された場合、当該証人の費用を負担させることができるとした裁判例（福岡高判昭24・11・29特報6・43）や、無罪の言渡しをした事実に関する証人に関する費用も、有罪の部分に関する刑の量定の一資料となる場合には被告人に負担させることができるとした裁判例（札幌高判昭25・8・18判タ13・39）がある。

　併合審理されていた相被告人にのみ関係し、当該被告人には関係しない公訴事実の立証のための証人について生じた費用を負担させることはできない（最判昭46・4・27刑集25・3・534）。

　イ　審理のために必要な処分に関する費用

　前記のとおり、被告人に負担させ得る訴訟費用は審理のために必要な処分に要したものでなければならないが、訴訟の審理は流動的なものであり、その時々において必要性が認められたために生じた費用であれば、結果的に事実の認定や量刑判断などのために不要なものであったとしても被告人に費用を負担させることができる。

　最判昭26・3・8刑集5・4・495は、裁判資料に供されなかった証人の費用を負担させることは違法ではないとしており、東京高判昭32・3・20裁判特報4・6・145は、出頭した検察官請求証人の調書の取調べに被告人が同意したため証人尋問請求が撤回されて当該尋問が行われなかった場合で

---

(2) 通訳料を負担させても国際人権Ｂ規約に反しないと解する場合の運用上の不負担の根拠条項についても同様に考えられる。

も、当時の情況としては不必要な証人ではなかったのだから証人に関する費用を負担させたことは違法でないとしている。

また、任意的弁護事件につき、被告人が弁護人選任を希望しない場合に裁判所が職権で付した国選弁護人の費用については、裁判所が必要と認めて選任したものである以上、被告人に負担させても違法ではない（東京高決昭37・12・28下刑集4・11=12・1030）。

一方、裁判所や検察、警察の責任で費用が生じたと認められる場合には被告人に負担させるべきではないといえよう。被告人が私選弁護人を選任しているにもかかわらず、私選の選任を遺忘して選任したと想像される国選弁護人の費用を負担させることは違法であるとしたもの（東京高判昭27・2・7高刑集5・3・328）、警察官の現認報告書の記載の誤りがなければ、実施された証人尋問は所在地での嘱託尋問でも足りたことを理由として、証人に支給した旅費、日当及び宿泊料のうち日当のみを負担させたもの（紋別簡判昭38・9・5下刑集5・9=10・855）、略式命令請求段階では補強証拠がなかったために正式裁判となり、証人を取り調べた上で罰金刑が言い渡された事案において、本条2項、3項の趣旨を類推して被告人に訴訟費用を負担させなかったもの（近江八幡簡判昭46・6・28判タ266・237）などがある。

　ウ　上訴等の場合の処理

上訴審で刑の言渡しがあった場合のみならず、刑を言い渡した原審判決に対する被告人の上訴が棄却された場合にも本条1項の適用がある。上訴審が原裁判を破棄して刑の言渡しをした場合には、上訴に関する費用だけではなく原審における訴訟費用も負担させ得る。

第1次第1審の有罪判決に対して第1次控訴審が破棄差戻しとし、第2次第1審において再び有罪となり、第2次控訴審が量刑不当（未決の過少算入）を理由として破棄し自判した際に、それまでの2回にわたる第1審と第2次控訴審の訴訟費用を負担させた事案において、かかる処理が憲法29条1項・37条3項に違反しないとされている（最判昭63・9・27判タ681・125）。

第1審での判決が無罪であっても、控訴審が破棄差戻しとし、第2次第1審で有罪とした場合に、第1次第1審及び控訴審の費用を含めて、それまでの訴訟費用すべてを負担させることができる（東京高判昭27・7・1高刑集5・7・1108）。

(2) 貧困のため費用を納付することができない場合の不負担

　貧困のため訴訟費用を納付することができないことが明らかであるときは訴訟費用を負担させないことができ、この判断は、生じた費用の額を踏まえた上で、被告人の経歴、生活状態、稼働能力、信用等を考慮して行うことになる（宇都宮地決昭35・7・7下刑集2・7＝8・1167〔500の執行免除の申立てに関するもの〕）。なお、条文上は「貧困」の場合のみを規定するが、前記(1)アで述べたとおり、他の場面においてもその趣旨を拡張ないし準用する余地があると考えられる。

　私選弁護人が選任されている場合には、訴訟費用を負担する資力があると判断されやすいが（東京高決昭32・7・24東時8・8・240〔500の執行免除の申立てに関するもの〕）、それが友人の出費による場合には本人に負担能力がないとされることもある（東京高決昭30・4・26裁判特報2・8・323〔500の執行免除の申立てに関するもの〕）。ただし、同居の家族の資産を考慮することは許されるであろう（水戸地決昭33・11・28一審刑集1・11・1901〔500の執行免除の申立てに関するもの〕は被告人と共に農業に従事する親の収入や資産を考慮して貧困とはいえないとした。）。被告人が貧困であっても、押収された金員の中から被告人に還付されるものがある場合に、その限度で負担させた事例（田川簡判昭38・8・29下刑集5・7＝8・803）もある。

　裁判所が被告人の貧困を理由に国選弁護人を選任した後、その国選弁護人の費用を被告人に負担させても矛盾するものではない（東京高判昭30・9・19高刑集8・7・921）。

　また、本条1項但書の規定は貧困が明らかであるときは手続を簡略化するために訴訟費用の負担をしないでおくことができる旨を規定したにすぎないから、訴訟費用を負担させたことが不当といえないとした裁判例（東京高判昭58・6・6判時1107・143）がある[3]。

　本条1項但書により被告人に訴訟費用を負担させないときは、その旨を主文に判示する必要はない（最決昭30・7・29裁集107・1207）。

4　被告人の責に帰すべき事由によって生じた訴訟費用の負担

　本条2項では、被告人の責に帰すべき事由によって費用が生じた場合には、

---

[3]　500条の執行免除で対処すればよいとの趣旨であると思われる。

刑の言渡しをしない場合(4)にも負担させることができる旨が規定されている。

責に帰すべき事由として、身代わり犯人となった被告人が無罪となった場合、被告人が正当な理由なく公判期日に出頭しなかったために証人の再喚問を余儀なくされ、過分の費用が生じた場合等が挙げられる。

5　検察官のみが上訴した場合の訴訟費用の負担

本条3項は「検察官のみ」が上訴した場合の規定なので、被告人側からも上訴があり双方の控訴が棄却されたときには、控訴審における国選弁護人に関する費用を被告人に負担させても違法ではない（最判昭30・4・12裁集104・423）。

6　被疑者に付された国選弁護人の費用の負担

本条4項は、被疑者国選弁護人制度が新設され被疑者段階でも訴訟費用が発生し得ることになったことに併せて追加された規定であり（平成16年法律第62号）、平成18年10月2日から施行されている。立案担当者による解説として、落合義和ほか・刑事訴訟法等の一部を改正する法律及び刑事訴訟規則等の一部を改正する規則の解説288以下がある。

7　判決書への記載

東京高判昭31・5・16判タ59・75は、本条は罪となるべき事実自体に直接の関係を持たず、刑の言渡しにも当たらないので、法令上の根拠を示さなくとも理由不備とはいえないとした。東京高判昭30・4・12裁判特報2・8・289も、主文において訴訟費用を負担させたが理由中に適用法条を示していない事案において、単に適用法条の摘示を遺脱したにすぎないとして原判決を維持した。また、東京高判昭30・5・19裁判特報2・10・487は、本条1項但書により訴訟費用を負担させない場合は、判文上明示しなければならないとは解されないとした。

ただし、前記東京高判昭31・5・16は、「法令上の根拠を示さなかつた点には、その当を欠くもののあることは否めない」とし、前記東京高判昭30・5・19は、「判文に法条を掲げて被告人に対し訴訟費用を負担させない旨を

---

(4) 刑の免除、無罪、免訴、公訴棄却、管轄違いの裁判をいう。少年法55条の移送決定も含むと解されている。

明示するのがより妥当ではある」としており、実務上は、法令の適用において本条1項本文ないしは但書の適用を明示している（司法研修所編・刑事判決書起案の手引［平成19年版］72、73）。　　　　　　　　　（小倉哲浩）

〔共犯人の連帯負担〕
第182条　共犯の訴訟費用は、共犯人に、連帯して、これを負担させることができる。

〈本条細目次〉
1　共　犯　626
2　連帯負担させ得る費用　627
3　上訴に関する問題　627

1　共　犯

　共犯関係にある者の費用の負担であるので、共同被告人として共通する証人尋問を行っても、本条にいう「共犯」に当たらなければ連帯して費用を負担させることはできない。

　「共犯」には、刑法総則上の共同正犯、教唆犯、従犯のほか、各則における特別な共犯類型である内乱幇助者（刑79）、逃走幇助者（刑100）、傷害助勢者（刑206）も含まれる。必要的共犯（贈賄者と収賄者、公職選挙法の買収罪における供与者と受供与者等）についても含むと解されている。

　福岡高判昭25・12・21高刑集3・4・662は、公文書を偽造した者とその偽造公文書を譲り受けて行使した者に費用を連帯負担させることを是認したが、これに対しては批判も強い（荒川・実務講座2・401、平場・注解刑訴上542、増井・注釈刑訴2・472）。

　両罰規定における業務主と行為者については、旧法下には訴訟費用を連帯負担させることを否定したものもある（大判昭19・11・22刑集23・239）が、東京高判昭24・9・10高刑集2・2・121はこれを認めている（旧法適用事件に関し、最判昭27・8・5刑集6・8・957も連帯負担をさせている）。

2　連帯負担させ得る費用

　共犯が共同被告人として併合審理された場合に、共犯者らに共通して生じた訴訟費用が連帯負担の対象となる。

　共同被告人のうち1名は事実を認めたが、他の1名は否認したため証人尋問を行った場合でも、両名に共通の証人として尋問を行った以上、被告人両名に対してその証人に関する費用を連帯して負担させることも違法ではない（旧法下の事件であるが、最判昭23・4・17刑集2・4・364）。

　ただし、相被告人にのみ関係する事実についての証人の費用を負担させることはできない（最判昭46・4・27刑集25・3・534）。相被告人の関係で喚問された証人であっても、関係する事項について尋問された被告人に証人の費用を連帯して負担させ得るとした裁判例もあるが（大阪高判昭36・7・13高検速報36・6・1〔ただし控訴に理由がないことも併せて指摘している〕。旧法下のものとして大判昭12・6・3刑集16・854）、訴訟法律関係は被告人ごとに生じるので、尋問経過等に照らし、当該被告人の関係でも証拠調べが行われたと認められるような場合でなければ疑問である。なお、証人尋問時に併合審理されていなければ併合後にその証人尋問の結果を採用しても証人の費用を負担させることはできない（増井・注釈刑訴2・473、仲家・大コメ刑訴2・839）。

　相被告人の国選弁護人の費用を負担させることはできない（名古屋高判昭27・10・13高刑集5・11・1952、広島地決昭35・5・2下刑集2・5＝6・949）。一方、数名の共同被告人に同一の国選弁護人が選任された場合、福岡高判昭24・9・16特報1・246は連帯負担を認めているが、現在では、各被告人が平等に負担すべきとする見解が一般である（増井・注釈刑訴2・471、福崎・大コメ刑訴3・455。司法研修所編・刑事判決書起案の手引〔平成19年版〕20参照）。

3　上訴に関する問題

　費用の連帯負担を命じられた者が全員上訴をして上訴審でも共同審理された場合、全員の上訴が棄却されたときは上訴審における費用を、全員に対し破棄自判により刑の言渡しがされたときには下級審及び上訴審における費用を、それぞれ連帯して負担させることができる。一部の者の上訴が棄却され、一部の者について破棄自判により刑の言渡しがされた場合には、下級審の訴訟費用に限って連帯負担を命じ得るとする見解（荒川・実務講座2・404、平場・注解刑訴上544、増井・注釈刑訴2・476、松尾・条解341）が有力であるが

(そのような処理例として、最大判昭33・5・28刑集12・8・1694、最判昭36・5・30裁集138・277などがある。)、上訴審の訴訟費用についても連帯負担させ得るとの見解（河村＝野間・判タ360・71、福崎・大コメ刑訴3・458）もある（そのような処理例として、札幌高判昭35・12・5高刑集13・10・763、東京高判昭45・10・7高刑集23・4・707、東京高判昭46・11・15高刑集24・4・685、大阪高判昭50・9・11判時803・24、大阪高判昭59・9・13判タ548・286などがある。)。

連帯負担を命じられた者のうち一部の者が上訴をした場合は、上訴しなかった者の支払義務は確定することになり、上訴した者について上訴審で原判決が破棄され、原審の訴訟費用を負担させなかった場合には、原審の訴訟費用については原審で確定した共犯者の単独負担となる。　　　　（小倉哲浩）

〔告訴人等の負担〕
第183条　告訴、告発又は請求により公訴の提起があつた事件について被告人が無罪又は免訴の裁判を受けた場合において、告訴人、告発人又は請求人に故意又は重大な過失があつたときは、その者に訴訟費用を負担させることができる。
2　告訴、告発又は請求があつた事件について公訴が提起されなかつた場合において、告訴人、告発人又は請求人に故意又は重大な過失があつたときも、前項と同様とする。

〈本条細目次〉
1　本条による費用負担者　628
2　無罪又は免訴の裁判　629
3　負担の裁判　629
4　不起訴の場合の費用負担　629

1　本条による費用負担者

被告人が無罪又は免訴の裁判を受けた場合に、告訴、告発又は請求に基づくときに、その告訴等を行った者である。法人や権利能力のない社団も告訴をすることができるので、法人等にも本条により訴訟費用を負担させることはできる。

告訴人等に故意又は重大な過失があったことが必要であるが、捜査機関に過失があったとしても告訴人等は免責されない。

2　無罪又は免訴の裁判

無罪又は免訴となった事件が親告罪である必要はなく、捜査の端緒であればよい。告訴等と公訴提起との間に因果関係があることが必要であるが、公訴提起前に告訴等を取り消した場合には、告訴等が公訴提起に影響を与えていたとしても因果関係を認めるべきではないとされる（団藤・条解330、福崎・大コメ刑訴3・462、増井・注釈刑訴2・477、478）。

「無罪又は免訴の裁判」なので、それ以外の刑の免除や公訴棄却等の裁判は含まない。上訴審や再審で無罪又は免訴を言い渡される場合でもよい。

3　負担の裁判

本条の負担の有無は裁判所の裁量による。費用の全部を負担させるか一部を負担させるかも裁量で決することができると解されている（団藤・条解331、福崎・大コメ刑訴3・464、増井・注釈刑訴2・479）。

4　不起訴の場合の費用負担

本条2項は、被疑者国選弁護制度が新設され被疑者段階でも訴訟費用が発生し得ることになったことに併せて追加された規定であり（平成16年法律第62号）、平成18年10月2日から施行されている。　　　　　（小倉哲浩）

〔上訴又は再審の取下げとその費用負担〕

第184条　検察官以外の者が上訴又は再審若しくは正式裁判の請求を取り下げた場合には、その者に上訴、再審又は正式裁判に関する費用を負担させることができる。

〈本条細目次〉
1　本条による費用負担者　630
2　検察官の上訴　630
3　負担させ得る費用　630
4　負担の裁判　630

1 本条による費用負担者

本条にいう「検察官」には、準起訴事件による公訴の維持に当たる指定弁護士（268）を含む。

検察官以外で上訴を取り下げることのできる者は359条・360条で規定されている。再審請求の取下げ（443Ⅰ）は、439条1項2号から4号に規定されている再審請求権者らがそれぞれ行い得る。正式裁判を取り下げることができる者については467条において359条・360条が準用されている。

弁護人が上訴を取り下げた場合（これが認められることについては、小林・注釈刑訴［第3版］7・42、原田・大コメ刑訴9・51）は、代理権に基づくものであるから弁護人に訴訟費用を負担させることはできないとされる（増井・注釈刑訴2・481、福崎・大コメ刑訴3・468）。

2 検察官の上訴

検察官も上訴した場合には、被告人等による上訴の取下げがあっても本条の適用がなく、検察官上訴が認容されたときには181条1項又は2項が適用され、検察官の上訴が棄却され又は検察官が上訴を取り下げたときには181条2項が準用ないし類推適用されると解されている（平場・注解刑訴上547、548、増井・注釈刑訴2・481、福崎・大コメ刑訴3・469）。

3 負担させ得る費用

本条で負担させ得る上訴に関する費用には、原判決後、上訴を申し立てるまでに要した費用を含む。再審判決までは再審請求を取り下げることができるとする見解が有力であるが（再審開始決定までと解する説もある）、その場合でも、再審に関する費用については再審開始決定前の費用を含む。また、正式裁判に関する費用には、正式裁判申立て前の費用を含む。

4 負担の裁判

本条の負担の有無は裁判所の裁量による。費用の全部を負担させるか一部を負担させるかも裁量で決することができると解されている（福崎・大コメ刑訴3・469、増井・注釈刑訴2・482）。 　　　　　　　　（小倉哲浩）

〔訴訟費用の被告人負担の裁判〕
第185条 裁判によつて訴訟手続が終了する場合において、被告人に訴訟

費用を負担させるときは、職権でその裁判をしなければならない。この裁判に対しては、本案の裁判について上訴があつたときに限り、不服を申し立てることができる。

〈本条細目次〉
1　本条の対象　631
2　裁判の形式　631
3　不服申立て　632

1　本条の対象

「裁判によつて訴訟手続が終了する場合において、被告人に訴訟費用を負担させるとき」とは、181条1項・2項・3項但書（上訴が棄却された場合）により被告人に訴訟費用を負担させる場合、すなわち、被告人に刑の言渡しをした場合（その上訴が棄却された場合も含む）、被告人に刑の言渡しをしないが、被告人の責に帰すべき事情によって費用が生じた場合、検察官からのみの上訴が棄却されたが被告人の責に帰すべき事情によって費用が生じた場合をいう。

2　裁判の形式

本条における訴訟費用負担の裁判は、本案の裁判と同時に、その主文において明示される（主文での明示の方法については188条の解説1を参照。）。

名古屋高判昭40・11・30下刑集7・11・2034は、併合罪関係にない複数の事件に対し各別に刑を言い渡すべき事案において、各刑に共通する訴訟費用（国選弁護人の日当・報酬）について分離して負担を命じなかったことを違法であるとした（福崎・大コメ刑訴3・472もこれを支持する）。

訴訟費用を一括して負担させることが違法とまでいえるかは疑問であるが、一部上訴の可否や移審の範囲（併合罪関係にある事件の複数の刑の併科事案において訴訟費用を一括負担させた場合には一部上訴が許されないとしたものとして東京高判昭56・6・23刑裁月報13・6＝7・436）、確定した裁判における訴訟費用の範囲（宇都宮地決昭35・7・7下刑集2・7＝8・1167は負担させた費用の内容を検討して確定した刑との関係を判断した。）、控訴審における一部破棄の可否の扱い（訴訟費用を一括負担させた場合には一部破棄をすることがで

きないとの見解が有力である〔近藤・判タ359・66、香城＝永井・注釈刑訴［第3版］7・384、原田・大コメ刑訴9・425〕。反対の見解として、小林・刑事控訴審の手続及び判決書の実際53。）などに関する問題が生じないよう、少なくとも確定判決が介在して複数の刑を言い渡す事案においては、訴訟費用も各刑との関係を明示することが望ましいといえる。

なお、控訴審において一部を破棄し一部を控訴棄却とする場合に負担させる訴訟費用を主文ごとに区別すべきか否か見解が分かれている（河村＝野間・判タ360・72は破棄部分と棄却部分についての訴訟費用を区別すべきとする。反対、小林・前掲62。）。

3　不服申立て

訴訟費用の裁判に対しては、本案の裁判に上訴を申し立てた場合に限り不服を申し立てることができるが、最判昭29・7・16刑集8・7・1169は、「本案の裁判に対する上告の理由がないときは、訴訟費用の裁判に対する不服の申立は不適法である」とし（同旨、最判昭29・11・16裁集100・411、最判昭29・11・16裁集100・447、最決昭39・6・2裁集151・323、最決昭39・7・16裁集152・273）、最判昭31・12・13刑集10・12・1633は、無罪の言渡しがあった点についての証人に関する費用で、被告人の責めに帰すべき事由によって生じたとも認められないものを負担させたことを違法としながらも、本案についての上告理由が失当であることから上告を棄却している。

これに対して、最判昭30・1・14刑集9・1・52は、無罪の言渡しがあった点についての証人に関する費用を負担させたことを違法としつつ、それを理由として原判決の有罪部分を破棄し（同旨、最判昭37・9・4判時319・48）、最判昭46・4・27刑集25・3・534は、併合審理されていた相被告人にのみ関係し、当該被告人には関係しない公訴事実の立証のための証人に関する費用を負担させたことは違法であるとし、訴訟費用負担の部分のみを破棄した。

これらの判例については、大法廷での判例変更は行われていないことからすると、本条の解釈を維持したまま411条による職権破棄の有無について差異が生じたにすぎないとみることになるかもしれないが（伊達・判例解説（刑）昭30・20、田原・判例解説（刑）昭31・406）、そもそも上告審で扱う範囲を限定する趣旨の条項により、不服申立て一般に関して制限する規定である

本条の解釈結果を超える結論を導くことができるのか疑問もある（この場合の411の解釈につき綿引・判例解説（刑）昭46・84参照）。また、411条の適用の問題とするのであれば控訴審においては対処が困難となる[1]。

　上訴理由が認められるか否かにかかわらず訴訟費用の負担の裁判の誤りを上級審で是正する余地を残すべきであれば（横井・ノート6・363参照）、むしろ本条の解釈として、本案の上訴に理由がない限りは当事者は不服申立てを行い得ないが、訴訟費用の負担の是正のみを意図したといえるような本条の潜脱に当たる控訴でない限り[2]、原審の訴訟費用負担の裁判の誤りの内容、程度等を考慮しつつ、上級審が職権で原審の誤りを是正することは妨げられないと考えるのが相当であろう（藤永・注釈刑訴6・34）。名古屋高金沢支判昭47・11・21判タ294・393は、控訴審においても、著しく正義に反するがごとき不当な結果を招来するような場合には職権により誤りを是正できるとしたが（増井・注釈刑訴2・486もこれを支持している。）、411条と同様の「著しく正義に反する」という要件で解決を図る必要はないと思われる。あるいは本条の伝統的な解釈を見直し、潜脱的と認められる控訴でない限りは、本案についての上訴が適法であれば足りる（平野・刑訴355、高田・刑訴309）と解する余地もあり得よう。

　最判昭30・7・19裁集107・571は、負担させるべき訴訟費用が発生しないのに主文で訴訟費用を負担させた場合、当該部分は空文に帰したと同様であるとし、現実に訴訟費用を徴収されることを前提とした違憲の主張はその前提を失うものと判断した。ただし、最高裁自身が訴訟費用の負担を誤ったものに対し、検察官からの訂正の申立てを容れたものもある（最判昭30・7・15裁集107・439）。

　なお、上訴審での訴訟費用の負担の裁判の変更については、刑に関するものではないので、不利益変更禁止の原則（402・414）は適用されない（最判

---

(1) 控訴審において原審の訴訟費用の裁判の是正を行ったものとして、東京高判昭53・5・8東時29・5・75は、相被告人の控訴理由が認められることから、共同被告人間の公平を確保する401条にのっとり、控訴理由が認められない被告人に対しても共通する訴訟費用負担の裁判の誤りを理由として原判決を破棄した。
(2) 原田・大コメ刑訴9・424は、通説的な見解が脱法的な行為を防ごうという趣旨であるならば、被告人がそもそも訴訟費用の負担について何ら主張をしていない場合に職権で破棄することは許されるとする。

昭26・3・8刑集5・4・495)。 (小倉哲浩)

〔訴訟費用の被告人以外の者の負担の裁判〕
第186条 裁判によつて訴訟手続が終了する場合において、被告人以外の者に訴訟費用を負担させるときは、職権で別にその決定をしなければならない。この決定に対しては、即時抗告をすることができる。

〈本条細目次〉
1　本条の対象　634
2　決定の手続　634
3　不服申立て　634

1　本条の対象

「裁判によつて訴訟手続が終了する場合において、被告人以外の者に訴訟費用を負担させるとき」とは、無罪又は免訴の裁判があった際に、告訴人、告発人又は請求人に訴訟費用を負担させるときをいう（183）。

2　決定の手続

本案の裁判を行った受訴裁判所が担当することが予定されているといえるが、職権で決定をもって行うということ以外、その手続について特段の規定はない。しかしながら、第三者所有物没収に関する最大判昭37・11・28刑集16・11・1593に照らしても、費用を負担させる告訴人等に対して告知と聴聞の機会を与えるべきであり、事実の取調べ（43）の機会を活用すべきとされている（平場・注解刑訴上552、増井・注釈刑訴2・490、福崎・大コメ刑訴3・480）。その場合、事実の取調べは本案の裁判の後に行わざるを得ないであろうから、本決定は、本案の裁判と同時に行われなくとも、本案の裁判後、相当な期間内に行えば足りると解される（増井・注釈刑訴2・489、福崎・大コメ刑訴3・481。平場・注解刑訴上551は、本案に対する上訴まで及び上訴期間中を限度とする。）。

3　不服申立て

本条の訴訟費用負担の決定は即時抗告の対象となっている。

〔§187〕訴訟費用負担の決定　635

　抗告権者については、訴訟費用の負担の決定を受けた者（352）以外に検察官（351）も含まれると解すべきであろう（増井・注釈刑訴2・489、福崎・大コメ刑訴3・481。平場・注解刑訴上552は訴訟費用の負担の決定を受けた者のみであるとする。）。被告人（351）については抗告の利益が認められる場合を考え難い。

　無罪又は免訴の判決に対して検察官が上訴をし、原判決が破棄されて有罪の判決が確定した場合、本条による訴訟費用の負担が確定していたときには問題があるが、執行に関する検察官の処分に対する異議の申立て（502）で対処すべきとされている（平場・注解刑訴上552、増井・注釈刑訴2・489、福崎・大コメ刑訴3・482）。　　　　　　　　　　　　　　　（小倉哲浩）

〔訴訟費用負担の決定〕
第187条　裁判によらないで訴訟手続が終了する場合において、訴訟費用を負担させるときは、最終に事件の係属した裁判所が、職権でその決定をしなければならない。この決定に対しては、即時抗告をすることができる。

〈本条細目次〉
1　本条の対象　635
2　決定の手続　635
3　不服申立て　636

1　本条の対象

「裁判によらないで訴訟手続が終了する場合」とは、上訴の取下げ（359・360）、再審請求の取下げ（443）、正式裁判請求の取下げ（466）による場合である。184条に規定されている場合のほか、検察官の上訴取下げ又は当事者双方の上訴取下げにより裁判が確定したが被告人に訴訟費用を負担させる場合（181Ⅲ但・181Ⅱ準用ないし類推適用〔184条の解説2参照〕）がある。

2　決定の手続

　上訴取下げ等により訴訟手続が終了した場合の訴訟費用の負担は、本案の

裁判とは別個の手続で行う必要があることから、本条により、事件が係属した裁判所が職権で決定を行うこととされている。

「最終に事件の係属した裁判所」とは、上訴の取下げの場合には、原則として上訴審裁判所であるが、訴訟記録が原裁判所から上訴裁判所に送付される前であれば、原裁判所がこれに当たると解されている（団藤・条解335、増井・注釈刑訴2・491、福崎・大コメ刑訴3・483）。

再審請求の取下げの場合は、再審請求事件が係属していた裁判所である。

3 不服申立て

本条による訴訟費用の負担は本案が確定された後になされるものであるから、独立して上訴の対象とされ、即時抗告の対象とされている。

抗告権者は、186条の場合と同様、訴訟費用の負担の決定を受けた者のほか、検察官を含むと解される。

（小倉哲浩）

〔公訴の提起がないとき〕
第187条の2　公訴が提起されなかつた場合において、訴訟費用を負担させるときは、検察官の請求により、裁判所が決定をもつてこれを行う。この決定に対しては、即時抗告をすることができる。

〈本条細目次〉
1　趣　旨　636
2　総合法律支援法の制定による報酬等の支払及び回収の仕組み　637

1　趣　旨

本条は、司法制度改革に関連する「刑事訴訟法等の一部を改正する法律」（平成16年法律第62号）によって新設された規定で、国選弁護人制度の整備に伴い、公訴が提起されなかった場合における訴訟費用の負担の手続について定めるものである。

被疑者に対する国選弁護人の選任制度が導入されるまでは、公訴の提起前に訴訟費用が発生することはなかったので、公訴が提起されなかった場合の訴訟費用の負担に関する規定は置かれていなかったが、被疑者の国選弁護人

の費用は、被告人の国選弁護人の費用と区別されておらず（刑訴費2③、法律支援39Ⅱ参照）、公訴の提起の前後を問わず、国選弁護人の費用は「訴訟費用」となるため、公訴が提起されなかった場合の訴訟費用の負担に関する規定が設けられたのである（本条のほか、181Ⅳ及び183Ⅱ）。

公訴が提起されなかった場合において、被疑者（181Ⅳの場合）又は告訴人等（183Ⅱの場合）に訴訟費用を負担させるときは、検察官の請求により、裁判所が決定をもってこれを行う。この決定に対しては、即時抗告をすることができる。

2　総合法律支援法の制定による報酬等の支払及び回収の仕組み

司法制度改革において整備された国選弁護人制度は、単に公判段階の国選弁護人制度を捜査段階に拡張するにとどまらず、総合法律支援法の制定と相まって、国選弁護人制度の運営主体である支援センター（通称「法テラス」）を設けることにより、全国において、迅速かつ確実に国選弁護人の選任が行われるとともに、弁護人が個々の刑事事件に専従できるような体制を確立しようとするものである（37条の2の解説参照）。

支援センターは、常勤の者を含め、契約により弁護士を確保した上、裁判所等の求めに応じ、確保した弁護士の中から、国選弁護人の候補を指名し、裁判所等に通知するとともに、この通知に基づき国選弁護人に選任された弁護士にその事務を取り扱わせる業務を行い、その報酬等については、当該契約に基づき、支援センターが支払うこととされ、国選弁護人の報酬等請求権を定める38条2項は適用されない（法律支援30Ⅰ③・38・39Ⅰ）。

支援センターの当該業務は、「国の委託に基づく」ものであり（法律支援30Ⅰ③）、国から支援センターに対し、国選弁護人の選任に関する業務を行うのに必要な資金を交付することが予定されていることから、国選弁護人の費用の回収方法については、現行どおり、裁判所が被告人等に対して訴訟費用の一部として負担を命じ、検察官が徴収することによって、費用を出捐した国が被告人等から回収する仕組みとされている。

支援センターとの間で国選弁護人の事務を取り扱うことについて契約をしている弁護士（国選弁護人契約弁護士）が国選弁護人に選任された場合について、総合法律支援法39条2項以下に訴訟費用の範囲等の特則が定められている。

（田野尻猛）

〔費用負担額の算定〕
第188条　訴訟費用の負担を命ずる裁判にその額を表示しないときは、執行の指揮をすべき検察官が、これを算定する。

〈本条細目次〉
1　負担させる費用の表示　638
2　不服申立て　639
3　例　外　639

1　負担させる費用の表示

　訴訟費用を負担させる主文は、「〇〇円は被告人の負担とする」とする例もないではないが（最判昭32・1・29裁集117・501、田川簡判昭38・8・29下刑集5・7＝8・803、紋別簡判昭38・9・5下刑集5・9＝10・855などにその例が見られる。）、実務上は、本条に基づき、「訴訟費用は全部被告人の負担とする。」とするほか、単に「訴訟費用は被告人の負担とする。」としたり（このような場合は訴訟費用の全部を負担させる趣旨であると解することについて、旧法下の判例として大判明34・4・9刑録7・31）、あるいは、「証人Aに支給した分は被告人の負担とする。」、「その2分の1を被告人の負担とする。」などというように発生原因や比率で負担内容を示すことが一般的である（司法研修所編・刑事判決書起案の手引［平成19年版］20）。
　このような主文であっても記録と照らし合わせれば容易にその額を算出することが可能であり、裁判の迅速化を図ることもできることから許容されるとされており、旧法適用下の事件であるが、最大判昭26・5・16刑集5・6・1157は、旧245条が「検事之ヲ定ム」と規定しているのは裁判執行の指揮に当たる検事が訴訟費用額を実地に計算することを規定したにすぎず、訴訟費用額を確定する権限を検事に与えた趣旨ではないとして、憲法31条・32条違反との上告趣意を排斥し、「訴訟費用は全部被告人等6名の連帯負担とする」とした原判決を是認している。
　したがって、その算定は記録に照らすと、具体的な額が機械的に算出可能なものでなければならず、「訴訟費用は各自のために要したる分は各自の負担とする」との判決は算定の基準を明確にしないものとして違法であるとさ

れている（東京高判昭27・11・6特報37・85）。

2　不服申立て

検察官による算定は、裁判の執行指揮権限（472・490）に基づくものであり、検察官の算定に不服がある者は、執行に対する異議の申立て（502）をすることができる。

3　例　外

報酬及び費用が事件ごとに定められる契約を締結している国選弁護人契約弁護士以外の国選弁護人契約弁護士について、訴訟費用の負担を命ずる裁判に費用の額が表示されていないときは、執行の指揮をすべき検察官の申立てにより、裁判所がその額を算定することとされており（法律支援39Ⅲ）、裁判所は、算定に関し、日本司法支援センターに必要な協力を求めることができる（法律支援39Ⅳ）。なお、手続に関しては、総合法律支援法による国選弁護人等契約弁護士に係る費用の額の算定等に関する規則（平成18年最高裁規則第12号）が定められている。

（小倉哲浩）

640　第1編　総則　第16章　費用の補償

第16章　費用の補償

〔無罪の場合の費用補償〕
第188条の2　無罪の判決が確定したときは、国は、当該事件の被告人であつた者に対し、その裁判に要した費用の補償をする。ただし、被告人であつた者の責めに帰すべき事由によつて生じた費用については、補償をしないことができる。
2　被告人であつた者が、捜査又は審判を誤らせる目的で、虚偽の自白をし、又は他の有罪の証拠を作ることにより、公訴の提起を受けるに至つたものと認められるときは、前項の補償の全部又は一部をしないことができる。
3　第188条の5第1項の規定による補償の請求がされている場合には、第188条の4の規定により補償される費用については、第1項の補償をしない。

〔規〕　第138条の9（裁判所書記官による計算・法第188条の3等）　法第188条の2第1項又は第188条の4の補償の決定をする場合には、裁判所は、裁判所書記官に補償すべき費用の額の計算をさせることができる。

〈本条細目次〉
1　趣　旨　640
2　費用補償の対象　641
3　費用補償の除外事由　642
4　上訴費用の補償との調整　643

1　趣　旨

被告人に対し無罪の判決が言い渡され、結果的には不当な公訴の提起を受けたことが確定した場合には、その者が応訴を余儀なくされたことによって

生じた財産上の損害を国で補償することが衡平の精神に合致するとの考えに基づき、昭和51年法律第23号（刑事訴訟法の一部を改正する法律）により本章が新設され、既存の検察官上訴の場合の費用補償規定を含めた整備がされた（立案担当者による解説として、山本和昭「刑事訴訟法の一部を改正する法律の解説（一、二・完）」曹時28・7・29、同28・8・33がある。）。

2 費用補償の対象

費用が補償されるのは、「無罪の判決が確定したとき」であるが、無罪となった理由は問われないので、違法性阻却事由が認められた場合や責任能力が否定された場合も含む。

併合罪の一部について無罪が言い渡されたときは、その無罪の事実に関して費用が補償される。主文で無罪の言渡しがされなくとも、観念的競合の一部（京都地決昭53・1・25判時898・129、大津地決昭63・4・15刑資281・123）や包括一罪の一部（名古屋高決昭59・7・9高刑集37・2・348、名古屋地決平元・7・17刑資281・123）について無罪となった場合にも費用補償の対象となる。前記名古屋高決昭59・7・9及び名古屋地決平元・7・17は、犯罪の証明を欠くとされた事実が起訴及び審理の実情に照らし独立の一罪として起訴されたのと同一視できる場合であることを理由とするが、有罪部分との関係は後記の補償額を決する場合の案分割合において考慮すれば足り、そのような限定を付する必要はないと思われる（古田・注釈刑訴2・498）。

一部無罪となった場合の補償額は、審理の状況や有罪となった部分と無罪となった部分の事実や証拠の関連性等に照らし両者の費用が区分できない場合には、費用の総額を相当の割合で案分して算出することになる（最決昭58・11・7刑集37・9・1353。その後の下級審の事案として名古屋高決昭59・7・9高刑集37・2・348、福岡高決昭60・5・8高検速報1329等）。ただし、本位的訴因が排斥され予備的訴因が認められた場合は補償の対象とならず（名古屋地決平元・7・17刑資281・123参照）、縮小認定がなされた場合も同様である。

再審公判で無罪の判決が言い渡されて確定した場合は、原裁判手続において生じた費用及び再審開始決定後の費用は補償されるが、再審請求手続において要した費用は補償の対象とならない（最決昭53・7・18刑集32・5・1055）。ただし、弁護人であった者の報酬額を決定するに際して再審請求手続において要した費用を考慮に入れたものとして、大阪地堺支決平元・6・

8刑資281・125、高松高決平6・9・12刑資281・125がある。

一方で、刑の免除、免訴、公訴棄却、管轄違いの裁判は補償の対象とならない（公訴棄却の場合につき最決昭58・9・27刑集37・7・1092）。刑事補償に関しては「免訴又は公訴棄却の裁判をすべき事由がなかつたならば無罪の裁判を受けるべきものと認められる充分な事由があるとき」も補償の対象となるが（刑補25Ⅰ）、費用補償についてはこのような例外はもうけられておらず（本条新設の際の衆参両院の各法務委員会での審議において刑補25Ⅰと同様の修正案が提出されたが否決されている。）、無罪となる可能性があったとしても本条の適用はない（公訴棄却の場合につき大阪地決昭52・6・14刑資245・211）。

少年保護事件における非行事実が認められないことを理由とする不処分決定は本条の「無罪の判決」に当たらない（最決平3・3・29刑集45・3・158）[1]。

費用の計算は裁判所書記官にさせることができる（規138の9）。

3　費用補償の除外事由

本条1項但書の「被告人であつた者の責めに帰すべき事由によつて生じた費用」とは、被告人であった者が正当な理由なく公判期日に出頭しなかったため公判を開くことができなかったような場合（秋田地決昭51・11・9刑資245・232）、被告人であった者の請求により審理に不必要な証人を召喚した場合、故意に訴訟を引き延ばして無駄な公判期日を重ねた場合などをいう（被告人が期日の直前に弁護人を解任した場合の当該期日に出頭するために要した旅費、日当を補償しなかったものとして名古屋地決平6・2・14刑資281・128）。

本条2項の「被告人であつた者が、捜査又は審判を誤らせる目的で、虚偽の自白をし、又は他の有罪の証拠を作ることにより、公訴の提起を受けるに至つたものと認められるとき」とは、真犯人をかばうために身代わり犯人として出頭した場合や、いわゆる刑務所志願のため虚偽自白をした場合等がこれに当たる[2]。

これらの場合は、裁量的な除外事由であるので、これらに該当する場合で

---

[1] なお、少年の身体の拘束等に対する補償については、少年の保護事件に係る補償に関する法律（平成4年法律第84号）により認められることとなった。
[2] 葛城簡決平6・9・5刑資281・130は、住居侵入、窃盗事件について否認を続けて捜索を受けたら別件が発覚すると考え、虚偽自白をするとともに被害金の存在を作出した事案につき、費用の補償をしなかった。

あっても、裁判所は相当と認めるときは費用を補償することができる[3]。

4 上訴費用の補償との調整

本条3項は、無罪の裁判に要した費用の補償と上訴費用の補償とが重複することを避けるための調整規定である。例えば、控訴審での破棄差戻しの判決に対して検察官のみが上告し、上告棄却により控訴審の判決が確定した後、その差戻審において無罪の判決が確定して本条1項による費用補償が請求されても、上告審の費用について188条の5第1項による請求がなされている場合には、188条の4により補償される分が除かれることとなる。

(小倉哲浩)

〔無罪の場合の費用補償の決定〕
第188条の3　前条第1項の補償は、被告人であつた者の請求により、無罪の判決をした裁判所が、決定をもつてこれを行う。
2　前項の請求は、無罪の判決が確定した後6箇月以内にこれをしなければならない。
3　補償に関する決定に対しては、即時抗告をすることができる。

〈本条細目次〉
1　補償の手続　643
2　不服申立て　644

1 補償の手続

無罪確定の場合の費用補償の請求権者は、被告人であった者であるが、代理人によって請求すること（188の7により準用される刑補9）や、相続人が請求すること（188の7により準用される刑補2）も可能である。

管轄は、確定した無罪判決を宣告した裁判所であり、ここでいう「裁判所」は、国法上の裁判所をいう。

---

[3] 長野地上田支決平7・3・31刑資281・132は、身代わり犯人として虚偽自白をしたが、第2回公判以降は真摯に訴訟活動をして無罪になり、検察官の控訴も棄却された事案において、控訴審の裁判費用について補償した。

補償請求期間は、無罪判決が確定してから6か月間である。併合罪関係にある複数の訴因の一部について無罪判決が確定した場合には、その他の訴因について上訴により未確定の状態であっても確定した無罪の事件の審理に要した費用の請求をすることができ、かつ、その補償請求期間も当該無罪判決の確定時から進行する（第1審、控訴審、上告審においてそれぞれ一部ずつ無罪判決が確定していった事例につき最決昭58・11・7刑集37・9・1353）。

この点は、刑事補償においては全部確定時説がとられている（最決昭59・11・30刑集38・11・3008）のとは異なる。

2 不服申立て

補償に関する決定に対する不服申立てとしては、即時抗告が認められている（本条Ⅲ）。刑事補償法19条のように補償決定や請求棄却決定の場合に限定されていないので、請求却下決定に対しても即時抗告をすることができる。補償に関する決定を行ったのが高等裁判所である場合には、異議の申立てを行うこととなる（428Ⅱ）。

不服申立期間は3日であるが（422）、その始期は、請求人に決定書謄本が送達されたときであり、請求人代理人に送達されたときではない（東京高決昭52・3・8高検速報2218）。

（小倉哲浩）

〔検察官上訴の場合の費用補償〕
第188条の4 検察官のみが上訴をした場合において、上訴が棄却され又は取り下げられて当該上訴に係る原裁判が確定したときは、これによつて無罪の判決が確定した場合を除き、国は、当該事件の被告人又は被告人であつた者に対し、上訴によりその審級において生じた費用の補償をする。ただし、被告人又は被告人であつた者の責めに帰すべき事由によつて生じた費用については、補償をしないことができる。

〈本条細目次〉
1 上訴費用補償の対象　645
2 除外事由　645

1　上訴費用補償の対象

検察官のみが上訴し、その上訴が棄却され又は取り下げられた場合の補償規定であり、当初368条で規定されていたものを、昭和51年法律第23号による改正時に本条に移され、内容が整備されたものである。検察官上訴が棄却されたことにより無罪の判決が確定した場合は188条の2第1項により補償されることになり、本条の対象外となる。したがって、無罪以外の第1審判決に対して検察官のみが控訴したが、当該控訴が棄却され確定した場合の控訴審で生じた費用等が本条により補償されることとなる。また、当該上訴にかかる原裁判が確定する必要があるので、検察官のみがした控訴が棄却されても、更に検察官が上告した結果、控訴審の判決が取り消され、第1審の判決が破棄された場合には補償されない。

2　除外事由

被告人等の責めに帰すべき事由によって生じた費用については補償しないことができることは、188条の2の場合と同様である。　　　　（小倉哲浩）

〔検察官上訴の場合の費用補償の決定〕
第188条の5　前条の補償は、被告人又は被告人であつた者の請求により、当該上訴裁判所であつた最高裁判所又は高等裁判所が、決定をもつてこれを行う。
2　前項の請求は、当該上訴に係る原裁判が確定した後2箇月以内にこれをしなければならない。
3　補償に関する決定で高等裁判所がしたものに対しては、第428条第2項の異議の申立てをすることができる。この場合には、即時抗告に関する規定をも準用する。

〔規〕　第138条の8（準用規定）　書面による法第188条の4の補償の請求については、第227条及び第228条の規定を準用する。

〈本条細目次〉
1　補償の手続　646

2 不服申立て 646

1 補償の手続

　検察官上訴の場合の費用補償の請求権者は、被告人又は被告人であった者である。無罪判決が確定した場合と異なり「被告人であつた者」だけではなく「被告人」も含まれているのは、例えば破棄差戻しの控訴審判決に対する上告が棄却され控訴審判決が確定しても、被告人としての立場を失わない場合もあるためである。刑事施設に収容されている者（規305により留置施設で代替収容されている場合も含まれる。）が書面で補償を請求する場合には規227条・228条が準用される（規138の8）。無罪確定の場合と同様、代理人によって請求することや、相続人が請求することも可能である。

　管轄は、当該上訴裁判所であった最高裁判所又は高等裁判所である。ここにいう「裁判所」は、国法上の裁判所をいう（旧370Ⅰにつき、最決昭30・12・26刑集9・14・3060は、大法廷で上告棄却となった事件の上訴費用の補償決定を小法廷で行った。）。

　補償請求期間は、当該上訴に係る原裁判が確定してから2か月間である。

2 不服申立て

　上訴審での費用補償に関する決定は、高等裁判所ないしは最高裁判所が行うこととなるが、高等裁判所の決定に対して428条2項の異議の申立てをすることができる（本条Ⅲ）。補償決定や請求棄却決定の場合のみならず請求却下決定に対しても不服申立てができることは無罪確定の場合と同様であり、不服申立期間も3日である（422）。

（小倉哲浩）

〔補償費用の範囲〕

第188条の6　第188条の2第1項又は第188条の4の規定により補償される費用の範囲は、被告人若しくは被告人であつた者又はそれらの者の弁護人であつた者が公判準備及び公判期日に出頭するに要した旅費、日当及び宿泊料並びに弁護人であつた者に対する報酬に限るものとし、その額に関しては、刑事訴訟費用に関する法律の規定中、被告人又は被告人であつた者については証人、弁護人であつた者については弁護人に関す

る規定を準用する。
　2　裁判所は、公判準備又は公判期日に出頭した弁護人が2人以上あつたときは、事件の性質、審理の状況その他の事情を考慮して、前項の弁護人であつた者の旅費、日当及び宿泊料を主任弁護人その他一部の弁護人に係るものに限ることができる。

〈本条細目次〉
　1　補償される費用の範囲及び額　647
　2　被告人等や弁護人であった者の旅費、日当、宿泊料　647
　3　弁護人報酬　649

1　補償される費用の範囲及び額

　補償される費用の範囲は、①被告人又は被告人であった者が公判準備及び公判期日に出頭するに要した旅費、日当、宿泊料、②弁護人であった者が公判準備及び公判期日に出頭するに要した旅費、日当、宿泊料、③弁護人であった者に対する報酬に限られる。
　補償額に関しては、刑事訴訟費用等に関する法律の証人及び弁護人に関する規定が準用される。
　補償すべき費用の算定基準は、被告人又は弁護人であった者に対する旅費、日当、宿泊料については、これらの者が公判準備及び公判期日に出頭した時点であり、弁護人であった者に対する報酬については、当該各審級の判決宣告の時点であるとされている（最決昭54・12・14刑集33・7・917）。

2　被告人等や弁護人であった者の旅費、日当、宿泊料

　補償される出頭の対象である「公判準備」とは、公判期日における準備のため、受訴裁判所又はその裁判所の受命裁判官若しくは受託裁判官が、公判期日外でする証拠調べ、証拠収集の手続又は弁論をいうものと解され（高松高決平6・9・12刑資281・125、福崎・大コメ刑訴3・516参照）、公判期日外の証人や鑑定人等の尋問、公判廷外の検証、鑑定、捜索、差押えのほか、公判前整理手続期日、期日間整理手続期日などを含む。
　一方で、裁判所及び当事者が集まって訴訟の進行や個々の証拠調べに関する具体的方法について事実上打合せをしたにすぎないような期日は公判準備

には含まれず（仙台高決昭55・3・24刑資245・278）、規178条の10に基づく第1回公判期日前の事前の打合せへの出頭についても補償の対象とならないと解するのが一般であり、受訴裁判所とは無関係に行われる証拠保全手続、第1回公判期日前における裁判官による証人尋問等も同様である（山本・曹時28・8・47、福崎・大コメ刑訴3・516、古田・注釈刑訴2・521）。

　ただし、弁護人報酬に関して後記3のとおり日本司法支援センターの報酬基準を用いる場合、同基準では、第1回公判期日前の証人尋問等の証拠保全等への出頭も加算報酬の支給対象となっており（国選弁護人の事務に関する契約約款〔法務大臣が平成26年3月25日に変更認可したもの〕14、別紙報酬及び費用の算定基準25の2）、報酬に関しては当該規定を踏まえて算定されることになる。また、後記のとおり、日本司法支援センターの前記報酬基準では弁護人の公判前整理手続期日等への出頭は加算報酬の支給事由とされているところ、実務上、公判前整理手続期日等において行うことと同様のことを打合せとして行う運用も行われていることに照らすと、報酬の算定においては、そのような打合せも加算の対象とすべきであろう。

　被告人や被告人であった者が勾留されていた場合の旅費、宿泊費については補償されないことで問題はないが、日当については補償されると解するべきであろう（山本・曹時28・8・66、古田・注釈刑訴2・522）。ただし、補償されないとする見解（福崎・大コメ刑訴3・517）もあり、最高裁の処理例も、最決昭58・11・7刑集37・9・1353は、被告人であった者の勾留中の日当を補償しなかったが[1]、最決昭61・4・2裁集242・313では、被告人であった者の勾留中の日当も補償している（最決昭61・4・2裁集242・323で刑事補償も行っている。）。下級審の裁判例においては、日当は補償されないとするもの（千葉地松戸支決平4・1・8刑資281・172、大阪高決平9・11・5刑資281・173）、日当は逸失利益分及び出頭雑費分からなるので、刑事補償で補償されない後者について認めるとするもの（東京高決昭59・3・30刑資245・250、東京地決昭63・2・24刑資281・140、大阪地決平3・3・28刑資281・172、東京高決平25・7・16高検速報3499）、逸失利益分についても刑事補償によりすべて

---

(1)　中川・ジュリ817・55は、「刑事補償の内容としてまかなわれているとみたものであろう」とする。同決定前に申し立てられた刑事補償請求は最決昭59・11・30刑集38・11・3008により認められている。

補償されるとはいい難いとして相当額を補償するとしたもの（仙台地決昭60・9・4判時1168・157）、法定限度額の日当を認めるもの（仙台高決昭53・2・14高刑集31・1・12）などがある（前記東京高決平25・7・16は、実務の大勢は、勾留中の被告人の日当の交付が裁判所の裁量に属する事柄であると解した上で個々の事案に応じて判断をしていると指摘し、髙橋・刑ジ40・133もこの指摘内容を是認する。）。

弁護人であった者の旅費については、在勤地内からの出頭でもあっても補償を拒むことはできないとする高裁判例がある（東京高決昭53・5・23高刑集31・2・104／判時897・124）。

なお、日本司法支援センターの報酬基準によれば、弁護人が公判期日や公判前整理手続期日等に出頭した場合、加算報酬が支給されることとなっている一方（前記報酬及び費用の算定基準20・21）、出張を伴うなどしたときにのみ日当が支給される（同33）ことから、報酬には日当相当額が含まれていると考え、弁護人の日当を別途算定しない取扱いもみられる。

弁護人が複数の場合は、事件の性質、審理の状況等を考慮して、出頭に要した旅費、日当、宿泊料を主任弁護人その他一部の弁護人に限ることができる（本条Ⅱ）。不必要に多数の弁護人が出廷するなどしたような場合には、補償の範囲を限定することが制度の趣旨に合致するという考えに基づくものである（山本・曹時28・8・62）。補償の対象となる弁護人を限定した例として、広島高決昭52・10・29判時872・124（68名の弁護人のうち補償の対象となる弁護人を4名に限定した。ただし異議審の広島高決昭53・6・29刑集32・5・1064は6名に変更した。）、東京高決昭57・3・24判時1064・136（総勢208名の弁護人のうち補償の対象となる弁護人を、第1審を3名、控訴審を2名、差戻審を3名に限定した原決定の人数の判断について維持した。）などがある。

3 弁護人報酬

弁護人報酬は、刑事訴訟費用等に関する法律の弁護人に関する規定が準用される結果、「裁判所が相当と認めるところ」（刑費8Ⅱ）により算定されることになる。現実に支払われた額が基準となるのではなく、国選弁護人に支払われるべき報酬額が基準となるところ、日本司法支援センターが事件ごとに契約している国選弁護人契約弁護士に支払う報酬基準、すなわち、前記の国選弁護人の事務に関する契約約款に規定されている報酬及び費用の算定基

準を参考にして、前記**2**で指摘した事由も踏まえて報酬を算定することになる。なお、被疑者段階の私選弁護人の報酬等については、国選弁護人の場合と同程度の財政的負担を国で引き受けるのが合理的であるとした立法趣旨（山本・曹時28・7・38）からすると、被疑者国選弁護の対象事件（37の2）に関しては補償の対象とすべきであろう。

弁護人らが犯罪地であるアメリカ合衆国で調査等をしたことを考慮したものとして、東京高決平13・2・13判時1763・216がある。

弁護人が複数の場合の報酬については、旅費等と異なり、対象となる弁護人の人数を限定できる旨の規定がないが、この場合は、単純に弁護人の数に比例するのではなく、当該弁護活動を全体として評価し、相当と認められる報酬額を算定するものとされている（山本・曹時28・8・50、東京地決昭63・2・24刑資281・140）。　　　　　　　　　　　　　　　　　（小倉哲浩）

〔補償手続等〕

第188条の7　補償の請求その他補償に関する手続、補償と他の法律による損害賠償との関係、補償を受ける権利の譲渡又は差押え及び被告人又は被告人であつた者の相続人に対する補償については、この法律に特別の定めがある場合のほか、刑事補償法（昭和25年法律第1号）第1条に規定する補償の例による。

〈本条細目次〉
1　補償の請求その他補償に関する手続　650
2　補償と他の法律による損害賠償との関係　651
3　補償を受ける権利の譲渡又は差押え　651
4　被告人又は被告人であった者の相続人に対する補償　651

1　補償の請求その他補償に関する手続

補償に関する手続としては、刑事補償法9条（代理人による補償の請求）・13条（補償請求の取消の効果）・14条（補償請求に対する裁判）・15条（補償請求却下の決定）・16条（補償又は請求棄却の決定）・19条3項（即時抗告又は異議の申立てに関する準用規定）及び20条（補償払渡の請求）の各規定が適用される。

同法6条（管轄裁判所）・7条（補償請求の期間）・19条（即時抗告又は異議の申立て）1項・2項は、188条の3及び188条の5に特別の規定があることから適用されない。188条の3第3項及び188条の5第3項で即時抗告等の特別規定が定められ、426条・428条3項が適用されることから、刑事補償法19条3項中、15条を準用する部分の適用はない。

2 補償と他の法律による損害賠償との関係

刑事補償法5条により、検察官の故意過失により起訴され無罪判決を受けたとして国家賠償法により国から損害賠償を受けた場合や、第三者の虚偽告訴等により起訴され無罪の判決を受けたとして民法709条により当該第三者から損害賠償を受けた場合等には、その限度において費用の補償をしないことになる。先に費用補償を受けた場合には、これらの損害賠償額から補償額が差し引かれることになる。

3 補償を受ける権利の譲渡又は差押え

刑事補償法22条により、補償の請求権や補償払渡しの請求権の譲渡しや差押えは禁止される。

4 被告人又は被告人であった者の相続人に対する補償

刑事補償法2条（相続人による補償の請求）・8条（相続人の疎明）・10条（同順位相続人の補償の請求）・11条（同順位相続人に対する通知）・12条（同順位相続人の補償請求の取消）・17条（同順位相続人に対する決定の効果）・18条（補償請求手続の中断及び受継）及び21条（補償払渡の効果）の各規定が適用される。

（小倉哲浩）

裁判例コンメンタール刑事訴訟法
監修者・編集代表・編集委員・第1巻執筆者紹介（平成27年1月現在）

〈監修者〉

井上 正仁	早稲田大学大学院法務研究科教授

〈編集代表〉

河村 博	前名古屋高等検察庁検事長
酒巻 匡	京都大学大学院法学研究科教授
原田 國男	慶應義塾大学大学院法務研究科教授
廣瀬 健二	立教大学大学院法務研究科教授

〈編集委員〉

大島 隆明	東京高等裁判所判事
三浦 守	最高検察庁公判部長

〈第1巻執筆者〉50音順

飯嶋 泰	法務省公安課長
遠藤 邦彦	大阪地方裁判所判事
小倉 哲浩	大阪地方裁判所判事
加藤 陽	大阪地方裁判所判事
川田 宏一	最高裁判所調査官
田野尻 猛	最高検察庁検事
中村 光一	東京地方裁判所判事
廣瀬 健二	立教大学大学院法務研究科教授
村越 一浩	大阪地方裁判所判事
吉田 正喜	鹿児島地方検察庁検事正
吉田 雅之	法務省刑事局付検事
和田 雅樹	函館地方検察庁検事正

第 1 巻判例索引

大審院、最高裁判所

大判明34・4・9刑録7・31 ………… 638
大判明35・5・12刑録8・94 ………… 583
大判明39・2・16刑録12・225 ………… 511
大判明39・3・22刑録12・333 ………… 551,588
大判明39・6・11刑録12・671 ………… 512
大判明39・11・22刑録12・1266 ………… 580
大判明40・10・18刑録13・1155 ………… 583,596
大判明43・6・21刑録16・1263 ………… 595
大判大3・9・28刑録20・1650 ………… 588
大判大4・10・29刑録21・1756 ………… 21
大判大5・11・6刑録22・1669 ………… 595
大判大6・8・27刑録23・993 ………… 595
大判大9・3・3刑録26・101 ………… 550,551
大判大10・2・16刑録27・57 ………… 550
大判大11・2・23刑集1・73 ………… 595
大判大11・10・24刑集1・582 ………… 552
大判大11・11・17刑集1・666 ………… 588
大判大12・2・13刑集2・56 ………… 596
大判大12・2・19刑集2・104 ………… 595
大判大12・5・26刑集2・452 ………… 106
大判大12・6・20刑集2・567 ………… 588
大判大12・7・3刑集2・615 ………… 595
大判大12・11・29刑集2・881 ………… 583
大判大13・3・29刑集3・289 ………… 511
大判大13・4・28刑集3・378 ………… 175
大判大13・5・5刑集3・396 ………… 550
大判大13・7・4刑集3・8・555 ………… 215
大判大13・7・12刑集3・571 ………… 550
大判大13・11・21新聞2341・15 ………… 102
大判大13・11・28刑集3・834 ………… 595
大判大13・12・20刑集3・896 ………… 236
大判大14・1・21刑集4・1 ………… 261
大判大14・3・3刑集4・115 ………… 538
大判大14・6・9刑集4・394 ………… 588
大判大14・6・17新聞2430・10 ………… 512
大決大14・7・2刑集4・468 ………… 584

大判大14・12・26刑集4・795 ………… 552
大判大15・3・2刑集5・63 ………… 512
大判大15・3・27刑集5・125 ………… 65
大判大15・5・20刑集5・171 ………… 583
大決大15・6・30刑集5・343 ………… 66
大判大15・7・3刑集5・395 ………… 583
大判大15・9・13刑集5・407 ………… 529
大判大15・12・24刑集5・593 ………… 600
大判昭2・4・23刑集6・162 ………… 528
大判昭2・7・11刑集6・263 ………… 525
大判昭2・9・23刑集6・365 ………… 580
大判昭2・10・4刑集6・367 ………… 583
大判昭2・12・24刑集6・555 ………… 511
大判昭2・12・24刑集6・577 ………… 551
大決昭3・6・18刑集7・427 ………… 550,609
大判昭3・12・27刑集7・790 ………… 209
大判昭4・1・29刑集8・19 ………… 512
大判昭4・3・8刑集8・126 ………… 210
大判昭4・11・29刑集8・575 ………… 210
大判昭5・2・13刑集9・136 ………… 595
大判昭5・3・20刑集9・221 ………… 512
大判昭5・12・12刑集9・893 ………… 546
大判昭6・3・23刑集10・2・92 ………… 576
大判昭6・4・6刑集10・121 ………… 106
大判昭6・5・18刑集10・233 ………… 550
大決昭6・11・7刑集10・544 ………… 519,543
大判昭6・12・3刑集10・682 ………… 584
大判昭7・3・3刑集11・215 ………… 67
大判昭7・4・18刑集11・384 ………… 508,510
大判昭7・10・13刑集11・1475 ………… 600
大判昭7・12・14刑集11・1853 ………… 103
大判昭8・2・14刑集12・62 ………… 548
大判昭8・6・21刑集12・847 ………… 512
大判昭8・6・24刑集12・924 ………… 531
大判昭8・6・26刑集12・950 ………… 582
大判昭8・10・12刑集12・1758 ………… 545

大判昭8・10・16刑集12・1796 …………… 584	最大決昭23・12・24刑集2・14・1925 ………… 83
大判昭8・12・7刑集12・2237 …………… 595	最大判昭23・12・27刑集2・14・1934 ………… 620
大判昭9・1・17刑集13・1・1 …………… 512	最判昭24・1・12刑集3・1・20 …………… 114
大判昭9・3・20刑集13・297 …………… 106	最判昭24・2・8刑集3・2・95 …………… 233
大判昭9・6・8刑集13・714 …………… 581	最大判昭24・2・9刑集3・2・151 …………… 297
大判昭9・6・13刑集13・747 …………… 516	最判昭24・2・17刑集3・2・184 …………… 402
大判昭9・6・27大審院判決全集7・20 …………… 92	最判昭24・2・24刑集3・2・238 …………… 221
大判昭9・9・3刑集13・1109 …………… 550	最判昭24・3・5刑集3・3・253 …………… 238
大判昭10・1・24刑集14・6 …………… 595	最決昭24・3・5刑集3・3・268 …………… 51
大判昭10・7・25刑集14・838 …………… 600	最判昭24・3・15刑集3・3・299 …………… 583
大判昭10・9・28刑集14・997 …………… 65	最判昭24・3・31刑集3・3・414 …………… 221
大判昭11・1・24刑集15・1 …………… 210	最判昭24・4・16刑集3・5・569 …………… 220
大判昭11・4・15刑集15・583 …………… 102,576	最判昭24・4・23刑集3・5・632 …………… 236
大判昭11・11・16刑集15・1446 …………… 595	最判昭24・4・26刑集3・5・653 …………… 298
大判昭12・6・3刑集16・854 …………… 627	最判昭24・5・7刑集3・6・699 …………… 582
大判昭12・6・5刑集16・895 …………… 595	最大判昭24・5・18刑集3・6・734 …………… 184
大判昭13・5・27刑集17・396 …………… 237	最大判昭24・5・18刑集3・6・783 …………… 525
大判昭19・11・22刑集23・239 …………… 626	最大判昭24・5・18刑集3・6・789 …………… 528
大判昭20・6・8刑集24・7 …………… 240	最大判昭24・5・18刑集3・6・839 …………… 5
最大判昭23・3・12刑集2・3・191 …………… 5	最大判昭24・6・13刑集3・7・1039 …………… 554
最判昭23・4・17刑集2・4・364 ……… 145,531,627	最判昭24・7・9刑集3・8・1193 ………… 530,551
最判昭23・4・22刑集2・4・413 …………… 232	最判昭24・7・19刑集3・8・1339 …………… 67
最判昭23・4・23刑集2・4・422 …………… 266	最判昭24・8・9刑集3・9・1449 …………… 241
最判昭23・5・5刑集2・5・439 …………… 221	最大決昭24・9・19刑集3・10・1598 …………… 175
最大判昭23・5・5刑集2・5・447 …………… 63	最判昭24・11・2刑集3・11・1732 …………… 385
最大判昭23・5・26刑集2・5・511 …………… 63	最大判昭24・11・2刑集3・11・1737 ……… 125,133
最判昭23・6・12刑集2・7・668 …………… 100	最大判昭24・11・30刑集3・11・1857 ……… 125,332
最大判昭23・6・14刑集2・7・680 …………… 212	最判昭24・12・15刑集3・12・2011 ……… 558,568
最判昭23・6・23刑集2・7・734 …………… 528	最判昭24・12・24刑集3・12・2120 …………… 216
最判昭23・6・26刑集2・7・743 ……… 217,237,241	最判昭25・1・13刑集4・1・12 …………… 582
最大判昭23・6・30刑集2・7・773 …………… 63	最判昭25・2・16刑集4・2・193 …………… 103
最判昭23・7・6刑集2・8・785 …………… 582	最決昭25・3・6刑集4・3・308 …………… 557
最大判昭23・7・19刑集2・8・944 …………… 385	最大判昭25・3・15刑集4・3・371 …………… 555
最大判昭23・7・29刑集2・9・1076 …………… 222	最判昭25・3・30刑集4・3・454 …………… 179
最判昭23・8・9刑集2・9・1143 …………… 554	最大決昭25・3・30刑集4・3・457 ………… 277,412
最決昭23・10・13刑集2・11・1339 …………… 50	最大決昭25・4・7刑集4・4・512 ………… 212,556
最判昭23・11・4刑集2・12・1459 …………… 233	最大判昭25・4・12刑集4・4・535 ………… 65,73
最大決昭23・11・15刑集2・12・1528 …………… 175	最判昭25・4・14刑集4・4・578 ………… 558,568
最判昭23・11・17刑集2・12・1588 …………… 582	最判昭25・5・12刑集4・5・793 …………… 65
最判昭23・11・30裁集5・533 …………… 582	最大判昭25・6・7刑集4・6・966 …………… 620
最判昭23・12・9刑集2・13・1725 …………… 221	最判昭25・6・21刑集4・6・1045 …………… 582
最判昭23・12・11刑集2・13・1735 …………… 582	最判昭25・6・23刑集4・6・1061 …………… 126
最判昭23・12・18刑集2・14・1831 …………… 219	最判昭25・6・23刑集4・6・1068 …………… 218
最判昭23・12・21刑集2・14・1843 …………… 221	最決昭25・6・29刑集4・6・1138 …………… 313
最大判昭23・12・22刑集2・14・1853 …………… 10	最判昭25・7・13刑集4・8・1343 …………… 234
最判昭23・12・24刑集2・14・1883 …………… 532	最判昭25・9・5刑集4・9・1620 …………… 554

最大判昭25・9・27刑集4・9・1799 …… 5	最判昭27・8・5刑集6・8・957 …… 626
最決昭25・10・4刑集4・10・1866 …… 528	最大判昭27・8・6刑集6・8・974
最決昭25・10・26刑集4・10・2170 …… 491	…… 5, 444, 524, 536, 539, 541, 573
最判昭25・11・17刑集4・11・2328 …… 179	最決昭27・9・8判タ25・47 …… 67
最判昭25・11・30刑集4・11・2434 …… 66	最決昭27・9・10刑集6・8・1068 …… 233
最判昭25・12・12刑集4・12・2543 …… 531	最決昭27・9・11裁集67・21 …… 127
最判昭25・12・26刑集4・12・2636 …… 582	最判昭27・11・5刑集6・10・1159 …… 553, 538
最判昭25・12・26刑集4・12・2645 …… 210	最判昭27・11・14刑集6・10・1199 …… 101
最決昭25・12・26刑集4・12・2651 …… 313	最決昭27・11・18刑集6・10・1213 …… 175
最決昭26・1・19刑集5・1・58 …… 427, 439, 492	最判昭27・12・19刑集6・11・1329 …… 175
最判昭26・1・25刑集5・1・89 …… 232	最判昭27・12・25刑集6・12・1413 …… 528
最判昭26・2・22刑集5・3・421 …… 175	最決昭27・12・26刑集6・12・1470 …… 111
最判昭26・3・8刑集5・4・495 …… 622, 633	最判昭28・1・17刑集7・1・5 …… 68
最判昭26・3・15刑集5・4・535 …… 551	最決昭28・2・19刑集7・2・242 …… 103
最判昭26・3・30刑集5・4・731 …… 554	最判昭28・2・19刑集7・2・293 …… 64
最判昭26・4・12刑集5・5・893 …… 263	最判昭28・2・19刑集7・2・305 …… 580, 595
最決昭26・4・13刑集5・5・898 …… 43	最決昭28・3・13刑集7・3・561 …… 525
最決昭26・4・13刑集5・5・902 …… 263	最決昭28・3・18刑集7・3・568 …… 556
最判昭26・4・24刑集5・5・934 …… 531	最決昭28・3・26裁集77・245 …… 89
最決昭26・4・27刑集5・5・957 …… 267, 296	最判昭28・4・1刑集7・4・713 …… 128
最決昭26・5・11刑集5・6・1107 …… 85	最決昭28・4・16裁集78・685 …… 65
最大判昭26・5・16刑集5・6・1157 …… 638	最判昭28・4・25刑集7・4・876 …… 556
最判昭26・5・25刑集5・6・1198 …… 68	最判昭28・5・7刑集7・5・946 …… 65
最判昭26・6・8刑集5・7・1250 …… 556	最決昭28・6・19裁集83・319 …… 459
最判昭26・6・8刑集5・7・1257 …… 103	最判昭28・7・8刑集7・7・1462 …… 510
最判昭26・6・28刑集5・7・1303 …… 101	最決昭28・7・10刑集7・7・1474 …… 170
最判昭26・7・6民集5・8・474 …… 294	最判昭28・7・18刑集7・7・1547 …… 195
最判昭26・8・9刑集5・9・1758 …… 103	最判昭28・8・18刑集7・8・1742 …… 525
最決昭26・9・6刑集5・10・1907 …… 269	最判昭28・9・1刑集7・9・1787 …… 593
最決昭26・10・6刑集5・11・2177 …… 266	最判昭28・9・1刑集7・9・1796 …… 536
最判昭26・10・18刑集5・11・2268 …… 612	最決昭28・10・6刑集7・10・1888 …… 65, 72, 75
最決昭26・10・19裁集54・1225 …… 620	最決昭28・10・6刑集7・10・1897 …… 111
最大判昭27・1・9刑集6・1・4 …… 5	最判昭28・10・15刑集7・10・1934 …… 580
最判昭27・1・29判タ18・53 …… 60	最判昭28・10・15刑集7・10・1938 …… 351, 361, 362
最決昭27・1・31裁集5・503 …… 260	最決昭28・10・19刑集7・10・1945 …… 538
最判昭27・2・6刑集6・2・134 …… 556	最決昭28・10・23刑集7・10・1968 …… 536
最判昭27・2・14刑集6・2・237 …… 217, 237	最判昭28・11・17刑集7・11・2202 …… 235
最決昭27・2・26裁集61・597 …… 550	最判昭28・11・27刑集7・11・2294 …… 60
最判昭27・3・4刑集6・3・339 …… 27	最判昭28・12・15刑集7・12・2444 …… 211, 233
最大判昭27・3・19刑集6・3・502 …… 447, 451	最決昭28・12・19裁集90・61 …… 51
最判昭27・3・25刑集6・3・507 …… 234	最決昭29・1・14裁集91・349 …… 238
最大判昭27・5・14刑集6・5・769 …… 385	最決昭29・1・19刑集8・1・37 …… 390
最決昭27・5・31刑集6・5・788 …… 260	最決昭29・2・25刑集8・2・189 …… 556
最決昭27・6・18刑集6・6・800 …… 556	最決昭29・2・26刑集8・2・198 …… 64, 65
最判昭27・7・18刑集6・7・913 …… 260	最判昭29・3・2裁集93・59 …… 554
最判昭27・7・22裁集66・307 …… 607	最決昭29・3・20刑集8・3・280 …… 261

最決昭29・3・23刑集8・3・305 ……… 222
最決昭29・3・23刑集8・3・318 ……… 424
最判昭29・4・15刑集8・4・471 ……… 598
最判昭29・4・27刑集8・4・572 ……… 39
最大判昭29・4・28刑集8・4・584 ……… 239
最決昭29・5・4刑集8・5・631 ……… 87, 181
最判昭29・5・11刑集8・5・670 ……… 302
最決昭29・6・3刑集8・6・802 ……… 529
最決昭29・6・16刑集8・6・878 ……… 239
最決昭29・6・23刑集8・6・943 ……… 67
最決昭29・6・29刑集8・6・985 ……… 39
最大判昭29・7・7刑集8・7・1052 ……… 103, 114
最決昭29・7・14刑集8・7・1108 ……… 213
最判昭29・7・16刑集8・7・1169 ……… 632
最決昭29・7・30刑集8・7・1231 ……… 96
最決昭29・8・5刑集8・8・1237 …… 351, 357, 361
最判昭29・8・24民集8・8・1549 ……… 144
最決昭29・9・7刑集8・9・1459 …… 351, 357, 361
最判昭29・9・24刑集8・9・1519 ……… 557, 576
最判昭29・9・24刑集8・9・1534 ……… 557, 569
最決昭29・9・28裁集98・853 ……… 453
最決昭29・10・26裁集99・531 ……… 438
最判昭29・10・26民集8・10・1979 ……… 77
最決昭29・10・28裁集99・607 ……… 64
最判昭29・11・16裁集100・411 ……… 632
最判昭29・11・16裁集100・447 ……… 632
最大決昭29・11・24裁集100・573 ……… 496
最決昭29・12・14刑集8・13・2142 ……… 294
最決昭29・12・27刑集8・13・2435 ……… 103
最判昭30・1・14刑集9・1・52 …… 500, 622, 632
最判昭30・2・15刑集9・2・282 ……… 605
最判昭30・3・25刑集9・3・519 ……… 65
最判昭30・4・12裁集104・423 ……… 625
最決昭30・4・15刑集9・4・851 ……… 175
最判昭30・4・20判時54・27 ……… 170
最決昭30・5・12刑集9・6・1019 ……… 219
最判昭30・6・7裁集106・43 ……… 147
最判昭30・6・14裁集106・121 ……… 170
最判昭30・7・15裁集107・439 ……… 633
最判昭30・7・19裁集107・571 ……… 633
最決昭30・7・29裁集107・1207 ……… 624
最判昭30・10・14刑集9・11・2213 ……… 65
最決昭30・11・18刑集9・12・2483 ……… 439, 493
最決昭30・11・22刑集9・12・2484 ……… 451
最判昭30・11・22民集9・12・1818 ……… 234
最判昭30・12・9刑集9・13・2682 ……… 210

最大決昭30・12・23刑集9・14・2991 ……… 88
最大決昭30・12・23刑集9・14・2995 ……… 88
最決昭30・12・26刑集9・14・3060 ……… 646
最判昭31・1・24刑集10・1・82 ……… 239
最判昭31・3・9刑集10・3・303 ……… 328
最判昭31・3・27裁集112・833 ……… 238
最判昭31・3・30刑集10・3・422 ……… 77
最判昭31・4・24刑集10・4・608 ……… 427
最判昭31・6・5刑集10・6・805 ……… 87, 181
最判昭31・7・3刑集10・7・999 ……… 93
最判昭31・8・22刑集10・8・1273 ……… 414
最判昭31・9・18刑集10・9・1347 ……… 72
最判昭31・9・25刑集10・9・1382 ……… 65, 73
最決昭31・10・23裁集115・131 ……… 581
最決昭31・12・13刑集10・12・1629 ……… 529
最判昭31・12・13刑集10・12・1633 …… 622, 632
最判昭32・1・29裁集117・501 ……… 638
最大判昭32・2・20刑集11・2・802 …… 103, 537
最大判昭32・3・13刑集11・3・997 …… 5, 108
最大判昭32・4・16刑集11・4・1372 ……… 60
最大判昭32・4・30刑集11・4・1502 …… 21, 538
最判昭32・5・29刑集11・5・1576 ……… 175
最判昭32・5・31刑集11・5・1579 ……… 345
最判昭32・6・12刑集11・6・1649 ……… 260
最判昭32・6・19刑集11・6・1673 ……… 128
最判昭32・7・4刑集11・7・1807 ……… 34
最大決昭32・7・17刑集11・7・1842 ……… 126
最判昭32・8・30刑集11・8・2128 ……… 315
最判昭32・9・10刑集11・9・2213 …… 215, 266
最判昭32・10・23刑集11・10・2694 ……… 415
最判昭32・10・29刑集11・10・2708 ……… 609
最判昭32・11・2刑集11・12・3056 …… 519, 572
最判昭33・2・11刑集12・2・168 ……… 584
最判昭33・2・13刑集12・2・218 ……… 8
最判昭33・2・28裁集123・463 …… 229, 236
最大判昭33・3・5刑集12・3・384 ……… 491
最判昭33・3・14裁集123・679 ……… 185
最判昭33・5・9刑集12・7・1359 ……… 125
最判昭33・5・20刑集12・7・1416 ……… 8
最判昭33・5・24刑集12・8・1535 ……… 21
最大判昭33・5・28刑集12・8・1694 ……… 628
最判昭33・7・15刑集12・11・2578 ……… 111
最大決昭33・7・29刑集12・12・2776 ……… 449
最決昭33・9・16刑集127・219 ……… 612
最決昭33・12・15刑集12・16・3545 ……… 81
最決昭34・2・6刑集13・1・49 ……… 96

第 1 巻判例索引　大審院、最高裁判所　659

最決昭34・2・6刑集13・1・55 ……………… 608
最決昭34・2・13刑集13・2・153 …………… 414
最決昭34・2・19刑集13・2・179 …………… 64
最決昭34・3・27刑集13・3・415 …………… 83
最決昭34・4・28判時195・5 ………………… 122
最大決昭34・7・1刑集13・7・1001 ………… 73
最大昭34・8・4判時195・4 …………………… 123
最大判昭34・8・10刑集13・9・1419 ……… 429
最決昭35・1・26刑集14・1・29 …………… 497
最決昭35・3・23刑集14・4・439 …………… 612
最決昭35・5・28刑集14・7・925 …………… 616
最判昭35・6・9刑集14・7・957 …………… 595
最判昭35・9・8刑集14・11・1437 ………… 509
最判昭35・9・9刑集14・11・1477 ………… 529
最決昭35・10・4裁集135・517 ……………… 298
最決昭35・11・30刑集14・13・1766 ……… 442, 534
最決昭35・12・16刑集14・14・1947 ……… 185
最決昭35・12・20裁集136・693 …………… 51
最判昭36・2・23刑集15・2・396 …………… 60
最決昭36・3・14刑集15・3・516 …………… 238
最決昭36・5・9刑集15・5・771 …………… 11
最決昭36・5・26刑集15・5・893 …………… 512
最決昭36・5・30裁集138・277 ……………… 628
最決昭36・6・14刑集15・6・974 …………… 73
最大判昭36・6・28刑集15・6・1015 ……… 11
最決昭36・7・13刑集15・7・1082 ………… 266
最決昭36・10・31裁集139・817 …………… 76
最決昭36・10・31判時285・31／同294・54 …… 65
最決昭36・11・30刑集15・10・1795 ……… 48
最大決昭37・2・14刑集16・2・85 ………… 11
最判昭37・9・4判時319・48 ………………… 622, 632
最判昭37・10・2裁集144・687 ……………… 37
最判昭37・11・8裁集145・41 ……………… 225
最大判昭37・11・28刑集16・11・1577 …… 544
最判昭37・11・28刑集16・11・1593 ……… 634
最判昭38・4・12裁集147・39 ……………… 64
最判昭38・7・25裁集147・863 ……………… 294
最決昭38・12・24刑集17・12・2526 ……… 546
最決昭39・2・5裁集150・411 ……………… 244
最大決昭39・3・12刑集18・3・107 ………… 79
最決昭39・5・23刑集18・4・166 …………… 184
最決昭39・6・2裁集151・323 ……………… 632
最決昭39・6・5刑集18・5・189
　　　　　……………… 519, 543, 545, 571, 573
最決昭39・6・26刑集18・5・230 …………… 266
最決昭39・7・16裁集152・273 ……………… 632

最決昭39・9・29裁集152・987 ……………… 70, 76
最決昭39・10・16判タ169・151 …………… 92, 97
最判昭40・3・12判時412・72／判タ178・139 … 92
最大判昭40・4・28刑集19・3・270 ………… 8
最決昭40・7・20刑集19・5・591 …………… 102, 103
最決昭40・8・2刑集19・6・609 ……………… 267
最判昭40・12・3判時436・39 ……………… 488
最決昭41・2・17裁集158・271 ……………… 512, 513
最決昭41・2・21裁集158・321 ……………… 585
最決昭41・2・24刑集20・2・49 ……………… 179
最決昭41・4・15判タ191・147 ……………… 370
最決昭41・5・20裁集159・761 ……………… 48
最大判昭41・7・20刑集20・6・677 ………… 66, 68
最判昭41・7・26刑集20・6・728 …………… 169
最決昭41・10・19刑集20・8・864 ………… 301, 418, 591
最決昭41・12・27刑集20・10・1242 ……… 126
最決昭41・12・27民集20・10・2279 ……… 544
最判昭42・2・28刑集21・1・356 …………… 47
最判昭42・8・31刑集21・7・879 …………… 8
最判昭42・8・31刑集21・7・890 …………… 294, 364, 365
最大判昭42・9・27民集21・7・1955 ……… 106
最決昭43・2・8刑集22・2・55 ……………… 585
最判昭43・4・18刑集22・4・290 …………… 147
最決昭43・5・1民集22・5・1061 …………… 104
最大決昭43・6・12刑集22・6・462 ………… 412, 414
最決昭43・6・19刑集22・6・483 …………… 175
最決昭43・6・25刑集22・6・552 …………… 556, 569
最決昭43・6・25裁集167・725 ……………… 612
最決昭43・9・11裁集168・681 ……………… 370
最決昭43・11・26刑集22・12・1352 ……… 8
最決昭43・12・17刑集22・13・1476 ……… 23
最決昭44・2・24裁集170・347 ……………… 220
最決昭44・3・18刑集23・3・153 …………… 5, 424, 440
最決昭44・4・25刑集23・4・248 …………… 9
最決昭44・6・11刑集23・7・941 …………… 103
最決昭44・7・14刑集23・8・1057 ………… 384
最決昭44・7・25刑集23・8・1077 ………… 301
最決昭44・8・27裁集172・365 ……………… 502
最決昭44・9・11裁集23・9・1100 ………… 60, 70, 76, 87
最決昭44・9・18刑集23・9・1146 ………… 430
最決昭44・9・27裁集172・529 ……………… 294
最大判昭44・10・15刑集23・10・1239 …… 5, 108
最大決昭44・11・26刑集23・11・1490
　　　　　……………………………… 5, 429, 445
最判昭45・2・6民集24・2・81 ……………… 234
最決昭45・4・20裁集176・211 ……………… 188

最決昭45・6・11判時602・97 …………… 104	最決昭53・9・4刑集32・6・1652 …………… 13
最決昭45・6・23裁集176・655 …………… 179	最判昭53・9・7刑集32・6・1672 …………… 6
最決昭45・9・4刑集24・10・1311 …………… 175	最決昭53・10・31刑集32・7・1847 …… 14, 295
最決昭45・9・24刑集24・10・1399 …………… 103	最判昭54・7・24刑集33・5・416 …… 16, 129, 144
最判昭45・9・24裁集177・1169 …………… 172	最決昭54・11・6刑集33・7・685 …………… 88
最大判昭45・11・25刑集24・12・1670 …………… 6	最判昭54・12・12刑集33・7・839 …………… 495
最決昭46・3・23刑集25・2・177 ……… 539, 573	最判昭54・12・14刑集33・7・917 …………… 647
最判昭46・4・27刑集25・3・534 …… 622, 627, 632	最判昭55・2・7刑集34・2・15 …………… 13
最決昭46・6・14刑集25・4・565 ……… 352, 362	最判昭55・4・28刑集34・3・178 …………… 169
最決昭46・11・12裁集182・27 …………… 312	最決昭55・5・30判タ416・128 …………… 436
最判昭47・3・14刑集26・2・195 ……… 228, 234	最判昭55・7・4判時977・41 …………… 14
最決昭47・4・28刑集26・3・249 …………… 351	最決昭55・7・17刑集34・4・229 …………… 34
最決昭47・6・9〈未〉 …………… 50	最決昭55・10・23刑集34・5・300
最判昭47・6・15刑集26・5・341 …………… 180	…………… 426, 440, 515, 597
最大決昭47・7・1刑集26・6・355 ……… 62, 75	最判昭55・11・18刑集34・6・421 …… 616, 617
最判昭47・7・28刑集26・6・397 …………… 263	最決昭55・12・17刑集34・7・672 …………… 15
最決昭47・9・26刑集26・7・431 …………… 125	最決昭56・4・25刑集35・3・116 …………… 48
最判昭47・11・16刑集26・9・515 …… 61, 70, 72, 85,	最決昭56・9・22刑集35・6・675 …………… 416
最大判昭47・12・20刑集26・10・631 …………… 12	最決昭56・11・20刑集35・8・797 ……… 20, 78
最決昭47・12・26刑集26・10・759 …………… 262	最決昭57・1・28刑集36・1・67 …………… 586
最判昭48・2・16刑集27・1・46 ……… 217, 237	最判昭57・4・7刑集36・4・556 …………… 266
最決昭48・6・5裁集189・253 …………… 513	最決昭58・2・24裁集230・161／判時1070・5 …… 9
最判昭48・7・20刑集27・7・1322 …………… 13	最判昭58・4・28刑集37・3・369 …………… 493
最決昭48・9・20刑集27・8・1395 …………… 73	最決昭58・5・27刑集37・4・474 …………… 14
最決昭48・10・8刑集27・9・1415 …… 71, 85, 86	最決昭58・9・6刑集37・7・930 …………… 9
最決昭48・11・27裁集190・737 …………… 613	最決昭58・9・13裁集232・95 …………… 584
最決昭48・12・14裁集190・877 …………… 85	最決昭58・9・27刑集37・7・1092 …………… 642
最判昭49・3・7裁集191・341 …………… 50	最決昭58・10・13刑集37・8・1139／判時1095・24
最決昭49・3・13刑集28・2・1 …………… 197	…………… 21, 57
最決昭49・5・30裁集192・569 …………… 617	最決昭58・10・26刑集37・8・1260 …………… 17
最決昭49・5・31裁集192・585 …………… 13	最決昭58・11・7刑集37・9・1353 …… 644, 648, 641
最決昭49・6・20裁集192・793 …………… 613	最決昭58・12・13刑集37・10・1581 …………… 9
最決昭49・7・18判時747・45／判タ312・188 … 74	最決昭59・1・27刑集38・1・136 …………… 9
最決昭49・10・4裁集194・7 …………… 181	最決昭59・3・29刑集38・5・2095 …………… 76
最決昭50・3・28刑集29・3・59 …………… 416	最決昭59・5・30裁集236・1029 …………… 87
最判昭50・8・6刑集29・7・393 …………… 13	最判昭59・7・3刑集38・8・2783 …………… 584
最判昭50・8・6裁集197・153 …………… 13	最判昭59・11・30刑集38・11・3008 ……… 644, 648
最決昭51・3・23刑集30・2・229 …………… 108	最判昭59・11・30裁集238・247／判時1153・233
最判昭51・11・4刑集30・10・1887 ……… 180, 188	…………… 31
最判昭52・3・4刑集31・2・69 …………… 262	最判昭59・11・30判時1153・233 ……… 22, 58
最判昭52・4・4刑集31・3・163 …………… 414	最判昭59・12・10刑集38・12・3021 …………… 372
最決昭52・6・17刑集31・4・675 …………… 50	最大判昭59・12・12民集38・12・1308 …………… 344
最判昭53・2・28刑集32・1・83 …………… 95	最判昭60・2・18裁集239・61 ……… 72, 86
最判昭53・7・10民集32・5・820 …………… 154	最判昭60・12・19裁集241・543 …………… 620
最決昭53・7・18刑集32・5・1055 …………… 641	最判昭60・12・20裁集241・555 …………… 73
最決昭53・9・4刑集32・6・1077 …………… 13	最決昭61・1・22裁集242・3 …………… 103

最決昭61・3・12判時1200・160 …………… 440
最決昭61・4・2裁集242・313 ……………… 648
最決昭61・4・2裁集242・323 ……………… 648
最判昭61・9・8裁集民148・425 …………… 148
最決昭61・9・25裁集243・821 ……………… 403
最決昭61・12・12裁集244・583 ……………… 73
最決昭62・3・3刑集41・2・60 ……………… 586
最決昭62・3・10判時1233・154／判タ638・142
　…………………………………………… 90
最判昭62・3・24判時1228・22 ……………… 105
最決昭62・7・20裁集246・1363 ……………… 70
最大決昭63・2・17刑集42・2・299
　……………………………… 101, 113, 114, 174
最決昭63・2・29刑集42・2・314 ……………… 14
最決昭63・7・8刑集42・6・841 ……………… 128
最判昭63・9・27判タ681・125 …………… 620, 623
最決昭63・11・29刑集42・9・1389 …………… 148
最決平元・1・30刑集43・1・19 ……………… 445
最判平元・10・26判タ713・75 ……………… 531
最判平2・2・6判タ726・144 ………………… 243
最判平2・2・16判時1340・145 ……………… 243
最決平2・4・20刑集44・3・283 ……………… 494
最決平2・6・27刑集44・4・385 ……………… 456
最決平2・7・9刑集44・5・421 ………… 424, 445
最決平3・2・25民集45・2・117 ……………… 74
最決平3・3・29刑集45・3・158 ……………… 642
最決平3・4・18裁集257・259 ………………… 90
最判平3・5・10民集45・5・919 ……………… 155
最決平3・5・31判時1390・33 ………………… 156
最決平4・4・27裁集260・199 ………………… 72
最決平4・10・13刑集46・7・611 ……………… 498
最判平4・12・7刑集261・303 ………………… 243
最決平4・12・14刑集46・9・675 ………… 112, 224
最決平5・5・31刑集47・6・1 ………………… 95
最決平5・7・19刑集47・7・3 ………… 355, 358, 360
最決平5・7・20裁集262・339 ………………… 108
最決平5・10・19刑集47・8・67 ……………… 107
最決平5・11・11家庭裁判月報45・12・123 …… 78
最決平6・9・8刑集48・6・263 ……………… 453
最決平6・9・16刑集48・6・420 ………… 426, 465
最大判平7・2・22刑集49・2・1 …………… 9, 576
最決平7・2・28刑集49・2・481 ……………… 96
最判平7・3・27刑集49・3・525 ………… 16, 151
最決平7・4・12刑集49・4・609 ……………… 312
最判平7・6・20刑集49・6・741 ………… 10, 616
最決平7・6・28刑集49・6・785 ……………… 95

第1巻判例索引　大審院、最高裁判所　661

最決平9・9・16刑集51・8・567 ……………… 46
最決平9・10・2裁集272・1 …………………… 76
最決平9・10・6裁集272・23 …………………… 46
最決平9・10・27裁集272・91 ………………… 76
最判平10・3・12刑集52・2・17 …………… 96, 611
最決平10・5・1刑集52・4・275 ……………… 425
最決平10・12・1民集52・9・1761 …………… 122
最大判平11・3・24民集53・3・514 …………… 157
最決平11・12・16刑集53・9・1327 …………… 508
最決平12・2・22裁集民192・397 …………… 167
最決平12・2・24裁集民196・841 …………… 167
最決平12・3・17裁集民197・397 …………… 167
最決平12・3・17裁集民197・433 …………… 167
最決平12・6・2〈未〉 ………………………… 561
最決平12・6・13民集54・5・1635 ……… 167, 170
最決平12・6・27刑集54・5・445 …………… 262
最決平12・7・17刑集54・6・550 …………… 586
最決平12・9・27刑集54・7・710 …………… 365
最決平13・2・7判時1737・148 ……………… 169
最大決平13・3・30判時1760・68／判タ1071・99
　…………………………………………… 75
最決平14・1・10判時1776・169 ……………… 166
最決平14・8・19裁集282・1 ………………… 383
最決平14・10・4刑集56・8・507 ……… 460, 465
最判平15・2・17刑集57・2・121 ……………… 7
最決平15・6・30刑集57・6・893 …………… 494
最判平15・9・5裁集民210・413 …………… 171
最判平16・5・25判時1868・56 ………… 195, 196
最判平16・6・14判タ1167・134 ……………… 114
最判平16・9・7判時1878・88／
　訟務月報51・9・2271 ……………… 167, 170
最決平17・3・9裁集287・203 ………………… 383
最判平17・3・25刑集59・2・49 ……………… 390
最判平17・3・30刑集59・2・79 ………………… 17
最判平17・4・14刑集59・3・259 …………… 561
最判平17・4・19民集59・3・563 ……… 163, 170
最判平17・7・22民集59・6・1837 …………… 196
最判平17・8・30刑集59・6・726 ……………… 65
最判平17・10・24刑集59・8・1442 … 172, 358, 360
最決平17・11・25刑集59・9・1831 …………… 616
最決平18・9・15判時1956・3／判タ1232・134
　…………………………………………… 96
最決平18・10・3民集60・8・2647 …………… 541
最決平18・10・26刑集60・8・537／判時1955・164
　…………………………………………… 35
最決平18・12・19判タ1230・100 …………… 113

最決平19・2・8刑集61・1・1 …………… 440, 453
最決平19・4・9刑集61・3・321 …………………… 261
最決平19・6・19判タ1247・135 …………………… 366
最決平19・12・12判タ1261・155 …………………… 196
最決平20・4・15刑集62・5・1398 …………………… 438
最判平20・4・15民集62・5・1005 …………………… 162
最判平20・4・25刑集62・5・1559 …………………… 584
最決平20・6・24判タ1273・137 …………………… 251
最決平20・7・11刑集62・7・1927 …………………… 17
最決平21・9・28刑集63・7・868 …………………… 509
最決平21・9・29刑集63・7・919 …………………… 250
最決平21・12・9刑集63・11・2907 …………………… 415
最決平22・7・2判時2091・114／判タ1131・93
　……………………………………………………… 384
最決平22・12・20刑集64・8・1356 …………… 415
最大決平23・5・31刑集65・4・373 …………… 74
最決平23・12・19刑集65・9・1661 …………… 17
最決平24・5・10刑集66・7・663 …………… 123
最決平24・6・28刑集66・7・686 …… 202, 244, 249
最決平24・10・26裁集308・481 …………… 383
最決平25・4・16刑集67・4・549 …………… 18
最判平25・12・10民集67・9・1761 ……… 161, 162
最決平25・12・19TKC25502950 …………… 166
最決平26・1・21判時2223・129／判タ1401・172
　……………………………………………………… 352
最決平26・3・25判時2221・129／判タ1401・165
　……………………………………………………… 383

高等裁判所

名古屋高金沢支判昭24・7・18高刑集6・10・1297
　……………………………………………………… 123
東京高判昭24・9・10高刑集2・2・121 …………… 626
福岡高判昭24・9・16特報1・246 …………… 627
札幌高函館支判昭24・10・10特報2・14 …… 222
大阪高判昭24・11・21特報6・131 …………… 215
福岡高判昭24・11・8・12特報16・22 …………… 222
福岡高判昭24・11・29特報6・43 …………… 622
名古屋高判昭24・12・19高刑集2・3・310 …… 146
大阪高判昭24・12・21特報4・1 …………… 581
名古屋高判昭24・12・27特報6・83 …………… 186
東京高判昭25・1・14高刑集3・1・5 … 557, 568
名古屋高判昭25・2・8特報4・53 …………… 222
名古屋高判昭25・2・11特報6・98 …………… 394
名古屋高判昭25・2・15特報4・65 …………… 103
東京高判昭25・2・24特報15・34 …………… 272
東京高判昭25・3・4高刑集3・1・76 …………… 263
札幌高判昭25・3・14特報6・183 …………… 135
高松高決昭25・3・18高刑集3追録1 ………… 72, 75
福岡高判昭25・3・27特報10・101 …… 508, 512
東京高判昭25・4・6特報16・50 …………… 569
仙台高判昭25・4・8特報8・98 …………… 613
仙台高判昭25・4・18特報8・102 …………… 613
福岡高判昭25・4・22特報7・144 …………… 295
東京高判昭25・5・6高刑集3・2・180 …………… 303
東京高決昭25・5・12特報9・7 …………… 77
東京高判昭25・5・23特報9・11 …………… 135
名古屋高判昭25・5・30特報9・84 …………… 147
東京高判昭25・6・3判タ9・59 …………… 529
名古屋高判昭25・6・14特報11・61 …………… 103
大阪高判昭25・6・24特報14・16 …………… 216
東京高判昭25・6・26特報14・1 …………… 315
東京高判昭25・7・4高刑集3・2・259 …………… 260
東京高判昭25・7・28高刑集3・2・345 …………… 555
東京高判昭25・8・12特報16・125 …………… 613
札幌高判昭25・8・18判タ13・39 …………… 622
東京高判昭25・8・29特報16・129 …………… 553
東京高判昭25・9・5特報16・131 ……… 94, 263
大阪高判昭25・9・6特報14・36 …………… 552
大阪高判昭25・9・15特報14・38 …………… 130
名古屋高判昭25・9・19高刑集3・4・719 …………… 294
名古屋高金沢支判昭25・9・22特報13・117 … 512
東京高判昭25・10・4特報12・62 …………… 100
大阪高判昭25・11・8特報15・86 …………… 222
東京高判昭25・11・11特報15・25 …………… 487
東京高判昭25・11・13特報15・26 …………… 424
東京高判昭25・11・14特報15・30 …………… 294
東京高判昭25・11・15特報13・28 …………… 581
名古屋高判昭25・11・20特報14・91 …………… 581
福岡高判昭25・11・21高刑集3・4・579 …………… 147
東京高判昭25・11・30特報13・32 …………… 272
東京高決昭25・12・1特報14・11 …………… 411
東京高判昭25・12・1特報15・43 …………… 607
札幌高判昭25・12・15特報15・188 …………… 167
高松高判昭25・12・20特報15・209 …………… 621
福岡高判昭25・12・21高刑集3・4・662 …………… 626

東京高判昭26・1・25特報21・8 ……………… 145
名古屋高金沢支判昭26・3・5特報30・38 …… 578
大阪高判昭26・3・9特報23・47 ……………… 479
東京高判昭26・3・30特報21・51 ………… 145,146
広島高判昭26・4・5特報20・17 ……………… 297
札幌高判昭26・4・12高刑集4・4・406 ………… 496
名古屋高金沢支判昭26・4・20特報30・53 …… 585
仙台高判昭26・5・15特報22・46 ……………… 581
東京高判昭26・6・9高刑集4・6・652 ………… 569
仙台高判昭26・6・20特報22・61 ……………… 93
東京高判昭26・7・10特報21・131 …………… 613
高松高判昭26・7・12特報17・30 ……………… 487
高松高判昭26・7・18特報17・32 ……………… 491
札幌高判昭26・7・25高刑集4・7・809 ………… 272
広島高判昭26・8・9高刑集4・11・1341 ………… 28
大阪高判昭26・9・5高刑集4・8・1048 ………… 609
東京高決昭26・9・8東時1・3・28 ……………… 57
名古屋高判昭26・9・10高刑集4・13・1780
 ……………………………………………… 456,460
東京高判昭26・9・25東時1・5・58 …………… 223
東京高判昭26・10・5特報24・112 …………… 211
仙台高判昭26・10・15高刑集4・11・1394 …… 532
福岡高判昭26・10・18高刑集4・12・1611 …… 513
仙台高判昭26・10・18特報22・80 …………… 460
大阪高判昭26・12・10高刑集4・11・1522 …… 216
東京高判昭26・12・11東時1・13・190 ……… 102
東京高判昭26・12・25特報25・121 …… 385,386
福岡高判昭27・1・19特報5・1・12 …………… 328
大阪高決昭27・1・22高刑集5・3・301 ……… 606
札幌高判昭27・2・6特報18・73 ……………… 107
東京高判昭27・2・7高刑集5・3・328 …… 620,623
東京高判昭27・2・9特報29・29 ……………… 241
高松高判昭27・2・22高刑集5・3・350 ……… 218
仙台高判昭27・2・26特報22・102 …………… 580
仙台高判昭27・2・29特報22・107 …………… 145
名古屋高判昭27・3・19高刑集5・4・505 ……… 64
東京高判昭27・3・19特報29・93 ……………… 230
東京高判昭27・4・8高刑集5・4・560 ………… 280
東京高判昭27・4・24高刑集5・5・666 ………… 20
広島高判昭27・5・30特報20・73 ……………… 147
高松高判昭27・6・16高刑集5・8・1307 ……… 64
広島高判昭27・6・20特報20・77 ……………… 510
東京高判昭27・6・26高刑集5・9・1467 ……… 529
名古屋高判昭27・6・30高刑集5・9・1471 …… 236
東京高判昭27・7・1高刑集5・7・1108 ……… 623
大阪高判昭27・7・18高刑集5・7・1170 ……… 529

第1巻判例索引　高等裁判所　663

名古屋高判昭27・7・21高刑集5・9・1477 …… 118
東京高判昭27・7・25高刑集5・8・1358 ……… 447
東京高判昭27・7・30特報34・133 …………… 513
広島高判昭27・8・9特報20・98 ……………… 186
札幌高判昭27・8・22高刑集5・8・1390 ……… 303
東京高判昭27・9・4高刑集5・12・2049 ……… 596
大阪高決昭27・9・6高刑集5・10・1649 ……… 412
東京高判昭27・9・22高刑集5・12・2058 …… 538
東京高判昭27・9・30高刑集5・12・2101 …… 303
札幌高決昭27・10・6高刑集5・11・1904 …… 103
高松高判昭27・10・8特報17・60 ……………… 595
名古屋高判昭27・10・13高刑集5・11・1952 … 627
東京高判昭27・10・23高刑集5・12・2165 …… 185
東京高判昭27・11・6特報37・85 ……………… 639
東京高判昭27・11・27高刑集5・12・2238 …… 103
東京高判昭28・2・4特報38・35 ……………… 212
東京高判昭28・2・23東時3・2・78／判タ29・60
 …………………………………………………… 92
高松高判昭28・2・27特報36・5 ……………… 551
東京高判昭28・3・25高刑集6・4・435 … 296,298
東京高判昭28・3・30特報38・74 ……………… 239
東京高判昭28・3・31高刑集6・3・314 ……… 235
東京高判昭28・4・20高刑集38・93 …………… 580
福岡高判昭28・5・7特報26・16 ……………… 147
東京高判昭28・5・29特報38・106 …………… 609
名古屋高判昭28・6・30高刑集6・8・980 ……… 93
東京高判昭28・7・13特報39・12 ………… 439,487
札幌高決昭28・7・29特報32・43 …………… 385
東京高判昭28・8・7特報39・77 ……………… 219
東京高判昭28・8・14東時4・3・80／特報39・82
 ……………………………………………… 16,104
東京高判昭28・10・5特報39・117 …………… 272
東京高判昭28・10・17特報39・140 …………… 211
大阪高決昭28・11・16高刑集6・12・1705
 ………………………………… 70,79,80,174
東京高判昭28・12・14特報39・221 …………… 328
福岡高判昭28・12・25特報26・62 …………… 595
東京高判昭29・1・16特報40・16 ……………… 595
福岡高判昭29・2・19高刑集7・1・82 ………… 240
東京高判昭29・3・6高刑集7・2・168 …… 235,236
仙台高決昭29・3・22高刑集7・3・317 ……… 409
東京高決昭29・4・1特報40・60 ……………… 408
高松高判昭29・4・6高刑集7・8・1169 ……… 621
広島高判昭29・4・21高刑集7・3・448 …… 219,239
東京高決昭29・4・21特報40・73 …… 186,381,388
東京高決昭29・5・4東時5・5・167 …………… 263

福岡高判昭29・5・10高刑集7・4・619 ………… 241
東京高判昭29・6・17特報40・157 …………… 272
東京高判昭29・6・29特報40・170 …………… 607
福岡高判昭29・6・30高民集7・6・513 ………… 490
東京高判昭29・7・15裁判特報1・1・24 ……… 374
東京高判昭29・7・19高刑集7・7・1094 ……… 213
東京高判昭29・8・9裁判特報1・3・129 ……… 595
東京高判昭29・8・24裁判特報1・5・173 …… 385
東京高判昭29・9・22高刑集7・9・1444 ……… 235
札幌高判昭29・9・30特報32・45 ……………… 84
東京高判昭29・10・29東時5・10・41 ………… 262
福岡高判昭29・10・30特報1・12・533 ………… 567
名古屋高判昭29・11・30裁判特報1・11・507
　……………………………………………………… 101
名古屋高決昭30・1・13裁判特報2・1＝3・3 … 379
東京高判昭30・3・29裁判特報2・7・237 …… 146
東京高判昭30・4・4裁判特報2・7・248 …… 621
東京高判昭30・4・12裁判特報2・8・289 …… 625
仙台高決昭30・4・14裁判特報2・8・307 …… 410
東京高判昭30・4・26裁判特報2・8・323 …… 624
名古屋高判昭30・4・28裁判特報2・10・445 … 581
東京高判昭30・5・19裁判特報2・10・487 …… 625
広島高判昭30・6・3裁判特報2・11・560／
　判時56・26 …………………………………… 97
高松高決昭30・6・18裁判特報2・13・656 …… 374
福岡高判昭30・7・12高刑集8・6・769 ……… 379
広島高松江支判昭30・8・1裁判特報2・15・794
　……………………………………………………… 581
広島高判昭30・8・20高刑集8・8・993 …… 77, 299
東京高決昭30・8・24東時6・8・273 ………… 407
東京高判昭30・8・30高刑集8・8・999 ……… 551
東京高判昭30・9・19高刑集8・7・921 ……… 624
福岡高決昭30・10・21裁判特報2・20・1061 … 394
東京高決昭30・12・6特報2・24・1260 ……… 220
東京高判昭31・2・10高検速報624 …………… 473
東京高判昭31・3・22高刑集9・2・182 …… 407, 409
東京高判昭31・4・12高刑集9・3・267 ……… 241
福岡高判昭31・4・21裁判特報3・9・432 …… 223
東京高判昭31・5・16判夕59・75 …………… 625
東京高判昭31・6・28裁判特報3・15・725 …… 409
東京高判昭31・8・24高刑集9・8・891 …… 299, 372
仙台高判昭31・10・17裁判特報3・24・1162 … 595
札幌高決昭31・11・15高刑集9・10・1140／
　判夕67・90 …………………………………… 84
名古屋高判昭32・2・11裁判特報4・5・74 …… 239
東京高判昭32・3・2高刑集10・2・123 ……… 128

東京高判昭32・3・20裁判特報4・6・145 …… 622
東京高判昭32・4・17裁判特報4・9・204 …… 213
東京高決昭32・5・9高刑集10・3・318 ……… 403
東京高決昭32・6・13高刑集10・4・410／
　判夕72・72 …………………………………… 77
東京高決昭32・7・24東時8・8・240 ………… 624
東京高決昭32・8・8高刑集10・5・484 ……… 28
東京高決昭32・8・9特報4・17・424 ………… 609
東京高決昭32・9・19東時8・10・327 ……… 84
東京高決昭32・10・25東時8・10・371 ……… 51
名古屋高決昭32・11・13高刑集10・12・799 … 426
大阪高決昭32・12・18裁判特報4・23・637 …… 556
福岡高判昭33・1・13裁判特報5・1・2 ……… 595
福岡高判昭33・1・20高民集11・1・6 ……… 259
名古屋高判昭33・2・13高検速報224 ………… 94
東京高決昭33・3・19特報5・4・122 ………… 394
仙台高秋田支判昭33・3・26高検速報昭33・10
　……………………………………………………… 487
東京高決昭33・5・29判81・57 ……………… 33
東京高決昭33・6・11東時9・6・154 ………… 411
仙台高決昭33・9・24高刑集11追録1 ………… 592
東京高決昭33・9・25東時9・9・252 ………… 56
大阪高決昭33・12・22裁判特報5追録535
　……………………………………………… 393, 395
東京高決昭34・2・7東時10・2・97 ………… 408
東京高決昭34・2・7東時10・2・99 ……… 186, 406
東京高決昭34・2・10東時10・2・104 ……… 29
仙台高判昭34・2・19高刑集12・2・59 ……… 500
大阪高決昭34・3・10下刑集1・3・604 ……… 74
名古屋高決昭34・4・30高刑集12・4・456 …… 385
東京高判昭34・4・30高刑集12・5・486 ……… 328
福岡高決昭34・9・3下刑集1・9・1933 …… 60, 354
福岡高宮崎支決昭34・9・8高刑集12・7・714
　……………………………………………… 406, 413
東京高決昭34・10・21下刑集1・10・2131／
　判時204・33／判夕98・51 ………………… 96
東京高決昭35・3・1東時11・3・51 ………… 218
東京高決昭35・3・16東時11・3・70 ………… 212
東京高決昭35・6・29下刑集2・5＝6・705 …… 100
東京高決昭35・6・29高刑集13・5・416 ……… 127
大阪高決昭35・9・6判時245・19 …………… 84
仙台高決昭35・10・24〈未〉 ………………… 51
大阪高決昭35・11・18判時246・26 ………… 531
札幌高決昭35・12・5高刑集13・10・763 …… 628
東京高決昭35・12・7判夕114・41 …………… 56
高松高判昭35・12・15高刑集13・10・769 …… 512

東京高判昭35・12・26判タ115・55 …………… 607
福岡高決昭36・6・12下刑集3・5＝6・447／
　判時270・32 ……………………………… 77
東京高判昭36・6・15判タ121・50 …………… 532
東京高決昭36・6・24下刑集3・5＝6・451 … 20,56
大阪高判昭36・7・13高検速報36・6・1 ……… 627
東京高決昭36・8・10東時12・8・143 ………… 75
東京高判昭36・11・27下刑集3・11＝12・999
　……………………………………………… 532
大阪高決昭36・12・11下刑集3・11＝12・1010
　……………………………………………… 329
大阪高決昭37・11・14高刑集15・8・639 ……… 379
東京高決昭37・12・28下刑集4・11＝12・1030
　…………………………………………… 136,623
仙台高決昭38・7・23高検速報昭38・17 ……… 79
大阪高決昭38・12・18〈未〉 …………………… 244
東京高決昭39・2・4高刑集17・1・138／
　判時363・47 ……………………………… 96
大阪高判昭39・2・15高刑集17・1・152 ……… 418
東京高決昭39・5・19下刑集6・5＝6・620 …… 295
大阪高決昭39・5・21高検速報昭39・6・1
　………………………………………… 479,505
東京高決昭39・7・2判時383・80 ……………… 296
東京高決昭39・9・10東時15・9・189 …… 377,379
高松高決昭39・10・28下刑集6・9＝10・999
　………………………………………… 382,394
仙台高決昭39・11・2高刑集17・7・671 ……… 184
名古屋高決昭39・11・4下刑集6・11＝12・1250
　……………………………………………… 84
東京高判昭40・2・19東時16・2・31 …………… 217
東京高決昭40・6・17高刑集18・3・218 ……… 240
大阪高決昭40・8・26下刑集7・8・1563 ……… 537
名古屋高判昭40・9・15高検速報365 ………… 21
仙台高決昭40・9・25下刑集7・9・1804 ……… 379
高松高決昭40・9・28判タ428・99 …………… 119
東京高判昭40・10・26判時428・57 …………… 488
東京高判昭40・10・29判時430・33 …………… 459
高松高決昭40・11・9訟務月報12・7・16 ……… 488
名古屋高判昭40・11・30下刑集7・11・2034 … 631
東京高判昭40・12・20下刑集7・12・2187 …… 244
大阪高決昭41・2・14判タ193・183 …………… 84
大阪高決昭41・3・18判タ193・188 …………… 34
福岡高決昭41・4・28下刑集8・4・610 ……… 375
東京高判昭41・5・10高刑集19・3・356 ……… 451
広島高決昭41・5・10判時458・66 …………… 54
大阪高決昭41・6・21判時465・85／判タ198・183

第1巻判例索引　高等裁判所　665

東京高決昭41・8・15判時459・76 …………… 84
東京高決昭41・10・17高刑集19・6・731 …… 512
高松高決昭41・10・20下刑集8・10・1346 …… 384
福岡高決昭42・3・24高刑集20・2・114 ……… 278
東京高判昭42・5・31判タ213・196 …………… 108
東京高判昭42・11・13判タ218・249 ……… 135,136
東京高判昭43・1・17東時19・1・3 …………… 409
東京高決昭43・2・15高刑集21・1・73 …… 107,108
高松高決昭43・3・8判時514・86 …………… 84
大阪高決昭43・3・30判タ225・219 …………… 93
東京高判昭43・4・3東民時19・4・80 ………… 259
東京高判昭43・5・14下刑集10・5・557 ……… 405
広島高判昭43・7・12判タ225・169 …………… 175
東京高判昭43・11・1東時19・11・213 ………… 427
大阪高決昭44・1・28判時572・88 …………… 531
福岡高判昭44・1・31刑裁月報1・1・39 ……… 426
東京高判昭44・2・13高刑集22・1・12 ……… 407
仙台高決昭44・2・17高刑集22・1・20
　………………………………………… 70,174,175
東京高決昭44・4・22判時559・84 …………… 376
東京高判昭44・6・25高刑集22・3・397 ……… 461
福岡高判昭44・7・12判時564・16 …………… 86
東京高判昭44・8・9高刑集22・4・542 ……… 61
東京高判昭44・9・20判時569・23 …………… 541
大阪高決昭45・1・22判時583・96／判タ249・267
　……………………………………………… 84
大阪高判昭45・1・30判時609・98 …………… 218
東京高判昭45・2・23高刑集23・1・177
　………………………………………… 557,569,571
大阪高決昭45・3・5刑裁月報2・3・231 ……… 556
大阪高決昭45・7・1判タ255・269 …………… 84
福岡高宮支判昭45・8・10高刑集23・3・516／
　判時614・34 ……………………………… 20
福岡高宮崎支決昭45・8・10判時614・102 …… 55
東京高判昭45・10・7高刑集23・4・707 ……… 628
東京高判昭45・10・21高刑集23・4・749
　………………………………………… 464,470
東京高決昭45・10・27判タ261・347 …………… 77
東京高決昭45・12・10判時615・94 …………… 84
札幌高決昭45・12・12判タ259・215 ……… 299,365
名古屋高判昭45・12・15判時623・111 ……… 401
東京高判昭46・2・25判タ263・344 …………… 84
大阪高判昭46・4・8高刑集24・2・317 …… 217,237
広島高松江支決昭46・5・22判時650・99／
　判タ263・276 …………………………… 278

東京高決昭46・7・6判時649・96 ……………… 374
東京高決昭46・7・10判時652・98 ……………… 262
東京高決昭46・8・5刑裁月報3・8・1086 ……… 351
東京高決昭46・9・2判タ274・345 ……………… 374
東京高決昭46・9・6高刑集24・3・530 ………… 403
名古屋高金沢支判昭46・9・30刑裁月報3・9・1181
　………………………………………………… 592
東京高決昭46・10・19判タ274・347 …………… 411
東京高判昭46・10・20判タ274・348 …………… 531
東京高決昭46・11・15高刑集24・4・685 ……… 628
広島高岡山支判昭47・1・7判時673・95 ……… 373
仙台高決昭47・1・25刑裁月報4・1・14 … 515,597
東京高決昭47・1・29高刑集25・1・20／
　判タ277・268 ……………………………………… 84
東京高決昭47・6・29判時682・92 ……………… 450
広島高決昭47・7・3判時676・99／判タ282・282
　…………………………………………………… 372
広島高岡山支判昭47・10・12判時685・137 …… 25
東京高決昭47・10・23判時688・54 ……………… 126
大阪高決昭47・10・27刑資236・172 …………… 280
名古屋高金沢支判昭47・11・21判タ294・393
　…………………………………………………… 633
東京高判昭47・12・13高刑集25・6・943 ……… 217
東京高決昭48・1・31判時690・95／判タ292・365
　……………………………………………………… 85
札幌高決昭48・2・10刑裁月報5・2・122 ……… 390
仙台高決昭48・2・21刑裁月報5・2・125 ……… 312
東京高判昭48・3・28高刑集26・1・100 ………… 175
広島高岡山支決昭48・4・9刑裁月報5・4・496
　…………………………………………………… 289
東京高決昭48・7・31刑集27・9・1433／
　判タ299・396 ……………………………………… 84
大阪高決昭48・10・1判時717・99／判タ301・281
　……………………………………………………… 86
東京高判昭48・10・31判時736・107 …… 215,230
東京高判昭48・11・5高刑集26・5・531／
　判時726・110／判タ304・266 ………………… 89
大阪高判昭48・11・20判727・104 ……………… 301
東京高判昭48・12・10判728・107 ……………… 425
島高岡山支昭49・4・9判時741・118 ………… 296
東京高決昭49・4・10判740・108 ……………… 386
福岡高那覇支判昭49・4・22判時754・110／
　判タ311・276 ……………………………………… 77
東京高決昭49・5・23判タ311・267 ……………… 590
大阪高決昭49・6・19判時749・114／判タ311・274
　…………………………………………………… 419

東京高決昭49・6・26高検速報2029 ……………… 86
福岡高決昭49・10・31刑裁月報6・10・1021 … 279
大阪高決昭49・11・20刑裁月報6・11・1158 … 403
広島高判昭49・12・10判タ321・169 …………… 591
福岡高決昭50・3・4高刑集28・2・113／
　判時788・112 ……………………………………… 62
福岡高那覇支決昭50・3・7刑裁月報7・3・176
　…………………………………………………… 294
福岡高判昭50・3・11刑裁月報7・3・143 ……… 597
東京高判昭50・3・27高刑集28・2・132 ………… 104
東京高決昭50・8・28東時26・8・137 …………… 386
大阪高判昭50・9・11判時803・24 ……………… 628
福岡高決昭50・10・16判時817・120 …………… 531
大阪高判昭50・11・28判タ340・303 …………… 611
大阪高判昭50・12・2判タ335・232 …………… 279
大阪高決昭51・1・28高刑集29・1・24 ………… 413
大阪高判昭51・2・24刑裁月報8・1＝2・22 … 491
福岡高那覇支判昭51・4・5判タ345・321 ……… 14
大阪高決昭51・8・24判時835・110 …………… 123
広島高判昭51・11・15判時841・112 …… 595,600
東京高判昭51・11・24判タ347・290 …………… 609
東京高決昭51・12・22東時27・12・172 … 219,239
東京高決昭51・12・22東時27・12・174 ……… 162
東京高決昭52・1・31高刑集30・1・1 ………… 442
札幌高決昭52・3・3高検速報107・9 …………… 606
東京高決昭52・3・8高検速報2218 ……………… 644
東京高決昭52・6・8判時878・116 ……………… 406
東京高決昭52・7・20高検速報2253 …………… 613
東京高決昭52・8・31高刑集30・3・399 ……… 413
広島高決昭52・10・29判時872・124 …………… 649
東京高決昭52・11・2東時28・11・132 ………… 405
東京高決昭53・1・27判時888・124 ………… 89,90
東京高決昭53・2・13東時29・2・19 …………… 86
仙台高決昭53・2・14高刑集31・1・12 ………… 649
東京高決昭53・4・6刑裁月報10・4＝5・709 … 274
東京高決昭53・5・8東時29・5・75 …………… 633
東京高決昭53・5・23高刑集31・2・104／
　判時897・124 …………………………………… 649
広島高決昭53・6・29刑集32・5・1064 ………… 649
東京高決昭53・7・17東時29・7・140 …………… 175
東京高判昭53・8・7高刑集31・2・131 ………… 236
東京高決昭53・8・15判時905・13 ………………… 57
東京高決昭53・8・15判時905・15 ………………… 57
東京高決昭53・10・17東時29・10・176 ……… 395
東京高決昭53・11・30東時18・11・298 ……… 136
東京高判昭53・12・11東時29・12・208 ……… 532

福岡高決昭54・1・22判時933・161 ………… 173
東京高判昭54・1・24判時936・135 ………… 586
東京高判昭54・2・14判タ386・145 ………… 436
東京高判昭54・3・29東時30・3・53 ………… 389
東京高判昭54・5・2高刑集32・2・129 ……… 395
東京高判昭54・6・4刑裁月報11・6・537 …… 395
東京高判昭54・8・30東時30・8・119 ………… 581
東京高判昭54・10・3判タ407・158 …………… 21
東京高判昭55・2・1刑集35・8・854／判タ407・58
　　　　　　　　　　　　　　　　　　…… 20, 586
仙台高決昭55・3・24刑資245・278 …………… 648
札幌高判昭55・7・21高刑集33・2・257 ……… 16
名古屋高判昭55・7・31判時998・130 ………… 145
広島高判昭55・10・28高刑集33・4・298
　　　　　　　　　　　　　　　　…… 219, 241
東京高決昭55・11・8高検速報2466 …………… 86
福岡高判昭55・12・1判時1000・137 …………… 76
東京高判昭56・4・13高検速報2510 …………… 37
東京高判昭56・4・21高検速報2507 …………… 477
東京高決昭56・6・23刑裁月報13・6＝7・436
　　　　　　　　　　　　　　　　　　　…… 631
広島高判昭56・7・10判タ450・157 …………… 586
広島高決昭56・9・1判時1021・139 …………… 375
東京高判昭56・9・3東時32・9・57 …………… 261
東京高判昭56・12・17高刑集34・4・444 …… 185
東京高決昭57・3・24判時1064・136 ………… 649
大阪高判昭57・3・25判タ467・171 …………… 230
東京高判昭57・4・11高検速報2575 …………… 586
名古屋高判昭57・5・11判例大系（第2期）
　刑訴1・285 …………………………………… 104
名古屋高決昭57・7・7判時1067・157 ……… 55
東京高決昭57・7・27高刑集35・2・81／
　判時1076・155 ………………………………… 77
東京高決昭57・9・17高検速報2614 …………… 86
大阪高決昭57・9・21判タ489・141 ………… 263
名古屋高判昭57・9・28判時1075・162 ……… 77
大阪高決昭57・10・18判タ489・142 ………… 264
東京高判昭58・3・29刑裁月報15・3・247
　　　　　　　　　　　　　　　　　…… 460, 477
東京高判昭58・6・6判時1107・143 ………… 624
東京高決昭58・7・8高検速報2675 …………… 20
大阪高決昭58・10・25〈未〉 ………………… 608
東京高判昭58・11・22判タ516・182 ………… 86
東京高判昭59・3・30刑資245・250 …………… 648
東京高判昭59・4・27高刑集37・2・153 …… 576
東京高決昭59・5・11高刑集37・2・305 …… 50

第1巻判例索引　高等裁判所　667

東京高判昭59・6・21東時35・6＝7・42 …… 557
大阪高決昭59・7・4判時1137・160 ………… 408
名古屋高決昭59・7・9高刑集37・2・348 …… 641
大阪高決昭59・8・1刑裁月報16・7＝8・515 … 477
東京高決昭59・9・7東時35・8＝9・73 …… 402, 403
大阪高決昭59・9・13判タ548・286 ………… 628
福岡高那覇支決昭59・10・5刑裁月報16・9＝10
　・692 …………………………………………… 378
東京高決昭59・10・22刑裁月報16・9＝10・695
　　　　　　　　　　　　　　　　　　　…… 50
東京高判昭59・10・30判時1157・169 ……… 379
東京高判昭60・2・21判時1149・119 ………… 196
東京高判昭60・4・11判時1179・152 ………… 382
仙台高判昭60・4・22判時1154・3 …………… 586
福岡高判昭60・5・8高検速報1329 …………… 641
東京高判昭60・6・20高刑集38・2・99 ……… 175
東京高判昭60・6・26判タ564・288 ………… 586
東京高判昭60・7・11刑裁月報17・7＝8・644
　　　　　　　　　　　　　　　　　　　…… 185
東京高判昭60・7・15刑裁月報17・7＝8・649
　　　　　　　　　　　　　　　　　　　…… 145
福岡高判昭60・7・16判タ566・316 ………… 509
東京高判昭60・8・16東時36・8＝9・59 …… 376
名古屋高判昭60・10・17刑裁月報17・10・923
　　　　　　　　　　　　　　　　　　　…… 101
広島高決昭60・10・25判時1180・161／
　判タ592・119 ………………………………… 400
大阪高判昭60・10・30判時1191・147
　　　　　　　　　　　　　　　…… 214, 216, 220
大阪高判昭60・11・8高刑集38・3・199 …… 502
大阪高決昭60・11・22判時1185・167／
　判タ586・87 …………………………………… 401
大阪高決昭60・11・29刑裁月報17・11・1116
　　　　　　　　　　　　　　　　　　　…… 298
東京高判昭61・1・20判時1212・157 ………… 136
福岡高判昭61・4・28判時1201・3 …………… 586
大阪高決昭61・5・28刑裁月報18・5＝6・728
　　　　　　　　　　　　　　　　　　　…… 342
高松高判昭61・6・18刑裁月報18・5＝6・709／
　判時1214・142 ………………………… 426, 597
東京高決昭61・6・26刑裁月報18・5＝6・725
　　　　　　　　　　　　　　　　　　　…… 260
東京高判昭61・9・17判タ631・247 ………… 531
東京高決昭62・1・5高刑集40・1・1 ………… 413
名古屋高判昭62・3・9判時1236・157 ……… 120
東京高判昭62・7・29高刑集40・2・77 ……… 576

東京高判昭62・10・20判タ668・230 ……… 28
東京高判昭62・11・10判タ668・232 ……… 28
札幌高決昭62・12・8高刑集40・3・748 ……… 408
東京高判昭62・12・15判時1265・152 ……… 531
札幌高判昭63・1・21判タ672・70 ……… 586
福岡高宮崎支判昭63・7・19判時1294・14 …… 491
大阪高決昭63・9・9判時1317・157 ……… 394
東京高決昭63・10・13東時39・9＝12・36 …… 399
仙台高判昭63・12・12高検速報昭63・191 …… 188
東京高決昭64・1・6判タ698・287 ……… 187
東京高判平元・1・26東時40・1＝4・3 ……… 211
東京高決平元・2・21判時1311・153 ……… 382
東京高判平元・3・16東時40・1＝4・14 ……… 220
東京高判平元・4・13東時40・1＝4・16 ……… 220
東京高決平元・7・4東時40・5＝8・20 … 65,73,86
東京高決平元・7・18高刑集42・2・131 ……… 78
大阪高判平2・3・23判タ729・50 ……… 530
大阪高決平2・6・19判時1364・161 ……… 379
大阪高決平2・7・30高刑集43・2・96 ……… 372
東京高判平2・8・29判時1374・136 ……… 426,465
東京高判平2・11・29判タ777・260 ……… 606
東京高判平3・3・12判時1385・129 ……… 426
東京高判平3・9・18判タ777・260 ……… 606
大阪高判平3・11・19判時1436・143 ……… 608
東京高判平3・12・10高刑集44・3・217 ……… 106
大阪高判平4・3・12判タ802・233 ……… 542
東京高判平4・4・8判タ791・267 ……… 607
東京高判平4・5・27高検速報平4・27 ……… 171
東京高判平4・7・20判時1434・143 ……… 607
東京高判平4・9・25高刑集45・3・58 ……… 218,237
東京高判平4・10・15高刑集45・3・101 ……… 453
東京高決平4・11・25高刑集45・3・120 ……… 347
東京高判平5・2・3東時44・1＝12・11 …… 610,620
東京高判平5・4・14判タ859・160 ……… 457,467
福岡高判平5・4・15判時1461・159 ……… 136
仙台高判平5・4・26判タ828・284 ……… 175
大阪高判平5・8・24判タ846・296 ……… 509
東京高決平5・8・30東時44・1＝12・67 ……… 399
大阪高判平5・10・7判時1497・134
　　　……… 460,465,477
東京高決平5・10・18家庭裁判月報45・12・122
　　　……… 78
福岡高判平5・11・16判時1480・82 ……… 161
東京高決平5・11・17高検速報2990 ……… 75
大阪高判平5・11・29高刑集46・3・306 ……… 428
東京高判平6・2・10判タ854・299 ……… 557

大阪高判平6・4・20高刑集47・1・1 ……… 460,465
大阪高判平6・4・21判時1513・172 ……… 146
東京高判平6・5・11判タ861・299 ……… 453,470
東京高判平6・6・30判例地方自治127・89 …… 476
高松高決平6・9・12刑資281・125 ……… 642,647
東京高判平6・11・1判タ890・284 ……… 607
東京高判平6・11・15訟務月報41・6・1341 …… 495
福岡高宮崎支判平7・1・19高検速報平7・143
　　　……… 240
大阪高判平7・1・25高刑集48・1・1 ……… 459
大阪高判平7・11・1判時1554・54 ……… 466
札幌高判平7・11・7高刑集1570・146 ……… 390
東京高判平7・12・7判タ918・263 ……… 96
東京高判平8・1・18判時1570・139 ……… 185
東京高判平8・3・6高刑集49・1・43
　　　……… 460,465,477
東京高判平8・7・16判タ927・262 ……… 608
大阪高判平8・11・27判時1603・151 ……… 175
名古屋高判平9・2・10高検速報平9・105 …… 611
大阪高決平9・7・9判タ1008・267 ……… 195,196
大阪高判平9・9・17判時1628・145 ……… 461
東京高決平9・10・15東時48・1＝12・67
　　　……… 438,444
大阪高決平9・11・5刑資281・173 ……… 648
福岡高判平10・2・5判時1642・157 ……… 175
高松高判平10・3・3高検速報平10・167 ……… 608
福岡高那覇支決平10・3・13訟務月報45・4・641
　　　……… 196
東京高判平10・6・24東時49・1＝12・31 …… 179
東京高判平10・6・25判タ992・281 ……… 482
東京高判平10・9・22東時49・1＝12・53 …… 607
東京高判平11・4・8判時1682・58 ……… 469
東京高決平11・5・11東時50・1＝12・36 …… 175
大阪高判平11・9・29判時1712・3 ……… 530
東京高判平11・11・15高検速報平11・111 …… 209
東京高決平12・4・20東時51・1＝12・44 …… 417
東京高判平12・12・22判タ1050・83 ……… 587
東京高決平13・2・13判時1763・216 ……… 650
福岡高決平13・2・16〈未〉 ……… 75
東京高判平13・9・10判時1767・142 ……… 113
札幌高判平14・2・26〈未〉 ……… 175
札幌高判平14・3・19判タ1095・287 ……… 586
東京高判平14・3・27東時53・1＝12・41 …… 56
東京高判平14・4・25高検速報平14・61 ……… 561
大阪高決平14・7・17判タ1124・301 ……… 347
東京高決平15・3・31東時54・1＝12・20 …… 73

第1巻判例索引　地方裁判所等　669

東京高決平15・6・18判時1840・150／
　判タ1138・314 ……………………… 343
広島高判平15・9・2高検速報平15・131 ……… 175
東京高判平15・12・2東時54・1＝12・78 …… 607
東京高決平15・12・2東時54・1＝12・82 …… 410
福岡高判平16・2・13高刑集57・1・4 ……… 180
東京高決平16・2・24判時1866・154 ……… 343
福岡高判平16・2・25判タ1155・124 ……… 180
東京高決平16・9・8家庭裁判月報57・4・90 … 31
東京高判平16・9・29東時55・1＝12・86 …… 459
東京高決平16・11・29東時55・1＝12・104 …… 8
東京高決平17・11・2東時56・1＝12・85 …… 78
東京高判平18・4・28〈未〉 ……………… 175
大阪高判平18・11・29判時1976・51 ……… 169
東京高判平19・3・26高検速報平19・176 …… 170
東京高判平19・4・25東時58・1＝12・26 …… 175
名古屋高判平19・7・12訟務月報54・7・1531
　……………………………………………… 165
仙台高判平20・8・6訟務月報55・4・1816 …… 175
東京高判平20・9・25東時59・1＝12・83 ……… 8
東京高決平21・1・8〈未〉 ……………… 106

東京高判平21・5・21訟務月報55・10・3023
　…………………………………… 15, 165
東京高判平21・6・16東時60・1＝12・84 …… 184
東京高判平21・6・18東時60・1＝12・85 …… 238
東京高決平21・6・23判タ1303・90 ……… 587
東京高判平22・2・15東時61・1＝12・31 ……… 8
福岡高判平22・2・25判タ1330・93 ……… 166
大阪高判平22・5・27判時2088・86 ……… 165
仙台高判平22・6・29高検速報平22・268 …… 93
大阪高判平22・10・22高検速報平22・115 …… 608
東京高決平22・10・29高刑集63・3・1 …… 429
東京高判平23・3・31判タ1375・231 ……… 197
東京高判平23・4・12東時62・1＝12・33 …… 105
福岡高判平23・7・1判時2127・9 ………… 166
東京高判平23・12・7東時62・1＝12・131 …… 377
広島高判平24・2・22判タ1388・155 ……… 165
福岡高判平24・5・16高検速報1492 ……… 468
東京高判平24・6・7高刑集65・2・4 ……… 587
東京高判平24・12・11判タ1400・367 ……… 426
東京高平25・7・16高検速報3499 ………… 648
大阪高判平25・10・22〈未〉 ……………… 591

地方裁判所等

鹿児島地判昭28・10・27国家賠償例集641 … 490
東京地判昭29・4・24下民集5・4・530 …… 464
名古屋地判昭32・5・27判時119・27 ………… 38
京都地判昭33・3・5一審刑集1・3・502 …… 309
神戸地尼崎支判昭33・3・10判時147・14 …… 531
東京地決昭33・5・8判時149・7 …… 449, 452
東京地決昭33・6・12判時152・20 ………… 449
福岡地決昭33・8・26刑資236・182 ……… 283
福岡地決昭33・9・3一審刑集1・9・1611 …… 537
札幌地決昭33・9・15一審刑集1・9・1637 …… 286
水戸地決昭33・11・28一審刑集1・11・1901 … 624
東京地決昭33・12・27一審刑集1・12・2258 …… 76
熊本地決昭34・1・22下刑集1・1・254 …… 285
大阪地決昭34・2・17下刑集1・2・496 … 341, 347
鹿児島地決昭34・3・10下刑集1・3・864 …… 413
大阪地決昭34・3・10下民集10・3・463 …… 260
京都地決昭34・4・17下刑集1・4・1145 …… 374
広島地福山支決昭34・5・20下刑集1・5・1332
　……………………………………… 496, 500
札幌地決昭34・5・29下刑集1・5・1354 …… 280
神戸地決昭34・8・3下刑集1・8・1854

　………………………………… 186, 538, 572
秋田地決昭34・8・12下刑集1・8・1865 …… 476
秋田地決昭34・8・13下刑集1・8・1870 …… 288
東京地決昭34・8・25下刑集1・8・1882 …… 350
高松地決昭34・8・26下刑集1・8・1883 …… 285
東京地決昭34・8・27下刑集1・8・1888 …… 350
金沢地決昭34・9・3下刑集1・9・2087 …… 374
東京地決昭34・9・8下刑集1・9・2090 …… 60
長崎地佐世保支決昭34・11・26下刑集1・11・2541
　……………………………………………… 289
大阪地決昭34・12・26下刑集1・12・2725 …… 411
長崎地決昭35・2・25下刑集2・2・301 …… 376
大阪地判昭35・4・6下刑集2・3＝4・600 …… 443
広島地決昭35・5・2下刑集2・5＝6・949 …… 627
名古屋地豊橋支決昭35・5・11下刑集2・5＝6・953
　……………………………………………… 375
熊本地決昭35・6・10下刑集2・5＝6・967 …… 377
熊本地決昭35・6・14下刑集2・5＝6・972 …… 287
宇都宮地決昭35・7・7下刑集2・7＝8・1167
　………………………………………… 624, 631
前橋地決昭35・7・10下刑集2・7＝8・1173 … 279

横浜地決昭35・7・26下刑集2・7＝8・1182 ⋯⋯ 375
札幌地決昭35・11・17下刑集2・11＝12・1581
　⋯⋯⋯⋯⋯⋯⋯⋯⋯⋯⋯⋯⋯⋯⋯⋯ 285, 290
東京地決昭36・2・10下刑集3・1＝2・179 ⋯⋯ 377
東京地決昭36・2・13判時252・36 ⋯⋯⋯⋯⋯ 581
横浜地決昭36・2・28下刑集3・1＝2・196 ⋯⋯ 293
札幌地決昭36・3・3下刑集3・3＝4・385
　⋯⋯⋯⋯⋯⋯⋯⋯⋯⋯⋯⋯⋯⋯⋯⋯ 279, 287
福島地決昭36・3・9下刑集3・3＝4・387 ⋯⋯⋯ 77
秋田地決昭36・5・31判時163・35 ⋯⋯⋯⋯⋯ 537
山口地下関支決昭36・6・12下刑集3・5＝6・632
　⋯⋯⋯⋯⋯⋯⋯⋯⋯⋯⋯⋯⋯⋯⋯⋯⋯⋯ 283
大津地決昭36・6・20下刑集3・5＝6・636 ⋯⋯ 373
山口地下関支決昭36・7・25下刑集3・7＝8・808
　⋯⋯⋯⋯⋯⋯⋯⋯⋯⋯⋯⋯⋯⋯⋯⋯⋯⋯ 495
金沢地決昭36・7・27下刑集3・7＝8・809 ⋯⋯ 288
横浜地決昭36・8・9下刑集3・7＝8・813 ⋯⋯⋯ 285
名古屋地決昭36・9・26下刑集3・9＝10・967
　⋯⋯⋯⋯⋯⋯⋯⋯⋯⋯⋯⋯⋯⋯⋯⋯ 375, 379
田川簡決昭36・9・27下刑集3・9＝10・970 ⋯⋯ 350
東京地決昭36・12・6下刑集3・11＝12・1300
　⋯⋯⋯⋯⋯⋯⋯⋯⋯⋯⋯⋯⋯⋯⋯⋯⋯⋯ 617
広島地決昭37・1・20判時298・34 ⋯⋯⋯⋯⋯ 291
釧路地網走支決昭37・2・15下民集13・2・216
　⋯⋯⋯⋯⋯⋯⋯⋯⋯⋯⋯⋯⋯⋯⋯⋯⋯⋯⋯ 91
神戸簡判昭37・4・6下刑集4・3＝4・287 ⋯⋯⋯ 537
東京地八王子支判昭37・5・16下刑集4・5＝6・588
　⋯⋯⋯⋯⋯⋯⋯⋯⋯⋯⋯⋯⋯⋯⋯⋯⋯⋯ 260
大阪地決昭37・9・24判時322・41 ⋯⋯⋯⋯⋯ 405
岐阜地決昭37・12・28下刑集4・11＝12・1203
　⋯⋯⋯⋯⋯⋯⋯⋯⋯⋯⋯⋯⋯⋯⋯⋯⋯⋯ 379
大阪地決昭38・1・29下刑集5・1＝2・157 ⋯⋯ 497
奈良地決昭38・3・18下刑集5・3＝4・437
　⋯⋯⋯⋯⋯⋯⋯⋯⋯⋯⋯⋯⋯⋯⋯⋯ 377, 379
大阪地決昭38・4・27下刑集5・3＝4・444 ⋯⋯ 281
岐阜地決昭38・5・22下刑集5・5＝6・635 ⋯⋯ 169
田川簡判昭38・8・29下刑集5・7＝8・803
　⋯⋯⋯⋯⋯⋯⋯⋯⋯⋯⋯⋯⋯⋯⋯⋯ 624, 638
紋別簡判昭38・9・5下刑集5・9＝10・855
　⋯⋯⋯⋯⋯⋯⋯⋯⋯⋯⋯⋯⋯⋯⋯⋯ 623, 638
大阪地判昭38・9・17下刑集5・9＝10・870 ⋯⋯ 478
熊本地判昭39・2・5下刑集6・1＝2・139 ⋯⋯⋯ 341
東京地判昭39・4・28判時381・36 ⋯⋯⋯⋯⋯ 489
東京地判昭39・5・28曹時18・3・2 ⋯⋯⋯⋯⋯ 280
東京地判昭39・7・10曹時18・4・29 ⋯⋯⋯⋯⋯ 281
静岡地浜松支決昭39・8・6下刑集6・7＝8・960

東京地判昭39・8・15判時383・2 ⋯⋯⋯⋯⋯ 488
札幌地決昭39・8・24下刑集6・7＝8・974 ⋯⋯ 373
東京地決昭39・9・29判タ166・221 ⋯⋯⋯⋯ 400
東京地決昭39・10・15下刑集6・9＝10・1185
　⋯⋯⋯⋯⋯⋯⋯⋯⋯⋯⋯⋯⋯⋯⋯⋯⋯⋯ 365
福岡地小倉支決昭39・11・2下刑集6・11＝12
　・1579 ⋯⋯⋯⋯⋯⋯⋯⋯⋯⋯⋯⋯⋯⋯⋯⋯ 341
徳島地決昭39・11・14下刑集6・11＝12・1582
　⋯⋯⋯⋯⋯⋯⋯⋯⋯⋯⋯⋯⋯⋯⋯⋯⋯⋯ 382
金沢地決昭39・12・8下刑集6・11＝12・1597
　⋯⋯⋯⋯⋯⋯⋯⋯⋯⋯⋯⋯⋯⋯⋯⋯⋯⋯ 108
東京地決昭39・12・25判時405・21／判タ172・246
　⋯⋯⋯⋯⋯⋯⋯⋯⋯⋯⋯⋯⋯⋯⋯⋯⋯⋯⋯ 84
東京地決昭40・2・11下刑7・2・251 ⋯⋯⋯⋯ 171
東京地決昭40・4・15下刑集7・4・784 ⋯⋯⋯ 379
大阪地決昭40・4・26下刑集7・4・791 ⋯⋯⋯ 375
豊島簡決昭40・7・2下刑集7・7・1517 ⋯⋯⋯ 501
東京地決昭40・7・15下刑集7・7・1525 ⋯⋯⋯ 497
秋田地大館支決昭40・7・15下刑集7・7・1536
　⋯⋯⋯⋯⋯⋯⋯⋯⋯⋯⋯⋯⋯⋯⋯⋯⋯⋯ 285
東京地決昭40・7・23下刑集7・7・1540 ⋯⋯⋯ 477
秋田簡判昭40・8・6判時431・50 ⋯⋯⋯⋯⋯ 574
名古屋地決昭40・9・28下刑集7・9・1847 ⋯⋯ 401
東京地決昭40・10・11下刑集7・10・1920 ⋯⋯ 389
大阪地決昭40・10・11判タ183・201 ⋯⋯⋯ 364
東京地決昭40・10・15下刑集7・10・1925 ⋯⋯ 376
大阪地決昭40・10・21下刑集7・10・1937
　⋯⋯⋯⋯⋯⋯⋯⋯⋯⋯⋯ 280, 286, 291, 363
札幌地決昭40・11・12下刑集7・11・2107 ⋯⋯ 393
横浜地決昭41・1・27下刑集8・1・234 ⋯⋯ 287, 292
横浜地決昭41・2・26下刑集8・2・367 ⋯⋯⋯ 291
甲府地決昭41・3・15刑資236・178 ⋯⋯⋯⋯ 281
静岡地判昭41・3・31下刑集8・3・506 ⋯⋯⋯ 596
大阪地決昭41・5・31下刑集8・5・819 ⋯⋯⋯ 374
仙台地決昭41・6・2下刑集8・6・932 ⋯⋯⋯ 284
大阪地決昭41・6・8下刑集8・6・938 ⋯⋯⋯ 380
大阪地判昭41・6・29判タ194・138 ⋯⋯⋯⋯ 531
札幌地岩見沢支決昭41・7・6刑資236・179 ⋯ 281
東京地決昭41・10・28下刑集8・10・1400 ⋯⋯ 283
佐賀地決昭41・11・19下刑集8・11・1489 ⋯⋯ 452
東京地決昭41・11・19判時469・65 ⋯⋯⋯⋯ 406
青森地弘前支決昭41・11・21下刑集8・11・1493
　⋯⋯⋯⋯⋯⋯⋯⋯⋯⋯⋯⋯⋯⋯⋯⋯⋯⋯ 377
東京地決昭41・11・21刑資236・170 ⋯⋯⋯ 280
盛岡地決昭41・12・21判時478・80 ⋯⋯⋯⋯ 452

和歌山地決昭42・2・7下刑集9・2・165 ……… 309
東京地決昭42・2・21判時475・62 ……… 401
京都地決昭42・3・2刑資236・223 ……… 290
鳥取地決昭42・3・7下刑集9・3・375 ……… 167
東京地決昭42・5・17判タ209・245 ……… 84
東京地決昭42・6・8判時490・79 ……… 501
東京地決昭42・6・26判時490・79 ……… 501
東京地決昭42・7・5刑資236・180 ……… 281
東京地決昭42・8・5判タ209・198 ……… 590
青森地決昭42・8・28判時497・82／判タ210・247
　……… 367
東京地決昭42・9・14刑資241・121 ……… 408
京都地判昭42・9・28判時501・120 ……… 531
高知地判昭42・11・17判時503・24 ……… 367
佐賀地判昭42・12・15判時505・82 ……… 84
大阪地判昭42・12・26判タ221・234 ……… 531
神戸地決昭43・3・22下刑集10・3・328 ……… 395
福岡地決昭43・4・30刑資236・180 ……… 281
東京地決昭43・5・24下刑集10・5・581 ……… 280
京都地決昭43・6・14判時527・90／判タ225・244
　……… 341
大阪地決昭43・6・28判時527・91 ……… 76
東京地決昭43・7・5判時529・85 ……… 167
東京地決昭43・7・8判時529・86 ……… 167
盛岡簡判昭43・7・25下刑集10・7・777 ……… 537
東京地決昭43・8・2判時529・88 ……… 167
東京地決昭43・9・12判時534・89 ……… 292
横浜地小田原支決昭43・10・9下刑集10・10・1030
　……… 14
大阪地決昭43・11・8下刑集10・11・1153 ……… 495
東京地決昭43・11・26判時538・21 ……… 14
福岡地決昭43・12・28判時564・88 ……… 309
福岡地決昭44・1・28判時564・89 ……… 311
東京地決昭44・2・5刑裁月報1・2・179 ……… 102,162
神戸地決昭44・2・21刑裁月報1・2・183 ……… 345
京都地決昭44・3・27判時574・88 ……… 283,341
京都地決昭44・3・29刑裁月報1・3・342 ……… 366
福岡地決昭44・4・16刑裁月報1・4・453 ……… 309
富山地決昭44・5・17刑資236・181 ……… 281
岡山地決昭44・5・24判時563・98 ……… 167
京都地決昭44・6・2判時558・96 ……… 104
大阪地決昭44・8・1刑裁月報1・8・850 ……… 77
鹿児島地決昭44・8・6判時567・98／
　判タ238・220 ……… 309
岡山地決昭44・9・5判時588・107 ……… 364
東京地決昭44・10・28判時589・92 ……… 283

鳥取地決昭44・11・6刑裁月報1・11・1083 …… 309
京都地決昭44・11・15判時584・159 …… 385,386
岐阜地決昭44・11・18判時589・92 ……… 287
東京地判昭44・12・16判時579・29
　……… 459,466,476
名古屋地決昭45・1・20刑裁月報2・1・81 ……… 309
岐阜地決昭45・2・16刑裁月報2・2・189 ……… 366
名古屋地決昭45・2・20刑裁月報2・2・194 ……… 309
東京地決昭45・3・9判時589・28
　……… 448,449,452,467,478
東京地決昭45・4・17刑裁月報2・4・430 ……… 167
福岡地決昭45・5・1刑資236・212 ……… 290,291
山口地岩国支決昭45・5・7刑裁月報2・6・622
　……… 350
名古屋地決昭45・5・9判時633・105 ……… 366
福岡地小倉支決昭45・6・12判タ252・250 ……… 309
浦和地決昭45・6・18判時610・99 ……… 309
福岡地小倉支決昭45・6・20判タ252・252 ……… 280
横浜地判昭45・6・22刑裁月報2・6・685 ……… 597
東京地決昭45・6・24判時610・100 ……… 309
福岡地決昭45・6・26刑資236・224 ……… 290
名古屋地決昭45・6・29刑裁月報2・6・702 …… 167
東京地八王子支決昭45・6・30判時615・103
　……… 167
横浜地決昭45・7・7刑裁月報2・7・755 ……… 496
宮崎地決昭45・7・24刑裁月報2・7・783 ……… 596
東京地判昭45・8・1判タ252・238 ……… 292,365
名古屋地決昭45・8・17判時601・114／
　判タ253・270 ……… 309
東京地決昭45・10・8判時608・176 ……… 162
東京地決昭45・11・24刑裁月報2・11・1251 … 497
大阪地決昭46・2・23刑裁月報3・2・306 ……… 496
福岡地決昭46・3・6刑資236・213 ……… 290
東京地決昭46・3・8判タ261・288 ……… 107
福岡地決昭46・3・29判タ263・279 ……… 90
京都地決昭46・4・30刑裁月報3・4・617 ……… 427
札幌地決昭46・5・10刑裁月報3・5・654 ……… 538
秋田地決昭46・5・18判時640・104／判タ267・327
　……… 367
鳥取地決昭46・5・24判時650・99／判タ263・276
　……… 279
大阪地決昭46・6・1判時637・106／判タ264・347
　……… 279
札幌地決昭46・6・3刑裁月報3・6・832 ……… 309
東京地決昭46・6・10刑裁月報3・6・834 ……… 102
富山地決昭46・6・23刑裁月報3・6・837 ……… 309

近江八幡簡判昭46・6・28判タ266・237 ……… 623
東京地決昭46・6・30刑裁月報3・6・839 ……… 347
東京地決昭46・7・5刑裁月報3・7・1043 ……… 102
東京地決昭46・7・29刑裁月報3・7・1048 ……… 453
仙台地判昭46・8・4判時653・121 ……… 515, 597
広島地決昭46・8・27刑裁月報3・8・1117 ……… 102
福岡地決昭46・11・26刑資236・172 ……… 280
大阪地決昭46・12・7判時675・110／判タ277・360
　…………………………………………………………… 309
福岡地決昭46・12・28刑資236・214 ……… 290
福岡地決昭47・1・31刑裁月報4・1・227 ……… 299
神戸地決昭47・2・17判時663・101 ……… 358
岡山地判昭47・2・19判時661・105 ……… 25
広島地決昭47・2・26判時668・98 ……… 167
東京地判昭47・3・1刑裁月報4・3・489 ……… 104
東京地決昭47・4・9刑裁月報4・4・901 ……… 292
福岡地決昭47・5・29判タ289・324 ……… 167
東京地決昭47・6・6判時675・113 ……… 370
東京地決昭47・6・16刑裁月報4・6・1241 ……… 283
福岡地決昭47・6・27刑裁月報4・6・1244 ……… 102
京都地決昭47・6・28判タ286・316 ……… 309
福岡地決昭47・7・21刑裁月報4・7・1431 ……… 294
岡山地決昭47・8・10刑裁月報4・8・1511 ……… 372
京都地決昭47・8・17判時688・105 ……… 288
旭川地決昭47・9・8判時700・137／判タ285・253
　…………………………………………………………… 311
東京地決昭47・9・28判時694・121 ……… 394
鹿児島家判昭47・11・6家庭裁判月報25・8・117
　…………………………………………………………… 27
富山地決昭47・11・22判時690・101 ……… 62
東京地決昭47・12・1刑裁月報4・12・2030 ……… 309
福岡地決昭47・12・27刑裁月報4・12・2042 ……… 299
東京地決昭47・12・27判時709・155 ……… 382
福岡地決昭48・1・11刑資236・215 ……… 290
福岡地決昭48・1・16刑資236・216 ……… 291
東京地決昭48・1・22判時690・95／判タ292・365
　…………………………………………………………… 85
東京地決昭48・3・2刑裁月報5・3・360 ……… 390
大阪地決昭48・3・5判タ306・303 ……… 531
前橋地決昭48・4・7刑資236・225 ……… 289
東京地決昭48・4・14刑裁月報5・4・859 ……… 311
東京地決昭48・4・21刑裁月報5・4・872 ……… 495
和歌山地決昭48・5・8刑裁月報5・5・1001 ……… 294
京都地決昭48・6・27刑裁月報5・6・1070 ……… 501
金沢地決昭48・6・30刑裁月報5・6・1073 ……… 461
東京地決昭48・9・12判裁月報5・9・1335 ……… 162

新潟地決昭48・10・13刑資236・217 ……… 289
東京地決昭48・11・14判時723・24 ……… 531
岡山地決昭48・11・26刑資236・198 ……… 283, 286
岡山地決昭48・11・26刑資236・218 ……… 290
東京地決昭48・12・4刑裁月報5・12・1669 ……… 166
福岡地決昭48・12・8刑裁月報5・12・1677 ……… 309
東京地決昭49・1・8刑裁月報6・1・101 ……… 390
福岡地小倉支判昭49・1・30判時748・126 ……… 531
岡山地決昭49・2・13刑裁月報6・2・178 ……… 350
岡山地決昭49・2・15刑資236・174 ……… 281
札幌地判昭49・4・19判時757・97 ……… 537
東京地決昭49・4・27判時738・114 ……… 453
大分地決昭49・5・18判時743・119 ……… 14
札幌地決昭49・10・30刑裁月報6・10・1115 ……… 165
大阪地決昭49・12・26判時778・114 ……… 494
大阪地決昭50・2・10判時774・122 ……… 376, 382
新潟地決昭50・2・22判時769・19 ……… 442
札幌地決昭50・2・24判時786・110 ……… 597
東京地決昭50・4・23刑裁月報7・4・576 ……… 169
東京地決昭50・5・29判時805・84 ……… 459
岡山地決昭50・6・14判裁月報7・6・760 ……… 169
岡山地決昭50・6・19判時811・120 ……… 162
大阪地決昭50・9・25判時804・113 ……… 493
東京地決昭50・11・7判時811・118 ……… 452
岡山簡決昭50・11・28判時816・109 ……… 500
福岡地決昭50・12・12刑資236・176 ……… 281
東京地判昭51・4・15判時833・82 ……… 466, 478
札幌地決昭51・10・2〈未〉 ……… 169
秋田地決昭51・11・9刑資245・232 ……… 642
大阪地決昭52・6・14刑資245・211 ……… 642
大阪地判昭52・10・14判時896・112 ……… 531
岐阜地決昭53・1・24判時888・124 ……… 90
京都地決昭53・1・25判時898・129 ……… 641
新潟地決昭53・2・13刑資236・177 ……… 281
東京地決昭53・5・17刑裁月報10・4＝5・1031
　…………………………………………………………… 76
渋谷簡判昭53・6・9判時894・36 ……… 20
東京地決昭53・6・14判時903・105／判タ364・303
　…………………………………………………………… 312
東京地判昭54・7・12判時948・79 ……… 106
甲府地決昭55・9・30判時989・135 ……… 377
大阪地決昭55・11・21刑資236・200 ……… 283
札幌地決昭55・12・9判時992・136 ……… 408
浦和地判昭56・9・16判時1027・100 ……… 467
神戸地判昭56・10・28判時1036・94 ……… 500
水戸地下妻支判昭56・11・18判時1036・139

第 1 巻判例索引　地方裁判所等　673

千葉地決昭57・8・4判時1064・144／判タ477・218
　…………………………………………… 616
大阪地判昭58・1・28判時1089・159 ……… 608
東京地決昭58・5・27刑裁月報15・4＝6・343
　…………………………………………… 162
東京地判昭59・6・22判時1131・160 ……… 522
松山地大洲支判昭59・6・28判時1145・148 … 597
京都地判昭59・9・8判タ544・280 ……… 310, 342
大阪地決昭59・10・1判タ544・281 ………… 310
旭川地判昭60・3・1判時1168・161 ………… 312
熊本地判昭60・4・25判タ557・290 ………… 444
大津地決昭60・7・3刑裁月報17・7＝8・721 … 457
仙台地判昭60・9・4判時1168・157 ………… 649
神戸地判昭60・10・17判タ583・40 ………… 530
東京地八王子支判昭62・10・3判タ705・267
　…………………………………………… 468
東京地判昭62・12・16判タ664・252 ………… 586
東京地決昭63・2・24刑資281・140 …… 648, 650
大阪地判昭63・2・29判時1275・142 …… 606, 610
大津地決昭63・4・15刑資281・123 ………… 641
東京地決昭63・6・22判タ670・272 ………… 365
札幌地判昭63・6・23訟務月報35・3・379 …… 166
豊橋簡決昭63・7・21判時1283・161 ………… 246
東京地判昭63・11・25判タ696・234 ………… 453
東京地決平元・3・1判時1321・160／
　判タ725・245 …………………………… 456, 467
水戸地土浦支決平元・4・27判タ707・272 …… 246
京都地判平元・5・16判時1328・96 ………… 168
大阪地堺支決平元・6・8刑資281・125 ……… 641
名古屋地決平元・7・17刑資281・123 ……… 641
福岡地小倉支判平元・8・29判時1343・78 …… 168
福岡家決平元・11・20家庭裁判月報42・3・116
　……………………………………………… 78
静岡地沼津支決平元・12・7判時1334・239 … 248
岡山地判平2・3・7訟務月報36・7・1254 …… 167
東京地判平2・4・10判タ725・243 ………… 480
福島地判平2・5・28判時1359・107 ………… 168
名古屋地決平2・6・30判時1452・19 ………… 246
東京地判平2・7・26判タ737・62 …………… 586
福島地郡山支判平2・10・4判時1370・108 …… 168
京都地判平2・11・16判時1452・22 ………… 246
大阪地決平3・3・28刑資281・172 ………… 648
東京地判平3・4・26判時1402・74 ………… 467
浦和地決平3・6・5判タ763・287 …………… 341
横浜地小田原支決平3・8・6〈未〉……………… 75

千葉地松戸支決平4・1・8刑資281・172 …… 648
浦和地決平4・5・14判時1452・24 ………… 246
東京地判平4・7・9判時1464・160 …… 438, 469
札幌地判平4・9・10判時1443・159 ………… 438
東京地決平4・10・26判時1452・26／
　判タ804・268 ……………………… 245, 252
浦和地決平4・11・10判タ812・260 ………… 312
神戸地判平4・12・14判時1464・120 …… 522, 523
東京地判平5・1・29判時1444・41 ………… 495
神戸地判平5・4・20判時1488・160 ………… 55
東京家八王子支決平5・10・8家庭裁判月報
　45・12・116 ……………………………… 78
鳥取地米子支決平5・10・26判時1482・161 … 412
名古屋地決平6・2・14刑資281・128 ……… 642
東京地決平6・3・29判時1520・154／判タ867・302
　…………………………………………… 395
浦和地決平6・9・1判タ867・298 …………… 620
葛城簡決平6・9・5刑資281・130 …………… 642
長野地上田支判平7・3・31刑資281・132 …… 643
大阪地判平7・11・6判タ898・254 …… 246, 248
名古屋地判平8・3・22判タ938・118 ………… 165
東京地判平8・3・25判タ925・188 ………… 441
横浜地決平8・7・30判タ936・256 ………… 351
直方簡決平8・10・3判時1609・161 ………… 57
大阪地堺支決平8・10・8判時1598・161 …… 590
神戸地姫路支判平8・10・22判時1605・161 … 531
東京地判平8・11・22判タ965・106 ………… 468
東京地判平9・1・31判時1601・160 ………… 248
東京地八王子支判平9・2・7判時1612・146 … 486
前橋地決平9・7・8判タ969・281 …………… 248
東京地判平10・3・20判タ983・222 ………… 266
神戸地判平10・3・24判時1643・3 ………… 530
大阪地判平10・4・16判タ992・283 ………… 14
京都地判平10・10・22判時1685・126 ……… 586
札幌地判平11・3・29判タ1050・284 ……… 531
京都地判平12・3・21判タ1714・164 ……… 586
大阪地判平12・5・25判タ1754・102 ……… 165
札幌地判平13・5・30判タ1068・277 ……… 586
名古屋地判平13・11・29判タ1788・78 …… 501
東京地決平15・2・14判時1816・166 ……… 247
名古屋地判平15・5・30判時1823・101 …… 166
横浜地川崎支判平15・8・14判タ1151・316 … 250
大阪地判平16・1・16訟務月報51・1・8 …… 253
大阪地判平16・3・9判時1858・79 ………… 166
札幌地決平16・7・12裁判所ウェブサイト … 254
横浜地平17・3・31判タ1186・342 ………… 530

東京地判平17・5・2判タ1404・373 ……………… 15
札幌地判平17・6・2判タ1210・313 ……………… 530
京都地決平17・9・9刑集59・9・1836 ………… 617
東京地判平18・2・20判タ1264・167 …………… 170
那覇地判平18・3・28裁判所ウェブサイト …… 14
東京地判平18・3・29判時1935・84 …………… 481
大阪地判平18・11・14判タ1238・196 ………… 166
名古屋地判平19・1・26判時1974・164 ………… 166
鹿児島地判平20・3・24判時2008・3 …………… 165

横浜地判平20・10・24判タ1290・145 ………… 14
東京地判平20・12・5訟務月報55・5・2076 …… 17
名古屋地決平21・9・8判タ1325・275 ………… 201
東京地判平22・1・27判タ1358・101 …………… 171
京都地判平22・3・24判時2078・77 …………… 165
大阪地判平22・9・15判時2096・106 …………… 169
東京地判平23・12・21判時1375・252 ………… 169
大阪地判平24・1・23裁判所ウェブサイト …… 15
横浜地判平24・7・20判タ1386・379 …………… 586

裁判例コンメンタール刑事訴訟法　第1巻

平成27年4月20日　　第1刷発行

監修者	井　上　正　仁
編集代表	河　村　　　博
	酒　巻　　　匡
	原　田　國　男
	廣　瀬　健　二
発行者	橘　　　茂　雄
発行所	立　花　書　房

東京都千代田区神田小川町3-28-2
電話（編集部）03-3291-1566
　　（営業部）03-3291-1561
FAX　　　　03-3233-2871
http://tachibanashobo.co.jp

Ⓒ 2015 井上、河村、酒巻、原田、廣瀬　　加藤文明社／東京美術紙工
乱丁・落丁の際は本社でお取り替えいたします。
ISBN978-4-8037-2475-2　C3032

立花書房

裁判例コンメンタール刑事訴訟法
（全4巻）

監　修：井上正仁
編集代表：河村博、酒巻匡、原田國男、廣瀬健二
編集委員：大島隆明、三浦守

各巻　Ａ5判・上製　判例索引付き

第1巻　第1編　総　則　　　　　　　　　720頁
　　　　　（第1条～第188条の7）　定価（本体7,600円＋税）

第2巻　第2編　第一審　　　　　　　　　（続刊）
　　　　　（第189条～第270条）

第3巻　第2編　第一審（続）　　　　　　（続刊）
　　　　　（第271条～第350条の14）

第4巻　第3編　上　訴　　　　　　　　　（続刊）
　　　　　第4編　再　審
　　　　　第5編　非常上告
　　　　　第6編　略式手続
　　　　　第7編　裁判の執行
　　　　　（第351条～第507条）

（送料300円）